D1694119

SCHÄFFER
POESCHEL

Diversity Management

Unternehmens- und Personalpolitik der Vielfalt

herausgegeben von
Manfred Becker
Alina Seidel

2006
Schäffer-Poeschel Verlag Stuttgart

Herausgeber:

Prof. Dr. *Manfred Becker,* Institut für Betriebswirtschaftslehre der Martin-Luther-Universität, Wirtschaftswissenschaftliche Fakultät, Halle-Wittenberg;

Dipl.-Kff. *Alina Seidel,* wissenschaftliche Mitarbeiterin, Institut für Betriebswirtschaftslehre der Martin-Luther-Universität, Wirtschaftswissenschaftliche Fakultät, Halle-Wittenberg.

Bibliografische Information Der Deutschen Bibliothek
Die Deutsche Bibliothek verzeichnet diese Publikation
in der Deutschen Nationalbibliografie; detaillierte bibliografische Daten
sind im Internet über <http://dnb.ddb.de> abrufbar.

Gedruckt auf säure- und chlorfreiem, alterungsbeständigem Papier.

ISBN-13: 978-3-7910-2495-0

ISBN-10: 3-7910-2495-7

Dieses Werk einschließlich aller seiner Teile ist urheberrechtlich geschützt. Jede Verwertung außerhalb der engen Grenzen des Urheberrechtsgesetzes ist ohne Zustimmung des Verlages unzulässig und strafbar. Das gilt insbesondere für Vervielfältigungen, Übersetzungen, Mikroverfilmungen und die Einspeicherung und Verarbeitung in elektronischen Systemen.

© 2006 Schäffer-Poeschel Verlag für Wirtschaft · Steuern · Recht GmbH
www.schaeffer-poeschel.de
info@schaeffer-poeschel.de
Einbandgestaltung: Willy Löffelhardt
Druck und Bindung: Ebner&Spiegel, Ulm
Printed in Germany
Mai / 2006

Schäffer-Poeschel Verlag Stuttgart
Ein Tochterunternehmen der Verlagsgruppe Handelsblatt

Vorwort

Unternehmens- und Personalpolitik der Vielfalt gewinnen im zusammenwachsenden Europa, in der globalisierten Welt der Wirtschaft und in einer von Individualität und Liberalität geprägten Gesellschaft rasant an Bedeutung. In den USA ist die „Diversity-Industry" bereits zu einem Wirtschaftszweig mit Milliardenumsätzen geworden. In Europa – und insbesondere in Deutschland – weicht das Empfinden von Fremdheit und Neuheit im Umgang mit Diversity Management. Unternehmen richten ihre Strategien aus ethischen, imagefördernden und zunehmend aus wirtschaftlichen Gründen nach dem Grundsatz „Diversity Management – Die Vielfalt in der Einheit gestalten" aus. Eine im Jahre 2005 im Auftrage der Europäischen Kommission durchgeführte Untersuchung „Geschäftsnutzen von Vielfalt - Bewährte Verfahren am Arbeitsplatz" (Europäische Kommission 2005) zeigt allerdings, dass noch erhebliche Defizite in der Umsetzung von Maßnahmen und Verfahren für personelle Vielfalt festzustellen sind: 52 % der befragten Unternehmen geben an, keine Diversity-Maßnahmen durchzuführen. Gleichzeitig antworten 83 % der Befragten auf die Frage, ob Initiativen für personelle Vielfalt positive Auswirkung auf ihre Unternehmen haben mit ja, nur 17 % mit nein. Wenn das Bewusstsein für den ökonomischen und den humanen Nutzen gestärkt werden soll, wenn Diversity Management aus freiem Antrieb und zum Wohle der Menschen und Unternehmen Platz greifen soll, dann sind Forschung und Dialog, Konzeption und Erprobung, Planung und Realisierung von Diversity Management Konzepten intensiv zu fordern und zu fördern.

Die Wissenschaften haben die Aufgabe, den „State of the Art" darzulegen, Konzepte, Maßnahmen und Instrumente des Diversity Management zu analysieren, Stereotypen herauszuarbeiten, Zielsysteme zu erkennen, Nutzen und Gefahren im Sinne anwendungsorientierter Forschung aufzuzeigen. Die grundlegende Forschung hat Theorien zu erarbeiten, vorhandene Theoriekonzepte auf ihren Erklärungsgehalt für die Analyse, Gestaltung, Beschreibung und Beurteilung von Diversity-Konzepten zu befragen. Geeignete Methoden für den kontext-, akteurs-, ziel-, inhalts- und methodenorientierten Zugang zum Phantom Diversity Management sind zu erarbeiten oder in der Praxis zu erheben.

Der vorliegende Sammelband folgt diesem Ordnungsmuster. Die Beiträge sind nach den Aspekten Kontext, Akteure, Ziele, Inhalte und Methoden des Diversity Management zusammengestellt.

Um ein umfangreiches Werk dieser Art zu realisieren, ist die Zusammenarbeit einer Vielzahl von Wissenschaftlern und Praktikern unerlässlich. Ihnen wollen wir herzlich danken: an erster Stelle den *Autoren*, die ihre Beiträge mit Enthusiasmus geleistet und trotz relativ enger Terminsetzung in ihrer überwiegenden Mehrzahl zeitgerecht erstellt haben, den professionellen *Helfern* am Lehrstuhl Organisation und Personalwirtschaft in Halle, insbesondere Frau Simonett, Herrn Köllen und Herrn Strich und den *Verantwortlichen beim Verlag*.

Die bewusste Mischung theorieorientierter und praxisorientierter Beiträge gibt den aktuellen Kenntnis- und Realisierungsstand des Diversity Management sehr gut wieder. Als Herausgeber hoffen wir, dass das vorliegende Buch im Rahmen der betriebswirtschaftlichen Aus- und Weiterbildung zum Thema Diversity Management Anregung für Studenten, Wissenschaftler und Praktiker bietet.

Halle an der Saale Manfred Becker
im Frühjahr 2006 Alina Seidel

Inhaltsverzeichnis

Vorwort V
Inhaltsverzeichnis VII

Grundlagen

Manfred Becker
Wissenschaftstheoretische Grundlagen des Diversity Management

1	State of the Art des Diversity Management	5
2	Forschungsebenen, Forschungszugänge und Adressatenbezug im Drei-Ebenen-Modell des Diversity Management	6
3	Forschungsebenen des Diversity Management	7
4	Forschungszugänge zum Diversity Management	16
5	Adressatenbezug des Diversity Management	36
6	HRDM und ADM als systematischer Forschungs- und Gestaltungsansatz zum Management von Diversität	39

Kontextorientierte Diskussion

Hans-Jürgen Aretz
Strukturwandel in der Weltgesellschaft und Diversity Management in Unternehmen

1	Einführung	52
2	Ökonomische Globalisierung und demografische Entwicklungen ...	53
3	Postmoderne Kultur und Legitimation des Kapitalismus	59
4	Politische Forderungen nach Chancengleichheit und öffentliche Meinung	62
5	Diversity Management und ökonomische Nutzenorientierung	65

Inéz Labucay
Diversity Management – Eine Analyse aus Sicht der systemtheoretischen und der postmodernen Organisationsforschung

1	Ausgangslage	76
2	Diversity Management im Spiegel der postmodernen Organisationsforschung	81
3	Diversity Management im Fokus der Systemtheorie	88
4	Zusammenfassende Betrachtung des Erklärungsbeitrags	95

Lars-Eric Petersen und Jörg Dietz
Die Bedeutung von Stereotypen und Vorurteilen für das Diversity Management

1	Einleitung	106
2	Antezedenzen und Konsequenzen von Stereotypen und Vorurteilen	107
3	Diversity Management als Management von Stereotypen und Vorurteilen	114
4	Fazit	118

Akteursorientierte Diskussion

Rainer Leenen, Alexander Scheitza und Michael Wiedemeyer
Kulturelle Diversität in Unternehmen. Zur Diversitätsorientierung von Personalverantwortlichen

1	Einführung	126
2	Untersuchungsdesign	127
3	Organisationseigenschaften, Personalpolitik und kulturelle Vielfalt	128
4	Zum Management kultureller Diversität in Unternehmen	137
5	Thesen zum Diversitätsmanagement in deutschen Unternehmen	143

Annette Henninger
Alles neu in den Neuen Medien? Arrangements von Erwerbsarbeit und Privatleben bei Freelancern in den Kultur- und Medienberufen

1	Einführung	148
2	Freelancer – Vorreiter neuer Arrangements von Arbeit und Leben?	148
3	Alleinselbständigkeit – Chance oder Risiko für die Verknüpfung von Erwerbsarbeit und Privatleben?	150
4	Individuelle Arrangements von Arbeit und Leben: Entgrenzung oder eigenständige Grenzziehung?	153
5	Partnerschaftliche Geschlechterarrangements: Abkehr vom Ernährermodell?	156
6	Diskussion der besseren Vereinbarkeit von Erwerbsarbeit und Privatleben durch selbst bestimmte Flexibilität	160

Sibylle Peters und Ursula Matschke
Work-life-balance – Ein Thema für Führungsnachwuchskräfte im Kontext von Diversity und Diversity Management

1	Unternehmen im Umbruch und die Grenzen der Modernisierung des traditionellen Modells zur Vereinbarkeit von Beruf und Familie	166
2	Organisationssoziologische Prämissen	168
3	Modernes Personalmanagement und die Grenzen der Berücksichtigung der Vereinbarkeitsthematik	170
4	Diversity und Management Diversity als Kulturbegriff – Differenzierung und Optionen zur Gestaltung individualisierter Lebensführung von Führungsnachwuchskräften	179
5	Fazit	185

Hans W. Jablonski
Die Organisation des Diversity Management: Aufgaben eines
Diversity-Managers

1	Diversity Management als Management-Ansatz	192
2	Organisation des Diversity Managements	193
3	Die Zukunft des Diversity Managements	201

Ziel- und zweckorientierte Diskussion

Andreas Becker
Diversity Management aus der Perspektive betriebswirtschaftlicher Theorien

1	Einführung	207
2	Diversity und Diversity Management	208
3	Theoretische Ansätze	210
4	Reifegradorientierte Gestaltung von Diversity	217
5	Zusammenfassung und Ausblick	234

Alina Seidel
Kundenorientierung und Mitarbeitervielfalt – Interdependenzen und
Begründungszusammenhang

1	Kundenorientierung und Management von Mitarbeitervielfalt	240
2	Beitrag des Diversity Management zur Kundenorientierung als Wettbewerbsstrategie eines Unternehmens	244
3	Beitrag des Diversity Management zur Kundenorientierung als Marketingansatz eines Unternehmens	247
4	Diversity Management als Beitrag zu einer kundenorientierten Unternehmenskultur	249
5	Ergebnis und Konsequenzen	252

Caroline Rieger
Die Diversity Scorecard als Instrument zur Bestimmung des Erfolges von
Diversity-Maßnahmen

1	Ausgangslage	258
2	Die Balanced Scorecard als Grundlage der Diversity Scorecard	259
3	Das Konzept der Diversity Scorecard	261
4	Zusammenfassung und Fazit	271

Inhaltorientierte Diskussion

Werner Nell
Diversity Management vor migrationgesellschaftlichem Hintergrund

1 Einleitung 278
2 Grundlagen: Diversity Management, Individualität und
   die Dialektik der Anerkennung 279
3 Die Bundesrepublik Deutschland als Migrationsgesellschaft 284
4 Rahmenvorgaben, Ansatzpunkte und Handlungsebenen
   eines migrationsspezifischen Diversity Management 287

Sonja Lambert
Die Zukunft gestalten – Diversity Management bei der AOK-Hessen

1 Einführung 296
2 Chancengleichheit für Frauen und Männer bei der AOK Hessen ... 296
3 Ausblick: Generationenvielfalt bei der AOK Hessen –
   Chancen für die Zukunft 304
4 Zusammenfassung 307

Birgit Weinmann
Alters-Diversity als Unterschiedlichkeit in Wissen und Erfahrung. Kann man von Erfahrenen lernen?

1 Übersicht und Zielsetzung 310
2 Renaissance der Erfahrung 310
3 Wissen, Erfahrung und Alter 312
4 Erfahrung und der demografische Faktor 317
5 Erfolgskritische Wissens- und Erfahrungskerne 322
6 Wissensmanagement 325
7 Herausforderungen 327

Methodenorientierte Diskussion

Katrin Hansen
Umgang mit personeller Vielfalt. Alltagskonstruktionen von Verschiedenheit in deutschen Unternehmen

1 Zum Verständnis von Diversity 334
2 Wertschätzung personeller Vielfalt als Grundlage des
   Diversity Management 335
3 Paradigmen des Diversity Management in Unternehmen 339
4 Rahmen für ein effektives Diversity Management 344

Flora Ivanova und Christoph Hauke
Diversity Management – Lösung zur Steigerung der Wettbewerbsfähigkeit

1	Einleitung – unser Unternehmen und unsere Diversity-Management-Kompetenz	350
2	Herausforderungen für das Personalmanagement – heute und zukünftig	350
3	Diversity Management als unternehmerische Antwort auf die Herausforderungen	353
4	Gestaltung einer Diversity-Initiative	355
5	Praktisches Beispiel eines Implementierungsprojekts – „ARAMARK goes DIversity" powered by DGFP mbH	357
6	Zusammenfassung – HR als Business-Partner oder Business-Player?	361

Katharina Heuer und Ellen Engel
Diversity Management als Beitrag zur Kundenzufriedenheit bei der Deutschen Bahn AG

1	Managing Diversity – ein strategischer Ansatz für die Deutsche Bahn AG	364
2	Managing Diversity im Personenverkehr	365
3	Zusammenfassung	380

Jutta von der Ruhr
Das Job-Famliy-Konzept bei der Volkswagen AG – Prozessorientierung in Personalentwicklung und im Management kultureller Vielfalt

1	Einleitung	382
2	Das Job Family-Konzept bei der Volkswagen AG	382
3	Multikulturalität als Kennzeichen eines Job Family Clusters	385
4	Multikulturelle Identitätspolitik im Job Family Cluster	386
5	Fazit	392

Autorenverzeichnis	395
Literaturverzeichnis	401

Grundlagen

Wissenschaftstheoretische Grundlagen des Diversity Management

Manfred Becker

1 **State of the Art des Diversity Management**

2 Forschungsebenen, Forschungszugänge und Adressatenbezug im Drei-Ebenen-Modell des Diversity Management

3 **Forschungsebenen des Diversity Management**

3.1 Begriffsbildende Grundlagen des Diversity Management

3.1.1 Diversity – zu gestaltende Vielheit

3.1.2 Diversity Management – Gestaltung der Vielheit in der Einheit

3.1.3 Begriffliche Klarheit vs. Nutzen der doppelten Inhaltlichkeit

3.2 Theoretischer Zugang zum Diversity Management: Forschungsstand und Forschungsdefizite

3.3 Empirisch-praktischer Zugang zum Diversity Management: Forschungsstand und Forschungsdefizite

4 **Forschungszugänge zum Diversity Management**

4.1 Kontextorientierte Forschung

4.1.1 Der interne und externe Kontext als Rahmenbedingungen des Diversity Management

4.1.2 Deskriptive und explikative Modelle eines kontextorientierten Diversity Management

4.2 Akteursorientierte Forschung

4.2.1 Zielgruppenorientierung des Diversity Management

4.2.2 Diversity der Akteure als strategische Ressource

4.3 Ziel- und zweckorientierte Forschung

4.3.1 Strategisches und operationales Zielsystem des Diversity Management

4.3.2 Zielorientierung und Zielerreichung durch Diversity Management

4.4 Inhaltsorientierte Forschung

4.5 Methodenorientierte Forschung

4.5.1 Methodische Absicherung des Diversity Management

4.5.2 Methoden und Instrumente zur Erfolgsmessung des Diversity Management

5	**Adressatenbezug des Diversity Management**	
5.1	Individuelle Ebene	
5.2	Gruppenebene	
5.3	Organisatorische Ebene	
6	**HRDM und ADM als systematischer Forschungs- und Gestaltungsansatz zum Management von Diversität**	
6.1	Ergebnisse eines empirischen Forschungsprojekts	
6.2	Zusammenfassende Betrachtung und konkrete Forderungen an das Diversity Management	

Literatur

1 State of the Art des Diversity Management

Die Beschäftigung mit Diversity Management im europäischen Raum folgt der Dynamik der Internationalisierung. International tätige Konzerne werden im Zuge von Unternehmenszusammenschlüssen mit Zielsetzung und Leitlinien des Diversity Management amerikanischer Prägung konfrontiert und fungieren als Katalysator bei der Entwicklung eines europäisch geprägten Diversity Management, das der unterschiedlichen Genese der Managementsysteme und Organisationskulturen in beiden Kulturräumen Rechnung trägt. Der State of the Art in der wissenschaftlichen Erforschung des Diversity Management ist noch durch Uneinheitlichkeit gekennzeichnet.

Als erster Befund lässt sich festhalten, dass ein zweifacher Paradigmenwechsel zu beobachten ist. Zum einen ist eine veränderte Schwerpunktsetzung des Diversity Management zu beobachten. Wurden bis in die späten 90er Jahre mit Diversity Management nahezu ausschließlich Programme der „positiven Diskriminierung" und der „Affirmative Action" assoziiert, die auf Assimilation und Eingliederung benachteiligter Gruppen zielten, findet inzwischen eine zunehmende Ausweitung der Zielsetzung im Hinblick auf eine tiefgreifende Änderung der Unternehmenskultur statt, in der Wertschätzung und Bewusstsein für die Einzigartigkeit jedes Individuums als grundlegende Werte verankert sind (Schwarz-Wölzl 2003/2004, 25 f.). Der Fokus auf die quantitative Repräsentation aller Bevölkerungsgruppen in der Struktur der Belegschaft hat sich zugunsten der Erforschung und Gestaltung der qualitativen Komponente der Arbeitsbeziehungen heterogener Belegschaften verschoben. Mit dieser Schwerpunktverlagerung vollzieht sich ein weiterer Paradigmenwechsel in der personalwirtschaftlichen Forschung und Praxis. Das „Defizitmodell" im Umgang mit Minderheiten in der Organisation, durch das eine Sozialisierung im Hinblick auf die dominante Unternehmenskultur und damit faktisch das Einebnen von Unterschieden in der Belegschaft erreicht wurde, ist durch eine Diversität berücksichtigende Personalpolitik abgelöst worden. Die Homogenisierungsstrategie ist einer Strategie der Anerkennung und Nutzung von Vielfalt gewichen, die über die Zielsetzung der Gleichstellung hinaus durch die Unterstützung informeller Netzwerkbildung, den Abbau von Stereotypenbildung und differentielle personalpolitische Angebote gegenüber den einzelnen Beschäftigtengruppen geprägt ist (Vedder 2006).

Ziel des vorliegenden Beitrags ist es, das breite Forschungsfeld des Diversity Management einer Systematisierung zuzuführen, die die Bedingtheit des Diversity Management durch interne und externe Kontextfaktoren, seine Akteursorientierung, die notwendige Zielgerichtetheit sowie Inhalte und Methoden zur Erreichung der durch Diversity Management angestrebten Ziele aufzeigt. Auf Basis des formulierten Anspruchsniveaus wird die Notwendigkeit zielgerichteter und methodisch abgesicherter Maßnahmen des Diversity

Management begründet und zu Leitlinien eines systematischen Diversity Management zusammengefasst.

2 Forschungsebenen, Forschungszugänge und Adressatenbezug im Drei-Ebenen-Modell des Diversity Management

Zur Erfassung des State of the Art des Diversity Management in Theorie und Empirie ist ein mehrdimensionales Vorgehen sinnvoll, das sich anhand des nachstehenden Drei-Ebenen-Modells abbilden lässt. Die Forschungsaktivitäten können als Grundlagenforschung, theoriebildend und empirisch-praktisch ausgerichtet sein (*Forschungsebenen*) und sie kann nach den Adressaten Individuum, Gruppe und Organisation differenziert erfolgen (*Adressatenbezug*). Mit der kontextorientierten, der akteursorientierten, der ziel- und zweckorientierten, der inhaltsorientierten und der methodenorientierten Forschung besteht eine Vielfalt an möglichen theoretischen und empirisch-praktischen Zugängen zum Diversity Management (*Forschungszugänge*). Der Forschungsstand zum Diversity Management wird im Folgenden anhand des nachstehenden Drei-Ebenen-Modells referiert.

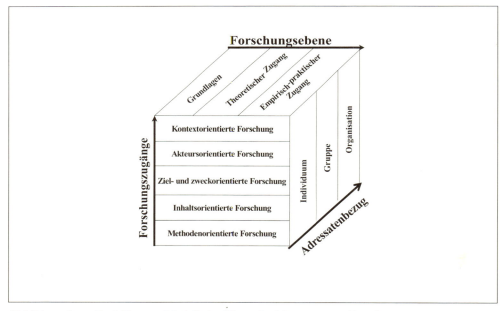

Abbildung 1: Drei-Ebenen-Modell der Diversity-Management-Forschung.

3 Forschungsebenen des Diversity Management

3.1 Begriffsbildende Grundlagen des Diversity Management

3.1.1 Diversity – zu gestaltende Vielheit

Der Begriff „*Diversity*", der meist mit Diversität, Heterogenität, Vielheit oder Verschiedenartigkeit der Belegschaft, in leicht positiver Konnotation mit dem Begriff der Vielfalt übersetzt wird, ist wie der durch diesen bezeichnete Sachverhalt vielschichtig und facettenreich. Die aktuelle Diskussion um den Gegenstandsbereich Diversity bewegt sich zwischen den Polen der Gleichstellungspolitik einerseits und einer proaktiven Wettbewerbsorientierung andererseits. Clutterbuck verdeutlicht: „At one extreme, diversity can be seen as a means of overcoming injustice – righting wrongs – and at the other as a means of enhancing individual and group contribution to the organization's goals." (Clutterbuck 2002, 55). Die Begriffsfassungen von Diversity unterscheiden sich hinsichtlich des Ausmaßes an Inklusion unterscheidender Merkmale der Mitarbeiter, die aufgrund ihrer Auswirkung auf die Arbeitsbeziehungen forschungsrelevant werden. Am weitesten geht Hayles, wenn er unter Diversity jegliche Unterschiede fasst, durch die sich Menschen in Organisationen auszeichnen (Hayles 1996, 105, zit. n. Wagner/Sepehri 2000, 458). Differenzierter formulieren Thomas und Ely: „Diversity should be understood as the varied perspectives and approaches to work that members of different identity groups bring." (Thomas/Ely 1996, 80).[1] Die Auffassungen divergieren insbesondere in Bezug auf den Grad, zu dem neben sichtbaren demographischen Diversitätsmerkmalen wie Alter, Geschlecht, ethnische Herkunft, Religion und Bildungsstand („surface-level diversity") auch nicht sichtbare Merkmale wie kulturelle Werthaltungen und Erfahrungen („deep-level diversity") von Interesse sind.[2] Während sichtbare Attribute eine Bedeutung für die Gruppenkomposition besitzen, kann die Qualität und die Verteilung von unsichtbaren Unterschieden, vermittelt über die Arbeitsleistung von Gruppen, unmittelbare Leistungs- und Ergebnisrelevanz für Unternehmen entfalten (Agars/Kottke 2004, 73).

Nicht alle Definitionen schließen sozio-ökonomische Unterschiede wie Statusunterschiede und die Zugehörigkeit zu einer bestimmten Hierarchieebene ein. Der Machtaspekt wird unterschiedlich stark berücksichtigt (Hays-Thomas 2004, 9). Diversität, die aus der Ausübung von Macht resultiert, kann einerseits als konstruierte, andererseits als akzeptierte Ungleichheit definiert

---

[1] Die akteursorientierte Forschung hat u.a. die Eingrenzung der Diversity Management-Zielgruppe und die Identifikation individueller Beiträge zur Diversität der Organisation zum Gegenstand, vgl. hierzu das Mehrebenenmodell des folgenden Abschnitts.

[2] Diese Unterscheidung wurde ursprünglich durch Harrison, D./Price, K./Bell, M. P. (1998) in Gruppenexperimenten zur Kohäsion heterogener Gruppen getroffen. Vgl. auch die Übersicht zu Diversity-Begriffen bei Wagner, D./Sepehri, P. (2000), S. 457.

werden. Ungleichheit aus Macht zeigt sich in der ungleichen Verteilung von Beteiligungs-, Entscheidungs-, und Gestaltungsmacht von Personen und Personengruppen. Diversität aus Machtunterschieden ist ein konstitutives Gestaltungselement von Organisationen. Mit Machtausübung tritt neben die personale und soziale Differenzierung eine erzwungene Unterschiedlichkeit der Organisationsmitglieder. Personenbezogene Aspekte („*Workforce Diversity*") werden neben verhaltensbezogenen Aspekten wie Denkhaltung, Kommunikationsstil, Arbeitsstil und Lernverhalten („*Behavioural Diversity*") zum Gegenstand der wissenschaftlichen Erforschung von Diversity.[3] Seltener werden intra- und interorganisatorische Interaktionsbeziehungen zwischen verschiedenen Hierarchieebenen, Geschäftseinheiten, Mutter- und Tochterunternehmen und in strategischen Allianzen („*Structural Diversity*") sowie die Einbettung in ein heterogenes gesellschaftliches und wettbewerbliches Umfeld („*Business and Global Diversity*") unter dem Aspekt der Diversity analysiert (Hubbard 2004, 8). Die erfolgskritische Rolle der Informationsverteilung innerhalb von Managementteams und ihr Einfluss auf den Strategieprozess spiegelt sich in der „*Informational diversity*" wieder als Aggregat der unterschiedlichen Bildungsniveaus und Erfahrungen der Führungskräfte, die zusammengenommen die Informationsressourcen der Gruppe konstituieren. Dieser Aspekt wird mit Bezug auf die Erfahrungen, die Führungskräfte in unterschiedlichen funktionalen Bereichen des Unternehmens sammeln, auch als „functional diversity" bezeichnet (Jarzabkowski/Searle 2004, 402). Die große Bandbreite möglicher Forschungszugänge wird ersichtlich. Diversity ist ein auf individueller Ebene, auf der Gruppenebene und auf Ebene der Gesamtorganisation wirksames Gestaltungselement.

Eine Begriffsfassung, die über eine rein summarische Erfassung relevanter Unterschiede von Mitarbeitern und Organisationseinheiten hinausgeht, bietet Hays-Thomas, die mit der Auswirkung der Diversität auf die Arbeitsbeziehungen zugleich die Begründung für die unternehmerische Relevanz von Diversity liefert. Sie fasst „Diversity" als „differences among people that are likely to affect their acceptance, work performance, satisfaction, or progress in an organization." (Hays-Thomas, 2004, 12). Mit dieser Definition wird die konstruierte Unterschiedlichkeit hervorgehoben. Unterschied entsteht aus Über- und Unterordnung und zeigt sich in Positionen und hierarchischen Ebenen.

Diversität als zu gestaltende Vielheit ist zunächst nicht mehr als das Rohmaterial, das durch Diversity Management zweckbestimmt zu formen ist. Die Differenziertheit von Diversität hängt vom Zusammenspiel einer Vielzahl von Faktoren ab: „…whether diversity has a positive or negative impact on performance may depend on several aspects of an organization's strategy, culture, and human resource (HR) practices." (Kochan 2003, 6). Ein einzigartiges

---

[3] Vgl. zu dieser Unterscheidung auch den Abschnitt zu inhaltsorientierter Forschung zum Diversity Management.

Maß an Diversity entsteht aus dem synergetischen Zusammenspiel dieser Basisfaktoren. Die Herstellung von Diversität als unternehmerische Aufgabe hat sich an zielorientierten Maßstäben zu orientieren. Diversity ist keine wertfreie Kategorie und auch kein Wert an sich, sondern gewinnt, wie das Konstrukt der strategischen Wettbewerbsposition, wie Effektivität und Effizienz, erst durch das In-Beziehung-Setzen zu einer Bezugsgröße an Aussagekraft. Die Unternehmens- und Personalpolitik gestaltet den Kontext der Vielfalt, in dem sich die Diversität der Belegschaft als Ressource entfalten kann. Der Wert der Diversität wird wesentlich durch die Perspektive bestimmt, die die Organisation bezüglich der Veränderbarkeit von leistungsrelevanten Merkmalen ihrer Mitglieder einnimmt. Eine strikt an Performanz ausgerichtete Orientierung negiert die Möglichkeit, Lerneffekte zu realisieren:

„A performance orientation results in an entity view, where people's abilities are seen as finite, fixed entities. Thus, an ability like intelligence is seen as an immutable characteristic of a person like his or her height or eye color. On the other hand, a learning orientation results in an incremental view, where people's abilities are seen as malleable and changeable." (Roberson 2003, 247).

Nach diesem Verständnis ist Homogenität und damit die Verhinderung von Heterogenität Ziel des Diversity Management. Präzisionsarbeit, repetitive Arbeit und gesetzlich vorgegebene Verfahrensweisen bei der Erfüllung von Aufgaben verbieten kreative Vielfalt. Ziel ist identische Wiederholung, nicht erprobendes, exploratives Suchen nach einer Lösung. Andererseits gibt es Aufgaben, die kreative Vielfalt, innovatives Probieren und Erkunden verlangen. Vielfalt ist gefragt, sowohl auf der Input- als auch auf der Outputseite.

3.1.2 Diversity Management – Gestaltung der Vielheit in der Einheit

Diversity Management, die Gestaltungsdimension der Vielheit, beinhaltet nach Cox „planning and implementing organizational systems and practices to manage people so that the potential advantages of diversity are maximized while its potential disadvantages are minimized." (Cox 1993, 11). Eine treibende Kraft hinter Diversity Management stellt die Individualisierung der Gesellschaft dar. Diese wurzelt in der mit der Blütezeit des Bürgertums einhergehenden Aufwertung des Individuums:

„Das abstrakte Individuum...wird, allein schon durch die neue gesellschaftliche Frontenbildung, auch zum Träger einer neuen Glücksforderung. Nicht mehr als Vertreter[...]sondern als je einzelnes Individuum soll es nun die Besorgung seines Daseins, die Erfüllung seiner Bedürfnisse selbst in die Hand nehmen, unmittelbar zu seiner „Bestimmung", seinen Zwecken und Zielen stehen, ohne die sozialen, kirchlichen und politischen Vermittlungen des Feudalismus." (Marcuse 1937, 61).

Es ist folglich für die Ausgestaltung des Diversity Management wesentlich zu wissen, ob der Entwurf des aufgeklärten Staatsbürgers, des eigenverantwortlichen Mitarbeiters, des emanzipierten Individuums die Realität ist, von der das

Diversity Management seinen Ausgang nimmt. Wenn das unabhängige Individuum Realität ist, dann verändert sich *Diversity Management* zu *Managing Diversity*. Die Diversität wird als gegeben und gewollt unterstellt, es geht lediglich darum, aus der Addition der Individualitäten gewissermaßen das Beste zu machen. Folgen wir Marcuse, so besteht eine Differenz zwischen der abstrakten Gleichheit einerseits, die für das Bürgertum in seiner Auflehnung gegen den Feudalismus genügte, „um wirkliche individuelle Freiheit und wirkliches individuelles Glück erscheinen zu lassen: es verfügte bereits über die materiellen Bedingungen, die solche Befriedigung verschaffen konnten." (Marcuse 1937, 62). Dagegen konnte für das entrechtete bäuerliche und städtische Proletariat „die abstrakte Gleichheit nur als wirkliche Gleichheit einen Sinn haben."(Marcuse 1937, 62).

Ohne die faktische Verbesserung der Zugangschancen von Minoritäten zu Arbeitsmarkt, zu Bildung und persönlicher Entfaltung bleibt Diversity Management folgenloses Lippenbekenntnis. Hat sich die Individualität nicht in dem aufgeklärten Sinne durchgesetzt, dann hat *Diversity Management* die Aufgabe, bewusste Individualität erst einmal herbeizuführen. Durch Ausdifferenzierung und Spezialisierung wird zur Wahrnehmung der unterschiedlichen gesellschaftlichen Aufgaben ermuntert.

Es sind intensive Bemühungen zum Aufbau von Alleinstellungsmerkmalen durch Diversity Management zu beobachten. Unternehmen haben ebenso wie Anbieter von Arbeitskraft dann Aussicht auf hohe Renten, wenn es ihnen gelingt, ihre Leistung gewissermaßen als Unikate zu gestalten und zu vermarkten. Damit zelebrieren Personen und Unternehmen Individualität und Einzigartigkeit, die es Gewinn bringend einzusetzen gilt.

Andererseits folgen Unternehmen dem ökonomischen Primat des „Common acting." Sie zelebrieren Egalität und Generalisierung, um aus der Glättung von teuren Unterschieden Kostenvorteile generieren zu können. Mithin ist die Praxis der Diversität stets durch die Optimierung von Individualität und Heterogenität einerseits und Generalisierung und Homogenität andererseits gekennzeichnet. Diversity Management bezeichnet somit die Kunst der situativen Optimierung vom Heterogenität und Homogenität zur Erreichung gesetzter Ziele.

Human Resources Diversity Management (HRDM) hat „die Bereitstellung einer von der Unternehmensaufgabe abgeleiteten passgenauen Belegschaft zu möglichst geringen Kosten" (Becker 2005a, 32) zum Ziel. Neben der Ressourcenorientierung ist damit die Notwendigkeit eines ziel- und kostenabgestimmten Diversity Management angesprochen. Die Realisierung des unternehmensbezogen optimalen Mischungsverhältnisses zwischen Generalisten und Spezialisten, unterschiedlichen Professionen und Erfahrungshintergründen ist Gegenstand des HRDM.

Die am stärksten von Arbeitslosigkeit betroffene Gruppe der arbeitsfähigen Bevölkerung stellen neben Jugendlichen Frauen und ältere Arbeitnehmer dar. Gründe hierfür werden vor allem Fehlanreizen bei der Gewährung von Transferzahlungen („benefit traps"), der „Subventionierung" der Frühverrentung bzw. der impliziten Besteuerung der weiteren Beschäftigung sowie in der fehlenden Vereinbarkeit von Arbeit und Familie gesehen. Auch Altersdiskriminierung und fehlende Wiedereingliederungspläne für ältere Arbeitnehmer bilden einen Anreiz zur Verkürzung der Lebensarbeitszeit (OECD 2005, 4 ff.). Alters-Diversity-Management (ADM) zielt als personalpolitische Teilstrategie auf die Verbesserung von Effizienz und Produktivität und die Sicherung der Wettbewerbsfähigkeit durch den optimalen Grad an altersbezogener Heterogenität der Belegschaft. Für zahlreiche Arbeitslose ist der Grund der Arbeitslosigkeit in der mangelnden Knappheit ihres Arbeitsangebotes zu sehen, bei gleichzeitig exogen befohlenem Lohnäquivalent, das deutlich oberhalb der Grenzproduktivität liegt. Nur wenn es durch den Aufbau von Extras gelingt, das angebotene Arbeitsvermögen attraktiv, d. h. für Nachfrager knapp zu gestalten, entsteht Aussicht auf Beschäftigung. Insofern sind Arbeitslose und Beschäftigte gleichermaßen aufgefordert, ein persönliches Diversity Management zur Sicherung ihrer Beschäftigungsfähigkeit aktiv zu betreiben.

3.1.3 Begriffliche Klarheit vs. Nutzen der doppelten Inhaltlichkeit

Im wissenschaftlichen Diskurs zum Gegenstandsbereich Diversity hat sich mit *Managing Diversity* einerseits und *Diversity Management* andererseits eine doppelte Begrifflichkeit herausgebildet. Zum Teil werden beide Begriffe synonym gebraucht. Rechtfertigen lässt sich diese Verdopplung nur, wenn es sich hierbei um mehr als eine intellektuelle Übung handelt, wenn sie mit einem Zugewinn an Inhaltlichkeit verbunden ist. Dem „Celebrating Diversity" als Leitspruch zahlreicher Diversity-Initiativen ist ein Widerspruch inhärent, dessen sich die Organisatoren dieser Programme meist nicht bewusst sind. *Managing Diversity* nimmt die vorhandene Diversität zum Ausgangspunkt der organisationalen Gestaltung. Ziel ist die Begrenzung der durch Diversität in den Arbeitsbeziehungen entstehenden Reibungsverluste, meist mit der Folge eines kleinsten gemeinsamen, der homogenen Mehrheit entgegenkommenden, Nenners des Umgangs mit Heterogenität. Es soll bei aller Unterschiedlichkeit größtmögliche Einheit des organisationalen Handelns erzielt, d.h. Individualität auf das unverzichtbare Maß reduziert werden mit dem Ergebnis eines „common acting" und „common thinking" der Organisationsmitglieder. Durch *Diversity Management* wird dagegen eine marktbezogene Differenzierung mit dem Ziel der Alleinstellung gegenüber Wettbewerbern angestrebt. Individualität ist nicht nur akzeptiert, sondern als Quelle von Flexibilität, Kreativität und Innovationsfähigkeit in höchstem Maße erwünscht. Beide Sichtweisen zusammen repräsentieren genau genommen eine Quadratur des Kreises: eine Gleichzeitigkeit von Gleichheit und Ungleichheit. Veränderungen des gesellschaftlichen Kontextes haben aber bereits zu einer höheren Akzeptanz dieser Gleichzeitigkeit geführt: „The conceptualization of unity through diversity, or unity permeating difference, is becoming more acceptable today as part of some of the changes which have given rise to information age, undermining the cultural integration of the nation-state." (Korac-Kakabadse/ Kouzmin/Korac-Kakabadse 2003, 373).

Managing Diversity als Abbau von Benachteiligung und *Diversity Management* als Spezialisierung durch Aufbau zielbezogener Andersartigkeit kann als Ausdruck einer Arbeitsteilung in der Diversity-Forschung als gerechtfertigt angesehen werden. Den folgenden Ausführungen liegt die proaktive Konzeption des *Diversity Management* zugrunde, da hier eine einseitig affirmative Ausrichtung des Ansatzes vermieden wird und gestalterische Aspekte der Diversität der Arbeitsbeziehungen stärker im Vordergrund stehen.

3.2 Theoretischer Zugang zum Diversity Management: Forschungsstand und Forschungsdefizite

Der theoretische Forschungsstand in Deutschland stellt sich als Folge der Orientierung an der amerikanischen Forschungstradition als eklektisch, mit wenig eigenen Schwerpunktsetzungen, dar.[4] Ein großer Anteil der Forschung zu Diversity und Diversity Management hat sich dem Zusammenhang zwischen Diversity und unternehmerischem Erfolg gewidmet, um die Legitimationsbasis von Maßnahmen des Diversity Management zu erweitern. Die zunehmende Konzentration auf die ökonomische Dimension auch in der anglo-amerikanischen Forschung lässt die Frage offen, auf welchem Weg die als wertvoll erkannte Diversität der Belegschaft gezielt geschaffen werden kann. Forschungsbedarf besteht auch hinsichtlich der Voraussetzungen und Rahmenbedingungen für den Aufbau der für das Diversity Management notwendigen Kompetenz. Hier bietet die Forschung zu interkultureller Kompetenz, d.h. Kompetenz im Umgang mit kultureller Vielfalt, einen ersten Ansatzpunkt, wobei der Schwerpunkt auf die Bewusstmachung von Stereotypen und die Entwicklung eines Führungsstils zu legen ist, der Ambiguitätstoleranz aufweist und Unsicherheit auf der Seite der Mitarbeiter zu reduzieren vermag (Sackmann/Bissels/Bissels 2002, 51 f.).

Ansätze mit eher therapeutischem Charakter, die aktuelle Probleme wie das Auseinanderklaffen von Anforderungen und Leistungsfähigkeit Älterer zu lösen versuchen, bleiben notwendig defizitär. Ein Erfolg versprechender Ansatz wäre es, das bisher noch weitgehend „jugendzentrierte" Personalmanagement unter Berücksichtigung der Erkenntnisse zur Leistungs- und Lernfähigkeit älterer Arbeitnehmer zu einem strategisch ausgerichteten, inklusiven

---

[4] Als Ausnahmen mit eigener theoretischer Fundierung oder Konzeptualisierung sind die Ansätze von Krell, G. (1998), Aretz, H.-J./Hansen, K. (2002), Wagner, D./Sepehri, P. (2000) und Petersen, L.-E./Dietz, J. (2005) zu nennen.

Personalmanagement weiterzuentwickeln. Gegenstand sind im Sinne einer „Individualisierung" des Personalmanagements altersangepasste Beschäftigungsformen, Förderung des beiderseitigen Wissenstransfers in altersgemischten Gruppen und altersangemessene Maßnahmen der Personalentwicklung.[5] Die differenzierte Erfassung der unterschiedlichen Leistungsprofile der in den Betrieben vertretenen Altersklassen und der individuellen klasseninternen Unterschiede im Leistungsvermögen ist die Basis eines langfristig orientierten, nachhaltigen Diversity Management für alle Belegschaftsgruppen des Unternehmens. Indirekt wird die Variable Alter über den Grad der physischen und mentalen Leistungsfähigkeit in die Forschung zum Diversity Management eingeschlossen, wenn es in einer weit ausgreifenden Definition des MIT heisst:

„diversity includes all differences that comprise the human experience and make up, i. e. race, gender, culture, ethnicity, physical and mental capacity, size, sexual orientation, religion, education, economic status." (Caines 2003, 256 f.).

An der nachwirkenden Prädominanz von Geschlecht und ethnischer Abstammung als Forschungsgegenstand lässt sich die Herkunft des Diversity Management aus dem Gleichstellungsgedanken ablesen. Die Überfokussierung der amerikanischen Diversity-Forschung auf diese Aspekte sollte zugunsten einer breiteren Palette an Diversity-relevanten Merkmalen – angesichts der demographischen Entwicklung im überwiegenden Teil der europäischen Länder insbesondere des Alters – überwunden werden.

Werden unter Diversity als „catch-all"-Variable jedoch sämtliche Unterschiede der Belegschaft gefasst, ohne eine qualifizierende Aussage über ihre relative Bedeutung im Zielsystem des Unternehmens zu treffen, wird das Phänomen „Diversity" zu einer inhaltsleeren Formel. Die fokussierte Betrachtung einzelner Diversitätsmerkmale hat sich an ihrer Relevanz für die Unternehmensaufgabe zu orientieren. An die Stelle eines summarischen Verständnisses von Diversity ist eine ziel- und aufgabenbezogene Betrachtung zu setzen.

Eine positive Konnotation mit dem Begriff Diversity ist keine Voraussetzung für erfolgreiches Diversity Management. Diversität ist nicht per se als gut anzusehen. Vielmehr ist Homogenität für die Erstellung standardisierter Leistungen ökonomisch sinnvoll und beizubehalten, während die mit der Schaffung von Heterogenität verbundenen Kosten nur unter der Bedingung gerechtfertigt sind, dass Wettbewerbsdynamik und interne Dynamik der Tätigkeiten eine Erhöhung der Diversität erfordern (Becker 2005a, 33). Grundsätzlich ist für das noch recht junge Forschungsgebiet Diversity eine Phase

---

[5] Die Gegenüberstellung der unmittelbar anfallenden, bekannten Aufwendungen (z.B. zur Nachqualifizierung Älterer) und der unsicheren zukünftigen Erträge (Kosteneinsparung durch geringeren Rekrutierungsaufwand und reduzierte Fluktuation bzw. höhere Leistungsqualität) lässt Unternehmen bisher überwiegend den operativ-therapeutischen Ansatz wählen. Vgl. Eckardstein, D. v. (2004), S. 132 ff.

intensiver Ziel- und Inhaltsklärung zu fordern. Dies setzt interdisziplinäre Forschungsarbeit, die Sammlung vorhandener Erkenntnisse und einen Forscherdialog voraus, in dem sine ira et studio die Erkenntnisinteressen, die Forschungsziele, geeignete Forschungsmethoden und auch die Grenzen der Diversity-Forschung thematisiert werden.

3.3 Empirisch-praktischer Zugang zum Diversity Management: Forschungsstand und Forschungsdefizite

Gestaltungsdefizite lassen sich auf allen Analyseebenen feststellen. Die Mehrheit der auf der Ebene des *Individuums* ansetzenden empirischen Studien vergleicht die Auswirkung unterschiedlicher Arten von Diversität, etwa bezüglich Alter, Geschlecht oder ethnischer Abstammung auf Variablen wie Leistung, Arbeitszufriedenheit und vertikale Mobilität von Mitarbeitern. Auch der Vergleich von Beförderungshäufigkeit und Leistungsbeurteilungen benachteiligter Gruppen mit denjenigen dominierender Gruppen in der Organisation ist Forschungsgegenstand. Generalisierte, vom Individuum abstrahierende Aussagen sind mit Vorsicht zu interpretieren, da Maßnahmen des Diversity Management sich auf der individuellen Ebene unterschiedlich auswirken je nachdem, ob die Organisationsmitglieder der Minoritäten- oder Majoritätengruppe in der Organisation angehören. Es ist zudem eine beträchtliche Variation in der Stärke des Zusammenhangs zwischen Diversität und Leistung innerhalb dieser Gruppen zu beobachten (Dick 2003, 137). Auf der individuellen Ebene zielen die Maßnahmen der Herbeiführung eines jeweils typischen Leistungsangebots von Personen auf die doppelte Zielsetzung der Erhaltung der Beschäftigungsfähigkeit (Employability) einerseits und der Komplettierungsfähigkeit des angebotenen Humanvermögens zur Herausbildung einer einzigartigen Unternehmensleistung (Wettbewerbsfähigkeit) andererseits. Die Beschäftigungsfähigkeit und die Komplettierungsfähigkeit gründen dabei auf der geforderten aktuellen Leistungsfähigkeit und auf der Umstellungsfähigkeit des Humankapitals. Anbieter von Humankapital müssen deshalb fortgesetzt analysieren, wie ertragswahrscheinlich ihr gegenwärtiges Leistungspotential ist, und welche Umstellungsbefähigung (mental, methodisch, fachlich) als „Reserve-Diversität" sie potentiell wechsel- bzw. umstellungsfähig hält. Die Unternehmen müssen über die Deckung des aktuellen leistungsorientierten Bedarfs an diverser Befähigung hinaus die quantitative und qualitative Entwicklung des Angebots von Humanressourcen auf den relevanten Arbeitsmärkten analysieren. Die Passung zwischen dem Angebot von Humanressourcen und den sich verändernden Anforderungen zur Sicherung der zukünftigen Unternehmensleistung ist laufend zu überprüfen.

Die von Ely und Thomas 2001[6] und von Kochan et al. 2003[7] auf *Gruppenebene* durchgeführten Untersuchungen der Wirkungsbeziehung zwischen Diversity

---

[6] Vgl. die Studie von Ely/Thomas 2001 auf der Basis heterogener Geschäftseinheiten.

und unternehmerischen Erfolgsgrößen konnten keine unmittelbaren Zusammenhänge nachweisen. Dieser Befund deckt sich mit dem Forschungsstand zur Leistung heterogen zusammengesetzter Gruppen, demzufolge in Bezug auf das kognitive Leistungsverhalten keine signifikant höhere Leistung heterogener Gruppen im Vergleich zu homogenen Gruppen nachgewiesen werden konnte.[8] Die Mehrzahl der Studien zur Leistung heterogener Gruppen wurden als „black-box"-Studien durchgeführt, d.h. es wurde von intervenierenden Variablen zwischen Diversity und Leistung abstrahiert. Die Uneindeutigkeit der identifizierten Wirkungsrichtungen legt nahe, weitere empirische Forschung zur Klärung des Verhältnisses zwischen sogenannten „first level outcomes" (Veränderung von Fluktuationsraten, Produktivität, Problemlösequalität, Gruppenkohäsion) und „second level outcomes" (Gewinn, Marktanteil, Effektivität) durchzuführen (Cox 1993). Auf der Gruppenebene sind insbesondere „altersdiverse" Teams, Kern- und Peripherie-Arrangements und Netzwerke fester und freier Leistungserbringer hinsichtlich ihrer Leistungsbeiträge, der Gestaltungsvoraussetzungen und der zu erwartenden Kosten der Beschäftigung heterogener Belegschaften zu untersuchen.

Auf der Ebene der *Gesamtorganisation* besteht insbesondere Forschungsbedarf zur Interaktion zwischen Organisationsmitgliedern (Dietz/Petersen 2005, 228). Bestehende Instrumente wie job-rotation, Projektlaufbahnen und „cross-pollination"[9] sind zur gezielten Schaffung von Diversität zu nutzen, um funktions- und geschäftsbereichsübergreifend Diversität in den Kooperationsbeziehungen aufzubauen. Geleitet von der Erkenntnis, dass das Potenzial heterogener Gruppen nicht mit der Summe aller Einzelpotenziale gleichzusetzen ist, sondern dass sich der Wert der Diversität insbesondere in der gelungenen themen- bzw. zielbezogenen Interaktion herausbildet, sind Potenzialbeurteilung und Mentoring auf die Anforderungen heterogener Gruppen so abzustimmen, dass sich auf Ebene der Gesamtorganisation zweckdienliche Wirkungen hinsichtlich der angestrebten Unternehmensziele ergeben.

---

[7] Vgl. die Untersuchung von Kochan et al. 2003 auf Basis von bezüglich Rasse und Geschlecht heterogenen Gruppen.

[8] Unter kognitivem Leistungsverhalten („cognitive task performance") werden Entscheidungsfindung, Planung, Kreativität und Problemlösung gefasst. Es wurden positive wie negative Zusammenhänge zwischen Diversity und kognitivem Leistungsverhalten festgestellt. Vgl. für einen Überblick über Feldstudien zum Leistungsverhalten heterogener Gruppen Pelled/Eisenhardt/Xin 1999.

[9] Unter cross-pollination wird in Analogie zum biologischen Begriff der „Fremdbestäubung" der Wechsel zwischen unterschiedlichen, Funktionen, Divisionen und Aufgabenbereichen verstanden, wodurch eine Heterogenisierung des Informationsstands und des Erfahrungshintergrunds vor allem für Arbeitsgruppen erzielt werden soll. Jarzabkowski/Searle 2004, 402 f.

4 Forschungszugänge zum Diversity Management

4.1 Kontextorientierte Forschung

4.1.1 Der interne und externe Kontext als Rahmenbedingungen des Diversity Management

Kontextorientierte Forschung untersucht die internen und externen Bedingungsfaktoren als Treiber der Entwicklung zum Diversity Management. Externe Kontextfaktoren, wie rechtliche Rahmenbedingungen und Beziehungen zu externen Anspruchsgruppen sowie interne Leistungsbeziehungen bestimmen das Ausmaß der zu akzeptierenden und der zu gestaltenden Heterogenität. Die Kosten des Verzichts auf systematisches Diversity Management im Umgang mit bestehender Diversität können erheblich sein, denn diese kann, wenn sie falsch gehandhabt wird, eine hohe Sprengkraft entfalten. Bereits im Jahr 1998 lagen bei der amerikanischen Equal Employment Opportunity Commission (EEOC) über 52 000 Fälle vor, in denen Mitarbeiter ihre Arbeitgeber wegen Rassen- oder Geschlechts-Diskriminierung verklagten. Auch Klagen von Angehörigen der weißen Mehrheit, sie würden am Arbeitsplatz durch Minoritäten in ihren Rechten verletzt, wurden registriert.[10] Das Bekenntnis zu Diversity als „employer brand" und zur Erzielung von „good will" gegenüber Kunden und Investoren ist im Marketingbereich Ausdruck des Diversity Management als Mittel der Kundenorientierung. Die steigende Zahl von Unternehmen, die ihre „Mission Statements" mit Stellungnahmen zum Diversity Management anreichern, belegt den Trend (Singh/Point 2004). Ein wachsender Markt an Fonds konzentriert Mittel auf sozial engagierte, unter anderem Diversity Management praktizierende, Unternehmen und amerikanische Rating-Agenturen berücksichtigen Maßnahmen des Diversity Management bei ihren Anlageempfehlungen (Macharzina/Wolf 2005, 788; Steppan 1999, 32).

Externe und interne Bedingungsfaktoren stellen die Rahmenbedingungen der Entwicklung des Diversity Management dar. Extern auf Unternehmen einwirkende Umweltbedingungen, wie die demographische Entwicklung und rechtliche Rahmenbedingungen sowie interne Faktoren, wie die Unternehmenskultur, lassen Unternehmen Diversity Management in unterschiedlicher Reichweite praktizieren. Ein wesentlicher Treiber hinter der Anerkennung des Stellenwertes von Diversity besteht in rechtlichen Vorgaben. In den USA hat sich Diversity Management in den 60er Jahren des 20. Jahrhunderts als Folge schärferer Gesetzgebung auf lokaler und föderaler Ebene zur Verringerung von Diskriminierung in den Arbeitsverhältnissen entwickelt. Beschränkten sich im Civil Rights Act (CRA) von 1964 die Diskriminierungstatbestände noch auf die Merkmale Geschlecht, Nationaliät, Religion und Hautfarbe, hat sich die

---

[10] Die astronomische Höhen erreichenden Streitsummen sind auf die sogenannte „Generalprävention" zurückzuführen, die darauf abzielt, Unternehmen durch Erhöhung des Prozessrisikos ex ante von diskriminierenden Praktiken abzuschrecken. Vgl. Steppan 1999, 29.

Gruppe der „protected classes" mit dem Age Discrimination in Employment Act (ADEA) von 1967 und dem Americans with Disabilities Act (ADA) aus dem Jahr 1990 ausgeweitet und schließt nun auch Arbeitnehmer mit körperlicher oder geistiger Behinderung und ältere Arbeitnehmer ein. Der Schwerpunkt des ADEA gegen Altersdiskriminierung liegt auf dem Schutz älterer Arbeitnehmer gegen ungleiche Behandlung in den Bereichen Einstellung, Bezahlung, Weiterbildung, Entlassung und Ruhestand (Hays-Thomas 2004, 17 ff.).[11] Altersdiskriminierung und ihren Vorformen, wie unbelegten Vorurteilen über die Leistungsfähigkeit älterer Arbeitnehmer, soll mit dem Ziel entgegengewirkt werden, „to dispel the myth that human beings undergo a step change in terms of their labour-force participation, physiological condition and mental agility as they progress from their second to their third age." (Tempest/Barnatt/Coupland 2002, 478). Altersdiskriminierung kann unterschiedliche Erscheinungsformen annehmen. Altersbeschränkungen in Stellenanzeigen, die in Deutschland meist im Bereich von 40-45 Jahren liegen[12], stellen einen ersten Befund dar, der sich als indirekte Diskriminierung in der Vorenthaltung von Fördermaßnahmen und Beförderungen gegenüber älteren Arbeitnehmern manifestiert und in den 10-15 Jahren vor dem Eintritt in das Rentenalter in die Setzung von Anreizen für vorzeitiges Ausscheiden mündet. Ältere Arbeitnehmer sorgen ihrerseits für die Perpetuierung der Diskriminierung, indem sie sich ab einer bestimmten Altersschwelle für Positionen nicht mehr bewerben. Eine zur US-amerikanischen analoge Gesetzgebung gegen Altersdiskriminierung existiert in größerem Umfang in Australien, in geringerer Ausprägung in Kanada, Österreich, Griechenland, Neuseeland und Spanien (Brotherton 2003, 229 f.).

Die gesetzlichen Grundlagen des Diversity Management in Deutschland bestehen im Gleichheitsgrundsatz, kodifiziert in Art. 3 des Grundgesetzes, und im Arbeitsrecht als Verbot der geschlechtbezogenen Diskriminierung (§§ 611a und 612 Abs. 3 BGB). Ziel ist die Verhinderung diskriminierender personalpolitischer Praktiken aufgrund von Unterschieden in Nationalität, Religion oder Geschlecht. Mit der im Jahr 2000 verabschiedeten Richtlinie zur Gleichbehandlung im Bereich der Beschäftigung hat der Europäische Rat die Messlatte für Diversity Management gemeinschaftsweit nach oben gesetzt und erstmals

---

[11] Hays-Thomas weist darauf hin, dass nach Auffassung der Gesetzgeber die Ursache der Altersdiskriminierung in Vorurteilen von Arbeitgebern über das Ausmaß der Leistungsfähigkeit älterer Arbeitnehmer zu sehen ist. Hierin ist jedoch auch eine Schutzbehauptung zu sehen, die durch Arbeitgeber verwendet wird, um die eigentlichen Gründe für vorzeitige Ruhestandsregelungen, wie z. B. die Einsparung der höheren Lohnkosten älterer Arbeitnehmer, nicht offen zu legen. Hays-Thomas 2004, 26.

[12] In Frankreich etwa ist eine solche Altersbeschränkung gesetzlich untersagt. Vgl. Brotherton 2003, 230.

Alter als Diskriminierungstatbestand aufgenommen.[13] Auch die zunehmend differenzierter werdenden Anforderungen an die Personalberichterstattung, z.B. die in Basel II geforderten Berichte zur systematischen Personalauswahl und -entwicklung und zur Arbeitszeitflexibilisierung, setzen Rahmenbedingungen für das Diversity Management. Trotz zunehmender Berichterstattung auf freiwilliger Basis in den Bereichen Personalbestand und Entlohnung stellt die systematische Herstellung von Transparenz über die betriebliche Altersstruktur und die Existenz von Diversity-Management-Programmen jedoch noch die Ausnahme dar (Martina/Trautmann 2004, 29 u. 31).

4.1.2 Deskriptive und explikative Modelle eines kontextorientierten Diversity Management

Die inzwischen als klassisch zu bezeichnende Diversity-Management-Typologie von Thomas und Ely, die Kontextorientierung mit zielorientierter Forschung verbindet, identifiziert drei wesentliche Stoßrichtungen des Diversity Management in Unternehmen und lenkt gleichzeitig den Blick darauf, „how context might shape people's thoughts, feelings, and behaviours[...]and how these, in turn, might influence the role of cultural diversity in the work group's functioning." (Ely/Thomas 2001, 237).[14] Empirisch induktiv ermittelte Formen des Diversity Management werden zu drei Paradigmen verdichtet[15]:

"discrimination-and-fairness paradigm"

Unter den Vorzeichen des "discrimination-and-fairness"-Paradigmas wird ein Zielbündel, bestehend aus Gleichstellung (equal opportunity), Gleichbehandlung (fair treatment) und sozialer Gerechtigkeit (social justice), verwirklicht. Den Anstoß stellen rechtliche Vorgaben zur Gleichbehandlung von Minoritäten bei Rekrutierung, Entlohnung und Förderung dar. Ein Gradmesser der Zielerreichung besteht etwa in der Erfüllung von Beschäftigungsquoten. Die zugrundeliegende Werthaltung postuliert: „It is not desirable for diversifica-

---

[13] Der Richtlinie gemäß behindert Diskriminierung aufgrund von Religion, Weltanschauung, Behinderung, Alter oder sexueller Ausrichtung die Erreichung „eines hohen Beschäftigungsniveaus und eines hohen Maßes an sozialem Schutz, die Hebung des Lebensstandards und der Lebensqualität, den wirtschaftlichen und sozialen Zusammenhalt, die Solidarität sowie die Freizügigkeit." Richtlinie 2000/78/EG, L 303/16 –17 u. Art. 6.

[14] Dieser Ansatz und die darauf aufbauende Forschungsrichtung werden wegen der Betrachtung des Arbeitsumfeldes als moderierender Variabler hier der kontextorientierten Forschung zugeordnet.

[15] Ely und Thomas nennen drei Voraussetzungen, die erfüllt sein müssen, um eine der drei Paradigmen als in einer Arbeitsgruppe vorherrschend identifizieren zu können: (1) Eine Mehrheit der Gruppenmitglieder teilt diese Sichtweise und ist in der Lage, sie zu artikulieren, eingeschlossen jedoch nicht beschränkt auf Inhaber von Leitungspositionen. (2) Die Zugehörigkeit zu einer Gruppe mit gemeinsamer kultureller Identität (z.B. bzgl. Rasse, Geschlecht, sozialer Klasse) hat keinen systematischen Einfluss auf diese Sichtweise und (3) Bestehende abweichende Positionen beschränken sich auf Gruppenmitglieder mit geringem Einfluss in der Gruppe. Ely/Thomas 2001, 270, Anm. 4.

tion of the workforce to influence the organization's work or culture. The company should operate as if every person were of the same race, gender, and nationality." (Thomas/Ely 1996, 81). Mit der Nivellierung der bestehenden Unterschiede wird Mitarbeitern die Möglichkeit genommen, ihre in den Arbeitsbeziehungen wirksam werdende Individualität in die Verbesserung von Strategie, Arbeitsprozessen und Verfahrensweisen einzubringen. Auch entfällt die Bewusstmachung von Vielfalt als Mittel zur Erhöhung der Identifikation mit der Organisation (Thomas/Ely 1996, 82). Der Zwang zur Gleichbehandlung und das Gebot des „common acting" fördern Passivität und ausweichendes Verhalten. Motivation und Eigenaktivität zur Verbesserung der persönlichen Situation werden reduziert.

"access-and legitimacy paradigm"

Auf der Entwicklungsstufe des „access-and-legitimacy"-Paradigmas wird die Vielfalt der Belegschaft als Wettbewerbsfaktor erschlossen. Durch Nachbildung der demographischen Struktur der Kundengruppen in der Belegschaft, z.B. durch Einsatz von Kundenmanagern („key account managers") mit entsprechender personeller und qualifikatorischer Passung, sollen Wettbewerbsvorteile erzielt werden. Es besteht jedoch die Gefahr, dass „access-and legitimacy leaders are too quick to push staff with niche capabilities into differentiated pigeonholes without trying to understand what those capabilities really are and how they could be integrated into the company's mainstream work." (Thomas/Ely 1996, 83). Werden einzelne Leistungsträger auf ihre minoritätenspezifischen Fähigkeiten reduziert, ohne für Informations- und Kompetenzaustausch in der Organisation Sorge zu tragen, wird Diversity Management als „Insellösung" realisiert. Mangelnde Durchlässigkeit der Organisation behindert Lerneffekte (Thomas/Mack/Montagliani 2004, 33), Diversity Management bleibt punktuell und auf die operative Ebene beschränkt.

"learning-and-effectiveness paradigm"

Eine wesentliche Begriffserweiterung erfährt Diversity Management beim „learning-and-effectiveness"-Paradigma. Durch die Nutzung der in der Diversität der Belegschaft gründenden Vielfalt der Zugänge zu Arbeitsgestaltung, Aufgabenplanung und Problemlösung lernt die Organisation. Durch Hinterfragung organisatorischer Funktionen, Strategien, Prozesse und Verfahrensweisen sollen Mitarbeitern Freiheitsgrade und Wertschätzung vermittelt und im Gegenzug Innovation durch Beteiligung gefördert werden (Thomas/Ely 1996, 80). Stärker als beim „Diskriminierung-und-Fairness" und „Marktzugangs-und-Legitimitäts"-Paradigma stellt das „Lern-und-Effektivitäts"-Paradigma auf organisationales Lernen und die ökonomische Nutzbarmachung der Diversity ab. Erfolg begründet die Legitimität von Diversity-Maßnahmen. Es ist jedoch fraglich, ob die Erkenntnisse zum organisationalen Lernen sich bruchlos auf die Problemstellung des Diversity Management übertragen lassen, besteht doch ein Unterschied zwischen der Zusammenarbeit in homogenen Gruppen und den besonderen Anforderungen, die Gruppen-Heterogenität an Qualifikation und Identifikation ihrer Mitglieder stellt (Agars/Kottke 2004, 61).

Im Gegensatz zur deskriptiven Vorgehensweise von Thomas und Ely vertritt Cox 1991 eine dezidiert präskriptive Orientierung mit dem Ziel der Maßnahmengenerierung in Übereinstimmung mit den strategischen Zielen zur Verwirklichung einer multikulturellen Organisation (Sackmann/Bissels/Bissels 2002, 50). Das prozessual orientierte Modell von Cox et al. 2001 geht über die Nennung idealtypischer Entwicklungsphasen des Diversity Management hinaus und strebt eine Integration in die strategische Unternehmensführung an. Das Ergebnis ist ein fünfstufiger Regelkreis der Transformation zu einer multikulturellen Organisation. Dieser setzt sich aus den Elementen Führung („leadership"), Messung der Diversity-Kompetenz in der Organisation („Research and Measurement"), Anstoß eines internen Lernprozesses („Education"), Anpassung von Rekrutierung, Vergütung, Personalentwicklung und Arbeitsgestaltung auf Anforderungen des Diversity Management („Alignment of management systems") und Erfolgskontrolle („Follow-up") zusammen (Cox/Cox/O'Neill 2001, 19). Der Regelkreis ist in Abbildung 2 dargestellt.

Externe und interne Treiber des Diversity Management sind zu berücksichtigen. Eine zu mechanistische Sicht auf den internen Kontextfaktor Unternehmenskultur als abhängiger, durch die Unternehmensführung gezielt steuerbarer Variable, führt ebenso zu Fehlschlüssen wie das Konzept einer einheitlichen Unternehmenskultur als einem von der Mehrheit der Organisationsmitglieder geteilten, homogenen Konstrukt.[16] In Publikationen und Praxiskonzepten zur Gestaltung der Unternehmenskultur wird häufig eine simplifizierende Sicht auf Unternehmenskultur zugrundegelegt. Angesichts der Tatsache, dass der Untersuchungsgegenstand des Diversity Management die Vielfalt der Werte und Normen sowie Wege zu ihrer erfolgreichen Beeinflussung darstellt, ist zu berücksichtigen, dass Organisationskultur wesentlich durch die Machtverteilung zugunsten dominanter Gruppierungen geprägt und von Minoritäten nicht notwendig akzeptiert wird, weil sie ihren Interessen entgegensteht (Dick 2003, 141). Die Zugehörigkeit zu einer organisationalen Teilkultur beeinflusst über Unterschiede im Kommunikationsverhalten interpersonelle Beziehungen. Diversity äußert sich in der Zurückhaltung von Individuen aus kollektivistisch orientierten Kulturen[17], direkte Wege der Konfliktregelung zu wählen. Kollektivistische Kulturen unterscheiden sich von individualistischen

---

[16] Vgl. zu einem Überblick über Forschungsdefizite zum Zusammenhang zwischen Diversity und Unternehmenskultur Dick 2003, 140 ff.
[17] Vgl. zum Konzept kollektivistischer und individualistischer Gesellschaften und seiner Modifizierung in Bezug auf Organisationen Hofstede/Hofstede 2005, 99 f. Vgl. auch zur Auswirkung von unterschiedlichen Graden an Machtdistanz in verschiedenen Kulturen auf die Bereitschaft, bestehende Diversität in Status und hierarchischer Position zu akzeptieren Hofstede/Hofstede 2005, 55 ff.

Kulturen unter anderem durch den Stellenwert, der der persönlich-emotionellen Komponente gegenüber der Sachorientierung eingeräumt wird. Seniorität und persönliche Beziehungen bestimmen die Glaubwürdigkeit einer Informationsquelle. Dagegen wird in individualistischen Kulturen Wert auf Expertenwissen und Bewährtheit einer Informationsquelle gelegt (Stone/Stone-Romero 2004, 88 f.). Über ihre Akzeptanz sichernde Funktion gewinnt die Organisationskultur eine hervorgehobene Bedeutung als interner Kontextfaktor des Diversity Management.

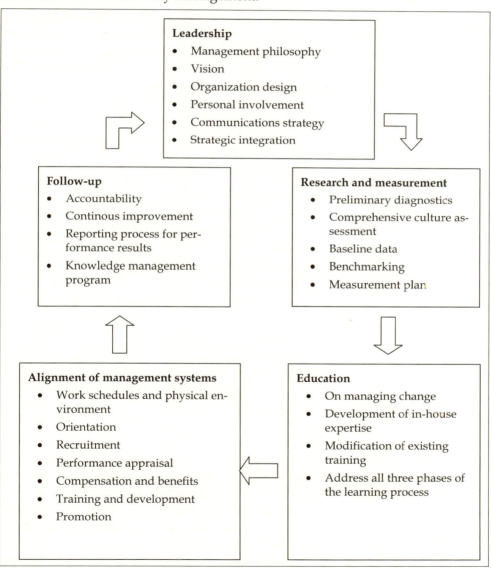

Abbildung 2: Transformationsmodell zu einer multikulturellen Organisation. (Cox/Cox/O'Neill 2001, 19)

Kontextorientierte Forschung unterzieht den Wirkungszusammenhang zwischen Diversität als Variable der Gruppenkomposition einerseits und Ergebnisvariablen wie Leistungsverhalten, Mitarbeiterzufriedenheit oder Fluktuation andererseits einer näheren Betrachtung. Wurde Ende der 90er Jahre die Forschung zum Einfluss der Gruppenzusammensetzung auf die Gruppenleistung noch als defizitär bezeichnet (Pelled/Eisenhardt/Xin 1999, 1), hat inzwischen die Berücksichtigung einer Vielzahl intervenierender Variabler zu einer „Aufhellung" der „black box" geführt.

Ely/Thomas 2001 konzeptualisieren den Zusammenhang zwischen Diversität und der Arbeitsleistung von Gruppen mithilfe der Qualität der Intergruppenbeziehungen („quality of intergroup relations") und weiterer intervenierender Variablen, die sie als „intermediate group outcomes" zusammenfassen. Der Modellzusammenhang ist Abbildung 3 zu entnehmen.

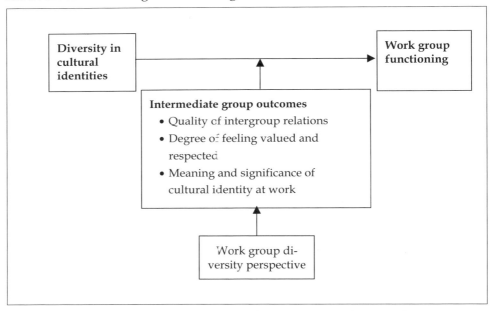

Abbildung 3: Intervenierende Variable zwischen Diversität und Gruppenleistung. (Ely/Thomas 2001, 236)

Die Betonung liegt hier auf Diversity als sozialem Konstrukt („work group diversity perspective"), als Ergebnis einer Bedeutungszuschreibung, die von Individuen gegenüber unterschiedlichen kulturellen Identitäten vorgenommen wird. Der organisatorische Kontext fungiert als „enabler" für Maßnahmen des Diversity Management. Die individuelle Wahrnehmung der Wertschätzung der eigenen Verschiedenheit durch die Gruppe („degree of feeling valued and respected") und die Relevanz der kulturellen Identität im Arbeitsfeld („meaning and significance of cultural identity at work") haben als intervenierende Variable entscheidenden Einfluss auf die Lernfähigkeit und

Effektivität der Gruppe und damit auf die Gruppenleistung („work group functioning") (Ely/Thomas 2001, 236 f. u. 266).

Die in Studien zum Diversity Management erfolgte Untersuchung des Zusammenhangs zwischen heterogenen Gruppen und den Variablen Kommunikation und Konfliktneigung erbrachte sowohl negative als auch positive Effekte. Negativ wirken sich in heterogenen Gruppen verstärkte Konflikte durch geringere Kohäsion und geringere Kommunikationsdichte bei zunehmender Mikropolitik aus, positive Wirkungen bestehen in der geringeren „groupthink"[18]-Anfälligkeit (Janis 1972; Janis/Mann, 1977, 130) durch das Einbeziehen unterschiedlicher Sichtweisen und einer höheren Vielfalt bei der Alternativengenerierung (Knight et al. 1999; Kochan et al. 2003, 6).

Knight et al. zeigen mittels statistischer Modelltests, dass Modelle, in denen intervenierende Variablen zwischen Diversity und qualitativen Erfolgsgrößen wie strategischer Übereinstimmung („strategic consensus") berücksichtigt werden, die Realität besser abbilden, als Modelle, die unmittelbare Erfolgswirkungen von Diversity zu messen versuchen. Insbesondere weisen sie nach, dass intervenierende Gruppenprozesse, wie das Ausmaß interpersoneller Konflikte („interpersonal conflict") und das Streben nach Übereinkunft („Agreement seeking"), einen signifikanten Einfluss auf das Ausmaß der Übereinstimmung über strategische Zielstellungen innerhalb von Gruppen des oberen Managements haben. Ein Anwendungsbeispiel sind Strategiezirkel, in denen Diversity hinsichtlich Abteilungszugehörigkeit und/oder Hierarchieebene besteht und strategische Langfristentscheidungen getroffen werden. Divers zusammengesetzte Gruppen, z.B. Top-Management und Führungsnachwuchskräfte, können eine höhere Innovationsfähigkeit erzielen (Ladwig 2003, 453).

Gegenüber altersgemischten Gruppen sind reine „Youngster-Teams" häufig geprägt durch „hohe interne Stresswerte, da hier Konkurrenzdruck und Machtkämpfe besonders stark ausgeprägt sind. Jeder will und/oder muss sich noch profilieren, was häufig auf Kosten des Teamerfolges geht." (Ladwig 2003, 450). Für die Variable Lebensalter ließ sich kein signifikanter Einfluss von Diversität auf die strategische Übereinstimmung unter Führungskräften feststellen, jedoch wurde ein positiver Zusammenhang zwischen der Beschäftigungsdauer („employment tenure diversity") und der strategischen Übereinstimmung ermittelt.[19] Eine Erweiterung des Konstruktes „Alter" um den

---

[18] Durch „group think" geprägte Gruppen weisen eine stereotypenhafte Sicht auf Außenstehende, deren Ziele der Gruppe entgegenstehen, und sind durch hohen sozialen Druck geprägt, der Mitglieder dazu veranlasst, ihre Loyalität durch Übernahme der Stereotype unter Beweis zu stellen. Janis/Mann 1977, 130.

[19] Die Variable Lebensalter („Age Diversity") wurde über den Variationskoeffizienten des Alters der Gruppenmitglieder und die Dauer der Beschäftigung („employment tenure di-

Begriff des Job-Alters lässt differenzierte Forschungsergebnisse über die Zusammenarbeit in Gruppen erwarten, die durch die Heterogenität ihrer Mitglieder nicht nur in Bezug auf das Lebensalter, sondern auch hinsichtlich der Erfahrung in unterschiedlichen Tätigkeitsbereichen geprägt sind.

Kontextorientierte Forschung erklärt Diversity Management vor dem Hintergrund eines vielschichtigen gesellschaftlichen Umfeldes. Bestandskritische Umweltanforderungen an Organisationen sind zu analysieren. Zur zielorientierten Ausgestaltung der Diversität sind die „Bremser" und „Treiber" der Organisation zu identifizieren. Der interne Kontext als Gesamtheit der bestehenden strukturellen und personellen Gegebenheiten restringiert und ermöglicht die Schaffung und das Management von Heterogenität über Änderungsresistenz und Änderungsfähigkeit der Organisation.

4.2 Akteursorientierte Forschung

4.2.1 Zielgruppenorientierung des Diversity Management

Akteursorientierte Forschung fokussiert auf die Zielgruppen des Diversity Management, die in einer umfassenden Sichtweise alle Individuen und Gruppen von Individuen der Belegschaft umfassen, die mit ihrer Verschiedenheit das jeweils typische heterogene Erscheinungsbild der Organisation prägen. Ebenfalls Akteure des Diversity Management sind die für Genehmigung, Konzeption und Durchführung des Diversity Management verantwortlichen Entscheidungsträger, das Top-Management und die Gremien der Mitbestimmung.

Das Forschungsziel der akteursorientierten Forschung besteht in der Identifikation der Werthaltungen, Sichtweisen, des Wissens und der Beziehungsnetzwerke, die Individuen in Arbeitsgruppen praktizieren. Bei der Akteursperspektive steht neben den sichtbaren Diversity-Merkmalen auch die sogenannte „hidden diversity" im Vordergrund des Erkenntnisinteresses. „Verdeckte Diversität", die sich in Form unterschiedlicher Herangehensweisen an Problemstellungen zeigt, wirkt indirekt auf Leistung und Zusammenarbeit. Aufgabe der akteursorientierten Diversity-Forschung ist es, die verdeckten Handlungsmuster sichtbar und erklärbar zu machen. Individuen unterscheiden sich z.B. hinsichtlich ihrer Extrovertiertheit in der Interaktion mit anderen (extrovertiert-introvertiert), in Bezug auf ihr Problemlösungsverhalten (sensing-intuitive), ihr Entscheidungsverhalten (thinking-feeling) und in der Art der Strategieimplementierung (iterative-planned). In der Kombination bestimmen diese Faktoren das jeweilige differenzierte Leistungs- und Verhaltensmuster einer Person. Psychometrische Messverfahren legen Beziehungen zwischen verhaltensbezogenen Diversity-Merkmalen und der Leistung in

---

versity") über den Variationskoeffizienten der Beschäftigungsdauer in der gegenwärtigen Organisation erfasst. Knight et al. 1999, 450 und 452.

Gruppen offen. Diversity Management zielt in diesem Verständnis auf die Herstellung einer optimalen Zusammensetzung von Personen als Träger von Verhaltensdispositionen, die z.B. zur Erledigung einer ganz konkreten Aufgabe benötigt werden (Jarzabkowski/Searle 2004, 405). Forschungsleitend wird die Erkenntnis, dass Leistung in der Organisation dadurch bestimmt wird, dass Verhaltenserwartungen klar definiert werden und der Einzelne seine individuellen Beiträge durch die Organisation gewürdigt sieht: „Many workers are interested in understanding their place in the organization, and this fit can be defined in terms of how well each one contributes his or her talents in meaningful ways to the organization's competency pool." (Dubois/Rothwell 2004, 196). Die empirische Untersuchung des Leistungsverhaltens von Gruppen, die bezüglich Geschlecht und ethnischer Abstammung heterogen zusammengesetzt sind, hat u. a. die Überlegenheit von weiblichen Führungsstilen oder den Einfluss ethnischer Unterschiede im Kommunikationsverhalten auf die Interaktion in Arbeitsgruppen nicht bestätigen können (Ely/Thomas 2001, 233).

Akteursorientierte Forschung zielt auf eine differenzierte Sicht des individuellen Leistungsverhaltens. Die Adressierung älterer Arbeitnehmer als noch wenig berücksichtigte Zielgruppe des Diversity Management ist gesellschaftliche und ökonomische Notwendigkeit, soll sich das Ungleichgewicht zwischen Alt und Jung, ausgelöst durch den kombinierten Effekt aus niedriger Fertilitätsrate und längerer Lebenserwartung, nicht weiter verschärfen.[20] Das Marktpotential älterer Konsumenten und die zunehmende Alterung der Belegschaft legen eine individuellere Betrachtung der Gruppe der Älteren nahe, in der eine ebenso große Vielfalt in den Präferenzen, Fähigkeiten und Motivationslagen zu beobachten ist, wie in der Gruppe der Jüngeren (Thomas/Mack/Montagliani 2004, 43) Ansätze aus dem Bereich des Marketing raten zu einer Modifikation der inadäquat gewordenen Kategorien der „aktiven" und „inaktiven" älteren Konsumenten und zur Entwicklung „altersspezifischer" Produkte. Ein „individual grey profiling", das durch unterschiedliche Positionen Älterer in ihrer Rolle als Konsumenten und Arbeitnehmer auf den Dimensionen „Arbeitsmarktteilnahme", „physische Fähigkeiten" und „mentale Gesundheit" gekennzeichnet ist, soll die stereotype, für die Marktbearbeitung und Mitarbeiterbindung älterer Arbeitnehmer zu grobmaschige Segmentierung überwinden (Tempest/Barnatt/Coupland 2002, 482). Ziel der akteursorientierten Forschung darf nicht die destruktiv motivierte Exklusion, z. B. in der Form des „Nicht-Dürfens" sein, sondern es ist zu erforschen, welche Kompetenz die Akteure in ihre Tätigkeiten einbringen, was sie motiviert und welche Anreize sie dazu veranlassen, ihre Kompetenz zu verändern.

---

[20] Ein Maß für dieses Ungleichgewicht ist das „dependency ratio", das, gemessen als Verhältnis der über 65-Jährigen zur Gruppe der 20-64-Jährigen, gegenwärtig in den G 7-Staaten 20-30 % beträgt und Projektionen zufolge im Jahr 2030 Größenordnungen zwischen 35-50 % erreichen wird. Organisation for economic co-operation and development (OECD) 2005, 2.

4.2.2 Diversity der Akteure als strategische Ressource

Der Nutzen der Heterogenität der Humanressourcen kann auf Basis des ressourcenbasierten Ansatzes erklärt werden (Barney 1991). Voraussetzung für die Begründung eines dauerhaften Wettbewerbsvorteils ist die Herausbildung eines effizienzsteigernden Wertes durch die Gewinnung, Nutzung und anforderungsgerechte Variation bzw. Erneuerung strategischer, einzigartiger Ressourcen. Der Aufbau unternehmensspezifischer Wettbewerbsvorteile ist dabei nicht auf den Ausbau des Ressourcenportfolios durch Zukauf und Modifikation beschränkt. Den Normalfall stellt die optimale Nutzung der vorhandenen Ressourcen, der bestehenden Diversität, dar. Diversity Management muss folglich analysieren, welche Potenziale die Akteure aktivieren können. Dabei kann nicht auf einen mechanistischen Kausalzusammenhang zwischen Diversity als potenziell vorteilsgenerierender Ressource und Wettbewerbsvorteilen gebaut werden. Vielmehr unterscheiden sich Unternehmen mit identischer Ausstattung an Humankapital durch ihre Fähigkeit, durch Neukombination, organisationsinternen Transfer und die Entwicklung dieser Ressourcen ihre Wettbewerbsfähigkeit zu erhöhen (Rasche 2000, 100 f.). Diversity Management trägt mit der Generierung von „Vorrats-Diversität" als „organizational slack", z.B. in den Humanressourcen, zum Aufbau operativer Ressourcenflexibilität bei. Umstellungsbefähigung, verstanden als die Fähigkeit und Bereitschaft der Akteure, bisherige Denk- und Handlungsmuster zugunsten neuer aufzugeben, ist insbesondere in dynamischen Organisationen unabdingbare Voraussetzung für dauerhaften Erfolg. Dem Nutzen höherer Flexibilität, der sich insbesondere bei mehrstufigen Entscheidungen, unvollkommener Information und bei steigender Umweltunsicherheit realisieren lässt, sind die Kosten des Aufbaus und der Vorhaltung einer Belegschaft gegenüber zu stellen, die in der Lage ist, diesen Handlungsspielraum zur Nutzung von Diversität einzusetzen (Burr 2004, 280 ff.).

Der Umsetzung der ressourcenbasierten Sicht in reales personalwirtschaftliches Handeln steht die kalkulierte Zurückhaltung von Unternehmen entgegen, in Maßnahmen des Diversity Management, z. B. Programme zur Beschäftigungssicherung für ältere Arbeitnehmer, zu investieren, da die zukünftige Vereinnahmung des Nutzengewinns, etwa in Form höherer und stabilerer Leistungsqualität, durch vorzeitiges Ausscheiden der Beschäftigten zunichte gemacht werden kann (v. Eckardstein 2004, 134). Die Abnahme von Dauerarbeitsverhältnissen, die Segmentierung der Belegschaften in Kern- und Peripheriebeschäftigte und eine zunehmende Zahl befristet und punktuell beschäftigter Arbeitnehmer („at will-contracted workforce"), zwingt die Anbieter von Humanvermögen zur flexiblen und ihr Einkommen optimierenden Vermarktung ihres Leistungspotenzials. Die Vermarktungsprobleme wachsen für Anbieter von Leistungspotenzial, das durch einen abnehmenden Knappheitsgrad gekennzeichnet ist, während für Anbieter knapper Humanressourcen sich die Abhängigkeit reduziert und die Marktposition verbessert.

Akteursorientierte Forschung dient der Erschließung und Nutzung des individuellen Leistungspotenzials. Human Resources Diversity Management zielt unter Nutzung der individuellen Leistungspotenziale der Akteure auf ressourcen- und kostenoptimale Segmentierung der Belegschaft.

4.3 Ziel- und zweckorientierte Forschung

4.3.1 Strategisches und operationales Zielsystem des Diversity Management

Ziel- und zweckorientierte Forschung stellt die Erkenntnisse und die Anstrengungen des Diversity Management unter die Geltung eines Zielsystems. Da jede Organisation geradezu danach trachtet, eigene Ziele zu formulieren und diese mit entsprechenden Maßnahmen zu erreichen, kann an dieser Stelle nur nachgeprüft werden, ob die anwendungsorientierte Erforschung und die praktische Ausgestaltung der Diversität ziel- und zweckorientiert erfolgt. Mit Diversity Management verbinden sich operationale und strategische Zielsetzungen. Die strategische Zielsetzung besteht in der Erhöhung der Anpassungsfähigkeit an sich verändernde Marktbedingungen durch den Aufbau eines einzigartigen, schwierig imitierbaren Humankapitals. Diversity Management zielt in der operationalen Ausrichtung auf erhöhte Problemlösefähigkeit heterogener Gruppen. Diversity Management wird in Subzielen operationalisiert.

---

1. **Ziele nach Inhaltsbereichen**

   1.1 **Ökonomische Ziele/Zwecke**
   - **Marketingziel:**
     Segmentierung der Belegschaft in Übereinstimmung mit der Segmentierung der Absatzmärkte („matching"), Erschließung des Kaufkraftpotenzials von Minoritäten und Nutzung des Reputationseffekts bei Kunden und Lieferanten („good will").

   - **Personalmarketingziel:**
     Optimale Nutzung der vorhandenen Diversität der Belegschaft und gezielter Aufbau von Diversität durch heterogene Rekrutierung („employer brand").

   - **Kostenziel:**
     Kostenreduktion durch Fehlzeiten- und Fluktuationsverringerung aufgrund erhöhter Mitarbeitermotivation und -zufriedenheit, durch verbesserte interne und externe Kommunikation und verbessertes Konfliktmanagement („cost reduction").

   1.2 **Soziale Ziele/Zwecke**
   - Unterbindung von Diskriminierung am Arbeitsplatz
   - Erhöhung der Mitarbeiterbindung

- Fortsetzung -

> 2. **Ziele nach der Reichweite**
> 2.1 **Operative Ziele**
> - Erhöhung der Problemlösequalität
> - Erhöhung der Ressourcenflexibilität
>
> 2.2 **Strategische Ziele**
> - Erzielung und Sicherung von Wettbewerbsvorteilen durch Aufbau und Nutzung eines schwierig imitierbaren, heterogenen Humankapitals
>
> 3. **Ziele nach Adressatenbezug**
> 3.1 **Individuelle Ziele**
> - Ausschöpfung des individuellen Leistungspotenzials, Karriereziele
>
> 3.2 **Gruppenbezogene Ziele**
> - Ausschöpfung des gruppenbezogenen Problemlösefähigkeits-, Kreativitäts- und Innovationspotenzials, Lernpartnerschaften
> - Produktivitätssteigerung durch interpersonale Kompetenzbündelung
>
> 3.3 **Organisationsziele**
> - Erhöhung der Systemflexibilität durch kürzere Reaktionszeiten bei Umweltveränderungen
> - Aufbau und Erhalt der Wettbewerbsfähigkeit
> - Sozialer Friede zwischen Individuen und Gruppen
> - Gesunder Wettbewerb der Individuen und Gruppen untereinander

Abbildung 4: Zielsystem des Diversity Management.
(In Anlehnung an: Kochan et al. 2003, 5; Jayne/Dipboye 2004, 421; Hays-Thomas 2004, 29; Macharzina/Wolf 2005, 789 f; Krell 1999, 26)

4.3.2 Zielorientierung und Zielerreichung durch Diversity Management

Die implizit unterstellten Wirkungszusammenhänge zwischen Diversity Management und Unternehmenserfolg weisen zwar eine hohe Plausibilität auf, es handelt sich jedoch um empirisch noch nicht ausreichend bestätigte, ad hoc entwickelte Annahmen, die nur punktuell durch Fallstudien gestützt werden konnten.[21] Es ist nach wie vor offen, ob z.B. die durch geringere Fehlzeiten und Fluktuation eingesparten Kosten durch steigende Kontroll- und Koordinationskosten des Diversity Management überkompensiert werden. Auch ist nicht erwiesen, ob die Erträge aus neu hinzugewonnenen Marktanteilen in „Minoritätenmärkten" zulasten einer guten Positionierung in anderen Marktbereichen gehen. Bezüglich des Leistungsverhaltens heterogener Gruppen liegen positive Befunde für den Aspekt Problemlösefähigkeit vor, dagegen be-

---

[21] Vgl. die klassische fallstudiengestützte Untersuchung von Ely/Thomas 2001, die mit einer Anwaltspraxis, einem Finanzdienstleister und einem Beratungsunternehmen Fälle untersuchten, in denen Diversity Management durch organisationsstrukturelle und organisationskulturelle Anpassungen unterschiedlicher Reichweite umgesetzt wurde. Vgl. auch die anekdotischen Beispiele erfolgreicher Diversity-Manager bei Thomas 2001, 47 ff.

steht weiterer Forschungsbedarf zur Überprüfung des Arguments, heterogene Gruppen erzielten ein höheres Maß an Kreativität.[22] Voraussetzung für eine systematische Zielverfolgung ist die organisatorische Verankerung des Diversity Management, personell durch die Ernennung sogenannter Diversity Manager und institutionell durch die Einrichtung zielgruppenangepasster Organe, z. B. Diversity Councils oder firmeninterner Netzwerke (Macharzina/Wolf 2005, 793 ff.).

Die Kopplung des „Diversity-commitment" der Führungskräfte an die Vergütung fördert ein an Diversity ausgerichtetes, zielgerichtetes Führungsverhalten und ermöglicht eine klare Verantwortungszurechnung („What gets measured gets done") (Wheeler 2003, 67). In der Anfangsphase der Zusammenarbeit zeichnen sich heterogen zusammengesetzte Gruppen im Vergleich zu homogenen Gruppen durch eine geringere Kommunikationsfähigkeit und Kommunikationsbereitschaft und ein latentes Homogenitätsstreben aus. Homogenitätsansprüche offenbaren sich als „Selbstzensur" abweichender Meinungen innerhalb der Gruppe und führen dazu, dass erreichte Effektivitätsgewinne wieder verloren gehen (Stumpf/Thomas 1999, 39). Maßnahmenentwürfe haben die Risiken der Pluralität der Zielvorstellungen heterogener Gruppen und die zeitliche Dimension der Zusammenarbeit zu berücksichtigen.

Zielorientierte Forschung stellt in Übereinstimmung mit dem Reifegrad[23] des Diversity Management Zielmaßstäbe bereit, die eine systematische Fortschrittskontrolle erlauben. Hierdurch wird vermieden, dass statt in Zielen in Maßnahmen gedacht wird, denn „wer ausschließlich in Maßnahmen denkt und handelt, bleibt unangreifbar, wirkt aktiv und kann seine Ziele beliebig verändern und im Nachhinein legitimieren." (Becker 2005c, 88). Die für das Diversity Management aufgrund der hohen Aussenwirkung der Maßnahmengestaltung besonders virulente Gefahr der nachträglichen Zielanpassung wird durch die Formulierung eines kohärenten Zielsystems vermindert.

4.4 Inhaltsorientierte Forschung

Inhaltsorientierte Forschung klärt, welche Aspekte des Diversity Management primär unterschieden werden, um die gewünschten Ziele zu erreichen. In dem in Deutschland noch jungen Gebiet des Diversity Management ist bereits eine Binnendifferenzierung zu beobachten. Mit personenbezogenen und verhaltensbezogenen Aspekten werden zwei Inhaltsbereiche des Diversity Management unterschieden.

---

[22] Die Problemlösefähigkeit homogener und gemischter Gruppen wurde in einem Pilotprojekt des Lehrstuhls für Organisation und Personalwirtschaft der Martin-Luther-Universität Halle-Wittenberg untersucht, das in der Hauptphase mit Experimenten zu weiteren Kriterien der Zusammenarbeit homogener und gemischter Gruppen, u.a. der Kreativität, fortgesetzt wird, vgl. hierzu Abschnitt 6.

[23] Vgl. zu einer am Reifegrad ausgerichteten Gestaltung des Zielsystems Becker 2005c, 84 f.

Personenbezogenen Aspekten (ethnische Herkunft, Geschlecht, Alter, Bildungsabschluss) wird durch speziell auf Zielgruppen zugeschnittene Maßnahmen Rechnung getragen, etwa zur Migrationsproblematik, zur Wiedereingliederung älterer Arbeitnehmer und zum Umgang mit Generationenvielfalt und der Gleichstellung der Geschlechter („gender mainstreaming").

Verhaltensbezogene Diversität bezieht sich darauf, „wie Menschen in bestimmten Situationen reagieren als Folge [...]ihrer Personen-immanenten Eigenschaften." (Thomas 2001, 40). Maßnahmen, die verhaltensbezogene Aspekte (verhaltenswirksame Einstellungen gegenüber und Erfahrung im Umgang mit Diversität) zum Gegenstand haben, zielen auf die Schaffung eines für das Diversity Management günstigen Umfeldes. Dabei kann in der Praxis beobachtet werden, dass Stereotype die Inhalte bestimmen. Man geht gewissermaßen davon aus, dass eine bestimmte Maßnahme als „Allzweckmittel" zur Herausbildung des erwünschten Ausmaßes von Homogenität und Heterogenität genutzt werden kann. So wird z.B. bei der Eingliederung von Mitarbeitern ausländischer Herkunft auf Sprachunterricht Wert gelegt. Wenn dies ohne Beachtung des kulturellen Hintergrundes erfolgt, kann es vorkommen, dass z.B. Frauen aus muslimischen Ländern aufgrund der kulturellen Tabus als Einzelpersonen nicht teilnehmen dürfen. Im Gegensatz zum Methodenentwurf „aus einem Guß" stellt im genannten Beispiel das Angebot von Deutschunterricht für Paare muslimischer Herkunft eine zielgruppenangepasste Maßnahme dar. Stereotypenbildung ohne Situationsorientierung behindert die nutzbringende Erschließung von Heterogenität. Hier kann es um diskriminierendes Verhalten gegenüber Minoritäten gehen. Stereotypen können sich aber auch in Form von Bereichsdenken, verstanden als Diversität aufgrund unterschiedlicher Ziele, manifestieren. Symptomatisch für derartige Stereotypenbildung sind Aussagen wie „Mitarbeiter der technischen Abteilung können nicht kundenorientiert denken" oder „Mit denen kann man nicht zusammenarbeiten." Durch solche self-fulfilling prophecies können die Arbeitsbeziehungen nachhaltig beeinträchtigt und die erforderliche Diversität vermindert werden (Stumpf/Thomas 1999, 37).

Aus Sicht der inhaltsorientierten Forschung wird Diversity Management zur Steuerung arbeitsrelevanten Handelns in Organisationen analysiert. Die Nutzung der Diversität von Individuen und Teams wird durch die Vielfalt von Persönlichkeitsmerkmalen determiniert, die die Organisationsmitglieder in die Arbeit einbringen. Kosten und Nutzen der Diversität erweisen sich erst in der Fähigkeit, Vielfalt produktiv zu nutzen: „...the personality composition of the team will strongly affect the way the members work together and the team's predisposition to productive task or non-productive social conflict." (Jarzabkowski/Searle 2004, 404). Diversity Management beinhaltet das Erkennen, Verstehen und Wertschätzen von Diversität, um die Nutzeneffekte durch effektives Management der Diversität zu erschließen (Cox 1993).

4.5 Methodenorientierte Forschung

4.5.1 Methodische Absicherung des Diversity Management

Wenn man geneigt ist, den theoretischen Erkenntnisstand zum Diversity Management als insofern fortgeschritten zu bezeichnen, als es bereits Erklärungsmodelle zu Voraussetzungen, Bedingungen, Zielsystemen und Inhaltskombinationen gibt, so muss für die Verfügbarkeit von Messverfahren zur Erfassung der Wirkung von Diversität noch weitgehend Fehlanzeige gemeldet werden. Der Reifegrad der Messinstrumente kann mit der expandierenden Entwicklung des Marktes für Diversity Management kaum schritthalten: „...despite the astonishing number of products and services – ranging from the worthy to the banal – one item is in very short supply: hard metrics for measuring performance results or the return on diversity spending." (Hansen 2003). Auch wenn zunächst zu klären ist, welche Inhalte die Diversität bestimmen, bevor diese dann gemessen und bewertet werden können, wird sich Diversity Management z. B. als Spezialgebiet der Betriebswirtschaftslehre nur durchsetzen können, wenn ein effizientes Diversity-Controlling – z. B. als Algorithmus dem Funktionszyklus (Becker 2005c) vergleichbar – Input, Output und Prozess des Diversity Management operational zu erfassen vermag.

In der Vergangenheit haben sich verschiedene Faktoren hemmend auf eine Wirkungsmessung des Diversity Management ausgewirkt: In erster Linie erschwert der Mangel an Daten zur demographischen Struktur der Belegschaft die Messung der Erfolgswirkung des Diversity Management. Als Ursachen der nicht-systematischen Datenerhebung kommen Veröffentlichungsvorbehalte der Unternehmen gegenüber diskriminierenden Tatbeständen sowie die verbreitete Vorstellung in Betracht, diversityrelevante Sachverhalte seien nur über lange Zeiträume messbar oder entzögen sich aufgrund ihrer Werthaltigkeit vollständig einer objektiven Messung (Hubbard 2004, 29; Kochan et al. 2003, 3; Jayne/Dipboye 2004, 419).

Die methodenorientierte Forschung zielt auf die messtechnische Erfassung der vorhandenen Diversität und untersucht in einem weiteren Schritt, mit welchen Instrumenten und Verfahren das jeweils erwünschte Maß an Heterogenität analysiert werden kann. Es geht darum, wie die für das Diversity Management benötigten Daten erhoben, analysiert und anwendungsgerecht aufbereitet werden können. Zur Methodenforschung gehört auch die Untersuchung geeigneter Formen der Zusammenarbeit und der Führung homogener und heterogener Teams. Es sind Planungs-, Steuerungs- und Evaluierungsinstrumente für das Diversity Management zu gestalten und Instrumente der Information und Kommunikation, der Konfliktlösung und des Kreativitätsmanagements zu erforschen.

In der Erfolgsmessung finden traditionelle Instrumente des Human Resources Management wie Statistiken zu Rekrutierung, Beförderung, Mitarbeiterbindung und Fluktuation Anwendung. Durch Vergleich der gegenwärtigen Heterogenität (Repräsentation ethnischer Gruppen und Geschlechterverteilung auf Beschäftigtengruppen und Hierarchieebenen) mit der Heterogenität des Arbeitsmarktes werden einseitige Rekrutierungspraktiken offengelegt und entsprechende zielorientierte Korrekturmaßnahmen eingeleitet. In „Diversity Audits" wird überprüft, inwiefern Diskriminierung durch die bestehende Unternehmens- und Personalpolitik begünstigt wird und wie diese im Sinne des Prinzips der Chancengerechtigkeit so umgestaltet werden kann, dass Diskriminierung unterbleibt (Krell 1999, 24). Daneben wird auf qualitative Daten aus Mitarbeitergesprächen und Austrittsinterviews zurückgegriffen, die Aufschluss über „systemic aspects of diversity" geben können, z.B. über „organizational culture and barriers such as lack of mentoring programs and exclusion from informal networking groups." (Jayne/Dipboye 2004, 421).

4.5.2 Methoden und Instrumente zur Erfolgsmessung des Diversity Management

Der Nachdruck, mit dem das ökonomische Argument für Diversity Management („Business Case for Diversity") durch führende Unternehmen verfochten wird[24] und die zunehmende Aufmerksamkeit in der wissenschaftlichen Forschung haben zu einer methodischen Ausdifferenzierung geführt. Das Instrumentarium zur Wirkungsmessung von Diversity umfasst Instrumente zur Erfassung des Diversitätsgrades auf Gruppen- und gesamtorganisatorischer Ebene (Diversity-Indizes) sowie Instrumente der Erfolgskontrolle von Maßnahmen des Diversity Management (Diversity-Kennzahlen). Diversity-Indizes bilden Diversität anhand der Verteilungscharakteristika von Mitarbeitergruppen in der Organisation deskriptiv ab, z.B. anhand der Anzahl von Teilgruppen in einer Gesamtpopulation (Richness) und der Anteilsverteilung der Gruppen in der Grundgesamtheit (relative Abundanz). In der Indexkonstruktion spiegelt sich die normative Grundhaltung gegenüber Diversity Management wider. Indizes, die die Verteilungsbesonderheiten von Merkmalen in Gruppen global erfassen (ökologische Indizes) liegt eine normativ ausgleichende Haltung gegenüber Diversity zugrunde, die sich in einem Bias zugunsten einer Gleichverteilung niederschlägt.[25] In der Konsequenz verändern schwächer besetzte Klassen den Indexwert nur geringfügig. Dagegen liegt In-

---

[24] Ein von der DiversityInc. im Jahr 2005 auf Basis der Kriterien „CEO commitment", „Human Capital", „Corporate Communications" und „Supplier Diversity" erstelltes Unternehmensranking ermittelte Unternehmen, in denen ein überdurchschnittlich hoher Anteil der Beschäftigten und Inhaber von Managementpositionen aus Minoritätengruppen stammt und in denen erhebliche Investitionen in Diversity Management getätigt wurden, Business and Human Rights Resource Centre 2005.

[25] Hiergegen lässt sich einwenden, dass gerade Individuen, die Träger seltener Merkmale sind, durch eine höhere Innovationsneigung und Flexibilität zum Aufbau von Wettbewerbsvorteilen beitragen können und daher bei der Erfassung von Diversität stärker gewichtet werden sollten. Voigt/Wagner 2005, 10.

dizes, die reagibler auf selten vorkommende Klassen, z.B. Minoritäten, reagieren (ökonomische Indizes) die Annahme zugrunde, dass gerade durch diese Gruppen entscheidende Ressourcenvorteile generiert werden können (Voigt/Wagner 2005, 10).

In Analogie zum Erfolgsmaß des Return on Investment (ROI) wurde ein sogenannter Diversity Return on Investment (DROI) entwickelt, in den Kosten und Erträge der Maßnahmen des Diversity Management eingehen. Die Operationalisierung der Erträge erfolgt z.B. durch die aufgrund von Produktivitäts- und Qualitätsverbesserungen eingesparten Lohnkosten. Kosten entstehen durch Freistellung von Mitarbeitern sowie Planung und Durchführung der Maßnahmen des Diversity Management.[26] In Anlehnung an das Kennzahlensystem der Balanced Scorecard (BSC) entwirft Hubbard eine Diversity Scorecard (DSC) als „balanced, carefully selected set of objectives and measures derived from an organization's strategy that link to the diversity strategy." (Hubbard 2004, 132). Die Diversity Scorecard richtet die grundlegenden Perspektiven der BSC („Financial Perspective", "Customer Perspective" und "Learning and Growth Perspective") auf die Anforderungen des Diversity Management aus. Wie in der traditionellen BSC stehen diese Perspektiven in einem komplementären Verhältnis zu monetären Leistungsindikatoren. Damit werden Unternehmen in die Lage versetzt, „to track financial results while simultaneously monitoring progress in building the capabilities and acquiring the intangible assets they would need for future growth." (Kaplan/Norton 1996, 75).

---

[26] Zur Berechnung der Erträge werden neben direkt erfassbaren monetären Größen auch Einschätzungen von Managern und internen und externen Experten zur Quantifizierung der durch das Diversity Management erzielten Verbesserungen herangezogen. Hubbard 2004, 47.

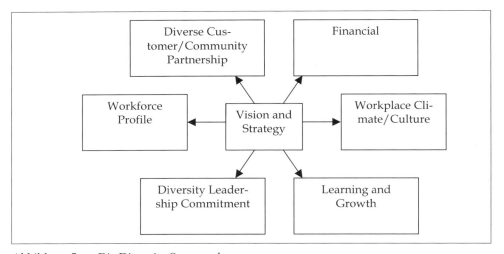

Abbildung 5: Die Diversity Scorecard.
(In Anlehnung an: Hubbard 2004, 133)

In Ergänzung zum Konzept der BSC wird angestrebt, die Instrumente der Personalbeschaffung, Personalauswahl und Mitarbeiterbindung zur Schaffung einer heterogenen, wettbewerbsfähigen Belegschaft nutzbar zu machen („Workforce profile"), um nicht oder unzureichend bearbeitete Marktsegmente zu erschließen. Mit der Erfassung des Ausmaßes an Vorurteilen und Stereotypenbildung, der Machtverteilung innerhalb von Gruppen und des Grades der Einbeziehung von Minderheiten in informale Netzwerke werden zudem erfolgskritische Eigenschaften der Unternehmenskultur bestimmt („Workforce Climate/Culture"). Aufgabe der Führung ist die Erarbeitung und Verankerung einer Vision für zielorientiertes Diversity Management („Diversity leadership commitment") in allen Bereichen und auf allen Ebenen der Organisation (Hubbard 2004, 132 ff.). Abbildung 6 bietet einen Überblick über Diversity-Indizes und Diversity-Kennzahlen und die verfolgten Messziele.

Messgröße	**Messziel**
Diversity-Indizes	
Simpson's Index of Diversity (ökologisch)	Messung der Wahrscheinlichkeit, mit der zwei zufällig ausgewählte Individuen derselben Klasse angehören
Blau's Heterogenitätsindex (ökologisch)	Messung der Gruppenheterogenität (Abundanz bei kategorialen Variablen)
Weitzman-Index (ökonomisch)	Messung der Diversität unter Berücksichtig der relativen Bedeutung von Merkmalen für die Organisation

- Fortsetzung -

Diversity-Kennzahlen Statistiken zur Beschäftigungssituation von Minoritäten: - Minoritätenanteil an der Belegschaft - Beförderungshäufigkeit - Teilnahmehäufigkeit von Minoritäten an Maßnahmen der Personalentwicklung - Mitarbeiterbindung und Fluktuation von Minoritäten	Sammlung quantitativer und qualitativer Daten zur Erfassung diskriminierender personalpolitischer Praktiken
Diversity Return on Investment $$DROI(\%) = \frac{(DM - Erträge) - (DM - Kosten)}{DM - Kosten}$$ DM: Diversity Management	Erfolgsmessung unter Einschluss qualitativer und quantitativer Messgrößen

Abbildung 6: Diversity-Indizes und Diversity-Kennzahlen.

Die Auswahl von Indizes zur Messung von Diversität hat in Abhängigkeit vom Erkenntnisziel und unter Einhaltung des Wirtschaftlichkeitsgebots zu erfolgen: Nachteilig wirkt sich bei ökologischen Indizes der fehlende Bezug von Merkmalen wie Alter, Geschlecht und Bildungsstand auf zielbezogene Größen wie Zufriedenheit und Fluktuation aus. Die Wechselwirkung zwischen Fähigkeiten und Fertigkeiten der Individuen bleibt ebenfalls unberücksichtigt. Indizes, die dagegen eine Gewichtung der relativen Bedeutsamkeit von Diversity-Merkmalen in Gruppen vornehmen (ökonomische Indizes) bilden die Interaktion von Individuen mit unterschiedlichen Merkmalen ab und berücksichtigen das Potential, das durch die heterogenen Ressourcen zur Generierung strategischer Renten bereitgestellt wird (Voigt/Wagner 2005, 18 u. 15 ff.).[27]

Methodenorientierung schafft die Voraussetzung für eine systematische Kontrolle der Maßnahmen des Diversity Management und generiert Impulse für die Weiterentwicklung der Unternehmensführung: „Eventually diversity-oriented metrics will provide data and information that may indeed influence the direction of business strategy." (Wheeler 2003, 63). Methodenorientierte Forschung darf jedoch nicht zu einem sozio-technischen Reduktionismus verführen. Diversity-Controlling muss in den Kontext der Bedarfsanalyse, der Zielformulierung, der Maßnahmengestaltung und Maßnahmendurchführung eingebettet sein und es ist sicherzustellen, dass die geschaffene Diversität sich in der beabsichtigten Art und Weise in der Organisation verfestigt, dass ge-

---

[27] Beispiele für ökologische Indizes sind der häufig herangezogene Blau Index und der Shannon Index, während der Weitzman Index zu den ökonomischen Indizes gerechnet wird. Vgl. im Einzelnen Blau 1977, Shannon 1948 und Weitzman 2002.

änderte Verhaltensweisen im Umgang mit Diversität nicht lediglich affirmativ und temporär, sondern nachhaltig verankert werden.

5 Adressatenbezug des Diversity Management

Bei der empirischen Untersuchung von Diversity und den Gestaltungsmöglichkeiten durch Diversity Management ist eine klare Unterscheidung der Analyseebenen vorzunehmen. Diversity äußert sich in unterschiedlicher Weise bei Individuen und Kollektiven aus Individuen, die interdependente Aufgaben bearbeiten. Folgerichtig hat die empirische Forschung die akteursorientierte Sicht auf die Analyse der Zusammenarbeit von Arbeitsgruppen und Geschäftseinheiten ausgeweitet und Diversity Management auf Ebene der Gesamtorganisation verortet.

5.1 Individuelle Ebene

Auf das Individuum fokussierte Forschung untersucht die Auswirkung von Maßnahmen des Diversity Management auf die Wahrnehmung von Unterschieden in der Belegschaft und auf die individuelle Bereitschaft zur Pflege eines mit Fairness, Gleichheit und Empathie zu vereinbarenden Führungsstils. Durch Maßnahmen des Diversity Management konnte eine qualitative Aufwertung des Diskurses über Minoritäten in der Organisation erzielt und die Mitarbeiterbindung bei Beschäftigten aus Minoritätengruppen verbessert werden. Führungskräfte, die sich Maßnahmen des Diversity Management unterzogen hatten, wirkten diskriminierendem Verhalten in der Belegschaft aktiver entgegen (Agars/Kottke 2004, 71 ff.). Studien zur Auswirkung von Diversity-Maßnahmen auf Arbeitszufriedenheit und arbeitsbezogene Identifikation konnten eine sich gegenseitig verstärkende Wirkung von Programmen zur Erhöhung der Mitarbeiterbeteiligung und Maßnahmen des Diversity Management feststellen. Es wurde ein größerer Produktivitätszuwachs als bei getrennter Durchführung der Programme ermittelt, ein Effekt, der sich durch eine Erhöhung der Heterogenität der Belegschaft noch verstärkte.[28]

Beschränkt sich die Forschung auf der Ebene des Individuums auf die Ermittlung von Einstellungen und die Erfassung von Stereotypen, dann bleiben die Schlussfolgerungen wenig ergiebig, wenn sich keine gestalterischen Maßnahmen anschließen. Hier ist die Anbindung des Diversity Management an bestehende Instrumente des Human Resources Management zu suchen. Durch

---

[28] Heterogenität wurde als eine Steigerung des Minoritätenanteils unter den Beschäftigten erfasst. Die erhaltenen Befunde sind zu relativieren angesichts des weitgehenden Verzichts auf Längsschnittstudien, die fehlende Berücksichtigung des internen Kontextes für Diversity-Maßnahmen und die Verwendung von „self-report"-Messungen für Effekte der Maßnahmen auf der individuellen Ebene. Dick 2003, 138 und 144.

Mentoring kann z.B. die Einbindung von Minoritäten verbessert werden und können unterrepräsentierte Gruppen, wie weibliche Führungskräfte, gezielt gefördert werden. Durch sogenanntes „Cross Mentoring" werden unternehmensübergreifend Mentor-Mentee-Paare gebildet. Wettbewerbsbeziehungen und Vertraulichkeit sind zu beachten und es ist gegebenenfalls ein Abwerbeverbot zu vereinbaren. Gegenstand der Maßnahme sind regelmäßige Beratungstreffen zwischen Mentor und Mentee und das sogenannte „shadowing", das „Mitlaufen" mit der Führungskraft für einen bestimmten Zeitraum (Rühl 1999, 36 f.). Als Hindernisse für Mentoring und Diversity verbindende Programme hat sich eine ungenaue oder zu stark eingegrenzte Definition der Zielgruppe erwiesen. Als Folge einer zu begrenzten Zielgruppe ist mit einer Verfestigung von Stereotypen und mit Widerstand durch die Zielgruppenpersonen zu rechnen. Bei diesen kann fehlendes Vertrauen in die eigenen Fähigkeiten hervorgerufen oder verstärkt werden, wenn sie aufgrund ihrer Eigenschaft als Träger eines bestimmten Merkmals für Trainingsmaßnahmen ausgewählt werden (Roberson 2003, 248). Eine zu große Überschneidung zwischen den sozialen Netzwerken von Mentor und Mentee ist zu vermeiden. Bei zu großer Ähnlichkeit der sozialen Netzwerke ist der Nutzeneffekt des Mentoring für den Mentee gering, ebenso können sich jedoch Überbrückungsprobleme bei zu großer Distanz zwischen den Netzwerken ergeben (Clutterbuck 2002, 65 ff.).

Bildung als differenzierendes Merkmal ist ein weiterer Baustein zur Erforschung der Gestaltungsvoraussetzungen des Diversity Management auf der individuellen Ebene. Diversity stellt z. B. aus Sicht der anforderungsgerechten Besetzung von Führungspositionen eine erwünschte Heterogenität dar, durch die auch das Anspruchniveau an Kandidaten zur Besetzung von Führungspositionen differenzierter bestimmbar wird. Erfolgt die Auswahl von Führungskräften z.B. unter Beachtung der Variablen Begabung, Lernen und Erfahrung, dann können in Abhängigkeit von den Zielpositionen Führungskräfte ausgewählt werden, deren „gemessene" Führungsbefähigung erwarten lässt, dass sie die im Hinblick auf Diversity Management mit der Zielposition verbundenen Anforderungen erfüllen werden (Becker 2005b, 214 ff.).

5.2 Gruppenebene

Forschungsvorhaben zum Diversity Management auf Gruppenebene unterscheiden sich von solchen auf der individuellen Ebene durch die Möglichkeit, Diversitätsaspekte in der Interaktion zu beobachten. Gruppenprozesse als die Gesamtheit der zielorientierten Interaktionen zwischen Mitgliedern einer Arbeitsgruppe und die Orientierung der Gruppe an den Unternehmenszielen („team orientation") werden als intervenierende Variable zwischen Diversität und Ergebnisvariablen betrachtet (Marks/Mathieu/Taccaro 2001, zit. n. Mohammed/Angell 2004, 1021). Auf indirekte Weise erfolgt so ein Bezug der vorhandenen Diversität auf quantitative Erfolgsmaße (z. B. erhöhte Effizienz durch reduzierte Kosten oder erhöhte Effektivität durch Verbesserung der Entscheidungsqualität) und qualitative Erfolgsmaße (z.B. Konsens über die Unternehmensstrategie). Als Forschungsansatz werden überwiegend experimentelle Längsschnittstudien gewählt, in denen die Wirkung von Diversity als Variable der Gruppenkomposition modellhaft abgebildet wird. Ausgehend von den Ergebnissen der Zusammenarbeit heterogener Gruppen wird eine Evaluation der Diversity-Maßnahme vorgenommen. Einen Mangel in diesen Studien stellt die häufig fehlende Angabe bezüglich der Dauer der Zusammenarbeit dar, obwohl diese als unverzichtbar zur Beurteilung der gefundenen Diversitätseffekte im Rahmen von Meta-Analysen anzusehen ist (Agars/Kottke 2004, 74). Das Leistungsverhalten in Gruppen wird durch Konflikte beeinträchtigt, wobei die Stärke der Konfliktneigung vom Heterogenitätsgrad der Gruppe und auch von den betrachteten Diversitätsmerkmalen abhängt. Hohes Konfliktpotential wurde z. B. zwischen Angehörigen von Gruppen festgestellt, die sich bezüglich unveränderbarer Merkmale (Geschlecht) oder zeitlich determinierter Eigenschaften (Alter) unterscheiden. Im Gegenzug wurde ein höheres Identifikationspotenzial identifiziert, wenn das unterscheidende Merkmal sich durch den Einzelnen aktiv beeinflussen ließ (z.B. funktionale Diversität als Ergebnis der Erfahrung in unterschiedlichen Unternehmensbereichen) (Pelled/Eisenhardt/Xin 1999, 5). Mit zunehmender Dauer der Zusammenarbeit werden Gruppenkonflikte zunehmend nivelliert: „Apparently, after working together for a period of time, group members of different backgrounds either develop a shared understanding of tasks or learn to anticipate and deflect opposition to their ideas." (Pelled/Eisenhardt/Xin 1999, 22). Gruppen als Kollektive von Individuen stellen einen Gradmesser für die Änderungsbereitschaft der Organisation dar. Erst in der unmittelbaren Zusammenarbeit gemischter Gruppen erweist sich, ob sich durch gestiegene Heterogenität destruktive Konflikttendenzen oder konstruktive Zusammenarbeit als wahrscheinlicheres Zukunftsszenario des Diversity Management herausstellen.

5.3 Organisatorische Ebene

Rekurrieren Maßnahmen des Diversity Management auf unternehmensbezogene Erfolgsmaße, dann muss auch die Analyse auf der Ebene der Gesamtorganisation erfolgen. Die Argumentation der Forschungsbeiträge auf Ebene der Gesamtorganisation entwickelt sich entlang zweier Pfade: zum einen wird versucht, den Erfolgsbeitrag von Maßnahmen des Diversity Management in ökonomischen Kennzahlen nachzuweisen (z. B. in Form der Diversity Scorecard). Daneben besteht ein gestaltungsorientiertes Interesse an der systematischen Implementierung des Diversity Management in der Organisation als Voraussetzung für die Integration des Diversity Management in die Unternehmensstrategie. Als Beispiel für eine kennzahlenorientierte Studie kann die Untersuchung von Bellinger und Hillman angeführt werden, die zu dem

Ergebnis kam, dass Unternehmen des Standard and Poor's 500-Index eine umso bessere Performance erzielten, je heterogener die Besetzung des Vortands ausfiel. Dieser Befund kann mit einem besseren Informationszugang der Leitungsebene zur heterogenen Gruppe der Kunden und zur Belegschaft erklärt werden (Bellinger/Hillman 2000). Die Rückführung des ökonomischen Erfolges auf die demographische Struktur des Unternehmens bleibt ein riskantes Unterfangen, der Nachweis von Kausalität ist hier schwierig zu erbringen. Phasenmodelle dagegen bieten fallstudiengestützte heuristische Prinzipien, zum Teil auch theoretisch fundierte Gestaltungsempfehlungen, zur systematischen Implementierung des Diversity Management (Allen/Montgomery 2001).

Auf der Organisationsebene wird es in Zukunft ganz wesentlich darauf ankommen, das organisationale Wissen und Können und das erfahrungsgesättigte Know-how im Zuge der Alterung personenunabhängig zu sichern. Wenn z.B. vier in den Ruhestand ausscheidende Mitarbeiter ihre Erfahrung und ihr Wissen an eine einzige Nachwuchskraft weitergeben müssen, dann sind neue Formen der Sicherung des Unternehmenswissens in Form von Datenbanken zu realisieren. Gelingt die Weitergabe von Wissen und Erfahrung nicht, schrumpft c. p. die unverwechselbare Vielfalt der organisationalen Potentialität, Unternehmen verlieren Wissen, werden ärmer und büßen c. p. Leistungsfähigkeit ein. Insbesondere für die verbesserte Ausgestaltung zielorientierter Diversity-Management-Aktivitäten ist für die drei Gestaltungsebenen, das Individuum, die Gruppe und die Gesamtorganisation Bedarfsorientierung zu fordern.

6 HRDM und ADM als systematischer Forschungs- und Gestaltungsansatz zum Management von Diversität

6.1 Ergebnisse eines empirischen Forschungsprojekts

Die Rolle des Human Resources Diversity Management (HRDM) setzt an der Erkenntnis an, dass Diversität der Belegschaft bezüglich demographischer Merkmale nicht mit „talent diversity" gleichzusetzen ist (Jayne/Dipboye 2004, 412). Im Gegensatz zur unmittelbar an äußeren Charakteristika festzumachenden Diversität stellt die Heterogenität des arbeitsbezogenen Wissens, der Fähigkeiten, Fertigkeiten und Erfahrungen eine Variable dar, die Aussagen über die Verteilung der in einer Gruppe verfügbaren Kompetenzen zulässt und einen Zugang für Maßnahmen der Personalarbeit bietet. In einem Pilotprojekt[29] wurden erste relevante Informationen zum Teilbereich Alters-Diversity-Management (ADM) gewonnen.

Grundgedanke des Projekts war die Analyse der Innovationsfähigkeit von Unternehmen unter dem Blickwinkel des demographischen Wandels. Als Forschungsfrage wurde untersucht, ob bezüglich der Problemlösefähigkeit altersdiverser Gruppen Unterschiede nachweisbar sind. Dafür wurden 144 Versuchspersonen mittels des Managementspiels „Mipps & Wors" in Gruppen zu jeweils 6 Personen in ihrer Problemlösefähigkeit getestet. Die Gruppen wurden unterschieden in „junge Gruppen" (alle Teilnehmer unter 45 Jahre), „alte Gruppen" (alle Teilnehmer über 45 Jahre) und „gemischte Gruppen" (aus beiden Altersgruppen 1:1 gemischt). Die Problemlösefähigkeit wurde beurteilt hinsichtlich der Bearbeitungszeit, der Problemlösequalität (Ergebnis richtig vs. falsch) und der Art der Problemlösung (konvergente oder divergente Strategie). Es zeigten sich signifikante Unterschiede in der Bearbeitungszeit: junge Gruppen lösten das Problem signifikant schneller als gemischte und auch signifikant schneller als alte Gruppen (Abbildung 7).

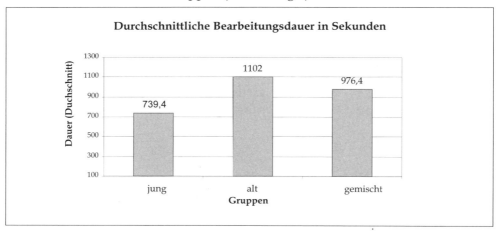

Abbildung 7:   Durchschnittliche Bearbeitungszeit im Pilotprojekt „ADM".

Hinsichtlich der Problemlösequalität zeigte sich deskriptiv, dass alte Gruppen nur zu 50% zum richtigen Ergebnis kommen. Junge Gruppen lösten das Problem zu 80% richtig. Man könnte vermuten, dass der Prozentsatz richtiger Lösungen bei gemischten Gruppen zwischen dem von alten bzw. jungen Gruppen läge. Das Experiment zeigt ein anderes Bild. Die gemischten Gruppen erbrachten bezüglich der Problemlösequalität das beste Ergebnis: sie lösten die Aufgabe zu 90% richtig (Abbildung 2). Das Zusammenkommen von jüngeren

---

[29] Das Pilotprojekt wurde durchgeführt vom Lehrstuhl für Organisation und Personalwirtschaft der Martin-Luther-Universität unter Leitung von Prof. Dr. Manfred Becker in Kooperation mit der Deutschen Post World Net AG (2004-2005).

und älteren Arbeitnehmern in gemischten Arbeitsgruppen ist demnach – unter dem Vorbehalt der relativ kleinen Probandengruppe – für die Ergebnisqualität der Aufgabe von Vorteil.

Bezüglich der Art der Problemlösung konnten keine Unterschiede zwischen den Gruppen festgestellt werden. Für die Art des Problems war es von Bedeutung, divergent zu denken, d.h. Denk- und Handlungsmuster, die sich unter stabilen Anforderungsbedingungen bewährt haben, in Situationen des raschen Anforderungswechsels durch neue Strategien zu ersetzen. Dies wurde unabhängig vom Alter auch in der Mehrheit der Fälle realisiert. Daraus kann – ebenfalls unter dem Vorbehalt der „kleinen Zahlen" – gefolgert werden, dass junge, gemischte und alte Teams gleichermaßen erkennen, wann es günstiger ist, überkommene konvergente Denk- und Handlungsmuster durch neue, divergente Denkstrategien und Handlungsansätze zu ersetzen.

Zum gegenwärtigen Zeitpunkt wird dieses Pilotprojekt hinsichtlich der zu untersuchenden Kriterien ausgeweitet und die Stichprobe vergrößert. Es werden insgesamt fünf Kriterien operationalisiert, die das Konstrukt der Handlungskompetenz beschreiben. Das Forschungsprojekt soll Ende 2006 abgeschlossen sein.

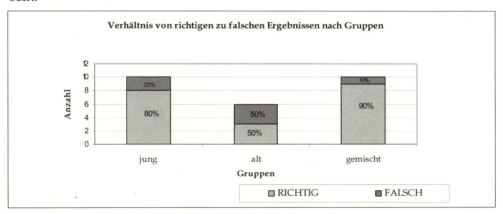

Abbildung 8:   Problemlösequalität im Pilotprojekt „ADM".

6.2 Zusammenfassende Betrachtung und konkrete Forderungen an das Diversity Management

Abschließend ist festzuhalten, dass angesichts der gemischten empirischen Befunde zur Leistung heterogener Gruppen und zur ökonomischen Relevanz des Diversity Management bisher nur Tendenzaussagen möglich sind. Der State of the Art des Diversity Management ist durch modelltheoretisch gestützte, breite Zugänge auf allen Analyseebenen gekennzeichnet. Eine Vielzahl an Argumenten spricht für eine Intensivierung der wissenschaftlichen Forschung zu Fragen des Diversity Management. Dabei bleibt zunächst keine andere Wahl, als den fortgeschrittenen Erkenntnisstand, insbesondere in den

USA, aufzunehmen und in vermehrten Forschungsprojekten eine europäische Diversity-Forschung aufzubauen, die auf dem Fundament der europäischen Kultur zu eigenständigen Erklärungs- und Gestaltungszusammenhängen gelangt. Die Zeit für eine intensive Forschung ist knapp. Insbesondere der aufkommende Druck aus der Notwendigkeit, Migration und die damit verbundene Integration stärker in den Blick zu nehmen, verlangt die unverzügliche wissenschaftliche Auseinandersetzung mit den Grundlagen, den Zielen, den Akteuren und den Methoden des Diversity Management. Die Übertragung der aus der experimentellen Forschung gewonnenen Erkenntnisse auf die Realität heterogener Belegschaften und damit die Bewährung in der Praxis stehen noch aus. Ziel der Forschungsanstrengungen müssen situativ angemessene und unter Abschätzung der Kosten und Nutzen der Heterogenität erfolgende Gestaltungsempfehlungen sein. Als thesenartige Leitlinien der Gestaltung können zusammenfassend folgende konkrete Forderungen an das Diversity Management formuliert werden:

Konkrete Forderungen an das Diversity Management:

1. *Diversity Management* ist die aktive, strategische und operative Gestaltung der Unterschiedlichkeit der Humanressourcen zur Erreichung vorher bestimmter unternehmerischer Ziele.

2. *Diversity Management* erfolgt unter der Beachtung der gleichzeitigen Optimierung der zur Zielerreichung erforderlichen Ressourcen und der damit verbundenen Kosten.

3. *Diversity Management* ist als zentrale Aufgabe zum Aufbau von Unverwechselbarkeit, Einmaligkeit und Einzigartigkeit der Unternehmensleistung aufzufassen, durch die Nachahmungsresistenz erzielt und Wettbewerbsfähigkeit gesichert werden.

4. *Diversity Management* zielt auf die Schaffung, Erhaltung und Verbesserung der Beschäftigungsfähigkeit von Arbeit anbietenden Personen und auf die Schaffung, Erhaltung und Verbesserung der Wettbewerbsfähigkeit von Unternehmen am Markt.

5. *Diversity Management* folgt dem Primat der Ziele vor den Maßnahmen und orientiert die Schaffung von Homogenität und Heterogenität an den spezifischen Zielen, Aufgaben und Anforderungen der Unternehmensleistung.

Literatur

Agars, M. D./Kottke, J. L. (2004): Models and Practice of Diversity Management. In: Stockdale, M. S./Crosby, F. J. (Edt.): The Psychology and Management of Workplace Diversity. Malden/Oxford/Carlton, S. 55-77.

Allen, R. S./Montgomery, K. A. (2001): Applying an organizational development approach to creating diversity. In: Organizational Dynamics. 30. Vol., pp. 149-161.

Aretz, H.-J./Hansen, K. (2002): Diversity und Diversity Management im Unternehmen – Eine Analyse aus systemtheoretischer Sicht. Münster.

Barney, J. B. (1991): Firm Resources and Sustained Competitive Advantage. In: Journal of Management, No. 01, pp. 99-120.

Becker, M. (2005a): Optimistisch altern. In: Personal. Zeitschrift für Human Resource Management, H. 03, S. 32-35.

Becker, M. (2005b): Personalentwicklung. Bildung, Förderung und Organisationsentwicklung in Theorie und Praxis. 4., aktualis. u. erw. Aufl., Stuttgart.

Becker, M. (2005c): Systematische Personalentwicklung. Planung, Steuerung und Kontrolle im Funktionszyklus. Stuttgart.

Bellinger, L./Hillman, A. J. (2000): Does tolerance lead to better partnering ? The relationship between diversity management and M and A success. In: Business and Society, Vol. 39, pp. 323-337.

Blau, P. (1977): Inequality and Heterogeneity: A Primitive Theory of Social Structure. New York.

Brotherton, C. (2003): Is Diversity inevitable? Age and Ageism in the Future of Employment. In: Davidson, M. J./Fielden, S. L. (Edt.): Individual Diversity and Psychology in Organizations. Chichester, pp. 225-236.

Burr, W. (2004): Organisatorische Flexibilität. In: Schreyögg, G./Werder, A. v. (Hrsg.): Handwörterbuch Unternehmensführung und Organisation. 4. Aufl. Stuttgart, Sp. 276-284.

Business and Human Rights Resource Centre (2005): DiversityInc Magazine Top 50 Companies for Diversity list is announced: most comprehensive diversity metrics in corporate America. http://www.forrelease.com/D20040419/nym237.P2.04192004155859.06805.html, eingesehen am 31.08.2005.

Caines, R. (2003): Diversity Management at MIT. In: Belinszki, E./Hansen, K./Müller, U. (Hrsg.): Managing Diversity Bd. 2. Diversity Management. Best Practices im internationalen Feld. Münster, S. 255-277.

Clutterbuck, D. (2002): Establishing and sustaining a formal mentoring programme for working with diversified groups. In: Clutterbuck, D./Ragins, B. R. (Edt.) (2002): Mentoring and Diversity. An international perspective. pp. 54-86.

Cox, T. (1991): The multicultural organization. In: Academy of Management Executive. No. 02, pp. 34-47.

Cox, T. (1993): Cultural Diversity in Organizations: Theory, Research and Practice. San Francisco.

Cox, T. Jr./Cox, T. H./O'Neill, P. (2001): Creating the multicultural organization: a strategy for capturing the power of diversity. Business school management series. University of Michigan. Michigan.

Dick, P. (2003): Organizational efforts to manage diversity: do they really work? In: Davidson, M. J./Fielden, S. L. (Edt.): Individual Diversity and Psychology in Organizations. Chichester, pp. 131-148.

Dietz, J./Petersen, L.-E. (2005): Diversity Management. In: Björkmann, I./Stahl, G. (Edt.): Handbook of Research in international Human Resource management. Camberly, pp. 223-243.

Dubois, D. D./Rothwell, W. J. (2004): Competency–Based Human Resource Management. Palo Alto.

Eckardstein, D. v. (2004): Demographische Verschiebungen und ihre Bedeutung für das Personalmanagement. In: Zeitschrift Führung und Organisation, H. 03, S. 128-135.

Ely, R. J./Thomas, D. A. (2001): Cultural Diversity at work: The effects of diversity perspectives on work group process and outcomes. In: Administrative Science Quarterly, No. 02, pp. 229-273.

Hansen, F. (2003): Diversity's business case: Doesn't add up. In: http://www.workforce.com/section/11/feature/23/42/49/, eingesehen am 07.12.2005.

Harrison, D./Price, K./Bell, M. P. (1998): Beyond relational demography: Time and the effects of surface- and deep-level diversity on work group cohesion. In: Academy of Management Journal, 41. Vol., pp. 96-107.

Hayles, V. R. (1996) : Diversity Training and Development. In: Craig, R. L. (Edt.): The ASTD Training and Development Handbook. New York, pp. 104-123.

Hays-Thomas, R. (2004): Why now? The contemporary focus on managing diversity. In: Stockdale, M. S./Crosby, F. J. (Edt.): The Psychology and management of workplace diversity. Malden/Oxford/Carlton, pp. 03-30.

Hofstede, G./Hofstede, G. J. (2005): Cultures and Organizations. Software of the Mind. Intercultural Cooperation and Its Importance for Survival. New York/Chicago/San Francisco.

Holvino, E./Ferdman, B. M./Merrill-Sands, D. (2004): Creating and Sustaining Diversity and Inclusion in Organizations: Strategies and approaches. In: Stockdale, M. S./Crosby, F. J. (Edt.): The Psychology and management of workplace diversity. Malden/Oxford/Carlton, pp. 245-276.

Hubbard, E. E. (2004): The Diversity Scorecard. Evaluating the Impact of Diversity on Organizational Performance. Burlington/Oxford.

Janis, I. L. (1972): Victims of groupthink. Boston.

Janis, I. L./Mann, L. (1977): Decision making. New York.

Jarzabkowski, P./Searle, R. H. (2004): Harnessing Diversity and Collective Action in the Top Management Team. In: Long Range Planning, No. 05, pp. 399-419.

Jayne, M. E. A./Dipboye, R. L. (2004) : Leveraging Diversity to improve business performance : research findings and recommendations for organizations. In: Human Resource Management, No. 04, pp. 409-424.

Kaplan, R. S./Norton, D. P. (1996): Using the Balanced Scorecard as a Strategic Management System. In: Harvard Business Review, No. 01, pp. 75-85.

Knight, D. et al. (1999) : Top management team diversity, group process, and strategic consensus. In: Strategic management Journal, No. 05, pp. 445-465.

Kochan, T. et al. (2003) : The effects of diversity on business performance: report of the diversity research network. In: Human Resource Management, No. 01, pp. 3-21.

Korac-Kakabadse, N./Kouzmin, A./Korac-Kakabadse, A. (2003): Cultural Diversity in the IT-Globalizing Workplace: Conundra and Future Research. In: Davidson, M. J./Fielden, S. L. (Edt.): Individual Diversity and Psychology in Organizations. Chichester, pp. 365-383.

Krell, G. (1998): Chancengleichheit: Von der Entwicklungshilfe zum Erfolgsfaktor. In: Krell, G. (Hrsg.): Chancengleichheit durch Personalpolitik. Gleichstellung von Frauen und Männern in Unternehmen und Verwaltungen. Rechtliche Regelungen – Problemanalysen – Lösungen. 2., aktual. u. erw. Aufl., Wiesbaden, S. 13-28.

Krell, G. (1999): Managing Diversity: Chancengleichheit als Erfolgsfaktor. In: Personalwirtschaft, H. 04, S. 24-26.

Ladwig, D. H. (2003): Team-Diversity – Die Führung gemischter Teams. In: Rosenstiel, L. v./Regnet, E./Domsch, M. E. (Hrsg.): Führung von Mitarbeitern. 5. Aufl., Stuttgart, S. 448-459.

Macharzina, K./Wolf, J. (2005): Unternehmensführung. Das internationale Managementwissen. Konzepte – Methoden – Praxis. 5., grundl. überarb. Aufl., Wiesbaden.

Marcuse, H. (1937): Über den affirmativen Charakter der Kultur. In: Zeitschrift für Sozialforschung, 6. Jg. (1980), S. 54-94. Photomechanischer Nachdruck mit Genehmigung des Herausgebers.

Marks, M. A./Mathieu, J. E./Taccaro, S. J. (2001): A temporally based framework and taxonomoy of team processes. In: Academy of Management Review, No. 03, pp. 356-376.

Martina, D./Trautmann, M. (2004): Unternehmen berichten immer mehr aus dem HR-Bereich. In: Personalwirtschaft, H. 12, S. 29-31.

Mohammed, S./Angell, L. C. (2004): Surface- and deep-level diversity in workgroups: examining the moderating effects of team orientation and team process on relationship conflict. In: Journal of Organizational Behavior, 25. Vol., pp. 1015-1039.

Organisation for economic co-operation and development (OECD) (2005): Ageing populations: High time for action. Background paper. Meeting of G 8 Employment and labour ministers, 10.-11. March 2005, London.

Pelled, L. H./Eisenhardt, K. M./Xin, K. R. (1999): Exploring the Black Box: An Analysis of Work Group Diversity, Conflict, and Performance. In: Administrative Science Quarterly, 44. Vol., pp. 1-28.

Petersen, L.-E./Dietz, J. (2005): Prejudice and enforcement of workforce homogeneity as explanations for employmenrt discrimination. In: Journal of Applied Social Psychology, 35. Vol., pp. 144-159.

Rasche, C. (2000): Der Resource Based View im Lichte des hybriden Wettbewerbs. In: In: Hammann, P. /Freiling, J. (Hrsg.): Die Ressourcen- und Kompetenzperspektive des Strategischen Managements. S. 69-125.

Richtlinie 2000/78/EG des Rates vom 27. November 2000 zur Festlegung eines allgemeinen Rahmens für die Verwirklichung der Gleichbehandlung in Beschäftigung und Beruf veröffentlicht am 02.12.2000 im Amtsblatt der Europäischen Gemeinschaften.

Rühl, M. (1999): Cross-Mentoring zur Förderung von Chancengleichheit. In: Die Personalwirtschaft, H. 04, S. 36-37.

Roberson, L. (2003): Chances and Risks of Diversity. In: Belinszki, E./Hansen, K./Müller, U. (Hrsg.): Diversity Management. Best practices im internationalen Feld. Münster, S. 238-254.

Sackmann, S./Bissels, S./Bissels, T. (2002): Kulturelle Vielfalt in Organisationen: Ansätze zum Umgang mit einem vernachlässigten Thema der Organisationswissenschaften. In: Die Betriebswirtschaft, H. 01, S. 43-58.

Schwarz-Wölzl, M./Maad, C. (2003/2004): Diversity und Managing Diversity Teil I: Theoretische Grundlagen. Modul I. Wien.

Shannon, C. E. (1948): A Mathematical Theory of Communication. In: Bell Systems Technical Journal, Vol. 27, pp. 379-423 and 623-656.

Singh, V./Point, S. (2004): Strategic Responses by European Companies to the Diversity Challenge: An online comparison. In: Long Range Planning, No. 04, pp. 295-318.

Steppan, R. (1999): "Diversity makes good business sense". In: Personalführung, H. 05, S. 28-32.

Stone, D.-L./Stone-Romero, E. F. (2004): The influence of culture on role-taking in culturally diverse organizations. In: Stockdale, M. S./Crosby, F. J. (Edt.): The Psychology and Management of Workplace Diversity. Malden/Oxford/ Carlton, pp. 78-99.

Stumpf, S./Thomas, A. (1999): Management von Heterogenität und Homogenität in Gruppen. In: Personalführung, H. 05, S. 36-44.

Tempest, S./Barnatt, C./Coupland, C. (2002): Grey Advantage. New strategies for the old. In: Long Range Planning, No. 04, pp. 475-492.

Thomas, D. A./Ely, R. J. (1996): Making differences matter: A new paradigm for managing diversity. Harvard Business Review, No. 05, pp. 79-91.

Thomas, K. M./Mack, D. A./Montagliani, A. (2004): The Arguments against Diversity: are they valid? In: Stockdale, M. S./Crosby, F. J. (Edt.): The Psychology and management of workplace diversity. Malden/Oxford/Carlton, pp. 31-51.

Thomas, R. R. (2001): Management of Diversity. Neue Personalstrategien für Unternehmen. Wie passen Giraffe und Elefant in ein Haus? Wiesbaden.

Vedder, G. (2006): Fünf zentrale Fragen und Antworten zum Diversity Management. http://www.uni-trier.de/uni/fb4/apo/lehrstuhl.html, eingesehen am 25.01.2006.

Voigt, B.-F./Wagner, D. (2005): Zahlen für Menschen? Sinn und Unsinn von Indizes zur Sozialen Diversität in Unternehmen. Draft-Paper zum gleichnamigen Vortrag. www.wiwiss-fu-berlin.de/w3/w3krell/homepage%20PK/ Diversity%20Indizes_Kommission%20Personalwesen_2005.pdf. Eingesehen am 17.10.2005.

Wagner, D./Sepehri, P. (2000): Managing Diversity – Wahrnehmung und Verständnis im Internationalen Management. In: Personal, H. 09, S. 456-461.

Weitzman, M. L. (2002): On Diversity. In: Quarterly Journal of Economics. Vol. 107, pp. 363-405.

Wheeler, M. L. (2003): Managing Diversity: Developing a Strategy for Measuring Organizational Effectiveness. In: Davidson, M. J./Fielden, S. L. (Edt.): Individual Diversity and Psychology in Organizations. Chichester, pp. 57-7.

Kontextorientierte Diskussion

Die Auseinandersetzung mit Kontextfaktoren geht davon aus, dass externe und interne Rahmenbedingungen die Ausgestaltung des Diversity Management maßgeblich beeinflussen. Die Globalisierung, die demographische Entwicklung in Deutschland, EU-Antidiskriminierungsrichtlinien und das geplante Antidiskriminierungsgesetz (ADG), stellen wesentliche externe Einflussfaktoren dar. Als interne Rahmenbedingungen sind z. B. die Unternehmenspolitik und -kultur, etablierte Stereotype und vorherrschende Vorurteile zu nennen.

Der Beitrag von *Aretz* zeichnet die historische, die geographische und die systemische Entwicklung der makro- und mikroökonomischen und sozialen Handlungsmuster wirtschaftlicher Tätigkeiten in Deutschland nach, die zur Ausprägung liberaler, neoliberaler und postmoderner Organisationsstereotypen geführt haben. Die Organisationsmuster sind markt- und gesellschaftsbedingt und verlangen zur Ausgestaltung individuell, sozial und ökonomisch effizienter Aktivitäten ein jeweils phasentypisches Maß an Diversität der arbeitenden Menschen. Insbesondere die Globalisierung wird als Auslöser heterogener überstaatlicher Diversität beschrieben. Bedeutsam ist die Zustimmung zur „bedingten" Diversität, die verlangt, Unterschiedlichkeit der Personen über die generelle Forderung nach Entfaltungsgerechtigkeit stets im Hinblick auf die Erreichung bestimmter Ziele zu fixieren.

Ausgangspunkt der kontextorientierten Analyse von *Labucay* ist ein „Gestaltungsüberhang" der Diversity-Management-Diskussion. Der Beitrag nimmt einen Rückbezug wesentlicher Kategorien und Denkmuster des Diversity Management auf systemtheoretische und postmoderne Konzepte vor. Durch Spiegelung des Diversity Management am Theorieangebot der Postmoderne und der Systemtheorie werden Anschlussmöglichkeiten aufgezeigt, die zur Genese einer theoretischen Grundlage des Diversity Management genutzt werden können. Ziel- und Zweckorientierung unter der Nebenbedingung des Kontextes für Diversity Management, werden als Voraussetzung dafür betrachtet, dass dieses nicht zur inhaltsleeren Formel wird. Ebenso wird eine grundlegende theoretische Fundierung als bedeutsam betrachtet, um den Nutzen des Diversity Management zielgerichtet verfolgen zu können.

Der Beitrag von *Petersen/Dietz* klärt auf der Grundlage zahlreicher Studien und aufbauend auf empirischen Arbeiten der Autoren die Grundlagen, die Praxis und die Wirkung von Stereotypen und Vorurteilen. Dabei wird deutlich herausgearbeitet, dass Stereotypenbildung und Vorurteilspraxis zu bewusster und subtiler Diskriminierung in Organisationen führen.

Ein systematisches Diversity Management kann wesentlich zur Abschwächung von Faktoren beitragen, die Vorurteile und Stereotypenbildung begünstigen. Andererseits sind Faktoren zu verstärken, die Vorurteile vermeiden. Klare Normen, Personalentwicklung und Sanktionen, bei positiver und negativer Abweichung, nennen Maßnahmen des Diversity Management, die Vorurteilsbildung und Stereotypenausbildung vermindern bzw. abbauen.

Strukturwandel in der Weltgesellschaft und Diversity Management in Unternehmen

Hans-Jürgen Aretz

1 Einführung

2 Ökonomische Globalisierung und demografische Entwicklungen

3 Postmoderne Kultur und Legitimation des Kapitalismus

4 Politische Forderungen nach Chancengleichheit und öffentliche Meinung

5 Diversity Management und ökonomische Nutzenorientierung

Literatur

1 Einführung

Die Idee des Diversity Management entstand ursprünglich in den 90er Jahren in den USA, von dort verbreitete sie sich über Großbritannien mehr oder weniger umgreifend auch im europäischen Raum. *Diversity* bezeichnet im Hinblick auf die Human-Ressourcen die Verschiedenheit und Individualität der Mitarbeiter in Organisationen, wobei der Begriff unterschiedlich weit gefasst wird: die Reichweite umspannt biologische, psychische, soziale und kulturelle Merkmale wie z. B. *biologisches Geschlecht*, *Alter*, *Ethnizität*, *Gender*, *persönliche Fertigkeiten und Fähigkeiten*, *Rasse* und *sexuelle Orientierung* (Hetero-/Homosexualität), aber auch persönliche Werte und Überzeugungen, kulturelle Praktiken und Mentalitäten sowie persönliche Erfahrungen und Wissen (Cox 1991/1993; Jackson/Ruderman 1996; Loden/Rosener 1991, 18 f.). Unter „Managing Diversity" bzw. „Diversity Management" werden verschiedene strategische Ansätze verstanden, die alle zum Ziel haben, die Vielfalt der Beschäftigten, Prozesse und Strukturen zu schätzen und effektiv durch den Aufbau einer multikulturellen Organisation zu nutzen (Cox 1991). Dabei handelt es sich dem Selbstverständnis nach nicht einfach nur um ein Programm, sondern um eine Grundhaltung und um ein neues Verständnis dafür, wie Unternehmen unter veränderten Bedingungen in der Weltgesellschaft funktionieren en.

Im Folgenden wird skizziert, welche strukturellen und kulturellen Veränderungen im Weltsystem, die sich seit Anfang der 70er Jahre und dann verstärkt seit den achtziger Jahren beobachten lassen, zur Herausbildung eines Diversity Management maßgeblich beigetragen haben. Konzipiert man Organisationen als soziale Systeme, die in einer analytischen Hierarchie zwischen einfachen Interaktionssystemen einerseits und den großen gesellschaftlichen Funktionssystemen (Wirtschaftssystem, politisches System, Rechtssystem, Wissenschaftssystem etc.) andererseits angesiedelt sind und mit diesen in einem Interdependenzverhältnis stehen, so lassen sich insbesondere Veränderungen in vier relevanten gesellschaftlichen Umweltsystemen von Unternehmen benennen: ökonomische Veränderungen (Globalisierung), demografische Entwicklungen und die öffentliche Meinung in der Bevölkerung, politisch-rechtliche Veränderungen und kulturelle Veränderungen (Diagramm 1). Die unternehmerische Anpassung an diese Veränderungen und die Entwicklung eines Diversity Management werden jedoch vermittelt durch das institutionelle Geflecht einer Gesellschaft bzw. durch die jeweilige Variante des modernen Kapitalismus, in die das Unternehmen eingebettet ist. Daraus erklärt sich auch die bislang fortgeschrittenste Haltung zu Diversity-Management-Strategien in den USA und in England und die eher zögerliche Aufnahme in Deutschland.

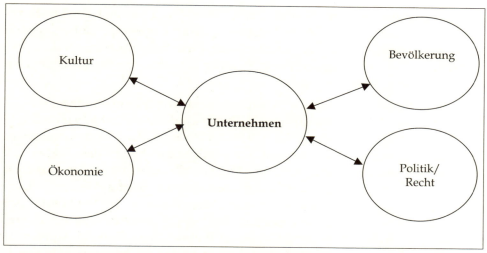

Abbildung 1: Die gesellschaftliche Umwelt von Unternehmen.

2 Ökonomische Globalisierung und demografische Entwicklungen

Der Prozess einer zunehmenden ökonomischen Integration durch sich ausweitende Handels-, Kapital- und Migrationsströme auf der Weltsystemebene lässt sich zwar seit der Entstehung des modernen Weltsystems beobachten, allerdings war vor 1870 keiner dieser Ströme hinreichend groß, so dass man hier eher von einer ökonomischen Internationalisierung sprechen kann. Dagegen bezeichnet der Begriff der „Globalisierung" einen emergenten Prozess und ein System ökonomischer Beziehungen, das nicht mehr wie bei der „Internationalisierung" auf einem System von Nationalstaaten beruht.

Aus dieser Perspektive hat die ökonomische Globalisierung erst ab den letzten drei Dekaden des 19. Jahrhunderts ein bis dahin unbekanntes Ausmaß an Integration erreicht, vorangetrieben durch vier miteinander verbundene Faktoren: Ausweitung des internationalen Handels, Zunahme von multinationalen bzw. transnationalen Unternehmen, Internationalisierung der Finanzen und Fortschritte in den Transport- und Kommunikationstechnologien. Bei diesem ökonomischen Integrationsprozess lassen sich drei große Wellen unterscheiden (World Bank 2002, 23 ff.). Die erste Globalisierungswelle (1870-1914), also die Periode des Goldstandards und des „free trade liberalism" unter der Hegemonie Großbritanniens (Pax Britannica), wurde angestoßen durch eine Kombination sinkender Transportkosten und den Abbau von Handelshemmnissen und verzeichnete ein dramatisches Anwachsen von Kapital, Arbeit und Gütern: Die Exporte im Vergleich zum Welteinkommen verdoppelten sich, das ausländische Kapital verdreifachte sich bezogen auf das Einkommen in Afrika, Asien und Lateinamerika und die Migration von Arbeitskräften (insbesondere von Europa nach Nordamerika und von China und Indien nach Sri Lanka, Burma, Thailand, den Philippinen und Vietnam) machte nahezu 10%

der Weltpopulation aus (World Bank 2002, 3). Das globale Pro-Kopf-Einkommen erreichte in dieser Zeitspanne zwar ungeahnte Höhen, jedoch zeigte sich zugleich eine wachsende Kluft zwischen globalisierenden und nicht-globalisierenden Ländern, was zu einer zunehmenden Ungleichheit im modernen Weltsystem führte.

Nach einer Phase des Rückfalls in Nationalismus und Protektionismus während der beiden Weltkriege und der Weltwirtschaftskrise (1914-1945) erfolgte eine zweite Globalisierungswelle (1945-1980) unter der Hegemonialmacht USA (Pax Americana). Die ökonomische Leitideologie dieser Phase bildete der „embedded liberalism", bei dem die Offenheit des internationalen Handelsverkehrs an die Geschlossenheit eines Finanzsystems (Bretton Woods) gekoppelt wurde. Entsprechend stand vor allem die ökonomische Integration der reichen Industrieländer (Nordamerika, Europa, Japan) über eine Reihe von multilateralen Handelsliberalisierungen im Rahmen des „General Agreement on Tariffs and Trade (GATT)" im Mittelpunkt, wobei die internationale Spezialisierung bei der Produktion von Massengütern (Fordismus) und der internationale Güterhandel im Vergleich zur internationalen Kapitalbewegung und zur internationalen Migration eine herausragende Rolle spielte. Während die OECD-Ökonomien in dieser Zeitspanne enorme Wachstumsraten verzeichnen konnten und mit zunehmender Integration konvergierten, waren die Wachstumsraten in den Entwicklungsländern weit weniger groß, so dass sich die Kluft zwischen reichen und armen Ländern vergrößerte.

Unter der hegemonialen Stellung der USA verbreitete sich das als „Fordismus" bezeichnete (Hirsch/Roth 1986) industrielle System nach dem 2. Weltkrieg auch in Europa (Bischoff 1999, 26 f.; Hobsbawm 2002; Tabak 1998, 96 ff.) – wenn auch nicht in gleichem Ausmaß wie in den USA – wobei die einzelnen Nationalstaaten je nach Art der Ausgestaltung ihrer industriellen Beziehungen, der Geld- und Fiskalpolitik sowie ihrer Wohlfahrtskonzeptionen unterschiedliche Ausgestaltungen vornahmen. Die Erschließung der Märkte für die Massen durch industriell erzeugte, standardisierte Güter und Dienstleistungen markiert das sogenannte „Goldene Zeitalter" des Kapitalismus, wobei der Fordismus aber nicht nur die Arbeitsorganisation prägte, sondern auch zu einem kulturellen Phänomen mit eigener Ästhetik wurde: *„Standardisierung oder 08/15 wurde zum kulturellen Modell"* (Vester 1993, 111 f.), was beispielsweise *Ritzer* anhand der Entwicklung von Fast-Food-Ketten als McDonaldization der Gesellschaft beschreibt, die er als konsequente Anwendung von Talyorismus und Fordismus ansieht (Ritzer 1993). Zugleich entstand mit dem modernen Massenproduktionssystem eine Reihe von sozialen Institutionen, die von politischen Massenorganisationen und Gewerkschaften über kollektive Verhandlungssysteme, Keynesianischer Nachfragesteuerung, sektorspezifischen Regulierungen und dem modernen Wohlfahrtsstaat bis hin zu den „Business Schools", in denen das „Management" von komplexen Organisationen vermittelt wurde, reichten und die Struktur der *modernen* Industriegesellschaft prägten. Dieses *„greatest production system in the history of the world"* (Cohen 1991, 9) hatte allerdings den Nachteil, dass es äußerst inflexibel und daher wenig tauglich war, um sich an die nachfolgenden strukturellen Veränderungen der Weltökonomie anpassen zu können.

Seit etwa 1980 ist eine dritte Welle der ökonomischen Integration zu verzeichnen, bei der nun wieder internationale Kapitalbewegungen und Migration eine stärkere Bedeutung erlangen. Der „embedded liberalism" der zweiten Welle wurde zunehmend durch eine neoliberalistische Ideologie abgelöst, deren Proponenten ein liberales globales Finanzsystem anstreben. Ausgelöst und vorangetrieben wurde die dritte Welle durch den Fortschritt in den Kommunikationstechnologien und den Transportmitteln, durch Kapitalliberalisierungsprozesse sowie durch die Öffnung der Entwicklungs- und Schwellenländer für ausländischen Handel und ausländische Investitionen. Zum ersten Mal konnten die ärmeren Länder ihr Arbeitspotential nutzen, um in globale Märkte für Güter und Dienstleistungen einzudringen, und durch die mit der Handelsliberalisierung einhergehende Reduzierung von Beschränkungen für ausländisches Kapital stiegen die privaten Kapitalflüsse in diese Länder, insbesondere die ausländischen Direktinvestitionen. Die verdichteten Handels- und Kapitalnetze schufen nicht nur neue Rahmenbedingungen für die nationalstaatliche Wirtschaftspolitik, sondern veränderten auch die Organisationsformen und –strategien der Unternehmen. Mittlerweile haben etwa 40.000 Unternehmen grenzüberschreitende ökonomische Aktivitäten (Anderson/Cavanagh 2000), und die Zahl multinationaler (MNC) oder transnationaler Unternehmen (TNC) und deren Anteil an den Aktivitäten der Weltökonomie stieg rapide an: waren 1969 erst rund 7.000 TNC mit einem Stammsitz in einem der 14 wichtigsten Industrieländer registriert, so waren es 1990 bereits ca. 24.000 (Aranda et al. 1996, 75). Inzwischen sind von den 100 größten Ökonomien in der Welt 51 Unternehmen, nur 49 sind Länder – beispielsweise ist Wal-Mart, die Nr. 12 der Unternehmen, größer als 161 Länder, darunter Israel, Polen und Griechenland (Anderson/Cavanagh 2000). Die Verkäufe aller Top 200 Unternehmen lagen 1982 noch bei 24,2 % des Weltbruttosozialprodukts, im Jahr 2000 bereits bei 28,3%, mit 7,1 Trillionen US-Dollar größer als die Ökonomien aller Länder abzüglich der 9 größten Ökonomien – also 182 Länder – mit einem Gesamtbruttosozialprodukt von 6,9 Trillionen US-Dollar (Anderson/Cavanagh 2000). Zugleich ist diese dritte Phase dadurch gekennzeichnet, dass einige Entwicklungsländer in den globalen Markt integriert (hauptsächlich die sogenannten „middle-income" Länder), andere jedoch marginalisiert werden und diese weniger globalisierten Länder oftmals eine Kapitalflucht erfahren müssen (World Bank 2002, 10). Zwar konnte seit 1980 das Anwachsen globaler Armut und Ungleichheit insgesamt gestoppt werden und ist sogar rückläufig, jedoch verzeichnen gerade die nicht-globalisierenden Entwicklungsländer hier einen weiteren Anstieg (World Bank 2002, 5 ff.).

In der Weltwirtschaft manifestiert sich in dieser dritten Welle ein „neuer" Wettbewerb, der die herkömmliche Struktur des Fordismus durch ein auf Innovation, Information/Wissen und „Flexibilisierung" ausgelegtes Industriesystem unterminiert. Begriffe wie „strukturelle Krise", „Transformation", „De-Regulierung", „Flexibilisierung" und „Transition" sind gängige Deskriptoren der gegenwärtigen Verhältnisse, während Kategorien wie „post-fordistisch", „post-industriell", „post-modern", „post-kollektiv" oder „desorganisiert" das neue Zeitalter des Kapitalismus kennzeichnen sollen (Amin 1994; Lash/Ury 1987). Zwar wird derzeit die Frage, ob sich eine *definitive* Etablierung eines neuen industriellen Paradigmas nach der neoliberalistischen Wende abzeichnet, je nach theoretischer Perspektive kontrovers behandelt (vgl. etwa Hirsch 2001, 172; Bischoff 1999, 49), dennoch lässt sich zwischen fordistischer („moderner") und postfordistischer („postmoderner") Produktionsweise als industrielles Paradigma deutlich unterscheiden. So haben beispielsweise *Piore/Sabel* seit dem 19. Jahrhundert zwei koexistierende industrielle Paradigmen isoliert, von denen eines zu bestimmten historischen Zeitpunkten die Dominanz gewinnen kann. Dabei identifizieren sie zwei große „industrielle Wegscheiden": die erste lässt sich mit dem Aufkommen der fordistischen Massenproduktion, die zweite seit der Krise des Fordismus Anfang der 70er Jahre und dem Aufkommen der flexiblen Spezialisierung beobachten (Piore/Sabel 1989). Wie immer man auch die neue Ära konzipieren mag, im Gegensatz zum fordistischen Industriesystem der Massenproduktion und des Massenkonsums bedient das post-fordistische Unternehmen in der Weltökonomie nun hoch differenzierte Märkte mit individualisierten Produkten und Dienstleistungen, die häufig in kooperativen Beziehungen mit Kunden und Lieferanten als Co-Produzenten entwickelt werden. Das wirtschaftliche Konzept ist nun nicht mehr die „economics of scale", sondern die „economics of scope": es gilt, nicht möglichst viel vom selben zu produzieren, sondern viel Verschiedenes herzustellen und auf individuelle Wünsche rasch und flexibel zu reagieren. Diese Tendenz manifestiert sich allerdings auf nationaler Ebene in den verschiedenen institutionellen Settings des modernen Kapitalismus in unterschiedlicher Weise.

Der Wandel in der Produktionsstruktur der Weltökonomie, d. h. der stärkeren Verlagerung der Produktionsausrichtung von lokalen/nationalen Märkten hin zum Weltmarkt, hat viele lokale/nationale Unternehmungen zu transnationalen Unternehmen (TNCs) transformiert und zu einer teilweisen Verschiebung politischer Macht vom Territorialstaat zu den Weltmärkten und damit indirekt zu den TNCs geführt (Strange 2000, 44 ff.). Zugleich rücken Unternehmensstrategien stärker in den Mittelpunkt, die auf eine umfassende Herstellung transnationaler Wertschöpfungsketten zielen, wobei die organisations- und grenzüberschreitende Integration weniger durch eine Zentralisierung von Verantwortung erfolgt als durch Kooperation und Allianzen (Altvater/Mahnkopf 2002: 281). Die Transformation/Flexibilisierung der Wirtschaft hat in vielen Bereichen strukturell zu völlig neuen Zusammensetzungen von Unternehmen geführt und im Zusammenhang mit Maßnahmen der Deregulierung und Privatisierung „collagenartige Aktivitätsbereiche und pasticheartige Strukturen" (Vester 1993, 123) entstehen lassen. Vor diesem Hintergrund verliert das Modell der Hierarchie, das so charakteristisch für das „moderne" bürokratische Großunternehmen in der fordistischen Ära war, unter „postmodernen", postfordistischen Bedingungen an Bedeutung und weicht mehr pluralistischen und partizipativen Modellen wie z. B. einer „heterarchischen" Organisation (Reihlen 1999), „Netzwerkorganisation" (Baker 1992; Tichy 1981), der „Adhocratie" (Mintzberg 1979, 431 ff.; 1991), der „japanischen" Organisation (Aoki 1988/1990) und der „interaktiven" Organisation (Heckscher 1994).

Neben diesen skizzierten Veränderungen zeigen sich auch ökonomisch relevante Veränderungen in der Bevölkerungsstruktur. In den USA ist hier die Bedeutung des Berichts „Workforce 2000: Work and Workers in the 21st Century" (Johnston/Packer 1987) zu sehen, der dort in den neunziger Jahren eine weite Verbreitung erfuhr und tiefgreifende Diskussionen über die anwachsende Diversität auf dem Arbeitsmarkt und nachfolgend auch auf dem Konsumgüter- und Finanzmarkt auslöste. Dieser Bericht zeigt ein verlangsamtes Populationswachstum, einen durchschnittlichen Altersanstieg der Population und der Arbeitskräfte sowie das Anwachsen des Anteils und die zunehmende Bedeutung von Frauen und ethnischen Minoritäten in der größeren Gruppe der „stakeholders" auf und macht deutlich, dass die Unternehmen ihre Beziehungen zu den unterschiedlichen sozialen Gruppen deutlich verbessern und ihre Einstellungen hinsichtlich sozialer Unterschiede drastisch verändern müssen. In Deutschland treten seit den 70er Jahren ethnische Minderheiten als neues gewichtiges Segment der Sozialstruktur in Erscheinung. Mittlerweile leben hier 7,3 Millionen Ausländer, die 8,9% der Wohnbevölkerung ausmachen. Zu diesem multiethischen Segment müssen noch ca. eine Million eingebürgerte Einwanderer zugezählt werden, und das Wachstum in diesem Segement wird sich auch in weiterer Zukunft noch fortsetzen (Geißler 2002, 282) – Deutschland ist zu einem Einwanderungsland modernen Typs geworden. Dieses Wachstum der ethnischen Minderheiten ist allerdings keine Besonderheit der Sozialstruktur Deutschlands, auch in vielen anderen EU-Ländern hat die Zahl der Zuwanderer in den letzten Jahren zugenommen, so dass sich die Entwicklung zur Multiethnizität durchaus „als ein Aspekt der gesellschaftlichen Modernisierung" (ibid., 285) beschreiben lässt. Dennoch können diese Tendenzen eine andere Tendenz nicht aufhalten: die demografische Alterung der Bevölkerung in Deutschland. Der Anteil der älteren Menschen (60 Jahre und älter) an der Bevölkerung steigt, während der Anteil der jüngeren Menschen (0-20 Jahre) sinkt, ein „irreversibler Vorgang, der zukünftig verstärkt eintreten wird" (ibid.: 64), zumal auch die Geburtenzahl ausländischer Frauen nicht ausreicht, um das Durchschnittsalter merklich zu senken. Weiterhin zeigt sich in Deutschland nicht nur eine Differenzierung und Pluralisierung privater Lebensformen, sondern auch, als Ergebnis der seit den 50er Jahren einsetzenden Bildungsexpansion, eine kontinuierliche Höherqualifizierung der Bevölkerung, wobei die unteren Bildungsschichten schrumpfen und die mittleren und höheren Bildungsschichten sich ausdehnen (ibid.: 340). Zwar gelten insbesondere die Frauen als Gewinner der Bildungsexpansion (Hradil 2001, 160 ff.), jedoch sind in der Arbeitswelt die „Männerprivilegien resistenter als im Bildungssystem" (Geißler 2002, 372), geschlechtsspezifische Ungleichheiten sind in der Arbeitswelt immer noch ausgeprägt, wenn auch seit den letzten Jahrzehnten abgeschwächt.

Alle diese Veränderungen gehen mit Veränderungen auf den Absatzmärkten (Vielfalt der Kundenbedürfnisse), den Beschaffungsmärkten („global sourcing") und den Arbeitsmärkten (Mobilität, Engpässe, Strukturverschiebungen, Anstieg der Qualifikationen) sowie in der Mitarbeiterstruktur (verschiedene Nationalitäten und Kulturen, unterschiedliche Professionen, Altersstrukturen, Gender) einher. Mit der Pluralisierung der Beschäftigungsformen, Arbeitsbedingungen und Organisationsformen sind Betriebe vermehrt mit „Diversität" konfrontiert, auf die sie angemessen reagieren müssen. Angesichts der durch den Globalisierungsprozess beschleunigten ökonomischen Dynamik mit ihrem wachsenden Veränderungs- und Innovationsdruck auf Unternehmen und der Notwendigkeit einer effizienteren und effektiveren Nutzung der Ressource „Humankapital" erscheinen monokulturelle Organisationen als zu starr, als zu wenig lern- und anpassungsfähig und als zu wenig kreativ und innovativ (Balser 1999). Abhilfe soll hier das Konzept des „Diversity Management" schaffen, das sich mit der Vielfalt, der Heterogenität, den Unterschieden innerhalb von Organisationen beschäftigt und darauf abzielt, in der gegenwärtigen Phase der „flexiblen Akkumulation" die Unterschiedlichkeiten der Individuen, Kulturen, Strukturen, Strategien, Funktionen etc. gezielt als strategische Ressource zur Lösung organisationaler Probleme zu nutzen (Cox 1991, 1993; Cox/Blake 1991; Ellis/Sonnenfeld 1994; Gilbert et al. 1999; Loden/Rosener 1991; Rhodes 1999; Steinhauer 2000; Thomas 1992, 1996; Thomas/Woodroff 1999). Eine solche Organisation, die kulturelle Vielfalt wertschätzt, ist aber der Intention nach nicht einfach nur pluralistisch, sondern zeichnet sich durch die formelle und informelle Integration von Minderheitskulturen, durch geringe Intergruppen-Konflikte und das Fehlen von Vorurteilen und Diskriminierungen aus (Cox 1991). Die Mitarbeiter sollen sich der Bandbreite möglicher Individualität unter den differenzierten Aspekten der Persönlichkeit, der Sachkompetenzen, des kulturellen, gesellschaftlichen, organisationalen und des privaten Umfeldes bewusst werden und auf der Ebene sozialer Interaktionen die „Andersheit des Anderen" anerkennen. „Managing Diversity" bedeutet, diese Kenntnisse zu erarbeiten und die daraus entwickelbaren Potenziale zu identifizieren, um sie optimal für die Organisation zu nutzen. In diesem Sinne definiert *Cox* „Managing Diversity" als

> *„... planning and implementing organizational systems and practices to manage people so that the potential advantages of diversity are maximized while its potential disadvantages are minimized ... the goal of managing diversity as maximizing the ability of all employees to contribute to organizational goals and to achieve their full potential unhindered by group identities such as gender, race, nationality, age, and departmental affiliation." (Cox 1993, 11).*

Mittlerweile wird dieses Thema und die Entwicklung von Diversity-Management-Konzepten auch in Deutschland aufgegriffen, wohl auch im Hinblick darauf, dass das zusammenwachsende Europa die Kooperationen zwischen den europäischen Mitgliedsstaaten erhöhen und die organisationale Zusammenarbeit weiter vorantreiben wird, die Unternehmensgrenzen aufgrund der wachsenden Internationalisierung flexibel und kulturell durchlässiger werden, der Abbau von Hierarchien in Organisationen zur engeren Zusammenarbeit zwischen verschiedenen Professionen, Positionen und Funktionen führt und die zunehmende Individualisierung der Lebensformen die Pluralisierungstendenzen in der Gesellschaft nachhaltig forciert (Bissels et al. 2001, 403 f). In erster Linie machen große deutsche Unternehmen, die als „global player" auftreten, erste Erfahrungen mit „Diversity Management" (Balser 1999; Wagner/Sepehri 1999, 2000; Sepehri/Wagner 2000), hauptsächlich sind aber die europäischen Tochtergesellschaften einiger US-Konzerne oder mit US-Firmen fusionierte Unternehmen zu nennen, die das neue Konzept auf die hiesigen Verhältnisse zu übertragen, anzupassen und anzuwenden versuchen.

3 Postmoderne Kultur und Legitimation des Kapitalismus

Die Veränderungen in der ökonomischen Dimension gehen einher mit einer kulturellen Veränderung und einem modifizierten Legitimationsmuster des modernen Kapitalismus. Bereits *Max Weber* hat darauf verwiesen, dass der moderne Kapitalismus normativ verankert ist, wobei zwar die „Interessen (materielle und ideelle), nicht: Ideen, [...] unmittelbar das Handeln der Menschen" beherrschen, „aber: die „Weltbilder, welche durch „Ideen" geschaffen wurden, haben sehr oft als Weichensteller die Bahnen bestimmt, in denen die Dynamik der Interessen das Handeln fortbewegte" (Weber 1978, 252). *Kondylis* geht noch darüber hinaus und weist auf einen engen formal-strukturellen Zusammenhang zwischen der ideellen und der materiellen Sphäre des gesellschaftlichen Lebens hin:

> *„... dass zwischen der in Frage kommenden Denkfigur und dem in Frage kommenden sozialen Gebilde eine genaue strukturelle Entsprechung vorhanden ist bzw. dass Denkfigur und Funktionsweise der Gesellschaft in ihren verschiedenen Tätigkeiten und Bereichen auf dieselbe formale Struktur ohne Rücksicht auf die fast unübersichtliche Vielfalt der Inhalte reduziert werden können [...] Denn die Formen des Ideellen in ihrer Gesamtheit bilden zwar, wenn sie an sich betrachtet werden, das Pendant der materiellen Funktionsweise der Gesellschaft, gleichzeitig stellen sie aber einen Aspekt oder einen Teil dieser selben Funktionsweise dar"* (Kondylis 1991, 12).

Mit dem Beginn der ökonomischen Krisen Anfang der 70er Jahre bröckelte auch die Hegemonie des *universellen* oder „Hoch-Modernismus" in Wissenschaft, Kunst, Philosophie, Literatur, Architektur etc. (Kondylis 1991; Harvey 2000; Welsch 2002), des „Positivismus" und der „instrumentellen Vernunft" sowie des an universellen Prinzipien ausgerichteten „scientific managments" der Unternehmensführung und wich einer kulturellen Orientierung, die stärker die Mannigfaltigkeit und Partikularität des Denkens und Seins in den Mittelpunkt stellte. In diesem Wechsel der kulturellen Fundamentalperspektive hin zum Partikularen und Besonderen konnte sich der *Postmodernismus* als kulturelles Muster gesellschaftlich *verbreiten* (Bergesen 2000; Friedman 2000). Der *Modernismus* weicht hier einem diversifizierten kulturellen Identitätsraum, der durch die Pole des Postmodernismus, Traditionalismus (Ablehnung der neuen „unübersichtlichen" Lebensverhältnisse) und Primitivismus (Ablehnung der rationalen Zivilisation) gekennzeichnet ist, wobei diese Kulturmuster durch unterschiedliche Trägerschichten gestützt werden. Der Postmodernismus, der durchaus auch Elemente der beiden anderen kulturellen Orientierungen aufnahm (ausführlich Kondylis 1991; Welsch 2002) und unterschiedliche Strömungen unter sich subsumiert, stellt eine kulturelle Ressource bereit, mit der sich eine radikale kulturelle und soziale Pluralität legitimieren lässt, so dass „plurale Sinn- und Aktionsmuster vordringlich, ja dominant und obligat werden" (Welsch 2002, 5). Bereits die Situation der Moderne ist ja, wie *Max Weber* diagnostizierte, durch einen unhintergehbaren Pluralismus, durch einen grundsätzlichen „Polytheismus der Werte" gekennzeichnet (Weber 1973), und in der Postmoderne wird dieses Grundmerkmal der modernen Gesellschaft noch weiter gesteigert, es ist das „Zeitalter der Kontingenz für sich, der selbstbewussten Kontingenz" (Baumann 1995, 301). In diesem Sinne ist der „Postmodernismus nicht das Ende des Modernismus, sondern dessen Geburt, dessen permanente Geburt" (Lyotard 1987, 26) und fungiert als kulturelle Ideologie des gegenwärtigen Kapitalismus (Jameson 1989). Einige der zentralen Annahmen des Postmodernismus sind die Ablehnung eines übergeordneten Ganzen, einer einzigen verbindlichen Form von Rationalität, einer Meta-Narration und einer abstrakten Einheit, die alles Partikulare und Vielfältige unter sich subsumiert, kurz: es geht nicht mehr um universalistisch ausgerichtete Einheitsobsessionen (Best/Kellner 1991; Hollinger 1994; Welsch 2002). Stattdessen geht es um eine radikale Diversität und Pluralität, um „Selbst-Reflexivität" und „Differenz", es existiert nur ein Universum von Teilen, die jeweils ihre Eigenständigkeit haben und in diesem Universum besteht eine Gleichheit aller Interessen, Stimmen und Identitäten. Es gibt keine Hegemonie, keine „ewigen Wahrheiten", kein Universelles, kein abstraktes Ganzes, und wenn so etwas vorgefunden wird, dann muss es aufgelöst, muss es dekonstruiert werden:

> *„Die Postmoderne beginnt dort, wo das Ganze aufhört"* (Welsch 2002, 39), *„die Universalität oder Universalisierung ... bilden keinen Horizont mehr, welcher sich in den Augen des postmodernen Menschen anbieten würde"* (Lyotard 1987, 100).

Alles Individuelle und Diverse, was durch die Kultur der „Moderne" und durch das damit verbundene „Generelle" und „Universelle" unterdrückt und negiert wurde, wird nun immer mehr zum Thema, insbesondere in gesellschaftspolitischen Diskursen: die kulturellen Identitäten der verschiedenen Nationen, Rassen, Ethnien, Frauen, Gender, Homosexualität, die Bedeutung des Regionalen und Lokalen im gegenwärtigen Globalisierungsprozess und auch das Thema „Diversity". Dabei stellt der Postmodernismus nicht nur eine Quelle der politischen Liberation und des Dissens dar, sondern auch der Legitimation einer neuen sozialen Ordnung. War das strukturbildende Prinzip des Modernismus die „Hierarchisierung", „funktionale Differenzierung" und „Abgrenzung" verschiedener sozialer und kultureller Denk- und Handlungsformen, so ist der Postmodernismus durch eine *Pastichebildung*, eine vielfältige Überlappung, Verknüpfung, Hybridkreuzung, Rekombination und Reintegration sowie der Infragestellung herkömmlicher Grenzziehungen und Hierarchisierungen gekennzeichnet (Vester 1993, 27 ff.), wobei sich Vormodernes mit Modernem und „Postmodernem" liiert. Insofern verweist die gegenwärtige Dynamik der vielfältigen gesellschaftlichen Globalisierungsprozesse sowohl auf eine Kontinuität von „Vor-Moderne", „Moderne" und „Modernisierung" als auch auf neue, „postmoderne" Konstellationen und manifestiert sich einerseits in einer globalen Homogenisierung und Standardisierung von (Konsum)Kultur und Alltagsleben, andererseits in der Heterogenität lebensweltlicher und kultureller Bezüge sowie der Bedeutung des Lokalen, Diversen, Hybriden, Vielfältigen und Differentiellen. Dieser kulturelle Wandel geht mit einem entsprechenden Wandel der Legitimationsbasis des Kapitalismus einher. Einerseits fand die positive Interpretationsvariante des Postmodernismus Eingang in die Rhetorik der Ende der 60er/Anfang der 70er Jahre stattfindenden Kulturrevolution mit ihrer antikapitalistischen und antibürgerlich gefärbten Romantik, so dass „the fate of postmodernism seemed to have been indissolubly linked to the fate of the counterculture" (Calinescu 2003, 268). Überraschenderweise verschwand der Postmodernismus jedoch nicht mit Nachlassen des revolutionären Elans dieser Dekade, sondern verbreitet sich seit den siebziger und achtziger Jahren auch auf internationaler Ebene (ibid.). Andererseits trug die „Domestizierung" und „Veralltäglichung" der Kulturrevolution maßgeblich dazu bei, dass in den modernen Massendemokratien über die Verschmelzung von Radikalismus und Konformismus die breiteren Massen für Losungen und Einstellungen der Revolution gewonnen werden konnten (Kondylis 1999, 226 ff.). Dabei macht sich allerdings die Unfähigkeit der Kulturrevolution, an den gesellschaftlichen Produktionsverhältnissen zu rühren, insbesondere am Scheitern ihres Angriffs gegen das bürgerliche Leistungsprinzip bemerkbar. Dem liberalen Kapitalismus gelang es, die in den westlichen Industrieländern artikulierte Kritik der Kulturrevolution erfolgreich zu „internalisieren" (Boltanski/Chiapello 1999/2001; Fomm 2004) und in einer neuen Leistungs-Ideologie, wie sie z.B. in der Betonung von Kreativität, Innovations- und Kooperationsfähigkeit der Mitarbeiter und in der Figur des neuen „Arbeitskraft-Unternehmers" (Stichworte: „Selbst-GmbH", „Ich-AG", „Ego-Company" etc.) Gestalt annimmt, zum Ausdruck zu bringen:

> „Sogar Leistung konnte durch Einimpfen einer gewissen Dosis kulturrevolutionärer Werte wirksamer motiviert werden, so z.B. durch die „Humanisierung der Arbeitswelt", die „Mitbestimmung", die teilweise Vermischung von Arbeit und Spiel, die Anerkennung für den guten spontanen Einfall und für die kleinere oder größere Initiative etc.." Kondylis 1999, 236).

Mit diesen Veränderungen wandelt sich auch der Charakter der kapitalistischen „Disziplin", die ja konstitutiv für den gesellschaftlichen Produktionsprozess ist. Der Übergang zum postfordistischen Paradigma ist zugleich ein Übergang von der Diziplin- zur Kontrollgesellschaft, die Integration und der Konsens der Gesellschaft werden nun nicht mehr primär durch bürokratische Disziplinierung, Unterwerfung, Moralisierung und repressive Drohung, sondern durch den Appell an Selbstverwirklichung und Selbstgestaltung „unternehmerischer" Individuen hergestellt (Hirsch 2001, 200).

4 Politische Forderungen nach Chancengleichheit und öffentliche Meinung

Hinsichtlich der weiteren gesellschaftlichen Entfaltung und Spezifikation solcher kulturellen Orientierungen bedürfen diese jedoch immer auch einer „Ideologie" im Sinne einer Zusammenführung bestimmter materieller und ideeller Interessen zu einer politischen „Strategie"(Bendix 1989). Von den verschiedenen ideologischen Strömungen bildet der Liberalismus seit 1789 den „Zement" der kapitalistischen Weltwirtschaft (Wallerstein 1995, 95), der sich im 19. Jahrhundert gegenüber dem Konservatismus und dem Sozialismus als dominante Ideologie nachhaltig durchsetzen konnte und gegenwärtig im Gewand des Neoliberalismus die sich weiter globalisierende Weltökonomie prägt. Der Liberalismus entfaltete in seiner weiteren Entwicklung ein Inklusionspotenzial, dessen Entwicklungen keineswegs immer linear und für die verschiedenen Teile des Weltsystems durchaus unterschiedlich verliefen. Betrachtet man in der *politischen Dimension* den historischen Verlauf seit der französischen Revolution, wird deutlich, dass – vor allem im Zentrum des Weltsystems – über unterschiedliche politische, wirtschaftliche, soziale und kulturelle Inklusionsmechanismen die gesellschaftlichen „Subjekte" in „Bürger" transformiert wurden, wobei diesen Bürgern sukzessive die soziale Teilhabe in den ausdifferenzierten Sphären der Gesellschaft ermöglicht (Marshall 1977; Parsons 1969) und der (westlichen) Massendemokratie und den unterschiedlichen

Varianten des modernen Wohlfahrtsstaates der Weg geebnet wurde (Esping-Andersen 1998; Kondylis 2001, 13 ff.). Diese Inklusionsbestrebungen des Liberalismus werden gegenwärtig durch die vermehrte Artikulation konservativer wie auch radikaler politischer Stimmen verstärkt und greifen besonders in den USA bis auf die betriebliche Ebene durch. Folgt man der Analyse von *Smelser/Alexander*, waren in der ersten Hälfte des 20. Jahrhunderts die sozialen Konflikte in den USA noch dadurch gekennzeichnet, dass die Integrität der kulturellen Werte von den konfligierenden Parteien nicht grundsätzlich in Frage gestellt wurde. Dies änderte sich allerdings seit Ende der 60er/Anfang der 70er Jahre – also zur Zeit der Kulturrevolution in den westlichen Massendemokratien – dramatisch: zunächst durch Afro-Amerikaner, dann durch Feministinnen und rassische Minderheiten, wurde immer mehr die Forderung nach bürgerlichen Rechten, sozialer Gerechtigkeit und gesellschaftlicher Inklusion laut. Mit diesen Forderungen verbinden sich gesellschaftspolitische Ziele, die durch konsequente Verwirklichung der „citizenship" für outgroups und durch eine stärkere normative Verpflichtung für ingroups erreicht werden sollten (Smelser/Alexander 1999, 4). Die gegenwärtige öffentliche Debatte über den Zustand der amerikanischen Zivilgesellschaft (z.B. Alexander 2001; Bellah et al. 1985; Münch 2002; Walzer 1992), der kulturellen Werte und über den Multikulturalismus zeigt u. a., dass liberale Positionen auf eine Kompatibilität des Multikulturalismus mit dem vorhandenen Wertmuster verweisen (Kymlicka 1995/2001), politisch konservative Kräfte einen Zerfall der gemeinsamen kulturellen Werte und der gesellschaftlichen Solidarität befürchten und radikale Stimmen die positive Destruktivität des Multikulturalismus für die traditionalen kulturellen Konzepte der amerikanischen Gemeinschaft hervorheben (Smelser/Alexander 1999, 6). Dabei bekommt auch der Begriff der Multikulturalität eine gewandelte Bedeutung: Konnotierte dieser Begriff Anfang der 70er Jahre noch „Kompromiss, Interdependenz, einen relativierenden Universalismus und eine expandierende interkulturelle Gemeinschaft", so sind nun Vorstellungen damit verbunden, die abzielen auf „Differenz, Dekonstruktion von Universalitätsansprüchen und der Rekonstruktion, Rehabilitation und Protektion von autonomen kulturellen Diskursen und separierten Interaktionsgemeinschaften" (Alexander 2001, 237). Dabei übersteigert der radikale Multikulturalismus die Bedeutung der ethnischen Herkunftsgruppe zu Lasten eines universalistischen Individualismus und spielt einem Gruppenpartikularismus in die Hände, der zunehmend die Loyalität zur Nation als umfassende soziale Gemeinschaft unterhöhlt.

In diesem sozialhistorischen Kontext ist es daher nicht zufällig, dass gerade in den USA das Thema „Diversity" seit Beginn der neunziger Jahre im gesellschaftspolitischen Diskurs entfaltet und auch durch das vorhandene Rechtssystem unterstützt wird. Insbesondere die bereits bestehenden Verbote jeglicher Diskriminierung (bei betrieblicher Diskriminierung müssen zum Teil enorm hohe Zwangszahlungen geleistet werden: Steppan 1999) sowie Gleichstellungsgesetze und der zunehmende Druck aus der Öffentlichkeit zwangen die Unternehmen zu einer intensiven Auseinandersetzung mit diesem Thema und zur Entwicklung von Diversity-Management-Strategien. Mittlerweile hat auch die UNESCO eine breitere öffentliche Meinung für das Thema „Diversity" sensibilisiert und auf ihrer 31. Jahreskonferenz am 2. November 2001 in Paris in einer allgemeinen Erklärung die Verteidigung der kulturellen Vielfalt als ethischen Imperativ festgeschrieben, der untrennbar mit der Achtung der Menschenwürde verknüpft ist (UNESCO 2002) sowie Leitlinien für einen Aktionsplan zur Umsetzung dieser Erklärung erstellt. Auf der Ebene des europäischen Rechts werden im EG-Vertrag von 1997, Artikel 13, Diskriminierungen aufgrund des Geschlechts, der Rasse, der ethnischen Herkunft, der Religion oder der Weltanschauung, einer Behinderung, des Alters oder der sexuellen Orientierung verboten.

Die im Laufe der Jahre entwickelten Konzeptionen von „Managing Diversity" lassen sich unter drei Ansätze subsumieren:

1) dem *Fairness and Discrimination Approach* (mögliche Problemfelder für Diskriminierungen werden identifiziert und einer präventiven bzw. kurativen Konfliktbewältigung unterzogen - „affirmative action" und „political correctness" haben hier ihren Platz),

2) dem *Access and Legitimacy Approach* (auf der Grundlage eines market based view wird nicht die Soziodemografie, sondern die spezifische marktabhängige Demografie zu spiegeln versucht, der Kundenkreis soll seine Spiegelung im Mitarbeiterkreis finden),

3) dem *Learning and Effectiveness Approach* (Diversity Management als Konzept eines ganzheitlichen organisationalen Lernens) (Aretz/Hansen 2002, 33 ff., Aretz/Hansen 2003; Thomas/Ely 1996).

Aus der Perspektive des letzten Ansatzes wird an „Quotenregelungen" und „affirmative action" kritisiert, dass organisationsintern die konkrete Vielfalt in der Mitarbeiterstruktur in der Regel so weit unter die implizite Leitidee der sozialen Gleichheit generalisiert und assimiliert wird, dass sie faktisch nicht nur zum Verschwinden gebracht, sondern auch als störend für die Organisationsroutine empfunden wird. Nach einem ganzheitlichen Diversity-Verständnis sind bislang die Angehörigen rassischer oder kultureller Minderheiten, Frauen und Behinderte zwar in der Organisation als Beauftragte für Angelegenheiten ihrer sozialen Gruppe oder in Höhe einer politisch korrekten Quote repräsentiert, doch sie sind nicht wirklich integriert. Insbesondere wendet sich diese Konzeption schon vom Ansatz her dagegen, die Individuen auf ihre Zugehörigkeit zu einer sozialen Gruppe zu reduzieren, da damit nur gruppentypische Einstellungen und Verhaltensweisen erwartet bzw. gefordert und auf diese Weise Stereotypisierungsprozesse perpetuiert und ein Gruppenpartikularismus gefördert werden. Darüber hinaus wird bemängelt, dass das Konzept der „affirmative action" sich in der praktischen Anwendung auch in sein Gegenteil verkehren und sich als Benachteiligung von Angehörigen der Mehrheit, als „reverse discrimination" manifestieren kann, was wiederum zu politischen Widerständen bei der Mehrheit führt (Yakura 1996, 30 ff.).

5 Diversity Management und ökonomische Nutzenorientierung

Aus einer systemtheoretischen Perspektive wird das Thema „Diversity" erst dann für Unternehmen relevant, wenn es an den ökonomischen Code der Nutzenoptimierung wirtschaftlichen Handelns anschließen kann und das Erfordernis besteht, die Diversität und Komplexität der Umwelt intern durch Aufbau von Eigenkomplexität zu bewältigen. In den USA praktizierten bereits Ende der 90er Jahre schon 75% der Fortune 500-Unternehmen ein Diversity Management (Digh 1998; Rhodes 1999), und nach einer Analyse der Homepages der Fortune 500-Unternehmen ist der Anteil der Unternehmen, die mit Diversity-Programmen arbeiten, auf etwa 90% gestiegen (Vedder 2003, 23). Dies ist um so beeindruckender, als die oftmals behauptete Effizienzsteigerung, die sich durch ein Diversity Management im Unternehmen ergeben soll, wissenschaftlich überhaupt noch nicht nachgewiesen wurde. Das gleiche gilt für die unternehmerischen Kreativitätsgewinne und für die organisationale Steigerung der Problemlösungskompetenz, die sich durch ein Diversity Management erzielen lassen sollen: auch hier fehlt es noch an wissenschaftlich einschlägigen Untersuchungen, die auch genauer spezifizieren, unter welchen Bedingungsfaktoren sich solche Ergebnisse einstellen. Dennoch scheint aus Image-Gründen und auch aus Gründen der Rekrutierung von Humanressourcen sowie der „öffentlichen Meinung" ein Diversity Management für die Unternehmen von Vorteil zu sein. Gesellschaftliche normative Erwartungsmuster spiegeln sich somit auch in den Management-Strategien der Unternehmen wider. Darüber hinaus hängt es aber insbesondere vom jeweiligen gesellschaftlichen Umfeld ab, ob überhaupt und wie ein Diversity Management in Unternehmen praktiziert wird. Gerade die politische Diskussion in Deutschland über die „deutsche Leitkultur", über die multikulturelle Gesellschaft und über „Parallelgesellschaften" zeigt, dass hier wertkonservative Vorstellungen noch weit verbreitet sind und Migration oft als Bedrohung empfunden wird (Spiegel Online 2004). Insbesondere kommt ein Diversity Management dort zum Zuge, wo Unternehmen in eine dynamische Umwelt eingebettet sind und flexibel reagieren müssen, in vergleichsweise stabilen Umwelten entsteht weniger Bedarf. Bezieht man dies auf das institutionelle Setting des modernen Kapitalismus, in das die Unternehmen eingebettet sind, fällt auf, dass solche Länder wie die USA oder England, in denen die Variante des „marktbasierten Kapitalismus" vorherrscht, offen für ein Diversity Management sind, während solche Länder wie beispielsweise Deutschland, die durch einen „koordinierten Kapitalismus" gekennzeichnet sind, sich eher verhalten zeigen.

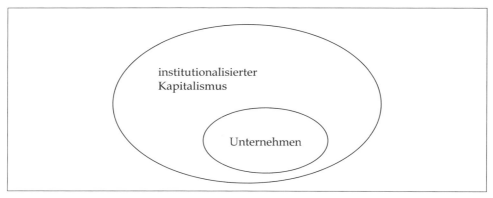

Abbildung 2: Institutionelles Setting.

Während im institutionellen Umfeld eines marktbasierten Kapitalismus die Unternehmen zu kurzfristiger Marktanpassung gezwungen werden, was wiederum durch flexible Arbeitsmärkte erleichtert wird, auf denen die Unternehmen ihren jeweiligen Bedarf leicht anpassen können, sind in den koordinierten Marktökonomien die Arbeitsmärkte vergleichsweise rigide und die Arbeitsmarktflexibilität gering, allerdings bestehen hier auch relativ langfristige Beziehungen zwischen Arbeitgebern und Arbeitnehmern. Das gleiche Strukturmuster zeigt sich auch in den Beziehungen zu Kunden, Lieferanten und Stakeholdern insgesamt, aber auch die organisationalen Governance-Strukturen dieser beiden Ökonomien unterscheiden sich grundlegend. Während typischerweise die Unternehmen in einem marktbasierten Kapitalismus bzw. in liberalen Marktökonomien einem dynamischen ökonomischen und gesellschaftlichen Umfeld gegenüberstehen, ist dies in den koordinierten Marktwirtschaften wie Deutschland weit weniger der Fall. Aufgrund der institutionellen Komplementaritäten in solchen Ökonomien und der sich daraus ergebenden komparativen Vorteile (Hall/Soskice 2001), wird in Deutschland der Bedarf an Diversity Management, eben wegen solcher Strukturunterschiede, bislang bei vielen Unternehmen noch nicht in seiner Bedeutung erkannt bzw. als nicht notwendig angesehen. Solche Sachverhalte sind in der Diversity-Literatur allerdings noch nicht angesprochen worden. Auch das Management der vielfältigen Formen bzw. Varianten des modernen Kapitalismus, das ja gerade bei Unternehmenskooperationen und -allianzen virulent wird, ist bislang noch kein Thema der Diversity-Management-Literatur. Hier besteht noch erheblicher Forschungsbedarf, zumal auch angesichts der Globalisierung der Ökonomie solche Varianten des modernen Kapitalismus, trotz der Tendenzen in Richtung einer zunehmenden Orientierung an einem marktbasiertem Kapitalismus und damit auch an einer „Marktöffnung", noch weiter bestehen bleiben (Schmidt 2002). Die bisherige Diversity-Literatur macht zwar auf die Bedeutung einer Kontextsensibilität von Diversity-Maßnahmen aufmerksam, bezieht dies jedoch vornehmlich auf die betriebliche Ebene und nicht auch auf das institutionelle ökonomische Setting, in das die Unternehmen eingebettet sind.

Angesichts solcher immer noch vorhandenen strukturellen Unterschiede der kapitalistischen Kontexte und auch hinsichtlich der gegenwärtig häufig konstatierten reduzierten Fähigkeit der Nationalstaaten, die Gesellschaft wie bisher maßgeblich steuern und auch ökonomisch integrieren zu können, ergibt sich insbesondere für international operierende Unternehmen die Möglichkeit, als „*most viable future source of institutional diversity*" (Crouch/Streeck 2000, 16) entsprechende „company communities" aufzubauen und die Beschäftigten zu integrieren. Gerade für die „global player" gilt, die Vielfalt von Perspektiven, Wertvorstellungen, Überzeugungen und Meinungsunterschiede der Mitarbeiter zu akzeptieren, wertzuschätzen und zu fördern und durch eine entsprechende Organisationskultur zu unterstützen. In diesem Zusammenhang werden auch die Selektionskriterien hinsichtlich der Rekrutierung von Humanressourcen entsprechend modifiziert, was wiederum auf die Struktur von Arbeitsmärkten zurückwirkt. Ebenso wie das Kapital kein Vaterland kennt, soll es auch im Hinblick auf die effiziente Mobilisierung von Humanressourcen keine Rücksicht auf Rasse, Geschlecht, kultureller und sozialer Zugehörigkeit etc. nehmen, sondern allein auf die Brauchbarkeit solcher biologischen, sozialen und kulturellen Merkmale für die „Mehrwertproduktion" achten. Die sozialen Ungleichheiten in den westlichen Industrieländern, die verbunden sind mit der Differenzierung von Arbeitsmärkten, werden für das Kapital insofern zunehmend irrelevant, als es nur auf eine bestimmte ökonomische „Leistung" ankommt. Hatte der Fordismus noch die Ideologie des „Bread-Winner-Modells" verstärkt und gesellschaftlich marginale Gruppen (insbesondere Frauen und ethnische Minderheiten) und die damit verbundenen sozialen Ungleichheiten weitgehend ausgeklammert (Rupert 2000, 30), führt die zunehmende betriebliche Orientierung an „Diversity" und die Verwendung eines ganzheitlichen Diversity Management dazu, nicht nur den Individualismus moderner Gesellschaften weiter voranzutreiben, sondern auch die ebenfalls seit der europäischen Aufklärung geltende Idee der sozialen Gleichheit immer weiter im Sinne einer liberalistischen Chancengleichheit im Kontext einer ökonomischen Nutzenoptimierung zu realisieren. Diese Realisierung kultureller Werte und die zunehmende individuelle Entfaltung gehen allerdings einher mit einer sublimen Disziplinierung des arbeitenden Menschen. War das fordistische Disziplinarmodell mehr eine äußere Kontrolle und ein äußerer Zwang, so zielen die neuen postmodernen Formen der Organisationsstruktur und -kultur und das Diversity Management darauf ab, den Weg für spontane Selbstorganisation, multilaterale Verhandlungsprozesse, Kontextsteuerung statt direkter hierarchischer Steuerung, Transparenz der Entscheidungsprozesse, Eigeninitiative und so fort frei zu machen und die schöpferischen Fähigkeiten der Individuen zu steigern, das alles jedoch im Hinblick auf eine ökonomische Effizienzsteigerung. Mit diesem Trend zur „neuen Selbständigkeit" des Arbeitnehmers gehen entsprechende und zum Teil wissenschaftlich fragwürdige „Weiterbildungs- und Trainingsmaßnahmen" einher, die „auf eine Veränderung von Motivation, Verhaltensweisen und Einstellungen der Teilnehmenden abzielen, um damit unmittelbar eine Leistungssteigerung der Beschäftigten und eine Ertragssteigerung für die Unternehmen zu bewirken" (Kühnlein 2000, 5). Dabei sollen neben einer Verbreiterung der Wissensbasis für die Entscheidungsfindung durch Partizipation an relevanten Entscheidungsbereichen Vorteile in einer höheren Selbstachtung der Mitglieder untereinander, in ihrer größeren Eigenverantwortlichkeit und in der Unterstützung kritischen Denkens gewonnen werden, wodurch wiederum auch ein höheres Maß an individueller Lernfähigkeit und sozialer Kohäsion erreicht werden soll (Böcher 1996, 368). Betrachtet man Organisationen als soziale Systeme, die für ihr Funktionieren auch auf die Ressourcenzufuhr aus den Umweltsystemen angewiesen sind (Luhmann 1997, 826 ff.; Parsons 1960), dann sind in der gegenwärtigen Phase der Weltökonomie die Unternehmen – je nach Kontext des institutionalisierten Kapitalismus tendenziell mehr oder weniger stark – dazu gezwungen, die Ressourcen aus diesen Umweltsystemen – kulturelle, soziale, psychische und organische Systeme – weitaus effizienter und effektiver als bisher zu nutzen. Unter den gegenwärtigen ökonomischen Bedingungen und den postmodernistischen Organisationsformen sollen mit Hilfe des „Diversity Management" nicht nur die Intelligenz, das biologische Geschlecht, das Wissen und die Erfahrung, die persönliche Motivation und Identifikation der Beschäftigten intensiv und extensiv einer gesteigerten Nutzenoptimierung für Unternehmen zugeführt werden, sondern auch lebensweltliche Zusammenhänge wie soziale Gruppenzugehörigkeiten, kulturelle Orientierungen und Praktiken, ethnische Zugehörigkeiten, Gender und so fort immer mehr in den Organisationsablauf einbezogen und dabei einer „Logik des Kapitals" unterworfen werden, es muss sich letztlich „rechnen":

> *„Das Kapital verwendet die Arbeitskraft immer weniger im Sinne der Nutzung arbeitsteiliger Kompetenzen, sondern beansprucht die Subjekte zunehmend total, mit ihren manuellen ebenso wie mit ihren psychisch-geistigen Fähigkeiten - Kreativität, Innovations- und Kooperationsfähigkeit." (Hirsch 2001, 182).*

In umgekehrter Richtung findet eine im Vergleich zum Fordismus verstärkte Kommodifizierung des Arbeitspotenzials statt, wobei die Kontrolle der Arbeit und die „Disziplinierung" tendenziell immer mehr auf den Arbeitnehmer verlagert werden soll, damit Eigenständigkeit, Verantwortungsbewusstsein, Kreativität und „schöpferische Zerstörung" bzw. Innovationen etc. überhaupt sinnvoll zur Entfaltung kommen können, wie dies in der Figur des neuen „Arbeitskraft-Unternehmers" auf den Begriff gebracht wird (Voß/Pongartz 1998). Dazu verlangt die postmoderne Ökonomie mit ihren komplexen, flexiblen, dezentralisierten und sich überlappenden Strukturen sowie der Rekombination von Rollenmustern auch eine entsprechend flexiblere, komplexere und vielfältigere Persönlichkeitsstruktur (Hage/Powers 1992, 205 ff.). Die postmoderne Gesellschaft produziert über die vielfältigen Interpenetrationszonen und pasticheartigen Strukturen eine hybride Subjektivität der Akteure (Hardt/Negri 2000, 331), und um dies auch unter betriebswirtschaftlichen Aspekten nutzen zu können, ist wiederum eine Organisationskultur erforderlich, die Heterogenität zulässt, wertschätzt und aktiv fördert.

Literatur

Alexander, J. C. (2001): Theorizing the "Modes of Incorporation": Assimilation, Hyphenation, and Multiculturalism as Varieties of Civil Participation. In: Sociological Theory. No. 03, pp. 237-249.

Altvater, E./Mahnkopf, B. (2002): Grenzen der Globalisierung. Münster.

Amin, A. (1994): Post-Fordism: Models, Fantasies and Phantoms of Transition. In: Amin, A. (Edt.): Post-Fordism. Oxford, pp. 1-39.

Anderson, S./Cavanagh, J. (2000): Top. 200: The Rise of Global Corporate Power. Corporate Watch 2000. http://www.globalpolicy.org./socecon/tncs/top200.htm (Stand 27.09.2005).

Aoki, M. (1988): Information, Incentives, and Bargaining in the Japanese Economy. Cambridge.

Aoki, M. (1990): Toward an Economic Model of the Japanese Firm. In: Journal of Economic Literature. No. 01, pp. 1-27.

Aranda, V./Economou, P./Sauvant, K. P. (1996): Marktpräsenz: Trend und Politiken. In: OECD (Hrsg.): Neue Dimensionen des Marktzugangs im Zeichen der wirtschaftlichen Globalisierung. Paris, S. 75-93.

Aretz, H.-J./Hansen, K. (2002): Diversity und Diversity-Management im Unternehmen. Eine Analyse aus systemtheoretischer Sicht. Münster.

Aretz, H.-J./Hansen, K. (2003): Erfolgreiches Management von Diversity. Die multikulturelle Organisation als Strategie zur Verbesserung einer nachhaltigen Wettbewerbsfähigkeit. In: Zeitschrift für Personalforschung. H. 01, S. 9-36.

Balser, S. (1999): Abschied von der Monokultur: Diversity als Spiegel der Welt. In: Personalführung. H. 05, S. 14-16.

Baker, W. E. (1992): The Network Organization in Theory and Practice. In: Nohria, N./Eccles, R.G. (Edt.): Networks and Organizations. Structure, Forms, and Actions. Boston, pp. 397-429.

Baumann, Z. (1995): Moderne und Ambivalenz. Das Ende der Eindeutigkeit, Frankfurt.

Bellah, R. N./Madsen, R./Sullivan, W. M./Swidler, A./Tipton, S. M. (1986): Habits of the Heart: Individualism and Commitment in American Life. Berkeley.

Bendix, R. (1989): Values and Concepts in Max Weber´s Comparative Studies. In: Embattled Reason. Essays on Social Knowledge. No. 02, New Brunswick, pp. 113-142.

Bergesen, A. J. (2000): Postmodernism Explained. In: Hall, Th. D. (Edt.): A World Systems Reader. Lanham, pp. 181-192.

Best, S./Kellner, D. (1991): Postmodern Theory. London.

Bischoff, J. (1999): Der Kapitalismus des 21. Jahrhunderts. Hamburg.

Bissels, S./Sackmann, S./Bissels, T. (2001): Kulturelle Vielfalt in Organisationen. Ein blinder Fleck muß sehen lernen. In: Soziale Welt. H. 52, S. 403-426.

Böcher, W. (1996): Selbstorganisation, Verantwortung, Gesellschaft. Von subatomaren Strukturen zu politischen Zukunftsvisionen. Opladen.

Boltanski, L./Chiapello, E. (1999): Le nouvel esprit du capitalisme. Paris.

Boltanski, L./Chiapello, E. (2001): Die Rolle der Kritik in der Dynamik des Kapitalismus und der normative Wandel. In: Berliner Journal für Soziologie. H. 04, S. 459-477.

Calinescu, M. (1987): Five Faces of Modernity. Durham.

Cohen, S. S. (1991): Geo-Economics: Lessons from America´s Mistakes. In: BRIE-Working Paper No. 40 (Berkeley Roundtable on the International Economy), http://brie.berkeley.edu/~brieww/pubs/wp/wp40 (Stand 04.03.2002)

Cox, T. H. (1991): The multicultural organization. In: Academy of Management Executive. No. 02, pp. 34-47.

Cox, T. H. (1993): Cultural "diversity" in Organization: Theory, Research and Practice. San Francisco.

Cox, T. H./Blake, S. (1991): Managing Cultural Diversity: implication for organizational competitiveness. In: Academy of Management Executive. No. 03, pp. 45-56.

Crouch, C./Streeck, W. (2000): Introduction: The Future of Capitalist Diversity. In: Crouch, C./Streeck, W. (Edt.): Political Economy of Modern Capitalism. Mapping Convergence and Diversity. London et al., pp. 1-18.

Digh, P. (1998): Coming to Terms with Diversity. In: HRMagazine on Human Resource Management. No. 12, pp. 117-120.

Ellis, C./Sonnenfeld, J. A. (1994): Diverse Approaches to Managing Diversity. In: Human Resource Management. No. 01, pp. 79-109.

Esping-Andersen, G. (1998): The Three Worlds of Welfare Capitalism. Princeton.

Friedman, J. (2000): Cultural Identity & Global Process. London.

Fromm, S. (2004): Formierung und Fluktuation. Die Transformation der kapitalistischen Verwertungslogik in Fordismus und Postfordismus. Berlin.

Geißler, R. (2002): Die Sozialstruktur Deutschlands. Bundeszentrale für politische Bildung. Bonn.

Gilbert, J. A./Stead, B. A./Ivancevich, J. M. (1999): Diversity Management: A New Organizational Paradigm. In: Journal of Business Ethics. No. 21, pp. 61-76.

Hage, J./Powers, C. H. (1992): Post-Industrial Lives. Roles and Relationships in the 21st Century. Newbury Park.

Hall, P. A./Soskice, D. (Edt.) (2001): Varieties of Capitalism. Oxford.

Hardt, M./Negri, A. (2000): Empire. Cambridge/London.

Harvey, D. (2000): The Condition of Postmodernity. Cambridge.

Harvey, D. (2003): The New Imperialism. Oxford.

Heckscher, C. (1994): Defining the Post-Bureaucratic Type. In: Heckscher, Ch./Donnellon, A. (Edt.): The Post-Bureaucratic Organization. New Perspectives on Organizational Change. Thousand Oaks, pp. 14-62.

Hirsch, J. (2001): Postfordismus: Dimensionen einer neuen kapitalistischen Formation. In: Hirsch, J./Jessop, B./Poulantzas, N. (Hrsg.): Die Zukunft des Staates. Denationalisierung, Internationalisierung, Renationalisierung. Hamburg, S. 171-209.

Hirsch, J./Roth, R. (1986): Das neue Gesicht des Kapitalismus. Vom Fordismus zum Postfordismus, Hamburg.

Hobsbawm, E. (2002): Das Zeitalter der Extreme. Weltgeschichte des 20. Jahrhunderts. München.

Hollinger, R. (1994): Postmodernism and the Social Sciences. Thousand Oaks.

Jackson, S. E./Ruderman, M. N. (Edt.) (1996): Diversity in Workteams. Research Paradigms for a Changing Workplace. Washington.

Jameson, F. (1989): Postmodernism, or the cultural logic of late capitalism, Durham.

Johnston/Packer (1987): Workforce 2000: Work and Workers in the 21st Century. US Department of Labor.

Kondylis, P. (1991): Der Niedergang der bürgerlichen Denk- und Lebensform. Weinheim.

Kondylis, P. (2001): Das Politische im 20. Jahrhundert. Von den Utopien zur Globalisierung. Heidelberg.

Kühnlein, G. (2000): Mentale Trainings als Instrument betrieblicher Organisationsentwicklung. In: Reihe SFS Beiträge aus der Forschung, Bd. 119, Dortmund.

Kymlicka, W. (1995): Multicultural Citizenship: A Liberal Theory of Minority Rights. New York.

Kymlicka, W. (2001): Politics in the Vernacular. Oxford.

Lash, S./Ury, J. (1987): The end of organized capitalism. Cambridge.

Loden, M./Rosener, J. B. (1991): Workforce America! Managing Employee Diversity as a Vital Resource. Homewood.

Luhmann, N. (1997): Die Gesellschaft der Gesellschaft. Bd. 02, Frankfurt.

Lyotard, J.-F. (1987): Postmoderne für Kinder. Briefe aus den Jahren 1982-1985. Wien.

Lyotard, J.-F. (1999): Das postmoderne Wissen. Wien.

Marshall, T. H. (1977): Class, Citizenship, and Social Development. Chicago/London.

Mintzberg, H. (1979): The Structuring of Organizations. A Synthesis of Research. Englewood Cliffs.

Mintzberg, H. (1991): Mintzberg über Management. Führung und Organisation, Mythos und Realität. Wiesbaden.

Münch, R. (2002): Die Grenzen der zivilgesellschaftlichen Selbstorganisation. Ein modernisierungstheoretischer Blick auf die amerikanische Debatte über Multikulturalismus, Gemeinsinn und Sozialkapital. In: Berliner Journal für Soziologie. H. 04, S. 445-465.

Parsons, T. (1960): A Sociological Approach to the Theory of Organizations. In: Parsons, T. (Edt.): Structure and Process in Modern Societies. New York, pp. 16-58.

Parsons, T. (1969): Full Citizenship for the Negro American? In: Parsons, T. (Edt.): Politics and Social Structure. New York, pp. 252-291.

Piore, M. J./Sabel, C. F. (1989): Das Ende der Massenproduktion. Frankfurt.

Reihlen, M. (1999): Moderne, Postmoderne und heterarchische Organisation. In: Schreyögg, G. (Hrsg.): Organisation und Postmoderne. Wiesbaden, S. 265-303.

Rhodes, J. M. (1999): Making the Business Case for Diversity in American Company. In: Personalführung. H. 05, S. 22-26.

Ritzer, G. (1993): The McDonaldization of Society. An Investigation Into the Changing Character of Contemporary Social Life. Newbury Park.

Rupert, M. (2000): Ideologies of Globalization. Contending Visions of a New World Order. London/New York.

Schmidt, V. A. (2002): The Futures of European Capitalism. Oxford.

Sepehri, P./Wagner, D. (2000): "Managing Diversity" - Eine Bestandsaufnahme. In: Personalführung. H. 07, S. 50-59.

Smelser, N. J./Alexander, J. C. (Edt.) (1999): Diversity and Its Discontents. Princeton.

Spiegel Online (2004): Zuwanderung wird als Bedrohung empfunden, 24.11., http://www.spiegel.de/kultur/gesellschaft/0,1518,329285,00.html.

Steinhauer, R. (Hrsg.) (2000): Managing Diversity. Berlin.

Steppan, R. (1999): "Diversity makes good sense". Das Verbot jeglicher Diskriminierung und ein wachsender Druck in der Öffentlichkeit sorgen in immer mehr US-Firmen für ein Bekenntnis zu Diversity. In: Personalführung. H. 05, S. 28-34.

Strange, S. (2000): The Retreat of the State. The Diffusion of Power in the World Economy. Cambridge.

Tabak, F. (1998): The World Labour Force. In: Hopkins, T.K./Wallerstein, I. (Edt.): The Age of Transition. London/New Jersey, pp. 87-116.

Thomas, D. A./Ely, R. J. (1996): Making Differences matter: A New Paradigm for Managing Diversity. In: Harvard Business Review. No. 05, pp. 79-91.

Thomas, R. R. (1992): Managing Diversity: A Conceptual Framework. In: Jackson, S. E. et al. (Edt.), Diversity in the Workplace. New York, pp. 306-317.

Thomas, R. R. (1996): Redefining Diversity. New York.

Thomas, R. R./Woodruff, M. I. (1999): Building a House for Diversity. How a Fable About a Giraffe & an Elephant Offers new Strategies for Today´s Workforce. New York.

Tichy, N. M. (1981): Networks in Organizations. In: Nystrom, P. C./Starbuck, W. H. (Edt.): Handbook of Organizational Design: Remodeling Organizations and their Environments. Vol. 02, Oxford, pp. 225-249.

UNESCO (2002): Allgemeine Erklärung zur kulturellen Vielfalt (verabschiedet am 02.11.2001). http://www.unesco.de/pdf/deklaration_kulturelle_vielfalt.pdf.

Vedder, G. (2001): Diversity Management – Es lebe der Unterschied. In: Direkt Marketing. H. 02, S. 48-49.

Vedder, G. (2003): Vielfältige Personalstrukturen und Diversity Management. In: Wächter, H./Vedder, G./Führing, M. (Hrsg.): Personelle Vielfalt in Organisationen. München/Mering, S. 13-27.

Vester, H.-G. (1993): Soziologie der Postmoderne. München.

Voß, G. G./Pongratz, H. J. (1998): Der Arbeitskraftunternehmer. Eine neue Grundform der Ware Arbeitskraft? In: Kölner Zeitschrift für Soziologie und Sozialpsychologie. H. 01, S. 131-158.

Wagner, D./Sepehri, P. (1999): Managing Diversity - alter Wein in neuen Schläuchen? In: Personalführung. H. 05, S. 18-21.

Wagner, D./Sepehri, P. (2000): Managing Diversity - Wahrnehmung und Verständnis im Internationalen Management. In: Personal. H. 09, S. 456-461.

Wallerstein, I. (1995): After Liberalism. New York.

Walzer, M. (1992): Zivile Gesellschaft und amerikanische Demokratie. Frankfurt.

Wayne, M. (2003): Post-Fordism, monopoly capitalism, and Hollywood´s media industrial complex. In: International Journal of Cultural Studies. No. 01, pp. 82-103.

Weber, M. (1973): Vom inneren Beruf zur Wissenschaft. In: Weber, M. (Hrsg.): Soziologie, Universalgeschichtliche Analysen, Politik. Stuttgart, S. 311-339.

Weber, Max (1978): Gesammelte Aufsätze zur Religionssoziologie. Bd. 01, Tübingen.

Welsch, W. (2002): Unsere postmoderne Moderne. Berlin.

World Bank (2002): Globalization, Growth, and Poverty: Building an Inclusive World Economy. A World Bank Policy Research Report. Washington.

Yakura, E. K. (1996): EEO Law and Managing Diversity. In: Kossek, E. E./Lobel, S. A. (Edt.): Managing Diversity. Human Resource Strategies for Transforming the Workplace. Cambridge, pp. 25-50.

Zelizer, V. A. (1999): Multiple Markets: Multiple Cultures. In: Smelser, N. J./Alexander, J. C. (Edt.): Diversity and Its Discontents. Princeton, pp. 193-212.

Diversity Management
Eine Analyse aus Sicht der systemtheoretischen und der postmodernen Organisationsforschung

Inéz Labucay

1   Ausgangslage

1.1   Kontextorientierung als Treiber des Diversity Management

1.2   Organisationstheoretischer Erklärungszusammenhang des Diversity Management

2   Diversity Management im Spiegel der postmodernen Organisationsforschung

2.1   Wissenschaftstheoretische Verortung

2.2   Postmodernes Diversity Management?

3   Diversity Management im Fokus der Systemtheorie

3.1   Wissenschaftstheoretische Verortung

3.2   Systemtheoretisches Diversity Management?

4   **Zusammenfassende Betrachtung des Erklärungsbeitrags**

Literatur

1 Ausgangslage

1.1 Kontextorientierung als Treiber des Diversity Management

Studien, die ihren modelltheoretischen und empirischen Analysen eine Erfassung des State of the Art des Diversity Management[1] vorausschicken, stellen regelmäßig ein Defizit in der theoretischen Fundierung fest, das in deutlichem Kontrast zur hohen Anwendungsintensität (Macharzina/Wolf 2005, 788) des Konzeptes steht (Dick 2003; Stone/Stone-Romero 2004). Es überwiegen fallstudiengestützte Studien, in denen ad hoc entwickelte Gestaltungsempfehlungen nur unzureichend oder mit einseitiger Ausrichtung theoretisch rückgebunden werden.[2] Koza und Thoenig stellen zurecht fest: „... the time is right for a view of firms that explains the great diversity of motives, structures, and processes through which human action is mobilized and goals are achieved." (Koza/Thoenig 2003, 1220).

Wesentliche Kontextfaktoren des Diversity Management in Forschung und Praxis stellen rechtliche Rahmenbedingungen und die demographische Entwicklung dar. Nach Modellrechnungen des statistischen Bundesamtes wird im Jahr 2050 jeder Dritte in Deutschland 60 Jahre oder älter sein (Statistisches Bundesamt 2003). Zukünftig ist mit einer stärkeren Durchmischung der gegenwärtig noch homogenen, jungen Belegschaften zu rechnen. In Fallstudien und Unternehmensbefragungen wurden fördernde und restringierende Effekte der Gesetzgebung für die Entwicklung des Diversity Management identifiziert. Während eine verschärfte Gesetzgebung wie die im Jahr 2000 verabschiedete Antidiskriminierungsrichtlinie des Europäischen Rates als auslösendes Moment für Diversity-Management-Programme fungieren, beschränken die europäische Datenschutzrichtlinie und Veröffentlichungsvorbehalte der Unternehmen die Speicherung von sensiblen Daten wie der ethnischen, kulturellen und religiösen Zugehörigkeit von Mitarbeitern und zur Altersstruktur der Belegschaft (Europäische Kommission 2003, 17). Datenmangel stellt eine der Ursachen für die noch unsystematische Erfolgsmessung des Diversity Management dar (Kochan et al. 2003, 3).

Interne und externe Kontextfaktoren der Leistungserstellung, wie Leistungsprogramm, Unternehmensgröße, Fertigungstechnik, Kundenstruktur und Wettbewerbsverhältnisse (Kieser 2001, 175) bestimmen die Intensität des Einsatzes von Maßnahmen des Diversity Management. Die Komplexität der

---

[1] Diversity Management als Management von Unterschieden in Alter, Geschlecht, kultureller Abstammung, Erfahrung, etc. innerhalb der Belegschaft zielt auf „purposeful use of processes and strategies that make these differences among people into an asset rather than a liability for the organization." Hays-Thomas 2004, 12.
[2] Am häufigsten wird auf den ressourcenorientierten Ansatz zurückgegriffen. Daneben finden der evolutionstheoretische Ansatz und die Institutionenökonomie Anwendung. Seltener wird ein systemtheoretischer Ansatz zugrundegelegt, vgl. für eine an Parsons AGIL-Schema angelehnte Konzeptualisierung Aretz/Hansen 2002.

Problemstellungen stellt Unternehmen vor die Notwendigkeit, adäquate strukturelle Anpassungen vorzunehmen. Ein steigendes Informationsangebot und zunehmende Spezialisierung erschweren für den Einzelnen eine zeitnahe Auswertung von Informationen, fehlende interdisziplinäre Anschlüsse im individuellen Wissensvorrat erfordern die Zusammenarbeit von Mitarbeitern unterschiedlicher Professionen und funktionaler Bereiche (Informatiker, Konstrukteure, Vertriebsspezialisten) und mit unterschiedlichen Erfahrungsständen, wodurch sich die Diversität in den Arbeitsbeziehungen erhöht (Ladwig 2003, 458; Dietl 1995, 574). Unter dem Eindruck einer weitgehenden Ausschöpfung der traditionellen Differenzierungsmöglichkeiten der Produkt- und Prozesstechnologie ist die Bedeutung der Mitarbeiter als Ressource zum Aufbau langfristiger Kundenbeziehungen, als Quelle von Innovationen und zum Auffinden kundengerechter Problemlösungen verstärkt in den Mittelpunkt gerückt worden (Picot/Reichwald/Wigand 2001, 74). Diversity Management greift durch die Abbildung der demographischen Struktur der Marktsegmente in der Struktur der Belegschaft („matching") die Notwendigkeit einer individualisierten Marktbearbeitung auf.

Unklar ist, wie schließlich die Nutzenbilanz des Diversity Management ausfallen wird. Zu den Kostenpositionen der Unternehmen gehören Kosten für die Erfüllung der Berichterstattungspflichten, Kosten der Maßnahmendurchführung und Opportunitätskosten der Umlenkung knapper Ressourcen in Maßnahmen des Diversity Management. Dem stehen die potenziellen mittelfristigen Erträge aus verringerter Fluktuation, zunehmender Stabilität der Stakeholder-Beziehungen und der gestiegenen Qualifikation der Belegschaft gegenüber (Europäische Kommission 2003, 11 f.).

Soll Diversity Management sich in die Reihe der betriebswirtschaftlichen Forschungsansätze einordnen, ist die Frage nach seiner theoretischen Verortung und seiner Anschlussfähigkeit an die bestehende Forschung gerechtfertigt. Hiermit kann die Überlebensfähigkeit des Ansatzes beurteilt, d.h. die Frage beantwortet werden, ob es sich um ein „management fad", eine kurzlebige organisationstheoretische Modeerscheinung, oder um ein Konzept handelt, das seine Legitimation aus der Adressierung bisher ungelöster oder unterschätzter Probleme in den Arbeitsbeziehungen zu beziehen vermag.

Den nachfolgenden Überlegungen liegt im Sinne einer Kontextorientierung die Annahme zugrunde, dass Diversity Management nicht als Selbstzweck praktiziert wird, sondern eine Reaktion auf Veränderungen in der Unternehmensumwelt darstellt. Die Beurteilung des Konzeptes hat sich daran zu orientieren, wie gut die bereitgestellten Lösungen zur Erreichung der Unternehmensziele beitragen.

1.2 Organisationstheoretischer Erklärungszusammenhang des Diversity Management

In die moderne Organisationstheorie hat der Trend zur Individualisierung Einzug gehalten. Individualisierung ist die Lösung des Problems der arbeitsteiligen Kooperation, in der „gegen alle natürliche Ähnlichkeit geklärt werden [muss], wer welchen Beitrag leistet." (Luhmann 1996, 299). Damit einher geht die Erkenntnis, dass das Gewinnmaximierungskalkül nur eine Facette der Motivstruktur erfasst, die Individuen zur Erbringung von Beiträgen in Organisationen veranlasst: „Additional functions include individuals' identification and integration into the local community and the wider world", so dass sich schlussfolgern lässt, dass „current theory ignores many of the latent and unintended social functions that firms play." (Koza/Thoenig 2003, 1220). In engem Zusammenhang mit der Individualisierung steht die Marktorientierung in den Arbeitsbeziehungen. Die Zugehörigkeit zur Kern- oder Peripheriebelegschaft determiniert die Verhandlungsmacht des Einzelnen beim Zugang zu Bildung, Förderung und Organisationsentwicklung (Becker 2005, 50).[3] Dem Einzelnen wächst höhere Autonomie bei der Vermarktung der eigenen Arbeitskraft zu, zugleich wird das individuelle Beschäftigungsrisiko auf den Einzelnen verlagert, es kommt zu einer „Individualisierung von Chancen und Risiken". (Kratzer 2005, 260).

Für eine kontextorientierte Analyse des Diversity Management kommen aufgrund der beschränkenden und ermöglichenden Funktion der Umwelt eine kontingenztheoretische Betrachtung in der Tradition des Subjekt-Objekt-Paradigmas und eine systemtheoretische Betrachtung im Anschluss an das funktionalistische Paradigma in Frage. Die kontingenztheoretische Betrachtung wird aufgrund der Annahme der Determiniertheit des Systems durch die Umwelt als möglicher Forschungszugang verworfen, da hier die gestalterische Komponente, eine wesentliche Voraussetzung für die Möglichkeit eines zielorientierten Diversity Management, ausgeblendet wird.

Komplexität nimmt in der Erörterung einer systemtheoretischen Fundierung des Diversity Management eine zentrale Stellung ein. Ohne die Implikationen im Einzelnen vorwegnehmen zu wollen, kann man Komplexität beschreiben als einen Überschuss an Möglichkeiten, der das Ausmaß an Faktoren übersteigt, die in unternehmerische Entscheidungen tatsächlich einfließen können. Komplexität als Problem „verbindet die Situation des Theoretikers mit derjenigen dessen, der Theorien anwenden möchte oder sollte. Es muss daher auch die Basis einer Verständigung zwischen ihnen sein." (Luhmann 2005, 321). Für

---

[3] Die durch Unternehmen vorgenommene Einteilung der Belegschaft in Kern und Peripherie spiegelt sich in ihrer verstärkten Bereitschaft, Personalentwicklung für Angehörige der Kernbelegschaft zu finanzieren, während von der Peripherie aufgrund ihrer geringeren Verhandlungsstärke Eigenbeiträge wie selbst oder durch Freizeitverzicht finanzierte Weiterbildung erwartet werden.

die Verständigung zwischen Theorie und Praxis des Diversity Management wird daher darauf einzugehen sein, wie es Organisationen gelingt, den Chancen und Bedrohungen aus der Umwelt durch adäquate Maßnahmen zur Komplexitätsverarbeitung zu begegnen.

Die Praxis des Diversity Management als bewusste Gestaltung von Diversität lässt sich in Einzelaspekten auf das grundlegende Organisationsproblem, den Dualismus aus Spezialisierung und Koordination, zurückführen. Durch die Schaffung spezialisierter Stellen zur arbeitsteiligen Aufgabenerfüllung entsteht Diversität, mit dieser einhergehend wird jedoch zugleich der Bedarf virulent, die individuellen Handlungen im Hinblick auf das übergeordnete Unternehmensziel zu koordinieren. Durch Spezialisierung wird – mit der Systemtheorie gesprochen – eine funktionale Differenzierung erzielt. Hierarchische Anweisungen, Selbstabstimmung und Programme stellen als koordinierendes Regelungssystem (Werder 2004, 1093) sicher, dass bei aller Diversität das Verhalten der Organisationsmitglieder auf die organisatorische Zielausrichtung als Maßstab allen Handelns ausgerichtet bleibt.

Dem Theoriedefizit wird in Theorie und Praxis unterschiedlich begegnet. Die Praxis des Diversity Management ist in ihrer Funktionsweise unabhängig von der Existenz einer ausgearbeiteten theoretischen Fundierung. Implizite Annahmen über Wirkungszusammenhänge zwischen Diversity Management und unternehmerischen Zielgrößen wie Effektivität, Effizienz und Gewinn dienen unabhängig von ihrem noch geringen empirischen Bewährungsgrad (Pelled/Eisenhardt/Xin 1999; Kochan et al. 2003; Ely/Thomas 2001) als Grundlage gestalterischen Handelns. Auf gleiche Weise erfolgt die Maßnahmengestaltung unter vorläufiger Ausblendung theoretisch noch unzureichend durchdrungener Aspekte.

Von Seiten der Praxis erfährt das Diversity Management eine Erweiterung durch die Entwicklung von ad hoc-Theorien, die aus der unmittelbaren Anwendung des Diversity Management heraus entwickelt und in diesem Zusammenhang auf ihre Bewährung getestet werden (Ad hoc-Theoriengenerierung). Die Praxis fungiert im Anschluss an das konstruktivistische Wissenschaftsverständnis als Impulsgeber, durch den Anlässe und Möglichkeiten zum systematischen Aufbau einer Diversity-Management-Theorie geschaffen werden. In einer Rückkopplungsschleife können die entwickelten theoretischen Aussagen ihrerseits zur Verbesserung der Praxis dienen (theoriegeleitete Gestaltungsempfehlungen).

Die Organisationstheorie als Theoriengenerierung aus der Wissenschaft für die Praxis verwendet im Gegensatz zum in der Praxis vorherrschenden Vorgehen theorieimmanente Annahmen, entwickelt Hypothesen und überprüft diese mit dem Ziel, zu verallgemeinerbaren Aussagensystemen zu gelangen. Aufgabe der Organisationstheorie ist es, die in der Organisationspraxis angewandten Methoden und Instrumente zu erfassen (deskriptive Dimension) und darüber hinaus Stellung dazu zu beziehen, wie Organisationspraxis betrieben werden sollte (normative Dimension). Eine inhaltsgleiche Aufgabe übernimmt auf einer metatheoretischen Ebene die Wissenschaftstheorie für die Organisationstheorie. Wissenschaftstheoretische Vorentscheidungen dienen als Referenzrahmen, an dem Inhalte und Methoden der Organisationstheorie zu messen sind (Scherer 2001, 26).[4] Der betrachtete Erklärungszusammenhang ist in Abbildung 1 dargestellt.

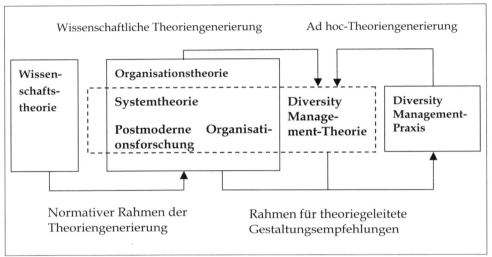

Abbildung 1: Theoretischer und praktischer Erklärungszusammenhang des Diversity Management.

Im Unterschied zur pragmatischen Ausrichtung der Ad hoc-Theorieentwicklung überschneiden sich in der wissenschaftlichen Theoriengenerierung realanalytisches und operationsanalytisches Vorgehen. Betrachtet man die terminologisch-deskriptiven Vorarbeiten der Anfangsphase als weitgehend abgeschlossen, wendet sich die Diversity-Management-Forschung seit Ende der 90er Jahre verstärkt der Untersuchung von Ursache-Wirkungs-Zusammenhängen zwischen Diversity und dem unternehmerischen Zielsystem zu (Pelled/Eisenhardt/Xin 1999). Hinzu kommt das Interesse, nicht bei der Beschreibung und Erklärung bestehender Praxis des Diversity Management stehen zu bleiben, sondern mit der „Bestimmung situationsadäquater, sinn- und zweckvoller *Handlungsweisen*" (Hill/Fehlbaum/Ulrich 1994, 35)[5] auf operationsanalytischem Wege die Bedingungen zu analysieren, unter denen

---

[4] Im Folgenden wird aus Gründen der analytischen Herausarbeitung des Untersuchungsgegenstands zwischen Diversity Management-Theorie einerseits und Diversity-Management-Praxis andererseits unterschieden. Diese Unterscheidung erfolgt unbenommen der Einsicht, dass eine geschlossene Diversity-Management-Theorie bisher nicht existiert, sondern lediglich einige dominierende theoretische Ansätze zu erkennen sind.

[5] Hervorhebung im Original.

Diversity Management zur Erreichung der Unternehmensziele beiträgt (Agars/Kottke 2004).

Ziel dieses Aufsatzes ist die Analyse der Eignung der systemtheoretischen und der postmodernen Organisationsforschung zur theoretischen Absicherung des Diversity Management. Systemtheorie und Postmoderne stehen in keinem spannungsfreien Verhältnis. Der Systemtheorie ist von postmoderner Seite insbesondere vorgeworfen worden, sich durch ihren generalisierten Geltungsanspruch, der seinen Niederschlag in einem hohen Abstraktionsgrad findet, einer normativen Stellungsnahme, z.B. zu Macht und Ungleichheit in den Arbeitsbeziehungen, zu entziehen (Weik 1998, 59). Gerade aus diesem komplementären und potenziell konfliktären Verhältnis der Theorien ist die Möglichkeit einer gegenseitigen Befruchtung und nutzbringenden Verbindung zu erwarten.

Der nachfolgenden Betrachtung der für das Diversity Management relevanten basistheoretischen Aussagen der Systemtheorie und der Postmoderne wird eine Skizze ihrer jeweiligen wissenschaftstheoretischen Verortung vorausgeschickt, um die normativen Vorentscheidungen der theoretischen Argumentation offen zu legen. Im Anschluss wird eine Analyse der Übertragbarkeit der zentralen theoretischen Kategorien auf das Diversity Management vorgenommen. Im Zentrum der Betrachtung steht die Frage, inwiefern die systemtheoretische und die postmoderne Organisationsforschung zur Entwicklung einer Diversity-Management-Theorie beitragen können.

2 Diversity Management im Spiegel der postmodernen Organisationsforschung

2.1 Wissenschaftstheoretische Verortung

Postmoderne Wissenschaft steht mit der Betonung der Werthaltigkeit forschenden und gestaltenden Handelns dem verstehenden Wissenschaftsverständnis interpretativer Ansätze näher als positivistischen Positionen. Jedes Handeln erfordert aus postmoderner Sicht politisch-normative Entscheidungen. Wird Handeln mit „wertneutraler" Wissenschaftlichkeit oder in der Praxis mit Sachzwängen begründet, setzen sich die Handelnden aus postmoderner Perspektive dem Verdacht aus, „den status quo zu Ungunsten marginalisierter Gruppen und Ansichten" (Weik 1998, 59) zu erhalten und Ungleichheit zu perpetuieren. Der Postmoderne liegt ein liberales Grundverständnis von Wissenschaft zugrunde, das sich gegen die Dominanz einzelner Positionen und für die Koexistenz verschiedener Wirklichkeitszugänge und Methoden ausspricht (Wolf 2003, 384). Ihre pluralistische Orientierung, der Verweis auf die „Konstruiertheit" organisatorischer Realität und die explizite Berücksichtigung abweichender Positionen machen die prinzipielle Eignung eines postmodernen Forschungsansatzes für das Diversity Management deutlich.

Postmoderne Organisationstheorie stellt kein geschlossenes Theoriegebäude dar,[6] es handelt sich vielmehr um eine Vielfalt an theoretischen Zugängen, die durch leitende Prinzipien zusammengehalten werden. Themenvielfalt und Unschärfe des Begriffsverständnisses haben zu einem inflationären Gebrauch als „umbrella term" geführt, der philosophischen Anschauungen ebenso Raum bietet wie der Auseinandersetzung mit neuen Organisationsformen wie der Netzwerkorganisation und der Virtuellen Organisation (Davidow/Malone 1993; Nohria/Eccles 1992). Ausgehend vom postmodernen Selbstverständnis, das „Theorien aus einem Guß ablehnt und stattdessen lokale Kritik bevorzugt", wurde empfohlen, „postmoderne Theorie eher als eine Weltsicht, eine kritische Haltung zu Wissenschaft zu betrachten als als eine Theorie im klassischen Sinne." (Weik 2003, 112).

Im Folgenden ist von Interesse, wie sich die postmoderne Gesellschafts- und Wissenschaftskonzeption in der Organisationsforschung niederschlagen. Dabei wird nicht der Versuch unternommen, Diversity Management mit postmoderner Methodik zu analysieren. Vielmehr sollen postmoderne Kategorien erfasst und systematisiert werden, um sie im nachfolgenden Abschnitt auf ihren Erklärungsbeitrag für das Diversity Management untersuchen zu können.

Zwei wesentliche Forschungs- und Gestaltungsinteressen der postmodernen Organisationsforschung lassen sich herausarbeiten: die Bestimmung der strukturellen Charakteristika einer „postmodernen Organisation" („How do we recognize a postmodern organization?") und die Frage nach Existenz und Nutzbarkeit eines spezifisch postmodernen Gestaltungsansatzes („Can we use a postmodern analysis to see organizations in a different way?") (Parker 1992, 2). Beide Sichtweisen, das strukturell-institutionale wie auch das instrumentelle Konzept der postmodernen Organisation, tragen komplementär zu einem besseren Verständnis des Diversity Management bei.

Autoren der institutionalen Forschungstradition bedienen sich bei der Untersuchung der postmodernen Merkmale von Organisationen häufig einer holzschnittartig vereinfachten Gegenüberstellung gegensätzlicher Gestaltungsprinzipien wie z.B. Hierarchie vs. Markt, Bürokratie vs. Demokratie, Spezialisierung vs. Diffusion und Kollektivismus vs. Individualismus (Clegg 1990, zit. n. Alvesson 1995, 1059). Die postmoderne, "postbürokratische" Organisation wird in Abgrenzung zur Organisation der Moderne in spielerischer Beliebigkeit charakterisiert als „… a structure that is numerically and functionally flexible, with no clear centre of power or spatial location" (Parker 1992, 3 f.).

Differenzierter erfasst Holtbrügge die postmoderne Organisation anhand von drei Dimensionen, der *Identitätsdimension*, der *Effizienzdimension* und der *Legitimationsdimension*. Für postmoderne Organisationen wird es aufgrund

---

[6] Theoretische Geschlossenheit und Einheitlichkeit würden dem Selbstverständnis der Postmoderne entgegenstehen. Weik 1998, 24.

fließender Organisationsgrenzen (räumlich durch Internationalisierung und Virtualisierung und zeitlich aufgrund des durch kürzere Lebenszyklen beschleunigten Wandels) zunehmend schwerer, Einheit und damit organisatorische *Identitität* auszubilden. Organisationen sind vor eine Trade-off-Situation gestellt, die sich mit dem Begriff „Stabilitäts-Flexibilitäts-Dilemma" umschreiben lässt, dessen Lösung die Voraussetzung für die *Effizienz* organisationalen Handelns darstellt. Durch Integration können die Vorteile kollektiven Agierens gegenüber individuellem Handeln realisiert werden, werden Stabilität und Steuerbarkeit in Organisationen ermöglicht. Flexibilität dagegen bedeutet Anpassungsfähigkeit an veränderte Marktgegebenheiten und Kundenbedürfnisse. Postmoderne weist auf die Gefahr einer zu starken Betonung der integrativen Komponente hin, da dies dazu führen kann, dass die Mitglieder der Organisation (im erweiterten Sinn Mitarbeiter, Anteilseigner, Tochtergesellschaften, Fremdkapitalgeber, Investoren) der Verwirklichung ihrer individuellen Ziele wenig Chancen einräumen und der Organisation Ressourcen (Arbeitskraft, Kapital, Loyalität) entziehen (Holtbrügge 2001, 53). Die Individualisierung von Wert- und Lebensentwürfen wird postmodern durch die „Individualisierung der Organisation" (Bartlett/Goshal 1995) nachvollzogen, um Effizienz bei abnehmender Integrationsfähigkeit der Organisation sicherzustellen. Schließlich wird *Legitimation* nicht mehr vorwiegend aus dem wissenschaftlichen und politischen Bereich bezogen, sondern Organisationen sind auf die Unterstützung des gesamten gesellschaftlichen Spektrums angewiesen (Holtbrügge 2001, 52 ff).

Wird postmoderne Organisation dagegen als instrumentelle Kategorie begriffen, wird auf eine spezifisch postmoderne Organisationsweise Bezug genommen. Die in der Moderne noch weitgehend unhinterfragten Tatbeständen der Planbarkeit und Gestaltbarkeit organisationalen Wandels und der Erzielbarkeit von Konsens werden aus postmoderner Sicht ebenso einer Revision unterzogen wie die Annahme einer eindeutigen Grenzziehung zwischen Organisation und Umwelt (Holtbrügge 2001, 65). Konflikte werden in der Postmoderne nicht länger als bestandskritischer Tatbestand eingestuft, sondern als "core organizational process", in dem "diversity in the meanings attributed to critical events becomes more important to understanding the organization than the tangible outcomes of a conflict." (Salipante/Bouwen 1995, 82 f.). Eine Reduktion der Postmoderne auf eine postindustrielle bzw. postkapitalistische Epoche greift aufgrund der Vielfalt der Themenbezüge zu kurz. Für die vorliegende Analyse des Diversity Management ist Postmoderne („postmodernism") als „particular cultural, intellectual style or orientation" einem temporären Verständnis („postmodernity") vorzuziehen (Alvesson 1995, 1052).

2.2 Postmodernes Diversity Management?

Im Folgenden wird der Versuch einer kategorialen Übertragung zwischen Postmoderne und Diversity Management unternommen, die sich an den in Abbildung 2 zu entnehmenden Kategorien orientiert.

Postmoderne	Diversity Management
– Pluralismus – Vielfalt – Individualität	– Management von „Unsicherheitszonen" – Individualisierte Marktbearbeitung
– Postmoderne Unternehmenskultur	– Kultur als • Separation • Assimilation • Pluralismus
– Postmoderne Organisation (institutionell/instrumentell)	– Diversity Management in der • Monokulturellen Organisation • Pluralen Organisation • Multikulturellen Organisation – Wertschätzung von Vielfalt („Valuing Diversity")

Abbildung 2: Kategoriale Gegenüberstellung zwischen Postmoderne und Diversity Management.

Diversity Management ist aus Sicht der postmodernen Organisationsforschung ein Reflex auf die Einsicht, dass „eine unruhig gewordene, ihren Pluralismus und ihre Differenziertheit entfaltende Postmoderne [...] zunehmend ihre Irritationen auch in die Unternehmen [trägt]." (Bardmann/Franzpötter 1990, 427). Organisationen als „durch Komplexität und Kontingenz gekennzeichnete[r] Sinnzusammenhang" stellen das Management vor die Aufgabe,

> „eine Grundhaltung zu entwickeln, die sich durch eine gesteigerte Sensibilität für die Vielfalt unterschiedlicher Mitarbeitertypen, für die Individualität der Kollegen und Untergebenen, für die Besonderheit jeweiliger Situationen und generell für die Empfindlichkeit der systemischen Zusammenhänge im Unternehmen auszeichnet." (Bardmann/Franzpötter 1990, 427).

Diversity Management ist Management von Unsicherheitszonen. Die Beherrschung der drei Unsicherheitszonen „Beziehung zur Umwelt", „intraorganisatorische Abläufe" und „Qualifikation der Mitarbeiter" stellt eine bestandskritische Aufgabe von Unternehmen dar. Durch abgestimmte Konzepte der Unternehmensführung, Verbesserung der methodischen Kompetenz und ein effektives Informationsmanagement ist die Erhaltung der Organisation als Einheit sicherzustellen (Crozier/Friedberg 1979; Becker 1996, 235). Die Qualifikation der Mitarbeiter als erfolgskritische Ressource stellt eine Unsicherheitszone dar, da sie der freien Entscheidung der Akteure unterliegt und ihr Einsatz sowohl zugunsten als auch zulasten des Unternehmens erfolgen kann. Die

Abnahme stabiler Leistungsbeziehungen und im Gegenzug das zunehmende „at will-contracting" mit Humanvermögensanbietern erfordert eine gute Kenntnis des Humanvermögensmarktes, ohne die das Risiko kostenintensiver Fehlallokation steigt. Diversity Management trägt über verbessertes Personalmarketing zur Risikobegrenzung in der Ressourcenbeschaffung bei (Becker 2002, 125).

Intraorganisatorische Abläufe sind aufgrund steigender Freiheitsgrade der Mitarbeiter und der Rücknahme direkter Formen der Kontrolle von zunehmender Unsicherheit geprägt. Der Ausweitung der Unsicherheitszonen der intraorganisatorischen Abläufe und der Qualifikation der Mitarbeiter begegnet Diversity Management, indem zunehmend individuelle Eigenschaften der Mitarbeiter als arbeitsrelevante Charakteristika eingestuft werden. Die gestiegene interne Kontrolle wird zum Management der externen Beziehungen eingesetzt, gebündelt in der Unsicherheitszone „Beziehung zur Umwelt". Die Optimierung der Kunden- und Lieferantenbeziehungen durch differentielle Nutzung der Qualifikation der Belegschaft findet ihre Entsprechung im „access and legitimacy paradigm", nach dem Unternehmen durch strukturelle Passung zwischen der Belegschaft und der Vielfalt an Kundengruppen auf eine optimierte, individualisierte Marktbearbeitung zielen (Thomas/Ely 1996, 83). Die systematische Nutzung von spezifischem „niche knowledge" wird unter den Vorzeichen des „learning and effectiveness paradigm" begünstigt (Thomas/Ely 1996, 85; Thomas/Mack/Montagliani 2004, 34). Die Außenwirkung des Diversity Management besteht hier in Aufbau, Pflege und Weiterentwicklung von Netzwerken. Diversity Management wird zum Kompetenz- und Relationship-Management mit spezifischen Anforderungen an die Führungskräfteentwicklung (Becker 2002, 125).

Der Umgang mit Diversity hinsichtlich Geschlecht, nationaler Herkunft, ethnischer Abstammung und in Bezug auf grundlegende Werte und Normen der Unternehmenskultur gewinnt im Zuge der Internationalisierung an Bedeutung. Strategien zur Bewältigung der in Umbruchphasen wie Joint Ventures und Unternehmensübernahmen auftretenden unternehmenskulturellen Spannungen lassen sich auf einem Kontinuum anordnen, das von gegenseitiger Abschottung (Separation), über einseitige Überformung durch die stärkere Kultur (Assimilation) bis hin zu einer partiellen Integration der Unternehmenskulturen (Pluralismus) reicht (Cox 2001, 66).

Die postmoderne Organisationsforschung weist ein gespaltenes Verhältnis gegenüber Unternehmenskultur auf. Zum einen wird in postmoderner Ausprägung Unternehmenskultur zu einem Konzept, das sich „nicht mehr gegen die Andersartigkeit stellt und sie zu externalisieren versucht, sondern die sie aufnimmt", was schließlich in die Gestaltungsempfehlung mündet, „... die außerorganisatorische Pluralität *in* der Organisation selbst noch einmal abgebildet zu finden und sich dadurch gegen eine weltfremde Engstirnigkeit zu schützen"(Bardmann/Franzpötter 1990, 432).[7] Hier ist eine direkte Argumentationslinie zum „discrimination-and-fairness paradigm" festzustellen, das als minimaler Durchsetzungsgrad diversity-orientierter Organisationsgestaltung die Erfüllung von Beschäftigungsquoten zum Gradmesser des Diversity Management macht (Thomas/Ely 1996, 81). Zum anderen wird eine Entmystifizierung des Konstrukts der Unternehmenskultur bewirkt. Eine mechanistische, idealisierende Sicht auf Unternehmenskultur als ein von allen Organisationsmitgliedern geteiltes, kohärentes Normen- und Wertegefüge wird abgelehnt. In postmoderner Lesart stellt Unternehmenskultur eine Methode der Machtsicherung dar (Dick 2003, 143), die die Herrschaftsausübung von der direkten Kontrolle und Sanktion zu einer indirekten Form der „Kontrolle der Konstruktion und Interpretation von Bedeutungen und des >kulturellen Zustandes der Organisation< verlagert." (Lang/Winkler/Weik 2001, 243 f.).

Postmoderne als Basis für das Diversity Management hat die institutionale und die instrumentelle Dimension postmoderner Organisation zu berücksichtigen. Idealtypisch unterscheidet Cox die monolithische Organisation, die plurale Organisation und die multikulturelle Organisation.

Die *monolithische Organisation* ist durch ein geringes Niveau an struktureller und informeller Integration, als Kennzahl für den Zugang zu informellen Netzwerken, und ein hohes Maß an Vorurteilen und Diskriminierung sowie große Unterschiede in der organisationalen Identifikation zwischen Majoritäten- und Minoritätenbeschäftigten gekennzeichnet. Systematisches Diversity Management findet nicht statt. In der *pluralen Organisation* stellt Diversity Management als Reflex auf rechtliche Vorgaben im Sinne eines „containing diversity" auf die Nivellierung von Unterschieden und sozialen Ausgleich ab. Vorurteile und Diskriminierung weisen eine mittlere Ausprägung auf und als Folge der stärkeren Integration steigen Loyalität und organisationales Commitment der Beschäftigten. Aufgrund der Exklusion aus informellen Netzwerken ist noch ein erhebliches Gefälle zwischen den Beschäftigungsquoten von Minderheiten im mittleren und oberen Management festzustellen (Cox 1991, 38).[8] Diversity Management als Strategie zum Aufbau einer multikulturellen Organisation (Aretz/Hansen 2003, 193) erzielt in der idealtypischen Form der *multikulturellen Organisation* vollkommene strukturelle und informelle Integration ("valuing diversity"), d.h. „there is no correlation between one's culture-identity group and one's job status" (Cox 1991, 42). Alle Beschäftigtengruppen weisen gleiche Niveaus in der organisationalen Identifikation und ein geringes

---

[7] Hervorhebung im Original.
[8] Eine Analyse der Beschäftigtenstruktur bei General Motors ergab Anfang der 90er Jahre z.B. mit einer Beschäftigungsquote der Minderheit von über 20 % in der Gruppe der Angestellten verglichen mit lediglich 12 % in der Gruppe der Techniker und Vertriebsmanager eine lediglich partielle strukturelle Integration von Minoritäten, Cox 1991, 38.

Konfliktpotenzial in den Intergruppenbeziehungen auf. Im Gegensatz zur monolithischen Organisation ist nicht ein hohes Maß an Homogenität hierfür ursächlich, sondern ein effektives Konfliktmanagement (Cox 1991, 37 ff.).

Illustriert durch best-practice Beispiele und gestützt auf eine kennzahlenorientierte Erfolgsmessung eignet sich das Modell als Analyseinstrument zur Erfassung des Durchsetzungsgrades des Diversity Management (institutionell) und als Gestaltungsalgorithmus (instrumentell). Kritisch einzuwenden ist, dass der dem Modell implizit zugrundeliegende Zusammenhang zwischen der strukturellen Repräsentation aller gesellschaftlichen Gruppen in der Belegschaft und der Zielgröße Effektivität in empirischen Untersuchungen bisher nicht nachgewiesen werden konnte (Ely/Thomas 2001, 232). Es ergeben sich unterschiedliche Ergebnisse in Stärke und Richtung des Zusammenhangs in Abhängigkeit von der Wahl der Analyseebene (Individuum, Gruppe, Organisation), der Gruppenzugehörigkeit (Minorität oder Majorität) und der betrachteten Merkmale (z.B. Werte, Fähigkeiten, Wissensstand) (Dick 2003, 136). Auch bleibt der Ansatz einer „black box"-Betrachtung verhaftet, da der Anpassungsprozess zwischen den idealtypischen Phasen auf dem Weg zu einer multikulturellen Organisation aus der Betrachtung ausgeklammert wird, mithin nicht begründet werden kann, wie und warum Organisationen gerade den multikulturellen Entwicklungspfad einschlagen sollten.

Auf Basis der postmodernen Organisationstheorie und im Anschluss an evolutionstheoretische Konzepte kann der Übergang von der monolithischen zu einer multikulturellen Organisation als Aufbau der erforderlichen Varietät begriffen werden, der das Fortbestehen der Organisation in einer komplexen Umwelt sichert. Ashby's „law of requisite variety" (Ashby 1974, 298 ff.) zufolge ist der Systembestand gefährdet, wenn es Organisationen nicht gelingt, mittels eines ausreichenden Maßes an Eigenkomplexität (Komplexitätsbegriff: Abschnitt 3.2) genügend Varietät zu erzeugen, um die in der komplexeren Umwelt auftauchenden Probleme zu bewältigen. Evolutionstheoretische Forschung betrachtet intentionale Eingriffe organisationaler Gestaltung, wie z.B. die in Folge einer Internationalisierungsstrategie erforderliche Anpassung der Managementsysteme, als Variationen, über deren Erfolgswahrscheinlichkeit allein die Umweltauslese entscheidet (Kieser/Woywode 2001, 253 u. 276). Die strategische Ausrichtung stellt einen nicht zu vernachlässigenden Kontextfaktor für den Zusammenhang zwischen Diversity und Effektivität dar (Richard 2000, zit. n. Thomas/Mack/Montagliani 2004, 37). Ein Unternehmen hat aus evolutionstheoretischer Sicht eine umso größere Chance, den Selektionsprozess zu überstehen, je größer die Vielfalt an Strategien und Handlungsalternativen ist, auf die es experimentell zurückgreifen kann:

> „...evolutionary economists emphasize that a system promoting a variety of experimental solutions to economic problems may perform better than one in which the same imperfect rationality guides every firm." (Nelson/Winter 2002, 27).

Dass es in der Auseinandersetzung mit einer komplexen Umwelt nicht um ein maximales, sondern um ein situationsangemessenes Maß an Diversität geht, wird ersichtlich, wenn man berücksichtigt, dass das „Komplexitätsgefälle" zur Umwelt umso stärker eingeebnet wird, je höher der Grad der Umweltvielfalt ist, der durch das System nachgebildet werden kann. Der Bandbreite der Variationen im System sind durch die aufrechtzuerhaltende System-Umwelt-Differenz Grenzen gesetzt, da der Systembestand andernfalls gefährdet wird (Luhmann 1996, 47 f.).

Es genügt nicht, die Gestaltung einer multikulturellen Organisation aus einem quasi-mechanistischen Blickwinkel auf strukturelle Anpassungen zu reduzieren. Voraussetzung für ein effektives Diversity Management ist die Regelung der personalen und institutionalen Zuständigkeit („Dürfen"), das Vorhandensein individueller Befähigung im Umgang mit Diversity („Können") und die Bereitschaft zum Einsatz und zur Weiterentwicklung der eigenen Diversity-Kompetenz („Wollen") (Becker/Rother 1998, 6f.). Das angemessene Niveau an Diversität und die durch das System zu verkraftende Intensität des Diversity Management ist vom individuellen Reifegrad (Diversity-Reife der Mitarbeiter), dem prozessualen Reifegrad (Effektivität der Interaktionen) und dem instrumentellen Reifegrad (Förderung durch Instrumente und Rahmenbedingungen) abhängig (Klimecki/Probst/Eberl 1994, 94 ff.; Becker 2002, 123). Der durch Diversity Management erzielbare Nutzenzuwachs ergibt sich aus dem Zusammenspiel dieser individuellen und instrumentellen Voraussetzungen mit dem systemischen Reifegrad (Klimecki/Probst/Eberl 1994, 94 ff.).

Diversity Management stellt aus postmoderner und evolutionstheoretischer Sicht ein Maßnahmenpaket dar, dass durch Erhöhung der Variationsbreite menschlichen Handelns in Organisationen unter der Bedingung der eingeschränkten Rationalität eine verbesserte Anpassung an die Erfordernisse des unternehmerischen Kontextes ermöglicht und so die Erfolgswahrscheinlichkeit des Managementhandelns erhöht.

3 Diversity Management im Fokus der Systemtheorie

3.1 Wissenschaftstheoretische Verortung

Auch durch die Systemtheorie wird die positivistische Wissenschaftskonzeption in Frage gestellt, findet eine Relativierung der Gleichung Wertfreiheit=Intersubjektivität und Intersubjektivität=Wahrheit statt. Wertsetzungen werden im Gegenteil als „Regeln der Vorziehenswürdigkeit von Handlungen" (Luhmann 2005, 319) begriffen, durch die eine Struktur zur rationalen Wahl zwischen Alternativen vorgezeichnet, Beliebigkeit entgegengewirkt und Intersubjektivität erst ermöglicht wird. In seinem Entwurf einer Theorie selbstreferentieller, „autopoietischer" Systeme definiert Luhmann es als das Wesen und die Aufgabe von Wissenschaft,

> „... daß sie sich [in ihrem Bezug zur Realität, I. L.] nicht darauf beschränkt, zu kopieren, zu imitieren, widerzuspiegeln, zu repräsentieren; sondern daß sie Differenzerfahrungen und damit Informationsgewinnung organisiert und dafür adäquate Eigenkomplexität ausbildet." (Luhmann 1996, 13).

Es ist bezeichnend für den systemtheoretischen Anspruch, eine Super-Theorie zur Analyse organisatorischer Problemstellungen bereitzustellen, dass theorieimmanente Erklärungsmuster wie Differenz und Komplexität aus dieser wissenschaftstheoretischen Standortbestimmung nicht herausgehalten werden können. Ihrem Selbstverständnis entsprechend geht die Relevanz der Systemtheorie über eine rein analytische oder pragmatische Dimension als „bloße Methode der Wirklichkeitsanalyse" hinaus. Mit der Betrachtung realer Systeme wird ein empirischer Stellenwert systemtheoretischer Arbeit eingefordert. Systemtheorie stellt sich der Überprüfung ihrer Aussagen an der Realität (Luhmann 1996, 30).

Das Theorieangebot der Systemtheorie richtet das Augenmerk auf die Anpassungsprozesse, durch die Systeme ihren Bestand in einer komplexen Umwelt sichern. In ihrer heuristischen Komponente stellt sie Strukturmodelle zu Verfügung, auf deren Basis die Analyse zuvor vernachlässigter Zusammenhänge, wie z.B. Umweltoffenheit, Selbstorganisation und Komplexität, ermöglicht wird (Hill/Fehlbaum/Ulrich: 1994, 18). Für die Organisationsforschung besteht ein Zugewinn durch diesen bislang elaboriertesten Stand der Systemtheorie in der Handreichung eines in verschiedenen Systemen anwendbaren, analytischen Instrumentariums. In Kontinuität mit der betriebswirtschaftlichen Organisationsforschung befindet sich die Systemtheorie hinsichtlich ihres Gestaltungsanspruchs:

> „Nach wie vor steht die zweckoptimale Gestaltung der Organisation im Vordergrund mit dem Ziel, eine effektive und effiziente Koordination arbeitsteiliger Aufgaben zu erreichen, um eine bzw. mehrere Aufgaben optimal zu erfüllen. Diese Gemeinsamkeit macht den systemtheoretischen Organisationsansatz zu einem betriebswirtschaftlichen Organisationsansatz." (Stünzner 1996, 167).

Wissenschaft stellt aus systemtheoretischer Sicht keine letztgültigen Erkenntnisse sondern lediglich vorläufige Erklärungsprinzipien bereit. Soll Diversity Management nicht als punktuelles Maßnahmenbündel, sondern integriert in das strategische Management realisiert werden, ist eine der Komplexität des organisatorischen Kontextes und der strategischen Steuerungsaufgaben des Managements angemessene Theoriegrundlage, die also ausreichend Eigenkomplexität aufweist, erforderlich.[9] Einen Beitrag hierzu soll der folgende Versuch einer systemtheoretischen Fundierung des Diversity Management leisten. Mit der Beibehaltung der betriebswirtschaftlichen Zielsetzung der Optimierung von Ergebnis (Gewinn) und Prozess (Lenkung und Kontrolle) ent-

---

[9] Vgl. zu einer auf die Personalentwicklung bezogenen Argumentation Rother 1996, 10 f.

steht ein Widerspruch zur autopoietischen, also selbstorganisierenden Operationsweise der Systemteile gemäß der Systemtheorie, die gerade einen Verlust an Optimierbarkeit und Steuerbarkeit zur Folge hat (Stünzner 1996, 169). Die folgende Auseinandersetzung hat daher zu prüfen, ob sich aus der Systemtheorie trotz dieses steuerungstechnischen Widerspruchs ein Erklärungsbeitrag für zielgerichtetes Diversity Management ableiten lässt.

3.2 Systemtheoretisches Diversity Management?

Wesentlich für die Prüfung des Erkenntniswertes systemtheoretischer Konzepte für das Diversity Management sind die eng zusammenhängenden, auf der Differenz zwischen System und Umwelt beruhenden, Konzepte der Inklusion und Exklusion, der Selbstreferentialität und der Eigen- bzw. Umweltkomplexität. Diversity Management soll hier als Maßnahme zur Erhöhung der Eigenkomplexität gegenüber der Komplexität der Umwelt begründet werden. Abbildung 3 fasst die Gegenüberstellung zwischen Systemtheorie und Diversity Management zusammen.

Systemtheorie	Diversity Management
– Umweltkomplexität vs. Eigenkomplexität – Funktionale Differenzierung	– Heterogenität der Kunden- und Wettbewerbsstruktur vs. Heterogenität der Belegschaft
– Offenheit/Geschlossenheit – Inklusion/Exklusion	– Einbeziehung aller Belegschaftsgruppen in Fördermaßnahmen und informelle Netzwerke – Ausweitung der Unternehmensgrenzen
– Subjekt als Teil der Umwelt	– Subjekt als Teil des Unternehmens
– Selbstreferentielle Steuerung	– Zentrale Management-Steuerung

Abbildung 3: Kategoriale Gegenüberstellung zwischen Systemtheorie und Diversity Management.

Das Phänomen *Komplexität* erfährt seit dem Beginn der 90er Jahre ein erhöhtes Interesse aus verschiedenen Disziplinen. Insbesondere in den Wirtschaftswissenschaften wurde zu diesem Problemkreis ein breites Forschungsgebiet erschlossen. Spieltheoretische Anwendungen betrachten z.B. komplexe Optimierungsprobleme, gekennzeichnet durch einen unendlichen Prozess der wechselseitigen Antizipation der strategischen Spielzüge der Agenten, der nicht in ein mit der Neoklassik zu vereinbarendes eindeutiges Gleichgewicht mündet. Die Berücksichtigung von Komplexität in der ökonomischen Modellierung erfolgt mit dem Ziel

> „... to explain such phenomena as path dependence in technological evolution and regional development and the appearance of discontinuities, such as the crashes of speculative bubbles or the collapses of whole economic systems." (Rosser 1999, 169).

Im Unterschied zu diesem Komplexitätsbegriff wird systemtheoretisch ein System, z. B. eine Organisation als eine Menge von Elementen, dann als komplex bezeichnet, wenn aufgrund der Zahl der Elemente eine Schwelle erreicht wird, ab der „es nicht mehr möglich ist, jedes Element zu jedem anderen in Beziehung zu setzen." (Luhmann 1996, 46). Organisationen sichern ihren Fortbestand aus systemtheoretischer Sicht durch Aufrechterhaltung eines Komplexitätsgefälles zur Umwelt. Organisationen als soziale Systeme bauen durch interne Ausdifferenzierung Eigenkomplexität auf, genauer durch „Wiederholung der Differenz von System und Umwelt innerhalb von Systemen", so dass „ein differenziertes System nicht mehr einfach aus einer gewissen Zahl von Teilen und Beziehungen zwischen Teilen" besteht, sondern „aus einer mehr oder weniger großen Zahl von operativ verwendbaren System/Umwelt-Differenzen." (Luhmann 1996, 22). Ein Beispiel für eine solche Binnendifferenzierung von Unternehmen ist die Bildung von Abteilungen als Teilsysteme, die sich jeweils unterschiedlichen Umwelten gegenübersehen. So filtert die Marketingabteilung absatzrelevante Informationen und optimiert die Produktionsabteilung Produktionspläne in weitgehender Abstraktion vom jeweils für das andere Teilsystem relevanten Umweltausschnitt. Arbeitsteilung stellt eine Maßnahme zur Lösung des Knappheitsproblems und damit zur Bewältigung des grundlegenden Problems allen Wirtschaftens dar. Wirtschaften als das Treffen rationaler Entscheidungen über die Verwendung knapper Ressourcen zur Erfüllung gegebener Zwecke setzt Spezialisierung voraus (Picot/Reichwald/Wigand 2001, 24). Durch diese funktionale Differenzierung wird eine strukturelle Anpassung hin zu höherer Eigenkomplexität vollzogen, die einer ihrerseits komplexen und kontingenten Umwelt entgegengesetzt werden kann (Aretz/Hansen 2003, 193).

Diversity äußert sich auch, auf einer disaggregierten Ebene, in der Arbeitsgestaltung. Die flexible, individualisierte Gestaltung von Arbeitszeiten, -orten und -inhalten sind ebenfalls Ausdruck der Binnendifferenzierung von Organisationen. Der Einsatz von Maßnahmen des Diversity Management zur Herausbildung einer Vielzahl an Spezialkenntnissen bewirkt eine Steigerung der Heterogenität der Belegschaft und damit eine Erhöhung der Eigenkomplexität der Organisation. Diese Heterogenisierung kann nicht ad infinitum – im Sinne eines „je mehr desto besser"- fortgesetzt werden. Bei Erreichung eines hohen Maßes an interner Differenzierung droht Kontrollverlust. Durch Arbeitsteilung erzeugte Vielfalt führt zu einer

„... increasing solidity of local rationalities, accounting, marketing and so on, and their increasing incapacity to speak outside their locally agreed languages". Am Ende der Entwicklung stehen *"organizations, and departments within organizations, becoming increasingly powerless to achieve control over that which is outside their rationality." (Parker 1992, 8).*

Die durch reduzierte Einarbeitungszeiten und Lerneffekte erreichten Spezialisierungsgewinne können durch steigende Koordinationskosten überkompensiert werden (Kieser 2001, 173). Es kann nur ein relativ angemessenes Maß an Vielfalt geben.

Auch die für das Diversity Management bedeutsame Frage der Machtverteilung und des Zugangs zu Machtressourcen in Organisationen wird auf Basis des Komplexitätsbegriffs adressierbar. Geht es im Außenverhältnis der Organisation um Komplexitätshandhabung mit dem Ziel einer erhöhten Flexibilität im Wettbewerb um knappe Ressourcen und Marktanteile, fungiert Macht im Innenverhältnis als Mittel, durch das eine Entlastung der Entscheider von Komplexität herbeigeführt werden kann. Die zielgerichtete Einschränkung von Verhaltensmöglichkeiten reduziert das Ausmaß an Unsicherheit und Komplexität, dem sich der Einzelne in der Organisation gegenübersieht (Berger/Bernhard-Mehlich 2001, 143). Die Komplexität der Umwelt hat sich tatsächlich nicht verringert, so dass von einer zweckrationalen Fiktion verringerter Komplexität gesprochen werden kann.

Wird in der Organisationstheorie und in weiten Teilen der betriebswirtschaftlichen Theorie Geschlossenheit mit fehlender Einflussmöglichkeit auf die Umwelt assoziiert, sieht die Systemtheorie in der operationalen Schließung gerade die Voraussetzung für proaktives Handeln gegenüber der Umwelt, da Geschlossenheit das System auf sich selbst zurückwirft, die Umwelt so beobachtbar und damit gestaltbar wird.[10] Aus der Erkenntnis, dass vollständig geschlossene Systeme ohne Austauschbeziehungen zur Umwelt nicht überlebensfähig sind, wurde systemtheoretisch das Konzept der selbstreferentiellen Geschlossenheit entwickelt. Systeme sind geschlossen insofern, als sie ihre eigene Bestandserhaltung umweltunabhängig bewerkstelligen, durch Reproduktion der sie konstituierenden Elemente aus den Elementen, aus denen sie bestehen (Luhmann 1999, 49; grundlegend Maturana/Varela 1991).[11] Unternehmen als Systeme der Wirtschaft stellen ihren Fortbestand z. B. durch Weisungsgebundenheit ihrer Mitglieder sicher und sind in dieser Hinsicht von ihrer Umwelt unabhängig. Auf der operationalen Ebene sind Systeme als geschlossen, auf der energetischen und materiellen Ebene aufgrund der Austauschbeziehungen zur Umwelt als offen anzusehen (Rother 1996, 29). Offen-

---

[10] Vgl. zum Unterschied zwischen der systemtheoretischen und der organisationstheoretischen Umweltkonzeption Hernes/Bakken 2003, 1520.

[11] In Analogie zum Konzept der Autopoiesis bei *Maturana* und *Varela* wird dieser Reproduktionsmodus von *Luhmann* auf soziale Systeme übertragen.

heit und Geschlossenheit bedingen sich gegenseitig. Die Differenz zur und „die Abschließung gegenüber der Umwelt eröffnet dem System Chancen struktureller Variation, die es bei unmittelbaren Bindungen nicht haben könnte." (Luhmann 2000, 50). Im Gegensatz zur Kontingenztheorie eignet sich die Theorie selbstreferentieller Systeme damit zur Erklärung des gestalterischen Anspruchs des Diversity Management, durch gezielte Variationen eine Erhöhung der Anpassungsfähigkeit an die Komplexität der Umwelt zu erreichen.

Die Grenzziehung zur Umwelt kann als zweistufiger Prozess der *Inklusion* und *Exklusion* erklärt werden. Auf der ersten Stufe konstituiert sich die Organisation durch die Entscheidung über die formalisierte Mitgliedschaft im System. Die Organisation inkludiert ihre Mitglieder durch formale Auswahl und Eingliederung, wodurch Komplexität in die Organisation hineingetragen wird. Inklusion bedeutet dabei nicht, dass Mitarbeiter dem unbeschränkten Zugriff der Organisation ausgesetzt sind, vielmehr bildet Partialinklusion die Regel und Totalinklusion bleibt eine auf wenige Organisationsformen, wie das Militär, beschränkte Ausnahme. Diversität entfaltet ihre Wirkung in den Zwischenstufen des Kontinuums zwischen Totalinklusion und lose gekoppelten Arbeitsbeziehungen. Nach der Entscheidung über die formale Mitgliedschaft werden im zweiten Schritt der Inklusion diejenigen Beiträge inkludiert und weiterverfolgt, die für eine Problemlösung als angemessen und relevant betrachtet werden, was von einer Gesprächssituation zur nächsten variieren kann (Aderhold 2003, 181 f.). Der beschriebene zweistufige Prozess der Inklusion und Exklusion ist in Abbildung 4 dargestellt.

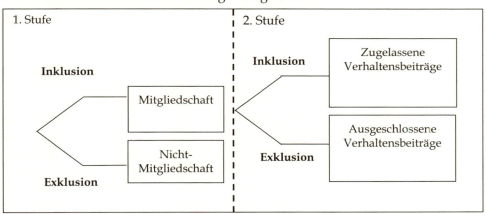

Abbildung 4: Der zweistufige Prozess der Inklusion und Exklusion.

Inklusion und Exklusion stellen nicht auf die Analyse der formalen Mitgliedschaft beschränkte Kategorien dar, sondern entfalten eine darüber hinaus gehende Bedeutung für die Verortung der Unternehmensgrenze, die sich im Zuge der Internationalisierung der Geschäftsaktivitäten und der zunehmenden Leistungsintegration ausweitet. Diversity Management ist auch Management der Inklusion weiterer, nicht in klassischer Arbeitsbeziehung zum Unternehmen stehender Dritter, d.h. der Kunden („kundenintegrierte Wertschöpfung"), Lieferanten („langfristige Beziehungen") und Wettbewerber („Kernkompetenzorientierung"), denen Einflussgrade auf unternehmerisches Handeln zugewachsen sind. Durch Abschluss längerfristiger Verträge mit Lieferanten werden Externe temporär wie Interne behandelt, es entsteht eine Mitgliedschaftsfiktion mit der Konsequenz, dass sich das Zugriffsrecht auf Arbeitsleistung und der Anspruch an Beeinflussbarkeit und Berechenbarkeit über die Unternehmensgrenze hinaus ausweitet (Mayrhofer 2004a, 128).

Auch durch Änderungen der Organisationsstruktur, z.B. intern durch eine die Primärorganisation überlagernde Sekundärstruktur und extern durch strategische Allianzen, Unternehmensübernahmen und die Abspaltung von Tochtergesellschaften vom Mutterkonzern, wird die Diversität von Unternehmen erhöht (Aretz/Hansen 2002, 46). Das System zerfällt in Fraktale, die zwar strukturelle Ähnlichkeit zum Ausgangssystem aufweisen, die aber in selbstreferentieller Operationsweise einen eigenen autonomen Bereich ausfüllen. Gegenüber dem übergeordneten System der Muttergesellschaft stehen die teilweise autonomen Teile in einer Beziehung der gleichzeitigen Offenheit und Geschlossenheit. Indem Teilsysteme eine spezifische Funktion, z.B. Forschungs- und Entwicklungsaktivitäten, in einer hierfür geeigneten strukturellen Form für das Gesamtsystem übernehmen, wird Komplexität verarbeitet, die das System als Ganzes überfordern würde (Hernes/Bakken 2003, 1528).

Bei der Analyse der Anschlussfähigkeit der Systemtheorie an die Argumentation des Diversity Management muss man sich dem Vorwurf der Marginalisierung des Subjekts stellen, der daraus resultiert, dass Organisationsmitglieder in der Systemtheorie als Teil der Umwelt des Systems konzeptionalisiert werden. Organisationsmitglieder als psychische Systeme und die Organisation als soziales System stehen aus systemtheoretischer Sicht zueinander in einem Verhältnis der Interpenetration (Luhmann 1996, 299), d. h. sie stellen sich gegenseitig Komplexität zur Verfügung und setzen sich damit dem Zwang zur Selektion aus mehreren möglichen Alternativen aus. Mit der Festlegung, dass Kommunikation bzw. Entscheidungen und nicht handelnde Personen die Elemente des Systems darstellen (Luhmann 2000), wird durch die Theorie selbstreferentieller Systeme angestammtes Terrain der Organisationstheorie verlassen. Der methodologische Individualismus, bis anhin das dominierende wissenschaftstheoretische Konzept, setzt in seiner starken Form die Referenz auf Individuen als kleinste Einheiten des Systems voraus. In seiner abgeschwächten Form lässt das individualistische Paradigma zwar eine akteursähnliche Sicht auf Organisationen als kollektive Handlungseinheiten zu, aber ohne dieser Möglichkeit viel Erklärungskraft einzuräumen (Kirsch 1992, 252). Aus der systemtheoretischen Verortung der Individuen in der Umwelt der Organisation kann aber keine Entwertung oder Dezentrierung des Subjekts abgeleitet werden, sondern es ergeben sich gerade aus der stärkeren Abhängigkeit zwischen dem System und den handelnden Personen größere Freiheitsgrade:

> „...Umwelt ist im Vergleich zum System eben derjenige Bereich der Unterscheidung, der höhere Komplexität und geringeres Geordnetsein aufweist. Dem Menschen werden so höhere Freiheiten im Verhältnis zu seiner Umwelt konzediert, insbesondere Freiheiten zu unvernünftigem und unmoralischem Verhalten."(Luhmann 1996, 289).

Es wird deutlich, dass mit steigendem Handlungsspielraum und zunehmender Individualisierung die Koordinations- und Kontrollprobleme zunehmen.

Mayrhofer spricht von einer

> „... Aufwertung des Individuums nicht als Teil, als implizit unbedeutendes Rädchen der Organisation, sondern als conditio sine qua non und konzeptionell zentraler Bestandteil der internen Unternehmensumwelt." (Mayrhofer 2004a, 127)

Systemtheoretisch besteht also keine Marginalisierung, sondern, im Gegenteil, ein Bedeutungszuwachs des Subjekts. Der selbstreferentielle Anschluss von Kommunikationen in der Systemtheorie wird für das Diversity Management gestalterisch durch die Empfehlung aufgegriffen, Dialogprozesse zur Entwicklung von Fähigkeiten im Umgang mit Komplexität und Konflikten auf allen Ebenen der Organisation zu institutionalisieren (Aretz/Hansen 2002, 54).

4 Zusammenfassende Betrachtung des Erklärungsbeitrags

Eine Situation, in der sowohl Systemtheorie als auch Postmoderne beanspruchen, einen Beitrag zur theoretischen Fundierung des Diversity Management leisten zu können, aus diesen sich aber unterschiedliche Gestaltungsempfehlungen ergäben, würde Praktiker vor eine Dilemmasituation stellen. Es wäre eine rationale, kriteriengestützte Entscheidung zwischen eigentlich konkurrierenden Handlungsempfehlungen zu treffen. Praktische Relevanz entfaltet das Inkommensurabilitätsproblem[12], wenn Theorienpluralismus eine objektive Auswahlentscheidung zwischen theoretischen Erklärungsangeboten und daraus abgeleiteten Handlungsempfehlungen ausschließt (Scherer 2001, 20). Der theoretische Erklärungsbeitrag der Systemtheorie und der postmodernen Organisationsforschung hängen wesentlich davon ab, inwieweit sich die bereitgestellten, zur Behebung des Theoriedefizits im Diversity Management bisher noch wenig genutzten, Theorie-Angebote gegenseitig sowie an die etablierte Forschung anschließen lassen.

---

[12] Gegen das postmoderne Postulat der theoretischen Inkommensurabilität wurde organisationstheoretisch eingewandt, dass wissenschaftlicher Fortschritt durch fehlende Übersetzbarkeit zueinander inkompatibler Theorien verhindert würde und der Wissenschaft die ihr obliegende Selektionsfunktion verloren ginge. Postmoderne Vertreter betrachten dagegen Theorienpluralismus als Angebot an Wissenschaft, kreativ von theoretischer Vielfalt Gebrauch zu machen (Weik 2003, 113).

Postmoderne Organisationsforschung hat wichtige Erkenntnisbereiche und Phänomene wie Unternehmenskultur und mikropolitisches Handeln, d.h. die durch sichtbare Weisungs- und Entscheidungsbefugnisse unzureichend abgebildeten informellen Machtprozesse in Organisationen, einer für das Diversity Management nutzbaren Analyse zugänglich gemacht (Wolf 2003, 384; Koch 2004, 1171). Die Neigung zu qualitativen Methoden wie hermeneutischen und diskursanalytischen Verfahren als bewusstem Kontrapunkt zur quantitativen Organisationsforschung (Weik 1998, 45 f.) hat der Postmoderne den Ruf mangelnder Praxistauglichkeit und fehlender Anschließbarkeit an die etablierte Organisationsforschung eingebracht. Ein Hang zur Selbstüberschätzung, verbunden mit einer verzerrten Darstellung der modernen Organisationsforschung, machen Postmoderne zu einem schwer greifbaren Gegenüber. Ersterer Kritikpunkt lässt sich am kaum einzulösenden Anspruch der Postmoderne festmachen, Analogien zwischen auf Basis der Textanalyse gewonnenen Aussagen und dem Management von Organisationen ziehen zu können. Es ist zu berücksichtigen, dass es nicht unproblematisch ist

> *„... to move over pomo [postmodern, I. L.] ideas focusing on the indeterminancy of language to an understanding of normative principles for management or to use an abstract definition of pomo thinking, which equally well fits texts in general and some contemporary corporate practice." (Alvesson 1995, 1060 f.)*

Die Absetzung gegenüber der Moderne wirkt durch die Verwendung eines schwachen Vergleichsmaßstabs überzeichnet, wenn z. B. die Vorteilhaftigkeit postmoderner Organisationsgestaltung durch Vergleiche mit tayloristisch-bürokratisch organisierten Organisationen unterstrichen wird. Es findet eine Negierung der zwischenzeitlich entstandenen Organisationsformen statt, die virtuelle und chaotisch-dynamische Eigenschaften zur Erzielung von Flexibilitätsvorteilen nutzen (Tomenendal 2002). Auch kann Postmoderne nicht gänzlich auf die durch sie kritisierten Regeln der Wissensproduktion, -verwertung und -bewertung verzichten, will sie sich nicht ihres Zugangs zum Wissenschaftsbetrieb und damit ihres Sprachrohrs entledigen. Dass postmoderne Forschung in ihrer Moderne-Kritik nicht ohne die Anwendung dezidert moderner Argumentationsmuster auskommt, dass Postmoderne durchzogen ist von „a linear logic backed up by reference to a shared discourse" (Parker 1992, 10), bringt ihr ein Glaubwürdigkeitsproblem ein (Alvesson 1995, 1051). Postmoderne Organisationsforschung als Auseinandersetzung mit traditioneller Organisationstheorie (Weik 1996, 394) darf sich nicht in der Kritik und der Radikalisierung der modernen Organisationsforschung erschöpfen (Koch 2004, 1172), sondern sie muss die durch die Moderne erarbeiteten strukturellen Voraussetzungen wie Spezialisierung, Programmierung, Zentralisierung, Formalisierung und Konfiguration (Kieser 2001, 173) zum Ausgangspunkt eines eigenständigen Theoriebeitrags machen. Eine „strukturfreie" Diskussion postmoderner Organisationsstrukturen würde bedeuten „den Formbegriff selbst aufzulösen." (Koch 2004, 1169). Stellt die Postmoderne bisher keine befriedigende Lösung bereit, um die sich im Wandel befindlichen Organisationsformen jenseits idealtypischer Momentaufnahmen zu beschreiben, setzt die systemtheoretische Betrachtung gerade an diesem Mangel an. Die selbstreferentielle Operationsweise der Systemteile ermöglicht eine Erfassung des organisationalen Wandels in Kontinuität mit den Strukturdimensionen der modernen Organisationsforschung, so dass Anschlussfähigkeit gewährleistet bleibt.

Die Eignung der Systemtheorie als theoretische Basis für das Diversity Management hängt letztlich von der Auflösbarkeit der bereits angesprochenen Differenz im zugrundegelegten Steuerungskonzept ab. Systemtheoretisch tritt an die Stelle der umfassenden manageriellen Steuerbarkeit die Selbstreferentialität des Systems, so dass die Herstellung einer Passung („fit") zwischen Organisations- und Umweltanforderungen schwierig wird. Dagegen ist das Diversity Management durch eine Nähe zu managementtheoretischen Ansätzen gekennzeichnet, ablesbar an der Suche nach geeigneten Maßnahmen zur Abwendung von Bedrohungen und zur Wahrnehmung von Chancen in der Umwelt.[13] Im strategischen Management wird die marktorientierte Analyse von Chancen und Risiken durch die nach innen gerichtete Stärken-und-Schwächen-Analyse ergänzt. Das Konzept der partiellen, selbstreferentiellen Öffnung gegenüber der Umwelt hat auf diese Weise Einzug in das Managementdenken gefunden (Rother 1996, 31). Der Gegensatz zwischen selbstreferentieller Steuerung einerseits und Management als zentralem Steuerungskonzept andererseits lässt sich durch eine analytische Trennung zwischen Diversity und Diversity Management auflösen. Diversity als Heterogenität der Belegschaft bildet sich selbstreferentiell heraus. Umweltkomplexität zwingt das System zu einer Anpassung der eigenen Komplexität durch stärkere Ausdifferenzierung der betrieblichen Funktionen, individuellen Fähigkeiten und Tätigkeitsbereiche. Diversity Management als Ansatz der strategischen Unternehmensführung (Aretz/Hansen 2002, 10) bezeichnet den gestalterischen Teil, der die entstehende Diversität in zweckgerichtete Bahnen lenkt.

Der entscheidende Beitrag der Systemtheorie zum Verständnis des Diversity Management besteht in der Klärung des Verhältnisses zwischen System und Umwelt und einer neuen Standortbestimmung des Individuums. Diversity Management als „multi actor analysis" erfordert eine Theoriesprache, die es ermöglicht, individuelles Verhalten in seiner Einbettung in den organisatorischen Kontext zu betrachten. Individuen „as parts of the environment […] provide organizations with a stimulation that triggers other referential processes within the system." (Mayrhofer 2004b, 186). Das System bestimmt auf der Basis seiner Selbstreferentialität darüber, ob Anregungen aus der Umwelt als unbedeutendes „Rauschen" oder anschlussfähige Informationen einge-

---

[13] Vgl. zum Unterschied dieser aus der Kontingenztheorie abgeleiteten Organisationssicht zur systemtheoretischen Konzeption Luhmann 2000, 34.

ordnet werden. Eine systemtheoretische Analyse, die Individuen als Teil der Umwelt des Unternehmens konzeptualisiert, ermöglicht es, die Unterrepräsentation bestimmter Gruppen von Individuen als ungleiche Verteilung der Inklusionswahrscheinlichkeiten zu betrachten. Hieran kann im Anschluss an machttheoretische Überlegungen Diversity als Unterschiede in den Einflussgraden auf organisatorische Prozesse erfasst werden. Diversity Management als Aufbau eines „inclusive work environment" zielt auf die Erzielung von Wettbewerbsvorteilen durch Nutzung der Diversität aller Belegschaftsgruppen (Pless/Maak 2004, 130) und baut damit grundlegend auf dem systemtheoretischen Inklusionsbegriff auf. Durch Inklusion wird die Unternehmensgrenze markiert, Zugehöriges von Nicht-Zugehörigem getrennt. Die hierdurch erzielte teilweise Entkopplung der Motive der Mitglieder von den Interessen der Organisation führt zu einer Stabilisierung der Beziehung zwischen der Attraktivität des Systems für seine Mitglieder einerseits (z. B. Lohnzahlung, soziale Anerkennung) und den an sie gestellten Verhaltenserwartungen andererseits.

Ebenso wie der Begriff „postmodern" sind die Bezeichnungen „Diversity" und „Diversity Management" vor inflationärem Gebrauch nicht gefeit. Wenn auf einer bestimmten Stufe der theoretischen Auseinandersetzung nahezu jedes Phänomen mit dem label „postmodern" versehen oder als durch Verschiedenartigkeit und Heterogenität geprägt bezeichnet wird, gehen Vergleichsmaßstab und Trennschärfe verloren. Voraussetzung für gehaltvolle Aussagen muss eine ausreichende begriffliche und konzeptionelle Unterscheidbarkeit und der Bezug zu Gestaltungszielen bleiben, die angeben, welcher Nutzen mit einer Steigerung oder Senkung von Diversität verbunden ist. Diversity Management verhindert, dass Veränderungen im organisatorischen Kontext zu einer unkontrollierten Fragmentierung und Atomisierung von Unternehmen und damit zur Verfehlung der Unternehmensziele führen.

Ebenso wie Anwendungsferne des Diversity Management sind Gestaltungsempfehlungen zu vermeiden, die auf unzureichende oder einseitige theoretische Erklärungsmuster zurückgreifen. Um dem Anspruchsniveau der Anschlussfähigkeit an bestehende Forschung und der Forderung nach intersubjektiver Nachvollziehbarkeit forschenden Handelns zu genügen, ist eine grundlegende, nicht lediglich punktuell-kursorische Theoriediskussion erforderlich. Während die Postmoderne mit der Individualisierung den übergeordneten Gestaltungsimpetus des Diversity Management vorgibt, lässt sich mithilfe der Systemtheorie, aufbauend auf der System-Umwelt-Differenz, die organisationsstrukturelle Anpassung zu erhöhter Diversität begründen. Als Beitrag zu einer Theoriegenese des Diversity Management hat die Analyse des Erklärungsbeitrags der systemtheoretischen und der postmodernen Organisationsforschung gezeigt, dass sich wesentliche Bezugspunkte zwischen den basistheoretischen Konzepten und der kontextorientierten Argumentation des Diversity Management aufzeigen und für fruchtbare Anschlüsse nutzen lassen.

Literatur

Aderhold, J. (2003): Organisation als soziales System. In: Weik, E./Lang, R. (Hrsg.): Moderne Organisationstheorien 2. Strukturorientierte Ansätze. Wiesbaden, S. 153-188.

Agars, M. D./Kottke, J. L. (2004): Models and Practice of Diversity Management. In: Stockdale, M. S./Crosby, F. J. (Edt.): The Psychology and Management of Workplace Diversity. Malden/Oxford/Carlton, pp. 55-77.

Alvesson, M. (1995): The Meaning and Meaninglessness of Postmodernism. In: Organization Studies. No. 06, pp. 1047-1075.

Aretz, H.-J./Hansen, K. (2002): Diversity und Diversity Management im Unternehmen. Eine Analyse aus systemtheoretischer Sicht. Managing Diversity Band 3. Münster/Hamburg/London.

Aretz, H.-J./Hansen, K. (2003): Diversity Management – ein Konzept für den Umgang mit Vielfalt und Komplexität. In: Zeitschrift Führung und Organisation. H. 04, S. 192-198.

Ashby, W. R. (1974): Einführung in die Kybernetik. Frankfurt a. M.

Bardmann, T. M./Franzpötter, R. (1990): Unternehmenskultur. Ein postmodernes Organisationskonzept? In: Soziale Welt. Jg. 41, S. 424-440.

Bartlett, C. A./Goshal, S. (1995): Changing the role of top management. In: Harvard Business Review. No. 03, pp. 132-142.

Becker, M. (1996): Vorüberlegungen zum Entwurf einer konziliaren Organisation. In: Wagner, D./Nolte, H. (Hrsg.): Managementbildung. Grundlagen und Perspektiven. München/Mering, S. 231-250.

Becker, M./Rother, G. (1998): Kompetenzentwicklung. Martin-Luther-Universität Halle-Wittenberg, Wirtschaftswissenschaftliche Fakultät. Betriebswirtschaftliche Diskussionsbeiträge Nr. 98/22, Halle a. d. S.

Becker, M. (2002): Die Bedeutung von Kompetenzagenturen in einem liberalisierten Arbeitsmarkt. In: Becker, M./Schwertner, A. (Hrsg.): Personalentwicklung als Kompetenzentwicklung. München/Mering, S. 122-142.

Becker, M. (2005): Systematische Personalentwicklung. Planung, Steuerung und Kontrolle im Funktionszyklus. Stuttgart.

Berger, U./Bernhard-Mehlich, I. (2001): Die Verhaltenswissenschaftliche Entscheidungstheorie. In: Kieser, A. (Hrsg.): Organisationstheorien. 4., unveränd. Aufl., Stuttgart, S. 133-168.

Cox, T. Jr. (1991): The multicultural organization. In: Academy of Management Executive. No. 02, pp. 34-47.

Cox, T. Jr. (2001): Creating the Multicultural Organization. A Strategy for Capturing the Power of Diversity. San Francisco.

Crozier, M./Friedberg, G. (1979): Macht und Organisation. Die Zwänge kollektiven Handelns.

Davidow, W. H./Malone, M. S. (1993): Das virtuelle Unternehmen – Der Kunde als Co-Produzent. Frankfurt a. M./New York.

Dick, P. (2003): Organizational efforts to manage diversity: do they really work? In: Davidson, M. J./Fielden, S. L. (Edt.): Individual Diversity and Psychology in Organizations. Chichester, pp. 131-148.

Dietl, H. (1995): Institutionelle Koordination spezialisierungsbedingter wirtschaftlicher Abhängigkeit. In: Zeitschrift für Betriebswirtschaft. H. 06, S. 569-585.

Ely, R. J./Thomas, D. A. (2001): Cultural Diversity at Work: The Effects of Diversity Perspectives on Work Group Processes and Outcomes. In: Administrative Science Quarterly. No. 02, pp. 229-273.

Europäische Kommission (2003): Kosten und Nutzen personeller Vielfalt in Unternehmen. Untersuchung zu den Methoden und Indikatoren für die Messung der Wirtschaftlichkeit von Maßnahmen im Zusammenhang mit der personellen Vielfalt in Unternehmen. Brüssel.

Hays-Thomas, R. (2004): Why now? The contemporary focus on managing diversity. In: Stockdale, M. S./Crosby, F. J. (Edt.): The Psychology and management of workplace diversity. Malden/Oxford/Carlton, pp. 03-30.

Hernes, T./Bakken, T. (2003): Implications for Self-Reference: Niklas Luhmann's Autopoiesis and Organization Theory. In: Organizations Studies. No. 09, pp. 1511-1535.

Hill, W./Fehlbaum, R./Ulrich, P. (1994): Organisationslehre 1. Ziele, Instrumente und Bedingungen der Organisation sozialer Systeme. 5., überarb. Aufl., Bern/Stuttgart/Wien.

Holtbrügge, D. (2001): Postmoderne Organisationstheorie und Organisationsgestaltung. Wiesbaden.

Kieser, A. (2001): Der Situative Ansatz. In: Kieser, A. (Hrsg.): Organisationstheorien. 4., unveränd. Aufl., Stuttgart, S. 169-198.

Kieser, A./Woywode, M. (2001): Evolutionstheoretische Ansätze. In: Kieser, A. (Hrsg.): Organisationstheorien. 4., unveränd. Aufl., Stuttgart, S. 253-285.

Kirsch, W. (1992): Kommunikatives Handeln, Autopoiese, Rationalität. Sondierungen zu einer evolutionären Führungslehre. München.

Klimecki, R./Probst, G./Eberl, P. (1994): Entwicklungsorientiertes Management. Stuttgart.

Koch, J. (2004): Postmoderne Organisationstheorie. In: Schreyögg, G./Werder, A. v. (Hrsg.): Handwörterbuch Unternehmensführung und Organisation. 4. Aufl., Stuttgart, Sp. 1164-1174.

Kochan, T. et al. (2003): The effects of diversity on business performance: report of the diversity research network. In: Human Resource Management. No. 01, pp. 03-21.

Koza, M. P./Thoenig, J.-C. (2003): Rethinking the Firm: Organizational Approaches. In: Organization Studies. No. 08, pp. 1219-1229.

Kratzer, N. (2005): Vermarktlichung und Individualisierung – Zur Produktion von Ungleichheit in der reflexiven Modernisierung. In: Soziale Welt. Jg. 57, S. 247-266.

Ladwig, D. H. (2003): Team-Diversity – Die Führung gemischter Teams. In: Rosenstiel, L. v./Regnet, E./Domsch, M. E. (Hrsg.): Führung von Mitarbeitern. 5. Aufl., Stuttgart, S. 448-459.

Lang, R./Winkler, I./Weik, E. (2001): Organisationskultur, Organisationaler Symbolismus und Organisationaler Diskurs. In: Weik, E./Lang, R. (Hrsg.): Moderne Organisationstheorien. Eine sozialwissenschaftliche Einführung. Wiesbaden, S. 201-252.

Luhmann, N. (1996): Soziale Systeme. Grundriß einer allgemeinen Theorie. 6. Aufl., Frankfurt a. M.

Luhmann, N. (1999): Die Wirtschaft der Gesellschaft. 3. Aufl., Frankfurt a. M.

Luhmann, N. (2000): Organisation und Entscheidung. Opladen, Wiesbaden.

Luhmann, N. (2005): Die Praxis der Theorie. In: Luhmann, N. (Hrsg.): Soziologische Aufklärung 1. Aufsätze zur Theorie sozialer Systeme. 7. Aufl., Wiesbaden, S. 317-335.

Macharzina, K./Wolf, J. (2005): Unternehmensführung. Das internationale Managementwissen. Konzepte – Methoden – Praxis. 5., grundl. überarb. Aufl., Wiesbaden.

Maturana, H. R./Varela, F. J. (1991): Der Baum der Erkenntnis. Die Biologischen Wurzeln des menschlichen Erkennens. 3. Aufl., Bern/München.

Mayrhofer, W. (2004a): Die neuere Systemtheorie und ihr Beitrag zur Erklärung des Unternehmensverhaltens. In: Festing, M. et al. (Hrsg.): Personaltheorie als Beitrag zur Theorie der Unternehmung. Festschrift für Prof. Dr. Wolfgang Weber zum 65. Geburtstag. München/Mering, S. 121-137.

Mayrhofer, W. (2004b): Social Systems Theory as Theoretical Framework for Human Resource Management – Benediction or Curse? In: Management Revue, Special issue: Theoretical Perspectives for Human Resource Management. No. 02, pp. 178-191.

Nelson, R. R./Winter, S. G. (2002): Evolutionary Theorizing in Economics. In: The Journal of Economic Perspectives. No. 02, pp. 23-46.

Nohria, N./Eccles, R. G. (Edt.) (1992): Networks and Organizations. Structure, Form, and Action. Boston.

Parker, M. (1992): Post-Modern Organizations or Postmodern Organization Theory. In: Organization Studies. No. 01, pp. 1-17.

Pelled, L. H./Eisenhardt, K. M./Xin, K. R. (1999): Exploring the Black Box: An Analysis of Work Group Diversity, Conflict, and Performance. In: Administrative Science Quarterly. Vol. 44, pp. 1-28.

Picot, A./Reichwald, R./Wigand, R. T. (2001): Die grenzenlose Unternehmung. Information, Organisation und Management. 4., vollst. überarb. u. erw. Aufl., Wiesbaden.

Pless, N. M./Maak, T. (2004): Building an Inclusive Diversity Culture: Principles, Processes and Practice. In: Journal of Business Ethics. Vol. 54, S. 129-147.

Rosser, J. B. Jr. (1999): On the Complexities of Complex Economic Dynamics. In: Journal of Economic Perspectives. No. 04, pp. 169-192.

Rother, G. (1996): Personalentwicklung und Strategisches Management. Eine systemtheoretische Analyse. Wiesbaden.

Salipante, P./Bouwen, R. (1995): The social construction of grievances: Organizational conflict as multiple perspectives. In: Hosking, D.-M./Dachler, H. P./Gergen, K. J. (Edt.): Management and Organization: Relational Alternatives to Individualism. Aldershot et al., pp. 71-97.

Scherer, A. G. (2001): Kritik der Organisation oder Organisation der Kritik ? – Wissenschaftstheoretische Bemerkungen zum kritischen Umgang mit Organisationstheorien. In: Kieser, A. (Hrsg.): Organisationstheorien. 4., unveränd. Aufl., Stuttgart, S. 1-37.

Statistisches Bundesamt (2003): Im Jahr 2050 wird jeder Dritte in Deutschland 60 Jahre oder älter sein. Pressemitteilung vom 6. Juni 2003. In: http://www.destatis.de/presse/deutsch/pm2003/p2300022.htm.

Stone, D.-L./Stone-Romero, E. F. (2004): The influence of culture on role-taking in culturally diverse organizations. In: Stockdale, M. S./Crosby, F. J. (Edt.): The Psychology and Management of Workplace Diversity. Malden/Oxford/Carlton, pp. 78-99.

Stünzner, L. (1996): Systemtheorie und betriebswirtschaftliche Organisationsforschung. Eine Nutzenanalyse der Theorien autopoietischer und selbstreferentieller Systeme. Betriebswirtschaftliche Schriften. H. 143, Berlin.

Thomas, D./Ely, R. (1996): Making differences matter: A new paradigm for managing diversity. Harvard Business Review. No. 05, pp. 79-91.

Thomas, K. M./Mack, D. A./Montagliani, A. (2004): Arguments Against Diversity: are they valid? In: Stockdale, M. S./Crosby, F. J. (Edt.): The Psychology and Management of Workplace Diversity. Malden/Oxford/Carlton, pp. 31-51.

Tomenendal, M. (2002): Virtuelle Organisation am Rand des Chaos. Eine komplex-dynamische Modellierung organisatorischer Virtualität. Strategie- und Informationsmanagement. Bd. 14. München/Mering.

Weik, E. (1996): Postmoderne Ansätze in der Organisationstheorie. In: Die Betriebswirtschaft. H. 03, S. 379-397.

Weik, E. (1998): Zeit, Wandel und Transformation – Elemente einer postmodernen Theorie der Transformation. In: Lang, R./Baitsch, C./Pawlowsky, P. (Hrsg.): Schriftenreihe Arbeit, Organisation und Personal im Transformationsprozeß, Bd. 6. München/Mering.

Weik, E. (2003): Postmoderne Theorie und Theorien der Postmoderne. In: Weik, E./Lang, R. (Hrsg.): Moderne Organisationstheorien 2. Strukturorientierte Ansätze. Wiesbaden, S. 93-119.

Werder, A. v. (2004): Organisatorische Gestaltung (Organization Design). In: Schreyögg, G./Werder, A. v. (Hrsg.): Handwörterbuch Unternehmensführung und Organisation. 4. Aufl., Stuttgart, Sp. 1088-1101.

Wolf, J. (2003): Organisation, Management, Unternehmensführung. Theorien und Kritik. Wiesbaden.

Die Bedeutung von Stereotypen und Vorurteilen für das Diversity Management

Lars-Eric Petersen & Jörg Dietz

1 Einleitung

2 Antezedenzen und Konsequenzen von Stereotypen und Vorurteilen

2.1 Stereotype, Vorurteile und soziale Diskriminierung

2.2 Antezedenzen von Stereotypen und Vorurteilen

2.3 Die Inhalte von Stereotypen und Vorurteilen am Arbeitsplatz

2.4 Die Folgen von Stereotypen und Vorurteilen

2.5 Abschwächende Faktoren

2.6 Verstärkende Faktoren

3 Diversity Management als Management von Stereotypen und Vorurteilen

3.1 Die Reduzierung von Stereotypen und Vorurteilen

3.2 Die Verstärkung der abschwächenden Faktoren

3.3 Die Reduzierung der verstärkenden Faktoren

4 Fazit

Literatur

1 Einleitung

Demographische Trends in der Bevölkerungsentwicklung (höhere Geburtenraten in Entwicklungsländern, Migration in Industrieländer und steigender Anteil älterer Arbeitnehmer) haben dazu geführt, dass das Angebot auf dem Arbeitsmarkt in steigendem Maße Arbeitskräfte traditionell unterrepräsentierter Gruppen enthält. Immer mehr Unternehmen reagieren auf diese Veränderungen am Arbeitsmarkt mit Diversity Management. Die Gründe hierfür sind vielfältig. Diversity Management hilft Unternehmen, auf Mitglieder dieser Gruppen zuzugreifen und sie zu integrieren und zu binden. Des Weiteren hoffen die Unternehmen, durch die Anpassung der demographischen Profile von Angestellten an die der Kunden auch die Kundenzufriedenheit, die Kundenloyalität und die Verkaufszahlen zu erhöhen. Zusätzlich erwarten Unternehmen, dass sie durch Diversity Management die kreative Vielfalt und die Qualität ihrer Produkte und Serviceleistungen verbessern können. Unternehmen sehen Diversity Management ferner auch als ein Mittel der Imagepflege und beabsichtigen, ihr Unternehmen in der öffentlichen Meinung vorteilhaft darzustellen und sich im Wettbewerb mit anderen Unternehmen bezüglich Diversity-Aktivitäten positiv zu positionieren. Dadurch erhoffen sich Unternehmen die Beziehungen zur Öffentlichkeit zu verbessern, so dass die Unternehmen dann auf öffentliche Unterstützung für ihre Ziele und Strategie hoffen können.

Der potentielle Nutzen von Diversity Management scheint unbestritten. Angesichts dieser erwarteten positiven Effekte vergessen Unternehmen aber häufig die eigentlichen Gründe für das Diversity Management. Das eigentliche Problem ist, dass ein diversifiziertes Personal ein großes Konfliktpotential mit sich bringt, welches u.a. das Funktionieren von Arbeitsgruppen behindern und das Implementieren von Gruppenentscheidungen negativ beeinflussen kann (Williams/O`Reilly 1998). Die Ursachen für dieses Konfliktpotential sind vielfältig (Triandis/Kurowski/Gelfand 1994). Naheliegend ist, dass die Koordination von Gruppenarbeit schwieriger wird, wenn die Anzahl der eingebrachten Perspektiven steigt. Zwei fundamentale psychologische Phänomene, die verhindern, dass Menschen unterschiedlicher Gruppenzugehörigkeit reibungslos miteinander interagieren, sind Stereotype und Vorurteile, auf die wir uns in diesem Beitrag konzentrieren.

- Erstens können Stereotype und Vorurteile zu Misstrauen, persönlichen Konflikten und Mangel an Kooperation zwischen Mitarbeitern führen. Zweitens sind Vorurteile der primäre Grund für soziale Diskriminierung in Betrieben, wie z.B. die Diskriminierung von Minoritätsangehörigen bei der Personalauswahl (Brief et al. 2000; Petersen/Dietz 2000/2005). Diskriminierung führt aber nicht nur zu einer Reduktion des Talentpools eines Unternehmens, sondern beeinflusst auch die Arbeitsleistung und Karrieren derjenigen negativ, die von der Diskriminierung betroffen sind (z. B.

Driscoll/Kelley/Fassinger 1996). Außerdem kann die Beobachtung der Diskriminierung einer Person auch negative Konsequenzen für andere Personen derselben demographischen Gruppe haben, wie z.B. Frustration und Verlust von Selbstvertrauen.

– Stereotype und Vorurteile können also zu sehr ernsthaften Arbeitsplatzkonflikten führen, den Talentpool von Unternehmen einschränken und die Arbeitsleistung und die physische und psychische Gesundheit von Mitarbeitern beeinträchtigen. Daher ist es überaus wichtig für Diversity Manager, dass sie verstehen, welchen Einfluss Stereotype und Vorurteile auf Wahrnehmung und Verhalten haben und wie sich dieser Einfluss am Arbeitsplatz auswirken kann. Diversity-Management-Praktiken fokussieren bislang häufig nur auf das Kurieren der Symptome und beschäftigen sich wenig mit dem Verstehen der Ursachen für Diskriminierung. Dieses Kapitel soll verdeutlichen, dass Diversity Manager sich mit Stereotypen und Vorurteilen beschäftigen müssen, um erfolgreiche Interventionen zu entwickeln.

Im nächsten Abschnitt werden dazu zunächst grundlegende Begriffe erläutert und dann die Bedeutung von Stereotypen und Vorurteilen für Wahrnehmung und Verhalten kurz skizziert. Anschließend wird dargestellt, welche negativen Effekte in der Arbeitswelt auf Stereotype und Vorurteile zurückgehen. Schließlich wird beschrieben, wie dem negativen Einfluss von Stereotypen und Vorurteilen durch Diversity Management begegnet werden kann.

2 Antezedenzen und Konsequenzen von Stereotypen und Vorurteilen

Das in Abbildung 1 vorgestellte Modell beruht auf sozialpsychologischen Befunden und Theorien und dient in diesem Beitrag als Rahmen für die Darstellung der Bedeutung von Stereotypen und Vorurteilen für das Diversity Management. Die Abbildung 1 illustriert, dass die Bildung von Stereotypen und Vorurteilen von verschiedenen Mechanismen beeinflusst wird und dass der Einfluss von Stereotypen und Vorurteilen auf das Verhalten von verstärkenden und abschwächenden Faktoren moderiert wird.

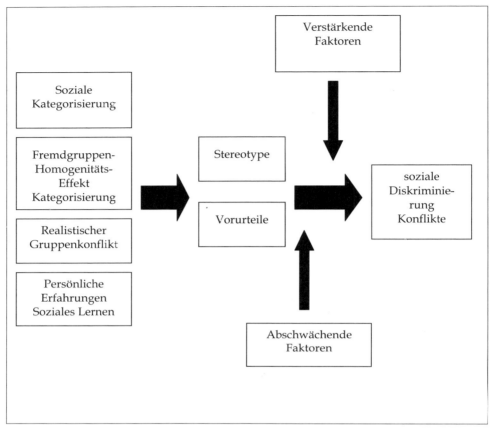

Abbildung 1: Stereotype, Vorurteile, soziale Diskriminierung und Konflikte.

2.1 Stereotype, Vorurteile und soziale Diskriminierung

Stereotype werden in der modernen Sozialpsychologie als „eine Reihe von Überzeugungen über die Mitglieder einer sozialen Gruppe" oder als „Assoziation einer Reihe von Merkmalen mit einer Kategorie" verstanden (Petersen/Six-Materna 2006). Stereotype können sowohl positive als auch negative Inhalte haben, aber Stereotype, die sich auf Fremdgruppen beziehen (also Gruppen, zu denen man nicht gehört), sind in der Regel eher negativer Natur (z. B. Esses/Haddock/Zanna 1993). Ein Vorurteil ist eine negative Einstellung gegenüber allen oder den meisten Mitgliedern einer Gruppe, die auf Stereotypen und Ansichten über die Mitglieder dieser Gruppe basiert z. B. von Hippel/Sekaquaptewa/Vargas 1995). Vorurteile sind dabei nicht gleichbedeutend mit Stereotypen. Während Stereotype aus der Gesamtheit aller Überzeugungen über Mitglieder einer Fremdgruppe bestehen (kognitive Komponente), stellen Vorurteile die – in der Regel negativen – Bewertungen von Fremdgruppenmitgliedern dar (affektive Komponente). Der Begriff soziale Diskriminierung bezieht sich schließlich auf das konkrete Verhalten (verhaltensmäßige Komponente). Unter sozialer Diskriminierung versteht man eine Bevorzugung oder Ablehnung von Personen, die einzig aufgrund deren Zugehörigkeit zu bestimmten Gruppen oder sozialen Kategorien erfolgt (Petersen/Blank 2001/2003). Man könnte meinen, dass in unserer heutigen, zunehmend multikulturellen Gesellschaft Stereotype, Vorurteile und soziale Diskriminierung der Vergangenheit angehören, aber leider zeigen eine Fülle von empirischen Studien, dass Stereotype und Vorurteile auch in Europa (z. B. Pettigrew/Meertens 1995) und Nordamerika (z. B. Schuman/Steeh/Bobo/Kryson 1997) das Sozialverhalten bedeutsam beeinflussen und das soziale Diskriminierungen im Alltag weit verbreitet sind (z. B. Klink/Wagner 1999).

2.2 Antezedenzen von Stereotypen und Vorurteilen

Ein zentraler Mechanismus bei der Entstehung von Stereotypen und Vorurteilen besteht in der generellen Bereitschaft von Personen zur sozialen Kategorisierung und Menschen z.B. in Angehörige von Eigen- und Fremdgruppen aufzuteilen (vgl. Macrae/Bodenhausen 2000). Stereotype entwickeln sich dabei schneller und ausgeprägter über Fremdgruppen als über die eigene Gruppe, da Kontakte mit Fremdgruppenmitgliedern häufiger in einem Gruppenkontext als in einem interpersonalen Kontext stattfinden. Stereotype über die Fremdgruppe fallen dabei bezüglich ihrer Inhalte und zentralen Annahmen in der Regel negativer aus als die Stereotype über die Eigengruppe. Mitglieder der Fremdgruppe werden auch insgesamt als sehr ähnlich in Bezug auf zentrale Merkmale angesehen (Fremdgruppen-Homogenitätseffekt), während bei Mitgliedern der eigenen Gruppe eine höhere Varianz in den zentralen Eigenschaften betont wird (Eigengruppen-Heterogenitätseffekt) (Judd/Park 1988).

Stereotype können des Weiteren aufgrund von „Salience-Effekten" bei der Wahrnehmung resultieren. Augenfällige Merkmalskategorien werden z. B. eher zur Bildung von Stereotypen anregen als weniger hervorstechende Merkmale (Fiske 1998). Dies mag zum Beispiel die Ursache dafür sein, dass Rassen-Stereotype oder Geschlechtsrollenstereotype stärker ausgeprägt und weiter verbreitet sind als Stereotype über weniger augenfällige soziale Kategorien. Stereotype und Vorurteile sind häufig auch eine Folge von realistischen Konflikten zwischen Gruppen, z.B. Konkurrenz um knappe Ressourcen, in deren Verlauf Mitglieder der konkurrierenden Fremdgruppe insgesamt mit negativen Zuschreibungen versehen werden (Levine/Campbell 1972). Stereotype und Vorurteile entstehen darüber hinaus auch aus persönlichen Erfahrungen (Ableitung von Gruppenmerkmalen aus beobachtetem Verhalten) und sozialem Lernen (z.B. Erfahrungen in der Schule, im Elternhaus, aus den Medien).

2.3 Die Inhalte von Stereotypen und Vorurteilen am Arbeitsplatz

So wie die Diversifikation in der Arbeitswelt zunimmt, so nimmt auch die Anzahl der Gruppen zu, die zu Opfern von Stereotypen und Vorurteilen werden können. Im Folgenden werden kurz Stereotype und Vorurteile angeführt, die sich auf das Alter, die sexuelle Orientierung, die ethnische Abstammung, die Nationalität und das Geschlecht der Arbeitnehmer beziehen.

Vorurteile gegenüber älteren Mitarbeitern beinhalten, dass diese zu eingefahren sind, um dazuzulernen und dass sie zu langsam sind und zu wenig arbeiten. Ein weiteres typisches Vorurteil ist, dass ältere Mitarbeiter häufig krank sind oder Unfälle verursachen. Vorurteile gegenüber homosexuellen Männern beziehen sich größtenteils auf geschlechtsbezogene Konstrukte und Geschlechtsrollennonkonformität. Stereotype beschreiben den „typischen" homosexuellen Mann als „mehr Bestätigung suchend", „unfähiger, eine führende Rolle zu übernehmen", „hilfreicher anderen gegenüber", „gefühlsbetonter" und „abhängiger" als den durchschnittlichen heterosexuellen Mann (z. B. Madon 1997). Rassische und ethnische Minoritäten sind besonders häufig die Opfer von Vorurteilen. In Europa haben *Pettigrew* und *Meertens* (1995/2001) u. a. zeigen können, dass Menschen mit offenen Vorurteilen Angehörige einer rassischen oder ethnischen Minderheitengruppe als minderwertige Arbeitnehmer ansahen, die einheimische Arbeitsplätze ungerechtfertigterweise besetzten. Schließlich sind auch Frauen, obgleich sie inzwischen in der Arbeitswelt genauso häufig wie Männer vertreten sind, die Opfer von Stereotypen und Vorurteilen. Soziale Normen für geschlechtsrollenkonformes Verhalten, die vorschreiben, welche Aufgaben und Berufe für Frauen und Männer am besten geeignet sind, existieren nach wie vor. Eine besondere Form der Vorurteile gegenüber Frauen sind wohlwollende, beschützend gemeinte Vorurteile (so genannter „benevolenter Sexismus"; Glick/Fiske 1996), wobei z. B. argumentiert wird, „dass man Frauen eine solche harte Arbeit nicht zumuten könnte" und die dann dazu führen, dass die Anstellung von Frauen für bestimmte Tätigkeiten nicht einmal in Betracht gezogen wird.

2.4 Die Folgen von Stereotypen und Vorurteilen

Stereotype beeinflussen in vielfältiger Weise, wie Personen Mitglieder von Fremdgruppen wahrnehmen und beurteilen. Bei der Aufnahme, Speicherung und Erinnerung von Informationen werden solche Sachverhalte bevorzugt, die mit dem Stereotyp konsistent sind. Ambivalente Informationen werden so interpretiert, dass sie mit dem Stereotyp konform erscheinen und inkonsistente Informationen werden häufig auf externale Ursachen zurückgeführt. Ist relevante Information über ein Fremdgruppenmitglied nicht vorhanden, so können diese Informationen aus dem Stereotyp abgeleitet und ergänzt werden (z. B. Petersen/Six-Materna 2006).

Darüber hinaus kann die Aktivierung von Stereotypen in sozialen Interaktionen auch dazu führen, dass sich Mitglieder einer bestimmten Gruppe den stereotypen Erwartungen ihrer Interaktionspartner anpassen. Zum einen können Personen geleitet durch ihre Stereotype sich Fremdgruppenmitgliedern gegenüber in einer Weise verhalten, die bei diesen mit dem Stereotyp konforme Verhaltensreaktionen geradezu hervorrufen und damit letztlich das ursprüngliche Stereotyp bestätigen (Sich-selbst-erfüllende-Prophezeihungen). In einer klassischen Studie hierzu konnten *Word, Zanna* und *Cooper* (1974) zeigen, dass Personalentscheider sich aufgrund negativer Erwartungen gegenüber Bewerbern afrikanischen Ursprungs diesen Kandidaten gegenüber weniger freundlich und unterstützend verhielten und in Folge dessen deren Verhalten im Bewerbungsgespräch im Vergleich mit anderen Bewerbern deutlich negativer ausfiel (Überblicksartikel: Snyder 1992).

Zum anderen können Mitglieder bestimmter Gruppen dazu gebracht werden, mit einem gängigen Stereotyp konforme Verhaltensweisen zu zeigen, allein dadurch, dass sich die Gruppenmitglieder des jeweiligen Stereotype über ihre Gruppe bewusst sind (stereotyp threat). *Spencer, Steele* und *Quinn* (1999) konnten z.B. zeigen, dass Frauen in einer Situation, in der bei ihnen selbst und anderen anwesenden Personen das Stereotyp „Frauen haben geringere mathematische Fähigkeiten als Männer" durch die Vorgabe eines vorgeblich zur Identifizierung geschlechtsspezifischer Leistungen entwickelten Mathematiktests aktiviert wurde, bei dem Test tatsächlich schlechtere Leistungen zeigten als in einer Vergleichsbedingung.

2.5 Abschwächende Faktoren

In Europa (z. B. Pettigrew/Meertens 1995/2001) und Nordamerika (z. B. Schuman et al. 1997) ist die freie Äußerung von Stereotypen und Vorurteilen in den letzten Jahrzehnten deutlich zurückgegangen. Diesen Sachverhalt führen *Crandall* und *Eshleman* (2003) auf so genannte abschwächende Faktoren (suppression factors) zurück. Zu diesen abschwächenden Faktoren zählen zum Beispiel gesellschaftliche Normen, die den Ausdruck von Stereotypen und Vorurteilen verurteilen. In vielen Ländern sollen zudem staatliche Gesetze mögliche negative Folgen von Stereotypen und Vorurteilen verhindern. In den USA ist z.B. bereits heute gesetzlich vorgeschrieben (Titel VII), dass Unternehmen das Geschlecht, die Zugehörigkeit zu einer bestimmten ethnischen Gruppe, das Herkunftsland und die Religionszugehörigkeit von Mitarbeitern oder Bewerbern in Personalentscheidungen nicht zum Kriterium machen dürfen. Ähnliche Regelungen plant die Bundesregierung derzeit im Rahmen eines Antidiskriminierungsgesetzes in Deutschland umzusetzen. Viele Unternehmen versuchen auch mit unternehmenseigenen Richtlinien („corporate codes"), diskriminierendes Verhalten gegenüber Mitgliedern von Minoritäten in ihrer Organisation zu verhindern (Schwartz 2001).

Obgleich infolge der genannten abschwächenden Faktoren immer weniger Menschen offen traditionelle Vorurteile verbalisieren und ausleben, ist eine andere, modernere Form von Vorurteilen, die als latente oder subtile Vorurteile beschrieben werden, immer noch weit verbreitet. Menschen mit latenten Vorurteilen hegen einen gewissen Restbestand an negativen Gefühlen gegenüber Fremdgruppenmitgliedern, aber bemühen sich, vorurteilsfrei zu erscheinen, um nicht gegen Gesellschaftsnormen oder Unternehmensregeln zu verstoßen, die Vorurteile und Diskriminierung sanktionieren. Wissenschaftler in Europa und den USA haben diese neue Vorurteilsvariante unter einer Reihe von Namen untersucht: subtile Vorurteile (Pettigrew/Meertens 1995), symbolischer Rassismus (Kinder/Sears 1981), ambivalenter Rassismus (Katz/Hass 1988), benevolenter Sexismus (Glick/Fiske 1996), aversiver Rassismus (Dovidio/Gärtner 1998/2004) und moderner Rassismus und Sexismus (McConahay 1983/1986; Swim/Aikin/Hall/Hunter 1995). Eine gemeinsame und bedeutsame Aussage dieser Untersuchungen ist, dass Personen mit subtilen Vorurteilen weiterhin negative und feindliche Einstellungen gegenüber Fremdgruppenmitgliedern besitzen, diese aber so latent, subtil und versteckt sind, dass selbst ihre Besitzer diese häufig nicht erkennen und sich selbst folgerichtig für vorurteilsfrei erachten.

2.6 Verstärkende Faktoren

Eine zweite gemeinsame Aussage der Forschungsarbeiten zur Bedeutung von subtilen Vorurteilen ist, dass subtile Vorurteile nur zu diskriminierendem Verhalten führen, wenn dieses Verhalten als nicht vorurteilsbehaftet gerechtfertigt werden kann. Unternehmen stellen einen solchen Kontext häufig her, z.B. wenn sie ein Profilanpassungsprinzip praktizieren in Form von Äußerungen wie: *„Wir sollten nur deutsche Mitarbeiter einstellen, weil wir eine hauptsächlich deutsche Kundschaft haben."* oder: *„Wir sollten keine Ausländer einstellen, weil es zu Konflikten im Unternehmen führen könnte."* Derartiger Kontextvariablen können nach *Crandall* und *Eshleman* (2003) als verstärkende oder legitimierende Faktoren (justification factors) betrachtet werden.

Die Bedeutung derartiger Kontextvariablen in Interaktion mit subtilen Vorurteilen wurden jüngst in einer Reihe von Studien untersucht (Brief et al. 2000; Petersen/Dietz 2000/2005). Diese Studien basieren auf in Assessment Center Trainings eingesetzten Postkorbübungen, die realistische Simulationen des betrieblichen Umfelds darstellen und in denen Angestellte Entscheidungen treffen müssen. In diesen Simulationen mussten die Teilnehmer unter anderem eine Personalentscheidung treffen, wobei sie aus einer Liste von Bewerbern, die entweder einer Mehrheits- oder Minderheitsgruppe angehörten, Kandidaten für Interviews wählen mussten. Die Hälfte der Teilnehmer erhielt in ihrem Postkorb eine Anweisung von ihrem Vorgesetzten, bei der Wahl von Interviewkandidaten doch bitte die ethnische Zusammensetzung der Belegschaft und Kundschaft zu berücksichtigen. Diese Anweisung legitimierte also die Anwendung des Profilanpassungsprinzips.

Petersen und *Dietz* (2005) untersuchten in einer deutschen Stichprobe, wie sich vorurteilsfreie Personen, Personen mit subtilen Vorurteilen und Personen mit offenen Vorurteilen gegenüber Ausländern in einer derartigen Personalauswahlsituation verhielten. Konnten sich die Personalentscheider frei von betrieblichen Vorgaben entscheiden, dann diskriminierten nur Personen mit offenen Vorurteilen Ausländer bei der Auswahl für ein Vorstellungsgespräch, während Personen mit subtilen Vorurteilen vergleichbar viele Ausländer auswählten wie vorurteilsfreie Personen. Wurden die Personalentscheider dagegen auf das Profilanpassungsprinzip hingewiesen (*„Unsere Arbeitsgruppen bestehen vornehmlich aus Deutschen. Die Homogenität der Arbeitsgruppen hat in der Vergangenheit zum Unternehmenserfolg beigetragen."*), dann berücksichtigten nur noch vorurteilsfreie Personen Ausländer in angemessener, fairer Weise, während Personen mit subtilen Vorurteilen Ausländer in vergleichbaren Ausmaß diskriminierten wie Personen mit offenen Vorurteilen.

Eine Studie von B*rief, Dietz, Cohen, Pugh, und Vaslow* (2000) zeigte ein vergleichbares Ergebnis in einer amerikanischen Stichprobe: Personen mit hohen Ausprägungen auf der Dimension „moderner Rassismus" ließen sich in einer Personalauswahlsituation stärker zur Diskriminierung von Schwarzen verleiten als Personen mit niedrigen Ausprägungen auf dieser Dimension. *Petersen/Dietz* (2000) konnten zeigen, dass auch Persönlichkeitsmerkmale, die mit Vorurteilen in engem Zusammenhang stehen, wie z. B. Autoritarismus, zu vergleichbaren Effekten führen können: Personen mit hohen Autoritarismuswerten setzen eine Anweisung eines Vorgesetzten, die eine Diskriminierung von Fremdgruppenmitgliedern aufgrund des Profilanpassungsprinzips zu rechtfertigen schien, stärker um als Personen mit niedrigen Autoritarismuswerten.

Eine Studie von *Dovidio, Gaertner, Kawakami und Hodson* (2002) zeigte schließlich, dass auch die Kommunikation und Interaktion von Personen mit subtilen Vorurteilen mit Mitarbeitern, die Minoritäten angehören, nicht so unproblematisch und frei von Konflikten verläuft, wie diese selbst glauben. In dieser Studie wurden die weißen Teilnehmer zunächst in vorurteilsfreie Personen und Personen mit subtilen Vorurteilen oder Personen mit offenen Vorurteilen eingeteilt. Anschließend bearbeiteten Afroamerikaner und Weiße gemeinsam eine Aufgabe. Daraufhin wurden die weißen Mitarbeiter gebeten, ihr eigenes Verhalten im Umgang mit den Afroamerikanern einzuschätzen. Zusätzlich schätzten auch die Afroamerikaner das Verhalten der Weißen ein. Es zeigte sich, dass die weißen Teilnehmer mit offenen Vorurteilen ihr Verhalten bedeutsam negativer einschätzten als die Teilnehmer mit subtilen Vorurteilen und die vorurteilsfreien Personen, wobei letztere sich in ihrer Selbsteinschätzung aber nicht unterschieden. Die Afroamerikaner schätzen allerdings nur das Verhalten der vorurteilsfreien Weißen freundlicher und problemloser ein als das Verhalten der weißen Teilnehmer mit offenen Vorurteilen. Das Verhalten der Teilnehmer mit subtilen Vorurteilen schätzten die Afroamerikaner ähnlich kritisch und wenig vertrauensvoll ein wie das Verhalten der weißen Teilnehmer mit offenen Vorurteilen. Darüber hinaus zeigte sich, dass die aus einem Afroamerikaner und einem vorurteilsfreien Weißen bestehenden Dyaden die besten Arbeitsergebnisse erzielten, während die Dyaden aus einem Afroamerikaner und einem Weißen mit subtilen Vorurteilen die schlechtesten Ergebnisse hervorbrachten. *Dovidio* und Mitarbeiter führen dieses Ergebnis darauf zurück, dass subtil feindliche Personen vermutlich widersprüchliche Botschaften in der Interaktion senden (*„Ich habe keine Vorurteile, aber bei der Zusammenarbeit mit Dir, einem Afroamerikaner, fühle ich mich unwohl."*), welche die Effizienz des Arbeitsteams bei der Problemlösung beeinträchtigen.

3 Diversity Management als Management von Stereotypen und Vorurteilen

Die bisherige Darstellung hat gezeigt, dass Vorurteile und Stereotype in Organisationen Prozesse der sozialen Diskriminierung begünstigen können und die Interaktion und Kommunikation von Arbeitsgruppen und schließlich auch die erzielten Resultate negativ beeinflussen können. Nachfolgend geht es nun darum, was Diversity Manager tun können, um diesen negativen Folgen von Stereotypen und Vorurteilen zu begegnen. Aus der Abbildung 1 wird deutlich, dass es potentiell drei Ansatzpunkte geben kann: (1) die Reduzierung des Ausmaßes von Stereotypen und Vorurteilen bei den Mitarbeitern, (2) die Reduzierung der verstärkenden Faktoren und (3) die Verstärkung der abschwächenden Faktoren.

3.1 Die Reduzierung von Stereotypen und Vorurteilen

Diversity Manager müssen sich bewusst sein, dass Stereotype und Vorurteile generell schwierig zu ändern sind (Petersen/Six-Materna 2006). Haben sich Stereotype erst einmal entwickelt, tragen verschiedene motivationale und kognitive Prozesse zu ihrem Erhalt bei. Aus motivationaler Perspektive ist besonders zu erwähnen, dass Stereotype und Vorurteile unter anderem dazu dienen, einen positiven Selbstwert oder eine positive soziale Identität zu erlangen oder zu erhalten und Personen werden von daher stark motiviert sein, ihre u.a. zu diesem Zweck entwickelten stereotypen Überzeugungen nicht in Frage zu stellen (Petersen/Stahlberg/Frey 2006). Auch aus kognitiver Perspektive ist zu erwarten, das Personen einmal etablierte Stereotype eher verfestigen als verwerfen. So sollten Personen mit ihrer Erwartungen konsistenten Sachverhalten mehr Aufmerksamkeit schenken, diese besser abspeichern und langfristig auch besser erinnern können als erwartungsinkonsistente Informationen (Quinn/Macrae/Bodenhausen 2003). Ferner sollten Stereotype dazu führen, dass Personen selektiv solche Informationen suchen und in ihrer Bedeutung höher einschätzen, die ihren Annahmen entsprechen (confirmation bias). Stereotype und Vorurteile werden auch dadurch erhalten, indem Verhaltensweisen von Fremdgruppenmitgliedern, die nicht in Einklang mit stereotypen Überzeugungen stehen, eher auf externale Ursachen attribuiert werden, während mit dem Stereotyp konsistente Sachverhalte internal attribuiert werden (Wilder/Simon/Myles 1996). Ein weiterer Prozess, der beim Kontakt mit Fremdgruppenmitgliedern, die dem Stereotyp nicht entsprechen, eine Änderung des Stereotyps verhindern kann, wird als „Subtypisierung" bezeichnet. Anstatt das nicht dem Stereotyp entsprechende Verhalten des

Fremdgruppenmitglieds als Anlass zur Änderung des Gruppenstereotyps zu nehmen, wird für das entsprechende Fremdgruppenmitglied und ihm ähnliche Personen ein Substereotyp angelegt (Coats/Smith 1999).

Zu diesen allgemeinen motivationalen und kognitiven Prozessen, die eine Reduzierung von Stereotypen und Vorurteilen erschweren, kommt noch, dass Diversity Manager ihr Klientel, mit Stereotypen und Vorurteilen behaftete Mitarbeiter, nur im organisationalen Kontext erreichen und beeinflussen können. Gerade hier finden sich aber in der Regel schlechte Voraussetzungen für die wenigen Möglichkeiten zur Reduzierung von Stereotypen und Vorurteilen, die auch einer experimentellen Überprüfung standgehalten haben. Eine solche Möglichkeit ist die Herstellung von positivem Intergruppenkontakt (Pettigrew/Tropp 2000). Die umfangreiche sozialpsychologische Forschung zu dieser so genannten „Kontakt-Hypothese" zeigt aber sehr deutlich, dass zur erfolgreichen Reduzierung von Stereotypen und Vorurteilen durch Intergruppenkontakt bestimmte Voraussetzungen erfüllt sein müssen. Eine bedeutsame Voraussetzung ist, dass die Mitglieder der Minorität mindestens den gleichen Status, vorzugsweise sogar einen höheren Status, als die Majoritätsmitglieder haben sollten. Gerade dieser zentrale Punkt lässt sich aber bei Intergruppenkontakten in Unternehmen häufig nicht herstellen (genauer: Brief/Barsky 2000). Aufgrund der genannten Schwierigkeiten erscheint es daher für Diversity Manager erfolgversprechender, statt eine generelle Reduzierung von Stereotypen und Vorurteilen anzustreben, den Zusammenhang zwischen Stereotypen und Vorurteilen und ihren negativen Folgen durch die Reduzierung der verstärkenden Faktoren und die Verstärkung der abschwächenden Faktoren zu beeinflussen.

3.2 Die Verstärkung der abschwächenden Faktoren

Im Organisationskontext kann eine klare Verstärkung der abschwächenden Faktoren durch die Förderung eines Unternehmensklimas für Diversity erreicht werden. *Brief* und *Barsky* (2000) schlagen hierzu in einem Drei-Punkte-Plan folgende konkrete Maßnahmen vor:

(1) Die Einführung klarer Unternehmensnormen und -regeln, die beschreiben, was vorurteilsbehaftetes Verhalten beinhaltet und was nicht, um Personen mit Vorurteilen ständig auf die Illegitimität diskriminierender Verhaltensweisen aufmerksam zu machen.

(2) Die Beendigung von Geschäftspraktiken, die dazu beitragen könnten, diskriminierendes Verhalten zu rechtfertigen.

(3) Die Einführung klarer Kriterien für Personalentscheidungen, um die Gelegenheiten für Diskriminierung in der Personalauswahl und -entwicklung zu reduzieren.

Der erste Punkt baut darauf auf, dass gerade Menschen mit subtilen Vorurteilen darauf achten, dass sie ihr vorurteilsfreies Image aufrechterhalten. Sie diskriminieren nur dann, wenn sie Diskriminierung als legitim rechtfertigen können. Klare Unternehmensnormen haben das Ziel, durch Definition der Illegitimität jeglichen diskriminierenden Verhaltens Personen mit subtilen Vorurteilen keine Gelegenheit zu geben, ihre Vorurteile auszuleben. Dabei sollte der Fokus auf die Beschreibung und Legitimierung nicht vorurteilsgeleiteten Verhaltens gerichtet sein, da es nicht zweckmäßig ist, Personen mit subtilen Vorurteilen vorzuschreiben, was vorurteilsgeleitetes Verhalten ist. Personen mit subtilen Vorurteilen glauben bereits, dass sie wüssten, was vorurteilsgeleitetes Verhalten sei (Dovidio/Gaertner 1998). Des Weiteren sollten die Unternehmensnormen nicht nur die Benachteiligung von Fremdgruppenmitgliedern verbieten, sondern auch subtilere Formen der Diskriminierung wie die Bevorzugung von Eigengruppenmitgliedern (Brewer 1996).

Die Punkte zwei und drei beziehen sich darauf, möglichst keine Kontexte oder Situationen zu schaffen, die es Personen mit negativen Stereotypen oder Vorurteilen erlauben, ihre negativen Einstellungen gegen Fremdgruppenmitglieder in diskriminierendes Verhalten umzusetzen. Unter dem zweiten Punkt geht es um die Eliminierung von Geschäftspraktiken, die z. B. die Nichtbedienung von Kunden erlauben, die Minoritätengruppen angehören, da sie angeblich nicht über die nötigen finanziellen Mittel verfügen. Unter dem dritten Punkt geht es z.B. um die bereits erwähnte Profilanpassungsanweisung, aber auch um die generelle Klarheit der Kriterien für Personalentscheidungen. Z. B. haben *Gentile, Kaiser, Johnson, Harvey und Adler* (1991) den Fall eines Managers in einem US-amerikanischen Unternehmen beschrieben, der dagegen war, einen überaus fähigen afroamerikanischen Angestellten für einen Auftrag ins Ausland zu entsenden. In der Begründung für die Ablehnung des farbigen Angestellten führte der Manager an, dass der Angestellte nicht in die Kultur der Auslandsfiliale und des Landes passen würde, dabei annehmend, dass er als Farbiger sich nicht an eine fremde Kultur anpassen könne und sich unwohl fühlen würde. Wenn die Organisation ganz klar spezifiziert hätte, dass die Fähigkeit des Angestellten das Auswahlkriterium für diese Personalentscheidung ist, hätte der Manager das subjektive Kriterium der Anpassung an die Filial- und Landeskultur nicht anwenden können.

Zu den von *Brief* und *Barsky* (2000) angeführten Punkten sollte nach *Dietz* und *Petersen* (2005) noch ein vierter Punkt hinzugefügt werden:

(4) Die Ausrichtung der Unternehmenskultur auf die Werte des Egalitarismus und der Diversifizierung.

Dieser Aspekt ergänzt den ersten Punkt von *Brief* und *Barsky* (2000) und basiert auf Forschungsbefunden über die Beziehung von Vorurteilen und Werten. Auch wenn Menschen mit Vorurteilen bestrebt sind, sich konform mit gesellschaftlichen Normen der Gleichberechtigung zu verhalten, so befürworten sie dennoch egalitäre Werte in wesentlich geringeren Maßen als vorurteilsfreie Menschen (z. B. Katz/Hass 1988; Plant/Devine 1995). Wenn nun

Mitarbeiter, die egalitäre Werte nicht besonders stark vertreten oder gar antiegalitäre Werte bevorzugen, in einem Unternehmen arbeiten, das Egalitarismus betont, kann aufgrund der Inkongruenz zwischen den Werten der Person und des Unternehmens davon ausgegangen werden, dass diese Mitarbeiter das Unternehmen verlassen werden (O`Reilly/Chatman/Caldwell 1991). Insofern können also Unternehmenswerte durchaus dazu beitragen, ein Arbeitsumfeld zu schaffen, in dem sich vorurteilsfreie, nicht aber vorurteilsbehaftete Mitarbeiter wohl fühlen werden.

Eine weitere Maßnahme zur Verstärkung abschwächender Faktoren könnte in der Durchführung von Interventionen oder Trainingsprogramme liegen mit dem konkreten Ziel, die Anwendung von Stereotypen zu reduzieren. Forschungsarbeiten zu diesem Anliegen sind spärlich. *Brief* und *Barsky* (2000) schlagen folgende Komponenten für ein solches Training vor: Zielklärung (*„Benutze keine negativen Stereotypen im Umgang mit anderen!"*), Entwicklung und Förderung der Fähigkeit zur Selbstbeobachtung, Hilfestellung in der Entdeckung intrinsischer Belohnungsfaktoren für die Vermeidung der Anwendung von Stereotypen (um die Motivation zu erhöhen, nicht zu diskriminieren), Hilfe in der Strukturierung der Arbeit (z. B. Prioritäten setzen in einem stressreichen Arbeitsumfeld) und die Steigerung von Selbstwirksamkeitserwartungen. Aufgrund der im letzten Abschnitt angeführten Schwierigkeiten, Stereotype und Vorurteile zu ändern, halten wir derartige Interventionen allerdings für wenig Erfolg versprechend und sie sollten nicht das vorrangige Ziel von Diversity Managern sein.

3.3 Die Reduzierung der verstärkenden Faktoren

In unserer Darstellung über die Wirkungsweise verstärkender Faktoren auf den Zusammenhang zwischen Vorurteilen und Stereotypen auf negative Erscheinungen in Unternehmen wie z. B. soziale Diskriminierung bei der Personalauswahl, ist deutlich geworden, dass die Interaktion von Vorurteilsneigung der Mitarbeiter auf der einen Seite und Legitimationen im Organisationskontext auf der anderen Seite von großer Bedeutung ist. In den dargestellten empirischen Studien (Brief et al. 2000; Petersen/Dietz, 2000, 2005) wurde dabei besonders die Bedeutung des Profilanpassungsprinzips herausgestellt. Außer dem Profilanpassungsprinzip können aber auch noch verschiedene andere Charakteristika der Situation in Interaktion mit Vorurteilen im Unternehmenskontext problematisch sein. Diese Charakteristika beinhalten (McConahay 1986): (1) ideologische Ambiguität, wobei ein nicht vorurteilsbezogener Wert oder nicht vorurteilsbezogenes Argument benutzt werden kann, um Diskriminierung zu legitimieren (*„Ich stelle diesen Ausländer nicht ein, da seine Werte nicht mit denen unseres Unternehmens übereinstimmen"*); (2) situationsbezogene Ambiguität, wobei diskriminierendes Verhalten auf nicht vorurteilsbezogene Gründe attribuiert werden kann (*„Ich werde meine ausländischen Angestellten nicht für diese Fortbildung empfehlen. Meine Kollegen haben ihre* *ausländischen Mitarbeiter ja auch nicht empfohlen."*); (3) Situationen, die Diskriminierung sozusagen erfordern (z. B. harsche Kritik in einer Personalbewertung); (4) Situationen, für die keine Normen existieren, die als Evaluationskriterien für diskriminierendes Verhalten dienen könnten (z. B. vage Kriterien für Personalentscheidungen), und (5) Situationen, in denen die Fremdgruppenzugehörigkeit nicht besonders hervorstechend ist.

Eine Reduzierung dieser verstärkenden Faktoren ist unserer Meinung nur durch unternehmensspezifische Corporate Codes, die für die genannten Situationen klare Richtlinien vorgeben, zu bewerkstelligen. Innerhalb der großen Unternehmen gehören derartige Richtlinien inzwischen fast zum Standard: 90% der Unternehmen in den USA, 57% der europäischen und immerhin 51% der deutschen Firmen besitzen Corporate Codes (nach Schwartz 2001, 248). Allerdings reicht es nicht, Corporate Codes zu formulieren und auf der Homepage des Unternehmens zu platzieren. Vielmehr müssen die Inhalte der Corporate Codes auch den Mitarbeitern bekannt sein und in der Organisationskultur verankert sein. Untersuchungen zeigen, dass dies allzu häufig nicht der Fall ist (Überblick: Schwartz 2001). Diversity Manager müssen sich daher nicht nur darum kümmern, dass ihre Anliegen in den Unterabschnitten der Corporate Codes aufgeführt und klar formuliert werden, sie müssen auch sicherstellen, dass die Mitarbeiter diese Richtlinien in ihr Verhalten übernehmen. Dabei ist auch von Bedeutung, dass das Brechen der vorgegebenen Regeln sanktioniert wird, etwa durch Geldstrafen und der Aufforderung, das gezeigte Verhalten zu korrigieren, und in extremen Fällen zur Aufhebung des Arbeitsvertrags führen kann.

4 Fazit

Obwohl Stereotype und Vorurteile für das Diversity Management von großer Bedeutung sind, gibt es zu diesem Thema bislang nur wenige Forschungsarbeiten. Wir haben daher die bestehenden Studien in ein auf Forschungsarbeiten der Sozialpsychologie aufbauendes Modell integriert und versucht, daraus Aussagen für die Bedeutung von Stereotypen und Vorurteilen für das Diversity Management abzuleiten. Dabei wollen wir es nicht versäumen zu betonen, dass das Management von Stereotypen und Vorurteilen am Arbeitsplatz mit enormen Herausforderungen verbunden ist. Stereotype und Vorurteile sind heikle Themen, die nur mit größter Sensibilität angesprochen werden dürfen. Selbst wenn die Unternehmensführung das Management von Stereotypen und Vorurteilen unterstützt und die entsprechenden Mittel zur Verfügung stellt, müssen Diversity Manager entscheiden, ob sie ihre Interventionen auf Stereotype und Vorurteile gegenüber spezifischen Gruppen (z. B. Frauen, Ausländer) oder generell gegenüber Fremdgruppenmitgliedern ausrichten wollen. Spezifisches Management birgt die Gefahr, dass Diversity Manager nicht alle Gruppen angemessen berücksichtigen. Andererseits erlaubt ein spezifisches Management, dass z.B. üblicherweise für eine bestimmte Fremdgruppe gebrauchte Stereotype (z. B. ältere Mitarbeiter verursachen mehr Arbeitsunfälle) angesprochen und mit Fakten widerlegt werden können. Ein generelles Management hingegen birgt nicht die Gefahr, dass Diversity Manager nicht alle in ihrem Unternehmen repräsentierten Fremdgruppen berücksichtigen. Andererseits können dann spezifische Stereotype und Vorurteile eventuell nicht ausreichend beachtet werden. Auch wenn jeder Diversity Manager die besondere Situation seines Unternehmens im Auge haben muss, neigen wir dazu, Diversity Managern zu empfehlen, Stereotype und Vorurteile ganz allgemein in Bezug auf verschiedene Fremdgruppen zu behandeln. Gängige spezifische Vorurteile gegenüber bestimmten Gruppen können allerdings ergänzend bei der Formulierung von Corporate Codes oder Unternehmensrichtlinien zur Illustration angeführt werden.

Literatur

Brewer, M. D. (1996): In-group favoritism: The subtle side of intergroup discrimination. In: Messick, D. M./Tenbrunsel, A. E. (Edt.): Codes of conduct: Behavioral research into business ethics. New York, pp. 160-170.

Brief, A. P./Barsky, A. (2000): Establishing a climate for diversity: The inhibition of prejudiced reactions in the workplace. In: Ferris, G. R. (Ed.), Research in personnel and human resources management. 19. Vol., Amsterdam, pp. 91-129.

Brief, A. P./Dietz, J./Cohen, R. R./Pugh, S. D./Vaslow, J. B. (2000): Just doing business: Modern racism and obedience to authority as explanations for employment discrimination. Organizational Behavior and Human Decision Processes. 81. Vol., pp. 72-97.

Coats, S./Smith, E. R. (1999): Perceptions of gender subtypes: Sensitivity to recent exemplar activation and in-group/out-group differences. Personality and Social Psychology Bulletin. 25. Vol., pp. 515-526.

Crandall, C. S./ Eshleman, A. (2003): A justification-suppression model of the expression and experience of prejudice. In: Psychological Bulletin, 129. Vol., pp. 414-446.

Dietz, J./Petersen, L.-E. (2005): Diversity Management als Management von Stereotypen und Vorurteilen am Arbeitsplatz. In: Stahl, G. K./Mayrhofer, W./Kühlmann, T. M. (Hrsg.): Innovative Ansätze im internationalen Personalmanagement, Stuttgart, S. 249-270.

Dietz, J./Petersen, L.-E. (2006): Diversity management. In: Stahl, G./Björkman, I. (Edt.): Handbook of Research in International Human Resource Management, pp. 223-243.

Dovidio, J. F./Gaertner, S. L. (1998): On the nature of contemporary prejudice: The causes, consequences, and challenges of aversive racism. In: Fiske S. T./Eberhardt, J. L. (Edt.): Confronting racism: The problem and the response. pp. 03-32.

Dovidio, J. F./Gaertner, S. L. (2004): Aversive racism. In: Advances in Experimental Social Psychology. 36. Vol., pp. 01-52.

Dovidio, J. F./Gaertner, S. L./Kawakami, K./Hodson, G. (2002): Why can't we just get along? Interpersonal biases and interracial distrust. In: Cultural Diversity & Ethnic Minority Psychology. 08. Vol., pp. 88-102.

Driscoll, J. M./Kelley, F. A./Fassinger, R. E. (1996): Lesbian identity and disclosure in the workplace: Relation to occupational stress and satisfaction. In: Journal of Vocational Behavior. 48. Vol., pp. 229-242.

Esses, V. M./Haddock, G./Zanna, M. P. (1993): Values, stereotypes, and emotions as determinants of intergroup attitudes. In: Mackie, D. M./Hamilton, D. L. (Edt.): Affect, cognition, and stereotyping. San Diego, pp. 137-166.

Fiske, S. T. (1998): Stereotyping, prejudice, and discrimination. In: Gilbert, D. T./Fiske, S. T./Lindzey, G. (Edt.): The handbook of social psychology. 4th ed., 02. Vol., Boston, pp. 357-411.

Gentile, M. C./Kaiser, J./Johnson, J./Harvey, B./Adler, N. J. (1991): The case of the unequal opportunity. In: Harvard Business Review, 69. Vol., pp. 14-25.

Glick, P./Fiske, S. T. (1996): The ambivalent sexism inventory: Differentiating hostile and benevolent sexism. In: Journal of Personality and Social Psychology, 70. Vol., pp. 491-512.

Judd, C. M./Park, B. (1988): Out-group homogeneity: Judgements of variability at the individual and group levels. In: Journal of Personality and Social Psychology, 54. Vol., pp. 778-788.

Katz, I./Hass, R. G. (1988): Racial ambivalence and American value conflict: Correlational and priming studies of dual cognitive structures. In: Journal of Personality and Social Psychology, 55. Vol., pp. 893-905.

Kinder, D. R./Sears, D. O. (1981): Prejudice and politics: Symbolic racism versus racial threats to the good life. In: Journal of Personality and Social Psychology, 40. Vol., pp. 414-431.

Klink, A./Wagner, U. (1999): Discrimination against minorities in Germany: Going back to the field. In: Journal of Applied Social Psychology, 29. Vol., pp. 402-423.

Levine, R. A./Campbell, D. T. (1972): Ethnocentrism: Theories of conflict, ethnic attitudes, and group behavior. New York.

Macrae, C. N./Bodenhausen, G. V. (2000): Social cognition: Thinking categorically about others. In: Annual Review of Psychology, 51. Vol., pp. 93-120.

Madon, S. (1997): What do people believe about gay males? A study of stereotype content and strength. In: Sex-Roles, 37. Vol., pp. 663-685.

McConahay, J. B. (1983): Modern racism and modern discrimination: The effects of race, racial attitudes, and context on simulated hiring decisions. In: Personality and Social Psychology Bulletin, 09. Vol., pp. 551-558.

McConahay, J. B. (1986): Modern racism, ambivalence, and the Modern Racism Scale. In: Gaertner, S. L./ Dovidio, J. F. (Edt.): Prejudice, discrimination, and racism. San Diego, pp. 91-125.

O'Reilly, C. A./Chatman, J./Caldwell, D. F. (1991): People and organizational culture: A profile comparison approach to assessing person-organization fit. In: Academy of Management Journal. 34. Vol., pp. 487-516.

Petersen, L.-E./Blank, H. (2001): Reale Gruppen im Paradigma der minimalen Gruppen: Wirkt die Gruppensituation als Korrektiv oder Katalysator sozialer Diskriminierung? In: Zeitschrift für Experimentelle Psychologie, H. 48, S. 302-316.

Petersen, L.-E./Blank, H. (2003): Ingroup bias in the minimal group paradigm shown by three-person groups with high or low state self-esteem. In: European Journal of Social Psychology, 33. Vol., pp. 147-160.

Petersen, L.-E./Dietz, J. (2000): Social discrimination in a personnel selection context: The effects of an authority's instruction to discriminate and followers' authoritarianism. In: Journal of Applied Social Psychology, 30. Vol., pp. 206-220.

Petersen, L.-E./Dietz, J. (2005): Enforcement of organizational homogeneity and prejudice as explanations for employment discrimination. In: Journal of Applied Social Psychology, 35. Vol., pp. 144-159.

Petersen, L.-E./Six-Materna, I. (2006): Stereotype. In: Frey, D./Bierhoff, W. (Hrsg.): Handbuch Sozialpsychologie und Kommunikationspsychologie. Göttingen, S. 430-436.

Petersen, L.-E./Stahlberg, D./Frey, D. (2006): Selbstwertgefühl. In: Frey, D./Bierhoff, W. (Hrsg.): Handbuch Sozialpsychologie und Kommunikationspsychologie. Göttingen, S. 40-48.

Pettigrew, T. F./Meertens, R. W. (1995): Subtle and blatant prejudice in Western Europe. In: European Journal of Social Psychology, 25. Vol., pp. 57-75.

Pettigrew, T. F./Meertens, R. W. (2001): In defence of the subtle prejudice concept: A retort. In: European Journal of Social Psychology, 31. Vol., pp. 299-309.

Pettigrew, T. F./Tropp, L. R. (2000): Does intergroup contact reduce prejudice: Recent meta-analytic findings. In: Oskamp, S. (Ed.): Reducing prejudice and discrimination: The Claremont Symposium on Applied Social Psychology. Mahwah, pp. 93-114.

Plant, E. A./Devine, P. G. (1998): Internal and external motivation to respond without prejudice. In: Journal of Personality and Social Psychology, 75. Vol., pp. 811-832.

Quinn, K. A./Macrae, C. N./Bodenhausen, G. V. (2003): Stereotyping and impression formation: How categorical thinking shapes person perception. In: Hogg, M. A./Cooper, J. (Edt.): The SAGE handbook of social psychology. London, pp. 87-109.

Schuman, H./Steeh, C./Bobo, L./Kryson, M. (1997): Racial attitudes in America. 2nd ed., Cambridge.

Schwartz, M. (2001): The nature of the relationship between corporate codes of ethics and behaviour. In: Journal of Business Ethics, 32. Vol., pp. 247-262.

Snyder, M. (1992): Motivational foundations of behavioral confirmation. In: Zanna, M. P. (Ed.): Advances in experimental social psychology. 25. Vol., San Diego, pp. 67-114.

Spencer, S. J./Steele, C. M./Quinn, D. M. (1999): Stereotype threat and women´s math performance. In: Journal of Experimental social Psychology, 35. Vol., pp. 4-28.

Swim, J. K./Aikin, K. J./Hall, W. S./Hunter, B. A. (1995): Sexism and racism: Old-fashioned and modern prejudices. In: Journal of Personality and Social Psychology, 68. Vol., pp. 199-214.

Triandis, H. C./Kurowski, L. L./Gelfand, M. J. (1994): Workplace diversity. In: Triandis, H. C./Dunnette, M. D./Hough, L. M. (Eds.): Handbook of industrial and organizational psychology. 2nd ed., 04. Vol., Palo Alto, pp. 769-827.

Von Hippel, W./Sekaquaptewa, D/Vargas, P. (1995): On the role of encoding processes in stereotype maintenance. In: Zanna, M. P. (Ed.): Advances in Experimental Social Psychology, 27. Vol., San Diego, pp. 177-254.

Wilder, D. A./Simon, A. F./Myles, F. (1996): Enhancing the impact of counterstereotypic information: Dispositional attributions for deviance. In: Journal of Personality and Social Psychology, 71. Vol., pp. 276-287.

Williams, K. Y./O'Reilly, C. A. (1998): Demography and diversity in organizations. In: Staw, B. M./Sutton, R. I. (Edt.): Research in organizational behavior. 20. Vol., Stanford, pp. 77-140.

Word, C. G./Zanna, M. P./Cooper, J. (1974): The nonverbal mediation of self-fulfilling prophecies in interracial interaction. In: Journal of Experimental Social Psychology, 10. Vol., pp. 109-120.

Akteursorientierte Diskussion

Die akteursorientierte Diskussion setzt sich mit den Verantwortlichen, Betroffenen und Beteiligten des Diversity Management auseinander Sichtweisen, Erwartungen, Werthaltungen und Beziehungsnetzwerke stehen im Mittelpunkt der Betrachtungen. Akteure des Diversity Management sind in diesem Sinne die unmittelbar betroffenen Mitarbeiter, die für Konzeption und Durchführung verantwortlichen Manager, die für die Genehmigung von Diversity Management zuständigen Entscheidungsträger und – in begrenztem Umfang – die einen institutionellen Rahmen und Fördermittel zur Verfügung stellenden staatlichen Institutionen.

Der Beitrag von *Leenen, Scheitza* und *Wiedemeyer* informiert über die Ergebnisse einer Unternehmensbefragung zum Themenkomplex *Kulturelle Diversität in Unternehmen*. Grundlage der Befragung sind Differenzierungen hinsichtlich Branche, Unternehmensgröße und personalpolitischer Ausrichtung. Diese *Organisationsdaten* wurden um *Diversitätsdaten* wie Haltung zu kultureller Offenheit und Sensibilität für die Potentiale kultureller Diversität ergänzt. Die Ergebnisse der Interviews werden qualitativ aufbereitet und die gewonnenen Häufigkeiten dann in ein „Management kultureller Diversität" einbezogen. Dabei werden fünf typische Handlungsmuster im Umgang mit Diversität herausgearbeitet. Der Beitrag schließt mit informativen Thesen zum Management von Diversität in deutschen Unternehmen.

In einem weiteren empirisch fundierten Beitrag zur akteursorientierten Diskussion untersucht *Henninger* die Vereinbarkeit von Privatleben und Berufstätigkeit bei Freelancern in den Kultur- und Medienberufen. Diese Berufsgruppe wurde gewählt, weil sie als Pionier freiberuflicher Tätigkeit gilt. Bezugspunkt der Untersuchung ist die Annahme zunehmender Bedeutung der Entgrenzung von Arbeit. Diese Entwicklung, so die referierte Literatur, führt zu unterschiedlichen Positionen in der Beurteilung der Folgen. Ermöglicht Selbständigkeit eine verbesserte Vereinbarkeit von Beruf und Privatleben oder bergen diese Arbeitskraftunternehmen mehr Risiken als Chancen? Die empirischen Befunde zeigen, dass der arbeitende Mensch kein totales und kein dauerhaftes Chaos mit persönlich hohem Erwerbs- und Statusrisiko wünscht und auch nicht praktiziert. Auch freiberufliche Tätigkeiten folgen bestimmten Ordnungsmustern. Ein weiteres Ergebnis belegt, dass Freelancer ähnliche Probleme der Koordination von Partnerschaft, Beruf und Privatleben haben wie abhängig Beschäftigte. Der Beitrag schließt mit Impulsen für Aktivitäten, die in freier oder abhängiger Beschäftigung eine verbesserte Vereinbarkeit von Privatleben und Beruf ermöglichen.

Peters und *Matschke* setzen sich im Anschluss auf hohem formalwissenschaftlichem Niveau mit der für die Erreichung einer work-life-balance wichtigen Frage auseinander, wie Führungsnachwuchskräfte Organisationen wahrnehmen und wie diese die Erwartungen der Nachwuchskräfte erfüllen. Voraussetzung der Beachtung der Lebensführungskonzepte junger „high potentials" wäre, so die These des Beitrages, dass die im Privaten getroffenen Entscheidungen und die auf das Private und das Betriebliche zielenden Erwartungen der Führungsnachwuchskräfte nicht Privatsache bleiben, sondern in Diversity-Konzepten der Unternehmen Beachtung finden.

Der Beitrag von *Jablonski* schildert demgegenüber praxisorientiert die Ziele und Aufgaben eines unternehmensbezogenen Diversity Management Konzeptes. Am Beispiel der „BP Diversity & Inclusion" wird dargestellt, welche globalen, nationalen und funktionalen Aufgaben die Verantwortlichen des Diversity Management zu erfüllen haben. Der Beitrag betont die „Pfadabhängigkeit" der Diversity-Aktivitäten vom Reifegrad des Unternehmens. Ziel sollte es demnach sein, Diversity-Bewusstsein und entsprechende Aktivitäten auf allen Ebenen und in allen Bereichen eines Unternehmens zu integrieren. Für den Einführungsprozess werden Diversity-Trainings und Beratung empfohlen.

Kulturelle Diversität in Unternehmen.
Zur Diversitätsorientierung von Personalverantwortlichen

Rainer Leenen, Alexander Scheitza & Michael Wiedemeyer

1 **Einführung**

2 **Untersuchungsdesign**

3 **Organisationseigenschaften, Personalpolitik und kulturelle Vielfalt**

3.1 Migrantenanteil und Organisationseigenschaften

3.2 Unternehmensziele hinsichtlich kultureller Öffnung

3.3 Vermutete Chancen und Risiken der Beschäftigung von Migranten

3.4 Einsatzfelder von Mitarbeitern mit Migrationshintergrund

3.5 Gewinnung neuer Mitarbeiter

4 **Zum Management kultureller Diversität in Unternehmen**

4.1 Diversitätsorientierungen der untersuchten Unternehmen

4.2 Organisationscharakteristika und Diversitätsorientierung

5 **Thesen zum Diversitätsmanagement in deutschen Unternehmen**

Literatur

1 Einführung

Während die aktuelle Arbeitsmarktsituation von Migranten[1] nur als äußerst problematisch zu kennzeichnen ist, lassen Prognosen zur demographischen Entwicklung in Deutschland erwarten, dass die nachrückenden geburtenschwachen Jahrgänge nur unzureichend in der Lage sein werden, den Wechsel größerer Kohorten erfahrener Fachkräfte in den Ruhestand zu kompensieren. Experten gehen daher davon aus, dass es in Zukunft zu einem verschärften Wettbewerb von Unternehmen um Stellenbewerber und Auszubildende kommen wird, wodurch auch das Beschäftigungspotenzial von (insbesondere jungen) Personen mit Migrationshintergrund erheblich an Bedeutung gewinnen wird.

In einem von der GEW-Stiftung Köln (www.gew-stiftung.de) von Mitte 2003 bis Ende 2004 geförderten Forschungsprojekt wurde die Fragestellung verfolgt, von welchen Erfahrungen bzw. Vorannahmen Unternehmen im Hinblick auf die Einstellung von Mitarbeitern mit Migrationshintergrund derzeit ausgehen und inwiefern sie darauf vorbereitet sind, auch deren Beschäftigungspotenziale zu nutzen.

Zu den Hauptzielen des Forschungsprojekts zählten:

(1) Erhebungen zu der Frage, welche Bedeutung Unternehmen jungen Menschen mit Migrationshintergrund als Arbeitskräftepotenzial in ihren Personalplanungen und ihren Personalauswahlprozessen zumessen.

(2) Potenzial-Analysen zu kultureller Diversität und den Möglichkeiten ihrer (besseren) Nutzung in Organisationen.

Grundsätzlich diente die Erhebung dazu, eine vertiefende Auseinandersetzung mit der aktuellen Theoriediskussion zum Themenkomplex „Diversitätsmanagement" zu ermöglichen. In einem weiteren Schritt sollte sie auch Grundlagen für die Ausarbeitung von Bildungs- und Beratungsangeboten zur Förderung einer bewusster mit Diversität umgehenden betrieblichen Personal- und Organisationsentwicklung liefern.[2]

Der vorliegende Beitrag stellt dar, welche Berücksichtigung Mitarbeiter mit Migrationshintergrund gegenwärtig in Unternehmen finden, welche Haltungen und Einstellungen die befragten Personalverantwortlichen diesem Personenkreis gegenüber artikulieren und welche Position sie zur Frage einer verstärkten kulturellen Öffnung ihrer Unternehmen einnehmen.

---

[1] Wir verwenden in unserem Text die Begriffe *Migranten* und *Mitarbeiter mit Migrationshintergrund*. Dies dient der leichteren Lesbarkeit, beinhaltet aber keine geschlechtsspezifische Differenzierung; vielmehr wollen wir dies als *geschlechtsneutrale* Formulierungen verstanden wissen, womit auch *Migrantinnen* und *Mitarbeiterinnen* erfasst werden.

[2] Die Publikation der vollständigen Ergebnisse der Studie wird Anfang 2006 erfolgen.

2 Untersuchungsdesign

Der Forschungsgegenstand ‚kulturelle Diversität in Organisationen' erscheint in der wissenschaftlichen Aufarbeitung in Deutschland bislang noch unscharf, so dass sich aus den vorhandenen Arbeiten kaum konkrete Schlussfolgerungen ableiten und überprüfen lassen. Diese Ausgangslage spricht für ein exploratives, induktives und somit *Hypothesen generierendes Vorgehen*. Für einen solchen vom Forschungsgegenstand und nicht von theoretischen Annahmen geleiteten Ansatz, sind qualitative Verfahren der Datengewinnung die Methoden der Wahl.

Ein Teil der Daten wurde mit einem *strukturierten Fragebogen* erhoben. Für die Erfassung von Organisationsdaten wurden größtenteils die Antwortmöglichkeiten vorgegeben. Zur Erhebung von Diversitätsdaten wurde hingegen vorrangig mit *Einstellungsskalen* und *offenen Fragestellungen* gearbeitet. Die von den Personalverantwortlichen bei Mitarbeitern mit Migrationshintergrund wahrgenommenen Handlungsorientierungen wurden teilweise ebenfalls mit Hilfe offener Fragen erhoben.

Der überwiegende Anteil der Interviews wurde 2004 in Unternehmen, Verwaltungen und einigen überregionalen Verbänden im Großraum Köln durchgeführt. Bei der Zusammensetzung der Stichprobe wurde darauf geachtet, aus möglichst vielen Wirtschaftssektoren und Beschäftigungsfeldern Informationen zu erhalten (Abbildung 1).

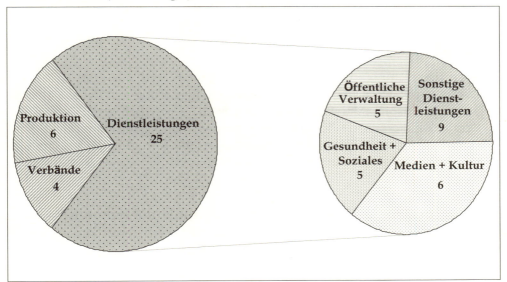

Abbildung 1: Sektorale Aufschlüsselung der befragten Unternehmungen.

Insgesamt wurden 35 Interviews geführt. Bei den Gesprächspartnern handelte es sich überwiegend um Führungskräfte, die zum Zeitpunkt der Befragung für die Rekrutierung, Auswahl, Qualifizierung und Betreuung von Personal zuständig waren (wobei der arbeitsorganisatorische Differenzierungsgrad je nach Größe des Unternehmens natürlich stark variiert).

Die Antworten auf die Forschungsfragen lassen sich grob in zwei Kategorien unterteilen:

(a) *Organisationsdaten*

Um Hinweise auf mögliche Zusammenhänge zwischen dem Organisationstyp und einem bestimmten Umgang mit Diversität zu erhalten, wurden *allgemeine Strukturdaten* (Sektor, Wirtschaftszweig, Größe) der Unternehmen sowie der *Anteil an Migranten* unter den Mitarbeitern erhoben. Darüber wurde nach *Rekrutierungsstrategien* gefragt: Wie werden Mitarbeiter rekrutiert? Werden Personen mit Migrationshintergrund gezielt angesprochen? Werden die Auswahlverfahren an Kandidaten und Kandidatinnen mit Migrationshintergrund angepasst?

(b) *Haltung zu und Umgang mit kultureller Diversität*

Kulturelle Vielfalt in der Mitarbeiterschaft wird angesichts der gegenwärtigen demografischen Entwicklung in einigen Jahren für immer mehr Unternehmen kaum mehr vermeidbar sein. Zu ermitteln, welche Haltung Unternehmen zu diesem Thema einnehmen und welche Konsequenzen sie daraus ziehen, war eines der zentralen Ziele des Projekts. Daher wurde versucht, die grundsätzliche *Haltung zu einer kulturellen Öffnung* der eigenen Organisation und das Ausmaß an *Sensibilität für die Potenziale kultureller Diversität* zu erfassen. Dabei wurde nicht nur nach positiven Begründungen, sondern auch nach Bedenken bzw. nach Argumenten gefragt, die gegen eine kulturelle Öffnung des eigenen Unternehmens sprechen.

Neben der Haltung zu kultureller Vielfalt, interessierte auch die *tatsächliche Umsetzung von Maßnahmen*. Für eine bewusste Förderung von Diversität sprechen zum Beispiel Aktivitäten wie das gezielte Anwerben von Personal mit Migrationshintergrund oder auch Bemühungen, als Organisation für Migranten attraktiv zu sein. Weitere Hinweise liefern die Kriterien, die bei der Einstellung von Personal zugrunde gelegt werden.

3 Organisationseigenschaften, Personalpolitik und kulturelle Vielfalt

In diesem Abschnitt wird analysiert, in wieweit Mitarbeiter mit Migrationshintergrund in den von uns untersuchten Unternehmen überhaupt berücksichtigt werden, wie sich Personalverantwortliche grundsätzlich zur Frage einer verstärkten kulturellen Öffnung stellen und welche Beachtung Menschen mit Migrationshintergrund bei den Stellenbesetzungsaktivitäten der Unternehmen finden.

3.1 Migrantenanteil und Organisationseigenschaften

In der Untersuchungsstichprobe finden sich jeweils gleich viele Unternehmen mit überdurchschnittlichem (>12%) und unterdurchschnittlichem Migrantenanteil (<12%)[3] sowohl im Dienstleistungsbereich (jeweils 10 Unternehmen) als auch in der Produktion (jeweils drei Unternehmen). Demgegenüber ist der Bereich der öffentlichen Verwaltung (mit 5 Unternehmen) durchgängig durch einen geringen Migrantenanteil charakterisiert (Abbildung 2). Von den insgesamt 31 Unternehmen (die Verbände sind hier nicht erfasst) haben 13 einen über dem Kölner Schnitt liegenden Migrantenanteil. Am offensten für Migranten stellt sich der Dienstleistungsbereich dar: Während bei den Produktionsunternehmen der Migrantenanteil nie höher als 20% liegt, weisen sieben der erfassten 20 Dienstleistungsunternehmen Migrantenanteile zwischen 20% und 50% auf.

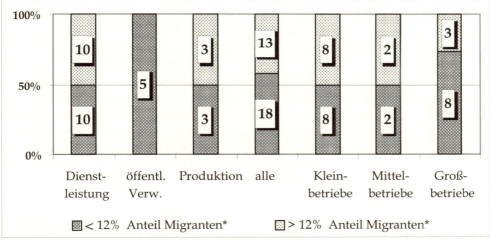

Abbildung 2: Anzahl der Unternehmen nach Migrantenanteil.*

* *Bezugsgröße für den Anteil an Personen mit Migrationshintergrund ist die Gesamtzahl der unbefristet beschäftigten Mitarbeiter eines Unternehmens.*

Kaum Zusammenhänge lassen sich zwischen der Unternehmensgröße und dem Anteil beschäftigter Migranten herstellen. Bei den kleinen und mittleren Unternehmen finden sich genauso viele Unternehmen unter wie über der von uns gesetzten kritischen Marke von 12%. Zwei Drittel der Großbetriebe beschäftigen allerdings weniger als 12% Mitarbeiter mit Migrationshintergrund. Dieser Befund ist jedoch konfundiert mit dem Sektor der betreffenden Unternehmen, da unter den Großunternehmen die öffentliche Verwaltung überrepräsentiert war (vier von fünf öffentlichen Verwaltungen fallen in die Sparte Großunternehmen).

---

[3] Der Wert 12 % ist der in amtlichen Statistiken ausgewiesene durchschnittliche Anteil von ausländischen Beschäftigten an allen Kölner Erwerbstätigen im Jahr 2004.

3.2 Unternehmensziele hinsichtlich kultureller Öffnung

Über drei Viertel aller Unternehmen antworteten auf die Frage, wie sinnvoll für das eigene Unternehmen eine kulturelle Öffnung sei, mit „sinnvoll" bzw. „sehr sinnvoll". Auf einer Skala von 1 (sehr sinnvoll) bis 5 (nur wenig sinnvoll) votierte lediglich ein Unternehmen aus dem Dienstleistungssektor für 5; alle übrigen befragten Unternehmensvertreter stuften sich auf der Skala bei den Werten 3 bis 1 ein.

kulturelle Öffnung:	nur wenig sinnvoll		↔		sehr sinnvoll	
Skala:	5	4	3	2	1	
Unternehmen	1	--	6	9	15	Gesamt 31

Abbildung 3: Kulturelle Öffnung – sinnvoll oder eher nicht?

Berechnet man gewichtete Mittelwerte zu den abgegebenen Einschätzungen (*diese werden nachfolgend in Klammern angegeben*) und differenziert diese nach Unternehmensgruppen, zeigen sich gewisse bereichsspezifische Tendenzen (Abbildung 4). Bei einem Mittelwert von 1,8 für alle Unternehmen nehmen Dienstleistungsunternehmen (2,0) eine etwas zurückhaltendere Bewertung vor als Produktionsunternehmen (1,7). Öffentliche Unternehmen votieren mit Abstand am deutlichsten für eine kulturelle Öffnung (1,4). Angesichts des geringen Migrantenanteils in diesem Sektor drängt sich allerdings die Frage auf, ob es sich bei dieser Bewertung um eine „politische Pflichtäußerung" handelt oder ob sie Ausdruck eines tatsächlich erlebten Nachholbedarfs ist.

Summe aller Unternehmen	**1,8**
1. Öffentliche Verwaltung	1,4
2. Produktion	1,7
3. Dienstleistungen	2,0
1. Kleinbetriebe	1,6*
1. Mittelbetriebe	1,6*
3. Großbetriebe	2,2*
1. > 12% Anteil Migranten	1,4*
2. < 12% Anteil Migranten	2,2*

Abbildung 4: Bewertung kultureller Öffnung sortiert nach Bereich, Betriebsgröße und Migrantenanteil (* = berechnet ohne statistische Ausreißer)

Rechnet man *Ausreißer ins Negative* (Dienstleistungsunternehmen, das eine kulturelle Öffnung für überhaupt nicht sinnvoll erachtete) und *Ausreißer ins Positive* (sich als besonders diversitätsoffen darstellende öffentliche Verwaltung) heraus, so ergeben sich markantere Unterschiede: Die Großbetriebe in unserer Stichprobe (2,2) sind in Hinblick auf eine kulturelle Öffnung deutlich zurückhaltender als Klein- und Mittelbetriebe (1,6). Besonders auffällig ist die Differenz zwischen Unternehmen mit hohem und solchen mit niedrigem Anteil von Mitarbeitern mit Migrationshintergrund (Abbildung 2). Unternehmen mit geringer Migrantenquote sind erheblich skeptischer (2,2) als Unternehmen mit einem großen Anteil von Mitarbeitern mit nicht-deutschem Kulturhintergrund (1,4).

In Abbildung 5 werden die einzelnen Gründe für und gegen eine kulturelle Öffnung zusammengefasst.[4] Bei den Gründen, die für eine kulturelle Öffnung genannt werden, lassen sich sowohl Argumente Richtung *Außenwelt* (z. B. „bessere Kundenansprache", „Auslandskontakte") identifizieren als auch Gründe, die eher das *Binnenleben der Organisation* betreffen (z. B. „kulturelle Bereicherung für Mitarbeiter", „zusätzliche Problemlösekompetenz").[5]

Gründe für eine kulturelle Öffnung:	*Gründe gegen eine kulturelle Öffnung:*
• bessere Kundenansprache, Erschließung neuer Märkte (13) • kulturelle Bereicherung für Mitarbeiter: wechselseitiges Lernen, besseres Betriebsklima (13) • erhöhte Kreativität, zusätzliche Problemlösungskompetenz, gegen Fachkräftemangel (8) • ökonomische Vorteile: das Unternehmen in einer multikulturellen Umwelt; Auslandskontakte (8)	• Sprach- und Qualifikationsbarrieren (7) • zusätzliche Anforderungen einer interkulturellen Personalführung und -entwicklung (6) • interne Kommunikationsprobleme, Störung des Betriebsklimas, Gefahr interkultureller Konflikte (5) • Sonstige Einschätzungen: Neue Kundengruppen verdrängen alte; konfessionelle Bindung des Arbeitgebers; gesellschaftliche, nicht betriebliche Aufgabe (5) • Explizit: keine (4)

Abbildung 5: Begründungen für und gegen eine kulturelle Öffnung.

Obwohl insgesamt geringer in der Anzahl, werden durchaus vielschichtige Argumente gegen eine kulturelle Öffnung ins Feld geführt. Sie lassen sich vereinfachend auf zwei Nenner bringen: Einerseits werden bestimmte Ursachen (Sprach- und Qualifikationsdefizite) auf Seiten der Bewerber mit Migrationshintergrund gesehen. Andererseits werden Befürchtungen hinsichtlich zu

---

[4] In dieser wie in den nachfolgenden Übersichten werden die Antworten zu einzelnen Fragen aus den Interviews gebündelt wiedergegeben. Nach einer inhaltsanalytischen Sichtung wurden die Einzelantworten zu Clustern und Kernaussagen zusammengefasst. Die in Klammern hinter jeder Aussage ausgewiesene Ziffer weist die Häufigkeit des jeweiligen Arguments auf. Dabei wurde so verfahren, dass pro individueller Antwort, sofern diese schlüssig war, mindestens ein Argument aufgenommen wurde. Falls sich in einer Antwort mehrere unterscheidbare Aussagen fanden, wurden diese als separate Argumente in die Auflistung übernommen.

[5] In Abschnitt 4 wird genauer darauf eingegangen, welche Diversitätsorientierungen (*diversitätsblind, diversitätsabwehrend, diversitätsaufgeschlossen*) sich aus den Antworten der Befragten ableiten lassen.

erwartender betriebsinterner Probleme bis hin zu interkulturellen Konflikten vorgebracht. Eine Reihe von Unternehmen erkennt die Notwendigkeit einer adäquaten Personalpolitik, die unter Diversitätsaspekten bislang noch als unzureichend erlebt wird.

3.3 Vermutete Chancen und Risiken der Beschäftigung von Migranten

Die befragten Unternehmen benannten eine Vielzahl von Chancen und eine ganze Reihe von Risiken, die sie mit dem Einsatz von Personen mit Migrationshintergrund verbinden. Insbesondere im Verhältnis zu Kunden wie auch für das Arbeitsklima im Kollegenkreis wurden viele Chancen gesehen. Jeweils rund zwei Drittel der Befragten machten hierzu Angaben. Abb. 4 stellt dar, wie viele der Unternehmen jeweils inhaltliche Aussagen zu Chancen und Risiken gemacht haben.

	Verhältnis zu MitarbeiterInnen				Verhältnis zu Kunden				Verhältnis zu Geschäftspartnern	
	Chancen	Risiken	X	Index	Chancen	Risiken	X	Index	Chancen	Risiken
Unternehmen insgesamt	61%	42%	51,5	1.45	68%	29%	48,5	2.34	32%	0%
Dienstleistung	70%	45%	57,5	1.55	70%	25%	47,5	2.80	30%	0%
öffentliche Verwaltung	40%	40%	40	1.00	60%	60%	60	1.00	0%	0%
Produktion	50%	33%	41,5	1.52	67%	17%	42	3.94	67%	0%
KMU	75%	50%	62,5	1.50	65%	35%	50	1.86	45%	0%
Großbetriebe	36%	27%	31,5	1.33	73%	18%	45,5	4.06	9%	0%
≤ 12 % MGH	44%	22%	33	2.00	50%	28%	39	1.79	17%	0%
> 12 % MGH	85%	69%	77	1.23	92%	31%	61,5	2.97	54%	0%
Verbände	50%	50%	100	1.00	75%	25%	61,5	3.00	50%	0%

Abbildung 6: Häufigkeitsverteilung bei der Nennung von Chancen bzw. Risiken. (MGH = Mitarbeiter mit Migrationshintergrund)

Zur Erklärung: Zur besseren Verständlichkeit haben wir für die verschiedenen Organisationstypen erstens einen Wert bestimmt, der die Intensität der Auseinandersetzung erkennen lässt: das arithmetische Mittel der Prozentwerte für die Chancen und die Risiken: **X** = *(Chancen in % + Risiken in %) / 2. Zum zweiten bestimmen wir einen Wert, der angibt, in welchem Maß die wahrgenommenen „Chancen" die wahrgenommenen „Risiken" übersteigen:* **Indexwert**: *Anzahl der Nennung von Chancen dividiert durch Anzahl der Nennung von Risiken.*

Aus dieser Darstellung lässt sich ablesen, welche Kategorien von welchen Organisationen jeweils wie viel Beachtung fanden. So zeigt sich beispielsweise, dass deutlich häufiger Chancen als Risiken benannt werden und dass das *Verhältnis unter den Mitarbeitern* und das *Verhältnis zu Kunden* den von uns befragten Unternehmen relevanter erscheinen als das *Verhältnis zu Geschäftspartnern*.[6] Der letztere Bereich zeichnet sich jedoch dadurch aus, dass in ihm keine Risiken gesehen werden. Die meisten Risiken werden für das Binnensystem der Unternehmen, d. h. das Miteinander innerhalb der Belegschaft gesehen. Es wird erkennbar, dass sich vor allem *Unternehmen mit hohem Migrantenanteil* sehr intensiv mit den Chancen, aber auch mit den Risiken kultureller Unterschiedlichkeit auseinandersetzen. *Unternehmen mit geringem Migrantenanteil* heben sich dadurch hervor, dass sie kulturelle Vielfalt unterdurchschnittlich, d. h. nur schwach reflektieren. Vergleichsweise „leidenschaftslos" sind an dieser Stelle auch *Großunternehmen*, vor allem im Hinblick auf das „Verhältnis unter den Mitarbeitern" und das „Verhältnis zu Geschäftspartnern". Überraschenderweise setzen sich *Verbände* wie auch die *öffentliche Verwaltung* trotz ihres geringen Migrantenanteils recht intensiv mit den Chancen und Risiken auseinander, die eine Beschäftigung von Personen mit Migrationshintergrund für das Verhältnis zu den Kunden mit sich bringen könnte. Abbildung 7 bietet einen Überblick der inhaltlichen Aussagen zu den abgefragten Kategorien.

Verhältnis der Mitarbeiter zueinander	
Chancen:	*Risiken:*
verbessert das Betriebsklima, fördert Verständnis für andere Kulturen und Toleranz untereinander (10)	**Interkulturelle Konflikte und Ausgrenzungen:** Grüppchenbildung, Spannungen zwischen ethnischen Gruppen, Konflikte werden ethnisiert (9)
ermöglicht wechselseitiges Lernen (7)	**unterschiedliche Arbeitsstandards** in Arbeitsausführung, Produktionshemmnisse, Verständigungsprobleme (6)
erhöht Kreativität und Produktivität (5)	
Verhältnis zu Kunden	
Chancen:	*Risiken:*
Verbesserung der Kommunikation zwischen Kunde und Anbieter; Identifikationsangebot an Kunde (15)	**interkulturelle Konflikte,** möglicherweise Abschreckung von (alten) Kunden (5)
Erschließen **neuer Kundenkreise**; (7)	**unzureichende Leistungsqualität:** Sprachprobleme, Missverständnisse, mangelnde Überprüfbarkeit (4)
adressatengerechtere Produkt- bzw. Dienstleistungserstellung (6)	**Parteinahme** für Landsleute, Abwehrhaltung deutscher Kollegen (2)

- Fortsetzung -

---

[6] Zu erwähnen ist außerdem, dass sich zu allen Kategorien jeweils zwischen zwei und vier Gesprächspartner finden, die explizit aussagen, *keine* Chancen bzw. *keine* Risiken zu sehen. Diese Antworten tauchen in der gewählten Häufigkeitsdarstellung nicht auf, sind aber insofern bemerkenswert, als hier jeweils eine entschiedene Zurückweisung vorliegt.

Verhältnis zu Geschäftspartnern	
Chancen:	*Risiken:*
Verbesserung bestehender Geschäftskontakte (4)	--
Bereicherung durch **andere Denk- und Handlungsweisen**, Auflockerung überkommener Strukturen (3)	
Gewinnung zusätzlicher Geschäftspartner (2)	
notwendig für internationale Kontakte (2)	
hängt von der Migrantengruppe ab, **nicht eindeutig** (1)	

Abbildung 7: Von den Unternehmen benannte Chancen und Risiken in verschiedenen Kommunikations- und Interaktionsbereichen.

Grundsätzlich fällt auf, dass in der Rubrik Chancen ausnahmslos so genannte *soft skills* (wie „Verbesserung des Betriebsklimas", „Verbesserung der Kommunikation" etc.) genannt werden. Bei den wahrgenommenen Risiken rücken stärker Aspekte in den Vordergrund, die mit technisch-operativen Fähigkeiten – also den so genannten *hard skills* – zu tun haben (z. B. „unterschiedliche Arbeitsstandards", „unzureichend Leistungsqualität").

3.4 Einsatzfelder von Mitarbeitern mit Migrationshintergrund

Befragt danach, in welchen Bereichen ihres Unternehmens sie den Einsatz von Mitarbeitern und Mitarbeiterinnen mit Migrationshintergrund für schwierig halten, nannten Personalverantwortliche in erster Linie Funktionsbereiche, die gute (deutsche) Sprachkenntnisse erfordern. Weiterhin wurden Probleme gesehen für Tätigkeiten, die spezifische, zumeist höhere Qualifikationen voraussetzen (Abbildung 8). Korrespondierend sehen viele Personalverantwortliche vor allem in einfachen Tätigkeiten ein Einsatzfeld für Migranten. Der direkte Kundenkontakt zur Migranten-Community wird als ein besonders sinnvolles Einsatzfeld angesehen. Bikulturalität bzw. Bilingualität wird demnach implizit als positiv wahrgenommen.

Von den 27 Unternehmen, die sinnvolle Einsatzfelder benannten, gaben 19 im Weiteren an, ob sie auch tatsächlich Personen mit Migrationshintergrund in diesen Bereichen einsetzen. Dabei fällt auf, dass es bei den KMU sowie bei Unternehmen mit geringem Migrantenanteil eine Diskrepanz zwischen den wahrgenommenen Potenzialen und der tatsächlich realisierten Stellenbesetzung gibt. Der Blick auf Großbetriebe, wo dies offenkundig problemloser eingelöst wird, lässt vermuten, dass dies auch mit verfügbaren Kapazitätsspielräumen zusammenhängen mag.

Der Einsatz von Personen mit Migrationshintergrund im Unternehmen ist	
... eher schwierig	*... besonders sinnvoll*
• da **wo besondere Sprachfertigkeiten zentral wichtig sind**: u. a. Kundenkontakt, sozialer Dienst, Öffentlichkeitsbereich ... (13) • im Bereiche **höherer bzw. spezifischer Qualifikationsanforderungen**: u. a. Leitungsfunktionen, Personalwesen, Marketing, Buchhaltung, Controlling ... (9)	• da, wo direkter **Kundenkontakt zu „Landsleuten"** bzw. Kunden mit Migrationshintergrund besteht (10) • bei **einfachen Produktions- und Dienstleistungstätigkeiten** (4) • da wo **Auslandskontakte existieren**, bspw. Exportabteilung (3) • im **mittleren Management** (1)

Abbildung 8: Problematische und sinnvolle Einsatzfelder von Personen mit Migrationshintergrund aus Unternehmenssicht.

3.5 Gewinnung neuer Mitarbeiter

Auf die Frage, wie sie neue Mitarbeiter gewinnen, gab mit 74% eine Mehrzahl der Unternehmen an, auf soziale Netzwerke zuzugreifen (Abbildung 9). Am zweithäufigsten werden mit 68% Stellenanzeigen genannt, wohingegen nicht einmal die Hälfte der Unternehmen angibt, die Vermittlung durch die Arbeitsagentur in Anspruch zu nehmen (42%). Differenziert nach Sektoren finden sich kaum Abweichungen vom Gesamttrend. Lediglich bei den öffentlichen Verwaltungen springt die Dominanz der Stellenanzeigen ins Auge. Produktionsunternehmen nutzen die Dienstleistungen der Arbeitsagentur in stärkerem Maße, diese Aussage ist aber mit Blick auf die kleine Grundgesamtheit mit Vorsicht zu interpretieren. (Die Aussagen der Verbandsvertreter bestätigen das Gesamtbild.)

	Vermittlung durch Arbeitsagentur	Stellenanzeigen	Soziale Netzwerke
Unternehmen insgesamt	13 *(42%)*	21 *(68%)*	23 *(74%)*
Dienstleistung	8 *(40%)*	14 *(70%)*	16 *(80%)*
Öffentliche Verwaltung	2 *(40%)*	5 *(100%)*	2 *(40%)*
Produktion	3 *(50%)*	2 *(33%)*	5 *(83%)*
Verbände	1 *(25%)*	1 *(25%)*	3 *(75%)*

Abbildung 9: Rekrutierungswege.

(Mehrfachnennungen waren möglich; die Prozentangaben weisen aus, wie groß der Anteil an Unternehmen eines bestimmten Sektors ist, die den jeweiligen Weg in Anspruch nehmen.)

Ein Blick auf die Unternehmensgröße ermöglicht weitere interessante Überlegungen: Bei den KMU dominieren mit Abstand „Soziale Netzwerke" als am häufigsten genanntes Rekrutierungssystem. Großunternehmen (die öffentliche Verwaltung eingeschlossen) präferieren das formellere Instrument der Stellenanzeige. Aus Sicht potenzieller Bewerber mit Migrationshintergrund haben beide Wege ihre Tücken. Eine Bewerbung auf Stellenanzeigen stellt spezifische Anforderungen, an denen Bewerberinnen und Bewerbern mit Bildungsbenachteiligungen, aus sozial problematischem Umfeld oder auch mit Migrationshintergrund (die Faktoren überlagern sich hier vielfach) derzeit noch häufiger scheitern. Die Zugehörigkeit zu sozialen Netzwerken verlangt neben persönlichem Engagement und einem gewissen Maß an sozialer Kompetenz nicht zuletzt auch das Einbringen „kulturellen Kapitals". Personen mit Migrationshintergrund sind häufig nicht in die Netzwerkstrukturen der deutschen Mehrheitsgesellschaft eingebunden.[7] In einer angespannten Arbeitsmarktsituation, in der die Zugehörigkeit zu solch informellen Strukturen das entscheidende Plus im Rahmen formeller Stellenbesetzungsverfahren bedeuten kann, erschwert Nicht-Zugehörigkeit zwangsläufig den Einstieg in das Beschäftigungssystem.

Auch der Blick auf den Migrantenanteil an den Beschäftigten der jeweiligen Unternehmen zeigt einen interessanten Zusammenhang (Abbildung 10): Unternehmen, die bereits größere Anteile an Beschäftigten mit Migrationshintergrund aufweisen, benutzen zu drei Vierteln die Vermittlung über die Arbeitsagentur bzw. über bestehende Netzwerke und nur knapp die Hälfte schaltet Stellenanzeigen. Unternehmen mit geringerem Migrantenanteil hingegen vermeiden die Arbeitsamtsvermittlung und bevorzugen ganz überwiegend Stellenanzeigen[8].

Als Erklärungshypothese für das in Abb. 6 abgebildete Ergebnis bietet sich folgende Überlegung an: Mit Stellenanzeigen lässt sich ein Bewerberstrom wesentlich besser steuern und selektiv gestalten. Die Vermittlung durch die Arbeitsagentur setzt demgegenüber auf Unternehmensseite eine Offenheit für die von dort vermittelten Personenkreise voraus. Bei Unternehmen, die den Weg über die Arbeitsagentur wählen, werden sich mehr oder weniger zwangsläufig mehr Interessenten mit Migrationshintergrund einfinden, da diese aufgrund ihres hohen Arbeitslosenanteils überproportional im System der Arbeitsagentur anzutreffen sind.

---

[7] Vgl. dazu auch die Ergebnisse des diesem Vorhaben vorangegangenen Forschungsprojekts AIMm, das genau diesen Effekt bei der Befragung von Migrantenselbstorganisationen aufgedeckt hat (Bärsch et al. 2002).
[8] Hier ist eine gewisse statistische Überzeichnung denkbar, da sämtliche öffentlichen Unternehmen, die in die letztere Gruppe fallen, Stellenausschreibungen praktizieren.

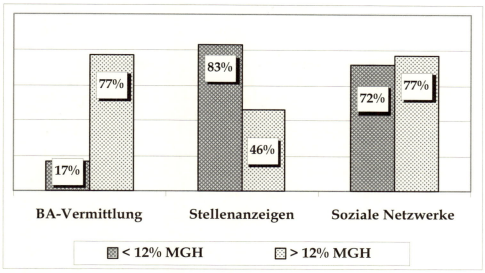

Abbildung 10: Rekrutierungswege der befragten Unternehmen, nach Beschäftigtenanteil mit Migrationshintergrund (MGH).

4 Zum Management kultureller Diversität in Unternehmen

Grundsätzlich kann man Organisationen danach unterscheiden, ob sie überhaupt kulturelle Vielfalt als einen Faktor, der sich auf betriebliche Abläufe auswirkt bzw. auswirken kann, ernst nehmen und wie sie sich gegebenenfalls mit den Möglichkeiten von Diversität auseinandersetzen. *Adler* (1983) sowie *Bissels, Sackmann* und *Bissels* (2001) haben dazu entsprechende Klassifikationsraster vorgeschlagen. Trotz unterschiedlicher Bezeichnungen für die verschiedenen Varianten weisen die beiden Ansätze Berührungspunkte und Ähnlichkeiten auf.

Wir haben von den Arbeiten dieser Autoren ausgehend eine *Taxonomie idealtypischer Orientierungen* erstellt, die Organisationen zu kultureller Vielfalt in der Mitarbeiterschaft einnehmen können. Diese Orientierungen werden *nicht* als Einstellungen (im Sinne einer positiven oder negativen Haltung gegenüber einer Idee oder Sache), sondern als die im Organisationshandeln erkennbaren *Muster von Handlungsorientierungen* verstanden. Folgende Organisationstypen lassen sich unterscheiden:

- *Diversitätsblinde Organisationen*

    Für solche Organisationen spielt kulturelle Vielfalt keine Rolle. Das Vorhandensein von Unterschieden wird entweder nicht wahrgenommen oder aber für irrelevant gehalten. Schwierigkeiten, die in der Zusammenarbeit entstehen, wie auch unterschiedliche Präferenzen von Mitarbeitern werden überhaupt nicht mit kultureller Unterschiedlichkeit in Verbindung gebracht.

- *Diversitätsabwehrende Organisationen*

  In diversitätsabwehrenden Organisationen herrscht die Ansicht vor, dass kulturelle Vielfalt keinen Mehrwert für die im Unternehmen auszuführenden Tätigkeiten hat, sondern eher Probleme und Schwierigkeiten aufwirft. Solche Organisationen schätzen Homogenität in der Mitarbeiterschaft und sind bemüht, diese aufrechtzuerhalten. Durch selektive Personalauswahl bzw. das Ausüben eines starken Anpassungsdrucks wird versucht, Abweichungen vom vorgegebenen Ideal eines Mitarbeiters auszuschließen.

Organisationen, die gegenüber kultureller Diversität *aufgeschlossen* sind, lassen sich in zwei Typen unterteilen:

- *Diversitätspragmatische Organisationen*

  Diversitätsaufgeschlossene Organisationen des „pragmatischen" Typs erkennen einen gewissen Nutzen von kultureller Vielfalt für die Organisation. Die Organisation verspricht sich entweder ein positives Image oder aber einen konkreten ökonomischen Vorteil, z. B. durch die Nähe zu einer bestimmten Zielgruppe. Die aufgeschlossene Haltung zu kultureller Diversität betrifft jedoch nicht alle Bereiche: Von wichtigen Entscheidungsfindungsprozessen oder informellen Netzwerken bleiben Mitarbeiter mit Migrationshintergrund in diversitätspragmatischen Organisationen häufig ausgeschlossen. Auch ihre Aufstiegsmöglichkeiten sind in der Regel eingeschränkt. Ausgrenzungen dieser Art werden nicht unbedingt bewusst vollzogen. Meist gehen sie darauf zurück, dass Organisationsstrukturen einseitig auf die Mehrheitskultur zugeschnitten sind.

- *Diversitätsengagierte Organisationen*

  Diversitätsaufgeschlossene Organisationen des „engagierten" Typs sehen in der Diversität des Personals eine grundsätzliche und weitergehende Managementaufgabe. Dies schlägt sich sowohl im Personalprofil als auch in Führungskonzepten nieder: Die Mitarbeiter der Organisation sind in der Lage, Unterschiede zu erkennen und sie zum Vorteil der Organisation zu nutzen. Um Synergieeffekte möglich zu machen, müssen alle Mitglieder der Organisation ihre Fähigkeiten gleichberechtigt einbringen können. Der Anteil ungelöster Gruppenkonflikte ist in diversitätsengagierten Organisationen deutlich reduziert und Mitglieder von Minoritätengruppen sind zufrieden mit dem Respekt, der ihnen entgegen gebracht wird (Thomas/Ely, 1996). Die Personalfluktuation (unter Mitarbeitern mit Migrationshintergrund) ist deutlich geringer als bei diversitätspragmatischen Organisationen (Gilbert/Ivancevich, 2000). Personen aus Minoritätsgruppen befinden sich in diversitätsengagierten Organisationen auch in Managementpositionen.

4.1 Diversitätsorientierungen der untersuchten Unternehmen

Grundlage für eine Zuordnung von Unternehmen zu den verschiedenen Diversitätsorientierungen war eine inhaltsanalytische Auswertung der folgenden Befragungsaspekte:

(a) Sensibilität für die Potenziale kultureller Diversität,

(b) Bedenken hinsichtlich der möglicherweise aus kultureller Vielfalt herrührenden Probleme.

Die im Sinne dieser beiden Aspekte vorgebrachten Argumente stellten die Datenbasis dar. Weitere Indizien lieferten die Antworten auf die Fragen nach den Auswirkungen von Diversität auf das Verhältnis unter den Mitarbeitern bzw. zu Kunden und Geschäftspartnern. Zusätzliche Hinweise ließen sich den Antworten der Personalverantwortlichen auf die Frage nach den Bereichen entnehmen, in denen ihnen der Einsatz von Personen mit Migrationshintergrund entweder als vorteilhaft oder als nachteilig erschien.

Bei der Zuordnung der Daten zu den vier Typen von Diversitätsorientierung haben wir uns an dem von *Mayring* (1988) für die qualitative Inhaltsanalyse vorgeschlagenen Verfahren orientiert. Dabei wurden die Kriterien für die verschiedenen Inhaltskategorien im Sinne einer *grounded theory* (Glaser/Strauss, 1967) im Prozess der Zuordnung konkretisiert und verfeinert:

Für 31 Unternehmen, die an der Untersuchung teilgenommen haben, lagen Daten zu den relevanten Untersuchungsaspekten in ausreichendem Umfang vor.[9] Von diesen 31 ließen sich mit Hilfe der Kodierungen 19 eindeutig einer der beschriebenen Diversitätsorientierungen zuordnen.

Alle vier Typen des Umgangs mit Diversität waren in der Untersuchungsstichprobe vertreten: Vier Unternehmen (13%) ließen ein fehlendes Bewusstsein für kulturelle Unterschiede erkennen (*diversitätsblinder Typus*). Bei einem Unternehmen (3%) war erkennbar, das Diversität nicht gewollt ist (*diversitätsabwehrender Typus*). In acht Unternehmen (26%) wurde dem Thema deshalb Beachtung zuteil, weil partiell nützliche Aspekte von kultureller Vielfalt erkannt wurden (*diversitätspragmatischer Typus*). Sechs Personalverantwortliche (19%) sahen in kultureller Vielfalt eine grundsätzliche und weitergehende Managementaufgabe (*diversitätsengagierter Typus*).

Unter den befragten Personalverantwortlichen befanden sich darüber hinaus aber auch Personen, die zwar hinsichtlich des Befragungsaspekts „Sensibilität für die Potenziale kultureller Vielfalt" eine diversitätspragmatische bzw. diversitätsengagierte Haltung erkennen ließen, jedoch parallel dazu eine Vielzahl von „Bedenken hinsichtlich kultureller Vielfalt" äußerten, die der diversitätsblinden oder diversitätsabwehrenden Position entsprechen. Da sich diese

---

[9] Vier Unternehmen konnten keiner Diversitätsorientierung zugeordnet werden, da die Datenmenge für eine valide Zuordnung zu gering war.

Position von einer „klar" diversitätspragmatischen und diversitätsengagierten Haltung unterscheidet, haben wir hier einen weiteren Typus unterschieden, der aufgrund seiner inneren Widersprüchlichkeit in der Idealtypik des Umgangs mit Diversität noch nicht auftauchte. Da die Aussagen dieser Interviewpartner durch ein widersprüchliches „Hin- und Hergerissensein" gekennzeichnet sind, haben wir diesen Typus *diversitätsambivalent"* genannt. In unserer Untersuchung entsprachen zwölf Unternehmen (also die relative Mehrheit) diesem Typus (39%). Abbildung 11 stellt die Verteilung der verschiedenen Diversitätsorientierungen innerhalb unserer Untersuchungsstichprobe dar.

Diversitätsorientierung	Anzahl	Prozent
diversitätsengagiert	6	19%
diversitätspragmatisch	8	26%
diversitätsambivalent	12	39%
diversitätsabwehrend	1	3%
diversitätsblind	4	13%
Σ	31	100%

Abbildung 11: Diversitätsorientierungen der untersuchten Organisationen.

Vergleicht man dieses Ergebnis mit Aussagen aus anderen Quellen (z. B. Hansen, 2003) über den Stellenwert von kultureller Diversität, so überrascht die geäußerte (verhältnismäßig hohe) Aufgeschlossenheit gegenüber Diversität bei den von uns befragten Unternehmen. Während nur von 16% der Befragten kulturelle Vielfalt ignoriert oder abgelehnt wurde, ließen immerhin insgesamt 45% der Tendenz nach Offenheit bzw. Sensibilität für das Thema erkennen (Unternehmen diversitätspragmatischer oder diversitätsengagierter Orientierung). Hervorzuheben ist allerdings auch, dass 39% ausgesprochen widersprüchliche Antworten auf diese Frage gaben, also ihre Position offensichtlich nicht abschließend geklärt haben.

Zu denken gibt, dass die bekundete Diversitätsaufgeschlossenheit nicht unbedingt eine Entsprechung in der Praxis hat. Darüber gibt der von uns erhobene Untersuchungsaspekt *„Tatsächliche Umsetzung von Maßnahmen zur Förderung von Diversität"* Aufschluss. Von Unternehmen mit einer diversitätsblinden oder diversitätsabwehrenden Orientierung konnte man selbstverständlich keine Maßnahmen zur Förderung kultureller Diversität erwarten. Aber auch unter den diversitätsaufgeschlossenen Unternehmen finden sich unter insgesamt 14 nur vier, die konkrete Maßnahmen in Hinsicht auf das tatsächliche Management von Diversität benennen können (Abbildung 12). Dazu zählen zudem noch zwei der drei von Migranten geleiteten Unternehmen. Man darf vermuten, dass in diesen Unternehmen die Personalrekrutierung anderen Motiven und Gegebenheiten folgt, als in „deutschen" Unternehmen. Auch die

Organisationskultur dieser Unternehmen stellt sich nach unseren Befragungen etwas anders dar. Auf jeden Fall sind die Aussagen der Personalverantwortlichen dieser beiden Unternehmen zur angestrebten stärkeren Berücksichtigung von Migranten differenziert zu bewerten.

Diversitätsorientierung	Anzahl der Unternehmen	Mit konkreten Maßnahmen	Ohne konkrete Maßnahmen
diversitätsengagiert	6 (davon 2 MGB*)	2 (MGB*)	4
diversitätspragmatisch	8	2	6
diversitätsambivalent	12 (davon 1 MGB*)	3	9 (davon 1 MGB*)
Zwischensumme	26	7 von 26 (= 27%)	19 von 26 (= 73%)
diversitätsdefensiv	1	--	--
diversitätsblind	4	--	--
Gesamtsumme	31	7 von 31 (= 23%)	19 von 31 (= 61%)

Abbildung 12: Einsatz konkreter Maßnahmen zur Förderung von Diversität.

* MGB = sog. Migrantenbetrieb (d. h. das Unternehmen hat einen Inhaber mit Migrationshintergrund)

In Abbildung 12 haben wir daher die drei von Migranten geleiteten Unternehmen besonders kenntlich gemacht. Trägt man der besonderen Selbstverständlichkeit Rechnung, mit der „Migrantenbetriebe" die Rekrutierung von Personal mit Migrationshintergrund angehen können und klammert diese Unternehmen einmal gedanklich aus der Aufstellung aus, dann verfolgen von den verbleibenden insgesamt 12 Unternehmen (mit deutscher Leitung) nur noch zwei konkrete Anstrengungen zur Förderung von Diversität. Bezeichnenderweise ist dieser Anteil bei den diversitätsambivalenten Unternehmen sogar leicht höher (3/12). Man kann daher sagen: die Behauptung einer offenen Haltung gegenüber kultureller Vielfalt hat nur insgesamt sehr schwache praktische Konsequenzen. Die *Diversitätsengagierten* zeigen sich dabei noch tatenloser als die *Diversitätspragmatiker*, die immerhin zu 25% (im gleichen Anteil wie die *Diversitätsambivalenten*) konkrete Maßnahmen ergreifen.

4.2 Organisationscharakteristika und Diversitätsorientierung

Gibt es möglicherweise Zusammenhänge zwischen bestimmten Organisationsdaten und unterschiedlichen Diversitätsorientierungen? Die folgenden

Merkmale halten wir als Kriterienraster für interessant. Wir formulieren dazu erste Hypothesen:

(a) *Kultureller Hintergrund der Unternehmensleitung:* Unter den untersuchten Unternehmen wurden drei von Migranten geführt (von uns „Migrantenbetriebe" genannt). Es ist nach unseren Vorüberlegungen naheliegend, dass sich diese Unternehmen sowohl in ihren Motivlagen als auch in den Umsetzungsmöglichkeiten von Unternehmen unterscheiden, die von deutschen Inhabern geleitet werden.

(b) *Migrantenanteil*: Auch bei Unternehmen, die bereits überdurchschnittlich viele Mitarbeiter mit einem Migrationshintergrund beschäftigen (mehr als das arbeitsmarktstatistische Mittel von 12%) sind andere Diversitätsorientierungen denkbar.

(c) *Unternehmensgröße*: In Hinblick auf die Unternehmensgröße fällt es schwerer eine Hypothese zu formulieren. Durch den größeren Grad an Internationalisierung könnte man bei Großbetrieben eine intensivere Auseinandersetzung mit kultureller Diversität vermuten. Andererseits sind Kleinbetriebe durch ihre geringe Größe eher in der Lage, Diversitätspotenziale zu sichten und nutzbar zu machen. Nach dieser Überlegung müsste die Sensibilität für kulturelle Vielfalt in mittelgroßen Unternehmen demnach am geringsten ausfallen.

(d) *Sektor*: In Hinblick auf die Branche vermuten wir, dass Diversität im kundenorientierten und deswegen flexiblen Dienstleistungsbereich eher genutzt wird als in der häufig an feste Arbeitsabläufe gebundenen Produktion.

Der Abgleich der aufgeführten Organisationscharakteristika mit den verschiedenen Varianten von Diversitätsorientierung zeigt einige interessante Tendenzen:

Nach unseren Interviews scheinen die *von Migranten geführten Unternehmen* eine selbstverständlichere Haltung zur Beschäftigung von Personal mit Migrationshintergrund zu haben als „deutsche" Unternehmen. Das kann Unterschiedliches bedeuten: Zum einen können in *Migrantenbetrieben* Motive der Solidarität und der Verbundenheit mit der eigenkulturellen Gruppe eine große Rolle spielen (vor allem dann, wenn es sich um Familienunternehmen handelt). Zum anderen können sich die Leiter von solchen Migrantenbetrieben aber auch sehr viel unbefangener und schärfer von „Landsleuten" abgrenzen als das deutsche Personalverantwortliche aus Gründen der Political Correctness je tun würden.[10] Wir unterstellen, dass die meisten Migrantenbetriebe

---

[10] In einem Unternehmensworkshop eines zum Zeitpunkt der Drucklegung dieses Beitrags laufenden Projektes äußerte sich beispielsweise der türkische Inhaber eines mittleren Unternehmens folgendermaßen: *„Ich beschäftige keine türkischen Azubis mehr, die sind unzuver-*

über erweiterte Verwandtschafts- und Bekanntschaftsbeziehungen in einem dichten Netzwerk mit ihrer „Community" verbunden sind, was die Rekrutierung des entsprechenden Personals erleichtert. Zwei von drei in der Untersuchungsstichprobe enthaltenen Migrantenbetriebe zeigten sich aber nicht nur überdurchschnittlich offen für Mitarbeiter mit Migrationshintergrund. Sie sahen darüber hinaus in der Zusammenarbeit von „einheimisch-deutschen Mitarbeitern" und solchen mit anderskulturellem Hintergrund einen besonderen Nutzen für ihr Unternehmen (d. h. sie waren *diversitätsengagiert*). Besondere Rekrutierungs- oder Auswahlverfahren für deutsche und nicht-deutsche Mitarbeiter hielten sie zwar nicht unbedingt für erforderlich („*weil wir als Migranten ganz selbstverständlich kulturelle Hintergründe berücksichtigen*"). Allerdings beschrieben sie konkrete Maßnahmen, die sie zur Förderung des Miteinanders ihrer kulturell heterogenen Mitarbeiterschaft einsetzten.

Alle Unternehmen *mit hohem Migrantenanteil* (auch die von Deutschen geleiteten) nehmen eine offenere Haltung zum Diversitätsthema ein als Unternehmen mit einem geringen Migrantenanteil. Entsprechende Erfahrungen scheinen mit einer positiven Haltung zu kultureller Öffnung einherzugehen. Was hierbei Ursache und was Wirkung ist, lässt sich nicht entscheiden. Denkbar ist, dass ein höherer Anteil von Personal mit Migrationshintergrund im Unternehmen Selbstverständlichkeiten und Selbstsicherheiten schafft, die sich wiederum in einer diversitätsaufgeschlosseneren Haltung niederschlagen. Wenn ein solcher Selbstverstärkungseffekt hier am Werke wäre, dann ist es nicht verwunderlich, dass die diversitätsblinden Organisationen in unserer Untersuchung einen unterdurchschnittlichen, die von Migranten geführten Unternehmen einen überdurchschnittlich hohen Migrantenanteil aufweisen. Hier bestätigt sich unsere Hypothese, dass die vorgeblich universellen Standards diversitätsblinder Unternehmen de facto nicht Chancengleichheit befördern, sondern Mitgliedern kultureller Minoritäten den Eintritt in ein Unternehmen erschweren.

5 Thesen zum Diversitätsmanagement in deutschen Unternehmen

Mehr Diversität? – Im Prinzip Ja!

Ganz überwiegend bezeichnen die von uns befragten Personalverantwortlichen eine weitere kulturelle Öffnung als ein wichtiges Unternehmensziel. Auch sehen sie in einer Anstellung von Personal mit Migrationshintergrund grundsätzlich mehr Chancen als Risiken. In der Praxis wird allerdings daraus mehrheitlich keine personalpolitische Konsequenz gezogen. Insbesondere

---

lässig, machen mehr Probleme als alle anderen und meinen sie könnten sich in einem türkischen Unternehmen alles erlauben."

wird kein Handlungsbedarf hinsichtlich einer Veränderung der bisherigen Einstellungspraxis gesehen.

Migranten – attraktiv nur für bestimmte Arbeitsmarktbereiche?

In unserer Untersuchungsstichprobe war der Anteil von Migranten an der Gesamtzahl der jeweiligen betrieblichen Beschäftigten äußerst unterschiedlich. Am höchsten war diese Quote bei Dienstleistungsunternehmen. Völlig anders stellte sich die Situation in der öffentlichen Verwaltung dar: In keinem anderen Sektor war der Anteil von Personen mit Migrationshintergrund an der Mitarbeiterschaft so gering. Obwohl viele Verwaltungen kulturelle Vielfalt explizit in ihre Organisationsziele aufnehmen und auch Stellenausschreibungen entsprechend gestalten, scheint es bei der Umsetzung Hindernisse zu geben, die entweder im Bereich der Einstellungsverfahren oder im Fehlen einer interkulturellen Personalpolitik zu vermuten sind.

Offenheit für kulturelle Vielfalt durch Erfahrung mit Diversität

Unternehmen mit einem höheren Anteil an Beschäftigten mit Migrationshintergrund äußern sich in unserer Untersuchung positiver zu einer stärkeren kulturellen Öffnung als Unternehmen mit geringem Migrantenanteil. Ein höheres Maß an kultureller Diversität scheint selbstverstärkend zu wirken: Die kulturelle Öffnung eines Unternehmens führt offenbar dazu, dass positive Erfahrungen stärker in den Blick kommen bzw. das Selbstvertrauen im Umgang mit möglichen Schwierigkeiten wächst. Dies führt möglicherweise dazu, dass eine aufgeschlossene Haltung zu kultureller Vielfalt positiv bestätigt wird.

Unternehmen, deren Belegschaften bislang noch wenig multikulturell geprägt sind, sind im Durchschnitt zurückhaltender, was die Einschätzung der Potenziale und Chancen von Migranten angeht. Offensichtlich wachsen mit der Unerfahrenheit auch Ängste vor dem Ausmaß negativer Aspekte und die Sorge, die befürchteten interkulturellen Konflikte nicht lösen zu können.

Stereotype Bilder

Personalverantwortliche gehen in unserer Befragung vielfach davon aus, dass Personen mit Migrationshintergrund Tätigkeiten im technisch-operativen Bereich, die keine höhere Qualifikation erfordern, bevorzugen. Ein Interesse an (und möglicherweise auch die Befähigung zu) Management- oder Führungsaufgaben wird ihnen weitgehend abgesprochen. Es ist zu vermuten, dass solche Vorstellungen eher aus der gegenwärtigen Arbeitsmarktsituation von Migranten herrühren, als dass ihnen eine tiefere Auseinandersetzung mit den beruflichen Wünschen von – vor allem auch jungen – Migranten zugrunde liegt. Es ist zu befürchten, dass hier (unbewusste) Denkmuster die Personalpolitik leiten, die letztendlich dazu beitragen, den Status quo zu reproduzieren: Weil Migranten derzeit vorwiegend einfache Tätigkeiten ausführen, werden ihnen auch Interessen und Vorlieben in diese Richtung unterstellt und man sieht wenig Sinn darin, ihnen andere Tätigkeiten anzubieten.

Potenziale? Vor allem im Außenkontakt!

Den besonderen Nutzen einer Beschäftigung von Personen mit Migrationshintergrund, auch die Möglichkeit einer durchaus anspruchsvollen kommunikativen Tätigkeit, sehen die von uns Befragten in erster Linie im Außenverhältnis der Organisation. Hier werden offenbar Möglichkeiten von Umsatzsteigerungen durch das Erschließen neuer Kundenkreise und den verbesserten Kontakt zu Geschäftspartnern gesehen. Faktoren, die die Einstellung von Migranten hemmen, sind demgegenüber zuvorderst im Verhältnis zu den Arbeitskollegen (anderskultureller Herkunft) zu suchen. Die Angst vor Konflikten und Spannungen unter den Mitarbeitern scheint hier von zentraler Bedeutung. Möglicherweise sind auch die Möglichkeiten einer betrieblichen Steuerung und Beeinflussung solcher Konstellationen zu wenig bekannt.

Rekrutierung – blind für Multikulturalität

Nach unseren Befragungsergebnissen drängt sich die Hypothese auf, dass Personalverantwortliche bei der Rekrutierung von Mitarbeitern mit Migrationshintergrund eher von negativen Zuschreibungen beeinflusst sind, die auch qualifizierteren Migranten den Zugang zum engeren Bewerberkreis erschweren könnten.

Nur vereinzelt sehen Unternehmen die Notwendigkeit, ihre Mechanismen der Personalselektion auf interkulturelle Verzerrungseffekte (‚bias') hin zu überprüfen. Das Kriterium „Chancengleichheit für alle" gilt den meisten als ausreichend faires Auswahlinstrument. Dabei ist kaum im Blick, dass einer strikten Gleichbehandlung ein benachteiligender Effekt für Bewerbergruppen mit einem von der Mehrheitsgesellschaft abweichendem kulturellen Hintergrund innewohnen kann. Eine im Sinne eines engagierten Diversitätsmanagements sensible Personalauswahl scheint nur in Einzelfällen und nur in allererste Ansätzen entwickelt. Einem Teil der Unternehmen sind allerdings diesbezügliche Defizite durchaus bewusst.

Arbeitsmarktlage = „trügerische Sicherheit"

Angesichts des Überhangs an Stellenbewerbern in vielen Berufsfeldern wird von der Mehrheit der befragten Unternehmen gar nicht die Notwendigkeit gesehen, sich dem Bewerberkreis mit Migrationshintergrund besonders zuzuwenden. Auch wenn häufig geklagt wird, keine geeigneten Bewerber finden zu können, kommen Migranten dennoch nicht verstärkt in den Blick der betrieblichen Personalsuche. Die Gefahr eines in Zukunft wachsenden Fachkräftemangels, wie er von Arbeitsmarktexperten prognostiziert wird, hat offenkundig bei Unternehmen noch nicht zu einer Überprüfung ihrer personalpolitischen Rekrutierungs- und Selektionsmechanismen geführt, zumindest nicht in einer Weise, die für Migranten neue Zugangswege eröffnet.

Unklare Unternehmensziele hinsichtlich Diversität

Die empirische Überprüfung der Diversitätstaxonomie ließ erkennen, dass es nicht nur klare und eindeutige Formen der Auseinandersetzung mit kultureller Vielfalt im Unternehmen gibt. Viele Unternehmen scheinen hin- und hergerissen zu sein zwischen den wahrgenommenen Vorteilen kultureller Vielfalt und Befürchtungen hinsichtlich möglicher problematischer Folgen einer stärkeren kulturellen Öffnung. Positiv formuliert kann man diese Organisationen als „Unternehmen im Zwiespalt" bezeichnen. Bildungs- und Beratungsmaßnahmen zur weiteren Klärung ihrer Situation und möglicherweise auch zur Förderung einer interkulturellen Personalpolitik scheinen hier besonders vielversprechend.

Literatur

Adler, N. J. (1983): Organzational development in multicultural environment. In: Journal of Applied Behavioural Sciences. No. 03, pp. 349-365.

Bärsch, J. et al. (2002): Arbeitsmarktintegration von jungen Menschen mit Migrationshintergrund in Köln (AIMm). In: KNi Papers. Jg. 03, Nr. 02, Köln.

Bissels, S./Sackmann, S./Bissels, T. (2001): Kulturelle Vielfalt in Organisationen. Ein blinder Fleck muss sehen lernen. In: Soziale Welt. H. 52, S. 403-426.

Gilbert, J. A./Ivancevich, J. M. (2000) : Diversity management: Time for a new approach. In: Public Personnel Management. No. 29, pp. 75-92.

Glaser, B. G./Strauss, A. L. (1967): The discovery of grounded theory. Strategies for qualitative research. Chicago.

Hansen, K. (2003): „Diversity" – ein Fremdwort in deutschen Arbeits- und Bildungsorganisationen? In: Belinszki, E./Hansen, K./Müller, U. (Hrsg.): Diversity Management. Best practices im internationalen Feld. Münster. S. 155-205.

Mayring, P. (2000): Qualitative Inhaltsanalyse. Grundlagen und Techniken. Weinheim.

Thomas, D. A./Ely, R. J. (1996): Making differences matter: A new paradigm for managing diversity. In: Harvard Business Review. No. 05, pp. 79-91.

Alles neu in den Neuen Medien?
Arrangements von Erwerbsarbeit und Privatleben
bei Freelancern in den Kultur- und Medienberufen

Annette Henninger

1 Einführung

2 Freelancer – Vorreiter neuer Arrangements von Arbeit und Leben?

3 Alleinselbständigkeit – Chance oder Risiko für die Verknüpfung von Erwerbsarbeit und Privatleben?

4 Individuelle Arrangements von Arbeit und Leben: Entgrenzung oder eigenständige Grenzziehung?

5 Partnerschaftliche Geschlechterarrangements: Abkehr vom Ernährermodell?

6 Diskussion der besseren Vereinbarkeit von Erwerbsarbeit und Privatleben durch selbst bestimmte Flexibilität

Literatur

1 Einführung

In der Boomphase der New Economy wurden die Beschäftigten in der Medien- und Kulturindustrie in Medienberichten häufig als junge Singles mit hohem Commitment für ihre Arbeit charakterisiert. Die Grenzen zwischen Erwerbsarbeit und Privatleben schienen dabei zu verschwimmen. Insbesondere für Freelancer, so der Eindruck, eröffneten sich in der Branche Chancen für Selbstbestimmung und neue Karrieremöglichkeiten. Zugleich warnten kritische Stimmen vor einer Instrumentalisierung des gesamten Lebenszusammenhangs für die Marktbehauptung. Spätestens nach der Krise der New Economy wird es nun Zeit für eine empirische Bestandsaufnahme. Lösen sich bei Freelancern, die über die Lage und Dauer ihrer Arbeitszeit selbst bestimmen können, tatsächlich die Grenzen zwischen Erwerbsarbeit und Privatleben auf? Und wie lässt sich dies mit dem Zusammenleben in einer Partnerschaft oder mit Kindern vereinbaren?

Der Beitrag geht diesen Fragen anhand einer Studie über Alleinselbstständige in Kultur- und Medienberufen (Journalismus, Design und Software-Entwicklung) nach, die als exemplarisch für den neu entstehenden Idealtypus des Arbeitskraftunternehmers gelten. Die Ergebnisse zeigen, dass sich die vermutete Entgrenzung von Arbeit und Leben nur bei einer kleinen Minderheit beobachten lässt. Den meisten Befragten gelingt vielmehr eine eigenständige Stabilisierung der Lebensführung. Auch leben Freelancer keineswegs überdurchschnittlich häufig alleine. Allerdings lässt sich bei der partnerschaftlichen Arbeitsteilung eine Abkehr vom Modell des männlichen Familienernährers beobachten. Kinderlose Befragte leben überwiegend in Doppelverdiener-Partnerschaften, die der Abfederung von Marktrisiken dienen. Für die interviewten Eltern eröffnet die mit der Selbstständigkeit verbundene zeitliche Flexibilität Chancen für die Vereinbarkeit von Erwerbsarbeit und Kinderbetreuung, die von Müttern ebenso wie von Vätern wahrgenommen werden. Die meisten Befragten zeigen eine hohe Arbeitszufriedenheit und Motivation. Die Dispositionsspielräume bezüglich Lage und Dauer der Arbeitszeit tragen wesentlich zu dieser positiven Bewertung bei – eine Erkenntnis, die auch für die Management-Praxis von Interesse sein dürfte.

2 Freelancer – Vorreiter neuer Arrangements von Arbeit und Leben?

In der Boomphase der New Economy wurden die Beschäftigten in der Medien- und Kulturindustrie in Medienberichten häufig als junge Singles mit hohem Commitment für ihre Arbeit charakterisiert, für die Grenzen zwischen Erwerbsarbeit und Privatleben an Bedeutung verloren. Insbesondere für Freelancer schien die Branche im Kontrast zum ansonsten eher stark regulierten deutschen Arbeitsmarkt Chancen für Selbstbestimmung und neue Karrieremöglichkeiten zu bieten. Zugleich fehlte es nicht an kritischen Stimmen, die Alleinselbstständige in den Neuen Medien als Prototypen des „Arbeitskraftunternehmers" (Voß 1998; Pongratz/Voß 2003) sahen, bei dem es zu einer Instrumentalisierung des gesamten Lebenszusammenhangs für die Marktbehauptung komme – mit gravierenden Folgen für die Organisation von Hausarbeit und Kinderbetreuung.

Spätestens nach der Krise der New Economy wird es nun Zeit für eine empirisch unterfütterte Bestandsaufnahme. Sind Freelancer tatsächlich so jung und ungebunden, wie es Medienberichte unterstellten? Werden Alleinselbstständige, die über große Gestaltungsspielräume bezüglich Lage und Dauer ihrer Arbeitszeit verfügen, zum Spielball der Marktkräfte, oder gelingt ihnen eine eigenständige Strukturierung von Erwerbsarbeit und Privatleben? Lässt sich diese Form der Selbstständigkeit überhaupt mit dem Zusammenleben in einer Partnerschaft und mit der Betreuung von Kindern vereinbaren, und wenn ja: welchen Formen partnerschaftlicher Arbeitsteilung bilden sich dabei heraus?

Die Ergebnisse eines erwerbs- und geschlechtersoziologischen Forschungsprojekts, in dem die Verknüpfung von Erwerbsarbeit und Privatleben im Alltag und im Lebenslauf von Freelancern in der Medien- und Kulturindustrie empirisch untersucht wurde, können hierauf eine erste Antwort geben.[1] Ausgehend von der These einer Konvergenz von alten und Neuen Medien wurden in die Untersuchung sowohl die klassischen Kulturberufe von *JournalistInnen* und *DesignerInnen* (einschließlich neuer Spezialisierungen auf Online-Journalismus bzw. Webdesign) als auch relativ neue Beschäftigungsgruppen wie *Software-EntwicklerInnen* einbezogen.

Der empirische Zugang basierte auf einem Methodenmix. Um Informationen über das Untersuchungsfeld zu gewinnen, wurden zunächst ExpertInnen-Interviews mit VertreterInnen von Berufsverbänden und Gewerkschaften geführt und vorhandene Sozialstrukturdaten zu den untersuchten Einzelberufen ausgewertet. Anschließend wurde mit Unterstützung der Berufsverbände in drei Zentren der Branche (Berlin, Köln, Hamburg) eine Fragebogenerhebung durchgeführt, um zusätzliche Daten über Freelancer zu erheben.[2] Aus dem Fragebogensample wurden dann die InterviewpartnerInnen für die nachfolgend durchgeführten 39 erwerbsbiografischen Interviews gemäß vorab festgelegter Kriterien (Geschlecht, Alter, Einkommen, Haushaltsform) ausgewählt.[3]

---

[1] Das Projekt „Neue Erwerbsformen und Wandel von Geschlechterarrangements" (Leitung: Prof. Karin Gottschall, Bearbeitung: Dr. Annette Henninger) war am Zentrum für Sozialpolitik der Universität Bremen angesiedelt und wurde von 05/2002-05/2005 vom Bundesministerium für Bildung und Forschung gefördert.

[2] Freiberufliche JournalistInnen und DesignerInnen wurden von den regionalen Untergliederungen der Berufsverbände über die Befragung informiert. Den Kontakt zu Software-Freelancern stellten zwei bundesweit tätige Organisationen und professionelle Netzwerke her. Das Fragoben-Sample (N=185) umfasste 114 JournalistInnen, 49 DesignerInnen und 22 Software-Freelancer.

[3] Zwischen März 2003 und April 2004 wurden Interviews mit 17 JournalistInnen, 13 DesignerInnen und 9 SoftwareentwicklerInnen durchgeführt. Ein Journalisten-Interview blieb bei

Ziel dieser Samplingstrategie war es, die Sozialstruktur der Untersuchungsgruppen im Interview-Sample möglichst genau abzubilden, wenn auch nicht im Sinne statistischer Repräsentativität.

Im folgenden Beitrag wird zunächst die wissenschaftliche Kontroverse über die mit einer Alleinselbstständigkeit verbundenen Chancen und Risiken im Hinblick auf die Vereinbarkeit von Erwerbsarbeit und Privatleben nachgezeichnet. Aus dieser Debatte werden die Thesen entwickelt, die nachfolgend anhand des empirischen Materials überprüft werden. Zunächst werden dabei die im Interviewsample vorgefundenen individuellen Arrangements von Erwerbsarbeit und Privatleben analysiert, um die These einer Entgrenzung beider Lebensbereiche einer empirischen Überprüfung zu unterziehen. In einem zweiten Analyseschritt werden private Lebensformen und partnerschaftliche Geschlechterarrangements bei Freelancern untersucht, um die in der Forschung diskutierten kontroversen Annahmen über die Vereinbarkeit von Beruf und Partnerschaft bzw. Familie bei dieser Gruppe zu prüfen. Im abschließenden Fazit wird diskutiert, welche Empfehlungen sich aus den empirischen Befunden über Freelancer für die Management-Praxis in Unternehmen ableiten lassen.

3 Alleinselbständigkeit - Chance oder Risiko für die Verknüpfung von Erwerbsarbeit und Privatleben?

Die Chancen und Risiken einer Vereinbarkeit von Beruf und Privatleben bei Alleinselbstständigen werden vor dem Hintergrund einer unterschiedlich stark ausgeprägten Regulierung abhängiger Beschäftigung in koordinierten und liberalen Ökonomien (Hall/Soskice 2001) von deutschen und britischen bzw. US-amerikanischen ForscherInnen recht kontrovers eingeschätzt. Beide Zugänge greifen jedoch zu kurz, da sie Marktanforderungen fokussieren und Anforderungen, aber auch Unterstützungspotenziale, die aus familiären Bindungen der Erwerbstätigen resultieren, vernachlässigen.

Deutschland gilt als Beispiel für eine koordinierte Marktwirtschaft, in der abhängige Beschäftigung stark reguliert ist. In der deutschen Debatte werden vor diesem Hintergrund vor allem die Risiken dieser neuen Erwerbsform hervorgehoben. So führen *Voß* und *Pongratz* (Voß 1998; Pongratz/Voß 2003) die Herausbildung des „Arbeitskraftunternehmers" auf veränderte betriebliche Strategien zur Verwertung von Arbeitskraft zurück, die die Arbeitenden mit neuen Anforderungen konfrontieren. Freelancer in den Kultur- und Medien-

---

Auswertung unberücksichtigt, da der Befragte zum Zeitpunkt des Interviews abhängig beschäftigt war. Der Frauenanteil im Interviewsample beträgt in jeder Berufsgruppe etwa 50%. Etwa 1/3 der Befragten sind Eltern, ca. ¾ leben in einer Partnerschaft. Jüngere (bis 35 Jahre) und Ältere (über 55 Jahre) sind jeweils zu ca. 1/6, mittlere Altersgruppen (35-55) mit 2/3 vertreten. Prekäre Einkommen (Jahresnettoeinkommen unter 20.000 Euro), mittlere Einkommen (20.000-50.000 Euro) und Spitzenverdienste (über 50.000 Euro) sind zu etwa gleichen Anteilen berücksichtigt.

berufen gelten als Prototypen dieses neuen Arbeitskrafttyps. Die Autoren befürchten beim „Arbeitskraftunternehmer" eine Instrumentalisierung des gesamten Lebenszusammenhangs für die Marktbehauptung. *Jurczyk* und *Voß* (2000, 155) stellen die Frage, wer unter diesen Bedingungen Haus- und Betreuungsarbeit übernehmen wird. Als eine mögliche Entwicklung skizzieren sie eine Gesellschaft von Arbeitsmonaden, in der jeder die eigenen Reproduktionsarbeiten verrichtet. Die Vereinbarkeit von Erwerbstätigkeit und Privatleben bzw. Familie erscheint damit aus dieser Perspektive als gefährdet.

Studien über Freelancer in der Kultur- und Medienindustrie in England und in den USA orientierten sich dagegen an einem Konzept von „portfolio work". Nach *Handy* (1994) verfügen ‚portfolio workers' über professionelle Fähigkeiten, die sich in die Alleinselbständigkeit transferieren lassen. Sie arbeiten gegen Honorar für mehrere Auftraggeber und können relativ frei über ihre Zeit verfügen. Vor dem Hintergrund einer deutlich geringeren Regulation abhängiger Beschäftigung in liberalen Ökonomien treten dabei die Autonomiepotenziale von Alleinselbstständigkeit in den Vordergrund. So sehen *Fraser* und *Gold* (2001) bei einer Untersuchung zu freiberuflichen ÜbersetzerInnen in Großbritannien portfolio work als eine aktive Strategie der Beschäftigten. Die Selbstständigkeit bietet nach Ansicht der AutorInnen eine größere Flexibilität, um bezahlte Arbeit mit anderen Aktivitäten, insbesondere Kinderbetreuung, zu verbinden. Implizit wird dabei von einer uneingeschränkten Kompatibilität marktseitiger und familiärer Anforderungen ausgegangen.

Welche Handlungsstrategien die Arbeitenden angesichts neuer betrieblicher bzw. marktseitiger Anforderungen entwickeln, bleibt beim Arbeitskraftunternehmer-Ansatz offen. Zwar konstatieren die Autoren sowohl Chancen als auch Risiken für die Beschäftigten. In der Tendenz werden diese jedoch als Opfer fremdbestimmter Veränderungen betrachtet, während Gestaltungspotenziale, wie sie etwa von *Baethge* (1991) mit der These einer normativen Subjektivierung von Arbeit postuliert werden, unterbelichtet bleiben.[4] Studien, die sich auf das Konzept von ‚portfolio work' beziehen, weisen dagegen das umgekehrte Problem auf: aufgrund der Ausgangsannahme eines hohen Autonomiepotenzials wird hier der Druck des Marktes auf die Lebensführung von Freelancern unterschätzt.

Beide Ansätze vernachlässigen allerdings, dass neben dem Markt auch die Einbindung in die Familie (im Sinne pluraler Haushaltsformen) den Alltag und den Lebensverlauf von Erwerbstätigen prägt. Die Frauen- und Geschlechterforschung hat schon früh auf Widersprüche und Handlungskonflikte hingewiesen, die für abhängig beschäftigte Frauen aus der gleichzeitigen Einbindung in Arbeitsmarkt und Familie resultieren, da das in Deutschland

---

[4] Zur diesbezüglichen Kritik am Arbeitskraftunternehmer-Ansatz vgl. u. a. Henninger 2003 und Betzelt/Gottschall 2005.

dominante Leitbild des männlichen Familienernährers auf der Übernahme von Haus- und Betreuungsarbeit durch eine höchstens teilzeitbeschäftigte Partnerin basiert (Becker-Schmidt et al. 1981; Jurczyk/Rerrich 1993; Born et al. 1996). *Hoff* (2003) zeigt eine Zeitperspektive solcher Handlungskonflikte auf, die sich in unterschiedlichen Lebensphasen verschieden darstellen können.

Während diese Befunde sich auf abhängig Beschäftigte beziehen, ist für Freelancer von einer doppelten Wechselwirkung zwischen Beruf und Familie auszugehen: Zum einen können für Alleinselbstständige familiäre Bindungen unterstützend wirken, indem sie Marktrisiken, die sich aus ihrer marginalen Einbindung in das deutsche Sozialversicherungssystem[5] ergeben, abfedern. *Carnoy* (2000, 141) sieht die Familie für den US-amerikanischen Arbeitsmarkt angesichts flexibler Arbeitsbedingungen als „risk hedge", da sie soziale Absicherung in Phasen der Beschäftigungslosigkeit gewähre. Dieser Annahme zufolge könnte eine Partnerschaft für Freelancer eine Absicherung gegen Einkommensausfälle z. B. aufgrund von Krankheit oder Auftragslosigkeit bieten. Die Voraussetzung hierfür ist allerdings, dass beide Partner über ein Einkommen verfügen. In Verbindung mit den bei Hochqualifizierten verbreiteten egalitären Orientierungen liegt daher die Annahme nahe, dass bei den untersuchten hoch qualifizierten Alleinselbstständigen Doppelverdiener-Partnerschaften dominieren, die vom in Deutschland nach wie vor dominanten Leitbild des männlichen Familienernährers abweichen.

Zum anderen müssen Alleinselbstständige ebenso wie abhängig Beschäftigte widersprüchliche Anforderungen aus Arbeitsmarkt und Familie in Einklang bringen. Daraus resultierende Handlungskonflikte, die aufgrund der verbreiteten geschlechtsspezifischen Arbeitsteilung in Partnerschaften bislang in erster Linie Frauen betrafen, könnten sich für Freelancer aufgrund gestiegener marktseitiger Anforderungen sowie durch eine Erosion des Ernährermodells verallgemeinern – mit der Folge, dass nunmehr Männer ebenso wie Frauen die widersprüchlichen Anforderungen aus Beruf und Familie miteinander austarieren müssen.

Angesichts der in der Literatur vertretenen kontroversen Positionen gilt es im nächsten Schritt empirisch zu klären, in welchem Verhältnis Beruf und Privatleben für Freelancer stehen. Dabei gilt es zunächst zu untersuchen, ob Alleinselbstständigkeit mit der Gefahr von Grenzverschiebungen zwischen Arbeit und Privatleben im Sinne einer Instrumentalisierung des privaten Lebens-

---

[5] Alleinselbstständige müssen in der Regel private Vorsorge gegen Marktrisiken wie Krankheit und Alter treffen, eine Arbeitslosenversicherung existiert für Selbstständige nicht. Für bestimmte Kulturberufe wurde 1983 als eigenständiger Zweig des deutschen Sozialversicherungssystems die Künstlersozialversicherung geschaffen, die eine Kranken- und Rentenversicherung beinhaltet. Die Leistungen bewegen sich allerdings aufgrund der häufig geringen Einkommen meist auf niedrigem Niveau (Betzelt/Gottschall 2005; Henninger/Gottschall 2005).

umfelds für die Erwerbsarbeit einhergeht, wie dies im Arbeitskraftunternehmer-Konzept angenommen wird, oder ob Freelancern angesichts der mit der selbstständigen Erwerbsform verbundenen Autonomiepotenziale eine eigenständige Strukturierung ihres Alltags gelingt. Im nächsten Schritt ist anhand statistischer Daten zu klären, mit welchen privaten Haushaltsformen Alleinselbstständigkeit einhergeht: Sind Freelancer ‚Arbeitsnomaden', oder lässt sich diese Erwerbsform mit den Zusammenleben in einer Partnerschaft bzw. mit Kindern verknüpfen? Die Interviewdaten können dann genaueren Aufschluss über Muster partnerschaftlicher Arbeitsteilung geben, um die Frage zu beantworten, ob bei der Untersuchungsgruppe tatsächlich, wie hier vermutet, Doppelverdiener-Partnerschaften dominieren.

4 Individuelle Arrangements von Arbeit und Leben: Entgrenzung oder eigenständige Grenzziehung?

Bei den individuellen Arrangements von Erwerbsarbeit und Privatleben lassen sich im Interviewsample entlang der von den Befragten formulierten Präferenzen und ihrer Zeitallokation erwerbszentrierte und ausbalancierte Arrangements unterscheiden. Ein knappes Drittel der Untersuchungsgruppe lässt sich als ausbalanciert charakterisieren, die übrigen sind erwerbszentriert. Bereits die Existenz von ausbalancierten Arrangements, bei denen die Interviewten Erwerbsarbeit und Privatleben die gleiche Bedeutung einräumen, widerspricht der These einer generellen Entgrenzung von Arbeit und Leben bei Alleinselbstständigen (ausführlichere Darstellung: Henninger/Gottschall 2005).

Bei genauerer Betrachtung der Gruppe der Erwerbszentrierten zeigt sich zudem, dass bei diesen Befragten die Erwerbsarbeit zwar deutlich mehr Raum einnimmt; dies geht jedoch nicht zwangsläufig mit dem Verschwimmen von Grenzen zwischen beiden Lebensbereichen einher. Lage und Dauer der Arbeitszeit werden vielmehr von Anforderungen bestimmt, die sich aus der Erwerbsarbeit *und* aus dem Privatleben ergeben. Im Umgang mit diesen zum Teil widersprüchlichen Anforderungen entwickeln die Befragten unterschiedliche Strategien, die von individuellen Prioritätensetzungen und von ihrer Marktposition abhängig sind. Neben einer Entgrenzung von Erwerbsarbeit und Privatleben lassen sich dabei Strategien der aktiven Grenzziehung und des flexiblen Austarierens beobachten. Die befragten Eltern verteilen sich gleichmäßig über alle drei Gruppen.

Haushaltstyp \ individuelles Arrangement	Entgrenzung	Flexibles Austarieren	Grenzziehung
Befragte ohne Kinder	8	10	7
Befragte mit Kindern	5	5	4

Tabelle 1: Individuelle Arrangements bei Befragten mit und ohne Kinder.

Eine *Entgrenzung* lässt sich bei einem knappen Drittel der Befragten beobachten, die deutlich erwerbszentriert sind. Dabei handelt es sich um einige wenige Befragte mit schlechter Marktposition, die zur Existenzsicherung auf jeden Auftrag angewiesen sind und eingehende Aufträge sofort, teilweise unter großem Zeitdruck, bearbeiten; es folgen Phasen der Auftragslosigkeit, die nicht als Freizeit genossen werden können. Entgrenzungstendenzen lassen sich aber auch bei Freelancern beobachten, für die eine Unterscheidung zwischen Arbeitszeit und Freizeit aufgrund einer starken Identifikation mit dem Beruf an Bedeutung verliert. Sie stellen die Mehrheit in dieser Gruppe. Allerdings führt selbst ein hohes berufliches Engagement nicht zwangsläufig zu Entgrenzung; vielmehr sind die Befragten in der Lage, die damit verbundenen Risiken zu reflektieren und Gegenstrategien zu entwickeln. So begründen einige Befragte eine bewusste Reduzierung ihrer Arbeitszeit z. B. damit, dass exzessive Arbeitszeiten zu einer größeren Fehlerquote und damit zu Qualitätseinbußen führen. Sofern Befragte mit entgrenzten Arbeitszeiten Kinder haben, sind diese meist über 14 Jahre alt. Lediglich zwei Frauen haben kleinere Kinder. Hier ist in erster Linie der Partner für die Kinderbetreuung zuständig; daneben werden bezahlte Betreuungsleistungen in Anspruch genommen.

Bei einem weiteren knappen Drittel der interviewten Freelancer lässt sich eine klare *Grenzziehung* in zeitlicher Hinsicht feststellen. Diese Befragten arbeiten regelmäßig zu den gleichen Zeiten; eine Voll- bzw. Teilzeiterwerbstätigkeit und Freizeit sind dabei ähnlich wie bei abhängig Beschäftigten klar voneinander getrennt. Bei manchen Befragten ist die Arbeitszeit durch die Kundenunternehmen vorgegeben, z. B. durch die Einbindung in Software-Entwicklungsteams oder Nachrichtenredaktionen. Andere orientieren sich an den ortsüblichen Öffnungszeiten von Kleingewerbetreibenden oder am Normalarbeitstag. Bei zwei befragten Müttern, die eine Teilzeiterwerbstätigkeit mit der Betreuung kleinerer Kinder kombinieren, strukturieren die Betreuungszeiten der Kinder den Arbeitstag. Bei anderen Befragten aus dieser Gruppe, die vollzeiterwerbstätig sind und kleinere Kinder haben, wird deren Betreuung vom Partner bzw. der Partnerin übernommen.

Die übrigen Befragten nutzen die häufig mit einer Alleinselbstständigkeit einhergehenden zeitlichen Dispositionsspielräume für eine autonome Arbeits(zeit)gestaltung, bei der sie Anforderungen aus dem Erwerbs- und

Familienleben und eigene Bedürfnisse *flexibel austarieren*. Bei hohem Arbeitsanfall arbeiten sie länger, nehmen dafür aber auch einmal frei, wenn weniger zu tun ist, wenn ihre Leistungsfähigkeit nachlässt oder wenn private Termine anstehen. Diese Befragten beschreiben Dispositionsmöglichkeit über die Lage der Arbeitszeit als wesentlich für ihre Motivation, wobei manche zugleich kritisch reflektieren, dass dies zur Ausdehnung der Arbeitszeit sowie zur Arbeitsintensivierung führen kann. In dieser Gruppe finden sich drei Väter, die eine Teilzeiterwerbstätigkeit mit der Betreuung kleinerer Kinder kombinieren. Auch zwei vollzeiterwerbstätige Mütter nutzen die zeitlichen Dispositionsspielräume der Selbstständigkeit zur besseren Vereinbarkeit von Erwerbsarbeit und Kinderbetreuung.

In den Interviews lassen sich Lernprozesse nachzeichnen, die Arrangements von Erwerbsarbeit und Privatleben verschieben können: So antizipieren etwa BerufseinsteigerInnen ein intensives zeitliches Engagement in den ersten Jahren, um sich am Markt zu behaupten. Einige Befragte mittleren Alters wollen nach einer Phase intensiven beruflichen Engagements ihre Arbeitszeiten reduzieren, um ihre Arbeitsfähigkeit längerfristig zu erhalten und um ihrem Privatleben mehr Raum zu geben. Auslöser hierfür können z. B. Krankheiten, Erschöpfungszustände oder Konflikte in der Partnerschaft sein. Die Voraussetzung hierfür ist allerdings, dass die Existenzsicherung gewährleistet ist; andernfalls kann es auch im fortgeschrittenen Alter zu einer Ausdehnung der Arbeitszeiten und zur marktgesteuerten Entgrenzung kommen.

Ein interessanter Befund der Studie ist, dass die für die Mehrheit der Befragten das mit der Alleinselbständigkeit verbundene wirtschaftliche Risiko durch die mit dieser Erwerbsform einhergehenden inhaltlichen und zeitlichen Gestaltungsspielräume aufgewogen wird. *Betzelt* und *Gottschall* (2005) kommen vor diesem Hintergrund zu dem Schluss, dass Alleinselbständigkeit in den Kultur- und Medienberufen durch eine „spezifische Mischung von Privilegierung und Prekarisierung" gekennzeichnet sei, die sich im Vergleich zu abhängiger Beschäftigung durch ein höheres Selbstbestimmungspotenzial einschließlich eines reflexiven Umgangs mit den riskanten Marktbedingungen auszeichne.

Auf Basis dieser Ergebnisse muss die These einer generellen Entgrenzung von Erwerbs- und Privatleben bei Alleinselbstständigen relativiert werden – sie weisen vielmehr ähnliche Arrangements von Arbeit und Leben auf wie abhängig Beschäftigte in hoch qualifizierten Tätigkeiten.[6] Den meisten Befragten gelingt es durchaus, teilweise widersprüchliche marktseitige und private

---

[6] Ewers et al. (2004) identifizieren bei Beschäftigten und GründerInnen von IT-Startups Formen der Entgrenzung (62% der Befragten), Formen der Integration (13%) sowie der Segmentation von Arbeit und Leben (25%). Die abweichende zahlenmäßige Verteilung ist vermutlich auf das geringere Durchschnittsalter der Befragte sowie auf die Arbeitszeitkultur in den IT-Berufen zurückzuführen, die durch lange Normalarbeitstage und häufige Überstunden geprägt ist.

Anforderungen mit ihren eigenen Bedürfnissen auszutarieren. Der im Arbeitskraftunternehmer-Ansatz postulierte erweiterte marktseitige Zugriff auf das Privatleben lässt sich nur bei der kleinen Minderheit beobachten. Zugleich wird anhand der empirischen Befunde deutlich, dass selbst entgrenzte Arbeitszeiten sich mit Elternschaft vereinbaren lassen – sofern die Partnerin oder der Partner die Betreuungsverantwortung übernimmt. Die hieraus resultierenden Muster partnerschaftlicher Arbeitsteilung werden im nächsten Abschnitt behandelt.

5 Partnerschaftliche Geschlechterarrangements: Abkehr vom Ernährermodell?

Freelancer sind privat keineswegs so ungebunden, wie es Medienberichte und erste empirische Untersuchungen darstellten.[7] Anhand von Mikrozensus-Daten (Leicht/Lauxen-Ulbrich 2002, 16) lässt sich zeigen, dass Alleinselbstständige aller Berufsgruppen etwa genauso häufig wie abhängig Beschäftigte Singles (Männer und Frauen: 22%) oder alleinerziehend sind (Männer: 1%, Frauen: 6%), in einer Partnerschaft ohne Kinder (Männer: 42%, Frauen: 39%) oder zusammen mit Partner/in und Kind/ern unter 18 Jahren leben (Männer: 35%, Frauen: 33%). Die Ergebnisse der für die Studie durchgeführten Fragebogenerhebung unter Freelancern weichen hiervon etwas ab: Singles sind im Fragebogensample sogar leicht unterrepräsentiert, ebenso Lebensgemeinschaften mit Kindern. In allen untersuchten Berufsgruppen leben 50% und mehr der befragten Freelancer in einer Lebensgemeinschaft ohne Kinder. Eine Ausnahme bilden lediglich die männlichen Software-Entwickler, die überdurchschnittlich häufig in einer Partnerschaft mit Kindern leben (detaillierte Ergebnisse: Henninger 2004).

Um der Frage nachzugehen, mit welchen partnerschaftlichen Geschlechterarrangements eine freiberufliche Tätigkeit verknüpft ist und ob sich hierbei die Annahme bestätigt, dass Freelancer überwiegend in Doppelverdiener-Partnerschaften leben, werden die 32 Interviews mit Freelancern, die in einer Partnerschaft leben, nachfolgend einer gesonderten Auswertung unterzogen.

Zur Beschreibung der empirisch vorgefundenen Arrangements wird eine modifizierte Variante einer von *Rüling et al.* (2004) entwickelten Typologie zu Grunde gelegt, die partnerschaftliche Geschlechterarrangements mit individuellen Schwerpunktsetzungen beider Partner in Bezug auf Beruf oder Familie verknüpft. Die AutorInnen unterscheiden strukturell egalitäre Arrangements,

---

[7] So konstatiert *Manske* (2003, 142 f.) in ihrer Studie über „WebWorker" eine Dominanz von Singles und Kinderlosen. Möglicherweise handelt es sich um einen Sampleeffekt: mit einem Alter von etwa 30 Jahren (ebd., 141) sind die von Manske befragten WebWorker deutlich jünger als unsere Interviewpartner/innen, und das Eingehen einer stabilen Partnerschaft und eine Familiengründung stehen ihnen biografisch noch bevor.

bei denen beide Partner die gleichen Schwerpunkte setzen, von strukturell spezialisierten Arrangements, bei denen sich ihre Prioritäten unterscheiden. Um die befragten Freelancer diesen Typen zuzuordnen, wurden ihre individuellen Präferenzen für ein erwerbszentriertes oder ausbalanciertes Arrangement von Arbeit und Leben (s. o.) mit ihren Aussagen zur partnerschaftlichen Arbeitsteilung und zum jeweiligen Beitrag zum Haushaltseinkommen verknüpft. Vier Fälle, die sich dieser Typologie nicht zuordnen ließen, weil sich ein gemeinsames partnerschaftliches Arrangement (noch) nicht herausgebildet hatte, bleiben bei den nachfolgenden Ausführungen unberücksichtigt.[8]

Im Interviewsample treten *strukturell egalitäre Arrangements* in mehreren Varianten auf: Zum einen lassen sich Partnerschaften identifizieren, in denen beide Partner die Präferenz für ein ausbalanciertes Verhältnis von Erwerbsarbeit und Privatleben teilen. Zum anderen finden sich Partnerschaften, in denen beide Partner erwerbszentriert sind. Eine Sonderform des letztgenannten Arrangements sind Produktionsgemeinschaften, in denen beide Partner alleinselbstständig sind und sich bei der Erstellung eines (gemeinsamen) Produktes unterstützen. *Strukturell spezialisierte Arrangements* kommen zum einen in Form von traditionellen Geschlechterarrangements mit männlichem Ernährer und höchstens teilzeit-erwerbstätiger Hausfrau vor. Zum anderen existieren aber auch rollentauschorientierte Arrangements mit einer weiblichen Ernährerin und einem teilzeiterwerbstätigen Hausmann, der die Kinderbetreuung übernimmt.

Wie die nachfolgende Tabelle zeigt, dominieren im Sample bei Paaren ohne Kinder strukturell egalitäre Arrangements, in denen beide Partner erwerbszentriert sind (Tabelle 2). Lediglich in einem Fall lässt sich bei dieser Gruppe ein traditionelles Arrangement beobachten.[9] Bei Eltern sind strukturell egalitäre Arrangements vergleichsweise selten. Die meisten Mütter und Väter leben vielmehr in strukturell spezialisierten Partnerschaften, in denen Erwerbsarbeit und Kinderbetreuung arbeitsteilig organisiert werden: im Sample finden sich genauso häufig traditionelle wie rollentauschorientierten Arrangements. Bei den befragten hoch qualifizierten Alleinselbstständigen sind es also nicht mehr überwiegend die Mütter, die eine (Teilzeit-)Erwerbstätigkeit mit Kinderbetreuung vereinbaren müssen.

---

[8] Zwei dieser Befragten leben in einer neuen Partnerschaft, in zwei anderen Fällen ist die Zukunftsperspektive aufgrund einer bevorstehenden Trennung bzw. aufgrund einer schweren Erkrankung eines Partners unklar.
[9] Hierbei handelt es sich um einen Designer, der im Interview von einer geschlechtsspezifischen häuslichen Arbeitsteilung mit seiner Partnerin berichtete, die eine Berufsunfähigkeitsrente erhält.

Geschlechter-Arrangement / Haushaltstyp	Strukturell egalitär			Strukturell spezialisiert	
	ausbalanciert	erwerbszentriert/ unteschiedl. Tätigkeiten	erwerbszentriert/ Produktionsgemeinschaft	traditionelles Arrangement	Rollentauscharrangement
Partnerschaft ohne Kinder	2	4	8	1	--
Partnerschaft mit Kindern	1	2	1	4	5

Tabelle 2: Geschlechterarrangements in Partnerschaften mit und ohne Kinder.

Unterschiede zwischen Männern und Frauen zeigen sich angesichts nach wie vor bestehender geschlechtsspezifischer Rollenerwartungen bei der Bewertung strukturell spezialisierter Arrangements. Für die drei männlichen Befragten, die in einem traditionellen Arrangement leben, sind Hausarbeit und Kinderbetreuung kein Thema; die beiden Väter unter ihnen thematisieren vielmehr berufliche Kompromisse, zu denen sie sich aufgrund ihrer Rolle als Familienernährer gezwungen sahen. Die beiden befragten Väter, die eine Teilzeiterwerbstätigkeit mit der Betreuung von Kindern verbinden, erleben dieses Arrangement als ausgesprochen positiv, da es sie von der Ernährerrolle entlastet. Die beiden teilzeiterwerbstätigen Mütter verweisen dagegen auf die Ambivalenzen, die dieses Arrangement für sie mit sich bringt: einerseits sehen sie die mit der Selbstständigkeit verbundene zeitliche Flexibilität durchaus als vorteilhaft für die Vereinbarkeit von Erwerbsarbeit und Kinderbetreuung. Andererseits berichten sie von Konflikten in der Partnerschaft, da diese Flexibilität ihren abhängig beschäftigten Partnern als Argument dient, ihnen die Alleinverantwortung für Haus- und Betreuungsarbeit zuzuweisen. Auch zwei der drei Frauen, die die Rolle der Familienernährerin übernommen haben, fühlen sich weiterhin für die Organisation des Haushalts verantwortlich und beklagen, dass sie nicht genug Zeit für ihre Kinder haben.

Geschlechter-Arrangement / Berufsfeld	Strukturell egalitär			Strukturell spezialisiert	
	ausbalanciert	erwerbszentriert/ unteschiedl. Tätigkeiten	erwerbszentriert/ Produktionsgemeinschaft	traditionelles Arrangement	Rollentauscharrangement
Design	1	1	3	1	1
Journalismus	2	3	4	2	2
Software-Entwicklung	--	2	2	2	2

Tabelle 3: Partnerschaftliche Geschlechterarrangements nach Berufsgruppen.

Im Interviewsample werden bezüglich der partnerschaftlichen Geschlechterarrangements auch Unterschiede zwischen den Berufsgruppen deutlich (Tabelle 3). Zwei Drittel der befragten JournalistInnen und DesignerInnen leben in strukturell egalitären Partnerschaften, während sich die befragten Software-EntwicklerInnen gleichmäßig auf strukturell egalitäre und strukturell spezialisierte Arrangements verteilen. Ausbalancierte Arrangements kommen bei den befragten Software-Freelancern nicht vor.

Die Ursache hierfür liegt zum einen in den unterschiedlichen Einkommenschancen: Aufgrund durchschnittlich höherer Einkommen sind die Chancen von Software-Freelancern, ein Familieneinkommen zu erwirtschaften, deutlich besser als von Angehörigen der anderen untersuchten Berufsgruppen. Strukturell spezialisierte Arrangements bei Freelancern aus den Berufsfeldern Journalismus und Design werden zumeist durch das hohe Einkommen ihrer PartnerInnen ermöglicht. Dagegen sind alle befragten Software-EntwicklerInnen, die in einem strukturell spezialisierten Arrangement leben, die HaupternährerInnen in ihrer Familie, zwei männliche Befragte sind sogar Alleinverdiener. Aber auch eine Arbeitszeitkultur, die auf langen Normalarbeitstagen mit Anwesenheitspflicht beim Kunden basiert, erschwert für Software-Freelancer ebenso wie für abhängig beschäftigte IT-Fachleute (Ewers et al. 2004) die Vereinbarkeit von Beruf und Kinderbetreuung. Dagegen sind in Berufen mit unsicherem Einkommen und wenig institutionalisierten Karrierewegen, wie sie für selbstständige JournalistInnen und DesignerInnen typisch sind, auch Männer anscheinend eher bereit, Familienaufgaben zu übernehmen (Henninger/Gottschall 2005; ähnliche Befunde zu PsychologInnen: Dettmer et al. 2003).

Zusammenfassend lässt sich festhalten, dass die Mehrheit der Befragten zwar in Partnerschaften lebt, in denen beide Partner durch eine Voll- oder Teilzeit-Erwerbstätigkeit zum Familieneinkommen beitragen, um damit die mit einer Alleinselbstständigkeit einhergehenden Marktrisiken abzufedern. Alleinverdiener mit nicht-erwerbstätiger Hausfrau finden sich nur bei einer kleinen Minderheit gut verdienender Software-Entwickler. Entgegen der Ausgangsthese führt dies jedoch nicht dazu, dass bei Freelancern Doppelverdiener-Partnerschaften dominieren.

Vielmehr zeigen sich im Sample deutliche Unterschiede zwischen Kinderlosen und Eltern. Bei den befragten Eltern überwiegen arbeitsteilig spezialisierte Arrangements, die als Reaktion auf die vom bundesdeutschen sozial- und steuerpolitischen Setting gesetzten Rahmenbedingungen interpretiert werden können. Die Tatsache, dass Rollentausch-Arrangements im Sample genauso häufig vorkommen wie unterschiedliche Ausprägungen des Ernährermodells, deutet allerdings auf einen Wandel von Geschlechterarrangements hin. Zugleich bestätigen sich Befunde aus anderen Untersuchungen über hoch qualifizierte Erwerbstätige, wonach branchen- und berufsspezifische Arbeitszeitkulturen und Anwesenheitsverpflichtungen die Vereinbarkeit von Beruf und Privatleben bzw. Familie erleichtern oder erschweren.

6 Diskussion der besseren Vereinbarkeit von Erwerbsarbeit und Privatleben durch selbst bestimmte Flexibilität

Wie die empirischen Befunde zeigen, muss das Bild, das Medienberichte und erste empirische Studien in der Boomphase der New Economy von Freelancern zeichneten, in vielen Punkten revidiert werden. Bereits die Fragebogendaten zeigen zusammen mit vorliegenden repräsentativen Statistiken über Alleinselbstständige, dass Freelancer in den Kultur- und Medienberufen keineswegs überwiegend Singles sind. Vielmehr leben sie etwa genauso häufig wie abhängig Beschäftigte in einer Partnerschaft, und ein knappes Drittel hat Kinder. Aus den Interviewdaten geht hervor, dass sich innerhalb partnerschaftlicher Geschlechterarrangements allerdings durchaus Veränderungen in Form eine Abkehr vom männlichen Ernährermodell abzeichnen. Kinderlose Freelancer leben überwiegend in Doppelverdiener-Partnerschaften, Eltern regeln die Betreuung ihrer Kinder arbeitsteilig. Für alleinselbstständige Eltern eröffnet die mit der Selbstständigkeit verbundene zeitliche Flexibilität durchaus Chancen für die Vereinbarkeit von Erwerbsarbeit und Kinderbetreuung, die von Müttern ebenso wie von Vätern wahrgenommen werden.

Alleinselbstständige, so zeigen die Befunde der Freelancer-Interviews, werden keineswegs zwangsläufig zum Spielball der Marktkräfte. Eine solche marktgesteuerte Entgrenzung von Erwerbsarbeit und Privatleben ließ sich nur bei einer kleinen Minderheit beobachten – ein im Lichte der deutschen Debatte über die mit einer Alleinselbstständigkeit einhergehenden Risiken überraschender Befund. Den meisten Befragten gelingt vielmehr eine eigenständige Stabilisierung der Lebensführung. Dies kann neben einer klaren Grenzziehung oder einem flexiblen Austarieren zwischen Erwerbsarbeit und Privatleben zumindest zeitweilig auch mit selbst gesteuerten Formen von Entgrenzung einhergehen, bei der die Unterscheidung zwischen Arbeit und Freizeit aufgrund einer hohen Identifikation mit der Tätigkeit an Bedeutung verliert. Die damit verbundenen Risiken werden von den Betroffenen kritisch reflektiert, und in biografischen Rückblicken der Befragten wird ein Trend zu stärkerer Grenzziehung im Lebensverlauf sichtbar – vorausgesetzt, die Existenzsicherung ist gewährleistet.

Die meisten Befragten zeigen trotz der mit der Alleinselbstständigkeit verbundenen wirtschaftlichen Risiken eine hohe Arbeitszufriedenheit und Motivation. Die mit der Selbstständigkeit einhergehenden arbeitsinhaltlichen und zeitlichen Gestaltungsspielräume tragen wesentlich zu dieser positiven Bewertung sowie zu einer hohen Leistungsbereitschaft bei. Hierin zeigt sich ein spezifisches Mischungsverhältnis von Privileg und Prekarisierung, das einer Alleinselbstständigkeit in den Kultur- und Medienberufen immanent ist.

Zwar wurden in der hier vorgestellten Studie Freelancer untersucht, die in sehr viel geringerem Maße als abhängig Beschäftigte in hierarchisch gegliederte und arbeitsteilig organisierte Betriebsabläufe integriert sind. Dennoch dürften die empirischen Befunde über Alleinselbstständige auch für die Management-Praxis von Interesse sein, da sich bei dieser neuen Erwerbsform bereits heute Wandlungstendenzen von Erwerbsarbeit und im Geschlechterverhältnis zeigen, die zukünftig auch für die Betriebe an Bedeutung gewinnen werden.

So geht *Klenner* (2005) davon aus, dass Wandlungstendenzen der Erwerbsarbeit wie z. B. Vermarktlichung und ergebnisorientierte Steuerung den Widerspruch zwischen Erwerbsarbeit und sonstigem Leben für abhängig Beschäftigte verschärfen können. Zugleich sei angesichts des Bedeutungsverlusts der Normalfamilie und der steigenden Frauenerwerbstätigkeit nicht mehr davon auszugehen, dass diese Konflikte dadurch abgefedert werden können, dass eine nicht erwerbstätige Ehefrau ihrem Mann den Rücken frei halte. Auch will eine wachsende Zahl von Vätern Erwerbstätigkeit und aktive Vaterschaft verbinden. Hieraus resultieren nach *Klenner* neue Anforderungen für die betriebliche Arbeitsgestaltung.

Wie ein Vergleich der hier vorgestellten Befunde zu Freelancern in den Kultur- und Medienberufen mit anderen Beschäftigtengruppen mit flexiblen Arbeitszeiten zeigt (Henninger/Papouschek 2005), erschwert nicht zeitliche Flexibilität per se die Vereinbarkeit von Familie und Beruf, sondern vor allem in Kombination mit mangelnden Einflussmöglichkeiten der Beschäftigten auf die Lage und Dauer der Arbeitszeit. Dies korrespondiert mit dem Ergebnis einer Befragung von abhängig Beschäftigten mit Betreuungspflichten (Klenner 2005, 211), wonach zwischen dem bloßen Vorhandensein flexibler Arbeitszeiten und der Vereinbarkeit von Beruf und Familie kein signifikanter Zusammenhang besteht – lediglich Überstundenkonten, die den Beschäftigten einen Zeitausgleich zu einem Zeitpunkt ihrer Wahl erlauben, verbessern aus Sicht der Befragten die Vereinbarkeit.

Unternehmen können also durchaus mittels flexibler Arbeitszeit- und Anwesenheitsregelungen die Rahmenbedingungen für die Vereinbarkeit von Beruf und Privatleben bzw. Familie verbessern. Zugleich geben die Befunde der hier vorgestellten Freelancer-Studie Grund zu der Annahme, dass bei hoch qualifizierten Beschäftigtengruppen Gestaltungsspielräume bei Arbeitszeit und Arbeitsinhalten die Motivation und das berufliche Engagement positiv beeinflussen.

Literatur

Baethge, M. (1991): Arbeit, Vergesellschaftung, Identität - Zur zunehmenden normativen Subjektivierung der Arbeit. In: Soziale Welt. H. 01, S. 6-19.

Becker-Schmidt, R./Knapp, G.-A. /Rumpf, M. (1981): Frauenarbeit in der Fabrik - Betriebliche Sozialisation als Lernprozeß? Über die subjektive Bedeutung der Fabrikarbeit im Kontrast zur Hausarbeit. In: Beiträge zur Marxschen Theorie. H. 41, S. 52-74.

Betzelt, S./ Gottschall, K. (2005): Flexible Bindungen – prekäre Balancen. Ein neues Erwerbsmuster bei hoch qualifizierten Alleindienstleistern. In: Kronauer, M./Linne, G. (Hrsg.): Flexicurity. Die Suche nach Sicherheit in der Flexibilität. Berlin, S. 275-294.

Born, C./.Krüger H./Lorenz-Meyer, D. (1996): Der unentdeckte Wandel: Annäherungen an das Verhältnis von Struktur und Norm im weiblichen Lebenslauf. Berlin.

Carnoy, M. (2000): Sustaining the New Economy. Work, Family, and the Community in the Information Age. Cambridge/London.

Dettmer, S./ Hoff, E. H./ Grote, S./ Hohner, H.-U. (2003): Berufsverläufe und Formen der Lebensgestaltung von Frauen und Männern. In: Gottschall, K./Voß, G. G. (Hrsg.): Entgrenzung von Arbeit und Leben. Zum Wandel der Beziehung von Erwerbstätigkeit und Privatsphäre im Alltag. München/Mering, S. 307-331.

Ewers, E./Hoff, E.-H./Schraps, U. (2004): Neue Formen arbeitszentrierter Lebensgestaltung von Mitarbeitern und Gründern kleiner IT-Unternehmen. Forschungsbericht aus dem Projekt "Kompetent". Berlin.

Fraser, J./Gold, M. (2001): ‚Portfolio Workers': Autonomy and Control amongst Freelance Translators. In: Work, Employment & Society. No. 04, pp. 679-697.

Handy, Ch. (1994): The Empty Raincoat. Making Sense of the Future. London.

Hall, P. A./Soskice, D. (2001): An Introduction to Varieties of Capitalism. In: Hall, P. A./Soskice, D. (Edt.): Varieties of Capitalism. The Institutional Foundations of Comparative Advantage. New York, pp. 1-68.

Henninger, A. (2003): Der Arbeitskraftunternehmer und seine Frau(en). Eine geschlechterkritische Revision des Analysekonzepts. In: Kuhlmann, E./Betzelt, S. (Hrsg.): Geschlechterverhältnisse im Dienstleistungssektor - Dynamiken, Differenzierungen und neue Horizonte. Baden-Baden, S. 119-132.

Henninger, A. (2004): Freelancer in den Neuen Medien: Jenseits standardisierter Muster von Arbeit und Leben? In: Kahlert, H./Kajatin, C. (Hrsg.): Arbeit und Vernetzung im Informationszeitalter. Wie neue Technologien die Geschlechterverhältnisse verändern. Frankfurt a. M./New York, S. 164-181.

Henninger, A./Gottschall, K. (2005): Freelancers in the German New Media Industry: Beyond Standard Patterns of Work and Life. In: Critical Sociology. No. 31, pp. 04.

Henninger, A./Papouschek, U. (2005): Entgrenzung als allgemeiner Trend? Ambulante Pflege und Alleinselbstständigkeit in den Medien- und Kulturberufen im Vergleich. ZeS-Arbeitspapier. Jg. 05, H. 05, Zentrum für Sozialpolitik, Bremen.

Hoff, E.-H. (2003): Kompetenz- und Identitätsentwicklung bei arbeitszentrierter Lebensgestaltung. Vom "Arbeitskraftunternehmer" zum "reflexiv handelnden Subjekt". In: QEM-Bulletin Berufliche Kompetenzentwicklung, H. 04, S. 1-7.

Jurczyk, K./Rerrich, M. S. (1993): Lebensführung weiblich - Lebensführung männlich. Macht dieser Unterschied heute noch Sinn. In: Jurczyk, K./Rerrich, M. S. (Hrsg.): Die Arbeit des Alltags. Beiträge zu einer Soziologie der alltäglichen Lebensführung. Freiburg im Breisgau, S. 279-309.

Jurczyk, K./Voß, G. G. (2000): Entgrenzte Arbeitszeit - Reflexive Alltagszeit. In: Hildebrandt, E. (Hrsg.): Reflexive Lebensführung. Zu den sozialökologischen Folgen flexibler Arbeit. Berlin, S. 151-205.

Klenner, Ch. (2005): Balance von Beruf und Familie – Ein Kriterium guter Arbeit. In: WSI-Mitteilungen. H. 04, S. 207-213.

Leicht, R./Lauxen-Ulbrich, M. (2002): Soloselbständige Frauen in Deutschland: Entwicklung, wirtschaftliche Orientierung und Ressourcen. Forschungsprojekt "Gründerinnen in Deutschland" im Auftrag des Bundesministeriums für Bildung und Forschung. Download-Paper Nr. 3/2002, Institut für Mittelstandsforschung, Mannheim.

Manske, A. (2003): Arbeits- und Lebensarrangements in der Multimediabranche unter Vermarktlichungsdruck - Rationalisierungspotenzial für den Markterfolg?. In: Kuhlmann, E./Betzelt, S. (Hrsg.): Geschlechterverhältnisse im Dienstleistungssektor - Dynamiken, Differenzierungen und neue Horizonte. Baden-Baden, S. 133-146.

Pongratz, H. J./Voß, G. G. (2003): Arbeitskraftunternehmer. Erwerbsorientierungen in entgrenzten Arbeitsformen. Berlin.

Rüling, A./Kassner, K./Grottian, P. (2004): Geschlechterdemokratie leben. Junge Eltern zwischen Familienpolitik und Alltagserfahrungen. In: Politik und Zeitgeschichte (Beilage zur Wochenzeitschrift Das Parlament). H. B19, S. 11-18.

Voß, G. G. (1998): Die Entgrenzung von Arbeit und Arbeitsleben. Eine subjektorientierte Interpretation des Wandels der Arbeit. In: Mitteilungen aus der Arbeitsmarkt- und Berufsforschung. H. 03, S. 473-487.

Work-life-balance
Ein Thema für Führungsnachwuchskräfte im Kontext von Diversity und Management Diversity

Sibylle Peters & Ursula Matschke

1 Unternehmen im Umbruch und die Grenzen der Modernisierung des traditionellen Modells zur Vereinbarkeit von Beruf und Familie

2 Organisationssoziologische Prämissen

3 Modernes Personalmanagement und die Grenzen der Berücksichtigung der Vereinbarkeitsthematik

3.1 Die Vereinbarkeit von Beruf und Privatleben

3.2 Das Personalmanagement und die Berücksichtigung der Vereinbarkeit von Beruf und Leben – nur ein Frauenthema?

3.3 Die Rolle des Personalmanagements und der Führungskräfte in neuen Managementkonzepten jenseits der Privatsphäre

4 Diversity und Management Diversity als Kulturbegriff – Differenzierung und Optionen zur Gestaltung individualisierter Lebensführung von Führungsnachwuchskräften

4.1 Diversity und Management Diversity als Humanressourcenansatz und Merkmalsbeschreibungen des Personals

4.2 Diversity als Kulturbegriff und Erweiterungen durch Bourdieu als Lebensführung – Chancen der Thematisierung von work-life-balance für Führungsnachwuchskräfte?

5 Fazit

Literatur

1 Unternehmen im Umbruch und die Grenzen der Modernisierung des traditionellen Modells zur Vereinbarkeit von Beruf und Familie

Die deutsche Gesellschaft befindet sich in einer Umbruchsituation. Als Antriebskräfte des Umbruchs werden langfristig wirkende ökonomische und soziale Wandlungsprozesse genannt, wie der Strukturwandel von der Industrie- zur Dienstleistungs- und Wissensgesellschaft, steigende Wissensintensität und Durchdringung aller Arbeits- und Lebensbereiche mit Informationstechnik, die zunehmende Internationalisierung der wirtschaftlichen Austauschprozesse und die Globalisierung der Arbeitsmärkte und Wertschöpfungsketten. Wichtige Faktoren sind die demographische Entwicklung, die Bildungsexpansion, der Wertewandel und die Individualisierung. Es stehen heute alte und neue Arbeitsformen und Lebensweisen nebeneinander, ihr gemeinsamer Nenner lässt sich bezeichnen als zunehmende Vielfalt sowie Zunahme von Ungleichheit. Eine besondere Rolle spielen im zivilen und arbeitsmarktpolitischen Bereich Themen wie Chancengleichheit und der demographische Wandel, die als gesellschaftspolitische Diskursthemen in dem Slogan *Vereinbarkeit von Beruf und Familie* als Zukunftsthema verknüpft werden, d. h. das Thema soll ein Wirtschaftsthema werden, um den sozialen und ökonomischen Wandel zu bewältigen. Die Vereinbarkeit von Beruf und Privatleben als Zukunftsthema ist jedoch ein nicht einfaches Thema für Unternehmen und deren Handlungsoptionen. Das liegt an verschiedenen Entwicklungen, die gegenwärtig für den ökonomischen und gesellschaftlichen Wandel ausgemacht werden: Zum einen ist – bei aller gegebener Modernisierung – das nachkriegsdeutsche Familienmodell mit dem männlichen Haupternährer nicht wirklich überwunden, obgleich die Beschäftigungsverhältnisse innerhalb traditioneller „Normalarbeitsverhältnisse" auf der Basis von Vollzeitbeschäftigungen abgenommen haben und die Teilzeitarbeitsverhältnisse von Frauen erheblich zugenommen haben (Bäcker et al. 2000; Castells 2001; Baethge et al. 2005; Deutschmann 2002; Giarini/Liedtke 1998; Kocha/Offe 2000). Diese Entwicklungen verlaufen in verschiedenen Modernisierungsvarianten auf dem Arbeitsmarkt und gleichwohl ist – unabhängig von Beschäftigungsverhältnissen – das Modell des Hauptemährers – modernisiert – erneut das *Normalarbeitsverhältnis* (Voß 1998, 473 ff.; Bosch, 2001, 219 ff.). Komplementär dazu sind Frauen weiterhin in segregierten Teilarbeitsmärkten präsent. Das hängt nach Ansicht einiger Vertreter innerhalb der Industriesoziologie damit zusammen, dass trotz aller Modernisierungsmodelle der Arbeit insgesamt Organisationsmodelle in Unternehmen vorherrschen, die standardisierte Arbeitsformen als Teilzeitarbeitsmodelle für Frauenerwerbsarbeit favorisieren. Auch in Unternehmen mit verstärkter Dienstleistungsorientierung haben Frauen Teilzeitarbeitsplätze, die die Aufrechterhaltung des Konstrukts „Normalarbeitsverhältnisses" begünstigen. Eine Folge davon ist, dass die Gestaltung von Erwerbsarbeit und Lebensführung als Privatangelegenheit von Frauen gesehen wird, die jedoch im Rahmen von Zielformen der EU- Sozialagenda (*Lissabon-Strategie 2000*) in neuen sozialökonomischen Gleichgewichten aufgefangen werden soll.

Auf der anderen Seite sind Unternehmen in einem Wandel begriffen und das Wissen von Mitarbeitern in Arbeitsprozessen ist eine zentrale begehrte Ressource geworden – folglich ist der Bedarf an hoch qualifiziertem Personal, z. B. als Führungs(nachwuchs)kräfte entsprechend hoch. Innerhalb dieser Entwicklung wird die besondere Bedeutung der Wissensentwicklung beobachtet (North 1998). Infolge der fortschreitenden Tertiarisierung und Wissensintensivierung der Produkt- und Dienstleistungen erfahren Fähigkeiten, Wissen und Kompetenzen von Mitarbeitern, Managern und Unternehmen als Wettbewerbsfaktor eine Aufwertung. In der Managementliteratur wird der veränderten gesellschaftsökonomischen Rahmung inzwischen Rechnung getragen. Als global einsetzbare Wissensarbeiter und Führungsnachwuchskräfte gehen junge Akademiker bei Berufseintritt Arbeitsformen ein, in denen sich ihre Tätigkeiten im Zuge der Globalisierung und internationalen Arbeitsteilung bei fortschreitender Tertiarisierung auf wissensbasierte Arbeits- und neue Kooperationsformen konzentrieren, die neue Ansprüche an veränderte Fähigkeiten, Wissen und Kompetenzen nachfragen, z. B. in Beratungstätigkeiten. Teile dieser wissensbasierten Kompetenzen sind solche, die sie gerade aus ihren dynamisierten Lebensverhältnissen und ihrer „situativen" Lebensführung und Kommunikation (Allmendinger 2005) erworben haben und die als hoch wissensintensiv eingeschätzt werden. Sie arbeiten vorwiegend in flexibilisierten Arbeits- und Beschäftigungsformen auf der Basis von Zielvereinbarungen, teamorientiert, etc. aber auch teilweise in Organisationen mit traditionellen Profilen von Organisationsrationalisierungsmodellen. Es lässt sich beobachten, dass unabhängig von dem Profil der Organisationsrationalität Erwartungen durch diese an die Lebensführung von Nachwuchskräften gestellt werden, die sich innerhalb von Management- und Professionsaufgaben an der Globalisierung und temporären Auslandseinsätzen orientieren. Die Orientierung an Beschäftigungsoptionen von Management- und Professionserwartungen vernachlässigt die zunehmende Individualisierung mit ihrer entsprechend sich veränderten Lebensführung mit Mischformen der Vereinbarkeit von Beruf und Privatleben, aus denen sich wissensintensive und kommunikative Führungsaufgaben speisen, auf die die neuen Managementkonzepte rekurrieren. Eine Folge davon ist, dass die Nichtthematisierung der Lebensführung als das *Private* angesehen und somit eine Selektion dessen von Führungs(nachwuchs)kräften erwartet wird. In Management- und Führungsaufgaben ist das Vereinbarkeitsthema nicht Gegenstand – weder auf segregierten Arbeitsplätzen noch in Rekrutierungs- und Aufgabenstrukturen von Führungsnachwuchskräften. Das „Normalarbeitsverhältnis" als gesellschaftliches Konstrukt scheint grundlegende Unternehmenskulturen widerzuspiegeln. Führungsnachwuchskräfte stellen jedoch zunehmend Erwartungen an Organisationen, die infolge ihrer zunehmend wissensbasierten Tätigkeit in Kommunikation und Kooperation eine Aufhebung der Trennung von Beruf und Person verfolgen und die zunehmende Individualisierung kennzeichnen. Dieses wird aber von Organisationen nicht wahrgenommen. Das Vereinbarkeitsthema bleibt so gesehen ein problematisches Thema, auch wenn Unternehmen proklamieren, sich auf diesem Feld engagieren zu wollen.

Diese Verhältnisse machen es erforderlich, nach neuen Modellen zu suchen, die das Thema in einer übergeordneten Struktur mit aufnehmen können, damit es Verhandlungs- und Kommunikationsgegenstand von Organisationen werden kann und der Umgang mit dem Thema aus verschiedenen Perspektiven, wie u. a. der der diversen Belegschaftsgruppen, erfolgen kann. Das erfordert, der Gruppe der hoch qualifizierten Mitarbeiter Optionen zu ermöglichen, ihre individuelle Lebensführung in ihnen angemessenen dynamisierten Lebensverhältnissen gestalten zu können. Und dieses so, dass ihnen für ihre Lebensführung und für ihre berufliche Karriere Handlungsräume offeriert werden, damit sie sich durch Individualisierung innerhalb ihrer Wissensformen mit der zunehmenden Tertiarisierung entsprechend ihrer Kompetenzerwartungen weiter formen und entwickeln können und damit im transformativen Sinne das Thema der Vereinbarkeit von Beruf und Leben auch aus der Führungsperspektive würdigen. Hier wird auf den Diversity-Ansatz rekurriert, der u. E. gute Möglichkeiten als Organisations- und Kulturbegriff bietet, aus verschiedenen Perspektiven Erwartungen innerhalb von Organisationen zu kommunizieren, der jedoch dringend einer Neupositionierung bedarf. Hinsichtlich der gesellschaftspolitischen Durchsetzung und Förderung der Vereinbarkeit von Beruf und Familie können innerhalb dieses Rahmens Führungsnachwuchskräften individualisiert Chancen eingeräumt werden, ihre situative Lebensführung in Unternehmen hineinzutragen, z. B. im Kontext von Diversity, wie wir in den folgenden Abschnitten weiter begründen werden.

2 Organisationssoziologische Prämissen

Organisationen haben Semantiken, durch die sie sich spezifisch ausweisen. Grundsätzlich orientieren sie sich in ihren Zielsetzungen an auf Dauer gestellte Verfahrensweisen und Regeln, die formale wie informale Regelungen gleichermaßen einschließen, wobei die Ziele nicht identisch sind mit denen der Mitglieder. Die Einbindung und Loyalität von Mitgliedern ist deshalb per geregelter Arbeitsteilung und der beständigen Grenzziehung von Mitgliedschaftsregeln eine Aufgabe des Managements. Gegenwärtig existieren verschiedene Beobachtungssysteme von Organisationen, bzw. die Formen der Organisation und die der Arbeit. Damit ändern sich die Anforderungen und die Kompetenzen innerhalb der Organisationen (Picot et al. 1999; Baecker 2003). Im Rahmen dieser Veränderungen wechselt der Fokus von hierarchischen Modellen zu diversen komplementären Formen, die zum Teil parallel verlaufen und Risiken mit einer einhergehenden Instabilität erwarten lassen.

Allgemein kennzeichnen Auflösungsverträge und Zielvereinbarungssysteme neue Organisationsformen. Insofern ändert sich in ihnen das Führungsparadigma, das von einer strikten Hierarchie auf die Steuerung selbstorganisierter Teams als „Kooperationen von Personen" (Baecker 2003) umstellt, um Vertrauens- und Loyalitätsbereiche in hochgradig unsicherer Umgebung bei Aufrechterhaltung organisationaler Routinen zu implementieren. Diese organisationalen Routinen werden in modernen Managementkonzepten als organisationsinterne Ressourcen angesehen und in ihnen geht es um die Markierungen von Organisationsregeln und Wissensgrenzen, wie beständig oder veränderungsfähig z. B. Routinen sind. Diese Routinen werden deutlich in Organisationskulturen, wozu z. B. Verlässlichkeit in der Kommunikation, prozedurale Qualität, nonverbale Repräsentation, organisationales Gedächtnis der Organisation, etc. gehören, die von Werten, Regeln, Legitimationen, normativen Vorstellungen (Schein, 1985) untermalt sind. Denn die Organisationskultur und ihre Routinen stützen eben durch die Aufrechterhaltung dieser die Geschichte des Systems durch alle Veränderungsprozessprozesse der Organisation, bzw. die Veränderungsfähigkeit der Organisation hängt davon ab, wie diese Routinen von dem Management als Akteure getragen werden. Mitgliedschaftsrollen bewegen sich zwischen individueller Motivation und sozialer Stabilität (Luhmann, 2000, 81) und die Grenzen von Mitgliedschaften werden durch Organisationskulturen markiert. Routinen und Werte sind Anhaltspunkte in der Kommunikation, die nicht direkt kommuniziert werden, bzw. sie werden gleichermaßen für undiskutierbar gehalten und durch die Undiskutierbarkeit werden sie jeder Diskussion enthoben und entfalten dabei eine symbolische Wirkung. Das Modell des „Normalarbeitsverhältnisses" darf vermutlich als ein solches Thema angesehen werden, das in der Geschichte des Systems tradiert wird.

Zur Führungsnachwuchsentwicklung gehört es, dass Organisation Optionen der Karriereerwartung und des Aufstiegs anbieten. Das beinhaltet, dass entsprechend der organisationalen Routinen der Einzelne sich an die Selbstbeschreibungen hält, die als Fremderwartungen zu der Entwicklung der Kernkompetenzen einer Führungsnachwuchskraft gehören. Zu den Abwehrroutinen des Führungsnachwuchses gehört es, dass, wenn ein Aufstieg optional möglich ist, dieser sich aus den erwartbaren und zu erfüllenden Optionen ergibt, d. h. die Beherrschung von Organisationsregeln eine nicht hintergehbare Voraussetzung ist und sich somit die Geschichte des Systems als Geschichte von Führung immer wieder neu fortschreibt. Dieser Beitrag befasst sich mit der Frage, wie Führungsnachwuchskräfte Organisationen wahrnehmen und wie diese Führungsnachwuchskräfte als die „high-potentials" mit ihren individuellen Lebensentscheidungen, die auf das Private und Berufliche gleichermaßen zielenden Erwartungen, Optionen zwischen beruflicher Karriere und flexibler Selbstorganisation des Privatlebens anbieten, in Organisationen integriert zu werden. Um die Erwartungen der Führungsnachwuchskräfte aufnehmen zu können, wäre eine entscheidende Voraussetzung, so die These des Beitrags, dass die im sozialen Lebenszusammenhang getroffenen Lebensführungsentscheidungen von Organisationen nicht als das Private angesehen und damit in den Kommunikationsregeln nicht Verhandelbares zu sehen, sondern im Diversity-Konzept der Unternehmen Beachtung findet. Es gilt, eine Organisationskultur zu entwickeln, die gegenseitige Erwartungen zur Entwicklungs- und Lernaufgabe von Organisationen macht. Zukünftige Gestaltungsaufgaben von work-life-balance sind demzufolge in der flexibilisierten und globalisierten Arbeitsgesellschaft eine diskursiv auszuhandelnde Gestaltungsaufgabe von Organisationen.

3 Modernes Personalmanagement und die Grenzen der Berücksichtigung der Vereinbarkeitsthematik

Zentral ist, wovon lassen sich Unternehmen wie Organisationen bei Umstrukturierungen und neuen Organisationsformen leiten, um auf die Nutzung und Entwicklung des Wissens sowie die Kompetenzen ihrer Mitarbeiter zu rekurrieren. Entsprechend neuerer Humankapitalorientierungen sind sie darauf angewiesen, Potenziale, die zunehmend mit intellektuellem Kapital und Humankapital (North 1998; Hasenbrook et al. 2004) umschrieben werden, zu erkennen und diese zu entwickeln, bzw. damit strategisch und nachhaltig umzugehen. Dieses steht im Kontext einer zunehmenden Komplexität und Differenzierung von Märkten, Kunden und Belegschaften, so dass sich im Kontext von Organisationswandel die Aufgaben des Personalmanagements wandeln. Darauf richtet sich zunächst der Blick, bevor auf die Situation der Führungsnachwuchskräfte eingegangen wird. Voran zu stellen ist jedoch das gesellschafts- und sozialpolitische Konstrukt der Vereinbarkeit von Beruf und Privatleben.

3.1 Die Vereinbarkeit von Beruf und Privatleben

Infolge der Zunahme von Komplexität des Lebens als auch der beruflichen Anforderungen bei zunehmender Individualisierung der Gesellschaft (Elias 2001; Junge 2002) ist ein individueller aktiver Umgang mit den Veränderungen ganz allgemein erforderlich. Dieses wird zusätzlich untermauert durch die bisher immer noch ausbleibende Chancengleichheit von Frauen in hochqualifizierten Arbeitsmarktsegmenten und Führungspositionen[1] sowie die Folgeprobleme des demographischen Wandels (Fuchs/Söhnlein 2005). Das Thema ist als zukunftsorientiertes Thema für die Gesellschaft wie für die Unternehmen hoch aktuell, wie täglich in den Medien zu beobachten ist, da Regierungen, Verbände, Kommunen etc., neue Vereinbarkeitsabsichten publizieren. Das aktuelle Thema hat zwei Adressatengruppen:

---

[1] Das betrifft das „glass-ceiling-Phänomen", benannt nach der Kommission (1993-1995) und darauf folgende Literatur.

– *Individualisierte Personen*, für die Beschreibungen von Veränderungen im Beruf und Privatleben zutreffen und die eine Veränderung zwischen den verschiedenen Referenzbereichen ihres Lebens suchen, um neue Effekte hinsichtlich mehr Lebensqualität und Individualisierung zu erreichen. Dabei geht es nicht darum, die einzelnen Referenzbereiche unbedingt verändern zu wollen, sondern nach Veränderungspotenzialen in als auch zwischen den verschiedenen Referenzbereichen und ihren Wechselwirkungen zu suchen. Insofern betrifft es Fragen einer individualisierten Lösungssuche für eine Balance beider gegeneinander abgegrenzten Bereiche.

– *Führungskräfte des Personalmanagements*, die die Mitarbeiterführung als *leadership*[2] innehaben und Belegschaften im Sinne eines modernen Personalmanagements steuern und koordinieren. Folglich sind sie die Zielgruppe des Themas aus politischer Perspektive, Unternehmensberatung, Beratungs- und Forschungsinstituten[3], etc., um Führungskräfte als „reife Persönlichkeiten" mit sozialen Kompetenzen zu fördern.

Work-life-balance oder die Vereinbarkeit von Beruf und Privatleben, respektive Familie ist ein sozialpolitisches Konstrukt und nimmt die Diskussion der Postmoderne als Entgrenzung der öffentlichen wie privaten Sphären auf. Das beinhaltet, dass die Aufhebung der Trennung von Arbeit und Privatleben durch Entgrenzungen von Zeit, Ort, inhaltlichem Gegenstand wie allgemeinen Rahmenbedingungen und gegebener Arbeitsstrukturen diese flexibilisiert und damit einhergehend die Erosionen der Grenzen individueller Handlungs- und Spielräume fördern. Insofern individualisieren sich bisherige standardisierte Handlungsräume und müssen selbstorganisiert bewältigt werden. Vorwiegend betrifft das Überlegungen auf der Basis der Verteilung von Zeit und individuellem Zeithandeln als Koordinierungsleistung (Eberling et al. 2004; Mischau/Oechsle 2005; Grimm 2005, 107 ff.; BMFSFJ 2005). Es geht um Verteilungsfragen und wie diese zum einen innerhalb des individuellen subjektiven Erwartungshorizontes der Lebensführung und zum anderen in den beiden Referenzbereichen, die in Abhängigkeit von Eigeninitiative oder als erzwungene Initiative (z. B. starren Arbeitsplatzzuweisungen), jeweils erwartet und wahrgenommen werden (können). Gelungene Verteilungsresultate ermöglichen folglich Authentizität, Identitätsfindung und Lebensqualität. So gesehen wird Zeitverwendung ein institutionspolitischer Gegenstand von Regeln, Normen und Aushandlungen neuer Balancen von Arbeitszeit und privater Zeit als öffentliche Zeitpolitik (Hilscher/Hildebrandt 1999), der die Einbettung der Erwerbsarbeit in die Lebensführung von Personen und Haushalten beeinflusst und daher eine zentrale Dimension der Gestaltung neuer Sozialmodelle im Sinne der „Lissabon-Aganda" sowie Verhandlungsgegenstand

---

[2] Führungskräfte übernehmen den Bereich *Unternehmensführung (headship)* oder den der *Personalführung (leadership)*.
[3] Beispielhaft sei auf Prognos, Herti-Audit, Initiativen des BMFSFJ, etc. hingewiesen.

modernisierter Modelle von Arbeits- und Unternehmensorganisation und Tarifrechts-Reformen[4] wird. Zeitverwendung wird ein wichtiges Kriterium für Selbst- und Fremdwahrnehmung angesichts zunehmender Flexibilisierung von Beschäftigungsverhältnissen durch Auflösungsverträge, temporäre Arbeitsverträge, Zielvereinbarungen, virtuelle Beschäftigungsformen, etc. Neue Formen und Modelle des Aushandelns zwischen Arbeitszeit und Lebenszeit entstehen. Zeit und Lebenszeit definieren sich folglich nicht mehr nur durch Abwesenheit von Arbeitszeit. Die Zeitverwendung betrifft Fragen der öffentlichen Infrastruktur und trägt u. a. zum Umbau des Sozialstaates bei. Sie beeinflusst die Erwerbsarbeit und wie diese durch Zeit strukturiert wird, wird die Lebensführung von Personen und Haushalten beeinflussen. Soziale Ungleichheit wird zwischen Teilzeitarbeitsplätzen im Dienstleistungssektor und neuen wissensbasierten Arbeitstätigkeiten, die in erster Linie hoch qualifizierte Männer mit ungleich mehr Bildung und Wissen sowie Mobilitätschancen wahrnehmen, verstärkt. Denn diese „high- potentials" weisen hohe Erwerbsquoten und längere Arbeitszeiten mit kongruent gestalteten Lebensführungsmodellen auf (Hochschild 2002). Ihre Segmentation im Ausbildungssystem verlängert sich in den Arbeitsmarkt hinein, indem Arbeitzeit zunehmend ungleicher verteilt wird. Flexibilitäts- und Mobilitätsansprüche der Unternehmen bestimmen die Zeitstrukturen hoch qualifizierter Mitarbeiter. Frauen mit vergleichbaren Berufsprofilen geraten bei vorhandenem Kinderwunsch in Widersprüche, bzw. die Kinderlosigkeit innerhalb dieser Gruppe ist extrem hoch und gleichermaßen sind zu wenig Frauen in Führungspositionen vertreten. Das Vereinbarkeitsthema hat auf den Erwerbssektor eine differente Ausstrahlung.

Da die individualisierte Bewältigung des zivilen „privaten" Referenzbereiches des Vereinbarkeitsthemas nicht Thema dieses Beitrags ist, wird nicht weiter eingegangen, zudem ist es eine Domäne privater Beratungsliteratur. Insofern geht es hier um Konstrukte einer Vereinbarkeit von Beruf und Leben, die sich an die Unternehmen und damit an die Adressatengruppe der Führungskräfte des Personalmanagements wenden. Derartig ausgerichtete Modelle und Konstrukte lassen sich u. E. nach folgenden Ebenen zuordnen:

– Rationalisierung von Geschäftsprozessen als neue Arbeitszeit- und Arbeitsablaufmanagementmodelle, um Familien entgegenkommen,

---

[4] Gesellschaftsprägend war eine sozialversicherte, abhängige Vollzeitbeschäftigung, weil ihr im System der sozialen Sicherung der Anspruch als begründete Norm unterstellt wurde und diese Form zugleich für die deutliche Mehrheit der Beschäftigten faktisch normal war und dem „Normalarbeitsverhältnis" entsprach. Mit der zunehmenden Flexibilisierung der Arbeit steht nicht nur die mehr oder weniger flexible Gestaltung von Arbeitszeiten und Beschäftigungsbedingungen zur Debatte, sondern eben auch jenes institutionelle Arrangement der deutschen Nachkriegsgeschichte, das als Norm großen Einfluss auf das Verhältnis von Arbeit und Lebensweisen hat(te). (Beathge, u.a. 2005; Kudera/Voß 2000; Heintz 2001; Peters 2002, 27 ff.; 2003, 219 ff.).

- Betriebliche Modelle zur Unterstützung der Familienarbeit,
- Organisations- und Unternehmenskultur, die die Kommunikation nach innen und außen betreffen,
- Berufs- und Karriereplanung bei Paaren, insb. bei Doppelkarriere-Paaren.

3.2 Das Personalmanagement und die Berücksichtigung der Vereinbarkeit von Beruf und Leben – nur ein Frauenthema

Ein Personalmanagement der Zukunft sieht sich verschiedenen Herausforderungen gegenüber, wobei insb. mit dem Begriff eine Signalwirkung verbunden wird, dass hier das Wissen und die Kompetenzen der Mitarbeiter ständig weiter entwickelt und in der Organisation innerhalb verschiedener Handlungsfelder vernetzt werden sollen (Becker 2002; Mudra 2004; DGfP 2004), indem zunehmend auf die Wissensgenerierung, Wissensentwicklung und Wissensnutzung (wachsender Bereich Wissensmanagement: North 1998; Schnauffer et al. 2004.) im Kontext von Organisationsentwicklung fokussiert wird. Dabei steht sowohl das Wissen des beschäftigen Personals als auch des potenziell zu rekrutierenden Personals im Fokus der Aufmerksamkeit. Personalmanagement hat der zunehmenden Individualisierung von Personal und Kunden gerecht zu werden, indem die Organisationsentwicklung zwischen Erwartungen und Verantwortung gegenüber Kunden und Märkten sowie zwischen Erwartungen und Verantwortung gegenüber den realen und potentiellen Mitarbeitern ihr Profil zu entwickeln hat. Dabei transformieren sich formale wie informale Themen gleichermaßen mit und letzteres betrifft z. B. auch Wahrnehmungen zum Genderthema ebenso wie Wahrnehmungen zum Vereinbarkeitsthema.

Infolge der Ausdifferenzierung des Dienstleistungsbereichs sind vorwiegend Frauen in diesen Beschäftigungsformen auf Teilzeitarbeitsplätzen in geschlechtsspezifischen Arbeitsmärkten beschäftigt. Ihre individualisierte Vereinbarkeitsformel betrifft ihre Lebensweise jenseits der Teilzeitarbeit. Sie sind lediglich in standardisierten Modellen von Arbeitszeitmodellen Mitglieder und sind damit, und das ist das entscheidende, außerhalb von Karrieremustern und Inclusionsangeboten von Organisationen, d. h., sie sind bei allen Modernisierungen der Vereinbarkeitsformen Rationalisierungen und damit Exklusion ausgesetzt. Ihre Arbeitszeitregelungen verlaufen nach Organisationsregeln, die sie nicht als aktive Akteure beeinflussen – inwieweit die Qualität der Arbeit beeinflusst wird, bleibt hier unberücksichtigt. So liegt es nahe, dass für sie die beiden erstgenannten Modelle und Konstrukte zur Vereinbarkeit von Beruf und Familie gelten, die sich ausschließlich auf die

a) Rationalisierung von Arbeitszeitmodellen und

b) Modelle der betrieblichen Unterstützung von Familienarbeit

konzentrieren.

Personalpolitik dient folglich der Entwicklung von Modellen zur Unterstützung der Umstrukturierung von Arbeitsmodellen als Teilzeitmodelle, um der Zielgruppe von Frauen bei dem Bemühen entgegen zu kommen, Beruf und Privatleben miteinander zu verbinden, indem sich ihre Mitgliedschaft in standardisierten Arbeitsmodellen durch Anpassung an die Organisationsregeln regelt. Diese neuen flexibilisierten Arbeitszeitmodelle sind sozialpolitisch wie ökonomisch effektiv, denn eine unterdurchschnittliche Erwerbsarbeit von Frauen sowie der Kindermangel gefährden langfristig die wirtschaftliche Entwicklung und die Sozialsysteme. Insbesondere kurze Rückkehrzeiten von Frauen innerhalb und nach einem Jahr, sowie Betreuungsangebote zur Unterstützung der Familienarbeit ermöglichen meist eine problemlose Reintegration. Somit können Widereinstiege sowie Weiterbildung in/für den Beruf, gefolgt auf Familienabschnitte gemanagt werden, und das kann mehrmals im Leben erfolgen. Die gegenwärtige Gleichzeitigkeit von Beruf und Familiengründung kann sich z. B. dadurch entzerren. Zudem rechnet sich die Vereinbarkeit von Beruf und Familie ökonomisch, wie z. B. *Prognos* (Prognos 2003; Juncke 2005 und gefolgt von vielen neuen Untersuchungen, z.B. Familienatlas 2005) für Arbeitnehmer und Arbeitnehmerinnen errechnete, denen hierdurch auch eine kontinuierliche Erwerbsbiographie und verbesserte berufliche Entwicklungsperspektiven ermöglicht werden. Es rechnet sich ebenso für den Staat, der durch die Erhöhung der Erwerbsbeteiligung höhere Steuereinnahmen und Sozialbeiträge erhält, und gleichfalls für die Unternehmen, die durch eine mitarbeiter- und familienorientierte Personalpolitik Wettbewerbsvorteile und Kosteneinsparungen erzielen können.

Mitgliedschaftsformen in Organisationen verändern beständig ihre Grenzziehungen, bzw. bieten ihren differenten Mitgliedschaftsgruppen in differenten Modellen eine lose oder feste Bindung an. Das Vereinbarkeitsthema wird in Geschäfts- und Arbeitszeitmustern für Frauenteilzeitarbeitsplätze konstruiert, wobei allgemein davon ausgegangen wird, dass sich die Personen als Individuen den veränderten Organisationsrealitäten anpassen werden. Dieses korrespondiert mit industriesoziologischen Überlegungen, dass Frauen veränderte Erwartungen an die Arbeitstätigkeit infolge der zunehmenden Komplexität der Lebensführung haben, auf die die Organisationskulturen jedoch mit standardisierten Arbeitszeitmodellen reagieren (Baetghe et al. 2005). Gleichwohl wird work-life-balance im Verhältnis zum Wandel von Organisationszielen eine zu bewältigende Herausforderung für Unternehmen. Die Mitgliedschaft von hoch qualifizierten Gruppen in Organisationen wie z. B. Führungsnachwuchskräften, äußert sich anders, bzw. Organisationen unterbreiten dieser Gruppe andere Mitgliedschaftsangebote und infolgedessen folgen gegenseitige Erwartungen anderen Mustern als es für die Gruppe der Frauen auf segregierten Teilzeitarbeitsmärkten gezeigt wurde.

Die Rolle des Personalmanagements und der Führungskräfte in neuen Managementkonzepten jenseits der Privatsphäre.

Die beständigen Grenzziehungen innerhalb von Mitgliedschaften verlaufen für Führungskräfte und insbesondere Führungsnachwuchskräfte über lose Formen von Mitgliedschaften in Zeitverträgen und Teamkonzepten. Sie sind unter verschiedenen Aspekten Herausforderungen, denn

- sie arbeiten aufgrund des Wandels von Managementmodellen und veränderten Organisationsformen weitgehend in fragilen temporären Beschäftigungsformen „ohne Vorlagen" (Allendinger 2005). Sie sind jedoch die entscheidende Gruppe der Träger von Humankapital und Wissen und sie sind als Wissensarbeiter (Winkelsmann 2005, 55 ff.) die „Türöffner" des intellektuellen Kapitals, damit dieses in die Unternehmen gelangen kann. Folglich sind sie ein wichtiger Wettbewerbsfaktor,

- zudem lässt die Qualifikationsentwicklung der Bevölkerung in Verbindung mit dem Strukturwandel und dem demographischen Wandel einen Mangel insbesondere an Hochqualifizierten erwarten (Fuchs/Söhnlein 2005). Umso gewichtiger wird die Personalrekrutierung, -entwicklung sowie -bindung dieser Gruppe für das Personalmanagement, d. h. ihre Bedeutung als Gruppe von Erwerbstätigen für die Organisationen wächst ständig.

Infolge der besonderen differenten Formen, die die Mitgliedschaft von Führungskräften in Unternehmen markieren, stehen die Muster und Grenzen ihrer Mitgliedschaft in Selbst- und Fremdwahrnehmungen unter Beobachtung. Bedingt durch ihre hoch individualisierten Tätigkeitsformen durch Kooperation, Koordination und Kommunikation, die den Inhalt ihrer Tätigkeit darstellen (Wilkesmann 2005, 57), sind sie gleichermaßen von Organisationsregeln und Routinen abhängig und das gilt uneingeschränkt für junge Nachwuchskräfte. Das Vereinbarkeitsthema ist folglich für diese Gruppe auf den beiden letzteren benannten Ebenen als Zukunftsthema für eine weitere Bearbeitung von Bedeutung als:

a) *Organisations-* und *Unternehmenskultur*, die die Kommunikationsmuster nach innen und außen betreffen,

b) *Berufs- und Karriereplanung* bei Paaren, insb. bei Doppelkarriere-Paaren.

Das Vereinbarkeitsthema konzentriert sich als Modell für neue Arbeitszeitgestaltungsmodelle in Verbindung mit betrieblichen Modellen zur Unterstützung der Familienarbeit auf Mitgliedschaftsgruppen, die von Rationalisierungen betroffen sind und durch dieses Merkmal im Focus des Personalmanagements sind. Hingegen sind in Modellen zur Organisationskultur und Karriereplanungen Mitglieder der Mitgliedschaftsgruppen des vertikal strukturierten Arbeitsmarktes angesprochen (Mikl-Horke 2001). Für diese Gruppe ist in Organisationsregeln inklusive ihrer Routinen der Umgang mit Wissen wichtig. Die besondere Situation von jungen Führungsnachwuchskräften zeichnet sich dadurch aus, dass sich ihre Mitgliedschaft durch das Hineinwachsen in Führungsaufgaben und durch die Einmündung in Karriereentwicklungsmaßnahmen ausweist. Eine starke Rolle spielen dabei Selbst- sowie die an sie gestellten Fremderwartungen, wobei Organisationsregeln davon ausgehen, dass die Selbsterwartungen der Nachwuchskräfte mit den sozialen Erwartungen der Organisation zusammen fallen. Organisationen erwarten, dass junge Führungskräfte grundsätzlich und insbesondere infolge des gegenwärtig schwierigen Zugangs zum hoch qualifizierten Arbeitsmarkt[5] bereit sind, ihre aktuelle situative Lebensführung den sozialen Erwartungen der Unternehmen anzupassen, mit denen sie sich tagtäglich individuell konfrontiert sehen und aus diesen in der Kommunikation gespiegelten Routinen und Kooperationen ihre Identität gewinnen (Luhmann 2000, 280). Allgemein werden von ihnen Kenntnisse und Kernkompetenzen bzw. normative Verpflichtungen erwartet, wie z. B.:

– die *Bindung an die Organisationsziele* und ein Mehr an *Kommunikationsbereitschaft*, um die Organisationsziele transparent zu halten,

– die *Einpassung in die Arbeitsteilung* bei zunehmender Komplexität sowie Temporarität der eigenen Arbeitstätigkeit als Wissensarbeit und Kompetenz der Selbstorganisation,

– die *Bereitschaft und Kooperationsfähigkeit*, um selbst nach Unterstützungsalternativen und Veränderungsoptionen für die Wahrnehmung der Führungsaufgabe zu suchen,

– *Disziplin* im Hinblick auf eine Zurückstellung „privater" Interessen und

– deshalb gerade nicht das Aufsuchen und Verhandeln von möglichen Alternativen sowie temporären Veränderungen z. B. in der Lebensführung.

Vor dem Hintergrund des Konstruktes work-life-balance müssen sich Selbst- und Fremdwahrnehmungen folglich differenzieren und die Organisationsregel gegen die eigene Lebensführung richten. Die Balance zwischen individueller Motivation und sozialer Stabilität innerhalb von Mitgliedschaften gestaltet sich schwierig, weil Nachwuchskräfte den Druck der Organisationskultur insb. über Aufstiegsoptionen erfahren. Zu diesen Merkmalen gehören z. B. Formen von Verlässlichkeit in der Kommunikation als auch nonverbale Repräsentationen, indem Aufgaben bei aller Temporarität etc. umfassend zu bearbeiten seien. Der „Wert" solcher normativer Vorstellungen äußert sich z.B. darin, dass vermeintlich am Anfang Versäumtes sich später schwerlich nachholen ließe. Entsprechend gegebener Organisationskulturen würden sie, wenn sie spezifische Aufgaben entsprechend ihrer situativ gegeben Lebensführung zu einem späteren Zeitpunkt nachholen wollten, Dissonanzen in der Kommunikation auslösen. Dieses wiegt insofern schwer, denn innerhalb von

---

[5] Das Stichwort lautet hier: *Generation Praktikum*, womit gemeint ist, dass sich eine ganze Generation junger Akademiker in fragilen und temporären Beschäftigungsverhältnissen zwischen Hochschule und Beschäftigungssystem befindet (Allmendinger 2005; Jacob 2004; Peters 2004, 14).

Organisationskulturen können sich ihre Mitglieder auf Kommunikationsregeln insofern verlassen, dass selbst dann, wenn Dissens kommuniziert wird, Konsens darüber besteht, dass sich Dissens gezeigt hat und Mitglieder nonverbal aufgefordert werden, Kommunikationskonsens (wieder) herzustellen, bzw. zu den Routinen aufrechtzuerhalten (Luhmann 2000, 93). So ist zu vermuten, dass, wenn junge Nachwuchskräfte in formalisierte Aufstiegswege positioniert sind, können sie folglich nur schwierig informale Themen, wie das Vereinbarkeitsthema eines ist und evident nicht zu offiziellen Themen von Organisationskultur gehört, dieses außerhalb der formalen Karriereorientierung als Thema innerhalb von Organisationskulturen präjudizieren. Das beinhaltet, dass, solange work-life-balance in Unternehmen – auch vor dem Hintergrund temporärer Teambeschäftigungsformen für junge Führungsnachwuchskräfte – nicht Gegenstand organisationskulturbildender Fragen wird, Vereinbarkeitserwartungen hinter Karriereerwartungen positioniert werden und dadurch die „Privatsphäre" nicht thematisiert werden wird. Nachwuchskräfte bewegen sich offensichtlich eher von Position zu (Aufstiegs-)position, weil alle Aufgaben, Aufstiegsregeln sowie Versetzungsvorgängen im Rahmen dissonanter Kommunikationsformen nicht vorgesehen sind und sie folglich

- das Thema gegen die Betroffenen selbst wenden und ihre Widersprüche an individuelle Lebensführungskonzepte auf der Basis der Verbindung situativ gelebter Formen selektieren,
- infolge der Logik keine Anhaltspunkte dafür sehen, dass sie dieses Problem auch nach geglücktem Aufstieg, neuen Bewegungen sowie Versetzungsvorgängen nunmehr entgegengesetzt ihren Motiven als Führungsnachwuchskraft im Sinne der Selbsterwartungen zu lösen versuchen,
- dieses Problem durch eigene Dissonanzen in der Kommunikation nicht hinreichend wahrnehmen, d. h. den Zugang als Problem von Personalführung in der Kommunikation und Führung, wie beschrieben, als Fremderwartungen an ihre Rollen, voraussichtlich nicht würdigen,
- das Thema work-life-balance als Zukunftsthema nicht wirklich von Führungsnachwuchskräften und vom Personalmanagement als neue gesellschafts- und sozialpolitische sowie ökonomische Herausforderungen begreifen und gestalten.

Wollten Führungsnachwuchskräfte jenes informale Thema aufnehmen, wären sie auf institutionalisierte Fürsprecher (Mentoren, Coaches, ältere Personen, etc.: Peters et al. 2004) angewiesen oder diese müssten vorgeschickt werden. Oder: Organisationskultur selbst müsste zum Thema von Organisationen und Unternehmen ernannt werden. Es spricht gegenwärtig viel dafür, dass (noch immer) gegebene Karrieremuster eine Berücksichtigung des Themas work-life-balance nicht zulassen und der Karriereweg ohne die Beachtung und Beobachtung von Selbsterwartungen bleibt. So gesehen ist eine Karriere eine Art organisationsbezogene Kapitalbildung, wenngleich mit Risiko. Karrieren hängen folglich von Selbst- und Fremdselektion ab und die Selbstselektion verläuft nach den benannten Aspekten. Würden sie auf dem Wege des Aufstiegs informale Aspekte wie work-life-balance als Organisationskulturthema aufnehmen, setzen sie die eigene Karriere dem Risiko aus. Das System der Organisation versteht sich folglich als ein Ordnungssystem der Ermöglichung von Karrieren, sofern sie sich an diesem kulturellen Rahmen orientieren (Luhmann 2000, 299). Führungsnachwuchskräfte „gewöhnen" sich an diese neuen Positionen der Karriereentwicklung und schreiben trotz laufender Auseinandersetzung mit Vergangenheit und Zukunft organisationale Kommunikationsprozesse fort, sofern sie Chancen des Zugangs bekommen. Dieses wird wohl nicht zuletzt deshalb immer wiederholt, weil das Erreichen neuer Positionen in der „Karriereerrechnung" als eigene Leistung wahrgenommen wird. Die Wahrnehmung der Position wird wie ein Verdienst behandelt, der Ansprüche auf eine Karriereberücksichtigung rechtfertigt. Somit legitimiert sich der Verzicht auf das „Private" immer wieder aufs Neue, bzw. entspricht den Organisations(kultur)erwartungen.

Diese Muster von Karriereoptionen verlaufen geschlechtsneutral, d.h. Fragen der Integration von Führungsnachwuchskräften gestalten sich innerhalb von Professionskulturen und sich wandelnden gesellschaftlichen Entwicklungen organisationspolitisch schwierig, weil die Vereinbarkeitsfrage so gesehen bei weitem mehr als nur ein Genderproblem ist.[6] Für eine Rahmung als Organisationskultur sind, so gesehen, keine Muster vorhanden, weder der Genderansatz noch das Thema work-life-balance bieten Hinweise. Aus diesem Grunde wird vorgeschlagen, sich des Rahmens Diversiy Management in der Absicht zu nähern, dass über die kulturelle Orientierung des Begriffs organisationskulturbildende Momente thematisiert und somit ein übergeordneter Handlungsrahmen bereit gestellt werden kann. Der Diversity-Ansatz kann vielleicht Optionen aufzeigen, über die Individualisierung als Lebensführung die individuellen Orientierungen in den formalen Bereich von Organisationskultur zu überführen und damit Führungsnachwuchskräften für ihre eigenen Selbsterwartungen sowie für die Aufgaben der Personalführung Chancen zu eröffnen. Diversity bietet Optionen, das Thema der Vereinbarkeit zu einem Organisationskulturthema zu machen und damit müssen sich auch Führungskräfte, wenn es um die Rekrutierung des eigenen Nachwuchses geht, des Vereinbarkeitsthemas annehmen. Dass das für Nachwuchskräfte immer mehr ein Thema im Sinne von Lebensführungskonzepten als Doppelkarriere-Paare ist, darauf wird noch eingegangen.

---

[6] In der Regel eröffnen Organisation Karrierechancen über Professionen, die auf der Basis *kollegialer* Gleichheit auf — für den Beruf definierten — Ausbildungsabschlüssen aufbauen. Ihre Aufgabe liegt demzufolge in der *Vermittlungsarbeit* mit dem Anspruch an Elitefunktionen jenseits von Organisationskulturentwicklung.

4 Diversity und Management Diversity als Kulturbegriff – Differenzierung und Optionen zur Gestaltung individualisierter Lebensführung von Führungsnachwuchskräften

4.1 Diversity und Diversity Management als Humanressourcenansatz und Merkmalsbeschreibungen des Personals

Der Diversity-Ansatz ist ein internationales Thema global tätiger Unternehmen. Die Relevanz des Themas speist sich aus Umstrukturierungen und dem Bedeutungszuwachs des Faktors Humanressourcen in Verbindung mit zunehmender Diversität der Belegschaften sowie der Märkte und Kunden bei zunehmender Globalisierung. Diversity Management reagiert insgesamt auf sich wandelnde Herausforderungen, wie z. B. Zunahme der Frauenerwerbsneigung, der Anstieg der Bedeutung des Humankapital-Pools an Beschäftigten, Migrationswanderungen, etc. Es reagiert auf veränderte Rahmenbedingungen in den USA seit Beginn der neunziger Jahre und ist ein intensiv diskutierter gesellschaftlicher „topic". Die amerikanische *Society for Human Resource Management* gründete 1993 eine Initiative zu diesem Thema (Rhodes 1999; Cox 1993; Sepehri 2002). Mittlerweile werden das Thema und die Entwicklung von Diversity-Management-Konzepten auch in Europa aufgegriffen. In Deutschland machen Unternehmen, die als „global player" auftreten, Erfahrungen damit (Süß/Kleiner 2005). Diversity Management greift die veränderten Rahmen- und Umweltbedingungen auf und versucht, diese erfolgreich ins tagtägliche Geschäft zu integrieren und insb. auf ökonomisch-wettbewerbsrelevanter Ebene effektiv zu managen (Sepehri 2002; Sepehri/Wagner 2002, 121 ff.; Peters/Bensel 2002). Etwas vage formuliert, geht es um verschiedene Perspektiven auf den Gegenstand Diversity in der Absicht, Entwicklungen der Humanressourcen zu beobachten. Das zielt darauf, dynamische Entwicklungen und Ausdifferenzierungen hinsichtlich der Komplexität der (Wissens-)Ressourcen des hoch qualifizierten Personals wahrzunehmen und diese international in Managementprozessen zu integrieren. Es sind wohl so etwas wie spezifische Interaktionsmuster, die gesellschaftspolitisch ihre Wirkung entfalten und auf die das international agierende Managementkonzept seinerseits regieren will. Damit kommt der besonderen Beobachtung des intellektuellen Kapitals[7] und der Wissenskompetenzen zunehmend über Organisationskulturen Bedeutung zu.

---

[7] Der Begriff Kapital hat verschiedene Bedeutungen, z. B. differenziert *Bourdieu* zwischen ökonomischen, kulturellen und sozialen Kapital, wobei dem Kapital eine Überlegenstendenz innewohnt. Es kann Profile produzieren wie sich selbst reproduzieren oder in verinnerlichter, inkorporierter Form auch wachsen (Bourdieu 1985/1994). Die Spezifik des verinnerlichten, inkorporieren Kapitals will *Bourdieu* so verstanden wissen, dass es ein an die Person gebundener Besitz jedes Einzelnen ist, welcher sich nicht überragen oder monetär ausdrücken lässt. Inkorportiertes Kapital gilt als ein Besitztum, welches als ein fester Bestandteil des Individuums aufzufassen ist. Unter Nutzung dieses Begriffsverständnisses

So gesehen handelt es sich um eine institutionen-ökonomische Ausrichtung auf Aspekte der Humanressource als immaterielle Ressource innerhalb neuer kooperativer Arrangements[8]. Es ist in der Bedienung des Nutzungsaspektes von Humanressourcen ein direkt kultur- vielleicht auch ein akteurspolitisches[9] Konzept für Organisationen, das auf gegebene wie potentielle Arbeitsmärkte zielt und nicht, wie oft angenommen, sich primär auf die mikropolitische Perspektive von Organisationen richtet. So nimmt Diversity diverse Entwicklungen mit Blick auf potenzielle (Ost-) Arbeitsmärkte auf, um die Humanressourcenentwicklungen in ihrer Diversität zu beobachten, um sich unter den Anforderungen zunehmender Globalisierung von Kunden- und Arbeitnehmermärkten, auf diese einzustellen. In einer gewissermaßen symbolischen Wirkung nehmen Unternehmen den wachsenden Realitätsdruck in der Weise auf, dass sie sich potenziell auf neue Kunden und neue Beschäftigte einstellen und dieses wird in differenzierten Aufstellungen von Belegschaften, wie Erschließungen neuer Märkte und Produkte, widergespiegelt. Das Ziel wird durch Führungskonzepte erreicht, die die Homogenität von Märkten, Produkten und Belegschaften flexibilisieren und Heterogenität zulassen sowie sich rasch auf neue Kundenwünsche einstellen und die Wertschöpfungsprozesse schnell dem Markt anzupassen vermögen. Die mikropolitische Struktur spiegelt die makropolitische Struktur wider.

In der ausschließlichen Orientierung auf die mikropolitische Struktur und damit auf die Heterogenität von Belegschaften ist der Begriff Diversity Management geläufig und vertraut, wenn er nunmehr direkt auf Aspekte von Merkmalsbeschreibungen der Beschäftigten einer Organisation abzielt. Dabei besteht für eine Organisation die Herausforderung darin, die vielfältigen Bedürfnisse und Interessenlagen der Beschäftigten zu erkennen, ohne sie dabei zu stereotypisieren (Krell 2002, 105 ff.; Jackson/Rudermann 1996; Ng/Burke 2005). Es geht nicht nur um klassische Merkmalszuschreibungen (Geschlecht, Alter, Ethnizität, Nationalität) und Orientierungen und Werte, die nicht unmittelbar erkennbar sind. Allgemein liegt dem die Annahme zugrunde, dass interkulturelle Unterschiede und Potenziale in unterschiedlichen nationalen Kontexten gegeben sind und eine nationale Widerspiegelung in Belegschaften und Kunden folglich nahe liegt. Besonders in der Praxis werden unter dem Begriff Diversity Management Aktivitäten verstanden, die Diversity im

---

von Kapital wird, zwar unter anderer Bezeichnung, auf die Besonderheit der menschlichen Komponente mit seiner Wert generierenden Wirkung verwiesen. Vor diesem Hintergrund einer individualisierten Auffassung des Kapitals wird die Bedeutungserläuterung des Begriffs Human Kapital erleichtert.

[8] Diversity hat auch weniger Gerechtigkeit- und Gleichheitssemantik im Blick, sondern mit EU- Blick eher die Semantik der Gleichbehandlung der Humanressource auf dem internationalen Arbeitsmarkt und Arbeitsmarktbewegungen und -wanderungen.

[9] Das soll jedoch weiterführenden Überlegungen der individuellen aktiven Gestaltung von Organisationen von Führungskräften vorbehalten bleiben (Pohlmann 2002, 227 ff.).

Hinblick auf die Human-Ressourcen (Verschiedenheit, Ungleichheit, Andersartigkeit und Individualität) wahrzunehmen haben, die durch zahlreiche Unterschiede zwischen Menschen gegeben sind. Geht man von den die Diskussion bestimmenden US-amerikanischen Veröffentlichungen aus, wird Diversity im Sinne individueller Unterschiede unterschiedlich weit gefasst, die Reichweite umspannt bei zunehmend global aufgestellten Belegschaften folglich die benannten Merkmale sowie persönliche Erfahrungen und Wissen, Behinderung, persönliche Fertigkeiten und Fähigkeiten, sexuelle Orientierung sowie Lifestile inclusive persönliche Werte und Überzeugungen, kulturelle Praktiken und Mentalitäten (Krell 2002, 219 ff.). Bei allen additiven Merkmalszuschreibungen geht es innerhalb von Unternehmen darum, die Vielfalt der Beschäftigten, Prozesse und Strukturen wertzuschätzen und effektiv durch den Aufbau einer multikulturellen Organisation zu nutzen. Je mehr es Aufgabe des Personalmanagement ist, auf Kriterien von Diversity zu achten, umso stärker wird der Bekanntheitsgrad und das Verständnis von Diversity Management und Merkmalszuschreibungen von typischen Minderheiten erfahren Aufmerksamkeit. Das wiederum wirkt auf Selbstbeobachtungsprozesse und Mitgliedschaftsgruppen stellen entsprechende Erwartungen an das Personalmanagement (Squires 2005, 366 ff.). So gesehen kommen mit zunehmender Ausdifferenzierung Gruppen wie Kranke, Alleinerziehende oder Familienväter, Gering-Qualifizierte, Teilzeitbeschäftigte, Ältere und andere Gruppen, die, ohne die formale Kommunikation ihrer Diverstiy-Kriterien oft eine gesellschaftliche oder betriebliche Diskriminierung erfahren (Blom/Meier 2002, 237; Hummel/Zander 2005) in den Blick.

So gesehen lassen sich unter den gegenwärtigen ökonomischen Bedingungen Organisationsrationalisierungen z. B. von Arbeitszeitmodellen sowie familienunterstützenden Maßnahmen mit Hilfe des Diversity Management auch für Belegschaften von Teilzeitarbeitsmärkten aufgreifen und integrieren (Süß/Kleiner 2005). Unter Diversity als Organisationskultur bestehen offensichtlich Chancen, die Merkmalszuschreibungen als Organisationskultur zu thematisieren. Ihr Vorteil liegt in der Mehrdeutigkeit, der Ambiguität. Das Personalmanagement kann sich, explizit oder implizit, auf sie beziehen, ohne damit schon für die Zukunft festgelegt zu sein. Es lässt sich auf diese Weise Zugehörigkeit innerhalb der Belegschaftsgruppen über Organisationskulturen symbolisieren, ohne dass das Personalmanagement an Manövrierfähigkeit des Personals einzubüßen hätte. Das setzt eine Beteiligung an Interaktion und Kommunikation voraus sowie eine Organisationskultur, die Vergangenheit und Zukunft so miteinander verbindet, ohne dass man genötigt wäre, die Routinen der Vergangenheit zu wiederholen. So ließen sich Optionen schaffen, informelle Selbsterwartungen bezüglich des Vereinbarkeitsthemas nunmehr in formellen Strukturen von Diverstiy-Organisationskulturen diskutieren zu können. Der Herausforderung des Personalmanagements, neue Arbeitszeitmodelle sowie die Unterstützung bei der Familienarbeit im Kontext von

Diversity-Organisationskulturen zu lösen, stehen die Türen offen, ohne von einem interkulturellem Personalmanagement zu sprechen[10].

4.2 Diversity als Kulturbegriff und Erweiterungen durch *Bourdieu* als Lebensführung – Chancen der Thematisierung von work-life-balance für Führungsnachwuchskräfte

Wie aufgezeigt, standardisieren Organisationen die Wahrnehmungen und Erwartungen ihrer Mitglieder in Wahrnehmungsfelder und regulieren folglich damit, welche Wahrnehmungen und Erwartungen eine Chance haben, in Kommunikation transformiert zu werden (Luhmann 2000, 119). Diversity Management dürfte ein solches Wahrnehmungsfeld sein, in das work-life-balance formal und informal aufgehen könnte, da innerhalb des Diversity Management das allgemeine gesellschaftspolitische Wissen der individuellen Wissensträger durch die Individualisierung und Pluralisierung von Lebens- und Berufserfahrungen symbolisch transferiert als Kapital in seiner Bedeutung nutzbringend für die Organisation gesehen wird. Der Vorteil liegt, wie benannt, in der Mehrdeutigkeit einer formalen Organisationskultur durch Ambiguität, d. h., dass das Personalmanagement sich auf Toleranz beziehen kann, ohne sich festzulegen, bzw. die Grenzen von Toleranz innerhalb von Mitgliedschaftsgruppen relativ halten kann. Innerhalb der Gruppe der hoch qualifizierten Mitgliedschaftsgruppen, die als Träger des Human- und Wissenskapitals die „Türöffner" für neuere internationale Entwicklungen sind, sind ihre Karrieren mit unsicherem Nutzen behaftet. Ihre informale Kapitalbildung liegt innerhalb ihrer Lifestyle-Entwicklung und der Aufhebung der Differenz von Beruf und Person infolge ihrer wissensintensiven Arbeitsformen. Diese Beschreibung eröffnet u. E. Chancen für Organisationskulturen im Kontext von Diversity, denn darüber könnte die hohe Anpassungsfähigkeit bei Berufsanfängern als Führungsnachwuchskräfte aufgebrochen werden, indem sie ihre eigenen Erwartungen an work-life-balance als Ansprüche an die eigene Personalentwicklung sehen und stellen wollen. Das hätte den Vorteil, dass diese sich folglich zu flexibilisieren und zu individualisieren hätte, also chancenlos wäre, in bisherigen Formen in der Differenz von formaler und informaler Organisationskultur auf eine Zurückstellung „privater" Interessen zu insistieren. Damit könnte Diversity sich um ein weiteres von den benannten harten Faktoren lösen, denn es unterscheiden sich Männer von Männern, und Frauen von Frauen und nicht Männer von Frauen und Frauen von Männern in verschiedenen kul-

---

[10] In dem Fall geht es im traditionellen Sinne um das Bemühen, die Zusammenstellung der Belegschaft an die interkulturelle Pluralität der Gesellschaft anzupassen, in der modernen Variante um das Bemühen, eine interkulturelle Belegschaft so zu führen, dass sie durch ihre Vielfalt und das damit verbundene Potential zur Wertschöpfung eines Unternehmens beiträgt. Eine der Fragen ist die, welche Führungskräfte nach welchen Kriterien ins Ausland entsendet und wie sie interkulturell darauf vorbereitet werden.

turellen Kontexten. Die Globalisierung individualisiert infolge von hoch qualifizierten Bildungsphasen diese Gruppe im Verhältnis zu anderen Belegschaftsgruppen und nivelliert sie in internationalen Organisations- und Beschäftigungsfeldern untereinander ob der gleichen Bildungsinhalte, Bildungssprache, Nutzung von IT, Kommunikations- und Kooperationsformen. Gleichwohl sind sie aber nicht gleich in ihren individuellen Lebensführungskonzepten hinsichtlich der Gestaltung von Arbeit und Lebensführung, z. B. ob und wenn ja Partner, Kinder, etc. Dieses wäre im Sinne des im Diversity-Ansatz benannten Aspektes von *Lifestyle*, der sich hier zeigt und das ist ein internationales Phänomen, das diese Gruppe verbindet und sie gleichermaßen von anderen differenziert. Dieses innerhalb von Diversity-Organisationskulturen aufzugreifen, würde ermöglichen, die Individualisierung anzuerkennen und sie zum Kommunikationsgegenstand zu machen. Es ist evident, dass die Mannigfaltigkeit individueller Lebensentwürfe infolge der IT-gestützten und damit wissensbasierten Tätigkeiten hochqualifizierter Gruppen zunimmt.

Es wird hier dafür plädiert, das *social-life* oder das *lifestyle* der Hochqualifizierten innerhalb von Diverstiy kommunikativ aufzunehmen, denn aus der zunehmenden Differenzierung individueller Lebensentwürfe lässt sich noch keine Ordnung des Lebens ableiten, die über die Nicht-Thematisierung der Privatsphäre von Führungsnachwuchskräften in formalen Organisations- und Kommunikationsstrukturen hinaus greifen könnte. Eine reale Ordnung kann nur aus der gegenseitigen Durchdringung der transzendentalen Bedingungen menschlicher Existenz und der Vielfalt individueller Lebensführung hervorgehen infolge der Einbindung von Diversity in Organisationsformen, die nicht vor dem Management als aktive Manager von Personal sich selbst als Gruppe zu thematisieren haben. Diversity kann folglich eine Vermittlungsleistung zwischen Mensch und Organisation für die Interpretationen der Lebensführungskonzepte übernehmen, mit denen sich jeder Einzelne in seiner je spezifischen Lebensweise identifizieren und darüber in der Gruppe kommunizieren könnte. Dafür können Anleihen aus dem soziologischen Konstrukt der *Lebensführung* in der Weiterentwicklung durch *Bourdieus* Habitus-Konzept gemacht werden, das in der Alltags- und Arbeitssoziologie für Differenzierungen in der Dienstleistungsgesellschaft geläufig, sowie für die Wissensgesellschaft unabdingbar ist, weil das Konstrukt von der Gleichwertigkeit der differenten aktiven Lebensbewältigung ausgeht, nicht von unveränderbaren Merkmalen im Sinne von Merkmalszuschreibungen als Abbildungen gesellschaftspolitischer Ausdifferenzierungen (Rössel 2004, 95 ff.; Hermann 2004, 153 ff.). Lebensführung vermittelt zwischen Gesellschaft und Individuum und stellt einen Zugang in der Vermittlungslogik der Beziehung beider Bereiche her (Pongraß/Voß 2204; Kudera/Voß 2000). Das Konstrukt *Lebensführung* steht in dem Zusammenhang des Habitus als Lebensstil und Geschmacksorientierung (Bourdieu 1985/1994). Die Kategorie *Lebensstil* von *Bourdieu* verbindet die sozioökonomischen Merkmale mit Einstellungs-, Wert- und Normdispositionen.

Erworbene Einstellungen und Haltungen des situativen *social life*-Arrangements innerhalb der Zugehörigkeitsgruppe von Professionen oder Gruppen von vergleichbaren Lebensführungsmustern weisen sich dadurch aus und prägen einen Lebensstil, der sich in bestimmten expressiven Verhaltensweisen ausdrückt und der zur Selbstdarstellung sowie der Abgrenzung zu anderen sozialen Gruppierungen dient. Er hat Selektionscharakter. Das ist bereits bei der Gruppe von Wissensarbeitern betont worden, die sich jenseits von Hierarchie und Kontrolle in ihren team- und kooperativen globalen Tätigkeitsformen durch spezifische Kommunikation und Kooperation auszeichnen. Innerhalb dieser Überlegungen wäre eine Transformation auf diesen Gegenstand so zu verstehen, dass von Interesse ist, wie Prioritäten, Art und Umfang von Aktivitäten während der Einmündungsphasen in Führungsnachwuchspositionen zeitlich und strukturell geordnet und praktisch in Organisationskulturen umgesetzt werden können. Zudem, welche Erwartungen sie an individuelle Lebenspläne, Kompetenzen, Ansprüche, etc. haben und wie ihren Erwartungen entsprochen wird, denn davon dürfte abhängen, wie sie ihre individuellen *social-life*-Ressourcen zur Verfügbarkeit stellen, bzw. welche Effekte sie innerhalb ihrer sozialen Netzwerke erwarten.

An der Differenz zu einer work-life-balance lassen sich für die Mitglieder dieser Gruppen ihre eigenen Lebensführungskonzepte bewerten und die sind, wie bereits einige Forschungen aufweisen, hoch different hinsichtlich der Vereinbarkeit von Beruf und Familie entsprechend der hohen Kongruenz von Beruf und Person als Ausweis von Individualisierung. Das beinhaltet, dass z. B. der Aufschub eines ausgewogenen work-life-balance-Konzeptes nicht mehr – und damit dissonant zu den Rollenerwartungen der sie einstellenden Unternehmen – unhinterfragt hoch bewertet wird, auch wenn diesbezüglich an sie gestellte Fremderwartungen nicht innerhalb des Organisationssystems aktiv und funktional im Sinne von Durchsetzung der eigenen Erwartungen eingesetzt werden. Die Kommunikation über und innerhalb von Lebensführungskonzepten als übergeordneter Lebensplan, der ein System von Einzelplänen darstellt, welche zwischen den Wünschen und Zielen des Individuums und den personalpolitischen Bedingungen ihrer Realisierbarkeit projektiv vermittelt, ist zum Gegenstand von Organisationskultur zu machen. Das betrifft zunehmend die Doppelkarriere-Paare in internationalen Kontexten, denn ihre individualisierten Lebensführungskonzepte bewegen sich, wie empirische Forschungen belegen, zwischen Formen, die die Vereinbarkeit als „private Interessen" außerhalb von Unternehmen sehen[11]. Das bedeutet, work-life-

---

[11] Die Literatur zum Thema der Doppelkarrieren wächst neuerdings. Ohne auf alle eingehen zu können, zeigt sich, dass sich offensichtlich vier Typen von Lebensführungskonzepten ausmachen lassen: a) ein Partner stellt die Erwartungen völlig zurück (i. d. R. die Frau), d. h., das Paar löst das Problem traditionell; b) der Partner wählt eine weit unter den Möglichkeiten bleibende Position, d.h. das Paar wählt eine modernisierte Form; c) Partner entscheiden, in zeitlich wechselnden Tätigkeit eine Parität herstellen zu wollen, d. h. die Lö-

balance ist auch für Führungsnachwuchskräfte ein wichtiges und zentrales Thema in Form der Realisierung von Paarbeziehungen mit Kindern und damit Gegenstand von Organisationskulturen, kein individuelles singuläres Problem innerhalb der Gruppe des hoch qualifizierten Personals.

Hier hat Diversity Management Chancen, anzusetzen, bzw. die besondere Chance bestände darin, erwartbare Eignungen und Karriereentwicklungen nicht nur an der Kommunikation erwartbarer Karrierestepps zu orientieren, um die Integration der geeigneten Nachwuchskräfte zu vollziehen. Das Konstrukt *Individualisierung* und die Differenz seiner Kriterien macht ja gerade die Ungleichen in ihren Referenzbereichen Arbeit und Leben untereinander ohne Bevorzugung vergleichbarer und kommt damit nicht zuletzt Globalisierungsansprüchen entgegen, weil alle Gleichbehandlung aufgrund ihrer Individualität hinsichtlich ihrer Humanressourcen und Kompetenzen erhalten und in der Individualität Erwartungen an Geltung beanspruchen können. Die Botschaft an Unternehmen ist, nicht von möglichen „Wahlmöglichkeiten"[12] der Personalpolitik auszugehen, sondern von einer Akzeptanz der sich pluralisierenden individualisierten Realitäten.

5 Fazit

Der kulturelle Wandel vollzieht sich bei Zunahme der Individualisierung durch Ausdifferenzierung institutioneller Muster wie hier am Beispiel der Führungsnachwuchskräfte. Unternehmens- und Personalmanagement richtet sich an Organisationszwecken und der Kalkulierbarkeit von Handlungen inklusive der durch die Organisation gebotenen Optionen der Kommunikation von Selbst- und Fremdwahrnehmungen sowie professionspolitischen Orientierungen aus. Ein entscheidendes Grundproblem von Führung und inhärent den Führungsaufgaben ist, dass jede Form von Organisierung nicht nur gewünschte Effekte, sondern immer auch Unsicherheiten hervorbringt, d. h., jede Handlung produziert auch immer Unsicherheit gleichermaßen mit, wie hier am Beispiel von Führungsnachwuchskräften und ihrer individualisierten Lebensführung diskutiert wurde. Im Kontext von Diversity-Konzepten und entsprechenden Organisationskulturen können die Erwartungen junger Nachwuchskräfte diskursiv aufgegriffen und verhandelt werden. Gestaltungsaufgaben in der flexibilisierten und gloabalisierten Arbeitsgesellschaft

---

sungen sind fragmentierte Lösungen; d) Partner nehmen eine Trennung wegen der Unvereinbarkeit in Kauf bei Aufrechterhaltung der individuellen Gleichberechtigung (Schulte 2002; Harms/Ladwig 273; Domsch/ Ladwig 2002, 277f; 2005; Behnke/Meuser, 2003 a,b; Domsch/Krüger-Basener 2003, 516ff; BMFSF 2004; Pasero/Priddat 2004 und, darauf möchten wir ausdrücklich verweisen, der Deutsche Stifterverband bietet ab 2006 z. B. Stipendien für Doppelkarrierepaare im internationalen Forschungskontext.

[12] Ein beliebtes Thema von Personalpolitik ist das Thema Diversity als Personalmatch, dass geschlechtsgemischte Teams, junge und alte, divers Qualifizierte etc. sich besonders gut „mixen" lassen hinsichtlich der optimalen Nutzung der Humanressourcen der Mitglieder.

sind diskursiv auszuhandelnde Gestaltungsaufgaben und darin ist innerhalb von Organisationskulturen das work-life-balance-Thema ein zentrales. Das kann, so dieser Beitrag, nur in offenen Organisationskulturen ermöglicht werden, bzw. ist weder als work-life-balance-Thema noch als Genderthema im Sinne von Chancengleichheit möglich. Die organisationskulturellen Begriffe von Diversity und Diversity Management bieten Optionen, diese situativen Kontingenzen zu bewältigen.

Diese Kriterien stehen heute für wissensbasierte Organisationskulturen, Organisationsentwicklung, schlicht für Human Ressourcen Management und die Entwicklung intellektuellen Kapitals. Junge Nachwuchskräfte und ihre Vereinbarkeitsoptionen auf internationalen Arbeitsmärkten individualisiert zu entwickeln, ist ein wichtiger Beitrag zur zivilen und arbeitsmarktpolitischen Wahrnehmung des Problems und wäre ein Beitrag im Rahmen der „Lissabon-Strategie". Eine Verzichtsproblematik durch eine Organisationskultur und Organisationsentwicklung jenseits der Privatsphäre ist infolge der Globalisierung wohl nicht mehr zu bewältigen.

Literatur

Allmendinger, J.(Hrsg.) (2005): Karrieren ohne Vorlagen. Junge Akademiker zwischen Hochschule und Beruf. Hamburg.

Bäcker, G./Bispinck, R./Hofermann, K./Naegele, G. (2000): Sozialpolitik und Soziale Lage in Deutschland. 3. Auf., Wiesbaden.

Baecker, D. (2003): Organisation und Macht. Frankfurt.

Baethge, M./Bartelheimer, P./Fuchs, T./Kratzer, N./Wilkens, I. (2005): Berichterstattung zur sozioökonomischen Entwicklung in Deutschland. Arbeit und Lebensweisen. Wiesbaden.

Becker, M. (2002): Personalentwicklung: Bildung – Förderung – Organisationsentwicklung in Theorie und Praxis. 3. Aufl., Stuttgart.

Behnke, C./Meuser, M. (2003a): Modernisierte Geschlechterverhältnisse? Entgrenzung von Beruf und Familie bei Doppelkarrierepaaren (DCC's). In: Gottschall, K./Voß, G. (Hrsg.): Entgrenzung von Arbeit und Leben. München, S. 285- 306.

Behnke, C./Meuser, M. (2003b): Vereinbarungsmanagement bei DCC's. In: Soziale Welt, H. 02, S. 163-174.

Blom, H./Meier, H. (2002): Interkulturelles Management. Herne/Berlin.

BMFSFJ (Hrsg.) (2005): Familienfreundliche Regelungen in Tarifverträgen und Betriebsvereinbarungen. Beispiele guter Praxis. Berlin.

BMFSFJ (Hrsg.) (2004): Führungskräfte und Familie. Wie Unternehmen Work-Life-Balance fördern können, Ein Leitfaden für die Praxis. Berlin.

Bosch, G. (2001): Konturen eines neuen Normalarbeitsverhältnisses. In: WSI-Mitteilungen. S. 219-230.

Bourdieu, P. (1994): Die feinen Unterschiede. Frankfurt.

Bourdieu, P. (1985): Sozialer Raum und Klassen. Frankfurt.

Castells, M. (2001): Der Aufstieg der Netzwerkgesellschaft. Wiesbaden.

Cox, T. (1993): Cultural "diversity" in Organizations: Theory, Research and Practice. San Francisco.

Deutschmann, Ch. (2002): Postindustrielle Industriesoziologe. München.

DGfP (2004): Personalmanagement. Frankfurt.

Domsch, M. E./Krüger-Basener, M. (2003): Personalplanung und -entwicklung für Dual Career Couples (CCs). In: Rosenstiel, L. v./Regnet, E./Domsch, M. E. (Hrsg.): Führung von Mitarbeitern. Stuttgart, S. 561-570.

Domsch, M./Ladwig, A. (2002): Doppelkarrierepaare und neue Karrierekonzepte: eine theoretische und empirische Ausschnittsuntersuchung. In: Peters, S./Bensel, N. (Hrsg.): Frauen und Männer im Management. S. 277-294.

Eberling, M./Hielscher, V./Hildebrandt, E./Jürgens, K. (2004): Prekäre Balancen. Flexible Arbeitszeiten zwischen betrieblicher Regulierung und individuellen Ansprüchen. Berlin.

Elias, N. (2001): Die Gesellschaft der Individuen. Frankfurt.

(Familienatlas) Die ZEIT/Prognos/BMFSFJ (2005): Profile stärken – Familienatlas.

Fuchs, J./Söhnlein, D. (2005): Vorausschätzung der Erwerbsbevölkerung bis 2050. IAB-Forschungsbericht 16.

Giarini, O. /Liedtke, P. M. (1998): Wie wir leben wollen. Stuttgart.

Harms, M./Ladwig, D. H. (2000): Mobilzeit: Teilzeit für Fach- und Führungskräfte. In: Domsch, M. E./Ladwig, D. H. (Hrsg.): Handbuch Mitarbeiterbefragung. New York/Berlin, S. 272-298.

Hasenbrook, J. et al. (2004): Kompetenzkapital. Frankfurt.

Heintz, B.(Hrsg.) (2001): Geschlechtersoziologie. Sonderheft 4, der Kölner Zf. f. Soziologie + Sozialpsychologie.

Hermann, D. (2004): Bilanz der empirischen Lebensstilforschung. In: Kölner Zf. F. Soziologie und Sozialpsychologie. H. 01, S. 153-179.

Hochschild, A. R. (2002): Keine Zeit. Wenn die Firma zum Zuhause wird und zu Hause nur Arbeit wartet. Opladen.

Hummel, Th. R./Zander, E. (2005): Interkulturelles Management. München/Mering.

Jackson, D./Rudermann, M. N. (Edt.) (1996): Diversity in work-teams: research paradigms for a changing workplace. Washington.

Jacob, M. (2004): Mehrfachausbildungen in Deutschland. Karriere, Collage, Kompensation? Wiesbaden.

Juncke, D. (2005): Betriebswirtschaftliche Effekte familienbewusster Personalpolitik: Forschungsstand. Forschungszentrum Familienbewusste Personalpolitik. Münster.

Junge, M. (2002): Individualisierung. Frankfurt.

Kieser, A./Kubicek, H. (1992): Organisation. Berlin/New York.

Kocha, J./Offe, K. (Hrsg) (2000): Geschichte und Zukunft der Arbeit, Frankfurt.

Krell, G. (Hrsg.) (2005): Betriebswirtschaftslehre und Gender Studies. Wiesbaden.

Krell, G. (Hrsg.) (2004): Chancengleichheit durch Personalpolitik. 4. Aufl., Wiesbaden.

Krell, G. (2002): „Personelle Vielfalt in Organisationen" als Herausforderung für Forschung und Praxis. In: Wächter, H./Vedder, G./Fürhing, M. (Hrsg.): Personelle Vielfalt in Organisationen. München/Mering, S. 219- 231.

Krell, G. (2002): Diversity-Ansätze und Managing-Diversity- Konzepte im strategischen Diskurs. In: Peters/Bensel (Hrsg.): Frauen und Männer im Management. S. 105- 120.

Kudera, W./Voß, G. (Hrsg.) (2000): Lebensführung und Gesellschaft. Beiträge zu Konzept und Empirie alltäglicher Lebensführung. Opladen.

Luhmann, N. (2000): Organisation und Entscheidung. Opladen/Wiesbaden.

Mischau, A./Oechsle, M. (Hrsg.) (2005): Arbeitszeit – Familienzeit – Lebenszeit: Verlieren wir die Balance? In: Zf. Für Familienforschung. Sonderheft 05, Wiesbaden.

Mudra, P. (2004): Personalentwicklung. München.

Ng, E. S. W./Burke, R. J. (2005): Person – organization fit and the war for talent: does diversity management make a difference? In: The international journal of human resource management. London, Vol. 16, pp. 1195-1210.

North, K. (1998): Wissensorientierte Unternehmensführung: Wertschöpfung durch Wissen. Wiesbaden.

Osterloh, M./Littmann- Wernli, S. (2002): „Die gläserne Decke" – Realität und Widersprüche. In: Peters, S./Bensel, N. (Hrsg.): Frauen und Männer im Management. S. 259-276.

Pasero, U./Priddat, B. P. (Hrsg.) (2005): Organisationen und Netzwerke: der Fall Gender. Wiesbaden.

Peters, S. (2005): Studieren und Jobben – das Hochschulstudium und sein sozialer Sinn im Wandel – Ein bildungssoziologischer Blick auf die regionale Bevölkerungsentwicklung. In: Dienel, Ch. (Hrsg.): Abwanderung, Geburtenrückgang und regionale Entwicklung. Wiesbaden, S. 131-151.

Peters, S. (2004): Mentoring als Instrument für Nachwuchsförderung. In: Diess/Schmicker, S./Weinert, S. (Hrsg.): Flankierende Personalentwicklung durch Mentoring. S. 07-22.

Peters, S. (2003): Gender-Mainstreaming in Organisationen – Gleichstellung als Diskursthema. In: Wächter, H./Vedder, G./Führung, M. (Hrsg.): Personelle Vielfalt in Organisationen. München/Mering, S. 191-215.

Peters, S./Bensel, N. (Hrsg.) (2002): Frauen und Männer im Management. Diversity in Diskurs und Praxis. 2. Aufl., Wiesbaden.

Peters, S./Schmicker, S./Weinert, S. (Hrsg) (2002): Frankierende Personalentwicklung durch Mentoring. München/Mering.

Picot, A./Dietl, H./Franck, E. (1999): Organisation. Stuttgart.

Piko, Th. (2006): Akzeptanz und Widerstand in der Personalentwicklung. München/Mering.

Pohlmann, M. (2002): Management, Organisation und Sozialstruktur – neue Fragestellungen und Konturen der Managementsoziologie. In: Schmidt, R./Gergs, H. J./Pohlmann, M. (Hrsg.): Managementsoziologie, Themen, Desiderate, Perspektiven. Mering, S. 227-244.

Pongratz, H. J./Voß, G. (Hrsg.) (2004): Arbeitskraftunternehmer, Erwerbsorientierungen in entgrenzten Arbeitsformen. Berlin.

Prognos (2003): Familienfreundliche Maßnahmen in Unternehmen. Vortrag in Berlin.

Regnet, E. (2005): Karriereentwicklung 40+. Weinheim.

Rhodes, J. (1999): Making the Businee Case for Diversity in American Company. In: Personalführung. H. 05, S. 22-26.

Rössel, Y. (2004): Von Lebensstilen zu kulturellen Präferenzen. In: Soziale Welt. H. 01, S. 95-114.

Schein, E. H. (1985): Organizational Culture and Leadership. San Francisco/Washington.

Schnauffer, J./Stieler-Lorenz, B./Peters, S. (2004): Wissen vernetzen. Wissensmanagement in der Produktentwicklung. Heidelberg/New York.

Schulte, J. (2002): Dual-career couples. Strukturuntersuchung einer Partnerschaftsform im Spiegelbild beruflicher Anforderungen. Opladen.

Sepehri, P. (2002): Diverstiy und Managing Diversity in internationalen Organisationen. Wahrnehmungen zum Verständnis und ökonomischer Relevanz. München/Mering.

Sepehri, P./Wagner, D. (2002): Diversity und Managing Diversity: Verständnisfragen, Zusammenhänge und theoretische Erkenntnisse. In: Peters, S./Bensel, N. (Hrsg.): Frauen und Männer im Management. Wiesbaden, S. 121- 142.

Squires, J. (2005): Is Mainstreaming Transformative? Theorizing Mainstreaming in the Context of Diversity and Deliberation. In: Social politics: international studies in gender, state, and society, Cary, pp. 1072-4745.

Süß, St./Kleiner, M. (2005): Diversity- Management in Deutschland, Ergebnisse einer Unternehmensbefragung. Hagen.

Voß, G. G. (1998): Die Entgrenzung von Arbeit und Arbeitsleben. Eine subjektorientierte Interpretation des Wandels der Arbeit. In: Mitteilungen aus der Arbeitsmarkt- und Berufsforschung. H. 03, S. 473-487.

Wilkesmann, U. (2005): Wissensarbeit: die Organisation von Wissensarbeit. In: Berliner Journal f. Soziologie, H. 15, S. 55-72.

www.genderdax.de

Die Organisation des Diversity Management
Aufgaben eines Diversity Managers

Hans W. Jablonski

1 Diversity Management als Management-Ansatz

2 Organisation des Diversity Managements

2.1 Die Globale Diversity-Organisation

2.2 Zusammenarbeit mit der Personalabteilung/HR

2.3 Aufgaben und Kompetenzen eines Diversity Managers

3 Die Zukunft des Diversity Managements

Literatur

1 Diversity Management als Management-Ansatz

Der Diversity-Management-Ansatz findet seit der Jahrtausendwende in Europa zunehmend Beachtung und Verbreitung und ist mit der Globalisierung von weltweit agierenden Unternehmen verbunden. Diversity Management ist ein Konzept der Unternehmensführung zum Umgang mit der Vielfalt, auf die ein Unternehmen bei der Globalisierung trifft (Sepehri 2002, 77). Ähnlich wie bei anderen Management-Ansätzen, die aus den USA nach Europa importiert wurden, schlägt dem Diversity Management zunächst Ablehnung und Kritik entgegen.

Vielleicht erinnert sich die eine oder der andere an die Einführung von Qualitäts-Management-Konzepten und Instrumenten in Unternehmen in Deutschland und die einhergehende Diskussion darüber, dass durch die Untersuchung aller Prozesse im Hinblick auf Qualität die eigentliche Arbeit in den Unternehmen eher gestört, als verbessert wird.

Heutzutage sind Qualitäts-Management Konzepte und Instrumente sowie die Zertifizierung ein fester Bestandteil im Alltag von Unternehmen, und das nicht nur bei Grossunternehmen, sondern auch im Mittelstand. Sogar weiterführende Konzepte zu TQM wie 6-Sigma haben sich in Deutschland etabliert. Diversity Management steht in Deutschland am Anfang der Diskussion. Das Thema in seiner Gesamtheit ist neu und die Vorgehensweise hierzu auch.

Stellen wir einen Vergleich im Ansatz von Qualitäts-Management und Diversity Management an, so geht es bei dem ersteren um die Sicherstellung einer von der Kundschaft definierten Qualität. Die Prozesse im Unternehmen müssen so ausgerichtet sein, dass sich kein Fehler einschleichen kann und in der gesamten Wertschöpfungskette die geforderte Qualität sichergestellt wird.

Diversity Management bezieht sich hier auf die Förderung bzw. den Umgang mit einer vielfältigen Belegschaft im Unternehmen mit dem Ziel, die Vielfalt anzuerkennen, wertzuschätzen und diese somit für den Erfolg des Unternehmens einzusetzen. Wird im Diversity Management das Augenmerk auf die Prozesse im Unternehmen gerichtet, gilt es sicherzustellen, dass die Prozesse Vielfalt und Wertschätzung entsprechend der gesetzten Ansprüche sicherstellen. Die Begutachtung der Prozesse aus der Diversity-Perspektive wird auch als das „Diversity Mainstreaming" bezeichnet (Stuber 2004, 158).

Diese betriebswirtschaftliche Ausrichtung des Diversity-Management-Ansatzes an den Prozessen im Unternehmen und Orientierung auf deren Optimierung, birgt für Abteilungen „Gleichstellung" oder „Chancengleichheit" die Möglichkeit, aus dem „Aschenputtel-Dasein" herauszukommen und den Beitrag, den diese Abteilungen für den Erfolg des Unternehmens leisten, in einen anderen Zusammenhang zu stellen und zur Grundlage der Geschäftsstrategie zu machen.[1]

Die Einsicht für die Notwendigkeit eines Qualitäts-Management-Konzeptes konnte von Unternehmen letztendlich vollzogen werden. Bei der Einführung eines Diversity-Management-Konzeptes sind Widerstand und Bedenken zu spüren, da die Verbindung der Inhalte des Konzeptes (Vielfalt und Wertschätzung) nicht mit der „betrieblichen Realität" in Verbindung gebracht werden. Hier ein Verständnis und Bewusstsein für das Thema zu schaffen und eine Verhaltensänderung zu bewirken, ist die wahre Herausforderung des Diversity Management.

2 Organisation des Diversity Management

Um Diversity Management erfolgreich im Unternehmen einzuführen und umzusetzen wurden in vielen Unternehmen Diversity-Management-Organisationen aufgebaut.

2.1 Die Globale Diversity-Organisation

Bei den Unternehmen, die Diversity Management im Rahmen ihrer Unternehmensstrategie berücksichtigen, wurde in einigen Fällen eine eigenständige Funktion eingerichtet, die direkt an die Geschäftsführung berichtet und damit im Blickfeld des oberen Managements steht. Die Bedeutung, die diesem Thema zugesprochen wird, kommt hiermit zum Ausdruck. In der Einführungsphase von Diversity Management braucht dieses Thema die Aufmerksamkeit der Top-Managements und vor allem dessen Unterstützung. In einer späteren Phase mag die Diversity-Management-Funktion in andere Bereiche integriert werden, allerdings bleibt die Steuerung und Überwachung Aufgabe der Geschäftsführung.

Praxisbeispiel BP: Globale D&I-Organisation

BP hat über 100.000 Mitarbeitende und ist in über 600 Ländern der Welt tätig. BP gehört zu den sechs größten Unternehmen der Welt und bedient täglich 13 Millionen KundInnen weltweit. Um der Anerkennung dieser Vielfalt gerecht zu werden, ist im Jahr 2000 die Globale Funktion *Diversity & Inclusion* (D&I) eingerichtet worden. Dieser Funktion steht die Gruppen-Vize-Präsidentin vor, die gleichzeitig für die Entwicklung des Executive-Führungsteams zuständig ist. Die Gruppen-Vize-Präsidentin richtet in Absprache mit dem CEO und

---

[1] Es wird hier extra darauf hingewiesen, das sich die Themen Diversity, Gleichstellung und Chancengleichheit nicht allein dem Gewinnstreben unterordnen, sondern ebenso einen Teil der gesellschaftlichen und sozialen Verantwortung des Unternehmens darstellen.

dem Führungsteam das Thema strategisch aus und vertritt D&I nach innen und außen.

Das Globale D&I.Team wird von der Vize-Präsidentin D&I geleitet. In diesem Globalen Team werden die Diversity-Management-Vision und deren strategische Ausrichtung entwickelt und es werden Grundlagen des Diversity Management für BP festgelegt, die mit anderen Funktionen und Unternehmensbereichen abgestimmt werden. Diese Abstimmung findet sich auch in den jährlichen Planungs- bzw. Zielvereinbarungsphasen wieder.

Um regionalen Bedürfnissen gerecht zu werden, sind die Zuständigkeiten in die Regionen „Amerika", „Asien", „Afrika/Mittlerer Osten/Russland/ Kaspisches Meer" und „Europa" aufgeteilt worden. Die regionalen Managerinnen bzw. Manager passen den globalen Ansatz entsprechend den regionalen Bedingungen wie Gesetzgebung, gesellschaftlicher Erwartungen, Bevölkerungsstrukturen u. a. an und unterstützen die Umsetzung in den einzelnen Ländern.

Ferner sind im globalen D&I-Team von BP Spezialisten zu finden, welche die regionalen Manager bei der Umsetzung unterstützen. Eine *Inclusion Managerin* berät und unterstützt bei der Entwicklung von globalen Trainings- und Lernmaßnahmen, die regionale, nationale oder lokale Anpassung erfahren. Ein *Communication Manager* unterstützt durch die Entwicklung und Steuerung einer zielgerichteten Kommunikation und nutzt alle Kommunikationsmedien im Unternehmen. Neben einem breiten Angebot auf den Inter- und Intranetseiten werden Broschüren, Videos zu bestimmten D&I-Themen veröffentlicht, die zumeist einen globalen Inhalt und einen „Lokalteil" bieten. Für die Sammlung, Analyse und Aufarbeitung von Daten zu D&I gibt es einen *Performance Manager*, der mit regelmäßigen Berichten und internen Veröffentlichungen den Fortschritt dokumentiert.

Neben diesem Globalen D&I-Team finden sich in den einzelnen Funktionen und Business Bereichen so genannte dezentrale D&I-Manager, die spezifische D&I-Themen in Absprache mit den Mitgliedern des Globalen D&I-Teams bearbeiten. Somit kann der D&I-Ansatz im Rahmen der Erdölförderung (upstream) eine andere Ausrichtung bekommen, als es in dem Marketing und Sales Bereichen (downstream) der Fall ist.

Für eine erfolgreiche Einführung und Umsetzung von Diversity Management bedarf es nationaler Diversity-Verantwortlicher. Bei dieser Funktion geht es um die Anpassung des Globalen Diversity-Management-Ansatzes auf die Verhältnisse zum Beispiel in Deutschland und die Darstellung des wirtschaftlichen Nutzens (Business Case) für das Unternehmen. Im Vergleich zu anderen Ländern müssen den besonderen Umständen der Mitbestimmung und Sozial- und Arbeitsgesetze in Deutschland besondere Aufmerksamkeit geschenkt werden. Idealerweise ist die Arbeitnehmervertretung von dem Diversity-Management-Ansatz mit integriert und die Aktivitäten sind abgestimmt.

Organisation des Diversity Managements 195

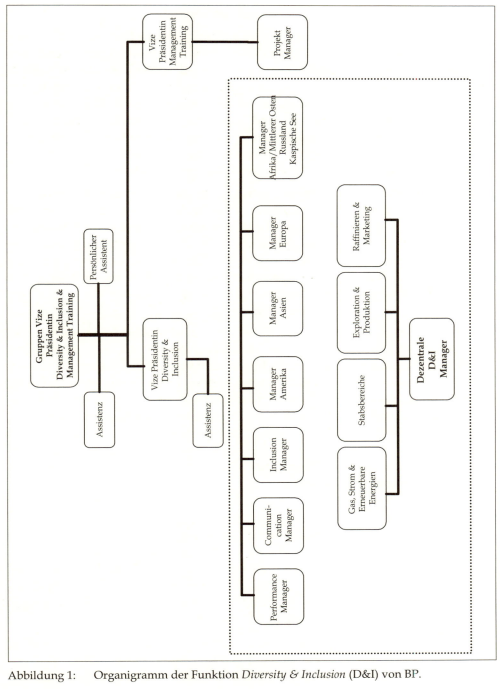

Abbildung 1: Organigramm der Funktion *Diversity & Inclusion* (D&I) von BP.

2.2 Zusammenarbeit mit der Personalabteilung/HR

Die Personalabteilung/HR ist nicht nur ein strategischer Partner im Diversity Management, sondern ebenso in der Umsetzung ein entscheidender und wirkungsvoller Kooperationspartner der Diversity-Beauftragten. HR ist verantwortlich für die Personalprozesse im Unternehmen und damit zuständig für das entsprechende Design und die inhaltliche Ausgestaltung. Dies gilt für die Personalbeschaffung (Recruiting und Auswahl), Personalentwicklung und Personalveränderungen (Kündigungen und Personalanpassungsmaßnahmen). Diejenigen, die in die Prozesse eingebunden sind, müssen mit den Abläufen vertraut sein und die erforderliche Kompetenz erworben haben.

Hier wird deutlich, dass die Verantwortung für die Umsetzung des Diversity-Management-Ansatzes nicht bei dem Diversity Manager oder der Diversity Managerin liegt, sondern diese beratende und unterstützende Aufgaben wahrnimmt, dass das Diversity Management erfolgreich umgesetzt wird. Eine weitere Parallele mit dem Qualitätsmanagement, bei dem die Verantwortung der Qualität der Produkte und Leistungen bei den Prozessverantwortlichen liegt und nicht beim Qualitäts-Manager oder der Qualitäts-Managerin.

Die Schlüsselrolle von HR im Diversity Management macht es für den Diversity Manager erforderlich, bei den Kolleginnen und Kollegen aus diesem Bereich zuerst ein Bewusstsein für das Thema zu schaffen und dann die entsprechenden Kompetenzen zu vermitteln. Ist dies erfolgreich gelungen, erweist sich HR als starker Partner und Promotor in dem Veränderungsprojekt. Bei BP wurde von der Abteilung D&I ein spezielles Training für den Bereich HR entwickelt, dass an die Gegebenheiten der Regionen angepasst wird. Dieses Modul umfasst die Themen Recruitment, Interviews, Auswahl und Belange zum Thema Gehalt. Das Ziel des Trainings ist es, den „HR Professionals" das Bewusstsein für die kritische Rolle zu schaffen, die HR hat, um ein wertschätzendes Arbeitsumfeld zu schaffen.

Praxisbeispiel BP: Personalauswahl

Ein strategischer Schlüssel des Diversity Management liegt in der Gestaltung des Personalauswahlprozesses. Wie dieser Prozess bei BP funktioniert, ist in globalen Richtlinien (Global Resourcing Guidelines) von der Abteilung „HR Resourcing" definiert worden. Die Richtlinien legen fest, nach welchen Kriterien und in welcher Form die Auswahl zu erfolgen hat und welche Kompetenz die am Auswahlprozess Beteiligten erworben haben müssen.

Im Rahmen des Diversity Management wurden zusätzlich zu dieser Richtlinie die Anforderungen an die Auswahlgremien und Kandidaten-Pools formuliert. Diese Richtlinie legt fest, dass ein Auswahlgremium nach bestimmten Diversity-Kriterien zusammengesetzt sein muss. Ebenso ist festgelegt, dass der Kandidaten-Pool eine bestimmte Vielfalt widerspiegeln muss. Also wäre nach diesen Richtlinien ein Auswahlgremium, das zum Beispiel nur aus Männern besteht, nicht zulässig. Ebenso sollte der Auswahlprozess nur dann stattfinden, wenn der Kandidaten-Pool aus unterschiedlichen Kandidatinnen und Kandidaten besteht.

Die Rolle des Diversity Managers besteht darin, die Diversity-Kriterien zu bestimmen und die Anwendung der Richtlinie sicherzustellen. Für Deutschland wurde bei BP als erstes Kriterium *Geschlecht* definiert, was in manchen technischen Bereichen eine Herausforderung mit sich brachte. Aufgrund der relativ geringen Zahlen von Frauen in technischen Berufen muss sichergestellt sein, dass der Anteil von Bewerberinnen einen gemischten Kandidatenpool zulässt. Es ist einerseits die Aufgabe des Diversity Management, die Attraktivität des Unternehmens als Arbeitgeber für die unterschiedlichsten Kandidatinnen und Kandidaten nach außen zu vertreten. Andererseits unterstützt der Diversity Manager den Kontakt zu den Universitäten bzw. Ausbildungsstätten, die wiederum in ihrem Diversity Management den Anteil von beispielsweise Männern und Frauen in der Ausbildung bzw. Studium berücksichtigen.

Darüber hinaus liegt es in dem Zuständigkeitsbereich des Diversity Managers sicherzustellen, dass die Auswahlgremien so qualifiziert werden, dass durch Stereotypisierung oder Vorurteile kein verzerrtes Bild entsteht. So wurde bei BP des Workshop „gender speak" entwickelt, in dem die typischen Verhaltensweisen von Männern und Frauen aufgezeigt werden und das Bewusstsein geschaffen wird, welche Interpretationen zu falschen Schlüssen führen können. Im Auswahlverfahren stellt dies die Entscheidung nach Leistungskriterien bei allen Kandidatinnen und Kandidaten sicher.

2.3 Aufgaben und Kompetenzen eines Diversity Managers

Neben den beschriebenen Aufgaben gibt es im Alltag eines Diversity Managers in Deutschland eine Vielzahl von Aufgaben.

Definition der Diversity-Kriterien

Eine der grundlegenden Aufgaben ist die Definition der Diversity-Kriterien. Bei den im Diversity Management für Europa definierten Themen sind *Gender*, *Behinderung* und zunehmend auch *Alter* bekannte Themen im Unternehmensumfeld. Schwer zu erfassen und zu bearbeiten stellen sich hingegen die Themen *Rasse* bzw. *ethnische Herkunft* oder *Migrationshintergrund* sowie *sexuelle Identität* dar.

Es bedarf von dem Diversity Manager Beratungs- und Aufklärungsarbeit sowie Sensibilität, um alle Themen bei der Geschäftsführung, den Führungskräften und allen Mitarbeitenden zu adressieren und in das Bewusstsein zu rücken. Entsprechend groß ist die Bandbreite der Kontakte und Aufgaben des Diversity Managers. Sie muss mit Beschäftigen aller Ebenen und Funktionen kommunizieren können und Verständnis für die Vielzahl der Themen entwickelt haben. Auf der anderen Seite muss sie den jeweiligen Bezug von Vielfalt und Wertschätzung zum Geschäft herstellen, den so genannten Business Case formulieren.

Unterstützung und Steuerung von Diversity-Gruppierungen

In manchen Firmen wird das Thema Diversity nicht im Rahmen der üblichen Tagesordnung, sondern in Form von Diversity Councils behandelt. Diese Councils können nach Ebenen, Regionen oder Funktionen gegliedert sein und sind meist in der Implementierungsphase von Diversity Management zu finden. In einer späteren Entwicklungsphase wird die Agenda der Diversity Councils in die übliche Tagesordnung eingegliedert. Ein Executive Diversity Council ist somit ein strategisches Entscheidungsgremium, bei dem ein Abgleich von Business und Diversity Management stattfindet, während ein Nationales Diversity Council mit nationaler Perspektive über die nationalen Aktivitäten entscheidet. Hingegen würde ein Marketing Diversity Councils sich zur Aufgabe setzen, die Umsetzung von Diversity innerhalb der Marketingfunktion zu definieren und zu bearbeiten.

Die Aufgabe des Diversity Managers kann im Rahmen der Arbeit mit dem Diversity Council unterschiedlich definiert sein, ist aber jeweils unterstützender Natur, denn die Verantwortung bleibt bei den Entscheidungsträgern. Somit lädt die Geschäftsführung bzw. die Abteilungsleitung zu dem Diversity Council ein, die Vorbereitung und Moderation des Meetings sowie inhaltliche Beratung und Abstimmung mit anderen Funktionen obliegt dem Diversity Manager.

Diversity Councils sind kennzeichnend für die Einführung des Diversity Management nach dem *top-down-Ansatz*. Eine andere Möglichkeit Diversity Management im Unternehmen zu fördern zeigt sich in der Arbeit mit Mitarbeitergruppen, die zuweilen als Resource-Gruppen oder in den USA „Affinity Groups" bezeichnet werden. In diesen Gruppen finden sich Mitarbeitende aus der Belegschaft mit einem speziellen Diversity Thema zusammen. Themen können zum Beispiel Frauennetzwerke oder Netzwerke zu Migration, sexueller Identität, Behinderung oder Worklife sein.

Aufgabe des Diversity Management ist es, die Bildung und Arbeit dieser Resource-Gruppen zu fördern und andererseits einen Rahmen zu schaffen, in dem die Gruppen agieren können, erfolgreich ihre Perspektiven in jeden Teil des Geschäftes einbringen können. Die BP Diversity-Organisation hat globale Richtlinien entwickelt, die vorgeben, wann eine Gruppe als offizielle Resource-Gruppe anerkannt wird und somit die Möglichkeiten hat im betrieblichen Umfeld nach innen und als eigenständige Gruppe nach außen hin zu agieren.

Präambel aus den BP Richtlinien zu Resource-Gruppen:

> BP welcomes and values the ideas and contributions of all of its employees. In some cases, employees with common interests or backgrounds may wish to form groups to share insights and different perspectives with each other and with the Company. Although employee groups work with and support the Company, they remain independent of and are not agents of the Company.

Als Beispiel aus der Praxis sei hier die Bildung von Resource-Gruppen in Großbritannien erwähnt, die ihren Schwerpunkt auf Rasse bzw. ethnische Herkunft haben. Diese Gruppen ergänzen auf der einen Seite die Arbeit des Bereiches „HR Resourcing", um Kandidatinnen und Kandidaten unterschiedlicher Rasse oder ethnischer Herkunft anzusprechen und für das Unternehmen zu werben. Auf der anderen Seite ist der Beitrag dieser Gruppe eine ergänzende Perspektive für das Unternehmen, was beispielsweise im Hinblick auf Art und Weise der Werbung dieser Kundschaft mit ethnischem Hintergrund leicht nachzuvollziehen ist. So hat sich im Bereich des Marketings im Rahmen der Ansprache einer Kundschaft mit Migrationshintergrund der Begriff *Ethno-Marketing* etabliert.

> *„Wichtig ist bei diesen Aktivitäten, dass man nicht versucht, den lokalisierten ethnischen Gruppen eine deutsche Strategie in der jeweiligen Landessprache überzustülpen, sondern das versucht wird, die ethnischen Gruppen auf ihrer Ebene, mit ihren nationalen Eigenheiten anzusprechen. Nur so kann die Strategie auch glaubwürdig wirken und zum Erfolg führen." (http://www.marketing-lexikon-online.de/ Lexikon/Stichworte_E/Ethno-Marketing/ethno-marketing.html)*

Diversity-Training

Ein Schlüsselaspekt bei der Einführung von Diversity Management ist Training. Vor allem die Einführungsphase von Diversity Management ist von Trainings gekennzeichnet, die auf das Schaffen von Bewusstsein für Diversity und Wertschätzung zielen. Zu der Aufgabe des Diversity Managers gehört es hier, geeignete Lieferanten für Trainings zu identifizieren und die Trainingsinhalte zu bestimmen. Die Trainingsinhalte sollten auf die Begebenheiten des Unternehmens ausgerichtet sein und praxisnahe Beispiele zeigen. Die Evaluation der Trainings ist bedeutsam, da diese als ein Kriterium neben anderen der Erfolgsmessung für die Einführung bzw. Entwicklung von Diversity im Unternehmen gilt. In Unternehmen, die in der Umsetzung von Diversity Management fortgeschritten sind, folgt die Entwicklung von Kompetenzen mittels Trainingsmaßnahmen mit Schwerpunkten, wie zum Beispiel die Zusammenarbeit von Frauen und Männern oder Verbesserung der Zusammenarbeit von Mitarbeitenden mit unterschiedlichem kulturellem Hintergrund. (Krell/Gieselmann 2004) Hier gilt es für den Diversity Manager abzuwägen, welche Trainingsmaßnahmen als spezielles Training angeboten werden sollen oder welche der Lerninhalte in den Rahmen anderer Trainings wie zum Beispiel Teamtrainings, Führungskräftetrainings oder Moderationstrainings eingehen; also dem Diversity Mainstreaming von Trainings- und Lerninterventionen.

Kennziffern und Erfolgsmessung

Bei allen Managementsystemen spielen das Erfassen und Interpretieren von Daten sowie Kennziffern zur Steuerung und Erfolgsmessung eine große Rolle. Nicht zuletzt wird über die Daten durch einen Soll-Ist Vergleich die Notwendigkeit von Maßnahmen deutlich und die Erfolgskontrolle bestätigt den Beitrag zum Erfolg. Eine der Herausforderungen des Diversity Management ist die Definition und Erfassung geeigneter Daten und Messgrößen für die Beschreibung des Bedarfs und des Erfolges. Der Anteil von Männern und Frauen an der Belegschaft findet als Messgröße des Diversity Management am meisten Aufmerksamkeit und ist zunehmend in Unternehmenspublikationen zu finden. Diversity Management allerdings auf diese Messgröße zu reduzieren ist zu einseitig und zeigt zwar das Ergebnis, eignet sich aber nicht zur Steuerung. Um dies zu verhindern, ist es Aufgabe des Diversity Managers, ein Daten und Kennzeichensystem zu Diversity Management zu entwickeln, das einen festen Bestandteil des Unternehmenscontrollings darstellt. Dieses System sollte einerseits die Repräsentation in der Belegschaft erfassen und andererseits Messgrößen für „Wertschätzung" bereitstellen. Letzteres wird häufig durch Mitarbeiter-Umfragen oder Fokus-Gruppen zur Unternehmenskultur gemacht. Darüber hinaus können Erfolgskennziffern wie zum Beispiel reduzierte Abwesenheiten oder gesunkene interne Beschwerdekennziffern definiert werden. Als externe Erfolgskennziffern können die Erfassung neuer Kundengruppen oder Märkte, Befragungsergebnisse einer unterschiedlichen Kundschaft oder eine entsprechend aufgeteilte Erfassung von Verkaufszahlen dienen.

Der grundsätzliche Ansatz von Diversity Management liegt darin, dass die Belegschaft des Unternehmens die potentielle Kundschaft widerspiegelt. Von daher gehört die Sammlung und Interpretation von externen Daten zur weiteren Aufgabe des Diversity Managers. Nicht nur in Deutschland ist die demografische Entwicklung im Hinblick auf Alter und Migrationshintergrund für Unternehmen eine große Herausforderung. Der Diversity Manager sollte diese Entwicklung und die Konsequenzen für das Unternehmen aufzeigen und die entsprechenden Fachabteilung anregen, über Lösungen nachzudenken. Allerdings ist es in wirtschaftlich angespannten Zeiten nicht einfach, die Aufmerksamkeit auf mittel- oder langfristige Entwicklungen zu lenken.

Außenperspektive

Diversity Management ist außerdem ein Instrument, das eine Außenperspektive eröffnet. Global agierende Unternehmen haben beachtliche Größen erreicht und verleiten dazu, sich mit sich selbst zu beschäftigen und die Außenwelt aus den Augen zu verlieren. Diversity Management soll auch die „Erdung" des Unternehmens in dem agierenden Umfeld des Unternehmens ermöglichen, was sich für den Diversity Manager als weitere Aufgabe darstellt. Wie oben beschrieben bringt der Diversity Manager demografische Veränderungen im Umfeld des Unternehmens in das Blickfeld der Führungskräfte und Belegschaft und macht deutlich, welche Konsequenzen diese Entwicklung für die (zukünftige) Belegschaft und (potentielle) Kundschaft hat.

Neben dieser Kommunikation im Unternehmen hat der Diversity Manager zur Aufgabe, nach außen über Diversity-Aktivitäten des Unternehmens zu kommunizieren. Der Kontakt und Austausch mit den Organisationen, Medien und „Communities" wird in vielen Fällen von der regulären externen Kommunikation des Unternehmens nicht berücksichtigt. Auch hier gilt das „Diversity Mainstreaming" der Kommunikationskanäle des Unternehmens als eine der Aufgaben eines Diversity Managers, um Zielgruppen zu erschließen, die bisher nicht angesprochen wurden.

Der Diversity Manager hat auch dafür zu sorgen, dass im Rahmen der Unternehmensaktivitäten wie *Bürgerschaftliches Engagement* (Corporate Citizenship) oder *Unternehmerische Verantwortung* (Corporate Social Responsibility) die Diversity-Perspektive Berücksichtigung findet. Somit werden Projekte identifiziert, die zum Beispiel Menschen mit Behinderung oder Kinder/Studierende mit Migrationshintergrund berücksichtigen.

Die Vielzahl der beschriebenen Aufgaben macht deutlich, welche Kompetenz bei einer Diversity Managerin oder einem Diversity Manager gefordert ist. Neben einem wirtschaftlichen Verständnis für das Geschäft sind Kompetenzen zum Veränderungsmanagement (Change Management) und zur Beratung unerlässlich.

Mittlerweile werden von Universitäten Weiterbildungen oder Zusatzqualifikationen zu Diversity Management angeboten die sich entweder auf den gesamten Ansatz (Master Studiengang zu Diversity Management) oder auf Teilbereiche wie Gender-Mainstreaming beziehen.

3 Die Zukunft des Diversity Management

Wie beschrieben wurde, unterscheiden sich die Aufgaben im Diversity Management von dem Reifegrad, den ein Unternehmen bei der Umsetzung von Diversity Management erreicht hat. Während in der Implementierungsphase Basisarbeit im Hinblick auf Bewusstseinsschaffung, Vision und Definition im Vordergrund steht, sind im weiteren Fortschritt der Aufbau von Kompetenzen, die Beschreibung des Business Case auf allen Ebenen und das „Diversity Mainstreaming" in Personal- und Geschäftsprozessen von Bedeutung. In Deutschland ist Diversity Management noch nicht so weit vorangeschritten wie in anderen Ländern, so dass davon ausgegangen werden kann, dass auch in Zukunft Diversity Management und damit die Diversity Managerin bzw. der Diversity Manager von Bedeutung sind. Auch wenn die Implementierung weiter vorangeschritten ist, wird es die Aufgaben des Diversity Management geben; wenn auch nicht im Rahmen einer eigenständigen Funktion, sondern integriert in die Aufgaben anderer Funktionen.

Literatur

Krell, G./Gieselmann, A. (2004): Diversity Trainings: Verbesserung der Zusammenarbeit und Führung einer vielfältigen Belegschaft. In: Krell, G. (Hrsg.): Chancengleichheit durch Personalpolitik, Gleichstellung von Frauen und Männern in Unternehmen und Verwaltung. Wiesbaden, 4., vollst. überarb. und erw. Aufl., S. 393-412.

Sepehri, P. (2002): Diversity und Managing Diversity in internationalen Organisationen: Wahrnehmungen zum Verständnis und ökonomischer Relevanz, dargestellt am Beispiel einer empirischen Untersuchung in einem Unternehmensbereich der Siemens AG. Hochschulschriften zum Personalwesen. München/Mering.

Stuber, M. (2004): Diversity – Das Potential von Vielfalt nutzen – den Erfolg durch Offenheit steigern. Köln.

Thomas, R. R. (2001): Management of Diversity - Neue Personalstrategien für Unternehmen. Wie passen Giraffe und Elefant in ein Haus? Wiesbaden.

Zink, K. J. (2004): TQM als integratives Management Konzept. 2., vollst. überarb. u. erw. Auf., München/Wien.

Ziel- und zweckorientierte Diskussion

Die Ziel- und zweckorientierte Diskussion betrachtet die Wirkungsweise und die Ergebnisse des Diversity Management vor dem Hintergrund eines organisationalen Zielsystems. Der Stand der ziel- und zweckorientierten Diskussion zum Diveristy Management lässt sich anhand von zwei Fragestellungen verdeutlichen:

(1) Wem dient das Diversity Management (strategische Ziele des Diversity Management)? und

(2) Wie ist Diversity Management auszurichten (operationale Ziele des Diversity Management)?

Der Beitrag von *Becker* setzt sich im Rahmen der zielorientierten Diskussion mit der Fragestellung auseinander, ob und wie die Gestaltung humaner Diversität als Auftrag der Organisationsgestaltung und der Personalwirtschaft zur Unternehmenseffizienz beitragen kann. In diesem Sinne wird strategisches Diversity Management als Instrument zur Erreichung der Unternehmensziele untersucht. Den Schwerpunkt dieses Beitrags bildet die Darstellung der Diversität des Humanvermögens in Abhängigkeit vom Reifegrad des Unternehmens. Es wird der Frage nachgegangen, welche Ressourcenausstattung in der jeweiligen Entwicklungsphase optimal wäre und welche Transaktionskosten die reifegradtypische Ausstattung mit Humanressourcen verursacht. Zentrale Aussage des Beitrages ist die Erkenntnis, dass man von einer *Ressource Diversity* – einem eigenständigen und einmaligen Geschäftsvorteil mit hoher Werthaltigkeit und Wertnachhaltigkeit für ein Unternehmen – sprechen kann.

Eine weitere von den Vertretern des Diversity Management verfolgte strategische Zielsetzung ist dabei – neben der Erhöhung der Anpassungsfähigkeit des Unternehmens an sich verändernde Marktbedingungen, den verbesserten Möglichkeiten der Personalbeschaffung durch Erschließung sämtlicher demographischer und ethnischer Gruppen bei der Rekrutierung und der Erweiterung des Kreativitätspotentials – die Möglichkeit der *Verteidigung* und des *Ausbaus des Marktanteils* durch Bearbeitung einer Vielfalt von Kundengruppen. Auf Käufermärkten, die die derzeitigen Absatzverhältnisse dominieren, nimmt die Bindung des Kunden an ein bestimmtes Unternehmen ab, wobei gleichzeitig unternehmensseitig die Notwendigkeit einer verstärkten Kundenbindung entsteht. Der Beitrag von *Seidel* setzt sich differenziert mit den aus konsequenter *Kundenorientierung* resultierenden Anforderungen auseinander und analysiert, inwiefern die eher ressourcen- und binnenorientierte Ausrichtung des Diversity Management Beiträge zur Orientierung eines Unternehmens auf seine individuellen Kunden generiert.

Das Konzept der *Diversity Scorecard* als Instrument der Formulierung, Kommunikation, Steuerung und Implementierung einer auf den Unternehmenserfolg ausgerichteten Diversity-Strategie wird in dem Beitrag von *Rieger* dargestellt. Ausgehend von der Idee der zur Übersetzung von Unternehmensvision und -strategie in mess- und umsetzbare Ziele entwickelten Balanced Scorecard, werden mögliche Perspektiven einer Diversity Scorecard vorgestellt, Hinweise zur Erarbeitung einer Diversity Scorecard gegeben und mögliche Kennzahlen einer Diversity Scorecard anschaulich operationalisiert. Der Beitrag schließt mit einer Bewertung der Diversity Scorecard und einer Einschätzung der Übertragbarkeit des Konzeptes der Balanced Scorecard auf den Gedanken des Diversity Management.

Diversity Management aus der Perspektive betriebswirtschaftlicher Theorien

Eine reifegradbezogene Analyse auf der Grundlage des Resource based view Ansatzes und der Transaktionskostentheorie

Andreas Becker

1	**Einführung**
2	**Diversity und Diversity Management**
3	**Theoretische Ansätze**
3.1	Resource based view Ansatz
3.2	Transaktionskostentheorie
3.3	Reifegradkonzept der Unternehmenstransformation
4	**Reifegradorientierte Gestaltung von Diversity**
4.1	Diversity Management innerhalb der traditionalen Unternehmensführung
4.1.1	*Ressourcenorientierte Gestaltung von Diversity im traditionalen Paradigma der Unternehmensführung*
4.1.2	*Transaktionskostenorientierte Gestaltung von Diversity im traditionalen Paradigma der Unternehmensführung*
4.2	Diversity Management innerhalb der transitionalen Unternehmensführung
4.2.1	*Ressourcenorientierte Gestaltung von Diversity im transitionalen Paradigma der Unternehmensführung*
4.2.2	*Transaktionskostenorientierte Gestaltung von Diversity im transitionalen Paradigma der Unternehmensführung*

4.3   Diversity Management innerhalb der transformierten Unternehmensführung

4.3.1 *Ressourcenorientierte Gestaltung von Diversity im transformierten Paradigma der Unternehmensführung*

4.3.2 *Transaktionskostenorientierte Gestaltung von Diversity im transformierten Paradigma der Unternehmensführung*

5   Zusammenfassung und Ausblick

Literatur

1 Einführung

Im Wettbewerb um Anpassungs- und Wettbewerbsfähigkeit stellen heute die Technologie und die IT-Ausstattung keine entscheidenden Wettbewerbsfaktoren mehr dar. Beides ist für die Unternehmen beschaffbar, bezahlbar und schnell verfügbar. „The sources of sustained competitive advantage have shifted from financial resources to technological resources and now to human capital." (Gratton 1997, 25) In diesem Zusammenhang rückt das Human Resource Diversity Management (HRDM) in den Blickpunkt der Unternehmen, „da man darin eine Möglichkeit sieht, effektiv auf aktuelle Veränderungen externer und interner Strukturen reagieren zu können" (Aretz/Hansen 2003, 192). Zur Überprüfung der Sinnhaftigkeit von Diversity Management verweisen Protagonisten auf einschlägige Forschungsergebnisse. Dabei bleiben die unternehmensindividuellen Rahmenbedingungen unberücksichtigt und Forschungsergebnisse werden meist nicht ausreichend hinterfragt. *Williams* und *O'Reilly* stellen fest: „most of the research that supports the claim that diversity is beneficial for groups has been conducted in the laboratory or classroom setting, instead of examining intact working groups within an organizational context" (Williams/O'Reilly 1998, 79). Kochan et al. kommen in ihrer Studie ebenfalls zu dem Ergebnis, dass ein breit angelegter Nachweis zur Erfolgswirksamkeit von Diversity Management bislang fehlt: „There is little research conducted in actual organizations that addresses the impact of diversity or diversity-management practices on financial success. While there are a large number of laboratory experiments that test specific diversity-performance hypotheses, there are few such studies in real organizations and fewer still that assess this hypothesis using objective performance measures." (Kochan et al. 2003, 5)

In diesem Beitrag soll aufgezeigt werden, ob und wie die Gestaltung humaner Diversität als Auftrag der Organisationsgestaltung und der Personalwirtschaft zur Unternehmenseffizienz beitragen kann. In diesem Sinne wird strategisches Human Ressource Management als Instrument zur Erreichung der Unternehmensziele untersucht (Richard 1999, 12). Dabei interessiert die Mitarbeiterzusammensetzung in ihrer Gesamtheit als Belegschaft. Die besondere Diversität einzelner Mitarbeiter, verstanden als Grad ihrer Spezialisierung, interessiert in diesem Zusammenhang nicht.

Als Besonderheit dieses Beitrags soll die Diversität des Humanvermögens in Abhängigkeit des Unternehmensreifegrades dargestellt werden. Es wird der Frage nachgegangen, welche Ressourcenausstattung in der jeweiligen Entwicklungsphase optimal wäre und welche Transaktionskosten die reifegradtypische Ausstattung mit Humanressourcen verursacht.

2 Diversity und Diversity Management

Im Hinblick auf die Human Ressourcen versteht man unter *Diversity* die Verschiedenheit, Ungleichheit, Andersartigkeit und Individualität, die durch eine Vielzahl von Unterschieden zwischen Menschen entsteht (Aretz/Hansen 2003, 192). Neben den trennenden werden auch die verbindenden Gemeinsamkeiten von Menschen in die Betrachtung mit aufgenommen: „Diversity refers to any mixture of items characterized by differences and similarities." (Thomas 1996, 5) Neben persönlichen Merkmalen wie z.B. der ethnischen Zugehörigkeit, dem Geschlecht und der Erscheinung bezieht sich Diversity auch auf Merkmale wie den Status in der Organisation, die Arbeitserfahrungen, die Vielfalt unterschiedlicher Kulturen, Strategien, Funktionen und Regelungen, die in Organisationen bestehen und – bewusst oder unbewusst – gelebt werden (Aretz/Hansen 2003, 192).

Zum gegenwärtigen Zeitpunkt ist das vorrangige Ziel, die Schaffung einer – Diversität zulassenden – menschlichen Arbeitsumgebung, gewissermaßen als Hygienebedingung der Leistungsbereitschaft. In der Mehrheit der Publikationen wird davon ausgegangen, dass eine diverse Arbeitnehmerschaft positiven Einfluss auf die Sicherung und den wirtschaftlichen Erfolg eines Unternehmens ausüben kann (Kirby/Harter 2001, 121 f.; Special Report 2000, 5).

In diesem Beitrag soll gezeigt werden, dass Diversity kein Ziel an sich sein kein. Diversity ist stets Mittel zur Erreichung vorher explizit gesetzter oder implizit verfolgter individueller, unternehmerischer und gesellschaftlicher Ziele. Dabei wird Unverwechselbarkeit und Nachahmungsresistenz über den Grad an Diversität der Belegschaft erreicht.

Die Bemühungen der Unternehmen können unter den Begriffen „Quality of work life", „Humanisierung des Arbeitsleben", „Verwirklichung elementarer Grundrechte" und „Unternehmenskulturgestaltung" betrachtet werden. Diversity ist demnach eine Unternehmensressource, die es erforderlich macht, im Sinne der Zielerreichung gemanagt zu werden (Kirby/Harter 2001, 122). *Aretz* und *Hansen* definieren *Diversity Managing* in diesem Sinne als ein Instrument zur systematischen und gezielten Nutzung der Unterschiedlichkeiten von Individuen, Kulturen, Strategien und Funktionen als strategische Ressource zur Realisierung der vielfältigen Unternehmensziele wie z.B. der Verbesserung der Marktposition, der Akquisition geeigneter Mitarbeiter, der Schaffung eines guten Betriebsklimas oder dem Aufbau einer Unternehmenskultur, die Lernen und Innovationen fördert (Aretz/Hansen 2003, 193). Die dazu eingesetzten Steuerungs- und Beeinflussungsinstrumente der Führung und der Personalwirtschaft sind gewissermaßen Diversity Management zweiter Ordnung. Sie wirken auf das Verhalten und die Leistung von Personen und damit nur mittelbar auf die jeweiligen Unternehmensziele. „Managing of Diversity" findet über den „produktiven Umweg" des „managing of people" statt (Kirby/Harter 2001, 123). Eine wichtige Aufgabe des Diversity Management ist demnach die zielorientierte Steuerung und Kontrolle des Humankapitals. Cox definiert *Managing Diversity* analog als „... planning and implementing organizational systems and practices to manage people so that the potential advantages of diversity are maximized while its potential disadvantages are minimized ... the goal of managing diversity as maximizing the ability of all employees to contribute to organizational goals and to achieve their full potential unhindered by group identities such as gender, race, nationality, age, and departmental affiliation" (Cox 1993, 11).

Diese Definition weist auf die Frage nach den Transaktionskosten und dem Transaktionsnutzen hin, die jede situative Ausprägung von Diversität auf einem gedachten Homogenitäts-Heterogenitäts-Kontinuum mit sich bringen. Managing Diversity ist folglich vor allem managing of contingents. Die organisationale Berücksichtigung der Diversität der Beschäftigten erfolgt nicht primär aus sozialen Erwägungen heraus, sondern aus der Verfolgung einer ökonomischen Logik, für die soziale und persönliche Unterschiede der Menschen insoweit irrelevant sind, als sie keinen negativen Einfluss auf die Erreichung der Unternehmensziele haben (Aretz/Hansen 2002, 31). Ist dies jedoch der Fall, greift Diversity Management steuernd und korrigierend ein. Aus formaler Sicht muss sich ein Unternehmen mit jeder Facette des Diversity-Themas, mit Fragen der optimalen Gestaltung des Wertschöpfungsprozesses im Sinne der Gewinnerzielung, Substanzerhaltung und der langfristigen Sicherung des Unternehmens beschäftigen. Dieser Logik folgend wird in diesem Beitrag die Annahme getroffen, dass wirtschaftlicher Erfolg unter der Beachtung unterschiedlicher Erwartungen, biographischer Hintergründe, persönlicher und beruflicher Ziele dann besser erreichbar ist, wenn die Unterschiedlichkeit zieladäquat zu den jeweils anstehenden Aufgaben passend gestaltet ist. Insbesondere die Vielfalt von Perspektiven, Wertvorstellungen, Überzeugungen und Meinungsunterschieden der Mitarbeiter werden akzeptiert, wertgeschätzt und gefördert und durch eine entsprechende Organisationskultur unterstützt, insoweit und auch nur so weit, wie die Gewährung von Autonomie den individuellen Vorstellungen und den unternehmerischen Zielen dienen. Insofern schafft das Management of Diversity eine jeweils situative Ausprägung von erlaubter und nicht erlaubter Heterogenität und Homogenität der Belegschaft. Durch zieladäquates „verteiltes Wissen" (shared knowledge) und die zielfördernde Vielfalt und Kreativität wird die Wertschöpfung optimiert. Dies genau bezweckt das „Diversity Management", dessen Vorteile hauptsächlich in der Steigerung der Kreativität, Leistungs- und Innovationsfähigkeit der Organisation als Ganzes gesehen werden (Aretz/Hansen 2002, 28).

Da in einer allgemeinen Erfassung des Diversity Management nicht die Fülle kontingenter Diversity-Muster darstellbar ist, soll im Folgenden die Analyse und Erklärung des Diversity Management anhand eines idealtypischen Modells, des Reifegradkonzeptes von *Becker* (Becker 2005), erfolgen. Die

Erfassung des Diversity Management anhand des Reifegradkonzeptes erfolgt auf der Grundlage des resource based view Ansatzes und der Transaktionskostentheorie. Die Unternehmen benötigen eine reifegradspezifische Ausstattung mit Personal. Die Relation bestimmt sich aus den wirtschaftlichen Zielen, den dafür zu leistenden Aufgaben und den jeweils mit dem Heterogenitäts-/Homogenitätsmaß zu akzeptierenden Kosten der Erzeugung und Erhaltung des jeweiligen Maßes an Flexibilität. Aufgabe der Unternehmen ist es zunächst, die Dynamik der Umwelt zu erfassen und zu analysieren, um dann das von der Unternehmensumwelt „diktierte" Gesamtmaß an Flexibilität zu bestimmen und zu gestalten.

3 Theoretische Ansätze

3.1 Resource-based-view-Ansatz

Die Frage, wie es Unternehmen möglich ist, überdurchschnittliche Gewinne zu erzielen und nachhaltige Wettbewerbsvorteile sicherzustellen, ist ein Kernthema der strategischen Unternehmensführung. Es existieren zahlreiche theoretische Sichtweisen, ein allgemeingültiger wissenschaftstheoretischer Ansatz fehlt jedoch.

Im Gegensatz zu anderen Ansätzen (z. B. market-based-view) geht der ressourcenorientierte Ansatz (resource-based-view) davon aus, dass die wichtigsten Ressourcen einer Branche nicht oder nur sehr eingeschränkt handelbar sind (Osterloh/Frost/von Wartburg 2001, 202). Unter der Annahme, dass die Besonderheit der Belegschaft eines Unternehmens nicht über Märkte tauschbar ist, gewinnt der innerbetriebliche Aufbau der Humanressourcen strategische Bedeutung.

Im Unterschied zu einer marktorientierten Unternehmensstrategie, die auf die Erzielung monopolistischer Renten abstellt, ist das Differential des „being heterogenous" im ressourcenorientierten Ansatz die Quelle erzielbarer Effizienzrenten (Osterloh/Frost/von Wartburg 2001, 203). „Firms are ‚heterogenous' and there is money to be made from exploiting the differences." (Boxall 1999, 65) Bereits Gutenberg fordert ein möglichst günstiges Verhältnis von Faktoreinsatz und Faktorertrag (Ridder 2002, 214). „A firm may achieve rents not because it has better resources, but rather the firm's distinctive competence involves making better use of its resources." (Mahoney/Pandian 1992 zitiert nach Mellewigt/Kabst 2003, 7) Die Höhe der erzielbaren ökonomischen Rente ist abhängig von den Erträgen, die sich aus der Nutzung der „besonderen" Ressourcen ergeben und den Aufwendungen, die notwendig sind, um die Kontrolle über diese Ressourcen zu erlangen und zu erhalten (Zimmer 2002, 6).

Zur Sicherstellung der Wettbewerbsfähigkeit eines Unternehmens bedarf es der Evaluation und Bewertung der Ressourcen. Um eine Quelle strategischen Erfolges darstellen zu können, müssen die Ressourcen oder ihre Kombination bestimmten Bedingungen genügen (Zimmer 2002, 5). Es treten vor allem solche Kriterien in den Vordergrund, die dazu beitragen, die Heterogenität der Ressourcenausstattung zwischen den Wettbewerbern aufrecht zu erhalten, um so den Ressourcenwert nachhaltig zu sichern (Gruber/Harhoff 2002, 6). Barney unterscheidet in eine notwendige und eine hinreichende Bedingung zur Bewertung einer Ressource hinsichtlich ihres Potentials der Schaffung nachhaltiger strategischer Wettbewerbsvorteile. Die Werthaltigkeit einer Ressource wird primär durch ihren wertschaffenden Charakter und ihre Eigenschaft der Seltenheit/Einzigartigkeit begründet und stellt die notwendige Bedingung dar. „Value", „rarity", „imperfect imitability" und „non-substitutability" sind nach Barney die Kriterien der Nachhaltigkeit des Ressourcenwertes und stellen die hinreichende Bedingung dar (Boxall 1999, 65). Gruber und Harhoff schlagen eine ähnliche Einteilung vor und nennen die Imitierbarkeit/Substituierbarkeit, die Aneignungsmöglichkeit der Gewinne, die Multiplizierbarkeit/Skalierbarkeit/Mobilität und die Dauerhaftigkeit als Kriterien der Wertnachhaltigkeit.

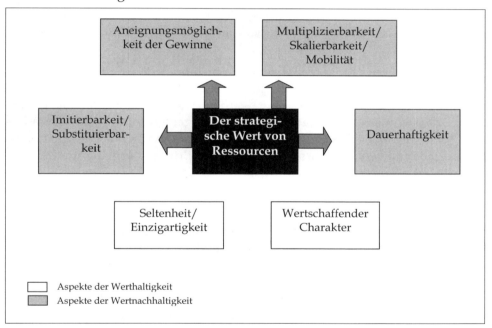

Abbildung 1: Der strategische Wert von Ressourcen.
(Gruber/Harhoff 2002, 6)

Der ressourcenorientierte Ansatz wird diesem Beitrag unterlegt, weil mit den Annahmen und Aussagen zur Werthaltigkeit, Knappheit, die Wahrscheinlichkeit von Immitation und Substituierbarkeit, zur Dauerhaftigkeit und zur Fähigkeit eines Unternehmens, das jeweilige richtige Maß an Heterogenität und Homogenität der Humanressourcenausstattung grundsätzlich erklärbar wird. Zunächst kann mit dem resource based view Ansatz (RBV) dargelegt werden, dass es Möglichkeiten der optimalen internen Allokation von Ressourcen gibt und dass das Gelingen dieser internen Allokation zu nachhaltigen Wettbewerbsvorteilen führen kann. Diese im Konditional möglichen Wettbewerbsvorteile können sich allerdings dann in ökonomische Nachteile verkehren, wenn die Aspekte der Erzeugung von Werthaltigkeit und Wertnachhaltigkeit ohne zusätzliche Analyse der Kosten der Herbeiführung und Erhaltung eines bestimmten Grades an personeller Diversität bestimmt werden. „The contribution to competitive advantage of a resource depends not only on its use and its scarcity and the amount of competitive imitation, but also on the costs of controlling (other) property rights to the resource, that is, transaction costs. Estimating competitive advantages must involve taking such costs into account." (Foss/Foss 2004, 118) Hierin zeigt sich die unzureichende Abgrenzung des resource based view zu anderen Ansätzen. Mellewigt und Kabst unterstellen dem RBV daher die fehlende Selbständigkeit und empfehlen die Kombination des RBV mit anderen Ansätzen (Mellewigt/Kabst 2003, 8).

Es bietet sich die Kombination des RBV mit der Transaktionskostentheorie an. Insbesondere die Annahmen der begrenzten Rationalität und die Wirkung der Spezifität sind beiden Ansätzen gemeinsam und bieten somit Anknüpfungspunkte (Mellewigt/Kabst 2003, 8).

Neben der Analyse des Nutzen, bzw. der Nutzenpotentiale einer diversen Belegschaft, sollen zusätzlich die Kosten der Transaktionen mit Hilfe des Transaktionskostenansatzes berücksichtigt werden. Die Diversität der Belegschaft eines Unternehmens, die Relation zwischen „Eigenfertigung" und „Fremdbezug" von personalen Leistungen und dem Ausprägungsgrad von Allerwelts- zu Spezialkompetenzen, muss hinsichtlich der Ertragspotentiale und der Art und Höhe der Kosten beurteilt werden.

3.2 Transaktionskostentheorie

Die zentrale Zielsetzung der Forschungsbemühungen zur Transaktionskostentheorie (TAK) besteht darin, eine wissenschaftliche Erklärung auf die Frage zu finden, warum in dezentral organisierten Marktwirtschaften hierarchisch organisierte Unternehmen existieren und unter welchen Umständen zentrale oder dezentrale Koordinationsmechanismen anderen Arrangements überlegen sind: „Discover why a firm emerges at all in a specialised economy." (Wentzel 2002, 352)

Die zwei wesentlichen Bestandteile des Modells sind die Akteure einer Austauschbeziehung (Transaktion) sowie die Transaktionen und ihre Kosten. Entsprechend dem Verhältnis, in dem die Austauschpartner zueinander stehen, unterscheidet man in verschiedene Formen der Transaktion. Commons führt eine Unterscheidung in bargaining, managerial oder rationing transactions an (Gerhardt 1995, 98): Findet die Markttransaktion zwischen gleichberechtigten Partnern – im Sinne einer formal-juristischen Gleichheit statt, spricht man von bargaining transactions. Auf der Grundlage einer freiwilligen Übereinkunft findet die Übertragung von Eigentumsrechten an Vermögen statt. Die innerbetrieblichen Transaktionen (managerial transactions) berücksichtigen die Leistungsbeziehungen in hierarchischen Organisationen. Hierbei wird z.B. durch die Anordnung eines Vorgesetzten eine Transaktion angestoßen und neues Vermögen geschaffen. Bei den rationing transactions besteht ein Subordinationsverhältnis zwischen den Transaktionspartnern der Gestalt, dass die Transaktion zwischen einem kollektiven Weisungsorgan und individuellen Entscheidungsträger stattfindet. Es erfolgt eine Verteilung der durch die Schaffung von Vermögen entstehenden Lasten und Vorteile durch das Diktat der Vorgesetzten. Commons, beschreibt diese drei Transaktionsformen als Gesamtheit der der Wirtschaft zur Verfügung stehenden Handlungsalternativen bei Transaktionen (Commons 1934).

Commons bezieht den Begriff der Transaktion nicht nur auf den Tausch von Waren bzw. Gütern, sondern auch auf „the alienation and acquisition, between individuals, of the rights of property and liberty created by society" (Commons 1931, 652). Bevor es zu einer Leistungserbringung, einer Leistungsinanspruchnahme und dem physischen Transfer einer Leistung kommen kann, müssen Transaktionen zunächst zwischen den Vertragsparteien verhandelt werden. Der Transaktionsbegriff steht somit in unmittelbarem Zusammenhang mit den Begriffen Vertrag und Tausch von Verfügungsrechten, wobei nicht jede Tauschhandlung explizite Vertragskomponenten enthalten muss (Williamson 1985/1990, 20).

Die unterschiedlichen Transaktionen lassen sich verschiedenen Organisationsformen - im Sinne *Williamsons* sind dies institutionelle Regelungen bzw. governance structures – zuordnen (Gerhardt 1995, 99). Es wird angenommen, dass es über die Bestrebungen zur Senkung von Transaktionskosten zu einer bewussten Organisation von Tausch kommt und je nach Kostenhöhe die Internalisierung der Transaktionen zu einer effizienteren Lösung führt. Es ist festzuhalten, dass sich mit Hilfe des transaktionskostentheoretischen Bezugrahmens die Entstehung und der Umfang von Unternehmungen bzw. Kooperationsformen ökonomisch begründen lassen. Über einen Institutionenvergleich – vornehmlich von Markt und Unternehmung – sollen effiziente Organisationsformen herausgefiltert werden und der Ablauf der Transaktionen durch eine Zuordnung zu den jeweils spezifischen, unterschiedlich anpassungsfähigen institutionellen Arrangements (governance structures) beherrschbar und überwachbar gemacht werden (Gerhardt 1995, 99 f.).

Das Menschenbild der Transaktionskostentheorie geht von einem begrenzt rationalen Verhalten der Akteure aus. Darunter versteht man, dass das Individuum zwar bestrebt ist, rational zu handeln, aber grundsätzlich nicht in der Lage ist, Informationen in dem Umfang aufzunehmen, zu speichern, zu verarbeiten und zu übermitteln, wie dies für ein Maximierungskalkül notwendig wäre (Bea/Göbel 1999, 135). Williamson schließt daraus, dass es nicht möglich ist, vollständige Verträge zu schließen. Diese Erkenntnis wäre nicht weiter von Interesse, wenn nicht davon ausgegangen werden müsste, dass das Verhalten des Individuums zusätzlich durch Opportunismus geprägt ist. Dem Individuum wird die Verfolgung von Eigeninteresse auch unter Zuhilfenahme von List und Täuschung unterstellt (Williamson 1990, 54). *Williamson* nimmt an, dass dieses opportunistische Verhalten, diese Subjekthaftigkeit des Faktors Mensch, der individuelle Ziele, Bedürfnisse und Erwartungen hat, die in Konflikt mit den Unternehmenszielen stehen können, und beträchtlichen Eigensinn entwickeln kann, innerhalb eines Unternehmens geringer ausfällt als bei marktlicher Koordination, da dieser innerhalb der Unternehmung durch das Autoritätsprinzip unterbunden werden kann (Williamson 1994, 325). Daraus ergeben sich Herausforderungen für die Personalarbeit, denen man sich in den Unternehmen stellen muss.

Die Höhe von Transaktionskosten lässt sich nach *Williamson* über die drei Determinanten Faktorspezifität (*asset specificity*), Unsicherheit (*uncertainty*) und Häufigkeit (*frequency*) der Transaktion erklären. Der *asset specificity* kommt dabei als Kennzeichnung von Investitionen in spezielle Maschinen und Anlagen oder spezialisierte Menschen, mittlerweile die entscheidende Bedeutung zu (Gerhardt 1995, 100). Es wird dabei zwischen der *site specificity*, der *physical asset specificity* und der *human asset specificity* unterschieden.

Bezüglich der Definition der *human asset specificity* differenzieren Dibbern, Güttler und Heinzl in notwendige und hinreichende Bedingungen des Vorhandenseins von *human asset specificity*. Sie nehmen an, dass intellektuelle Fähigkeiten und autodidaktische und durch schulische Maßnahmen erlernbare Spezialkenntnisse der Arbeitnehmer zwar ein notwendiges, aber eben kein hinreichendes Kriterium zur Beurteilung der Spezifität des Humankapitals einer Unternehmung sind. Vielmehr liefert die Antwort auf die Frage, inwieweit die Arbeitnehmer zur Verrichtung ihrer Aufgaben unternehmensinterne Kenntnisse benötigen, die sie nur durch einen „learning-by-doing"-Prozess im Unternehmen erlangen können, ein hinreichendes Kriterium (Dibbern/ Güttler/Heinzl 2001, 683). Eine solche Spezialisierung der Faktoren entsteht im Zeitverlauf häufig von selbst und wird von *Williamson* als „fundamentale Transformation" bezeichnet (Williamson 1990, 77 f.). Vor einer allzu restriktiven Bindung der Transaktionspartner und dem so genannten „lock-in"-Effekt (Williamson 1990, 135) wird im Hinblick auf die mit jeder Transaktion verbundene Unsicherheit jedoch gewarnt. Weder die Umweltsituation, noch das Verhalten des Vertragspartners lassen sich so genau vorbestimmen, dass ein Vertragsabschluss keine Unsicherheiten mehr beinhalten würde. In der Wechselwirkung mit der Faktorspezifität, die die Vertragspartner längerfristig aneinander bindet, ist die Berücksichtigung der zustands- und der verhaltensbedingten Unsicherheit ein wichtiger, die Transaktionskosten verändernder Faktor (Bea/Göbel 1999, 135). Die Dimension der Häufigkeit von Transaktionen nimmt mit der Höhe der Faktorspezifität zu (Bea/Göbel 1999, 135). Die

Transaktion von Standardprodukten ist - unabhängig von der Häufigkeit der Transaktion - meist unproblematisch. Sollen hingehen spezifische Faktoren transferiert werden, so ist die vermutete Transaktionshäufigkeit von zentraler Bedeutung für die Entscheidung, ob sich eine Internalisierung der Transaktion lohnt.

Weil die duale Abhängigkeit von RBV und TAK in dem hier dargestellten grundsätzlichen Annahmen- und Gestaltungszusammenhang lediglich zu der formalen Forderung nach Beachtung der gegenseitigen Abhängigkeiten von Ressourcenausstattung und Transaktionskosten führt, sollen die beiden Theorien auf idealtypische Unternehmenskonfigurationen bezogen werden. Deshalb wird in einem dritten Schritt der theoretischen Fundierung ein Reifegradkonzept gewählt, das mit drei Transformationsstufen (Reifegraden) eine kontrollierte Anwendung der beiden Basistheorien ermöglicht.

3.3 Reifegradkonzept der Unternehmenstransformation

Die Beurteilung, welches eine gute Unternehmens- und Mitarbeiterführung ist, muss stets kontextbezogen, unter Berücksichtigung der internen und externen Rahmenbedingungen, erfolgen. Je nachdem, ob ein Markt stabil oder instabil ist und das Unternehmen eine einfache oder aber komplexe Struktur aufweist, bedarf es eines anderen Managementmodells und wird eine andere Mitarbeiterstruktur erforderlich (Jumpertz 2003, 40).

Dieses Chaos realer Dynamik kann in den tatsächlichen Voraussetzungen, Wirkungen und Resultaten nicht exakt gemessen werden und ist damit wissenschaftlicher Erkenntnissuche nicht zugänglich (Becker/Schwertner 2002, 11). Erst in der Reduktion der realen Komplexität durch die Konstruktion von Idealtypen wird die empirische Tatsache der dynamischen Entwicklung von Organisationen wissenschaftlicher Erkenntnissuche zugänglich.

Becker definiert in seinem Reifegradkonzept (Becker/Schwertner 2002, 10 ff.) Idealtypen von Unternehmensgenerationen mit dem Ziel, eine kontrollierte Dynamik herzustellen und empirisch erfassbar zu machen (Becker/Schwertner 2002, 11). Konkret unterschieden wird die reaktive Unternehmensführung (1. Generation der Unternehmensführung) von der Unternehmensführung im Übergang (2. Generation der Unternehmensführung) und der strategischen Unternehmensführung (3. Generation der Unternehmensführung). Mit Hilfe von 12 Merkmalen wird eine kriterienbezogene Beschreibung der Generationen vorgenommen.

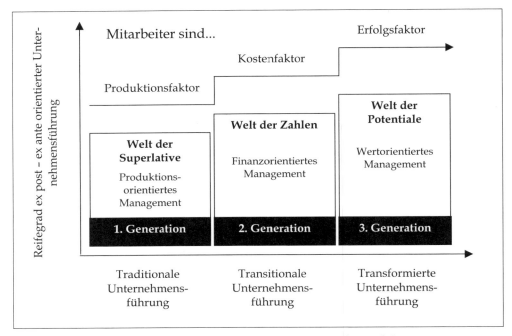

Abbildung 2: Reifegrad ex post – ex ante orientierter Unternehmensführung.
(Becker/ Schwertner 2002, 13)

Als Zwischenfazit ist festzuhalten, dass:

- die Besonderheit und Wettbewerbsfähigkeit von Unternehmen durch die „Schlüsselressource Diversity" bestimmt wird.
- die *Ressource Diversity* einen eigenständigen Wert darstellt und in der jeweiligen Ausprägung vom Reifegrad des Unternehmens bestimmt wird.
- die Reifegrade als idealtypische Konstrukte die Transformationsphasen von Unternehmen beschreiben.
- reifegradbezogen nur ein duales Optimum an Ressourcenaustattung und Kosten erreichbar ist.

4 Reifegradorientierte Gestaltung von Diversity

4.1 Diversity Management innerhalb der traditionalen Unternehmensführung

4.1.1 Ressourcenorientierte Gestaltung von Diversity im traditionalen Paradigma der Unternehmensführung

Die Werthaltigkeit einer Ressource wird anhand der Merkmale *Seltenheit/Einzigartigkeit* und *wertschaffender Charakter* beschrieben.

Becker und *Schwertner* beschreiben die erste Generation der Unternehmensführung als „Welt der Superlative". Vordringliches Ziel ist die kostengünstige Herstellung von Produkten und Dienstleistungen und die Erzielung von Monopolrenten durch das Streben nach optimaler Kombination der Produktionsfaktoren (*Welt der Superlative*: Becker/Schwertner 2002, 12 ff.). Die Unternehmen agieren in Verkäufermärkten und nehmen die Unternehmensumwelt als relativ stabil wahr. Unternehmen können Produkte und Dienstleistungen mit marktüblicher Qualität absetzen. Wählt das Unternehmen eine Branche und ein Produkt, für das grundsätzlich eine Nachfrage besteht, liegt der Schwerpunkt der Unternehmensstrategie auf der Preispolitik. Ziel muss es sein, geringere Kosten als die Konkurrenz zu erreichen und damit den Ertrag zu optimieren. Klare Strukturen mit horizontaler und vertikaler Arbeitsteilung dominieren.

Es wird deutlich, dass die Mitarbeiter als homogene, leicht austauschbare und reproduzierbare Ressource nur insoweit in der Unternehmensstrategie Berücksichtigung finden, als dass sie mit anderen Produktionsfaktoren kostenoptimal kombiniert werden sollen. *Kaplan* und *Norton* weisen in diesem Zusammenhang darauf hin, dass anders als bei materiellen Gütern die Wertschöpfung immaterieller Werte fast nie isoliert durch diese selbst, sondern erst aus einer Kombination mit anderen Werten entsteht (Kaplan/Norton 2004, 20).

Die Gestaltung der Humanressourcen ist an der Gesamtunternehmensstrategie auszurichten und muss deren Umsetzung unterstützen. Wenn nun aufgrund der Existenz von Verkäufermärkten die Unterstützung einer Differenzierungsstrategie überflüssig ist und diese durch die Unternehmensstrategie nicht verfolgt wird, schließt dies die Mitarbeiterstruktur ein. Diversity existiert im Unternehmen demnach nur zu dem Grad, wie diese natürlich und zufällig entsteht. Eine bewusste Schaffung und Steuerung von Vielfalt erfolgt nicht. Zur Schaffung, Steuerung und Kontrolle einer heterogenen Unternehmensbelegschaft sind Investitionen notwendig. Unter der Annahme, dass die Differenzierung am Markt über den Preis erfolgt, stellen Investitionen in die Vielfalt der Belegschaft Kosten dar, die der Markt nicht mit höheren Preisen honoriert.

„In terms of human resource strategy, homogeneity appears suitable for cost-reduction systems." (Richard 1999, 15) Solche, auf Kostenreduzierung ausgerichtete Organisationen, zeichnen sich durch eine klare Arbeitsteilung und eine geringe Einbindung der Mitarbeiter in die Führung des Unternehmens aus (Richard 1999, 15). Die Personalpolitik traditionaler Unternehmen sieht klare Regelungen der beruflichen Weiterentwicklung und Bezahlung vor. Im Ergebnis zeichnen sich traditionale Unternehmen durch eine geringe Diversity und ein auf die Reduzierung von Kosten ausgelegtes Human Resource Management System aus. Ein Diversity Management wird aus den genannten Gründen abgelehnt.

Eine weiterführende Erörterung der Wertnachhaltigkeit der *Ressource Diversity* innerhalb der 1. Generation der Unternehmensführung erscheint daher überflüssig. Diversität der Humanressourcen ergibt sich in der 1. Generation aus der Beschäftigung vielfältiger Bezüge entlang der Wertschöpfungskette. Kerntätigkeiten und Peripherietätigkeiten werden unter der Regie des Unternehmens zu Marktleistungen zusammengefügt. Erzeugt wird damit eine quantitativ-additive Vielfalt der Belegschaft. Die Repetition dieser Aufgabenvielfalt hält das Unternehmen lediglich auf Kurs der Branche. Eine qualitative Vielfalt entsteht nicht, sie zu erzeugen würde lediglich Kosten verursachen, die die eigene Marktrente absenken würde.

4.1.2 Transaktionskostenorientierte Gestaltung von Diversity im traditionalen Paradigma der Unternehmensführung

Traditionale Unternehmen lehnen die bewusste Gestaltung der *Ressource Diversity* ab. Vielmehr sind sie bestrebt, insbesondere im Bereich einfacher Arbeitsverrichtungen eine Zunahme an Heterogenität zu vermeiden. Es wird angenommen, dass es in stark heterogenen Gruppen verstärkt zu Intragruppen-Konflikten kommt und sich einzelne Mitarbeiter von der Gruppe abwenden (Richard 1999, 15). Traditionale Unternehmen agieren auf sehr stabilen und vorhersehbaren Märkten. Es werden solche Unternehmen erfolgreich am Markt bestehen können, die streng auf die Effizienz des unternehmerischen Handelns und speziell des Human Resource Management achten. Aufwändige Einstellungs-, Steuerungs-, Kontrollverfahren heterogener Gruppen erhöhen die Transaktionskosten und leisten keinen Effizienzbeitrag. Demnach gilt das Ziel der Kosteneinsparung auch für den Bereich der Human Ressourcen. Die Kosten, nicht die *Ressource Diversity*, gilt es zu optimieren.

4.2 Diversity Management innerhalb der transitionalen Unternehmensführung

4.2.1 Ressourcenorientierte Gestaltung von Diversity im transitionalen Paradigma der Unternehmensführung

Unternehmen im transitionalen Paradigma sind tiefgreifenden Veränderungen ausgesetzt (Becker 2005, 121). Die Unternehmensführung ist durch die Existenz von Käufermärkten neu auszurichten (Becker/Schwertner 2002, 13). Erfolgreich am Markt zu sein bedeutet nun, entweder bei gleicher Produktqualität einen niedrigeren Preis zu verlangen oder aber bei gleichem Preis einen höheren Produktnutzen zu offerieren (Teece/Pisano/Shuen 1997, 513). Ziel der Unternehmung muss es sein, planvoll, schnell und flexibel auf die mannigfaltigen Ursachen und Auslöser des Wandels reagieren zu können. Die Erprobung neuer Handlungsmuster wird zur Normalität. „Lernen und Wachstum" sind von besonderer Bedeutung.

Es ist zu klären, welche Qualität an Personal transitionale Unternehmen benötigen und durch welche personalwirtschaftlichen Maßnahmen das Humankapital gesichert wird.

„Winners in the global marketplace have been firms that can demonstrate timely responsiveness and rapid and flexible product innovation, coupled with the management capability to effectively coordinate and redeploy internal and external competences." (Teece/Pisano/Shuen 1997, 515) Es bedarf Mitarbeiter, die selbständig und eigenverantwortlich arbeiten können, wollen und dürfen. Diese Dimension des Könnens muss durch reifegradspezifische Systeme, Daten und Netzwerke der Informationstechnologie unterstützt werden. Die Organisationsentwicklung und eine entsprechende Kultur-, Führungs- und Teamarbeit müssen für optimale Rahmenbedingungen sorgen und dem Mitarbeiter Handlungsspielräume einräumen, die ihn zur Leistung motivieren. Die Mitarbeiterführung kann nicht mehr nach strukturaler Art erfolgen. Zeitdruck erzwingt ein „Management of speed". Es bedarf „einer personalen Führung und der damit verbundenen Implementierung von Zielvereinbarungssystemen" (Becker 1999, 5).

Als Zwischenfazit kann festgehalten werden, dass immaterielle Werte die Unternehmensleistung beeinflussen, indem sie interne Prozesse verstärken, die einen Mehrwert für Kunden und Aktionäre schaffen (Kaplan/Norton 2004, 21).

Vielfalt der Stakeholder

Die einschlägige Literatur geht davon aus, dass Unternehmen, die vielfältig zusammengesetzt sind und die die Vielfältigkeit planvoll nutzen, einen größeren Markterfolg aufweisen (Stuber 2004, 73). Dies wird damit begründet, dass eine heterogene Belegschaft die einzelnen Absatzmärkte besser bearbeiten und auf die unterschiedlichen Bedürfnisse der Kunden besser eingehen kann

(Stuber 2004, 73). Weiterhin soll die Heterogenität der Belegschaft dazu beitragen, dass sich einzelne Mitarbeiter ständig in andere Sichtweisen hineinversetzen müssen und somit geistig flexibel und gegenüber neuen Ideen tolerant und aufgeschlossen sind. Es findet ein „über den Tellerrand schauen" statt. In der 2. Generation ist die ständige Überprüfung und Anpassung der Kompetenzen und Fähigkeiten unabdingbar. „However, only recently have researchers begun to focus on the specifics of how some organizations first develop firm-specific capabilities and how they renew competences to respond to shifts in the business environment." (Teece/Pisano/Shuen 1997, 515) Systematisches Diversity Management – die Erzeugung der *Ressource Diversity* - fördert die Kompetenzanpassung. Brachliegende Marktpotentiale und erzielbare Mehrwerte können auf diese Weise leichter identifiziert werden. Unternehmen der 2. Generation erkennen Marktveränderungen zeitnäher und realisieren eine im Marktvergleich bessere Betreuung der Kunden.

Produktives Arbeitsumfeld

Diversity als Geisteshaltung verlangt, dass Mitarbeiterinnen und Mitarbeiter einer Organisation die Unterschiede ihrer Leistungsfähigkeit erkennen, wertschätzen und gezielt nutzen (Stuber 2004, 74). Eine Diversity-Kultur verändert Strukturen und Prozesse und reduziert die Kosten. Die Verhinderung eines Diversity-Missmanagements trägt hierzu entscheidend bei. Es wird davon ausgegangen, dass die konsequente Wertschätzung und Berücksichtigung spezifischer Bedürfnisse der Mitarbeiterinnen und Mitarbeiter zu einer hohen Motivation, Loyalität und einer Nutzung aller verfügbaren Potentiale führen (Stuber 2004, 75). Wenn Mitarbeiter in der Lage sind, Unterschiede bewusst zu erleben und in ihr Handeln gewinnbringend einzubinden, werden Zusammenarbeit und Leistung gestärkt. Konkurrenzdenken und Bereichsegoismen werden abgebaut, Mitarbeiter als Wissensträger anerkannt und genutzt (Stuber 2004, 75). Offenheit prägt die transitionale Unternehmenskultur.

Demnach basiert die von Unternehmen erbrachte Leistung auf den Fähigkeiten der Mitarbeiter (Können), auf deren Motivation (Wollen) und auf deren Ermächtigung, ihre Fähigkeiten auch zur Anwendung bringen zu dürfen (Dürfen). Diversity-orientierte Unternehmenskulturen setzen auf drei Ebenen an (Meyer-Ferreira/Lombriser 2003, 14):

– Ebene der individuellen Kompetenz der Mitarbeiter,
– Ebene der Motivation und des Verhaltens der Mitarbeiter,
– Ebene der Strukturen und Prozesse.

Die Mitarbeiter müssen eine Diversity-Kompetenz erwerben und befähigt werden, Diversity zu leben. In der Erschließung und Entwicklung der Diversity-Kompetenz bewegt sich das Diversity Management auf der Ebene des „Könnens". Sind die Mitarbeiter grundsätzlich dazu befähigt, Diversity zu leben, muss der besondere Nutzen verdeutlicht und die Mitarbeiter zur aktiven

Teilnahme motiviert werden. In der Verhaltens- und Kulturentwicklung bewegt sich das Diversity Management auf der Ebene des „Wollens". Auf der dritten Ebene des „Dürfens" geht es um die Schaffung von Diversity zulassenden Prozessen und Strukturen. Mitarbeiter werden dazu ermächtigt, Diversity zu praktizieren.

Einzigartigkeit / Seltenheit

Teece et al. gehen davon aus, dass nur über die Herausbildung von schwierig zu imitierenden Kompetenzen strategische Wettbewerbsvorteile zu erzielen sind (Teece/Pisano/Shuen 1997, 515). „The notion that competitive advantage requires both the exploitation of existing internal and external firm-specific capabilities, and developing new ones is partially developed in Penrose (1959), Teece (1982), and Wernerfelt (1984)." (Teece/Pisano/Shuen 1997, 515) Für Unternehmen der 2. Generation erwächst Wettbewerbsfähigkeit aus Schnelligkeit. Flexibilität und Reaktionsfähigkeit werden in entscheidendem Umfang durch die Mitarbeiter erzeugt. Hierzu bedarf es einer reifegradspezifischen, einzigartigen Mitarbeiterstruktur. Ein geplanter und kontrollierter Umgang mit Diversity trägt zur Herausbildung einzigartiger Humanressourcen bei. Heterogenität des Humanvermögens erzeugt eine höhere und spezifische Werthaltigkeit.

Imitierbarkeit / Substituierbarkeit

Diversity entsteht aus einer heterogenen Belegschaft und durch die besondere Relation der Belegschaftsmitglieder zueinander. Eine Imitation der Diversität eines Unternehmens durch die Wettbewerber ist mit hohem Aufwand verbunden. Die *Ressource Diversity* ist mit der Intangibilität in der Tiefenstruktur des Unternehmens verankert und kann nur bedingt auf andere Unternehmen übertragen werden. Diversity als nutzbare und gewinnbringende Ressource entwickelt sich im Zeitablauf. Das managing of diversity ist somit in der Geschichte des Unternehmens begründet, d. h. es kommt zu organisatorischen Erbschaften oder Pfadabhängigkeiten (Osterloh/Frost/von Wartburg 2001, 204). Zudem ist der optimale Heterogenitätsgrad von Unternehmen zu Unternehmen situationsabhängig unterschiedlich. Durch diffuse Kausalzusammenhänge begründet, ist es nicht möglich, exakt auszuformulieren, welcher Zusammenhang zwischen einer heterogenen Ausgestaltung der Humanressource und den strategischen Wettbewerbsvorteilen eines Unternehmens besteht (Osterloh/Frost/von Wartburg 2001, 205). Die *Ressource Diversity* enthält eine so genannte Tacit-Dimension, worunter man die Eigenschaft von Ressourcen versteht, dass sie nach außen hin lediglich über ihre ökonomischen Wirkungen, nicht jedoch unmittelbar selbst erkennbar sind (Osterloh/Frost/von Wartburg 2001, 208). Die hohe Komplexität zeigt sich in einer Vielfalt von Verflechtungen. Diversity ist mehr als nur die Summe verschiedenartiger Mitarbeiter. Ein Beispiel dafür, dass die Übertragung intangibler Ressourcen erheblicher Anpassungsmaßnahmen bedarf, zeigen die vielen gescheiterten Unternehmensfusionen. Aufeinandertreffende Unternehmenskulturen lassen sich nur langsam verschmelzen. Weiterhin führt die Tatsache, dass es für intangible Ressourcen keine definierten Beschaffungs- und Absatzmärkte gibt, zu einer zunehmenden Schwierigkeit der Imitation von Diversity Management Konzepten (Osterloh/Frost/von Wartburg 2001, 205). Osterloh et al. kommen zu dem Ergebnis, dass nicht-handelbare, intangible Ressourcen den höchsten Schutz vor Imitation bieten und Kernkompetenzen darstellen. Die Substitution der *Ressource Diversity* ist ausgeschlossen.

Ressourcenmobilität

Ressourcen sind strategisch wertvoll, wenn diese exklusiv genutzt werden können. Neben der Nicht-Imitierbarkeit gilt die Immobilität einer Ressource als wirkungsvolle Barriere vor einer unmittelbaren Aneignung der Ressource durch die Konkurrenz. Mobilität von Ressourcen könnte durch Ressourcenhandel erfolgen. Handelbar wäre die *Ressource Diversity* dann, wenn sie zu einem bestimmten Preis an einen Erwerber übertragbar wäre. Der Verkauf ganzer Unternehmen stellt einen derartigen Veräußerungsfall der *Ressource Diversity* dar. Auch der Verkauf von Unternehmensteilen ist als Veräußerungsfall eines Ressourcenbündels denkbar. Personen wechseln von einem Unternehmen zu anderen und nehmen ihre Spezialisierung mit. Damit verändert sich die Ressourcenausstattung beider Unternehmen. In dem Unternehmen, aus dem der Spezialist ausscheidet, entsteht eine Kompetenzlücke. In dem aufnehmenden Unternehmen wird die Heterogenität erweitert. In beiden Unternehmen wird die *Ressource Diversity* beeinflusst.

Anders verhält es sich, wenn z. B. alle Mitarbeiter einer zentralen Abteilung von einem Unternehmen in ein anderes wechseln. Wenn es sich bei den wechselnden Gruppen oder Abteilungen um unternehmenskritische Teilfunktionen handelt, dann kann die *Ressource Diversity* in beiden Unternehmen signifikant verändert werden. Wenn z. B. die Devisenhändler der Deutschen Bank oder die Mobilfunkspezialisten der Telekom komplett wechseln, dann führt dies zu Eruptionen der *Ressource Diversity*. Handel mit Diversity findet statt, weil eine Transaktion vollzogen wird, die ihren Preis z. B. in Form von Gehaltsansprüchen haben wird.

Die Ressource Mitarbeiter, die sich in ihrer Summe zur heterogenen Belegschaft zusammensetzt, ist demnach in Teilen handelbar. Auch Konzepte zum Umgang mit Diversity im Unternehmen sind handelbar. So bieten viele Beratungsfirmen die Implementierung ganzer Diversity-Management-Konzepte als Dienstleistung an. Dennoch ist die *Ressource Diversity* grundsätzlich nicht handelbar, weil sie nur innerhalb spezifischer Unternehmensstrukturen und -kulturen ihre Wirkung entfalten kann.

Als Ergebnis ist festzuhalten, dass die *Ressource Diversity* für Unternehmen der 2. Generation nachhaltig wertvoll ist. Diversität entwickelt sich zu einem bedeutenden strategischen Unternehmenswert.

4.2.2 Transaktionskostenorientierte Gestaltung von Diversity im transitionalen Paradigma der Unternehmensführung

Es soll nun mithilfe der Transaktionskostentheorie der Frage nachgegangen werden, ob die Herbeiführung der Nutzenpotentiale der *Ressource Diversity* nur möglich ist, wenn diese innerhalb des Unternehmens generiert werden. *Reve* (1990), *Robertson* (1996) und *Picot et al.* (1996) greifen die Bedeutung von Transaktionskosten im Zusammenhang mit der Ausnutzbarkeit von strategisch relevanten Ressourcen und Kompetenzen auf (Zimmer 2002, 18). Konkret stellen ressourcen-/kernkompetenzorientierte Ansätze von einer transaktionskostentheoretischen Warte aus die Frage nach den Grenzen der Unternehmung (Picot et al. 1996, 267 f.): Welche Ressourcen und Kompetenzen müssen in einem Unternehmen verfügbar sein, welche können durch Kooperationen, Netzwerke und welche durch den Kauf am Markt verfügbar gemacht werden (Zimmer 2002, 18).

Die 2. Generation setzt auf Kostenorientierung und verlangt, die *Ressource Diversity* mit niedrigstmöglichen Transaktionskosten zu erzeugen (Richter/Furubotn 1999, 182). Transaktionskosten sind „Kosten der Information und Kommunikation, die für die Vereinbarung und Kontrolle eines als gerecht empfundenen Leistungsaustausches zwischen Aufgabenträgern entstehen" (Picot 1984, 101). Zentrales Entscheidungskriterium für die Art der Beschaffung erforderlicher Ressourcen ist die Höhe der Transaktionskosten. Im Wesentlichen werden die Transaktionskosten von der Faktorspezifität der Ressource, dem Grad an Unsicherheit und der Häufigkeit des Tauschs bestimmt (Wiegran 1993, 64). Wiegran weißt darauf hin, dass die Höhe der Transaktionskosten ebenfalls von den Merkmalen der Person abhängen: „Im Gegensatz zu den Aufgabenmerkmalen wurden jedoch die Merkmale der Person bisher nur selten systematisch als Kosteneinflußgröße erfasst." (Wiegran 1993, 64) Wiegran bewertet die Interessen der Mitarbeiter, Informationsbedürfnisse, die Kommunikationsfähigkeit und das Vertrauen innerhalb zwischenmenschlicher Beziehungen als nicht zu unterschätzende Einflussgrößen auf die Höhe der Transaktionskosten (Wiegran 1993, 64). Im Folgenden soll anhand der Merkmale der Aufgabe und der Person integrativ nach der transaktionskostenoptimalen Organisationsstruktur zur Nutzung von Diversity gesucht werden.

Faktorspezifität

Für die *Ressource Diversity* existieren nur ganz begrenzt Absatz- und Beschaffungsmärkte. Die *Ressource Diversity* ist aufgrund ihrer Spezifität grundsätzlich nicht handelbar. Betrachtet man dagegen die Entstehungs- und Verwendungsseite von Diversity, dann ist erkennbar, dass die Inputfaktoren zur Herstellung von Diversity ebenso wie die Outputfaktoren des Diversity Management sehr wohl handelbar sind. Als wichtigster Inputfaktor gilt der Faktor Mensch. Arbeitskräfte lassen sich von den internen und externen Arbeitsmärkten beziehen. Die Outputfaktoren sind als Nutzenpotentiale in Form von Produkten handelbar. Es wird davon ausgegangen, dass sich die Leistung einer heterogenen Belegschaft in den besonderen Eigenschaften eines Produktes oder einer Dienstleistung niederschlägt. Beispielsweise wurde gesagt, dass ein Diversity Management dazu beitragen kann, dass die Nähe zum Kunden erhöht und die Kundenbedürfnisse besser befriedigt werden können. Neben der Herstellung eines genaueren Abbilds der Kundenstrukturen in der Mitarbeiterstruktur ist es möglich, ein Dienstleistungsunternehmen mit der Analyse der Branche und der Kundenstruktur zu beauftragen. Die Mitarbeiter des Dienstleistungsunternehmens hätten die Aufgabe, als Trend Scouts die aktuellen und potentiellen Kundenbedürfnisse zu ermitteln. Wenn das Dienstleistungsunternehmen als Basis für die hochwertige Analyse von Märkten und Trends auf die eigene, heterogene Mitarbeiterstruktur zurückgreift, kauft man sich die *Ressource Diversity* teilweise als Beratungsleistung ein.

Es kann festgehalten werden, dass die *Ressource Diversity* als Ganzes nicht handelbar ist, während die Diversity-Inputfaktoren genauso wie die Diversity-Outputfaktoren handelbar sind.

Cappelli empfiehlt transitionalen Unternehmen den Bezug strategisch wertvoller Ressourcen vom Markt. Er begründet dies mit dem hohen Risiko, das sich durch eine unternehmensinterne Herstellung von Ressourcen ergeben könnte. Investitionen zur unternehmensinternen Herstellung von Produkten und Ressourcen würden sich in einem stark dynamischen Umfeld häufig als nicht rentabel erweisen (Cappelli 1999, 286). In der Zeit, in der das Produkt oder die Ressource hergestellt und die Investitionen stattfinden würden, könnten sich die Rahmenbedingungen bereits wieder so verändern, dass die Investition vor Fertigstellung obsolet würde (Cappelli 1999, 286). Produktlebenszyklen sind mitunter so kurz, dass sich Investitionen zur Produktentwicklung nicht mehr rentieren. Auf die Merkmale von Personen bezogen kommt er zu dem Schluss: "Internalized employment structures and the long-term commitments associated with them (hiring an essentially unskilled employee, investing in his or her training, gradually recouping the investment, then maintaining compensation after performance deteriorates) involve substantial fixed costs that were now at risk." (Cappelli 1999, 286) Um auf neuen oder sich verändernden Märkten agieren zu können, benötigt man neue oder veränderte Kompetenzen und Fähigkeiten, während die alten Kompetenzen und Fähigkeiten nicht mehr „wertvoll" sind. Da die unternehmensinterne Herstellung dieser Kompetenzen und Fähigkeiten zu lange dauern würde, erfolgt in der 2. Generation die Aneignung dieser Kompetenzen und Fähigkeiten immer häufiger in Form von Verträgen mit Subunternehmen, Kooperationen oder „outside hiring". Mitarbeiter, die nur noch über einen veralteten Kompetenz- und Fähigkeiten-Mix verfügen, werden im Sinne der Reduzierung von Kosten freigesetzt: „rearranging competencies more clearly requires rearranging employees" (Cappelli 1999, 287).

Zur Beurteilung der Auswirkungen einer hohen Faktorspezifität auf die Entscheidung zwischen Fremdbezug und Eigenerstellung, müssen neben den Transaktionskosten auch die Produktionskosten in die Betrachtung mit einbezogen werden (Dibbern/Güttler/Heinzl 2001, 683 f.). Es ist festzustellen, dass die Produktionskostenvorteile des Fremdbezugs mit einem zunehmenden Grad an human diversity abnehmen. Dies lässt sich damit begründen, dass für einen externen Anbieter nur dann Skalenerträge realisierbar sind, wenn es sich um standardisierte Aufgaben handelt, die nicht wie bei der Human Diversity in Abhängigkeit von den Bedürfnissen des jeweiligen Unternehmers einem ständig neuen Lern- und Anpassungsprozess unterliegen (Dibbern/Güttler/Heinzl 2001, 684). Die Transaktionskostenvorteile des externen Anbieters sinken mit zunehmender Human Diversity und gehen dann in Transaktionskostennachteile über (Dibbern/Güttler/Heinzl 2001, 684).

Eine uneingeschränkte Übertragung dieser Annahmen auf die *Ressource Diversity* ist nicht möglich. Die Diversity-Kompetenz transitionaler Unternehmen ist unabhängig von der aktuellen Umweltsituation strategisch hochgradig wertvoll. Nur in der Herstellung einer motivierten, leistungsbereiten, eigenständig arbeitenden und vor allem Vielfalt akzeptierenden und nutzenden Mitarbeiterschaft wird es den Unternehmen der 2. Generation gelingen, sich rechtzeitig auf sich ändernde Umweltbedingungen einstellen zu können. In Bezug auf die *Ressource Diversity* kann demnach von einer extrem hohen Faktorspezifität ausgegangen werden.

Unsicherheit

Neben der Faktorspezifität spielt der Aspekt der Unsicherheit in der 2. Generation der Unternehmensführung eine entscheidende Rolle. Gemäß der zugrundeliegenden Annahme der begrenzten Rationalität, ist es Entscheidern unmöglich, alle Eventualitäten in die Vertragsgestaltung mit einem externen Anbieter einfließen zu lassen (Dibbern/Güttler/Heinzl 2001, 685). Problematisch werden Vertragsabschlüsse vor allem aufgrund der Informationsdefizite bzgl. zukünftiger sich ändernder Anforderungen an den Vertragsgegenstand (Dibbern/Güttler/Heinzl 2001, 685). Die hohe Umweltunsicherheit lässt Aussagen zur längerfristigen Entwicklung der Unternehmensumwelt transitionaler Unternehmen schwierig werden. Die Folge sind hohe Kontroll- und Anpassungskosten. Weiterhin ist die Unsicherheit des Verhaltens des externen Anbieters zu berücksichtigen. Kritische Situationen führen dazu, dass sich der Vertragspartner opportunistisch verhält. Die Abhängigkeit, in die sich ein Unternehmen mit dem Vertragsabschluß begibt, kann sich ebenfalls nachteilig auswirken. „Wer zum Beispiel die Personalsuche und die Auswahl samt aller zugehörigen Kommunikationsprozesse an eine externe Jobbörse vergibt, erteilt dieser eine immense Zuteilungsmacht: Schließlich arbeitet diese Jobbörse in gleicher Funktion auch für den Wettbewerber." (Scholz 2004, 16)

Die Implementierung eines Diversity Management kann in transitionalen Unternehmen nicht nach dem Gießkannenprinzip erfolgen. Vielmehr muss das jeweilige bereichsspezifische Optimum an Heterogenität gefunden werden. So wird es Mitarbeitergruppen geben, die als heterogen zusammengesetzte Teams agieren sollten, während es andere Bereiche gibt, für die sich Heterogenität nicht lohnt oder eine besonders starke Ausprägung der Heterogenität sogar hinderlich wäre.

Auch wenn Unternehmen erkennen, dass man die *Ressource Diversity* grundsätzlich intern herstellen und nutzen sollte, stellt sich die Frage, wie man ein internes transaktionskostenoptimales Diversity Management praktizieren kann. Aufgrund des starken Wettbewerbs in der zweiten Phase der Unternehmensentwicklung stehen insbesondere die Strukturen und die Prozesse auf dem Prüfstand. Gemeinkostenwertanalysen, Just in Time-Delivery, Lean-Konzepte und Outsourcing bestimmten die Aktivitäten zur Reduzierung der Kosten (Cappelli 1999, 304).

Transitionale Unternehmen produzieren eine Segmentierung der Beschäftigten. Für viele Mitarbeiter sind Normalarbeitsverhältnisse nicht mehr gegeben (Becker 2003, 21). Die Personalwirtschaft wird in ihrer Aufgabe der Erkennung, Analyse und Begleitung der fortschreitenden Transformation eine Binnendifferenzierung der Belegschaft anstreben. Zu unterscheiden ist die Kern- von der Peripheriebelegschaft: „Some observers, especially in Britain, have been inclined to interpret at least the movement towards contingent and contract work as evidence not of a breakdown in internalized employment practices but as shift towards a ‚core-periphery' model of employment." (Cappelli 1999, 304 f.). Nach Becker folgt der Kategorisierung eine unterschiedliche Behandlung der Gruppen hinsichtlich Gehalt, Personalentwicklung, Vertragsdauer und Aufstiegschancen (Becker 2003, 22). Ziel ist es, insbesondere die Fixkosten zu reduzieren, da sich diese nicht dynamisch an die Marktgegebenheit und die Auftragslage eines Unternehmens anpassen: „The widespread use of new accounting techniques such as ‚economic value added', which use assessments of the total capital being used and other fixed costs in determining an operations's performance, helps focus attention on cutting all kinds of fixed costs." (Cappelli 1999, 286)

Eine derartige "schnelle Eingreiftruppe" kann nicht mit unbefristeten Arbeitsverträgen, mit zementfestem Kündigungsschutz und wenig Bereitschaft der Arbeitenden zu geistiger Flexibilität und räumlicher Mobilität geleistet werden. Cappelli fordert deshalb: „These include employees who can be easily replaced (based on their labour supply), part-time and contingent workers, and subcontracting arrangements." (Cappelli 1999, 305) Becker schreibt hierzu: „Diversity Management, das Gestalten der Vielheit in der Einheit, ist zur Aufgabe der Personalwirtschaft geworden." (Becker 2003, 21) Für die Gestaltung einer solchen diversen Belegschaft gilt, dass es ein rational richtiges Maß an

Employment-Diversity geben und das der Grad der Heterogenität anforderungsgerecht gewählt sein muss.

Mit einer Konzentration der Personalentwicklungsmaßnahmen auf Kernkompetenzerzeuger erfolgt eine gezielte selektive Investition in strategisch wertvolle Humanressourcen. Aufwendungen für Humankapital nach dem Gießkannenprinzip werden vermieden und Investitionen im Sinne eines hohen ROI (return on investment) priorisiert. Der strategische Erfolg hängt davon ab, inwieweit es dem Management gelingt, die kritischen Jobkategorien herauszuarbeiten und die Kompetenzen dieses kleinen Anteils der Belegschaft systematisch zu entwickeln (Kaplan/Norton 2004, 25). Eine besondere Kernkompetenz stellt dabei die Diversity-Kompetenz dieser Mitarbeiter dar. Sie müssen in der Lage sein, in der Nutzung der *Ressource Diversity*, die Umweltveränderungen zeitnah zu adaptieren und in unternehmerisches Handeln umzusetzen.

Unter der Peripheriebelegschaft versteht man die Gruppe von Mitarbeitern, die leicht vom Arbeitsmarkt zu beziehen und in nicht kritischen Funktionen einsetzbar sind. Hierzu gehören zum Beispiel Teilzeitkräfte oder Mitarbeiter, die dem Unternehmen nur befristet zur Verfügung stehen. In transitionalen Unternehmen werden in verschiedenen Bereichen feste Arbeitsstrukturen zugunsten flexibler Arbeitsformen aufgegeben. Gerlmaier und Kastner sprechen in diesem Zusammenhang von der grenzenlosen oder atmenden Organisation, die aus Modulen oder Segmenten besteht (Gerlmaier/Kastner 2003, 21). Mitarbeiter der Peripheriebelegschaft bieten sogenannte Allerweltskompetenzen. Sie übernehmen klar formulierte Aufgaben im Unternehmen, die zuverlässig und schnell erledigt werden sollen. Dabei kann die Leistungskontrolle auf Basis von Stellenbeschreibungen und Anforderungsprofilen und mit Hilfe von Zielvereinbarungsgesprächen erfolgen. Macht es die Situation erforderlich, wird die Anzahl der Mitarbeiter der Peripheriebelegschaft und damit die Fixkosten reduziert. Ein Diversity Management wird für diese Mitarbeitergruppen nicht empfohlen. Aufgrund der Art der Arbeitsverrichtung und der geringen Bedeutung für das Unternehmen stehen die Investitionskosten eines Diversity Management in einem Ungleichgewicht zu den dadurch erzielbaren direkten und/oder indirekten Erträgen. Man kann sogar soweit gehen zu sagen, dass ein aktives Diversity Management homogen benötigte Humanressourcen ohne Verwendungsmöglichkeit in heterogene entwickeln würde. Enttäuschungen auf der Seite der Mitarbeiterinnen und Mitarbeiter wären ebenso wie erhöhte Kosten die Folge dieser Diversity-Aktivitäten.

Die Dynamik der Beschäftigungs- und Absatzmärkte und die daraus resultierenden Veränderungen der Tätigkeiten und Anforderungen haben große Auswirkungen auf die Art, wie Arbeit angeboten und nachgefragt wird (Becker 2003, 22). Um verschlankte „Kernunternehmen" mit hoch spezialisierten und motivierten Belegschaften gruppieren sich in der 2. Generation nun austauschbare Randbelegschaften (Gerlmaier/Kastner 2003, 21). Es findet ein

Wandel zu veränderten oder neuen Arbeits- und Erwerbsformen statt, die an dieser Stelle dauerhaft angelegte Erwerbsverhältnisse ersetzen. Für viele Menschen ergibt sich hieraus eine neue Variabilität in Bezug auf die Dauer, Art und Intensität der Mitarbeit in einem Unternehmen. Die insbesondere für die Kernbelegschaft so wichtige Aufrechterhaltung von Identifikation und Commitment der Mitarbeiter fällt in der 2. Generation zunehmend schwerer (Gerlmaier/Kastner 2003, 22). In diesem Fall kann das Diversity Management zu einem aktiven Retention Management positiv beitragen. Mitarbeiter, die ein Gefühl der Wertschätzung haben, die sich im Unternehmen entfalten können, deren Fähigkeiten und Kompetenzen Eingang in den Wertschöpfungsprozess finden, besitzen im Gegenzug eine hohe Identifikation mit dem Unternehmen.

Ein besonderer Vorteil der Segmentierung der Belegschaft liegt in dem „Zwang" zur systematischen Analyse der Humanressource. Die Ermittlung der Leistungsstärke des Humankapitals sowie die Ermittlung konkreter Potentialträger stellen wertvolle Informationen für das Management dar. Indem sich das Unternehmen darüber im Klaren wird, welche Humanressourcen eine erfolgskritische Bedeutung besitzen, kann ein gezieltes Diversity Management erfolgen und erhebliche Kosteneinsparungen getroffen werden.

4.3 Diversity Management innerhalb der transformierten Unternehmensführung

4.3.1 Ressourcenorientierte Gestaltung von Diversity im transformierten Paradigma der Unternehmensführung

Die dritte Generation der Unternehmensführung darf nicht losgelöst von der zweiten Generation verstanden werden. Vielmehr erfährt die zweite Generation in der dritten Generation eine Weiterentwicklung (Partieller Paradigmawechsel). Die Dynamik der externen und der internen Gestaltungsfaktoren bleibt in der dritten Generation bestehen. Zielt die zweite Generation auf eine geplante Bewältigung der Veränderungen und auf eine gezielte Reduktion von Komplexität, so ist Diskontinuitätenmanagement ein zentrales Element der dritten Generation der Unternehmensführung. Ein weiteres Kennzeichen ist die Integration personaler Inputfaktoren in den Wertschöpfungsprozess ohne direkte räumliche, rechtliche, organisatorische und personale Einbindung in die Organisation, die vertraglich gebunden und als Netzwerkpartner „geführt" werden müssen. Individualisierung, verbunden mit hoher Autonomie, bestimmt das Wertschöpfungsmanagement von Spezialisten und Teams. Netzwerkmanagement ist die zentrale Aufgabe der dritten Generation. Dem Kosten-, Qualitäts- und Innovationsdruck, verursacht durch die Öffnung für den Weltmarkt, versuchen die Unternehmen mit einem situativ diskontinuierlichen Verbesserungs- und Innovationsmanagement zu begegnen (Reick/Gerlmaier/Ayan/Kastner 2003, 161). Bezüglich der Bereinigung der

Produktpalette, der Optimierung von Produktionsprozessen und der Verringerung der Fertigungstiefe stehen transformierte Unternehmen am Ende eines Prozesses der Veränderung (Becker 2003, 7). Dieser ist dadurch gekennzeichnet, dass mit Kostensenkungsprogrammen keine nennenswerten Wettbewerbsvorteile mehr zu erzielen sind. Das Verhältnis zu den Mitarbeitern wird überdacht. Im Wettbewerb werden diejenigen Unternehmen bestehen können, denen es gelingt, den begonnenen Aufbau von Produkten und Dienstleistungen, die für den Käufer Zusatznutzen bereit halten, fortzusetzen. Dies wird nur gelingen, wenn die Unternehmensführung gemeinsam mit einer hoch motivierten und gut qualifizierten „bunten" Mitarbeiterschaft befähigt ist, den wirtschaftlichen Erfolg des Unternehmens zu gestalten. Es bilden sich Organisationsformen der „modularen Organisation" oder „fraktalen Fabrik" mit Kunden- und Lieferantennetzwerken (Reick/Gerlmaier/Ayan/Kastner 2003, 162). Die Humanressourcen gewinnen weiter stark an Bedeutung, weil sie als Netzwerkknoten die Einmaligkeit, Unverwechselbarkeit und Verteidigungsfähigkeit der uniquen, virtuell erzeugten Unternehmensleistung bestimmen. Der Mensch wird in der vernetzten Wirtschaft zum Wissens- und Talentträger (Davis/Meyer 2001, 37). Die nicht greifbaren Werte, insbesondere das menschliche und intellektuelle Kapital werden zum Nadelöhr des ökonomischen Erfolges.

Die skizzierten Veränderungen haben unmittelbaren Einfluss auf Quantität und Qualität der Humanressource. Transformierte Unternehmen benötigen Leistungserzeuger, die hoch qualifiziert sind und die sich durch eigenverantwortliches, selbständiges und wertorientiertes Handeln auszeichnen (Becker 2003, 7). Die in der zweiten Generation vorgenommene Segmentierung der Beschäftigung wird in der dritten Generation weitergeführt. Kernbelegschaft und Peripheriebelegschaft verändern sich in ihrer Struktur. Die Auslagerung und Vernetzung von Unternehmensteilen, die Entwicklungen neuer Beschäftigungs- und Unternehmensformen sowie eine immer noch anhaltende Freisetzung großer Belegschaftsanteile führen zu veränderten Arbeitsbedingungen und Arbeitsprozessen (Gerlmaier/Kastner 2003, 20). In der dritten Generation erfassen die Begriffe „Belegschaft" und „Mitarbeiter/Mitarbeiterin" nur noch bedingt die Ausstattung der Unternehmen mit Humanressourcen. Im Extrem würden in der virtuellen Organisation der dritten Generation nur noch wenige Netzwerkagenten und Netzwerkkoordinatoren die über Lieferverträge, Werkverträge und Absatzverträge zusammengefügte Wertschöpfung koordinieren. Die vollendete Form der dritten Generation wäre eine Agenturunternehmung, deren Kernkompetenz Wissen über Märkte ist. Zusammenfassend kann festgehalten werden:

In der 3. Generation der Unternehmensführung findet in zunehmendem Maße Handel von Humankapital statt. Ursache hierfür ist ein neues Selbstbewusstsein eines Teils der Erwerbstätigen. Arbeitnehmer, die mobil, unabhängig, kompetent, leistungs- und verhandlungsstark sind und vor allem knappe und begehrte Kompetenzen anzubieten haben, werden transformierten Unternehmen immer häufiger ihre Dauerarbeitsverhältnisse kündigen. Sie bieten ihre Arbeitskraft frei am Markt an oder lassen sich durch Kompetenzagenturen vermitteln. Die Mitarbeiter binden sich solange, bis sich bessere Vermarktungschancen bieten (Becker 2003, 24). Wenig kompetente und verhandlungsschwache Humanvermögensanbieter sind zunehmend von Erwerbslosigkeit bedroht und müssen immer häufiger instabile Beschäftigungsverhältnisse eingehen. Die Humanvermögenspauperisten[1] sind ebenfalls gezwungen, ihre Kompetenzen direkt zu vermarkten. Kompetenzagenturen bilden sich zur bedarfsgerechten Bereitstellung von Marktinformationen. Die auf die Kernkompetenzen geschrumpften Unternehmen komplettieren über die Vermittlung durch Kompetenzagenturen ihr Humanvermögen (Becker 2003, 24).

Aufgrund der Diskontinuitäten der Umwelt und der Binnenverhältnisse müssen Unternehmen Potentiale d. h. Humanreserven aufbauen und vorhalten, die bedarfsgerecht aktiviert werden können. Die wichtigste Ressource transformierter Unternehmen ist die „latente" Veränderungsfähigkeit. Diese Basiskompetenz kann als Reserve- oder Transformationspotenz eines Unternehmens aufgefasst werden. Diese Erweiterung des Ressourcenansatzes steht in einem gewissen Widerspruch zu der Forderung von z. B. *Hamel* und *Prahalad*, den Ausbau von Kernkompetenzen mit Priorität und unter der zusätzlichen Bedingung der kostengünstigsten Lösung zu forcieren. Würden die Unternehmen sich streng auf die Beschaffung und die Erhaltung von Kernkompetenzen konzentrieren, dann fehlte ihnen gewissermaßen der „Überschuss an Ressourcen" (Bamberger/Wrona 1995, 10) (organizational slack), der zur Weiterentwicklung der Wettbewerbsposition in sich verändernden Märkten erforderlich ist. Während also in der transitionalen Unternehmensführung die unbefriedigende Ertragslage und das daraus resultierende strenge Finanzmanagement keine Vorratshaltung von Ressourcen vorsieht, streben Unternehmen des transformierten Paradigmas nach einer solchen Absicherung durch die Bildung von Kreativitäts- und Innovationspuffern. Transaktionskostentheoretisch müsste dieser Überschuss gering gehalten werden. Im Interesse rascher Veränderungsentscheidungen muss die Potentialreserve dagegen so groß sein, dass notwendige Wettbewerbsentscheidungen ohne große Zeitverluste in neue marktfähige Produkte umgewandelt werden können.

Zunächst generiert Diversity Management in transformierten Unternehmen die gleichen Nutzenpotentiale, wie in transitionalen Unternehmen. Zusätzlich wird angenommen, dass die Heterogenität von Gruppen die Leistung verbessert (Richard 1999, 17). „The inclusion of views and efforts from a diverse employee population enhances creativity and cooperation among work groups." (Richard 1999, 17)

---

[1] Begriff für Arbeitnehmer, die über keine besonderen Kompetenzen und Befähigungen verfügen (Becker 2003, 23).

Unternehmen der 3. Generation streben Dezentralisierung, Selbständigkeit und Eigenverantwortlichkeit der Mitarbeiter an. Zunehmende Autonomie erschwert die Steuerung und Kontrolle von Organisationen. Die Mitarbeiter sind so zu managen, dass opportunistische Verhaltensweisen möglichst unterdrückt werden. „Managing work-place diversity presumably provides organizations with a competitive advantage through the benefits associated with a pluralistic work place: self-perceptions of competence, job satisfaction, and organizational commitment." (Kirby/Richard 2000, 368) Ziel muss es sein, alle Organisationsmitglieder und die Netzwerkpartner an der Entwicklung von Normen, Grundsätzen und Werten des Unternehmens teilhaben zu lassen (Kirby/Richard 2000, 368). *Cox* und *Blake* gehen in diesem Zusammenhang davon aus, dass der Erfolg der Implementierung von Diversity-Programmen maßgeblich davon abhängt, inwieweit es gelingt, die Kräfteverhältnisse im Unternehmen gleichmäßig zu verteilen und eine für alle Organisationsmitglieder gleichermaßen geltende Chancengleichheit und Beteiligung an Entscheidungen zu gewährleisten (Cox/Blake 1991). Einige Studien warnen zudem vor den negativen Effekten, die von dem Versäumnis des Managements heterogener Gruppen und einer falsch verstanden Wertschätzung des Mitarbeiters ausgehen. Mitarbeiter, die nicht gelernt haben, mit der Verschiedenheit im Unternehmen umzugehen, empfinden Heterogenität als störend und bauen keine besondere Beziehung zum Unternehmen auf oder lösen diese. Mitarbeitern, die das Gefühl haben, aufgrund demographischer Merkmale anstelle ihrer Qualifikation in das Unternehmen aufgenommen worden zu sein, fehlt ebenfalls das notwendige commitment (Kirby/Richard 2000, 368). Als Indikatoren nennen *Tsui, Egan* und *O'Reilly* die Fehlzeiten eines Mitarbeiters, die Absicht zum Wechsel des Unternehmens und die psychologische Verbundenheit mit dem Unternehmen (Tsui/Egan/O'Reilly 1992). „Analyses of a sample of 151 groups comprising 1,705 respondents showed that increasing work-unit diversity was associated with lower levels of psychological attachment among group members." (Tsui/Egan/O'Reilly 1992, 1).

Robinson und *Dechant* fordern die Herausbildung einer „cultural competence": „The increased cultural awareness developed by a firm's adaptation to diversity can help it become more effective in cross-cultural business situations ... cultural issues have a major impact on dealing with international customers or managing a group of local nationals." (Robinson/Dechant 1997, 27 f.). Die Kultur-Kompetenz der Mitarbeiter ist demnach für den Austausch mit internationalen Kunden und Business-Partnern genauso wie für die Zusammenarbeit der Mitarbeiter unterschiedlicher Kulturen besonders wichtig. Insgesamt ist ein Diversity Management in der Lage, die Unternehmensführung im internationalen Wettbewerb zu verbessern.

Aufgrund gesellschaftlicher und ökonomischer Veränderungen wird die Individualisierung in transformierten Organisationen forciert. So führt, im Gegensatz zu früheren Generationen, eine Zusammenfassung von Mitarbeitern zu

Berufsgruppen nicht mehr in dem Grad zu einer „Intragruppen-Homogenität". Unternehmensleistung und Unternehmenserfolg hängen maßgeblich davon ab, inwieweit es gelingt, die Verschiedenheit der Mitarbeiter als Einheit auf die Unternehmensstrategie und die Unternehmensziele auszurichten. Es gilt, die Vielheit in der Einheit zu managen. Das unterscheidet die dritte Generation von der zweiten Generation. In der zweiten Generation ist „common acting" als Strategiefokus dominant. In der dritten Generation bleibt die Ausrichtung der Ressourcen zwar Ziel der Unternehmensführung, der Strategiefokus wird aber um die Puffer-Politik der „ruhenden Potentiale" ergänzt. Derartige Potentiale entfalten sich besser in emanzipierten Organisationen.

Die Prognostizierbarkeit, Planbarkeit und Beherrschbarkeit der Komplexität und der Dynamik wird in der 3. Generation immer geringer. „Companies across the world are under pressure to be more productive, to be faster and more agile, to produce more exacting quality, to accelerate innovation, to provide better service, to generate greater returns, and to more fully utilize their people in responding to and pre-empting all of the above." (Brockbank/Ulrich 2002, 1) Um diesen Herausforderungen begegnen zu können brauchen Unternehmen Systeme, Führungskräfte, Mitarbeiter, Mentalitäten und Kulturen, die das Potential zum Umgang mit dem hohen Grad an Komplexität und Dynamik besitzen (Rieckmann 2004, 4). Unter Potential sind diejenigen Leistungsreserven zu verstehen, die zur schnellen und umfassenden Reaktion auf sich verändernde Rahmenbedingungen eingesetzt werden können. Die Möglichkeiten, Probleme und Chancen isoliert, monokausal und naiv zu beurteilen und zu behandeln werden immer geringer (Rieckmann 2004, 10). Wechselwirkungen sowie Neben-, Rück- und Fernwirkungen sind ebenso wie sachlogische/technologische, geistige, psychische, soziologische, ökologische und klimatische Dimensionen zu bedenken (Rieckmann 2004, 10). Eine ganzheitliche Betrachtung wird erforderlich, die ein lebenslanges Lernen voraussetzt. Dabei darf sich ein lebenslanges Lernen nicht auf die Individualebene beschränken, sondern muss den Wissensaustausch zwischen den Organisationsmitgliedern einschließen. „Nur durch diese Gemeinsamkeit kann die kollektive, organisationale Wissensbasis und Intelligenz mobilisiert, genutzt und strukturell verankert werden." (Rieckmann 2004, 16) Es Bedarf einer Mitarbeiterschaft, die in ihrer Gesamtheit zu einer synergievollen, flexiblen, multikulturellen Zusammenarbeit bereit und befähigt ist.

Zusammenfassend lässt sich festhalten, dass die Nutzung der *Ressource Diversity* für die Unternehmen der 3. Generation Werthaltigkeit besitzt.

4.3.2 Transaktionskostenorientierte Gestaltung von Diversity im transformierten Paradigma der Unternehmensführung

Auch in der dritten Generation der Unternehmensführung müssen sich die Unternehmen die Frage stellen, ob sich die effektive und effiziente Nutzung der *Ressource Diversity* entweder durch die unternehmensinterne Herstellung oder durch den Bezug von extern gewährleisten lässt. Da die Bedingungen für die Generierung der *Ressource Diversity* und die damit zu akzeptierenden Transaktionskosten grundsätzlich auch in der dritten Generation Geltung behalten, werden nachfolgend nur die Erweiterungen behandelt (partieller Paradigmawechsel).

Faktorspezifität

Im Zentrum der Überlegungen transformierter Unternehmen steht weiterhin das Prinzip der Kernkompetenz. In der 3. Generation werden diejenigen Ressourcen von extern bezogen, die zur Erstellung von Produkten und Dienstleistungen notwendig sind und für die im Unternehmen keine besonderen Kompetenzen bestehen. Dabei ist zu berücksichtigen, dass es umso schwieriger und teurer ist, die Leistungen eines externen Dienstleisters anzupassen, je einzigartiger die personalwirtschaftlichen Systeme eines Unternehmens gestaltet sind (Scholz 2004, 15). Zudem werden mit einem solchen Vorgehen die Sorge um die Abhängigkeit von externen Produzenten und Dienstleistern, den Mangel an firmenspezifischem Know-how und das Risiko für den Datenschutz verbunden. Mit dem Ziel der Reduktion dieser Unsicherheiten und Komplexität entstehen Netzwerke. Diese, vielleicht auch teilweise sehr homogen strukturierten Netzwerkpartner ergeben in der Summe ein heterogenes Beziehungsgeflecht, zu dessen Aufbau, Steuerung und Kontrolle Diversity Management als Konzept der Unternehmensführung an Bedeutung gewinnt. „Effective working relationships with suppliers are increasingly being identified as critical success factors for businesses as they seek to maximize the effectiveness and efficiency of all linkages in the value-chain." (Gandz 2001, 6) Unternehmensinterne Diversität zeigt einen abnehmenden Grenznutzen. Erhöht man die unternehmensinterne Diversität über einen optimalen Grad hinaus, können sich sogar negative Grenznutzen ergeben. In diesem Fall ist der Aufbau und die Pflege von unternehmensexternen Allianzen, Partnerschaften und Absprachen mit Leistungsanbietern zu empfehlen. Unter Rückgriff auf ein unternehmensexternes Netzwerk kann der Nutzungsgrad der *Ressource Diversity* weiter erhöht werden. Die Transaktionskosten der erweiterten Nutzung der *Ressource Diversity* sind bei der Bildung von Netzwerken niedriger als bei einer weiteren Erhöhung der unternehmensinternen Heterogenität der Belegschaft. Die Schnittstelle zwischen Unternehmen und Netzwerk bilden key account manager. Diese haben eine Art Schleusenfunktion, indem Sie die Komplexität der Netzwerkpartner verstehen und deren Wertschöpfungsbeitrag moderierend in die Unternehmensleistung integrieren. Umgekehrt haben sie ebenfalls eine Schleusenfunktion indem sie den Netzwerkpartnern die Spezität der unternehmerischen Erwartungen an deren Leistung ermitteln. Als praktisches Beispiel ist hier die Kooperation verschiedener Fluglinien in der Star Alliance zu nennen. Die Wahrnehmung dieser Aufgaben fällt um so leichter, je mehr sich der key account manager in die von ihm zu betreuenden Netzwerkpartner hineinversetzten kann. Um mit einem heterogenen Beziehungsgeflecht von Netzwerkpartnern erfolgreich zusammenarbeiten zu können, benötigt das Unternehmen Diversity-Kompetenz. „The ability to deal with suppliers in their own language, in appropriate behavioural manners, and to conduct successful negotiations may be critical dimensions of competitive advantage." (Gandz 2001, 6)

Als Fazit kann festgehalten werden, dass aufgrund der Faktorspezifität auch in der 3. Generation der Unternehmensführung die *Ressource Diversity* unternehmensintern herzustellen ist. Als Erweiterung wird zusätzlich auf Netzwerke zurückgegriffen.

5 Zusammenfassung und Ausblick

Organisationen verändern sich, ob sie dies wollen, planen oder nur geschehen lassen. Implizite und explizite Impulse wirken auf die Strukturen, die (Verarbeitungs-) Prozesse und auf die handelnden Personen. Damit ist ausgedrückt, dass das Verhältnis von Homogenität und Heterogenität ständig im Fluss ist. Ein allgemeines Maß für Diversity gibt es dabei nicht. Jedes Unternehmen muss das für die Branche, das Produkt, die spezifische Historie und für die angestrebten strategischen Unternehmensziele relativ richtige Maß an Homogenität und Heterogenität finden. Die Bestimmung des optimalen Grades an Diversity folgt der Bestimmung des Reifegrads eines Unternehmens und muss den zu erwartenden Nutzen eines Diversity Management den Kosten gegenüber stellen. Ressourcenorientierte Ansätze dienen der Beurteilung einer Ressource hinsichtlich ihres Beitrags zum Unternehmenserfolg. Die Berücksichtigung der Transaktionskosten ist für das Treffen einer fundierten „make or buy"-Entscheidung unverzichtbar.

So ist die *erste Generation* als organisationales „panta rhei" („alles fließt!"), als „mit dem Strom schwimmend", zutreffend gekennzeichnet. Es ist weniger die aktive Gestaltung als viel mehr die Anpassung an den „mainstream" der Produktion von Gütern und Diensten gefragt. Diversity ist hinderlich, Abweichungen werden vom Markt nicht honoriert und werden deshalb unterdrückt.

Eine hohe Dynamik der Umweltveränderung lässt Unternehmen der *zweiten Generation* nach einer neuen Orientierung suchen. In dieser Situation starker Unsicherheit sind die Unternehmen auf die Mitarbeiter in ausgewiesenen Schlüsselpositionen angewiesen. Die Rahmenbedingungen sind so zu wählen, dass diese Mitarbeiter hoch motiviert, mit einem Höchstmaß an Kreativität und Flexibilität Wettbewerbsvorteile sichern und den Unternehmenserfolg steigern können.

Unternehmen der *dritten Generation* müssen in der Lage sein, die eigenen Kernkompetenzen mit den Kernkompetenzen kooperierender Unternehmen zu paaren und in dieser Symbiose marktfähige Produkte und Dienstleistungen herzustellen. Ein effizienter Austausch kann nur dann gelingen, wenn die Heterogenität des Netzwerkes interpretiert werden kann. Unternehmen der dritten Generation benötigen aus diesem Grund eine Mitarbeiterschaft, die in ihrer Heterogenität eine hohe Flexibilität, Kreativität und Innovationsfähigkeit besitzt und in der Lage ist, das heterogene Leistungsangebot des Netzwerkes zu übersetzen und mit der eigenen Unternehmensleistung gekonnt zu kombinieren.

Eingeschränkt auf die Gestaltung der Humanressourcen konnte weiterhin festgestellt werden, dass Diversity – und so auch die Diversität der Humanressourcen – per se weder einen Vorteil noch einen Nachteil für die Wettbewerbsfähigkeit von Unternehmen darstellt. Erst in der konkreten Zuordnung zu idealtypisch konfigurierten Reifegraden von Unternehmen, kann konkret der Nutzen der Ressource Diversity untersucht werden. Als Ergebnis des Beitrags lässt sich festhalten, dass es eine reifegradtypische Konfiguration der Ressource Diversity gibt. Zusätzlich wurde auf der Grundlage der Transaktionskostentheorie gezeigt, dass die Ausgestaltung der Diversität unterschiedliche Transaktionskosten verursacht. Da die Transaktionskosten für die generationentypische Ausgestaltung der Diversität variieren, kann festgehalten werden, dass es nur ein „duales" Optimum aus Ressourcen-Diversität und Transaktionskosten geben kann. Die Unternehmen müssen reifegrad- und zielorientiert entscheiden, wie die Ressource Diversität gestaltet sein soll.

Zusammengefasst kann festgestellt werden, dass man von einer *Ressource Diversity* sprechen kann. Diese Ressource ist ein eigenständiger einmaliger Geschäftsvorteil, der nicht leicht zu imitieren, nicht einfach zu substituieren ist und damit eine hohe Werthaltigkeit und Wertnachhaltigkeit für ein Unternehmen darstellt.

Literatur

Aretz, H.-J./Hansen, K. (2003): Diversity Management – ein Konzept für den Umgang mit Vielfalt und Komplexität. In: Zeitschrift Führung und Organisation, H. 04, S. 192-198.

Aretz, H.-J./Hansen, K. (2002): Diversity und Diversity Management im Unternehmen. Eine Analyse aus systemtheoretischer Sicht. Managing Diversity Band 3. Münster/Hamburg/London.

Bamberger, I./Wrona, T. (1995): Der Ressourcenansatz und seine Bedeutung für die Strategische Unternehmensführung. Arbeitspapier „Organisation und Planung" Universität Essen.

Bea, F. X./Göbel, E. (1999): Organisation. Stuttgart.

Becker, M. (1999): Reifegradbestimmung der Unternehmensführung und der Personalentwicklung. Textbaustein A: Unternehmensführung u. B: Personalentwicklung, Martin-Luther-Universität Halle-Wittenberg, Halle an der Saale.

Becker, M. (2005): Personalentwicklung. Bildung, Förderung und Organisationsentwicklung in Theorie und Praxis. 4., aktual. und erw. Aufl., Stuttgart.

Becker, M. (2003): Personalentwicklung in der Unternehmenstransformation. Stabilitas et Mutabilitas. In: Becker, M./Rother, G. (Hrsg.): Personalwirtschaft in der Unternehmenstransformation. Stabilitas et Mutabilitas. München/Mering, S. 1-39.

Becker, M./Schwertner, A. (2002): Gestaltung der Personal- und Führungskräfteentwicklung. Empirische Erhebung, State of the Art und Entwicklungstendenzen. München/Mering.

Boxall, P. (1999): The Strategic HRM Debate and the Resource-based View of the Firm. In: Human Resource Management Journal, No. 03, pp. 59-75.

Brockbank, W./Ulrich, D. (2002): The New HR Agenda: 2002 HRCS Executive Summary. Handout zur Human Resource Competency Study, University of Michigan Business School.

Cappelli, P. (1999): Rethinking Employment. In: Schuler, R. S./Jackson, S. E. (Edt.): Strategic Human Resource Management. Malden, pp. 282-316.

Commons, J. R. (1931): Institutional Economics. In: AER, No. 21, pp. 648-657.

Commons, J. R. (1934): Institutional Economics. Madison.

Cox, T. (1993): Cultural "diversity" in Organizations: Theory, Research and Practice. San Francisco.

Cox, T. H./Blake, St. (1991): Managing Cultural Diversity. Implications for Organizational Competitiveness. In: Academy of Management Executive, No. 03, pp. 45-56.

Davis, S./Meyer, Ch. (2001): Das Prinzip Risiko: Wie Sie in Zukunft arbeiten und reich werden. München.

Dibbern, J./Güttler, W./Heinzl, A. (2001): Die Theorie der Unternehmung als Erklärungsansatz für das selektive Outsourcing der Informationsverarbeitung. Entwicklung eines theoretischen Bezugrahmens. In: Zeitschrift für Betriebswirtschaft, H. 06, S. 675-700.

Foss, K./Foss, N. J. (2004): The Next Step in the Evolution of the RBV. Integration with Transaction Cost Economics. In: management revue, No. 01, pp. 107-121.

Gandz, J. (2001): A Business Case For Diversity. The University of Western Ontario, Internetauszug vom 18. Juni 2004, http://www.equalopportunity.on.ca/eng_g/documents/BusCase.html#supplier%20relationships.

Gerhardt, Th. (1995): Theorie und Realität ökonomischer Organisation. Der transaktionskostentheoretische Ansatz zur vertikalen Integration. Wiesbaden.

Gerlmaier, A./Kastner, M. (2003): Der Übergang von der Industrie- zur Informationsarbeit. Neue Herausforderungen für eine menschengerechte Gestaltung von Arbeit. In: Kastner, M. (Hrsg.): Neue Selbständigkeit in Organisationen. Selbstbestimmung, Selbsttäuschung, Selbstausbeutung? München/Mering, S. 15-36.

Gratton, L. (1997): Tomorrow people. In: People Management, 24 July, pp. 22-27.

Gruber, M./Harhoff, D. (2002): Generierung und Nachhaltige Sicherung komparativer Wettbewerbsvorteile. Arbeitspapier, ODEON Center for Entrepreneurship, München.

Jumpertz, S. (2003): Orientierung gesucht – In turbulenten Zeiten führen. In: managerSeminare, H. 71, S. 36-43.

Kaplan, R. S./Norton, D. P. (2004): Grünes Licht für Ihre Strategie. In: Harvard Business Review, H. 05, S. 18-33.

Kirby, E. L./Harter, L. M. (2001): Discourses of Diversity and the Quality of Work Life. The Character and Costs of the Managerial Metaphor. In: Management Communication Quarterly, No. 01, pp. 121-127.

Kirby, S. L./Richard, O. C. (2000): Impact of Marketing Work-Place Diversity on Employee Job Involvement and Organisational Commitment. In: The Journal of Social Psychology, No. 03, pp. 367-377.

Kochan, T. et al. (2003): The Effects of Diversity on Business Performance. Report of the Diversity Research Network. In: Human Resource Management, No. 01, pp. 03-21.

Mellewigt, Th./Kabst, R. (2003): Determinanten des Outsourcings von Personalfunktionen. Eine empirische Untersuchung auf Basis des Transaktionskostenansatzes und des Ressourcenorientierten Ansatzes, Handout zur 65. Wissenschaftlichen Jahrestagung des Verbands der Hochschullehrer für Betriebswirtschaft, Zürich, 13. Juni 2003.

Meyer-Ferreira, P./Lombriser, R. (2003): Marktbasiertes strategisches Human Resource Management. School of Management, Institut für Unternehmensführung, Handout, Internetauszug vom 3. Juni 2004, http://www.ifu.zhwin.ch/portrait/pdf/zhcm_markthrm.pdf.

Osterloh, M./Frost, J./von Wartburg, I. (2001): Kernkompetenzen durch Wissens- und Motivationsmanagement. In: Thom, N./Zaugg, R. (Hrsg.): Excellence durch Personal- und Organisationskompetenz. Bern, S. 201-222.

Penrose, E. (1959): The Theory of the Growth of the Firm. Oxford.

Picot, A. (1984): Organisation. In: Vahlens Kompendium der Betriebswirtschaftslehre. Band 2, München, S. 95-158.

Reick, Ch./Gerlmaier, A./Ayan, T./Kastner, M. (2003): Die Neue Selbständigkeit in der betrieblichen Praxis. Hintergründe der Entstehung und Formen autonomer Arbeit in Unternehmen. In: Kastner, M. (Hrsg.): Neue Selbständigkeit in Organisationen. Selbstbestimmung, Selbsttäuschung, Selbstausbeutung? München/Mering, S. 161-182.

Richard, O. C. (1999): Human Resources Diversity an Ideal Organizational Types And Firm Performance Employing The Concept of Equifinality. In: The Mid-Atlantic Journal of Business, No. 01, pp. 11-24.

Richter, R./Furubotn, E. G. (1999): Neue Institutionenökonomik: eine Einführung und kritische Würdigung. 2., durchges. u. erg. Aufl., Tübingen.

Ridder, H.-G. (2002): Vom Faktoransatz zum Human Resource Management. In: Schreyögg, G./Conrad, C. (Hrsg.): Theorien des Managements. Managementforschung 12, Wiesbaden, S. 211-240.

Rieckmann, H. (2004): Dynaxibility - oder: Kann Management am Rande des 3. Jahrtausends noch erfolgreich sein?. Internetauszug vom 14. Juni 2004, http://www-sci.uni-klu.ac.at/opm/WILLKOMMEN/willkommen.html.

Robinson, G./Dechant, K. (1997): Building a business case for diversity. In: Academy of Management Executive, No. 03, pp. 21-31.

Scholz, Ch. (2004): Outsourcing. Strategisches Konzept oder operative Selbstauflösung? In: PERSONAL Zeitschrift für Human Resource Management, H. 01, S. 14-17.

Special Report (2000): Equality and Diversity – a competitive advantage. In: CSR Magazin – The Corparte Social Responsibility Magazine in Europe.

Stuber, M. (2004): Diversity. Das Potenzial von Vielfalt nutzen – den Erfolg durch Offenheit steigern. Köln.

Teece, D./Pisano, G./Shuen, A. (1997): Dynamic capabilities and strategic management. In: Strategic Management Journal, No. 07, pp. 509-533.

Thomas, R. R. (1996): Redefining Diversity. New York.

Tsui/A. S./Egan, T. D./O'Reilly, C. (1992): Being different. Relational demography and organizational attachment. In: Administrative Science Quarterly, No. 37, pp. 549-579.

Wentzel, B. (2002): Neue Institutionenökonomik – eine Einführung. In: Wirtschaft und Erziehung, H. 10, S. 348-357.

Wiegran, G. (1993): Transaktionskostenanalyse in der Personalwirtschaft. In: Zeitschrift Führung und Organisation, H. 04, S. 64-67.

Williams, K. Y./O'Reilly, C. A. (1998). Demography and diversity in organizations: A review of 40 years of research. In: Staw, B./Sutton, R. (Edt.), Research in Organizational Behavior. Greenwich, pp. 77-140.

Williamson, O. E. (1985/1990): Die ökonomischen Institutionen des Kapitalismus. Unternehmen, Märkte, Kooperationen. Tübingen.

Williamson, O. E. (1994): Visible and Invisible Goverance. In: American Economic Association Papers and Proceedings, No. 84, pp. 323-326.

Zimmer, M. (2002): Wissensmanagement im Rahmen strategischen Personalmanagements. Institut für öffentliche Wirtschaft und Personalwirtschaft (IÖP), Internetauszug vom 31. März 2004, http://www.rrz.uni-hamburg.de/perso/.

Kundenorientierung und Mitarbeitervielfalt
Interdependenzen und Begründungszusammenhang

Alina Seidel

1 Kundenorientierung und Management von Mitarbeitervielfalt

2 Beitrag des Diversity Management zur Kundenorientierung als Wettbewerbsstrategie eines Unternehmens

3 Beitrag des Diversity Management zur Kundenorientierung als Marketingansatz eines Unternehmens

4 Diversity Management als Beitrag zu einer kundenorientierten Unternehmenskultur

5 Ergebnis und Konsequenzen

Literatur

1 Kundenorientierung und Management von Mitarbeitervielfalt

Betrachtet man die Umweltbedingungen von Unternehmen in Deutschland, so sind diese geprägt durch sich wandelnde Märkte im Hyperwettbewerb, globale Marktstrukturen und wachsende Preis- und Kostensensibilität. Eine durch neue Informationsquellen und -technologien und weltweite Preistransparenz resultierende abnehmende Kundenloyalität und -bindung, weniger Möglichkeiten der Produktdifferenzierung und nicht zuletzt der nachfragerseitige Wandel der Bedürfnisstruktur verschärfen den Wettbewerb und fordern verstärkte Anstrengungen zur Erhöhung der Kundenzufriedenheit und dem entsprechend die kontinuierliche Anpassung der Leistung an die Kundenbedürfnisse.

Kundenorientierung ist deshalb ein seit mehreren Jahren in Wissenschaft und Praxis intensiv diskutierter und unterdessen allgemein anerkannter Erfolgsfaktor der Führung moderner Unternehmen. Auch die Auseinandersetzung mit dem Ruf Deutschlands als „Servicewüste" hat dazu geführt, dass Entscheidungsträger in deutschen Unternehmen für das Thema Kundenorientierung sensibilisiert wurden. Nach einer empirischen Analyse von *Becker* und *Schwertner* stellten 2002 94,3% der befragten deutschen Unternehmen die Orientierung an Kundeninteressen in den Vordergrund ihrer unternehmerischen Tätigkeit (Becker/Schwertner 2002, 26).

Definiert werden kann *Kundenorientierung* als Haltung, die im kundengerichteten Verhalten und Handeln des Mitarbeiters und des ganzen Unternehmens zum Ausdruck kommt. Sie umfasst damit die intensive, kontinuierliche und systematische Ermittlung der individuellen Kundenerwartungen, die differenzierte Berücksichtigung dieser Einzelinteressen, die daraus resultierende Festlegung auf Handlungsstrategien und -ressourcen und die anschließende Verwirklichung der notwendigen Handlungsschritte zur Erfüllung der Kundenansprüche (vertiefend: Bruhn 2003, 15), oder wie *Trommsdorff* es schon 1993 prägnant als Anspruch formuliert: „Denken und Fühlen mit dem Kopf des Kunden" (Trommsdorff 1993, 15).

Empirische Studien belegen vielfach, dass die Ausrichtung des Unternehmens an den Interessen der Kunden zu *Kundenzufriedenheit*[1], damit zu *Kunden-*

---

[1] *Kundenzufriedenheit* wird nach dem Confirmation/Disconfirmation-Ansatz als Ergebnis individueller Vergleichsprozesse zwischen den Erwartungen des Kunden an bestimmte Leistungen und den subjektiven Wahrnehmungen bzw. Beurteilungen der Leistung durch den Kunden verstanden. (Wimmer/Roleff 1998, 1243; Homburg/Stock 2002, 17 ff.) Stauss/Neuhaus unterscheiden fordernde vs. stabile Kundenzufriedenheit (positive Abweichung) und resignative vs. stabile vs. fordernde Unzufriedenheit (negative Abweichung) und erweitern damit den Confirmation/Disconfirmation-Ansatz um eine qualitative Dimension (Stauss/Neuhaus 1995, 16 ff.).

*bindung*² und auf diesem Wege zur Sicherung von Marktanteilen, Marktwachstum und letztendlich zur Steigerung von Gewinn und Rentabilität führen. Qualitativ kann die Bedeutung der *Kundenorientierung* für ein Unternehmen durch folgende Effekte begründet werden:

> *Abschreibungseffekt*: Gelingt es einem Unternehmen einen Kunden dauerhaft zu binden, so kann es die Kosten der Kundengewinnung längerfristig abschreiben.
> *Cross-Buying-Verhalten:* An ein Unternehmen gebundene Kunden kaufen dessen Produkte öfter und sind dessen gesamter Produktpalette gegenüber aufgeschlossener.
> *Check-Average-Effekt:* Bleibt ein Kunde einem Unternehmen in verschiedenen Lebensphasen treu, so profitiert das Unternehmen von dem (in der Regel) steigendem Wohlstand des Kunden.
> *Share-of-Wallet-Effekt:* Je länger ein Kunde an ein Unternehmen gebunden ist und je zufriedener er mit dieser Geschäftsbeziehung ist, umso mehr wird er seine Ausgaben in einem Geschäftsfeld auf dieses eine Unternehmen konzentrieren.
> *Multiplikatoreffekt:* Vom Unternehmen begeisterte Kunden werden zu dessen besten „Verkäufern", d. h. sie geben ihre positiven Erfahrungen an potentielle Neukunden weiter und schaffen bei diesen ein realistisches Bild von den Stärken und Schwächen des Unternehmens.
> *Effekt der abnehmenden Preissensibilität:* Je mehr sich ein Kunde an ein bestimmtes Produkt oder eine bestimmte Leistung des Unternehmens gewöhnt hat, desto weniger sensibel reagiert er auf Preisanstiege bzw. Preisdifferenzen zu Konkurrenten.
> *Effekt der Effizienzsteigerung:* Je besser das Unternehmen die Ansprüche und Wünsche seiner Kunden und die Kunden das Leistungsangebot und die Kompetenzen des Unternehmens kennen, desto effizienter gestaltet sich die Geschäftsbeziehung.
> *Effekt der Qualitätssicherung:* An ein Unternehmen gebundene Kunden geben aus eigenem Interesse wertvolle Hinweise zur Verbesserung der Produkte des Unternehmens („Betatester").

Abbildung 1: Rentabilitätssteigernde Effekte der Kundenorientierung.

So zeigte eine im Rahmen der empirischen Erfolgsfaktorenforschung durchgeführte Meta-Analyse von *Fritz*, dass Kundennähe neben Innovationsfähigkeit und Qualität der Humanressourcen als Schlüsselfaktor des Unternehmenserfolges angesehen werden muss.³ *Trommsdorff* verweist in diesem Zusammen-

---

² *Kundenbindung* meint die Geschäftsbeziehung zwischen einem Anbieter und einem Kunden, bezieht sich dabei, in Abgrenzung zur Markenbindung, auf die Beziehungen dieser beiden Personen und/oder Institutionen (nicht Sachen) zueinander. Sie umfasst einerseits alle Aktivitäten, die geeignet sind, diese Beziehung enger zu gestalten (Anbieterfokus) bzw. beschreibt einen Komplex von Kundenmerkmalen (kognitiv, affektiv, konativ), der die Einstellung des Kunden zur Geschäftsbeziehung mit einem Unternehmen definiert und der sich in Form von Bereitschaft zu Folgetransaktionen mit demselben Anbieter niederschlägt (Kundenfokus) oder sich auch am tatsächlich gezeigten Interaktions- und Kaufverhalten des Kunden gegenüber dem Anbieter nachweisen (Beziehungsfokus) lässt. (Diller 1996, 82 f.; Diller/Müllner 1998, 1222 oder Bruhn 2003, 104 f.)
³ Analysiert wurden 40 Studien der empirischen Erfolgsfaktorenforschung, die in den 80er Jahren in der BRD, den USA, Großbritannien, der Schweiz und anderen europäischen Staa-

hang auf eine Studie von *Backhaus*, worin die Bedeutung von Kundenorientierung für die Wettbewerbsfähigkeit eines Unternehmens anhand des erhöhten Umsatzwachstums von kundenorientierten Investitionsgüterunternehmen nachgewiesen wird[4] und auch *Homburg* und *Becker* können einen signifikant positiven Einfluss der Kundenorientierung auf den wirtschaftlichen Erfolg eines Unternehmens nachweisen (Homburg/Becker, 2000).

Dem gegenüber ist die Auseinandersetzung mit der Vielfalt der Mitarbeiter im Unternehmen und den daraus resultierenden Potenzialen für die Erreichung der Unternehmensziele in Deutschland ein noch recht junger Denkansatz. Zunehmend entdecken aber auch deutsche Unternehmen, dass die Vielfalt ihrer Mitarbeiter ein Potenzial darstellt, das sich für den Unternehmenserfolg nutzen lässt. International tätige Unternehmen sind im Zuge der Globalisierung zunehmend mit vielfältigen Märkten und Menschen aus unterschiedlichen Kulturen konfrontiert *(Diversity of Markets and Customers)*. Dies spiegelt sich in der wachsenden Anzahl von Fusionen und Kooperationen wider *(Diversity in Cooperations)*. Kulturelle und ethnische Vielfalt, Altersverschiebungen sowie ein neues Geschlechterverhältnis in der Belegschaft *(Diversity of Human Ressources)* sorgen dafür, dass sich Unternehmen von einer monokulturellen hin zu einer heterogenen und multikulturellen Organisation transformieren (Schwarz-Wölzl/Maad 2003/2004, 4). Diese Veränderung wird von der gegenwärtigen Entwicklung der Gesellschaft in Form eines Wertewandels hin zur Individualisierung und Offenheit der Menschen angetrieben (Vedder 2004, 169).

Laut *Wagner* und *Sepehri* kann man die Begriffe *Diversity* und *Diversity Management* nicht synonym verwenden (Wagner/Sepehri 1999, 18). Sie stehen stattdessen in konsekutiver Beziehung zueinander, d. h. *Diversity* stellt eine notwendige Voraussetzung für *Diversity Management* dar. Nach *Wagner* und *Sepehri* beschreibt Diversity menschliche Unterschiede, welche sowohl wahrnehmbar als auch nicht wahrnehmbar sind (Wagner/Sepehri 1999). Die wahrnehmbaren Unterschiede (auch ‚observable differences' oder ‚harte' Erscheinungsfaktoren) gehören zu den klassischen Formen von Diversity. Hierzu zählen Unterschiede in ethnischer Herkunft, Geschlecht und Alter. Die kaum wahrnehmbaren Formen (auch ‚unobservable differences' oder ‚weiche' Erscheinungsformen) werden in Werteunterschiede (Persönlichkeit, kulturelle Werte Religion, sexuelle Orientierung, Humor) und Fähigkeits- und Wissensunterschiede (Sprache, Bildung, Fachkompetenz) differenziert.

Unter das so genannte *Diversity Management* subsummiert man dem entsprechend Managementansätze, die den Umgang eines Unternehmens mit der

---

ten durchgeführt worden sind und Daten von mehr als 14.000 Unternehmen umfassen. (Fritz 1994, S. 1047 f.)

[4] Dabei weisen kundenorientierte Investitionsgüterunternehmen vier Prozent mehr Umsatzwachstum gegenüber nicht kundenorientierten Investitionsgüterunternehmen auf. (Trommsdorff 1998, 278).

Unterschiedlichkeit und Vielfalt seiner Mitarbeiter bewusst machen und systematisch mit dem Ziel steuern, Mitarbeiter unabhängig von Geschlecht, Generation, Nationalität, Religion, sexueller Identität oder gesellschaftlicher Gruppe ins Unternehmen zu integrieren und so die sozio-kulturellen Unterschiede der Individuen konsequent zur Entwicklung der Organisation sowie zur Lösung komplexer Probleme nutzen (Cox 1991/1993; Loden/Rosener 1991, 18 f.; Aretz/Hansen 2002, 8; Wagner 2004, 7).

Eine von den Vertretern des *Diversity Management* verfolgte strategische Zielsetzung ist dabei – neben der Erhöhung der Anpassungsfähigkeit des Unternehmens an sich verändernde Marktbedingungen, den verbesserten Möglichkeiten der Personalbeschaffung durch Erschließung sämtlicher demographischer und ethnischer Gruppen bei der Rekrutierung und der Erweiterung des Kreativitätspotentials – die Möglichkeit der Verteidigung und des Ausbaus des Marktanteils durch Bearbeitung einer Vielfalt von Kundengruppen.

Auf Käufermärkten, die die derzeitigen Absatzverhältnisse dominieren, nimmt die Bindung des Kunden an ein bestimmtes Unternehmen ab, wobei gleichzeitig unternehmensseitig die Notwendigkeit einer verstärkten Kundenbindung entsteht. Die Erschließung neuer Kundegruppen und die Gewinnung neuer Kunden allein reichen nicht aus, um langfristig Marktanteile zu sichern. Dazu müssen Unternehmen konsequent Kundenbindung in den Vordergrund ihrer Unternehmensstrategie stellen.

Das Streben nach einer stabilen Kundenbindung setzt eine Ausrichtung aller Unternehmensaktivitäten auf die Bedürfnisse des Kunden voraus. Anlass genug, sich mit den Anforderungen der *Kundenorientierung* differenzierter auseinander zu setzen und zu analysieren, inwiefern die eher ressourcen- und binnenorientierte Ausrichtung des *Diversity Management* Beiträge zur Orientierung eines Unternehmens auf seine individuellen Kunden generiert.

Unterschieden werden im Folgenden als Analyseschritte die möglichen Perspektiven der *Kundenorientierung* nach *Utzig* (1997, 12 ff.):

(1) Kundenorientierung als Wettbewerbsstrategie,

(2) Kundenorientierung als Marketingansatz und

(3) Kundenorientierung als Unternehmenskultur.

Abbildung 2: Perspektiven der Kundenorientierung.

2 Beitrag des Diversity Management zur Kundenorientierung als Wettbewerbsstrategie eines Unternehmens

Eine an der Kundenorientierung ausgerichtete Wettbewerbsstrategie ist grundsätzlich als Kontrast zu der von *Porter* propagierten Kostenführerschaft (Porter 2004) zu sehen. Merkmale einer kundenorientierten Wettbewerbsstrategie sind:

- die dyadische Unternehmen-Kunden-Beziehung,
- eine differenzierte Marktbearbeitung,
- Flexibilität bei der Anpassung des Produktprogramms auf veränderte Kundenwünsche,
- Reagibilität auf mittelfristige Veränderungen der Kundenanforderungen und
- eine hohe Produkt- bzw. Servicequalität.

Der Marktzutritts- und Legitimitäts-Ansatz (access- and legitimacy paradigm) des *Diversity Management*, der sich auf der Basis einer marktorientierten Ausrichtung der Unternehmensstrategie (market based view) entwickelte, sieht im Kern das *Diversity Management* eines Unternehmens als ein strategisches marktorientiertes Instrument an, das den Zutritt für diverse Märkte und Kunden ermöglichen soll.

Damit ist grundsätzlich ein Zusammenhang zwischen *Diversity Management* und *Kundenorientierung* des Unternehmens herstellbar.

In der Verständigung und Zusammenarbeit mit der Umwelt, sollen, nach dem Diversity-Ansatz, die verschiedenen Arten von Stakeholdern – darunter auch die Kunden – ihren Bedürfnissen entsprechend angesprochen und bedient werden, um so die Kundenzufriedenheit und die Kundenbindung zu erhöhen. Das *Diversity Management* verfolgt das Ziel, diese unterschiedlichen Bedürfnisse der Kunden, begründet durch kulturelle Gegebenheiten, Motivation, Werte und Lebensstile zu analysieren, zu berücksichtigen und in konkrete Leistungsmerkmale umzusetzen. Dafür rekrutieren nach diesem Ansatz ausgerichtete Unternehmen Mitarbeiter aus unterschiedlichen Kulturkreisen, Generationen etc., um somit ihr Unternehmen diversifiziert auszurichten (Vedder 2004, 1670 f.). Von den Vertretern des *Diversity Management* werden folgende Merkmale derart diverser Belegschaften genannt, die eine stärkere Berücksichtigung der *Kundenorientierung* bei der strategischen Ausrichtung eines Unternehmens implizieren:

Anpassungsfähigkeit

Monokulturell ausgerichtete Organisationen üben auf ihre Mitglieder einen starken Konformitätsdruck aus und sind deshalb nur eingeschränkt in der Lage, flexibel auf Veränderungen der Umwelt zu reagieren. Im Gegensatz dazu versprechen multikulturelle Organisationen durch die erhöhte Motivation und die vielfältigen Kompetenzen ihrer Beschäftigten eine verbesserte Anpassungsfähigkeit (Wagner/Sepehri 2000b, 460).

Flexibilität

Mitarbeitervielfalt lässt in Verbindung mit moderner Informations- und Kommunikationstechnologie eine Entgrenzung der Arbeitsbedingungen zu und sorgt so für mehr Flexibilität, die wiederum eine schnelle Anpassung an veränderte Kundenanforderungen ermöglicht. Hervorgehoben wird in diesem Zusammenhang, dass heterogene Teams sich bei der Erfüllung von inhaltlichen und zeitlichen Arbeitsanforderungen ergänzen (Aretz/Hansen 2002, 88 f.; Vedder 2004, 179 oder Paireder/Niehaus 2005, 14). Damit sorgt die Vielfalt im Unternehmen für eine Vielzahl möglicher Leistungskonstellationen im Interesse des Kunden.

Kreativität

Eine der wichtigsten Voraussetzungen für die Innovationsfähigkeit eines Unternehmens insbesondere bei der Berücksichtigung individueller Kundenbedürfnisse (z. B. kundengruppenbezogene Werbung, individuell kompatibles Produktdesign, Qualitätsverbesserung) ist die Kreativität der Mitarbeiter (Cox 2001, 7 f.). Die Heterogenität der Belegschaft lässt dabei – nach Ansicht der Diversity-Vertreter – die Teams kreativer werden (Wagner/Sepehri 2000b, 460; Ramm/Leier 2002, 26; Krell 2004, 46).

Problemlösungsfähigkeit

Im Zusammenhang mit der kreativen Entfaltung und Innovationskraft von gemischten Gruppen wird die verbesserte Problemlösungsfähigkeit heterogener Teams hervorgehoben: Gemischte Gruppen haben einen breiteren Zugang zu einem Problem und können daher auch qualitativ bessere Lösungen für Probleme finden, da sie sich vor der endgültigen Entscheidung kritisch mit allen Vorschlägen auseinander setzen (Cox 2001, 7 f.).

Empirisch valide Nachweise von positiven Auswirkungen der Mitarbeitervielfalt auf die Unternehmensperformance stehen noch aus (Kochan et al. 2003). Folgt man aber der Annahme, dass Diversität zu einer Steigerung der Anpassungsfähigkeit, Flexibilität, Kreativität und Problemlösungsfähigkeit eines Unternehmens beiträgt und werden diese Effekte gezielt zur Marktbearbeitung genutzt, können durch die vielfältigen Fähigkeiten, Fertigkeiten, Kompetenzen und Denkstile der heterogenen Belegschaft alte, traditionelle, innovationshemmende Abläufe durchbrochen und die betrieblichen Abläufe im Interesse der Kunden neu gestaltet und dynamisiert werden (Aretz/Hansen 2002, 88 f.). ‚Diverse' Organisationen wären dann weniger standardisiert, sie würden somit ist eine schnellere Anpassung und Reaktion auf individuelle Kundenwünsche ermöglichen und damit letztendlich auch Kundenorientierung gewährleisten.

Bei der Analyse des möglichen Beitrages des Diversity Managment zu einer an der Kundenorientierung ausgerichteten Wettbewerbsstrategie sind jedoch auch Effekte zu berücksichtigen, die sich unter Umständen negativ auf die Kundenorientierung eines Unternehmens auswirken können:

So tragen kulturelle und sprachliche Unterschiede maßgeblich dazu bei, dass sich die Kommunikation im Unternehmen schwierig darstellen kann (Aretz/Hansen 2002, 89 f.; Vedder 2004, 181 f.). Vielfalt in der Belegschaft kann des Weiteren nicht nur für eine flexiblere und schnellere Leistungserbringung, sondern (zunächst) durchaus auch für Schwierigkeiten bei der Entscheidungsfindung sowie in deren Umsetzung sorgen.

In Studien wurden die Arbeitsergebnisse homogen und heterogen zusammengesetzter Arbeitsteams verglichen. Erkennbar war, dass homogene Teams harmonischer zusammenarbeiten, wogegen es bei heterogen zusammengesetzten Arbeitsgruppen, zu Beginn, vermehrt zu Konflikten gekommen ist. Diese Konflikte legten sich im Verlauf der Zusammenarbeit und die Ergebnisse der heterogenen Gruppen waren vielfältiger und qualitativ besser (Leitl 2005 über Studien der DGFP).

Je ausgeprägter die Diversität in einem Unternehmen ist, desto unterschiedlicher ist zudem die Arbeitsweise und Risikobereitschaft der Arbeitnehmer. Führungskräfte müssen somit mehr Zeit für die Kontrolle der Belegschaft investieren, was sich wiederum in höheren Kosten niederschlägt (Aretz/Hansen 2002, 89 f.; Vedder 2004, 181 f.).

3 Beitrag des Diversity Management zur Kundenorientierung als Marketingansatz eines Unternehmens

Träger der Kundenorientierung bei der Betrachtung als Marketingansatz ist nicht das gesamte Unternehmen, sondern die strategische Geschäftseinheit „Marketing". Das kundenorientierte Marketingverständnis, welches der Ausrichtung dieser Geschäftseinheit an den Kundeninteressen zugrunde liegt, wird als *Relationship Marketing* (Bruhn 2001; Homburg/Bruhn 2005) bezeichnet. Die im Rahmen dieses Analyseschrittes zu beantwortende Frage lautet demnach: Welche Effekte der Diversität von Mitarbeitern dienen im Rahmen von Marketingaktivitäten dem Auf- und Ausbau langfristiger Kundenbeziehungen?

In qualitativer Hinsicht lässt sich die Kundenzufriedenheit durch zielgerichtetes Eingehen auf die differenzierten Kundensegmente, d. h. durch die Berücksichtigung der unterschiedlichen Belange der Kunden, steigern und somit auch die Kundenbindung erhöhen (Wagner/Sepehri 2000b, 460). Die unterschiedlichen Märkte werden nun bei diversen Belegschaften zum Teil über die unterschiedlichen Mitarbeiter im Unternehmen abgebildet. Unterschiedliche Mitarbeiter legen ihren Schwerpunkt auf die für sie relevanten Marktbereiche und kommunizieren dies mit dem Unternehmen, das daraus seine Marktbearbeitung auf verschiedene – diverse – Kundengruppen zuschneiden kann (Vedder 2004, 179; Paireder/Niehaus 2005, 14). Die personelle Vielfalt im Unternehmen unterstützt im Umkehrschluss die Erschließung neuer Marktsegmente und die Beratung von Kunden unterschiedlicher kultureller Herkunft – also die Kundenorientierung des Unternehmens gegenüber bisher unberücksichtigten Minoritäten.

Preispolitisch kann sich dabei zunächst ein Nachteil entwickeln. So sind die Kosten, die mit der Entwicklung von zielgruppenspezifischen Marketingkonzepten und mit der Ausweitung der Marktbearbeitung auf differenzierte Märkte entstehen, bei der Nutzenanalyse des Diversity-Ansatzes im Marketing zu berücksichtigen (Stuber 2004, 236). Konsequente Kundenorientierung heißt in diesem Zusammenhang: Ermittlung des Costumer Value der zielgruppenspezifischen Marktbearbeitung für die dem Unternehmen wertvollen derzeitigen und zukünftigen Kunden. Gerade die Ermittlung von zukünftig wertvollen Kunden stellt damit die Unternehmenspraxis und die betriebswirtschaftliche Forschung vor neue Herausforderungen.

Eine Übertragung der auf ein Unternehmen bezogenen diversitätsorientierten Denkweise auf die Produktpolitik kann hier gänzlich neue Perspektiven eröffnen, indem der Fokus auf bisher unberücksichtigte, für die Zukunft jedoch eventuell bedeutsame Kundengruppen erweitert wird. So werden z. B. in der Touristikbranche homosexuelle Kunden als neue Zielgruppe präferiert, da es sich bei dieser Kundengruppe oftmals um Doppelverdiener ohne Kinder handelt, die ein hohes verfügbares Einkommen haben, nicht auf Schulferien angewiesen sind und gerne die Nebensaison nutzen (z. B. „It's only natural"-Broschüre Schweiz Tourismus); in der Nahrungsmittelindustrie werden Produkte angeboten, die auf Kunden aus

Asien, Afrika oder der Karibik zugeschnitten bzw. koscher sind (z. B. „Jeder ist bei *TESCO* willkommen"-Programm TESCO plc) und im Personenverkehr werden Bahnhöfe und Züge auf mobilitätseingeschränkte Reisende zugeschnitten (Beitrag Heuer/Engel in diesem Band).

Kommunikationspolitisch können Imagevorteile durch:

1. *Diversity-bezogene Auszeichnungen*
    - international: Opportunity 2000 Award, Exemplary Voluntary Efforts (EVE) Award, Fairness Award, etc.
    - europäisch: Best Place to Work® Europe
2. *Diversity-bezogene Prädikate*
    - Deutschland: Total E-Quality Prädikat

und eine entsprechende Präsentation in der Öffentlichkeit (Logo, Vorträge etc.) erlangt werden. Nachteilig kann sich jedoch im Zusammenhang mit der Fokussierung des Diversity-Aspektes im Rahmen der Kommunikationspolitik der mögliche Verlust von traditionellen, konservativen Käuferschichten auswirken. Dieses Risiko besteht vor allen Dingen dann, wenn diese Käuferschichten unvorbereitet mit dem Diversity-Gedanken konfrontiert werden und in der Gesellschaft allgemein noch kein grundsätzlicher Wertewandel hin zur Wertschätzung von Vielfalt stattgefunden hat (Beitrag Nell in diesem Band).

Eine offensive Darstellung des Diversity-Aspektes im Rahmen einer Image-Kampagne – vergleichsweise United Colors of Benetton – haben Unternehmen auf dem deutschen Markt bisher kaum präferiert.[5] Deutsche Unternehmen werben bislang überwiegend im Bereich des Personalmarketing mit der Vielfalt ihrer Belegschaft, was den Schluss nahe legt, dass sie noch kein Bedürfnis ihrer Kunden nach mehr Vielfalt in den Unternehmen ausmachen konnten.

Exkurs Personalmarketing

Das von Diversity-Management-Vertretern im Rahmen der Marketing Perspektive am häufigsten vorgebrachte Argument ist, dass die Diversität der Belegschaft und die Möglichkeiten der Personalbeschaffung einen positiven Zusammenhang aufweisen.[6] Diese Argumentation folgt den Annahmen, dass Unternehmen die Wert auf Diversity Management legen, für potentielle Beschäftigte attraktiver wirken, ihnen somit die in Zukunft erschwerte Akquirierung sowie die Bindung von Mitarbeiterressourcen leichter fällt. Im Einzelnen stützen folgende Erklärungen die Argumentation:

---

[5] Beispiele: Dove: „Wahre Schönheit ist vielfältig"-Kampagne, NetCologne: „CommUnityCation"-Kampagne, GMX: „Die Gedanken sind frei"-Kampagne.
[6] Da es sich hierbei wiederum um eine explizit binnenorientierte Sichtweise handelt, werden die Ausführungen zum Personalmarketing im Rahmen der vorliegenden Analyse lediglich als Exkurs betrachtet.

- Durch eine Öffnung des Unternehmens für diverse Mitarbeiter erhöht sich die Anzahl von Bewerbungen ausländischer Fachkräfte an das Unternehmen (Vedder 2004, 170).
- „Veröffentlichtes" Diversity Management macht ein Unternehmen zu einem attraktiveren Arbeitgeber für Personen aus bisher nicht dominanten Gruppen, da diese Bewerber dort eine höhere Wertschätzung erwarten (Rhodes 1999, 24).
- Mit der Kommunikation der Wertschätzung von Vielfalt im Personalmarketing wird das Ansehen des Personalbereiches aufgewertet, was das Image eines Unternehmens als Arbeitgeber insgesamt steigert (Stuber 2004, 235).

Auch im Rahmen des Personalmarketings entstehen im Zusammenhang mit der Implementierung der Diversitäts-Orientierung Kosten, wenn die gesamte Vielfalt des Arbeitsmarktes Berücksichtigung finden soll. Langfristig betrachtet wird damit aber ein Fachkräftepotenzial erschlossen, das zukünftige Rekrutierungsprozesse vereinfacht und damit die Kosten der Mitarbeitergewinnung senkt.

Ein zu beachtender Problempunkt bei der Schwerpunktlegung des Personalmarketings auf Diversität der Belegschaft ist in den Auswirkungen auf die traditionell angesprochenen Bewerberschichten und die bereits im Unternehmen beschäftigten Mitarbeiter zu sehen. Beide Anspruchsgruppen können irritiert und mit Ablehnung auf die Diversitäts-Orientierung reagieren, wenn ein Unternehmen – für sie unvorbereitet – den Schwerpunkt im Personalmarketing auf die Vielfalt der Belegschaft legt. Eine entsprechende Sensibilisierung der betroffenen Personengruppen durch die Personalentwicklung ist deshalb im Vorfeld unbedingt erforderlich.

4 Diversity Management als Beitrag zu einer kundenorientierten Unternehmenskultur

Die Sichtweise der Kundenorientierung als eine Form der Unternehmenskultur ist insbesondere von *Deshpande* und *Webster* (Deshpande/Webster 1989) geprägt wurden. Sie interpretieren Kundenorientierung als „the set of beliefs that puts the costumers' interest first, while not excluding those of all other stakeholders such as owners, managers, and employees, in order to develop a long term profitable enterprise" (Deshpande/Farley/Webster 1993, 27).

Nach *Staerkle* ist unter Kultur „... ein System von Wertvorstellungen, Verhaltensnormen und Denk- und Handlungsweisen zu verstehen, welches bewirkt, dass sich [eine] soziale Gruppe deutlich von anderen Gruppen unterscheidet." (Staerkle 1985, 532). Unternehmen sind Sozialgebilde, deren durch Menschen gestaltetes Gefüge und Handlungsgesamt Gemeinsamkeiten, also eine Unternehmenskultur, aufweisen. Unternehmen besitzen (nach dieser objektivistisch-positivitischen Sichtweise) eine Kultur (Oelsnitz 2000, 139 ff.). *Schein* unterscheidet Artefakte und Verhaltensweisen (Technologie, Kunst, sichtbare Verhaltensmuster, Rituale, Geschichten etc.), begründete Werte und Normen

(Prinzipien, Strategien, Ziele, Philosophie, Standards etc.) und Grundprämissen (Umweltbeziehungen, Auffassung von Wirklichkeit, Zeit und Raum, Nähe der menschlichen Aktivität, Natur der menschlichen Beziehungen) als Ebenen einer Unternehmenskultur (Schein 1984, 38 und 1995, 30).

Eine *kundenorientierte Unternehmenskultur* ist diesem Verständnis folgend als gelebte Unternehmensphilosophie zu verstehen und manifestiert sich in auf die Kunden bezogene Wertvorstellungen bzw. Grundprämissen, auf deren Basis Werte und Normen der Kundenorientierung bekundet werden, um einen konkreten Verhaltensbezug herzustellen. Die Definition von Verhaltensweisen (Anerkennung der Kundenkontaktmitarbeiter, Möglichkeiten der Partizipation, Interaktion von Führungskräften und Kundenkontaktmitarbeitern etc.) und Standards (Definition von Qualitätsstandards, Commitment des Managements zur Qualitätspolitik, Erfassung von kundenorientierten Leistungs- und Verhaltensmerkmalen etc.) bildet die Basis der Generierung von Artefakten der Kundenorientierung (Leitbilder, Sprachregelungen, Rituale, Logos etc.). Die Artefakte tragen wiederum zur Bewusstseins- und Verhaltensbildung im Unternehmen bei (Bruhn 2002, 231 ff.). Kurz gesagt: eine kundenorientierte Unternehmenskultur ist ein Set von gemeinsamen Normen, Werten und Verhaltensweisen der Mitarbeiter eines Unternehmens, welches die Kunden und ihre individuellen Leistungsanforderungen in den Mittelpunkt sämtlicher Aktivitäten stellt. Zentrale Merkmale einer kundenorientierten Unternehmenskultur sind Offenheit und Aufgeschlossenheit nach Außen (Persönlichkeit des Kunden, Einstellungen des Kunden, Anregungen des Kunden) und nach Innen (Wertschätzung der Kundenkontaktmitarbeiter, Partizipation der Mitarbeiter an der Basis, interfunktionale Kooperation).

Für viele Vertreter der klassischen Ansätze zur Unternehmenskultur sind kulturell homogene Organisationen bzw. ‚starke' Kulturen ein entscheidender Erfolgsfaktor von Unternehmen (Krell 1996; Maurer 2004, 1300 f.):

> *„Eine gemeinsame Sprache, ein konsistentes Präferenzsystem und eine allseits akzeptierte Vision für das Unternehmen lassen relativ rasch zu einer Einigung oder zumindest zu tragfähigen Kompromissen in Entscheidungs- und Problemlösungsprozessen vorstoßen."* (Steinmann/Schreyögg 2005, 729)

Bei einer Veränderung der Umwelt hin zu mehr Dynamik und Komplexität können durch Fixierung der Mitarbeiter auf traditionelle Erfolgsmuster und eine resultierende „Blockadementalität" gegenüber neuen Wertesystemen und Orientierungsmustern jedoch Wettbewerbsnachteile entstehen (Steinmann/Schreyögg 2005, 730 f.). Dies ist im Hinblick auf sich rasch ändernde Kundenbedürfnisse bedenklich. Weiterhin ist zu bedenken, dass ein permanenter Konformitätsdruck auf die Mitarbeiter viel Energie in Anpassungsprozesse bindet und damit eine Konzentration auf persönliche Stärken und Ideen verhindert (Krell 1996, 340).

Soll hingegen die Vielfalt der Belegschaft mit ihren kulturellen Prägungen genutzt werden, erfordert dies ein Umdenken weg von klassischen Sichtweisen der Unternehmenskultur: Nach dem Diversity-Verständnis müssen ‚Pluralismus' und ‚Verschiedenheit' anerkannt, wertgeschätzt und als positive Erfolgfaktoren der Unternehmensentwicklung gesehen werden (Aretz/Hansen 2002, 12; Vedder 2004, 171 f.). Oder anders ausgedrückt „Managing Diversity zielt auf eine Veränderung der Organisationskultur – von einer am homogenen Ideal orientierten, d. h. monokulturellen, zu einer multikulturellen Organisation." (Sepehri 2002, 101 f.) Es findet ein Paradigmenwechsel statt: Bedeutungsverlust der homogenen Organisation zu Gunsten eines Bedeutungszuwachses heterogener Organisationen (Hauke/Ivanova 2004). Grundlage der positiven Entfaltung und Nutzung der Vielfalt bildet eine hierauf ausgerichtete Unternehmenskultur, eine Kultur also, die alle Mitarbeiter eines Unternehmens vorurteilsfrei integriert und mit der sich alle Mitarbeiter des Unternehmens identifizieren können. „Freude am Widerspruch", „Abneigung gegen Konformismus" und „Freude am Experimentieren und am Ausprobieren" sind Werte einer neuen Generation von Unternehmenskulturen.

Multikulturalität im Inneren führt nach Ansicht der Diversity-Vertreter dazu, dass die Mitarbeiter eines Unternehmens generell Menschen aus anderen Kulturen, mit einem anderen sozialen Hintergrund, aus einer anderen Generation oder anderer Religionszugehörigkeit offener, konflikt- und vorurteilsfreier gegenüber treten. Sie entwickeln demnach *interkulturelle Kompetenzen*. Dabei handelt sich weniger um einen statischen als um einen prozessualen Ansatz: *Interkulturen* entstehen dann, wenn Menschen aus konzeptuell unterschiedlichen Lebenswelten miteinander agieren bzw. kommunizieren. Sie existieren dementsprechend auch nur in Abhängigkeit der Interaktionspartner, ereignen sich permanent neu und zwar im Sinne einer „Interaktions-Welt", die weder der Lebenswelt des einen noch der Lebenswelt des anderen Interaktionspartners vollkommen entspricht. Interkulturelle Kompetenz ist diesem Verständnis nach als Kommunikations- und Handlungsfähigkeit in Überschneidungssituationen zu verstehen: Mitarbeiter die über eine interkulturelle Kompetenz verfügen, haben die Fähigkeit, mit Angehörigen einer anderen Kultur zur beiderseitigen Zufriedenheit unabhängig, sensibel und wirkungsvoll interagieren zu können (Müller/Gelbrich 2001).

Dies entspricht im Grundsatz den Anforderungen einer kundenorientierten Unternehmenskultur nach Offenheit und Aufgeschlossenheit dem Kunden gegenüber: seiner Persönlichkeit, seinen Einstellungen des Kunden und Anregungen seinerseits.

Natürlich können im täglichen Umgang mit Kollegen, die anders sind, auch negative Erfahrungen prägend sein. Um zielführend (kundenorientiert) sein zu können, muss der Prozess der Entwicklung interkultureller Kompetenz demnach durch flankierende Maßnahmen der Personalentwicklung – von der Bedarfsanalyse bis hin zur Transfersicherung (Becker 2005, 17 ff.) – gestützt werden. Bildungs- und Trainingsmaßnahmen (Kulturassimilatoren, Rollenspiele, Simulationen, Verfremdungsübungen, Coaching, Mitarbeiterforen oder -konzilien), die hierfür notwendig sind (Zülch 2005, 54 f.), fordern einen nicht unerheblichen Aufwand in Form direkter Personalentwicklungskosten und zu investierender Arbeitszeit.

Wiederum stellt sich die Frage, ob durch Diversity Management bezogen auf die Unternehmenskultur ein nachhaltiger Kundennutzen gestiftet wird, der die entstehenden Kosten rechtfertigt. Hier kann im Einzelfall nur die Überwachung der entsprechenden Kennzahlen (Kundenzufriedenheit, Beschwerdequote, Kundenbindungsdauer etc) integriert in ein Diversity-Controlling (Beitrag Rieger in diesem Band) Aufschluss geben.

5 Ergebnis und Konsequenzen

Nach Analyse der Argumente, die Vertreter des Diversity Management als Begründung des Ansatzes anführen und der Anforderungen, die aus dem Ansatz der Kundenorientierung als Wettbewerbstrategie, als Marketingkonzept und als Unternehmenskultur erwachsen und deren Gegenüberstellung kann festgestellt werden, dass Mitarbeitervielfalt und deren Management keine hinreichende Bedingung für Kundenorientierung darstellen. Dies ist im Kern auch nicht Anliegen des eher binnenorientierten Ansatzes.

Auf allen Analyseebenen sind mit der Vielfalt der Mitarbeiter Chancen aber auch Risiken die Kundenorientierung eines Unternehmens verbunden (Abbildung 3).

> „… there is virtually no evidence to support the simple assertion that diversity is inevitably good or bad for business." (Kochan im Gespräch mit Hansen 2003)

Es ist demnach im Sinne der Kundenorientierung im unternehmerischen Einzelfall zu prüfen:

(1) ob die strategische Entscheidungsfindung (kurz-, mittel- oder langfristig), die Leistungserbringung und der Umgang mit dem Kunden positiv oder negativ von der Diversität der Entscheidungsträger/Kundenkontaktmitarbeiter beeinflusst wird,

(2) wie sich dies auf die Anspruchserfüllung gegenüber den Kunden auswirkt und

(3) ob die Kunden des Unternehmens bereit sind, die mit dem Diversity Management entstehenden Mehrkosten (Kommunikationskosten, Kontrollkosten etc.) zu tragen, d. h. ob sie den aus der Diversität der Belegschaft entstehenden Mehrwert wahrnehmen und schätzen.

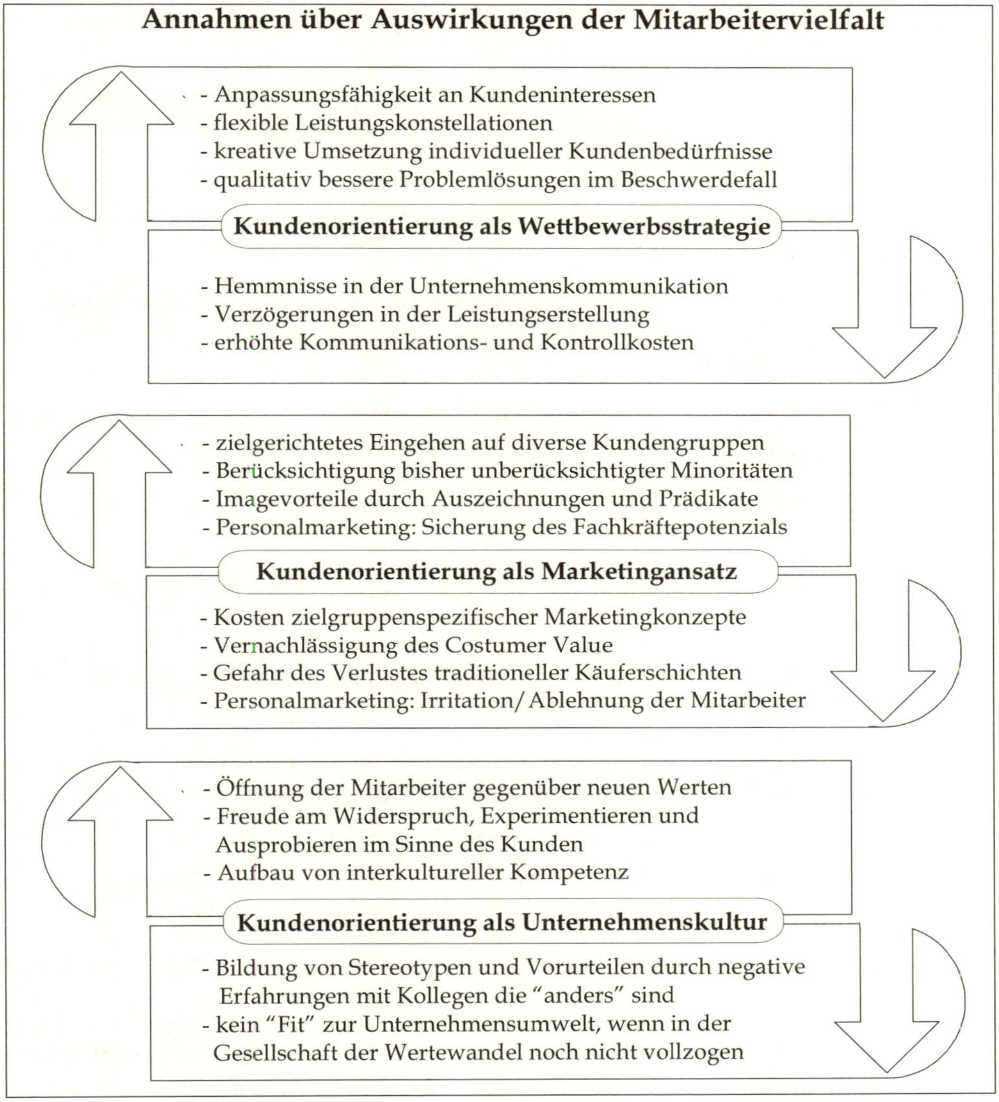

Kundenorientierung und Diversity Management

Annahmen über Auswirkungen der Mitarbeitervielfalt

- Anpassungsfähigkeit an Kundeninteressen
- flexible Leistungskonstellationen
- kreative Umsetzung individueller Kundenbedürfnisse
- qualitativ bessere Problemlösungen im Beschwerdefall

Kundenorientierung als Wettbewerbsstrategie

- Hemmnisse in der Unternehmenskommunikation
- Verzögerungen in der Leistungserstellung
- erhöhte Kommunikations- und Kontrollkosten

- zielgerichtetes Eingehen auf diverse Kundengruppen
- Berücksichtigung bisher unberücksichtigter Minoritäten
- Imagevorteile durch Auszeichnungen und Prädikate
- Personalmarketing: Sicherung des Fachkräftepotenzials

Kundenorientierung als Marketingansatz

- Kosten zielgruppenspezifischer Marketingkonzepte
- Vernachlässigung des Costumer Value
- Gefahr des Verlustes traditioneller Käuferschichten
- Personalmarketing: Irritation/Ablehnung der Mitarbeiter

- Öffnung der Mitarbeiter gegenüber neuen Werten
- Freude am Widerspruch, Experimentieren und Ausprobieren im Sinne des Kunden
- Aufbau von interkultureller Kompetenz

Kundenorientierung als Unternehmenskultur

- Bildung von Stereotypen und Vorurteilen durch negative Erfahrungen mit Kollegen die "anders" sind
- kein "Fit" zur Unternehmensumwelt, wenn in der Gesellschaft der Wertewandel noch nicht vollzogen

Abbildung 3: Auswirkungen der Mitarbeitervielfalt auf die Kundenorientierung eines Unternehmens.

Literatur

Aretz, H-J./Hansen, K. (2002): Diversity und Diversity-Management im Unternehmen. Eine Analyse aus systemtheoretischer Sicht. Managing Diversity Band 3. Münster/Hamburg/London.

Becker, M. (2005): Systematische Personalentwicklung. Planung, Steuerung und Kontrolle im Funktionszyklus. Stuttgart.

Becker, M./Schwertner, A. (2002): Gestaltung der Personal- und Führungskräfteentwicklung. Empirische Erhebung, State of the Art und Entwicklungstendenzen. München/Mering.

Bruhn, M. (2003): Kundenorientierung. Bausteine für ein exzellentes Costumer Relationship Management (CRM). 2., völl. überarb. Aufl., München.

Cox, T. H. (1991): The multicultural organization. In: Academy of Management Executive. No. 02, pp. 34-47.

Cox, T. H. (1993): Cultural "diversity" in Organization: Theory, Research and Practice. San Francisco.

Cox, T. Jr. (2001): Creating the Multicultural Organization. A Strategy for Capturing the Power of Diversity. Michigan.

Deshpande, R./Farley, J. U./Webster, F. E. (1993): Corporate Culture, Costumer orientation, and Innovativeness in Japanese Firms. In: Journal of Marketing, No. 01, pp. 23-27.

Deshpande, R./Webster, F. E. (1989): Organizational Culture and Marketing: Defining the Research Agenda. In: Journal of Marketing, No. 01, pp. 03-15.

Diller, H. (1996): Kundenbindung als Marketingziel. In: Marketing ZFP, H. 02, S. 81-94.

Diller, H./Müllner, M. (1998): Kundenbindungsmanagement. In: Meyer, A. (Hrsg.): Handbuch Dienstleistungsmarketing. Band 2: Kundengerichtete und kundeninitiierte Prozesse des externen Marketing; Dienstleistungen auf Beschaffungs- und internen Märkten; Branchenkonzepte und Fallbeispiele; Zukünftige Perspektiven des Marketing. Stuttgart, S. 1219-1240.

Fritz, W. (1994): Die Produktqualität – ein Schlüsselfaktor des Unternehmenserfolges. In: Zeitschrift für Betriebswirtschaft, H. 08, S. 1045-1062.

Hansen, F. (2003): Diversity's Business Case Doesn't Add Up. In: Workeforce Management, April 2003, pp. 28-32.

Homburg, Ch./Becker, J. (2000): Marktorientierte Unternehmensführung und ihre Erfolgsauswirkungen – Eine empirische Untersuchung. Arbeitspapier Nr. W 38, Institut für Marktorientierte Unternehmensführung, Mannheim.

Homburg, Ch./Stock, R. (2002): Theoretische Perspektiven zur Kundenzufriedenheit. In: Homburg, Ch. (Hrsg.): Kundenzufriedenheit. Konzepte – Methoden - Erfahrungen. 4. Aufl., Wiesbaden, S. 17-50.

Kochan, T. et al. (2003): The Effects of Diversity on Business Performance. Report of the Diversity Research Network. In: Human Resource Management, No. 01, pp. 03-21.

Krell, G. (1996): Managing Diversity: Mono- oder multikulturelle Organisationen? „Managing Diversity" auf dem Prüfstand. In: Industrielle Beziehungen. H. 04, S. 334-350.

Krell, G. (2004): Managing Diversity. Chancengleichheit als Wettbewerbsfaktor. In: Krell, G. (Hrsg.): Chancengleichheit durch Personalpolitik. Gleichstellung von Frauen und Männer in Unternehmen und Verwaltungen. Rechtliche Regelungen – Problemanalysen – Regelungen. 4., vollst. überarb. u. erw. Aufl. Wiesbaden.

Leitl, M. (2005): Was ist Diversity Management? In: http://www.harvardbusinessmanager.de/img/cat/HBMO/diversitymanagement-Was.pdf, eingesehen am 14.12.2005.

Loden, M./Rosener, J. B. (1991): Workforce America! Managing Employee Diversity as a Vital Resource. Homewood.

Müller, S./Belbrich, K. (2001) Interkulturelle Kompetenz als neuartige Anforderung an Entsandte: Status Quo und Perspektiven der Forschung. In: Zeitschrift für betriebswirtschaftliche Forschung, H. 05, S. 246-272.

Paireder, K./Niehaus, M. (2005): Diversity Management als betrieblicher Integrationsansatz für (ausländische) Mitarbeiter/innen mit Behinderungen. In: Heilpädagogik. H. 01, S. 04 – 33.

Porter, M. (2004): Competitive Strategy: Techniques for Analyzing Industries and Competitors. New York.

Ramm, P./Leier, A. (2002): Weibliches Potenzial als Wettbewerbsfaktor bei Siemens. In: Personal, H. 02, S. 26-29.

Rhodes, M. J. (1999): Making the Business Case for Diversity in American Companies. In: Personalführung, H. 05, S. 22 – 26.

Schwarz-Wölzl, M./Maad, C. (2003/2004): Diversity und Managing Diversity. Teil 1: Theoretische Grundlagen. Wien.

Sepehri, P. (2002): Diversity und Managing Diversity in internationalen Organisationen: Wahrnehmungen zum Verständnis und ökonomischer Relevanz, dargestellt am Beispiel einer empirischen Untersuchung in einem Unternehmensbereich der Siemens AG. Hochschulschriften zum Personalwesen. München/Mering.

Stauss, B./Neuhaus, P. (1995): Das Qualitative Zufriedenheitsmodell (QZM). Diskussionsbeiträge der Wirtschaftswissenschaftlichen Fakultät Ingolstadt, Nr. 66, Ingolstadt.

Stuber, M. (2004): Diversity. Das Potential von Vielfalt nutzen - den Erfolg durch Offenheit steigern. Köln.

Trommsdorff, V. (1993): Konsumentenverhalten, 2., überarb. Aufl., Stuttgart/Berlin/Köln.

Utzig, B. P. (1997): Kundenorientierung strategischer Geschäftseinheiten: Operationalisierung und Messung. Wiesbaden.

Vedder, G. (2004): Diversity Management und Interkulturalität, München/Mering.

Wagner, D. (2004): Making Diversity Work. In: Personal. H, 09, S. 06-08.

Wagner, D./Sepehri, P. (1999): Managing Diversity - alter Wein in neuen Schläuchen? In: Personalführung, H. 05, S. 18-21.

Wagner, D./Sepehri, P. (2000a): „Managing Diversity" – Eine empirische Bestandsaufnahme. In: Personalführung, H. 07, S. 50 – 59.

Wagner, D./Sepehri, P. (2000b): Managing Diversity – Wahrnehmung und Verständnis im Internationalen Management. In: Personal, H. 09, S. 456-461.

Wimmer, F./Roleff, R. (1998): Steuerung der Kundenzufriedenheit bei Dienstleistungen. In: Meyer, A. (Hrsg.): Handbuch Dienstleistungsmarketing. Band 2: Kundengerichtete und kundeninitiierte Prozesse des externen Marketing; Dienstleistungen auf Beschaffungs- und internen Märkten; Branchenkonzepte und Fallbeispiele; Zukünftige Perspektiven des Marketing. Stuttgart, S. 1241-1254.

Zülch, M. (2005): „McWorld" oder „Multikulti"? Interkulturelle Kompetenz im Zeitalter der Globalisierung. In: Vedder, G. (Hrsg.): Diversity Management und Interkulturalität. 2. Aufl., München/Mering, S. 01-86.

Die Diversity Scorecard als Instrument zur Bestimmung des Erfolges von Diversity-Maßnahmen

Caroline Rieger

1 Ausgangslage

2 Die Balanced Scorecard als Grundlage der Diversity Scorecard

3 Das Konzept der Diversity Scorecard

3.1 Perspektiven der Diversity Scorecard

3.2 Erarbeitung einer Diversity Scorecard

3.3 Operationalisierung der Diversity Scorecard

4 Zusammenfassung und Fazit

Literatur

1 Ausgangslage

Unter dem Begriff *Diversity Management* (Stuber 2004; Belinszki/Hansen/ Müller 2003; Aretz/Hansen 2002; Sepheri 2002; Roosevelt 2001 sowie die Beiträge in diesem Band) wird eine im deutschsprachigen Raum relativ junge Form der Unternehmensphilosophie bzw. der Unternehmensführung verstanden, die sich – als Reaktion auf tiefgreifende Veränderungen in Arbeitswelt[1] und Gesellschaft[2] – die personelle Vielfalt der Unternehmensbelegschaft (Alter, Geschlecht, Nationalität, ethnische Herkunft, Religion, sexuelle Orientierung, Behinderung, Ausbildung, Familienstand etc.) nutzbar zu machen sucht.[3] Neben der Entfaltung und Nutzung der kreativen Energie (z. B. bei der Entwicklung neuer, auf unterschiedliche Kundengruppen abgestimmter Produkte) und der größeren organisatorischen Flexibilität und Anpassungsfähigkeit diverser Belegschaften stellt die Verschiedenartigkeit der Mitarbeiter auch dahingehend einen Geschäftsvorteil dar, als eine an der Diversität der Kunden orientierte Belegschaft zu einer größeren Akzeptanz des Unternehmens sowie seiner Produkte führt und Diversity-Maßnahmen zu einer Erhöhung der Arbeitszufriedenheit der Mitarbeiter beitragen (Krell 2004, 45 ff. sowie die dort genannte Literatur).

In einem umfassenderen Verständnis (z. B. Hubbard 2004, 8 und Aretz/ Hansen 2003b, 192) wird unter *Diversity* nicht nur die personelle Vielfalt der Unternehmensbelegschaft verstanden, sondern auch die Vielfalt im Verhalten (z. B. Arbeitsstil, Lernstil und Kommunikationsstil), die Vielfalt struktureller Unterschiede (z. B. Interaktionen zwischen Funktionen und zwischen Organisationsebenen) sowie die Unternehmens- und globale Vielfalt (z. B. Segmentierung der Kundenmärkte und Diversifikation der Produkte).

Die Implementierung und Durchführung eines Diversity Management erfordert, neben einer Bestandsaufnahme der Diversität der Belegschaft und bisheriger die Diversität der Belegschaft berücksichtigender Maßnahmen, die Entwicklung und Umsetzung einer Diversity-Strategie sowie die Bestimmung

---

[1] Als Stichworte seien nur genannt: Globalisierung, Internationalisierung, Liberalisierung der Märkte, zunehmende wirtschaftliche Verflechtung, länderübergreifende Firmenzusammenschlüsse, Entstehung neuer Absatzmärkte mit unterschiedlichen Bedürfnissen, Arbeitnehmerfreizügigkeit, Mobilität der Arbeitskräfte, internationale Rekrutierung, Mangel an einheimischen Fachkräften und Vermischung der Belegschaften.
[2] Stichworte sind demographische Entwicklung, Erkennen und Anerkennen der Unterschiedlichkeit der Kulturen, Öffnung der Gesellschaft gegenüber dem „Andersartigen" (gleichgeschlechtliche Lebenspartnerschaften, Erziehungsurlaub für Väter, etc.) und gesetzliche Regelungen zur Gleichbehandlung.
[3] Hierbei stellen der Fairness & Discrimination Approach, der Access & Legitimacy Approach und der Learning & Effectiveness Approach unterschiedliche Konzeptionen des Managements der Vielfalt dar (Aretz/Hansen 2003a, 16 ff.; Thomas/Ely 1996 sowie Hansen in diesem Band).

von dieser Strategie unterstützenden Maßnahmen und die Überprüfung der Effizienz der Diversity-Maßnahmen über ein Diversity-Controlling.

Die *Diversity Scorecard*, die eine Erweiterung der von Kaplan/Norton entwickelten Balanced Scorecard darstellt, ermöglicht Unternehmen die Zusammenfassung der Aufgaben des Diversity Management in einem Management-Tool. Sie ermöglicht die effiziente Steuerung humaner Ressourcen und die Kommunikation der Diversity-Strategie sowie messbarer Vorteile des Diversity Management, wobei sie, im Sinne der Diversität, neben der finanzwirtschaftlichen Perspektive weitere Perspektiven in die Betrachtung einbezieht.

2 Die Balanced Scorecard als Grundlage der Diversity Scorecard

Die von *Kaplan* und *Norton* Anfang der 1990er Jahre entwickelte *Balanced Scorecard* (Kaplan/Norton 1992/1993/1996 und 1997) dient der Übersetzung der Vision und Strategie von Unternehmen in mess- und umsetzbare Ziele. *Kaplan* und *Norton* erweitern die bis dahin zur Bewertung von Unternehmensprozessen vorherrschende monetäre, finanzwirtschaftliche Perspektive traditioneller Kennzahlensysteme (ZVEI, Du-Pont-Schema) um die Kunden-, die Prozesssowie die Potenzialperspektive, um eine ausgewogene (*balanced*) Wertungsliste (*scorecard*) für die Bewertung unternehmerischer Prozesse zu erlangen.

Kaplan und *Norton* betrachten die vier Perspektiven der Balanced Scorecard als „Schablone und nicht als Zwangsjacke" (Kaplan/Norton 1997, 33), d. h., Unternehmen können die Perspektiven der Balanced Scorecard sowohl hinsichtlich deren Inhalt und Anzahl an ihre organisatorischen Gegebenheiten anpassen.

Für jede der genannten Perspektiven schlagen Kaplan/Norton die Formulierung von aus der Unternehmensstrategie abgeleiteten Zielen, die Transformation dieser Ziele in Kennzahlen und die Festlegung von Vorgaben sowie Maßnahmen zu deren Erreichung vor, um eine Messbarkeit der Ziele und eine Überprüfung der Zielerreichung zu ermöglichen (Abbildung 1).

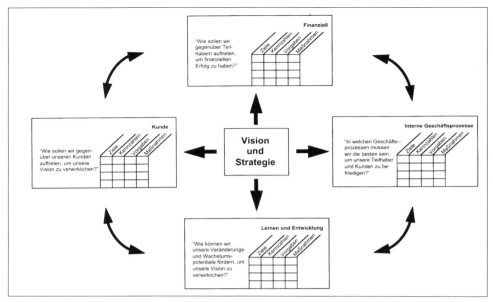

Abbildung 1: Die Balanced Scorecard.
(Kaplan/Norton 1996, 76).

Die *finanzielle Perspektive* umfasst nach Kaplan/Norton aus den Erwartungen der Kapitalgeber abgeleitete Zielsetzungen, die sich analog traditioneller Kennzahlensysteme z. B. in Gewinn-, Erfolgs-, Umsatz- und Renditegrößen ausdrücken. Die *Kundenperspektive* beinhaltet Ziele, die aus Sicht des Absatzmarktes an die Unternehmen herangetragen werden und der Erreichung der finanziellen Ziele dienen. Kennzahlen dieser Perspektive sind bspw. Kundenzufriedenheit, Kundentreue, Kundenakquisition, Kundenbindung. Die *interne Perspektive* bildet diejenigen Ziele ab, die an die unternehmensinternen Wertschöpfungsprozessen gestellt werden und der Erreichung der Ziele der zuvor genannten Perspektiven dienen. Unter die *Lern- und Entwicklungsperspektive* werden solche Zielstellungen gefasst, die der Unternehmung zur Bewältigung aktueller und zukünftiger Anforderungen gereichen. Mögliche Kennzahlen dieser Perspektive sind die Mitarbeiterzufriedenheit, die Fluktuationsrate und der Ausbildungsstand der Mitarbeiter (Kaplan/Norton 1997, 46 ff).

Die *Kennzahlen* der Balanced Scorecard, die im Anschluss an die Zielbildung in den einzelnen Perspektiven aus diesen abgeleitet werden, informieren als Messgröße in konzentrierter Form über einen betrieblichen Tatbestand. Sie sollten sowohl kurz- bzw. langfristige Entwicklungen widerspiegeln als auch Früh- bzw. Spätindikatoren sowie Leistungs- und Ergebniskennzahlen enthalten.

Die so gebildeten Kennzahlen werden über ein Hypothesensystem von *Ursache-Wirkungszusammenhängen* mit einander verbunden und zu einem Netz wechselseitig interdependenter Interaktionsbeziehungen (*strategy maps*)

(Kaplan/Norton 2000, 2004) verknüpft. Der relativ einfache Wirkungszusammenhang in Abbildung 2 zeigt, dass durch eine Investition in das Fachwissen der Mitarbeiter, z. B. über eine Schulung in einem speziellen Produktionsprogramm, die Prozessdurchlaufzeit für die Produktion eines Gutes durch die Anwendung des Wissens verbessert (verringert bzw. stabilisiert) werden kann. Diese wirkt sich potenziell positiv auf den Zeitpunkt der Lieferung aus, was die Kundenzufriedenheit erhöht und diese an das Unternehmen bindet. Schließlich wirkt sich die Kundentreue in der finanziellen Perspektive positiv auf die Kapitalrendite aus.

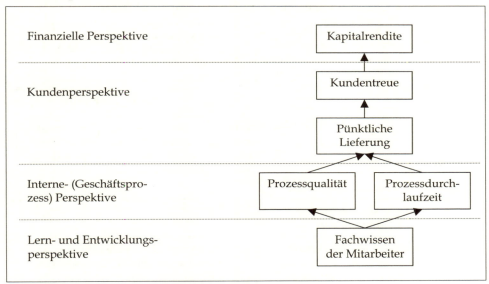

Abbildung 2:   Beispiel einer Ursache-Wirkungskette.
                (Kaplan/Norton 1997, 29)

3   Das Konzept der Diversity Scorecard

Die *Diversity Scorecard* verknüpft die Idee des Diversity Management mit dem Konzept der Balanced Scorecard und ermöglicht somit neben der Formulierung, Kommunikation, Steuerung und Implementierung einer auf den Unternehmenserfolg ausgerichteten Diversity-Strategie die Quantifizierung des Diversity-Beitrages zum Unternehmenserfolg sowie die kontinuierliche Verbesserung der Diversity-Initiative.

3.1   Perspektiven der Diversity Scorecard

Während einige Autoren für die Betrachtung von Diversity-Aspekten die vier von *Kaplan* und *Norton* in der Balanced Scorecard genannten Perspektiven (finanzielle Perspektive, Kundenperspektive, interne Perspektive sowie Lern- und Entwicklungsperspektive) verwenden (z. B. Aretz/Hansen 2002, 80 ff.; Kaiser 2004, 8 f.), erweitert *Hubbard* den Kreis der Perspektiven der Diversity

Scorecard und betrachtet die Perspektiven *Financial Impact, Diverse Customer/Community Partnership, Workforce Profile, Workplace Climate/Culture, Diversity Leadership Commitment* und *Learning and Growth* als grundlegend für die Diversity Scorecard (Abbildung 3). Gleichwohl verweist er darauf, dass die Perspektiven der Diversity Scorecard in Abhängigkeit vom Unternehmen sowie seiner Produkte spezifisch ausgestaltet sein und nicht notwendigerweise die genannten Perspektiven widerspiegeln müssen (Hubbard 2004, 128 u. 132).

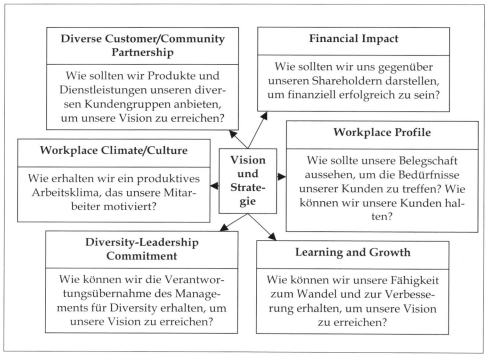

Abbildung 3: Die Perspektiven der Diversity Scorecard.

(In Anlehnung an: Hubbard 2004, 133)

Die *Diversity Leadership Commitment-Perspektive* beschreibt nach *Hubbard* (2004, 147 ff.) den Grad der Unterstützung einer Diversity-Strategie durch das Management, der aufgrund der das Verhalten der Mitarbeiter prägenden Wirkung ein entscheidender Beitrag für den Erfolg von Diversity-Vorhaben zukommt. Zur Bestimmung eines Diversity Leadership Commitment Indexes können bspw. der Partizipationsgrad von Führungskräften bei der Formulierung der Diversity-Strategie, der Prozentsatz von Diversity-Zielen, der über die Verknüpfung mit den strategischen Unternehmenszielen mit dem Bonus- und Vergütungssystem des Managements verbunden ist und die Zusammensetzung des Vorstandes dienen.

Die *Workforce Profile-Perspektive* (Hubbard 2004, 170 ff.) betrachtet die Entwicklung des Arbeitskräftepotenzials eines Unternehmens anhand seiner vielfältigen Unterschiede (z. B. Geschlecht, ethnische Herkunft, Anstellungsdauer, Alter und physische Fähigkeiten), um bei Änderung dieser Faktoren mit dem Wissen über den Einfluss der Diversität der Belegschaft auf die Organisation durch entsprechende Maßnahmen auf die Veränderung des Arbeitskräftepotenzials einzugehen und zum Erhalt der organisationalen Effizienz beizutragen. Zur Bestimmung eines Workforce Profile Indexes können bspw. die Daten der internen bzw. externen Stellenbesetzung und der Übernahme- bzw. Beförderungsstatistik dienen. Mögliche Kennzahlen sind der Anteil unterschiedlicher demographischer Gruppen bei Neueinstellungen, der Anteil von Minderheiten in Führungspositionen, die Fehlzeiten nach Altergruppen und der Anteil von Mitarbeitern mit Behinderungen.

In der *Workplace Culture/Climate-Perspektive* (Hubbard 2004, 201 ff.) werden die Empfindungen und die Zufriedenheit unterschiedlicher Arbeitnehmergruppen bezüglich verschiedener Arbeitsplatzfaktoren (z. B. Kultur, Klima, Führung) erhoben, um den Grad der Einführung von mitarbeiterbezogenen Diversity-Maßnahmen darzustellen. Mögliche Kennzahlen sind die Rate und die Kosten der Fehlzeiten, die Anzahl und durchschnittliche Dauer von Klagen (nach demographischen Gruppen), der Anteil der Nutzung von Work-Life-Balance-Maßnahmen und Ratings zu der Arbeitsplatzflexibilität.

Die *Learning and Growth-Perspektive* (Hubbard 2004, 222 ff.) spiegelt die Fähigkeit einer Organisation zur Bewahrung und Vergrößerung der Fähigkeiten des diversen Humanvermögens wider und bildet die Verteilung strategischer Kompetenzen zwischen den verschiedenen Arbeitskräftegruppen ab. Dazu ist nicht nur das Know-how für das Verständnis und den Einsatz eines diversen Arbeitskräftepotenzials von Bedeutung, sondern auch das Wissen um den Aufbau einer langfristigen Infrastruktur zur Vergrößerung der Kernkompetenzen, um so die Bedürfnisse der Arbeitnehmer und der Kunden zu befriedigen. Potenzielle Kennzahlen dieser Perspektive sind der Anteil von Arbeitnehmern mit höherem Abschluss nach demographischer Gruppe, die Anzahl von Verbesserungsvorschlägen pro Arbeitnehmer, die Bildungsinvestitionen pro Arbeitnehmer und die Rate der Innovationen.

Die *Diverse Customer/Community-Perspektive* (Hubbard 2004, 242 ff.) stellt die Fähigkeit des Unternehmens dar, sich die demographischen Veränderungen des globalen Marktes zu Nutze zu machen und eine signifikante Rolle in der Unterstützung seiner lokalen und der weiteren Weltgesellschaft zu spielen. Diese Perspektive kann z. B. die Analyse der Beziehung der Organisation zu verschiedenen Ethnien, die Analyse des Beschaffungs- und Kontraktverhaltens und die Analyse des philanthrophischen Verhaltens umfassen und darstellen, wie die Wünsche diverser Kundengruppen befriedigt werden. Mögliche Kennzahlen sind somit die Anzahl und der Prozentsatz neuer Kunden ethnischer Gruppen, der Erhalt von Kundengruppen, der Anteil von Einkäufen bei Unternehmen von Minderheiten oder Frauen, die Höhe der Spenden für gemeinnützige Zwecke und die Anzahl durch die Gesellschaft erhaltener Auszeichnungen.

Die *Financial Impact-Perspektive* (Hubbard 2004, 266 ff.) reflektiert die Ergebnisse der in Bezug auf die Diversität getroffenen Anstrengungen in der finanziellen Leistung der Organisation. Sie dient der Bestimmung direkter und indirekter finanzieller Effekte, die sich aus der Einführung einer Diversity-Strategie ergeben und kann bspw. die Analyse der Prozess- und Beschwerdekosten umfassen. Denkbare Kennzahlen sind die finanziellen Einsparungen aufgrund von Diversity-Maßnahmen, der Diversity-Return-on-Investment (Hubbard 2004, 43 ff.), die Diversity-Ausgaben pro Mitarbeiter, die verminderten Gerichtskosten und der Anteil des Diversity-Budgets im Vergleich zum Absatz.

3.2 Erarbeitung einer Diversity Scorecard

Eine Diversity Scorecard kann in den nachfolgenden, an die Ausführungen *Hubbards* angelehnten, jedoch in einigen Punkten erweiterten Phasen erarbeitet werden. Hierbei ist, ähnlich der Auswahl der Perspektiven der Diversity Scorecard, darauf hinzuweisen, dass die nachfolgenden Ausführungen lediglich Anhaltspunkte für die Erarbeitung einer Diversity Scorecard darstellen. Der Erarbeitungsprozess einer Diversity Scorecard wird in jedem Unternehmen aufgrund seiner Einzigartigkeit eigenen Regeln und Wegen folgen müssen (Prozess der Erarbeitung einer Balanced Scorecard: Horváth & Partner 2000; Best Practice Beispiele: Belinszki/Hansen/Müller 2003). Ein Beispiel für die Erarbeitung einer Diversity Scorecard findet sich in Abbildung 4.

Vorbereitungsphase

Im Rahmen der Vorbereitungsphase ist nach einer Einigung über die Ziele und die zukünftige Rolle einer Diversity Scorecard im Unternehmen zunächst eine Gruppe von Personen zu bestimmen, die sich als *Diversity Scorecard-Team* der Erarbeitung einer Diversity Scorecard widmet (Hubbard 2004, 295 f.). Aus deren Mitte ist eine Person als Architekt bzw. als Projektleiter der Diversity-Scorecard-Initiative zu bestimmen, der die Diversity-Initiative vorantreibt, Treffen organisiert, Hintergrundinformationen besorgt und als Ansprechpartner fungiert. Bezüglich der vorherigen Funktion eines Diversity-Architekten verweist *Hubbard* auf *Kaplan* und *Norton*, deren Informationen zufolge meist leitende Manager einer Zentralabteilung eines Unternehmens (z. B. Leiter der strategischen Planung und Unternehmensentwicklung, Leiter des Qualitätsmanagements, Zentral- oder Bereichscontroller) die Leitung der Entwicklung einer Scorecard übernommen haben. Diese Beobachtung stimmt mit der Anforderung überein, die Leistungsgremien in das Diversity-Scorecard-Team einzubeziehen, um die Wahrscheinlichkeit der erfolgreichen Umsetzung zu erhöhen. *Hubbard* verweist zudem darauf, dass der Einsatz eines Experten für die Umsetzung der Diversity-Strategie in Diversity-Maße und Kennzahlen notwendig sein kann, was im Vorfeld der Erarbeitung einer Diversity Scorecard berücksichtigt werden sollte.

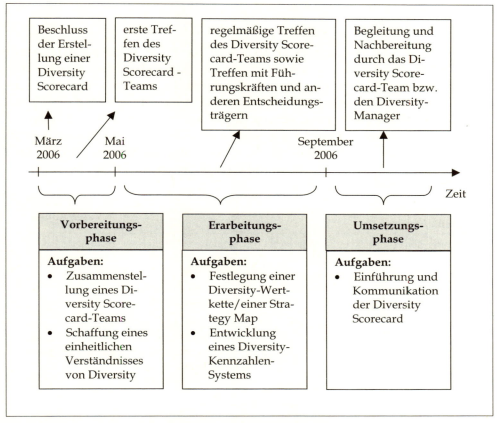

Abbildung 4: Beispiel der Erstellung einer Diversity Scorecard.

Grundlage für die Erarbeitung einer Diversity Scorecard ist nach *Hubbard* (2004, 296 ff.) eine klar definierte *Unternehmensstrategie*, die neben den meist abstrakt und allgemein formulierten Vision- und Mission-Statements auch Aussagen zur Implementierung dieser Strategie enthalten sollte, die die Unternehmensstrategie für die Mitarbeiter verständlicher machen. Je klarer die Unternehmensstrategie formuliert ist, desto einfacher können durch eine *Sammlung betriebswirtschaftlicher Argumente* zum Diversity Management die positiven Einflüsse der Diversity-Strategie auf die Unternehmensstrategie herausgestellt werden.

Grundlage für die Erarbeitung einer Diversity Scorecard ist zudem ein *einheitliches Verständnis von Diversity*, das den Beteiligten als Grundlage für den Erstellungsprozess dient (Best Practice Beispiele: Belinszki/Hansen/Müller 2003). Es sollte vor Beginn der Erstellung einer Diversity Scorecard von den Beteiligten aufgrund der im Unternehmen vorhandenen Vorstellung von

Diversity, die sich in den Meinungen und Ansichten der Mitarbeiter sowie der praktizierten Unternehmenskultur widerspiegeln, erarbeitet und allen Betroffenen zur Verfügung gestellt werden.

Erarbeitungsphase

Zu Beginn der Erarbeitung einer Diversity Scorecard sollte nach Hubbard (2004, 300 ff.) die Erstellung einer *Diversity-Wertkette* stehen, die in Anlehnung an das von *Porter* entwickelte Konzept der Wertkette die Wirkungen einer Diversity-Aktivität auf den Wert der Produkte und Dienstleistungen des Unternehmens abbildet. Jeder Veränderung implementierenden Diversity-Aktivität sollte eine Verbesserung des Ergebnisses folgen, dessen Wirkung durch einen Vergleich mit den Ergebnissen vor der Einführung der Diversity-Maßnahme berechnet werden kann und sich in mit Geldeinheiten bewerteter Form im Value-Added darstellt (Abbildung 5).

Diversity-Aktivität/Prozess →	Ergebnis →	Wirkung →	Value Added
Erhöhung der diversen Rekrutierungsquellen	kürzere Wiederbesetzungszeiten, geringere Agenturkosten	schnellere Wiederbesetzung der Arbeitsplätze, geringere Beschaffungskosten	reduzierte Betriebsausgaben
Verbesserung des Problemlösungsprozesses diverser Teams	reduzierte Lösungszeit	Anstieg in den von diversen Mitarbeiter genannten Gründen für langjährige Beschäftigung	Einsparungen im Vergleich zu den vorherigen Jahren
Einführung einer Nachfolgeplanung für diverse Belegschaften	weniger kurzfristige Einstellungen für Minoritäten	geringere Beschaffungsausgaben	reduzierte Betriebsausgaben

Abbildung 5: Komponenten der Wertkette und Beispiele.
(Hubbard 2004, 301)

Eine Diversity Scorecard sollte vor dem Hintergrund des Wertes, den Diversity für das Unternehmen liefert, ausgestaltet sein und jedes Glied der Wertkette abbilden. Mit Hilfe einer *Strategy Map* können die komplexen Zusammenhänge der Wertschöpfungsprozesse im Unternehmen über Ursache-Wirkungsbeziehungen abgebildet werden. Als Einstieg in die Erstellung einer Strategy Map können die in Abbildung 6 dargestellten Fragestellungen dienen.

> - Welche strategischen Ziele und Ergebnisse sind kritisch?
> - Welches sind die Leistungstreiber für jedes Ziel?
> - Wie können wir die Fortschritte dieser Ziele messen?
> - Welche Hindernisse stehen der Erreichung der Ziele entgegen?
> - Wie könnten sich die Mitarbeiter verhalten, um die Ziele zu erreichen?
> - Versorgt die Diversity-Funktion das Unternehmen mit Diversity-Kompetenzen, die zur Erreichung der Ziele beitragen? Falls nicht, was muss geändert werden?

Abbildung 6: Einstiegsfragestellungen für die Erstellung einer Strategy Map. (Hubbard 2004, 302)

Die *Durchführung von strategischen Interviews* dient der Diskussion der Anforderungen an und der Kausalität von Diversity-Kennzahlen mit wichtigen Stakeholdern und Führungskräften sowie der Vorstellung des Diversity-Projekts und der Einbindung der Führungskräfte in das Diversity-Projekt (Hubbard 2004, 302 ff.). Implizite Ziele sind die Anregung eines gedanklichen Prozesses bei den Führungskräften bezüglich der Übersetzung der Strategie in Diversity-Kennzahlen, die Offenlegung von Bedenken bei Schlüsselpersonen bezüglich der Diversity Scorecard sowie die Identifizierung von Konflikten zwischen Teilnehmern des Diversity-Prozesses (sowohl auf fachlicher als auch auf persönlicher Ebene).

Hieran sollte die *Identifikation der Diversity-Deliverables* innerhalb der Strategy Map anschließen, ggf. unter Einsatz eines Experten für die Erstellung von Diversity-Kennzahlen (Hubbard 2004, 303 f.). Die Verantwortung für die Identifikation der Deliverables, die Diversity-Performance-Drivers oder Diversity-Enablers sind, sollte nach *Hubbard* vom Diversity Manager getragen werden.

Die *Entwicklung eines Diversity-Kennzahlen-Systems* erfordert zum einen die korrekte Auswahl der Diversity-Performance-Drivers und der Diversity-Enablers, was das Verständnis der kausalen Kette zur effizienten Strategieeinführung voraussetzt, zum anderen die Auswahl der korrekten Kennzahlen für die Diversity-Deliverables (Hubbard 2004, 304 f.). Zudem sind die Perspektiven der Diversity Scorecard auszuwählen und für jede Perspektive Ziele, Kennzahlen, Vorgaben und Maßnahmen zu bestimmen.

Umsetzungsphase

Nach der Entwicklung der Diversity Scorecard verfügt ein Unternehmen über ein wirkungsvolles Management-Tool, das zur Entfaltung seiner Wirksamkeit einer effizienten *Einführung* und *Integration* in das Managementsystem des Unternehmens bedarf. Um ein einheitliches Verständnis für die neue Strategieausrichtung im gesamten Unternehmen zu erlangen, schlägt *Hubbard* (2004, 311 ff.) in Anlehnung an *Kaplan* und *Norton* die *Installation von Kommunikations- und Weiterbildungsprogrammen*, von Zielbildungsprogrammen sowie eine

Verknüpfung mit dem Anreizsystem vor. Die umfassend und fortlaufend ausgerichteten Kommunikations- und Weiterbildungsprogramme sollen Bewusstsein für die Diversity-Strategie bei den Mitarbeitern schaffen und deren Verhalten im Sinne der Diversity-Strategie beeinflussen. Zur Verbreitung der Idee der Diversity Scorecard können bspw. Ankündigungen der Geschäftsleitung, Videos, Broschüren oder Newsletter dienen, die regelmäßig auf den neusten Stand gebracht werden sollten. Ein Einführungsplan sollte neben der Kommunikation der Idee der Diversity Scorecard zudem Aufschluss über die Verknüpfung der Kennzahlen mit Datenbanken und Informationssystemen geben.

3.3 Operationalisierung der Diversity Scorecard

Im Rahmen der Erarbeitungsphase obliegt es dem Diversity-Scorecard-Team für die Zielsetzungen der einzelnen Perspektiven Kennzahlen zu operationalisieren, welche die Zielsetzungen in prägnanter Weise widerspiegeln. Nachfolgend werden für die einzelnen Perspektiven mögliche Kennzahlen näher erläutert.

Im Rahmen der *Diversity Leadership Commitment-Perspektive* kann eine Zielstellung die Verbesserung des Diversity-Klimas unter Führungskräften sein, die sich z. B. über den durch Umfragen ermittelten Anteil zustimmender Antworten zum Diversity Management darstellen lässt. Hierbei kann sowohl eine Bestandsaufnahme einzelner Jahre sowie über den Vergleich dieser Werte eine Trendentwicklung dargestellt werden. Der Anteil beförderungsfähiger Mitarbeiter aus Minderheiten kann Information über eine diversitätsorientierte Karriereentwicklung geben (Abbildung 7).

Kennzahl	Beschreibung/Formel
Anteil zustimmender Antworten zum Diversity Management	*Anzahl positiver Antworten zum Diversity – Management* / *Anzahl von Antworten zum Diversity – Management insgesamt*
Anteil beförderungsfähiger Mitarbeiter aus Minderheiten	*Anzahl beförderungsfähiger Mitarbeiter aus Minderheiten* / *Anzahl beförderungsfähiger Mitarbeiter insgesamt*

Abbildung 7: Beispielkennzahlen der Diversity-Leadership-Commitment-Perspektive.

Die Einstellung von Mitarbeitern nach Diverstity-Aspekten, die ein Ziel der der *Workforce Profile-Perspektive* beschreibt, kann z. B. über die Kennzahl Anteil der Neueinstellungen nach Altersklassen abgebildet werden. Die Diversität der Belegschaft kann bspw. über den Anteil von Frauen in Führungspositionen abgebildet werden. Beide in Abbildung 8 dargestellten Kennzahlen stellen Verhältniskennzahlen dar.

Kennzahl	Beschreibung/Formel
Anteil der Neueinstellungen in der Altersklasse A	$\dfrac{\text{Anzahl der Neueinstellungen in der Altersklasse A}}{\text{Anzahl der Neueinstellungen gesamt}}$
Anteil von Frauen in Führungspositionen	$\dfrac{\text{Anzahl der Frauen in Führungspositionen}}{\text{Anzahl der Führungspositionen}}$

Abbildung 8: Beispielkennzahlen der Workforce Profile-Perspektive.

In der *Workplace Culture/Climate-Perspektive* kann eine Zielsetzung die Arbeitnehmerzufriedenheit sein, die z. B. direkt über eine durch Umfragen unter den diversen Mitarbeitergruppen erhobene Zufriedenheitsquote gemessen werden kann. Die Mitarbeitergruppen können dabei z. B. nach Alter, Geschlecht, Bildungsstand oder ethnischer Zugehörigkeit unterschieden werden. Neben dieser subjektive Bewertungen wiedergebenden Kennzahl können als indirekte und objektive Kennzahlen z. B. die Fehlzeitenquote oder die Mitarbeiterbeschwerdequote erhoben werden, die auch als Quote für einzelne Mitarbeitergruppen erhoben und dargestellt werden können. Bei den in Abbildung 9 dargestellten Kennzahlen handelt es sich um Verhältniskennzahlen, wobei es jedoch auch denkbar ist, die angesprochenen Tatbestände über absolute Kennzahlen darzustellen.

Kennzahl	Beschreibung/Formel
Zufriedenheitsquote einzelner Mitarbeitergruppen	$\dfrac{\text{Anzahl der zufriedenen Mitarbeiter der Gruppe A}}{\text{Anzahl der zufriedenen Mitarbeiter insgesamt}}$
Fehlzeitenquote	$\dfrac{\text{Anzahl der Fehlzeiten im Zeitraum A}}{\text{Anzahl der Soll} - \text{Arbeitszeit im Zeitraum A}}$
Beschwerdequote	$\dfrac{\text{Mitarbeiter mit Beschwerdeanliegen}}{\text{Mitarbeiter gesamt}}$

Abbildung 9: Beispielkennzahlen der Workplace Culture/Climate-Perspektive.

Im Rahmen der *Learning and Growth-Perspektive* kann die Zielstellung der Karriereentwicklung diverser Mitarbeitergruppen z. B. über den Anteil von Mitarbeitern mit höherem Abschluss nach demographischer Gruppe, die Anzahl von Verbesserungsvorschlägen pro Arbeitnehmer oder die Bildungsinvestitionen pro Arbeitnehmer einer Arbeitnehmergruppe erfolgen (Abbildung 10).

Kennzahl	Beschreibung/Formel
Anteil von Mitarbeitern mit höherem Abschluss nach demographischen Gruppen	$\dfrac{\textit{Mitarbeiter mit Hochschulabschluss in der Altersgrppe A}}{\textit{Mitarbeiter in der Altersgruppe A insgesamt}}$
Verbesserungsvorschläge pro Arbeitnehmer	$\dfrac{\textit{Anzahl der Verbesserungsvorschläge im Zeitraum A}}{\textit{Anzahl der Mitarbeiter im Zeitraum A}}$
Bildungsinvestitionen pro Arbeitnehmer	$\dfrac{\textit{Kosten für Bildungsmaßnahmen im Zeitraum A in Euro}}{\textit{Anzahl der Arbeitnehmer im Zeitraum A}}$

Abbildung 10: Beispielkennzahlen der Learning and Growth-Perspektive.

Ein Ziel der *Diverse Customer/Community-Perspektive* kann die Erhöhung des Kundenanteils in verschiedenen ethnischen Gruppen sein. Als Kennzahlen bieten sich z. B. die Anzahl der Neukunden in einer ethnischen Gruppe sowie der Anteil einer ethnischen Gruppe an den Neukunden an. Die Anzahl der Neukunden einer ethnischen Gruppe ist eine absolute Kennzahl, die sich durch eine Subtraktion der Kundenwerte von einem Vorjahreswert ergibt. Anteil einer ethnischen Gruppe an den Neukunden ist eine Verhältniskennzahl, die sich durch die Inbezugsetzung der Anzahl der Neukunden einer ethnischen Gruppe zu der Anzahl der Neukunden in allen ethnischen Gruppen errechnet (Abbildung 11).

Kennzahl	Beschreibung/Formel
Anzahl der Neukunden in einer ethnischen Gruppe	*Anzahl der Kunden der Gruppe 1 in t+1* − *Anzahl der Kunden der Gruppe 1 in t* = *Anzahl der Neukunden in Gruppe 1*
Anteil einer ethnischen Gruppe an den Neukunden	$\dfrac{\textit{Anzahl der Neukunden in der Gruppe 1}}{\textit{Anzahl der Neukunden in allen Gruppen}}$

Abbildung 11: Beispielkennzahlen der Diverse Customer/Community-Perspektive.

Kennzahlen der *Financial Impact-Perspektive*, die der Bestimmung direkter und indirekter finanzieller Effekte einer Diversity-Strategie dienen, können die finanziellen Einsparungen aufgrund von Diversity-Maßnahmen oder der Diversity Return on Investment sein. Die finanziellen Einsparungen aufgrund von Diversity-Maßnahmen können über eine Subtraktion der Kosten nach der Einführung von Diversity-Maßnahmen in durch Diversity-Maßnahmen betroffen Bereichen von den geschätzten bzw. aus der Vergangenheit fortgeschriebenen Kosten ermittelt werden. Der Diversity Return On Investment (Hubbard 2004, 41 ff.) setzt in Analogie an den Return On Investment die Netto-Erträge zu den Kosten einer Diversity-Initiative in Relation (Abbildung 12).

Kennzahl	Beschreibung/Formel
Finanzielle Einsparungen aufgrund von Diversity-Maßnahmen	*Kosten im Bereich A vor der Einführung von Diversity – Kosten im Bereich A nach der Einführung von Diversity*
Diversity Return on Investment	$\frac{Diversity - Benefits - Initiative\,Costs}{Initiative\,Costs}$

Abbildung 12: Beispielkennzahlen der Financial Impact-Perspektive.

4 Zusammenfassung und Fazit

Die Diversity Scorecard stellt ein Management-Tool dar, das Unternehmen in Anlehnung an die Idee der Balanced Scorecard die Darstellung und Kommunikation ihrer Diversity-Strategie und eine für die Belegschaft nachvollziehbare Operationalisierung der Diversity-Strategie über Teilziele und Maßnahmen ermöglicht sowie die Auswirkungen der Diversity-Strategie auf den Unternehmenserfolg darzustellen vermag.

Hierzu betrachtet die Diversity Scorecard im Sinne der Diversität neben der finanzwirtschaftlichen Perspektive weitere Perspektiven, wobei die Anzahl und der Inhalt der Perspektiven von verschiedenen Autoren unterschiedlich beschrieben werden. Hubbard betrachtet in seinem Ansatz der Diversity Scorecard, anders als das Grundmodell der Balanced Scorecard, zusätzliche Perspektiven. Neben der Financial Impact-Perspektive, der Diverse Customer/Community-Perspektive und der Learning and Growth-Perspektive, die auch in der Balanced Scorecard enthalten sind, bezieht er die Workforce Profile-Perspektive, die Workplace Culture/Climate-Perspektive und die Diversity-Leadership-Commitment-Perspektive als zusätzliche Perspektiven in die Diversity Scorecard ein und stellt somit deren Bedeutung für den Erfolg einer Diversity-Strategie heraus. Dabei ist es jedoch auch denkbar, die Ziele der Workforce Profile-Perspektive, der Workplace Culture/Climate-Perspektive und der Diversity-Leadership-Commitment-Perspektive unter die Ziele der internen Prozessperspektive zu fassen.

Die Diversity Scorecard nimmt neben harten Indikatoren auch weiche Indikatoren auf, bezieht Ergebniszahlen und Leistungstreiber in die Untersuchung ein, betrachtet sowohl die Strategie und Vision von Unternehmen als auch relevante interne und externe Beziehungen sowie deren Wechselwirkungen und bezieht strategische und operative Aspekte in die Analyse ein.

Der Erfolg einer Diversity Scorecard hängt dabei maßgeblich von ihrer Entwicklung und Umsetzung ab. Dabei kommt der Gestaltung der Kennzahlen eine größere Bedeutung zu als der Auswahl der zu messenden Inhalte. Bilden die Kennzahlen nicht die zu messenden Inhalte ab, kann eine positive Entwicklung einer Kennzahl die gegenteilige Entwicklung bedeuten. Deshalb sollte in den Prozess der Erstellung einer Diversity Scorecard eine erfahrene

Person einbezogen werden, die die Formulierung der richtigen Ziele sowie Kennzahlen betreut und dafür sorgt, dass die Diversity Scorecard für alle Betroffenen nachvollziehbar ist.

Trotz der beschriebenen Vorteile der Diversity Scorecard sei angemerkt, dass es sich nicht um ein grundsätzlich neues Management-Tool handelt, sondern lediglich um die Anwendung der Balanced Scorecard auf das Diversity Management. Anders als bei bisherigen Übertragungen der Balanced Scorecard findet hier jedoch keine Übertragung auf einen Unternehmensbereich (wie z. B. bei der Personal-Balanced-Scorecard: Aufsätze in Ackermann 2000) statt, die gewissermaßen der Aufgliederung der Gesamtstrategie des Unternehmens in Bereichsstrategien darstellt. Das Diversity Management, die Diversity-Strategie stellt vielmehr einen Aspekt dar, der das gesamte Unternehmen betrifft. Folglich könnte man die Frage stellen, warum für die Diversity-Strategie des Unternehmens eine spezielle Scorecard entwickelt werden soll und der Gedanke des Diversity Management nicht in die herkömmliche Balanced Scorecard integriert wird. Die Formulierung einer Diversity Scorecard bietet sich jedoch an, um Interesse und Aufmerksamkeit für den neuen Ansatz des Diversity Management zu wecken, wobei eine spätere Integration der Idee des Diversity Management in die Balanced Scorecard nicht ausgeschlossen bleiben sollte.

Literatur

Ackermann, K.-F. (Hrsg.) (2000): Balanced Scorecard für Personalmanagement und Personalführung. Praxisansätze und Diskussion. Wiesbaden.

Aretz, H.-J./Hansen, K. (2002): Diversity und Diversity Management im Unternehmen. Eine Analyse aus systemtheoretischer Sicht. Managing Diversity Band 3. Münster/Hamburg/London.

Aretz, H.-J./Hansen, K. (2003a): Erfolgreiches Management von Diversity. Die multikulturelle Organisation als Strategie zur Verbesserung der Wettbewerbsfähigkeit. In: Zeitschrift für Personalforschung, H. 01, S. 09-36.

Aretz, H.-J./Hansen, K. (2003b): Diversity Management – ein Konzept für den Umgang mit Vielfalt und Komplexität. In: Zeitschrift Führung und Organisation, H. 04, S. 192-198.

Belinszki, E./Hansen, K./Müller, U. (Hrsg.) (2003): Diversity Management. Best Practices im internationalen Feld. Münster.

Horváth & Partner (Hrsg.) (2000): Balanced Scorecard umsetzen. Stuttgart.

Hubbard, E. E. (2004): The Diversity Scorecard. Evaluating the Impact of Diversity on Organizational Performance. Burlington/Oxford.

Kaiser, E. (2004): Von der Diversity-Strategie zur Rendite – mit der Balanced Scorecard. In: Personal.Manager, H. 04, S. 08-10.

Kaplan, R. S./Norton, D. P. (1992): The Balanced Scorecard – Measures That Drive Performance. In: Harvard Business Review, No. 01, pp. 71-79.

Kaplan, R. S./Norton, D. P. (1993): Putting the Balanced Scorecard to Work. In: Harvard Business Review, No. 05, pp. 134-147.

Kaplan, R. S./Norton, D. P. (1996): Using the Balanced Scorecard as a Strategic Management System. In: Harvard Business Review, No. 01, pp. 75-85.

Kaplan, R. S./Norton, D. P. (1997): Balanced Scorecard. Strategien erfolgreich umsetzen. Stuttgart.

Kaplan, R. S./Norton, D. P. (2000): Having Trouble with Your Strategy? Then Map It. In: Harvard Business Review, No. 05, pp. 167-176.

Kaplan, R. S./Norton, D. P. (2004): Strategy Maps. Stuttgart.

Krell, G. (2004): Managing Diversity. Chancengleichheit als Wettbewerbsfaktor. In: Krell, G. (Hrsg.): Chancengleichheit durch Personalpolitik. Gleichstellung von Frauen und Männer in Unternehmen und Verwaltungen. 4., vollst. überarb. u. erw. Aufl. Wiesbaden, S. 41-57.

Roosevelt T. R. (2001): Management of Diversity - Neue Personalstrategien für Unternehmen. Wie passen Giraffe und Elefant in ein Haus? Wiesbaden.

Sepehri, P. (2002): Diversity und Managing Diversity in internationalen Organisationen: Wahrnehmungen zum Verständnis und ökonomischer Relevanz, dargestellt am Beispiel einer empirischen Untersuchung in einem Unternehmensbereich der Siemens AG. Hochschulschriften zum Personalwesen. München/Mering.

Stuber, M. (2004): Diversity. Das Potenzial von Vielfalt nutzen – den Erfolg durch Offenheit steigern. Köln.

Thomas, D. A./Ely, R. J. (1996): Making differences matter: A new paradigm for managing diversity. In: Harvard Business Review, No. 05, pp. 79-91.

Inhaltsorientierte Diskussion

Die inhaltsorientierte Diskussion setzt sich mit der Frage auseinander, welche Aspekte des Diversity Management grundsätzlich unterschieden werden können, um die gesetzten Ziele zu erreichen. Grundsätzlich lassen sich zwei Inhaltsbereiche des Diversity Management unterscheiden:

(1) Maßnahmen der Berücksichtigung *personenbezogener Aspekte* (ethnische Herkunft, Geschlecht, Alter, Bildungsabschluss usw.) und

(2) Maßnahmen mit Bezugnahme auf *verhaltensbezogene Aspekte* (Eigenschaften, Einstellungen, Talente, Meinungen, Erfahrungen, Werte, Weltanschauungen usw.)

Der Beitrag von *Nell* leuchtet den *gesellschaftlichen, rechtlichen* und *migrationsbezogenen Hintergrund* in Deutschland aus. Dabei stellt der Autor die Ambivalenz des individuellen Lebenshintergrundes zu den gesellschaftlich-institutionellen Möglichkeiten der Aufnahme und Integration von Migranten heraus. Integration von Migranten gelingt, wenn beide Seiten, die aufnehmende Gesellschaft oder das Arbeit anbietende Unternehmen einerseits und die Migranten andererseits den Nutzen der Integration erkennen. Dargestellt wird die schwierige Entwicklung, die die Bundesrepublik Deutschland als Migrationsland von der Anwerbung von Gastarbeitern bis zum faktischen Einwanderungsland genommen hat.

Im Rahmen des Beitrages von *Lambert* stehen die personenbezogenen Aspekte *Geschlecht* und *Alter* im Mittelpunkt der inhaltsorientierten Diskussion. Dargestellt werden zunächst die Ziele, Inhalte, Umsetzungserfolge und die Verantwortung der Akteure in einem konkreten Unternehmen bei der Durch- und Umsetzung eines Konzeptes zur *Chancengleichheit*. Handlungsfelder werden anhand konkreter Ziele und Maßnahmen beschrieben, der Umsetzungsstand wird nachvollziehbar dargestellt und einzelne Schritte werden erörtert. Im Anschluss daran wird das Konzept *Chancengleichheit* um das Konzept der *Generationenvielfalt* ergänzt. Beide Konzepte stehen unter der doppelten Zielsetzung, den betriebswirtschaftlichen Erfolg durch Diversity-Maßnahmen ebenso zu steigern, wie die Beschäftigungsfähigkeit der Belegschaft zu sichern.

Weinmann integriert in ihrem Beitrag personen- und verhaltensbezogene Aspekte, indem *Wissen* und *Erfahrung* als vom Job-*Alter* bedingte Faktoren analysiert werden. Alter als sichtbares Merkmal der Unterschiedlichkeit gerät vor dem Hintergrund des demografischen Wandels zunehmend in den Fokus betrieblicher Diversity-Management-Konzepte. Deshalb ist nach dem Verständnis von *Weinmann* Alters-Diversity-Management auch immer das Management der Unterschiedlichkeit von Wissen und Erfahrung.

Sich verändernde Anforderungen und das zukünftige Überangebot an Erfahrung werden als Faktoren der Erfahrungsentwertung dargestellt und daraus die Notwendigkeit abgeleitet, erfolgskritische Wissens- und Erfahrungsanforderungen zu identifizieren und die Unterschiedlichkeit der Mitarbeiter entlang dieser Anforderungen zu gestalten. Im Rahmen des Alters-Diversity-Management muss somit die *Lebensalterspektive* um die *Kompetenzperspektive* ergänzt werden.

Diversity Management vor migrationsgesellschaftlichem Hintergrund

Werner Nell[*]

1. Einleitung

2. Grundlagen: Diversity Management, Individualität und die Dialektik der Anerkennung

3. Die Bundesrepublik Deutschland als Migrationsgesellschaft

4. Rahmenvorgaben, Ansatzpunkte und Handlungsebenen eines migrationsspezifischen Diversity Management

Literatur

---

[*] Der Autor dankt Herrn Thomas Koepf (Mainz) für die konstruktive Kritik und für seine Hilfe bei der Materialbeschaffung und der Korrektur des vorliegenden Textes.

1 Einleitung

Wertschätzung und Verachtung der Massen gehören seit dem 19. Jahrhundert ebenso zu den Begleiterscheinungen der mit der Durchsetzung der modernen Industriegesellschaften verbundenen Umbruchserfahrungen (Pankoke, 1980) wie die im gleichen Zeitraum mit dem Aufstieg und der Durchsetzung der bürgerlichen Kultur verbundene Wertschätzung des Individuums im Sinne einer durch die Bildungsvorstellungen der Weimarer Klassik geprägten Vorstellung eines „reichen", also allseitig entwickelten, aus den unterschiedlichsten Facetten bestehenden „ganzen Menschen". Zugleich bildet diese Vorstellung eines selbständigen und selbstreflexiv angelegten Subjekts auch die Grundfigur für die Konzeption der Bürger als Wirtschaftssubjekte: als Produzenten und Konsumenten, als Vermittler und Unternehmer, nicht zuletzt auch als Träger von Wissen und Kommunikation.

Vor diesem Hintergrund stellen die mit Diversity Management anzusprechenden Ansätze, Verfahren und Modelle zum Umgang mit und zur Gestaltung von individuellen Besonderheiten, die sich selbst wieder aus gruppenspezifischen Eigentümlichkeiten der kulturellen Codierungen, historischen Erfahrungen und eingelebten Alltagsroutinen bestimmen, eine Möglichkeit dar, jenen „innerbürgerlichen Grundwiderspruch, welcher die Entwicklungsdynamik der aus der Aufklärung hervorgegangenen Gesellschaften in Gang gesetzt und gehalten hat" (Kreutzer 1989, 109) zu bearbeiten. Dieser Grundwiderspruch zwischen einem ökonomischem Kosten-Nutzen-Kalkül, das auf Innovation, Dynamik und Nutzen aus der Setzung von Unterschieden setzt, und einer menschenrechtlichen Orientierung, die sich in der Gestaltung des sozialen Zusammenlebens nach Maßstäben reziproker Anerkennung und auf der Basis einer grundlegenden, vor allem in Rechtsnormen sich ausdrückenden Gleichgestelltheit von Menschen zusammensetzt, wird in den Konzepten des Diversity Management bearbeitet. Damit verbunden sind Ansprüche, die sowohl auf eine Steigerung von wirtschaftlicher Effektivität, auf Konfliktminimierung und Kommunikationsverbesserung ausgehen als auch mit der Zielsetzung einer Verbesserung bzw. Stabilisierung wechselseitiger sozialer Beziehungen und sozialer Integration verbunden werden. Wirtschaftliche, soziale und in gewissem Sinne auch ethisch orientierte Überlegungen und Erwartungen wirken für die Legitimation von Diversity Management ebenso zusammen wie dessen Umsetzung mit Effektivitätserwartungen und Ansprüchen auf eine Optimierung betrieblicher Abläufe und Kooperationszusammenhänge und damit nicht zuletzt auf Ertrags- und Gewinnsteigerungen verbunden ist.

Diversity Management stellt in dieser Perspektive eine Plattform und eine Art Instrumentenkoffer dar, dessen Nutzen für Betriebe, andere Organisationen, die einzelnen und die Gesellschaft im Ganzen darin bestehen soll, vorhandene Vielfalt an individuellen und gruppenspezifischen Eigenschaften so zu nutzen bzw. zu gestalten, dass individuelles und von Organisationen getragenes

Handeln zu einer wechselseitigen Verbesserung von Chancen und Ergebnissen zusammengeführt werden können. Mit Bezug auf Carlo M. Cipollas Überlegungen zur Ökonomie der „Dummheit" (Cipolla 2001, 59 f.) ließe sich im Blick auf die Vorteile, die Diversity Management für Betriebe, Mitarbeiter und Kunden zu bieten hat, von einer Strategie der Klugheit sprechen.

Bezogen auf den Stellenwert von Migrationserfahrungen, soweit diese für einzelne Individuen und Gruppen von Bedeutung sind, bzw. diese ihnen in ihrer Selbstbestimmung eine Bedeutung zumessen, und soweit diese beiden Ansatzpunkte auch auf der Ebene der Regelung und Organisation von Betriebsabläufen eine Rolle spielen (können), geht es dabei im Folgenden (Abschnitt 1) zunächst darum, das Verhältnis von Individualität und Gruppenbezug anzusprechen, das sich sowohl im Blick auf die Institutionalisierung und den Prozess des Diversity Management thematisieren lässt als auch für die Evaluation und die Reflexion von Erfahrungen mit Diversity Management eine Rolle spielt. Nicht zuletzt werden mit diesen Punkten auch Grenzmarkierungen deutlich, denn selbstverständlich handelt es sich hierbei um eine bestimmte Art der Thematisierung, der Kommunikationssteuerung und der Handhabung eines Instruments des Personalmanagements und der betrieblichen bzw. organisationsbezogenen Kommunikation, ggf. auch Konfliktbearbeitung oder -prävention, das freilich darüber hinaus auch in anderen Bereichen – Außendarstellung, Corporate Identity, Marketing, Human Ressources-Management, Erschließung neuer Märkte und Kunden, nicht zuletzt Innovation und Nachhaltigkeit – eine Rolle spielen kann.

2 Grundlagen: Diversity Management, Individualität und die Dialektik der Anerkennung

Im Gegenzug zu einer mit der sich durchsetzenden Industrie- und Marktgesellschaft verbundenen Auflösung bzw. Entdifferenzierung vormaliger, vor allem ständischer bzw. regionaler und herkunfts-, nicht zuletzt geschlechtsspezifischer Besonderheiten (zur Geschichte der Geschlechterordnung: Laqueur 1992) und einer diese ebenfalls begleitenden, vornehmlich über den Markt gesteuerten zunehmenden Verkettung bzw. Verflechtung der Individuen im Hinblick nicht so sehr auf ihre Besonderheiten als Menschen, sondern vielmehr im Blick auf ihre Funktionalität als Träger von Leistungen, formierte sich das Leitbild einer neuen Individualität (Muchembled 1990), das zunächst in der Nachfolge von *Kant*, *Fichte* und *Hegel* als Konzept der autonomen Persönlichkeit kulturell entworfen (Geschichte des Individuums, seine mehrdimensionalen Ausfaltung, Recht auf unhintergehbare Besonderheit Taylor 1994), dann in die rechtlichen, wirtschaftlichen und politischen Kategorien der Person als Trägerin von Rechten und Funktionen gefasst wurde und so auch Eingang in die modernen Verfassungsordnungen, namentlich auch das Grundgesetz, die Europäische Menschenrechtskonvention und die Ansätze zu einer europäischen Verfassung und Sozialordnung gefunden hat.

Die aktuelle Debatte um Diversität als soziale, historische, ethische und nicht zuletzt auch ökonomisch relevante Kategorie, als Facette von Wirtschaftssubjekten und als Bestimmungsgröße von Politik und Organisationsentscheidungen (Thomas 2001; Cox 2001; Ohms/Schenk 2005), nimmt von dieser „Umbesetzungsstelle" (Blumenberg 1973) im Übergang von vormoderner gruppenspezifischer Ungleichheit zu einer modernen, auf der Gleichheit von Individuen aufbauenden Vielfalt (zur philosophische Begründung des modernen Individuums: Ebeling 1993) bis hin zu einem für alle Individuen gleichermaßen postulierten Recht auf Besonderheit[1] ihren Ausgang.

Besonderheit aus Gruppenzugehörigkeit wird im Zuge dieser Entwicklung von einem Merkmal der Zuschreibung zu einem auf der Basis von Selbstbestimmung stattfindenden Wahl-Akt und zum Gegenstand individueller, organisations- und gruppenbezogener Entscheidungen und Aushandlungen (Taylor 1993), die ihrerseits wiederum sowohl der Legitimation durch Verfahren (Luhmann 1975) als auch der Absicherung in bestimmten kulturell codierten Persönlichkeitsbildern und Wertvorstellungen bedürfen (Kymlicka 1999). Hierfür stellen sich im Rahmen der Moderne statt der in überkommenen Strukturen angelegten Lagerungen nunmehr neue soziale und namentlich eben kulturelle Codierungen ein, die ihrerseits von bestimmten sozialen Gruppen, auch mit Hilfe imaginärer Gemeinschaften (Anderson 1988) und „erfundener" Traditionsbezüge (Hobsbawm/Ranger 1986; Niethammer 2000) getragen werden. Im Hinblick auf Organisationen und Unternehmen wird die Vielfalt von Zugehörigkeitsmerkmalen und Rollenfacetten damit im Sinne einer Human Capital-Vorstellung oder eines darauf bezogenen Human-Resources-Management-Ansatzes zu einer ebenso sehr wirtschaftlich wie sozial und politisch bestimmten Größe, damit auch zu einem Handlungsfeld für Management-Entscheidungen und die Organisation von Arbeitsprozessen und Betriebsabläufen.

Bezog die Kritik an den entdifferenzierenden Erscheinungen der modernen Industrie- und Marktgesellschaften[2] zunächst einen nicht geringen Teil ihrer Evidenz aus den industriegesellschaftlich erzeugten, gegenüber den vorausgehenden ständisch gegliederten Verhältnissen deutlich absetzbaren Prozessen der Auflösung von gruppenspezifischen Besonderheiten und auch ggf. Privilegien – so bspw. im Blick auf die vorangehende Ständeordnung, aber auch auf regionale, geschlechts- oder konfessionsspezifische Besonderheiten, nicht zuletzt auch im Hinblick auf „nationale" Herkunft (wobei in dieser älteren

---

[1] *Herbert Spencer* bringt diesen Vorgang bereits nach 1850 auf die berühmte Formel: Entwicklung ist definierbar als ein Wandel von unzusammenhängender Gleichartigkeit zu zusammenhängender Verschiedenartigkeit." (zit. nach Klages 1969, 87).

[2] *José Ortega y Gasset* spricht mit Bezug auf die sich in den 1920er Jahren breit abzeichnenden Massen-Phänomene und einer ihr teilweise korrelierenden Massen-Psychologie und – Soziologie sowie einer mitunter darauf bezogenen Kulturkritik 1930 von einem „Aufstand der Massen"; vgl. Ortega 1957.

Bedeutung „Nation" noch deutlich der Bezug auf Kleingruppen bzw. auf familiäre oder regionale Herkunfts- und Abstammungsgemeinschaften zu sehen ist vgl. Schulze 1994, 108 ff.) – so stellt sich der Prozess der Verbürgerlichung im Besonderen als eine Auflösung von Gruppenrechten zugunsten der rechtlichen Begründung und auch zugunsten der sozialen Anerkennung von Individualität vor dem Hintergrund prinzipiell postulierter Gleichheit dar.

Gerade diese Orientierung führt dann allerdings im Gegenzug dazu, dass sich das Recht auf individuelle Besonderheit selbst dadurch erneut unter der Perspektive der Gleichbehandlung in den Vordergrund gestellt findet: Die Anerkennung individueller Besonderheit wird zum Ausdruck und zum Anspruch individueller Gleichheit. Diese wiederum gewinnt ihr Widerlager und zugleich eine Ebene der Gestaltung, freilich auch der Konflikte und ggf. ihrer Bearbeitung, im Bezug auf die Wahrung und Vertretung persönlichkeitsgebundener Rechte u. a. – neben dem Rückbezug auf den verfassungsrechtlichen Schutz der Persönlichkeit – in der sozialen Anerkennung und ggf. auch Konstituierung von Gruppenmustern und unter Umständen auch Gruppenrechten, die sich ihrerseits allerdings an die besondere Wertstellung des Individuums in den rechtlichen, philosophischen und kulturellen Entwicklungen der Neuzeit gebunden sehen müssen (Grimm 2000).

Diversity Management stellt vor diesem Hintergrund eine bestimmte Möglichkeit der Gestaltung und auch der Organisation des Umgangs mit gruppenspezifischen Besonderheiten dar, soweit diese für die Organisation von Betriebsabläufen einerseits, für die Einbeziehung und Entfaltung der Individuen andererseits eine erhebliche Rolle spielen. Hierbei hat freilich – im Zusammenhang der Persönlichkeitsvorstellungen industriegesellschaftlicher Moderne und abendländisch-orientalischer Traditionen – die Besonderheit des Individuums im Vordergrund zu stehen, handelt es sich dabei doch um die Vorstellung eines Individuums, das sich selbst durchaus unterschiedlichen Zusammenhängen zuschreiben, aber freilich auch davon freisprechen kann.

Vormaliges Schicksal (der Zugehörigkeit zu einer wie auch immer durch Alter, Geschlecht, kulturelle oder ethnische Bezugspunkte bestimmten Gruppe) wird in diesem Vorgang auf allen betrieblichen und organisationsbezogenen Entscheidungsebenen und ebenso in den zugehörigen sozialen Handlungsfeldern zu einem Gegenstand freier Wahlen bzw. Zurechnungen – etwa im Bezug auf die Facetten der eigenen Individualität als Mensch mit einer bestimmten Herkunftskultur, einer eigenen sexuellen Orientierung oder einem bestimmten, u. U. in Generationsgestalten, ebenso aber möglicherweise in Freizeitkulturen und Erlebnismilieus eingelagerten Selbstbild –, zugleich aber auch zu einem Element situations-, gruppen- und organisationsbezogener Zuschreibung und zu einem Thema entsprechender nach Zielsetzungen, Gruppenbezügen und Organisationsvorgaben unterschiedlich bestimmter Aushandlungsprozesse.

An diese Einsatzstelle und Umbesetzungsstelle von älteren Differenz- zu modernen Diversitätskonzeptionen im Übergang von vormodernen zu modernen Gesellschaften ist nicht zuletzt deshalb in Debatten um Diversity Management zu erinnern, weil sich die durch ethnische oder migrationsspezifische Aspekte zustande gekommene Diversität selbst sowohl als Ausdruck als auch als Probestück auf die mit der Gegenüberstellung von Individuen und Gruppenbezügen geforderten Aushandlungsprozesse verstehen lässt – und zwar gerade auch im Blick auf die Emanzipation des Individuums aus vorhandenen, z. B. tradierten oder aber gewünschten (bzw. imaginierten) Gruppenstrukturen. Hinzu kommt, dass die im Fokus Migration angesprochenen Mobilitäts-, Lern- und Allokationsprozesse ihrerseits historisch selbst an diese Übergangsstelle vormoderner und moderner gesellschaftlicher Entwicklungen und Interaktionsformen gekoppelt sind (Bade 2000) und in ihren Erscheinungsformen, vor allem aber in ihren Legitimationsvorstellungen und in ihren Anerkennungsbestrebungen von hier aus auch ihren Ausgang nehmen.

Die mit dieser – in den Wechselbezug von Individuen und Gruppen eingeschriebenen – Dialektik der Individualität verbundenen Ambivalenzen moderner Gesellschaften (Bauman 1992; Elias 2001) und die in ihnen von statten gehenden Gruppen- und Individuationsprozesse werden unter den Rahmenbedingungen einer ebenso durch funktionale Differenzierung wie durch die Erweiterung von Möglichkeitshorizonten in jeweiligen Subsystemen charakterisierbaren Moderne zentral im Blick auf Fremde und Migranten erkennbar, die – so bereits *Simmel* um die Jahrhundertwende 1900 (Simmel 1989b, 173 ff.) – v. a. als Gruppe dem Konzept der Individualität gegenüber zunächst zwar als Abstraktion gesehen werden, dann aber gerade innerhalb der für moderne Gesellschaften bedeutsamen Funktionsnetze und ihrer zunehmenden Verdichtung[3] auch als Individuen in Erscheinung treten, so dass sich die oben angesprochene Dialektik, auch die Verführung zur Transposition des einen durch das andere: des Fremden als Individuum und der Fremden als Gruppe (Simmel 1968; Abstraktheit des Fremden als Figur und Konkretion des Fremden als Nachbarn: Grathoff 1994; „Fremdheit als Ressource": Hahn 1994, 156 ff.), hier am deutlichsten auswirkt. Wie deutlich dabei – und als Anstoß für die Reflexion über Diversity-Konzepte im Blick auf migrationsspezifische Zusammenhänge aufzunehmen – Außenwahrnehmungen, Situationen und damit verbundene Lern- und ggf. Organisationsprozesse für die Wahrnehmung, die Identität und auch die Selbstbestimmungsmöglichkeiten von Menschen und sozialen Gruppen eine Rolle spielen, hat Georg Simmel im Zusammenhang einer Überlegung über das „Reciprocitätsverhältnis von Individualisierung

---

[3] Dieser Aspekt einer durch wachsende Differenzierung stärker werdenden Interdependenz moderner Gesellschaften, die ihrerseits sowohl die Organisationsdichte dieser Gesellschaften stärkt als auch einen größeren Bereich an Entscheidbarkeit und Entscheidungsbedarf hervorruft spielt bei nahezu allen Klassikern der Soziologie eine wichtige Rolle (Giddens 1995, 20 ff.; Ausformungen „westlicher Gesellschaften" Münch 1986).

und Verallgemeinerung" im Hinblick auf die Funktion sozialer Differenzen und ihre Veränderungsmöglichkeiten dargelegt: „Wir vernehmen von Reisenden, und können es auch in gewissem Maße leicht selbst beobachten, dass bei der ersten Bekanntschaft mit einem fremden Volkstamme alle Individuen desselben ununterscheidbar ähnlich erscheinen, und zwar in um so höherem Maße, je verschiedener von uns dieser Stamm ist; bei Negern, Chinesen und A. nimmt diese Differenz das Bewusstsein so sehr gefangen, dass die individuellen Verschiedenheiten unter jenen völlig davor verschwinden. Mehr und mehr aber treten sie hervor, je länger man diese zunächst gleichförmig erscheinenden Menschen kennt; (…) die Beobachtung zeigt, dass sie in demselben Maße als uns homogener erscheinen, in dem sie als unter sich heterogener erkannt werden: die *allgemeine Gleichheit*, die sie mit *uns* verbindet, wächst in dem Verhältnis, in dem die *Individualität* unter *ihnen* erkannt wird." (Simmel 1989a, 26).

Bereits hier wird bemerkbar, dass Diversity Management im Blick auf ethnische oder migrationsspezifische Codierungen genau jene „heightened reflexivity" erfordert, von der *Joachim Matthes* als Kernstück „interkultureller Kompetenz" ausgeht und die zugleich eine gegenläufige Bewegung darstellt gegenüber Routinen, Institutionalisierungen oder sonstigen „Verfestigungen" im Umgang mit anderen, auch wenn diese Institutionalisierungen ihrerseits wiederum in gesellschaftlichen Handlungszusammenhängen oder betrieblichen, organisationsbezogenen Abläufen ihren Sinn und ihre Notwendigkeit haben: „Die Fähigkeit, mit unterschiedlichen Formen des ‚Fremden' in beständiger Nachbarschaft umzugehen, gehört nicht zum Repertoire von Gesellschaften, die, wie die europäischen, auf dem Prinzip der Exilierung des Fremden beruhen. Wird die Begegnung mit dem Fremden dennoch unausweichlich, im Innen- wie im Außenverhältnis, beginnt zunächst die Suche nach ad-hoc-Lösungen, die sich leicht auf Dauer stellen, und mit denen sich das Selbstverständnis des ‚Eigenen' gegenüber dieser Herausforderung noch festigt. Erst wenn sich im Umgang mit dem ‚Fremden' Gewöhnungseffekte einstellen, erst wenn es nicht mehr um die Bewältigung von besonderen Situationen geht, sondern um das Verhalten in gewöhnlichen – erst dann kann sich jene hightened reflexivity … entwickeln, die im Kern das ausmacht, was man meint, wenn man von interkultureller Kompetenz spricht."(Matthes 1999, 424).

Bevor im Folgenden Rahmenbedingungen, Ansatzpunkte und Handlungsebenen für Diversity Management im Blick auf migrationsspezifische Aspekte angesprochen werden (Abschnitt 3), erfolgt zunächst eine knappe Skizze zur Konturierung dessen, was im Titel des Beitrages mit Bezug auf die Gesellschaft der Bundesrepublik als „migrationsgesellschaftlicher Hintergrund" bezeichnet werden kann (Abschnitt 2).

3 Die Bundesrepublik Deutschland als Migrationsgesellschaft

Anders als in Nordamerika, wo sich die Ansätze zum Diversity Management zum einen auf die Anerkennungsbegehren und Gleichbehandlungsvorstellungen der in den 1960er Jahren einsetzenden Bürgerrechtsbewegung und auf deren alltagsbezogene Ansätze zur Herstellung und zum Umgang mit der „Sichtbarkeit" von Minderheiten in den verschiedenen gesellschaftlichen Handlungsfeldern beziehen, zum anderen durch die in den 1980er Jahren mit der New Economy verbundenen spezifischen Individualisierungsvorstellungen – auch im Blick auf die Individualität von Marktteilnehmern, Funktionsträgern und Leistungsbeziehern – geprägt und z. T. auch forciert wurden, fand das Konzept in Europa und namentlich in Deutschland erst in den 1990er Jahren in einem breiteren Umfang Beachtung und konnte damit erst zum Thema öffentlicher Diskussionen, politischer Diskurse und zu einem Gestaltungs- und Aushandlungsobjekt in den Handlungsräumen von Verwaltungen und Unternehmen werden.

Insoweit als die zunächst im Umfeld der so genannten „Neuen sozialen Bewegungen" entstandenen Bürgerrechtsbewegungen (Frauenemanzipation, Antidiskriminierungsansätze, Migrantenarbeit) ebenso wie die älteren, aber ebenfalls nur ansatzweise ausgeprägten Initiativen zur Arbeit mit Migranten im Gewerkschaftsbereich (zwischen Wertschätzung der „Gastarbeiter" als Kollegen und der Abwehr „illegaler" Konkurrenten auf dem Arbeitsmarkt oszillierend) zunächst eine deutlich wirtschafts- und konsumkritische Position vertraten, der auf der anderen Seite seitens der Wirtschaft über lange Zeit Ignoranz oder Abwehr als Muster im Umgang mit „dem" Fremden korrelierten, bedurfte es der Zeit – und wohl auch der mit den „Wendezeiten" von 1898/90 verbundenen Erfahrung des Verblassens der Schemata von „Rechts" und „Links" (Giddens 1997) – um ökonomische Rationalität und bürgerrechtliche Anerkennungs- und Antidiskriminierungsvorstellungen im Felde des Diversity Management zusammen zu führen.

Entsprechend finden sich die ersten Ansätze hierzu in Deutschland auch erst in den 1990er Jahren und sie stehen in der öffentlichen Wahrnehmung („Frauenförderungspläne, Aufmerksamkeit gegenüber Mobbing und anderen Diskriminierungsformen) zunächst noch durchaus im Schatten der neuen sozialen Bewegungen der 1980er Jahre, vor allem dort, wo es sich unter bestimmten politischen Vorgaben und Konstellationen, etwa in Bereichen des Verwaltungshandelns oder in öffentlichen Einrichtungen (Behörden, Bildungsträger), um bewusst in Gang gesetzte Prozesse, z. T. auch Modellversuche handelt und diese auf die weitere Prägung der öffentlichen Diskussion hin ausgerichtet sind.

Ein weiterer, allerdings nicht gering zu schätzender Anstoß ging schließlich in den 1990er Jahren von verschiedenen wirtschaftlichen Akteuren aus, wobei hier zum einen multinational operierende Unternehmen, zum anderen wohl vor allem Firmen im Bereich der New Economy, namentlich im Medien- und IT-Bereich, eine Rolle spielten. Diversity Management wurde hier im Zusammenhang einer auf Selbststeuerung, Individualisierung und Flexibilisierung setzenden ökonomischen Betrachtung der Marktteilnehmer und so auch der Akteure innerhalb von Unternehmen gesehen, wodurch sich im Blick auf die Mitarbeiter und deren Kooperation bzw. im Blick auf mögliche Förderungen oder Behinderungen von Kooperationsmöglichkeiten die Orientierung an deren Diversität anbot.

Es kann dabei nicht außer Acht gelassen werden, dass diese Entwicklungen nur vor dem Hintergrund der Migrationserfahrungen der bundesdeutschen Gesellschaft seit 1945 verständlich werden. Diese Geschichte stellt sich zum einen als eine Geschichte der Ein- bzw. Zuwanderung von Ausländern dar, die seit Mitte der 1950er Jahre mit der Anwerbung von „Gastarbeitern" zunächst aus Italien, später dann aus Spanien, Portugal, dem damals noch existierenden Jugoslawien und der Türkei einsetzt und dann zu einer steigenden Zahl von ausländischen Arbeitern (und z. T. auch weiteren Familienangehörigen) führt. Hierfür spielt neben einem in dieser Zeit stark vorhandenen Bedarf seitens der deutschen Wirtschaft auch die zunehmende Interaktion und Integration der Bundesrepublik und der westdeutschen Wirtschaft im Rahmen der westeuropäischen Wirtschaftsunion (EWG/EG/EU) eine wichtige Rolle. Freilich gab es bis zur Verhängung eines Anwerbestopps für Arbeitsmigranten in Folge der Ölpreiskrise im Jahr 1973 auch eine erhebliche Rückwanderung: Von ca. 14 Millionen zwischen 1956 und 1973 nach Deutschland gekommenen Arbeitsmigranten kehrten bis zum Ende der Anwerbephase ca. 11 Millionen auch wieder zurück (Bade 1994, 38); neben Italienern, Spaniern, Portugiesen handelte es sich bei diesen, von heute aus „klassischen" Migranten v. a. um Menschen aus dem damals bestehenden Jugoslawien, aus Griechenland und aus der Türkei.

Erst in der zweiten Hälfte der 1960er Jahre und dann im Besonderen nach dem Anwerbestopp von 1973 verstetigten sich die Aufenthalte, nahm der Familiennachzug zu und es entstand eine ausländische Wohnbevölkerung in der Bundesrepublik Deutschland, die in den Folgejahren vor allem deshalb auch kontinuierlich wuchs, weil die in Deutschland geborenen Kinder aufgrund des Staatsbürgerrechts, das erst zum Jahr 2000 in dieser Hinsicht reformiert wurde, keine große Möglichkeit der Einbürgerung hatten. Der Ausländerstatus wurde mithin vererbt, wodurch sich die Bundesrepublik einen auch im europäischen Vergleich bemerkenswert hohen Ausländeranteil von Menschen schuf, die möglicherweise noch nie im Ausland waren (Hamburger 1998, 41).

Hinzu kamen dann in den weltpolitischen Verwicklungen der 1970er bis zu den 1990er Jahren (Golf-Kriege, Krisen in Mittelosteuropa, der Afghanistan-Krieg, eine wachsende Verelendung der Bevölkerung in Afrika, die Boat-People aus Vietnam, sowie durch die in den 1990er Jahren einsetzenden Kriege und Bürgerkriege in Südosteuropa) unterschiedliche große Gruppen von

Flüchtlingen, Asylsuchenden und eben auch anderen Menschen, die auf der Suche nach ihrem Glück u. a. die Bundesrepublik ins Auge gefasst hatten. Angesichts nicht vorhandener legaler Einwanderungsmöglichkeiten aufgrund sowohl eines fehlenden Einwanderungsgesetzes als auch des Fehlens eines dafür notwendigen öffentlichen, politischen Bewusstseins, ein Land zu sein, in dem auch Einwanderung stattfindet (hierzu die mutigen Interventionen von Geißler 1990), blieben für dennoch Einwanderungswillige nur zwei Möglichkeiten: der Weg in die Illegalität oder aber der Versuch, über die Anerkennung als politischer Flüchtling einen Zugang zu finden. Anders als öffentlich kommuniziert, waren (und sind) hierfür die Chancen allerdings vergleichsweise gering (Zahlen zum Anerkennungsverfahren: Statistisches Bundesamt 2004, 51 f.), zumal tatsächliche Verfolgung (ethnisch oder religiös motivierte Gewalt zwischen Nachbarn, Massenvergewaltigungen von Frauen) häufig nicht unter die auch vor 1993 bestehende enge Auslegung des Begriffs der politischen Verfolgung in den Asylbestimmungen des Grundgesetzes zu fallen schienen. Nach der mit der Asylrechtsänderung von 1993 verbundenen gravierenden Reduktion von ohnehin nicht großen Anerkennungschancen sowie durch die nachfolgenden Regelungen im Rahmen der europäischen Union, namentlich durch die Schengener-Abkommen von 1985 und 1990, fand dieser Weg dann ein vergleichsweise drastisches Ende.

Freilich wurde dadurch der Gesamtanteil von Menschen mit Migrationsbezügen damit auch nicht wesentlich reduziert, sondern stieg, aufgrund des etwas anderen generativen Verhaltens der ausländischen Wohnbevölkerung auch in den 1990er Jahren noch leicht an (Statistisches Bundesamt 2004, 47). Im Laufe der Jahre wuchs damit auch der Anteil der ausländischen an der Gesamtbevölkerung und mit Blick auf die Anfänge in den 1950er Jahren leben inzwischen drei (im Falle der Russlanddeutschen bis vier) Generationen von Menschen in der Bundesrepublik, die sich für ihre eigene Biographie, ihren eigenen Familienzusammenhang oder ihr soziales Umfeld auf Migrationserfahrungen berufen können (aktuelle Zahlen: Statistisches Bundesamt 2004, 47 ff.).

Darüber hinaus gibt es aber noch einen zweiten Bezugspunkt, wenn es darum geht, die für die Bundesrepublik Deutschland maßgeblichen migrationsgesellschaftlichen Hintergründe anzusprechen. Denn hierbei ist auch an die eigene, zumeist verdrängte Migrationsgeschichte der deutschen Bevölkerung selbst zu erinnern: Industrialisierung, Landflucht, Mobilität durch die Weltkriege, die NS-Herrschaft und verschiedene z. T. damit verbundene Mobilisierungs- und Modernisierungsschübe, schließlich Flucht und Vertreibung, Übersiedlung und Flucht aus der DDR in den Westen haben hier eine eigene Geschichte, die freilich bislang kaum in den öffentlichen Diskursen der Bundesrepublik in ihrer Bedeutung, und auch in ihrer Ambivalenz, aufgenommen, geschweige denn zureichend bearbeitet worden ist (Welzer 2001). Noch immer stellen diese Erfahrungen vergleichsweise unbekannte Zusammenhänge für die Bewusstseins- und Gefühlsstrukturen dar, die in den Jahren um die Jahrhundertwende 2000 in verschiedenen literarischen Texten von Autoren wie *Günter Grass*, *Reinhard Jirgl* oder *Hans Ulrich Treichel* angesprochen und gestaltet wurden, wohl aber immer auch noch eine Art Blockade (Assmann/Welzer 2005) im Blick darauf darstellen, dass auch die deutsche Gesellschaft als eine durch Migration und „gemischte Menschengruppen" geprägte gesehen werden muss. Mangelnde Empathie im Blick auf den Umgang mit Flüchtlingen und anderen gefährdeten Minderheiten[4] mag so auch in einer mangelnden Aufarbeitung der eigenen Migrationsgeschichte begründet sein.

4 Rahmenvorgaben, Ansatzpunkte und Handlungsebenen eines migrationsspezifischen Diversity Managements

Im Blick auf Diversity Management spielen vor allem die Vorgänge nach dem Anwerbestopp von 1973 eine wichtige Rolle: Denn damit verbunden war eine Beendigung der bereits vordem weitgehend weder den Tatsachen noch den beiderseitigen Erwartungen entsprechenden Rotationsvorstellung. Zudem setzte eine Verstetigung des Aufenthalts von Ausländern in der Bundesrepublik ein, ohne dass sich freilich die deutsche Gesellschaft, namentlich in ihren politischen Institutionen und im Verwaltungshandeln, ausreichend der Tatsache stellte, dass Deutschland – wie andere westliche Gesellschaften auch – eine Einwanderungsgesellschaft geworden war (Hoffmann 1990; Oberndörfer 1991).

Gerade für die in den Folgejahren nach 1973 geborenen Generationen, ebenso aber auch für die in diesen Jahren in Deutschland ankommenden Flüchtlinge und Asylsuchenden boten sich schon aufgrund der vererbten ausländischen Staatsbürgerschaft und der damit verbundenen Ausschließung von den Möglichkeiten politischer und rechtlicher Partizipation sowie nicht zuletzt wegen grundlegend mangelhafter institutioneller Förderungen[5], ja der Verhinderung von Integration, kaum Ansatzpunkte, die Barrieren für eine gesellschaftliche Integration in den Feldern Bildung, Arbeit und Sozialprestige zu überwinden. Soziale Integration, die – so zeigen dies Langzeitstudien aus den USA (Beiträge in: Elschenbroich 1985 oder Esser/Friedrichs 1990) – auch in den „klassischen" Einwanderungsländern in der Regel in einem intergenerationellen Aufstiegs- und Assimilationsprozess stattfindet und sich entsprechend nur im Rahmen von sozialen Angeboten der Mehrheitsgesellschaft bewähren kann,

---

[4] *Wilhelm Heitmeyer* weist in seinem gerade Ende 2005 vorgelegten 4. Report zu den Erfahrungen sozialer Desintegration in Deutschland auf eine wachsende „gruppenbezogene Menschenfeindlichkeit" hin und nennt als Grund dafür vor allem wachsenden sozialen und ökonomischen Druck (Heitmeyer 2005, 24).

[5] So waren noch zu Beginn der 1990er Jahre die Kinder von Asylsuchenden grundsätzlich vom Schulbesuch ausgeschlossen und die Förderung von muttersprachlichem Unterricht fand in den 1980er Jahren nicht zur Festigung von Zweisprachigkeit und im Blick auf die damit verbundenen weitergehenden Bildungschancen statt, sondern um die Ermöglichung der gewünschten Rückkehr zu „unterstützen".

diese freilich auch nicht unverändert lässt (Terkessidis 2002), konnte daher in Deutschland allenfalls am Markt, in den Unternehmen und ggf. im kommunalen Umfeld stattfinden, also dort, wo rechtliche, politische und institutionelle Ausgrenzung bzw. Ausschließung schwach entwickelt waren oder aber wegen der durch die jeweiligen Zwecksetzungen von Unternehmen und Organisationen bestimmten Verhaltensstandards trotz bestehender Differenzsetzungen im Alltag nicht zum Zuge kamen. Dies betrifft freilich eher große, formal organisierte, in internationalen Feldern arbeitende Unternehmen, während sich in persönlich geführten, ggf. in ländlichen oder kleinstädtischen Milieus angesiedelten kleineren Unternehmen durchaus die auch ansonsten vorhandenen Ressentiments im Umgang mit Migranten auch im Blick auf die betriebliche Organisation und bspw. die Personalstruktur auswirken können.

Erste Impulse der Veränderung zielten hier nun seit den 1990er Jahren auf eine Aktivierung speziell derjenigen Erfahrungen und Menschen, deren Stellung entweder durch ihren Migrationsbezug bestimmt wurde – auch im Negativen bspw. durch eine Unterrepräsentation bei Bildungsabschlüssen, durch eine größere Chancenlosigkeit auf dem Arbeitsmarkt oder durch eine höhere Repräsentanz in besonders belasteten sozialen Gruppen (Arbeitslosigkeit, Armut, Altersarmut, schlechte Wohnverhältnisse, ggf. auch Gewalt- und Kriminalitätsbelastung[6]) – oder sie wandten sich an Menschen, die diese Bezugnahme auf einen familiären oder personalen Migrationshintergrund als Teil ihrer eigenen Identität begreifen und damit auch entsprechend zum Gegenstand ihres Selbstbewusstseins machen wollten. Diese Initiativen kamen zunächst von Seiten der so genannten „Global Player", also von auf mehreren Kontinenten operierenden Unternehmen, die dem entsprechend zumindest ab dem mittleren Management auch über eine entsprechend gemischte Personausstattung mit unterschiedlichen „kulturellen" Orientierungen verfügen, oder aber von Unternehmen, die in verschiedener Weise in Nordamerika verankert waren (und sind)[7]. Namentlich große, auf internationalen Märkten operierende Unternehmen (Lufthansa, Deutsche Bank) haben hier – auch im Zuge der Entwicklung und Durchführung praxisbezogener Beispiele, eine Art Vorreiterrolle eingenommen. Während mit diesen „großen" Anstößen nur ein Handlungsfeld angesprochen wird, wurden zentrale andere, etwa das Handeln in Verwaltungen oder die Wichtigkeit von Menschen mit

---

[6] Zahlen und Fakten zur sozialen Lage der ausländischen Bevölkerung in der Bundesrepublik finden sich u. a.: Beauftragte der Bundesregierung für Ausländer, Migration und Flüchtlinge: Homepage s.v. „Daten und Fakten". http://www.integrationsbeauftragte.de/download/strukturdaten.pdf; download am 15.12.2005; AID. Integration in Deutschland. Aktueller Informationsdienst zu Fragen der Migration und Integrationsarbeit http://www.isoplan.de/aid/ download 18.1.2006; Statistisches Bundesamt www.destatis.de; europa- bzw. weltweite Zahlen in dem von der OECD herausgegebenen Annual Report SOPEMI – Trends in International Migration http://www.sourceoecd.org.

[7] So etwa bei General Motors und ihren deutschen Opel-Niederlassungen.

Migrationshintergrund für kleine und mittlere Unternehmen bislang zu wenig gesehen.

An dieser Stelle muss noch einmal darauf hingewiesen werden, dass es sich um zwei Dimensionen handelt, wenn von migrationsgesellschaftlichen Hintergründen im Blick auf Diversity Management die Rede ist: Innergesellschaftlich zustande kommende Migrationshintergründe bezeichnen den Umgang mit den diversen Generationsgestalten von Migranten im Zuge einer generationenübergreifenden Migrationsgeschichte. Externale Migrationserfahrungen beziehen sich dagegen auf Erfahrungen von Menschen, die einer Generation angehören und in einem Arbeitszusammenhang mit unterschiedlichen nationalen oder nationalkulturellen Hintergründen zusammen arbeiten, also weniger durch eine historische Dimension als vielmehr durch die aktuelle Gemischtheit einer Arbeitsgruppe oder Betriebseinheit bestimmt sind, und so im Muster grenzüberschreitender Mobilität (Fassmann/Münz 1996) zu Akteuren im Handlungsfeld des Diversity Management werden können; im einen Fall ist die grenzüberschreitende Mobilität von Arbeitskräften, im anderen Fall der migrationsgeschichtliche Erfahrungszusammenhang Anstoß, Rahmenbedingung und Handlungsfeld des Diversity Management.

Auch wenn wichtige Impulse zu Diversity-Management-Mustern zunächst aus multinationalen Konzernen kamen, die den Umgang mit migrations- bzw. mobilitätsspezifischer Diversität im Blick auf die Herkunft von Mitarbeitern und Kunden, die spezifische, durch die Zusammenhänge einer Migrationsgesellschaft geprägten Strukturen des Marktes bzw. der firmenbezogenen Operationsgebiete in den Vordergrund stellten und diese mit den im Übrigen auch von politischen Akteuren und der Öffentlichkeit getragenen Rechtsnormen der Gleichstellung und der Gleichbehandlung von Menschen mit unterschiedlichen Herkünften, Aussehens-Merkmalen, religiösen oder sonstigen kulturellen Codierungen oder Zuordnungen verbanden, spielen inzwischen in aktuellen Diskussionen um Diversity Management in Bezug auf Migrationserfahrungen auch kleine und mittlere Unternehmen eine wichtige Rolle. Nicht nur dass entgegen den programmatischen Aussagen und öffentlicher Wahrnehmung die tatsächliche Größenordnung von internationalen Austauschprozessen etwa auf der Ebene von Managern und anderen Spitzenkräften wesentlich geringer ausfällt[8] als erwartet. Gerade in den Bereichen kleiner und mittlerer Unternehmen bieten sich im Blick auf die aktuellen Entwicklungen eine Fülle von Ansatzpunkten für Initiativen und Gestaltungsmöglichkeiten, die ihrerseits sowohl durch die Marktentwicklung, bspw. im Blick auf die Herstellung neuer Produkte, das Gewinnen neuer Kundengruppen, die zunehmend auch

---

[8] Dass diese für Europa und im Besonderen für Deutschland kleiner ist als erwartet und auch in Nordamerika trotz der multinational ausgerichteten Operationssphäre nicht besonders ausgeprägt ist, lässt sich mit den Untersuchungsergebnissen des Darmstädter Soziologen *Michael Hartmann* belegen (Hartmann 2002/2003).

für kleinere Unternehmen mögliche bzw. auch nötige Entwicklung grenzüberschreitender Aktivitäten, als auch durch die Perspektiven für die Zukunft des eigenen Unternehmens, bspw. im Blick auf die Firmenübergabe an eine nächste Generation, an Bedeutung gewinnen.

Altersentwicklung, demographischer Wandel, die Diversifizierung von Konsumentengruppen, der gerade auch in Klein- und mittleren Unternehmen vorhandene Bedarf an qualifizierten und flexiblen Arbeitskräften bringen aufs Neue die zweite, dritte (vierte?) Generation von Menschen mit innerfamiliären Migrationserfahrungen in den Blick, wobei diese Gruppen zum Teil in ihrer eigenen Bildungsbiographie und in ihren Qualifikationsmängeln die Defizite einer verweigerten sozialen Anerkennung unter den Rahmenbedingungen einer verleugneten Einwanderungsgesellschaft mit sich tragen, zum Teil aber eben auch misslingende persönliche Entwicklungen und verunglückte Familienbiographien zum Vorschein bringen. Geht es von dieser Seite vor allem um die Erschließung von Migranten als Resourcen für einen wachsenden Arbeitskräftebedarf, vor allem also um gut qualifizierte Handwerker, Facharbeiter bis hin zu Technikern und Hochschulabsolventen, und um eine stärkere Wahrnehmung bzw. Beachtung individueller Zuordnungen zu Migrationsgeschichten bei der Identifizierung, der Ansprache und der Bindung von Kunden und Mitarbeitern, so stellen sich Ansatzpunkte für Diversity Management auf der anderen Seite auch aus der Sicht der Organisation ein: Hier geht es um die Herstellung eines „Wir-Gefühls" auf der Basis gemeinsam erfahrener und vor allem vertretener Unterschiedlichkeit, eine zentrale Dimension im Diversity Management, die bspw. seit den 1980er Jahren von US-amerikanischen Firmen wie McDonalds oder Hewlett-Packard, aber auch etwa von DHL oder United Colours of Benetton – hier schon im Namen – vertreten wurde und die sich gerade im letzteren Fall auch in der Produktpalette, in der Werbung und in einigen darüber hinausgehenden sozialen bzw. auf die Gewinnung von Aufmerksamkeit (grundlegend: Franck 1998, Kap. 4/5) zielenden Aktivitäten zeigen bzw. nutzen lassen konnte. Es geht allerdings auch darum, betriebliche Kooperation von „Störungen" frei zu halten, wie sie sich durch diskriminierende, von Rassismus oder anderen Ressentiments getragene Vorstellungen und Verhaltensweisen einstellen und die – ebenfalls wieder von verschiedenen Seiten aus: Öffentlichkeit, Rechtsordnung, Vertreter von Minderheiten-Kulturen, Intellektuelle, Nichtregierungsorganisationen – zu einem negativen Image und - innerbetrieblich – zu Reibungsverlusten, dem Verlust von Motivation wie auch von Mitarbeitern, zu Nachteilen bei der Gewinnung von hoch qualifizierten Mitarbeitern und von Kunden bzw. Vermittlern auf internationalen Märkten, letztlich im einen wie im anderen Fall zu wirtschaftlichen Nachteilen führen können.

Vor diesem Hintergrund stellt ein an Migrationserfahrungen orientiertes Diversity Management im Blick auf die Unternehmenskultur ebenso wie im Blick auf eine menschenrechtlich fundierte Rechtsordnung ein wichtiges, ggf.

sogar unverzichtbares Gestaltungsmittel für die Organisation effektiver betrieblicher Kooperation und sozial auskömmlicher Verhältnisse dar; überdies bietet es in vielfacher Hinsicht, möglicherweise schon im Blick auf die für das Unternehmen nützliche Sprachkompetenz und die auch kulturell kodierte Kommunikationskompetenz[9] von Menschen mit Migrationserfahrungen eine wichtige Resource für die Positionierung von Produkten und Dienstleistungen auf internationalen Märkten, wobei diese Internationalisierung von Märkten und Menschen, nicht zuletzt in Form von Migration, längst vor und hinter unseren Haustüren angekommen ist[10]. Nicht nur in den PISA-Studien werden Migrantenkinder auch als Ressource angesehen und diese Perspektive spielt namentlich in einer Wissensgesellschaft wie der deutschen eine zentrale Rolle, so dass sich gerade am Blick auf ein migrationsbezogenes Diversity Management bürgerrechtliche und sozialpolitische Diskurse von betriebswirtschaftlichen und Organisationsmanagement-Vorstellungen nicht nur unterfüttert bzw. überlagert, sondern in einem zentralen Sinn auch angestoßen, gestützt und gefördert sehen können.

Literatur

AID (2006): Integration in Deutschland. Aktueller Informationsdienst zu Fragen der Migration und Integrationsarbeit; http://www.isoplan.de/aid/; download am 18.01.2006.

Arbeitsstelle Interkulturelle Konflikte und gesellschaftliche Integration (2005): AKI-Newsletter. Forschung über Migration, Integration, Konflikte. 07. Dez. 2005.

Anderson, B. (1988): Die Erfindung der Nation. Zur Karriere eines folgenreichen Konzepts. Frankfurt/New York.

Assmann, A./Welzer, H. (2005): „Das ist unser Familienerbe". In: Die Macht der Erinnerung. Taz-Journal, H. 01, S. 40-46.

---

[9] Dies hängt natürlich auch davon ab, wie in einer Gesellschaft, in den verschiedenen sozialen Milieus und im Besonderen innerhalb der Schulen und anderer Bildungseinrichtungen bspw. mit Mehrsprachigkeit umgegangen wird und in welchem Maße etwa seitens von Unternehmen Interesse daran besteht, solche Ansätze zu fördern und zu honorieren (Oomen-Welke 1991).
[10] Für die aktuelle Forschung und deren auf die Praxisgestaltung von Unternehmen und anderen Organisationen ausgerichteten Dimensionen von Diversity und Migration vgl. etwa den Bericht über die Arbeiten der von der Volkswagenstiftung geförderten Studiengruppen „Kulturelles Kapital in der Migration" und „Diversity, Integration and the Economy" an der Arbeitsstelle Interkulturelle Konflikte und gesellschaftliche Integration 2005, 3 f.

Bade, K. J. (1994): Homo Migrans. Wanderungen aus und nach Deutschland. Erfahrungen und Fragen. Essen.

Bade, K-J. (2000): Europa in Bewegung. Migration vom späten 18. Jahrhundert bis zur Gegenwart. München.

Baumann, Z. (1992): Moderne und Ambivalenz. Das Ende der Eindeutigkeit. Hamburg.

Beauftragte der Bundesregierung für Ausländer, Migration und Flüchtlinge (2005): Daten und Fakten. http://www.integrationsbeauftragte.de/download/ strukturdaten.pdf; download am 15.12.2005.

Blumenberg, H. (1973): Der Prozess der theoretischen Neugierde. Frankfurt a. M.

Cipolla, C. M. (2001): Allegro ma non troppo. Die Rolle der Gewürze und die Prinzipien der menschlichen Dummheit. Berlin.

Cox, T. (2001): Creating the Multicultural Organization. A Strategy for Capturing the Power of Diversity. San Francisco.

Ebeling, H. (1993): Das Subjekt in der Moderne. Rekonstruktion der Philosophie im Zeitalter der Zerstörung. Reinbek.

Elias, N. (2001): Die Gesellschaft der Individuen. Frankfurt a. M.

Elschenbroich, D. (Hrsg.)(1985): Einwanderung, Integration, ethnische Bindung. Harvard Encyclopedia of American Ethnic Groups. Eine deutsche Auswahl. Basel/Frankfurt.

Esser, H./Friedrichs, J. (Hrsg.)(1990): Generation und Ethnizität. Theoretische und empirische Beiträge zur Migrationssoziologie. Opladen.

Fassmann, H./Münz, R. (1996): Europäische Migration – ein Überblick. In: Fassmann, H./Münz, R. (Hrsg.): Migration in Europa. Historische Entwicklung, aktuelle Trends, politische Reaktionen. Frankfurt/New York, S. 13-52.

Franck, G. (1998): Ökonomie der Aufmerksamkeit. Ein Entwurf. München/Wien.

Geißler, H. (1990): Zugluft. Politik in stürmischer Zeit. München.

Giddens, A. (1995): Konsequenzen der Moderne. Frankfurt a. M.

Giddens, A. (1997): Jenseits von rechts und links. Frankfurt a. M.

Grathoff, R. (1994): Von der Phänomenologie der Nachbarschaft zur Soziologie des Nachbarn. In: Sprondel, W. M. (Hrsg.): Die Objektivität der Ordnungen und ihre kommunikative Konstruktion. Frankfurt a. M., S. 29-55.

Grimm, D. (2000): Das Andere darf anders bleiben. Wie viel Toleranz gegenüber fremder Lebensart verlangt das Grundgesetz. In: Die Zeit, H. 08 vom 17.02. 2000, S. 12 f.

Hahn, A. (1994): Die soziale Konstruktion des Fremden. In: Sprondel, W. M. (Hrsg.): Die Objektivität der Ordnungen und ihre kommunikative Konstruktion. Frankfurt a. M. S. 140-163.

Hamburger, F. (1998): Erziehungsfragen der Migrationsgesellschaft. In: Nell, W. (Hrsg.): Lernkultur-Wandel. Mainz, S. 39-55.

Hartmann, M. (2002): Die Spitzenmanager der internationalen Großkonzerne als Kern einer neuen „Weltklasse". In: Schmidt, R. et al. (Hrsg.) Managementsoziologie. München/Mering, S. 184-208.

Hartmann, M. (2003): Nationale oder transnationale Eliten? Europäische Eliten im Vergleich. In: Hradil, S./Imbusch, P. (Hrsg.): Oberschichten – Eliten – Herrschende Klassen. Opladen, S. 273-298.

Heitmeyer, W. (2005): Die verstörte Gesellschaft. In: Die Zeit, H. 51, 15.12.2005, S. 24.

Hobsbawm, E./Ranger T. (Hrsg.)(1986): The Invention of Tradition. Cambridge.

Hoffmann, L. (1990): Die unvollendete Republik. Zwischen Einwanderungsland und deutschem Nationalstaat. Köln.

Klages, H. (1969): Geschichte der Soziologie. München.

Kreutzer, L. (1989): Literatur und Entwicklung. Studien zu einer Literatur der Ungleichzeitigkeit. Frankfurt a. M.

Kymlicka, W. (1999): Multikulturalismus und Demokratie. Über Minderheiten in Staaten und Nationen. Hamburg.

Laqueur, Th. (1992): Auf den Leib geschrieben. Die Inszenierung der Geschlechter von der Antike bis Freud. Frankfurt a. M./New York.

Luhmann, N. (1975): Legitimation durch Verfahren. Neuwied/Berlin.

Matthes, J. (1999): Interkulturelle Kompetenz. Ein Konzept, sein Kontext und sein Potential. In: Deutsche Zeitschrift für Philosophie, H. 03, S. 411-426.

Muchembled, R. (1990): Die Erfindung des modernen Menschen. Gefühlsdifferenzierung und kollektive Verhaltensweisen im Zeitalter des Absolutismus. Reinbek.

Münch R. (1986): Die Kultur der Moderne. Frankfurt a. M.

Niethammer, L. (2000): Kollektive Identität. Heimliche Quellen einer unheimlichen Konjunktur. Reinbek.

Oberndörfer, D. (1991): Die offene Republik. Die Zukunft Deutschlands und Europas. Freiburg.

Ohms, C./Schenk, Ch. (2005): Diversity – Vielfalt als Politikansatz in Theorie und Praxis: Von einer Zielgruppenpolitik zu einer „Politik der Verschiedenheit" (Politics of Diversity). http://www.christina-schenk.de/politik/diversitymanagement/diversity.wiesbaden-03.pdf; download 18.10. 2005.

Oomen-Welke, I. (1991): Umrisse einer interkulturellen Didaktik für den gegenwärtigen Deutschunterricht. In: Der Deutschunterricht, Nr. 43/II, S. 06-27.

Ortega y Gasset, J. (1957): Der Aufstand der Massen (1930), Hamburg.

Pankoke, E. (1980): Masse, Massen. In: Ritter, J. et al. (Hrsg.): Historisches Wörterbuch der Philosophie. Band 5, Basel, Sp. 825-832.

Schulze, H. (1994): Staat und Nation in der europäischen Geschichte. München.

Simmel, G. (1968): Exkurs über den Fremden. In: Simmel, G.: Soziologie. Untersuchungen über die Formen der Vergesellschaftung. Berlin, S. 509-512.

Simmel, G. (1989a): Bemerkungen zu socialethischen Problemen. In: Simmel, G.: Aufsätze 1887 bis 1890. Über sociale Differenzierung. Die Probleme der Geschichtsphilosophie (1892). Frankfurt a. M., S. 20-36.

Simmel, G. (1989b): Über sociale Differenzierung. In: Simmel, G.: Aufsätze 1887 bis 1890. Über sociale Differenzierung. Die Probleme der Geschichtsphilosophie (1892). Frankfurt a. M., S. 109-295.

Statistisches Bundesamt (2004): Datenreport 2004. Bonn.

Taylor, Ch. (1993): Multikulturalismus und die Politik der Anerkennung, Frankfurt a. M.

Taylor, Ch. (1994): Quellen des Selbst. Die Entstehung der neuzeitlichen Identität. Frankfurt a. M.

Terkessidis, M. (2002): Der lange Abschied von der Fremdheit. Kulturelle Globalisierung und Migration. In: Aus Politik und Zeitgeschichte, H. 12, S. 31-38.

Thomas, R. R. (2001): Management of Diversity - Neue Personalstrategien für Unternehmen. Wie passen Giraffe und Elefant in ein Haus? Wiesbaden.

Welzer, H. (2001): Das soziale Gedächtnis. Geschichte, Erinnerung, Tradierung. Hamburg.

Die Zukunft gestalten
Diversity Management bei der AOK Hessen

Sonja Lambert

1	**Einführung**
2	**Chancengleichheit für Frauen und Männer bei der AOK Hessen**
2.1	Konzeptioneller Hintergrund
2.2	Handlungsfelder des Konzeptes Chancengleichheit
2.2.1	Verschiedenheit als Chance
2.2.2	*Arbeitsorganisation*
2.2.3	*Berufliche Entwicklung von Frauen*
2.2.4	*Elternzeit*
2.2.5	*Sensibilisierung*
2.3	Erfahrungen
3	**Ausblick: Generationenvielfalt bei der AOK Hessen – Chancen für die Zukunft**
4	**Zusammenfassung**
	Literatur

1 Einführung

Mit rund 1,7 Millionen Versicherten und rund 130.000 Firmenkunden ist die AOK die größte gesetzliche Krankenversicherung in Hessen. Als modernes strategisch ausgerichtetes Dienstleistungsunternehmen stellt sie sich rechtzeitig auf die zukünftigen Rahmenbedingungen des Arbeitsmarktes und auf geänderte Kundenanforderungen ein. Die AOK Hessen hat die zukünftigen Herausforderungen an die Unterschiedlichkeit der Belegschaft erkannt und darauf reagiert. Im Rahmen ihres Diversity Management werden zwei Themen mit Priorität bearbeitet. Diese ergeben sich unmittelbar aus den Variablen „Geschlecht" und „Alter".

Im Jahre 2003 wurde das Konzept *„Chancengleichheit für Frauen und Männer bei der AOK Hessen"* verabschiedet. Der Zeithorizont zur Umsetzung geeigneter Maßnahmen reicht bis zum Jahre 2007. Erste konkrete Umsetzungserfahrungen liegen bereits vor.

Im Rahmen des strategischen Diversity Management ist unter der Projektbezeichnung *„Generationenvielfalt bei der AOK Hessen - Chancen für die Zukunft"* ein weiteres Konzept in Angriff genommen worden.

Sowohl der unternehmerische Nutzen, als auch die Verwirklichung relevanter Ziele der Belegschaft stehen im Vordergrund der Projektziele.

Der Beitrag zeigt den konzeptionellen Hintergrund sowie die Handlungsfelder des Konzepts Chancengleichheit für Männer und Frauen bei der AOK Hessen auf. Der Umsetzungsstand erarbeiteter Maßnahmen wird dargestellt sowie über die bisherigen Umsetzungserfahrungen berichtet (Lambert 2006). Ein Ausblick auf das Projekt „Generationenvielfalt" schließt den Beitrag ab.

2 Chancengleichheit für Frauen und Männer bei der AOK Hessen

2.1 Konzeptioneller Hintergrund

Die AOK Hessen versteht Chancengleichheit als Teil eines umfassenden strategisch ausgerichteten Diversity-Management-Konzeptes. Die Maßnahmen in den einzelnen Handlungsfeldern des Konzepts unterstützen damit die Unternehmensführung. Die Unterschiedlichkeit der Mitarbeiter/innen hinsichtlich Persönlichkeit, Qualifikation und Erfahrung sollen zum Wohle der Mitarbeiter/innen einerseits und zur Sicherung der Leistungsfähigkeit der AOK Hessen als Unternehmen genutzt werden. Wechselnden Markt- und Kundenanforderungen sind entsprechende Ausprägungen personaler Heterogenität und Homogenität der Beschäftigtengruppen zuzuordnen. Wenn dies gelingt, so die Erwartung an das Konzept, leistet Diversity Management einen signifikanten Beitrag zur Erreichung der Unternehmensziele und zur Verbesserung der Zufriedenheit der Belegschaft.

Ausgangspunkt des Konzeptes war eine unternehmensinterne Datenanalyse zur Belegschaftsstruktur. Trendfortschreibungen zur Entwicklung der Belegschaft wurden ebenfalls vorgenommen (Trendszenarien Abbildung 2). Gegenwärtig sind zwei Drittel der rund 3.800 Beschäftigen der AOK Hessen Frauen. Das Verhältnis von Männern und Frauen nach Altergruppen, Funktionsbereichen und Führungsebenen spiegelt diese Grundstruktur jedoch nicht wider. So sind bei den jüngeren Beschäftigten Männer deutlich unterrepräsentiert: 70-80 Prozent der Auszubildenden der letzten Jahrgänge sind Frauen. Dieser Trend wurde dadurch verstärkt, dass sich in den vergangenen Jahren deutlich weniger junge Männer um einen Ausbildungsplatz beworben haben. Zudem zeigte die Analyse, dass einzelne Unternehmensbereiche überwiegend mit Frauen besetzt sind, in anderen überwiegend Männer tätig sind. Auf der Führungsebene beträgt der Frauenanteil an Führungspositionen ca. 20 Prozent, dabei sind mehr Frauen im mittleren/unteren als im oberen Management beschäftigt. Eine wesentliche Erkenntnis der Unternehmensanalyse ist, dass das Unternehmen zwar weitgehend von Frauen getragen, nicht aber von Frauen geführt wird. Sowohl Frauen in Führungspositionen als auch junge Männer in der Berufsausbildung und in Sachbearbeiterpositionen haben Seltenheitswert.

Trendanalysen bis 2012 zeigen weiteren Handlungsbedarf auf. Die Teilzeitquote der Beschäftigten lag im Jahre 2002 bei 30 Prozent. Entsprechend der Gesamtquote der Frauen arbeiten überwiegend Frauen in bestimmten Altersgruppen in Teilzeit. Trendfortschreibungen lassen auf einen weiter steigenden Teilzeitanteil schließen. Aktuelle Erhebungen haben diesen Trend zwischenzeitlich bestätigt. Zunehmende Teilzeitbeschäftigung und deren Folgen für das Unternehmen sowie für die Mitarbeiterinnen und Mitarbeiter beeinflussen die Ziele und Maßnahmen des Konzepts Chancengleichheit.

Die AOK Hessen hat auf der Grundlage der Ist-Analyse 2002 und der Projektion der Entwicklung, die konzeptionellen Grundlagen geschaffen und entsprechende personalwirtschaftliche Entscheidungen getroffen. Zwei personalwirtschaftliche Entscheidungen sind:

> Zukünftig soll auf die vielfältigen Leistungs- und Kreativitätspotenziale von Frauen, gerade in verantwortungsvollen Positionen, nicht mehr verzichtet werden. Zusätzlich ist es erforderlich, dass sich die AOK Hessen als attraktiver Arbeitgeber für junge Männer neu positionieren muss.

> Die personalwirtschaftlichen Grundsatzentscheidungen verdeutlichen, dass Frauen und Männer gleichermaßen systematisch gefördert werden sollen und so die „Chancengleichheit von Frauen und Männern" nachhaltig gestärkt werden kann.

2.2 Handlungsfelder des Konzeptes Chancengleichheit

Aus den Analyseergebnissen und den Zukunftstrends wurden fünf vernetzte Handlungsfelder abgeleitet, die mit entsprechenden Zielen und Maßnahmen hinterlegt sind (Abbildung 1).

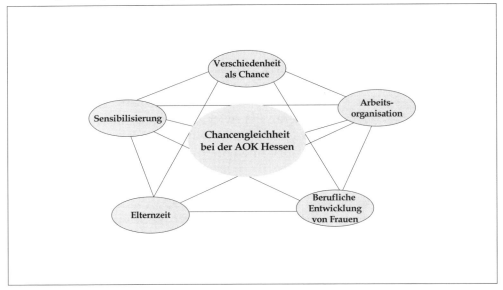

Abbildung 1: Vernetzte Handlungsfelder des Konzepts Chancengleichheit.

Der Realisierungshorizont des Konzepts ist auf den Zeitraum von 2002 bis 2007 ausgelegt. 2008 erfolgt die abschließende Evaluation aller Maßnahmen. Darauf aufbauend ist die Ziel- und Maßnahmenfortschreibung bis zum Jahre 2010 vorgesehen.

Die schrittweise Umsetzung der Konzeptbausteine wird durch eine begleitende Prozessevaluation überprüft. Geeignete Anpassungsmaßnahmen werden bei Bedarf vorgenommen. Fortschritte bei der Zielerreichung werden jährlich an die Vorstands- und die obere Führungsebene kommuniziert.

2.2.1 Verschiedenheit als Chance

„Mitarbeiterinnen und Mitarbeiter ergänzen sich in ihrer Unterschiedlichkeit zum Nutzen unserer Kunden", so lautet ein Ziel des Konzepts. Es soll möglich sein, in allen Unternehmensbereichen geschlechtergemischte Teams zu bilden. Weitere Ziele sind, Frauen stärker in Projekte einzubeziehen und mehr junge Männer für die Ausbildung zu gewinnen. Die AOK Hessen will ein attraktiver Arbeitgeber für Männer und Frauen sein.

Aspekte des Diversity Management fließen in die Personalplanung, die externe und interne Personalauswahl sowie in die personelle Besetzung von Projekten ein. Bei der Konzeptentwicklung zeigt sich, dass Chancengleichheit weniger eine Frage des Geschlechts ist, sondern wesentlich stärker von anderen

Faktoren beeinflusst wird. Mitarbeiter und Mitarbeiterinnen in Teilzeit sind z. B. bei unzureichenden Rahmenbedingungen gleichermaßen von Karriere- oder Weiterbildungsmöglichkeiten ausgeschlossen. Projekt- und Arbeitsgruppen sollen deshalb personell so flexibel gestaltet werden, dass individuelle Arbeitszeiten berücksichtigt werden und auch Teilzeitbeschäftigte verstärkt in Projekten mitarbeiten können.

Chancengleichheit bedeutet auch, verstärkt Männer für Tätigkeiten im Unternehmen zu gewinnen. Als eine erste Maßnahme wurde ein gezieltes Personalmarketing für männliche Auszubildende eingeleitet, das bereits erste Erfolge zeigt. 2005 konnte das eigentlich erst für das Jahr 2007 angestrebte Ziel, 35 Prozent männliche Auszubildende zu gewinnen, bereits erreicht werden.

2.2.2 Arbeitsorganisation

Die Gestaltung der Arbeitsorganisation hat sich als zentrales Handlungsfeld für ein erfolgreiches Diversity Management erwiesen. Dahinter steht das Ziel, den Mitarbeiterinnen und Mitarbeitern die Vereinbarkeit von Beruf und Privatleben besser zu ermöglichen. Dies war in der Vergangenheit bei der AOK Hessen in erster Linie eine Frage von Teilzeitarbeit. Die Führungskräfte verfügen über eine hohe Kompetenz im Management von Teilzeit. Jede zweite Frau in der Alterskategorie älter als 31 Jahre arbeitet in Teilzeit. Trotz hoher und noch steigender Teilzeitbeschäftigung muss die Arbeitszeitgestaltung kundenorientierte Servicezeiten und Betriebsabläufe sicherstellen.

Eine Analyse der gelebten Teilzeitpraxis im Unternehmen ergab, dass aufgrund der vielfältigen Teilzeitmöglichkeiten sehr individuelle Lösungen gefunden werden können. Sowohl die unternehmerischen als auch die privaten Belange der Mitarbeiterinnen und Mitarbeiter können angemessen berücksichtigt werden. Allerdings waren die Möglichkeiten der flexiblen Ausgestaltung der Arbeitszeit den Mitarbeiterinnen und Mitarbeitern weniger bekannt als die „klassischen" Teilzeitmodelle. Die vorhandenen und praktizierten Modelle flexibler Arbeitsorganisation wurden deshalb als Handlungshilfe für Führungskräfte und Mitarbeiter/innen in der Intranet-Broschüre *„Flexibel arbeiten – Vereinbarkeit von Beruf und Familie bei der AOK Hessen"* zusammengestellt und online zur Verfügung gestellt. In der Broschüre sind die möglichen Arbeitszeitmodelle beschrieben und anhand von Praxisbeispielen werden konkrete Formen der Ausgestaltung beschrieben. Die Broschüre wird regelmäßig aktualisiert, um unterschiedliche Beispiele aufzuzeigen.

„Flexibel arbeiten" enthält auch die neu eingeführte Möglichkeit der *„Führung in reduzierter Vollzeit"*. Über 4 Prozent der Führungskräfte, sowohl Männer als auch Frauen, haben diese Möglichkeit bereits in Anspruch genommen. Für weibliche Führungskräfte stellt das Arbeitszeitmodell eine attraktive Variante für den Wiedereinstieg in das Arbeitsleben nach Mutterschutz oder verkürzter Elternzeit dar. Die Zielgröße von 5 Prozent Nutzungsquote im Jahr 2007 wurde bereits 2005 fast erreicht.

Bis 2007 sollen weitere 5 Prozent der Mitarbeiterinnen und Mitarbeiter ihren Arbeitsort flexibel wählen können. Mit der Einführung alternierender Telearbeit soll die Arbeitorganisation zusätzlich flexibilisiert werden. Derzeit werden in einem Pilotprojekt entsprechende Möglichkeiten erprobt. Dabei spielen vor allem die Gestaltung der Arbeitsprozesse, die Wirtschaftlichkeit von Telearbeitsplätzen, die erforderlichen technischen Rahmenbedingungen und rechtliche Fragen eine wichtige Rolle. Mit dem Pilotprojekt werden diese Aspekte auf Praktikabilität und Attraktivität überprüft.

Ein weiterer Baustein, der die Vereinbarkeit von Beruf und Familie unterstützt, ist der *Kinderbetreuungs-Service der AOK Hessen*. Der Kinderbetreuungs-Service wird seit Februar 2004 angeboten. Die Leistungen schließen die Beratung und Vermittlung von Kinderbetreuungsmöglichkeiten für AOK Mitarbeiterinnen und Mitarbeiter ein. Bei Notfällen, kurzfristigem Bedarf nach einer Tagesmutter oder der Notwendigkeit einer individuellen maßgeschneiderten Lösung, kann ein professioneller Kooperationspartner hinzugezogen werden. Mit einer Kinderbetreuungs-Börse im Intranet wurde eine zusätzliche Plattform für den Erfahrungsaustausch von berufstätigen Müttern und Vätern geschaffen.

Inzwischen wurde das Leistungsangebot um Notfallbetreuungsmöglichkeiten erweitert. Im Großraum Frankfurt kann spontan die Kindertagesstätte eines Kooperationspartners genutzt werden, hessenweit ist die Vermittlung einer Notmutter möglich. Weiterhin wurde der Service um „saisonale" Angebote ergänzt, z.B. Informationen über regionale und überregionale Ferienbetreuungsmöglichkeiten sowie die Kinderbetreuung an Adventssamstagen wurden in das Programm aufgenommen.

2.2.3 Berufliche Entwicklung von Frauen

Dieses Handlungsfeld wendet sich ausschließlich an Frauen. Die AOK Hessen will ganz bewusst und gezielt das Potenzial von Frauen nutzen. Der Anteil von Frauen in Führungspositionen soll bis zum Jahr 2007 erhöht werden. Explizite Ziele für die unterschiedlichen Führungsebenen sind formuliert.

Das 2004 aufgelegte Mentoring-Programm der AOK Hessen: *C.O.M. – Chancen-Orientierung-Mentoring*, soll Frauen bei der Übernahme verantwortungsvoller Positionen unterstützen, aber auch Frauen in ihrer derzeitigen Position stärken.

Das auf 15 Monate angelegte Pilot-Programm startete im Sommer 2004 mit sieben Mentees. Die Abschlussveranstaltung im November 2005 wurde als Staffelübergabe an 12 neue Tandems genutzt. Bei den Mentees handelt es sich um Frauen mit bestätigtem Potenzial für die untere/mittlere Führungsebenen. Die Mentoren sind Führungskräfte der oberen Führungsebene. Bereits während des Pilotprojektes konnten konkrete berufliche Verbesserungen und Karriereschritte einzelner Mentees erreicht werden. Aber auch die Förderung in der gegenwärtig wahrgenommenen Position wird durch das Mentoring signifikant verbessert. Alle Beteiligten beurteilen das Programm sehr positiv. Hervorgehoben werden vor allem die individuellen, zielbezogenen Gestaltungsmöglichkeiten und die Praxisnähe des Mentoring-Programms. Die direkten Führungskräfte der Mentees, die ebenfalls in das Rahmenprogramm eingebunden waren, berichten über signifikante Verbesserungen von Leistung und Zusammenarbeit nach der Teilnahme am Mentoring.

Eine weitere Maßnahme zur beruflichen Entwicklung von Frauen wird im Jahr 2006 mit einem internen Netzwerk geschaffen. Knotenpunkte dieses Netzwerkes sind die ehemaligen und die aktiven Mentees des Unternehmens. Die Erweiterung des Netzwerkes durch andere Mitarbeiterinnen und Mitarbeiter ist erwünscht.

Der Frauenanteil im internen Studiengang zum/zur AOK-Betriebswirt/in (Bachelor of Business Administration), der in Zusammenarbeit mit der FH Gießen-Friedberg durchgeführt wird, ist ebenfalls sehr hoch und wird als weitere Maßnahme zur aktiven Förderung von Frauen in Fach- und Führungspositionen angesehen. Der Frauenanteil ist von ca. 45 Prozent im Jahr 2000 auf fast 70 Prozent im Jahr 2003 gestiegen. Diese Entwicklung schafft die Basis und die Chancen zur Erreichung des gesetzten Ziels, den Frauenanteil in Führungspositionen zu erhöhen und führt zu einer verbesserten Nutzung der im Unternehmen vorhandenen Potenziale der Mitarbeiterinnen.

2.2.4 Elternzeit

Durchschnittlich 8-10 Prozent der Mitarbeiterinnen und Mitarbeiter haben in der Vergangenheit die Möglichkeit der Elternzeit wahrgenommen. Wird der Ausstieg in die Elternzeit und der Wiedereinstieg in die Beschäftigung nach der Elternzeit professionell gemanagt, kann das Unternehmen die Kosten der Aus- und Eingliederung signifikant senken (Bundesministerium für Familie, Senioren, Frauen und Jungend 2003, 14 ff.). Damit hat das Thema für die AOK Hessen eine hohe betriebswirtschaftliche Relevanz. Kompetenzerhalt und schnelle Wiedereingliederung zahlen sich aus, dies gilt umso mehr für Frauen in Schlüsselpositionen.

„Fit für Beruf und Familie", das Elternzeitprogramm der AOK Hessen, setzt deshalb bei der Verbesserung von Kompetenzerhalt und Wiedereingliederung an. Hauptelement des im Jahr 2004 gestarteten Programms ist die koordinierte Begleitung vor, während und nach der Elternzeit durch die direkte Führungskraft. Vier Planungs- und Beratungsgespräche zwischen Führungskraft und Mitarbeiter/in sichern die erforderliche Information und Kommunikation zur problemlosen Gestaltung der Elternzeit und des Wiedereinstiegs. Vor dem dritten Planungsgespräch, das sechs Wochen vor dem Ende der Elternzeit stattfindet, ist die Teilnahme an einem Orientierungsworkshop möglich. Sensibilisierung, Information über die aktuelle Unternehmenssituation, die Vorbereitung auf das dritte Planungsgespräch und der Erfahrungsaustausch sind Ziele dieses Workshops. Der Bezug zum Beruf wird mit dem Angebot von Beschäftigungsmöglichkeiten während der Elternzeit gesichert, z. B. in Form von Urlaubs- und Krankheitsvertretung, Sonderaktionen und die Abdeckung von Arbeitsspitzen.

Spezialistinnen und Spezialisten, Potenzialkandidatinnen und Potenzialkandidaten sowie Führungskräfte will die AOK Hessen an das Unternehmen binden. Gemeinsam mit der Mitarbeiterin oder dem Mitarbeiter werden Maßnahmen zur Erhaltung der Beschäftigungsfähigkeit und des Kompetenzerhaltes während der Elternzeit geplant. Die Maßnahmen werden dabei auf die individuellen Bedürfnisse abgestimmt. Die Teilnahme an Qualifizierungsmaßnahmen, an Teambesprechungen oder die reduzierte Weiterbeschäftigung während der Elternzeit - auch in anderen Unternehmensbereichen - zählen zu den Maßnahmen der Beschäftigungssicherung und des Kompetenzerhalts im Zusammenhang mit der Elternzeit.

2.2.5 Sensibilisierung

Damit Führungskräfte und Mitarbeiter/innen die Möglichkeiten, die in der Zusammenarbeit von Männern und Frauen liegen, kennen lernen und die erforderlichen Kompetenzen im Umgang mit Unterschiedlichkeiten erwerben, werden Sensibilisierungsmaßnahmen durchgeführt. Maßnahmen des Diversity Management sind vielen Mitarbeiterinnen und Mitarbeitern, aber auch zahlreichen Führungskräften, zunächst fremd. Gezielte Informationen über Ziele, Inhalte, Vorteile und Gestaltungsmöglichkeiten verbessern die Kenntnis über die geplanten Maßnahmen und sensibilisieren die Belegschaft für eine aktive Unterstützung der Maßnahmen des Diversity Management.

Zielgruppenspezifische Sensibilisierungsmodule sind in die Ausbildung, in die Führungskräfteschulung und das Studium zum AOK–Betriebswirt integriert. Zusätzlich werden anlass- und bereichsspezifische Sensibilisierungsmaßnahmen durchgeführt.

Die bisherigen Erfahrungen zeigen, dass die Sensibilisierung mit „harten" Fakten, mit der Präsentation der Daten, der Darstellung der zu erwartenden Trends und deren Auswirkungen beginnen muss. Die betriebswirtschaftlichen Notwendigkeiten, die Vorteile und die Folgen der Unterlassung notwendiger Diversity-Maßnahmen sind darzulegen. Darauf aufbauend sind handlungsrelevante Aspekte für die konkrete Ausgestaltung im Arbeitsalltag von hoher Bedeutung für erfolgreiche Sensibilisierungsmaßnahmen.

2.3 Erfahrungen

Das Konzept „*Chancengleichheit*" ist erarbeitet, die beschlossenen Maßnahmen werden seit dem Jahr 2004 sukzessive umgesetzt. Es zeigt sich bereits jetzt, dass die Ziele anspruchsvoll gewählt sind und die Umsetzung der Maßnahmen von der Sensibilisierung der Mitarbeiter/innen und insbesondere von der Unterstützung durch die Führungskräfte abhängt.

Besonders anspruchsvoll erweist sich das Ziel, die Anzahl der weiblichen Führungskräfte in Führungspositionen zu erhöhen. Bei einer über Jahrzehnte gewachsenen Personalstruktur ist dieses Ziel nur zu erreichen, wenn freie Positionen vorhanden sind. Wie bei vielen anderen Unternehmen, geht der Trend bei der AOK Hessen jedoch eher in Richtung Verringerung der Anzahl von Führungspositionen. Konkret bedeutet dies: Nur wenn Männer Führungspositionen verlassen, Frauen diese übernehmen und wenn alle Führungspositionen, die von Frauen verlassen werden, wieder mit Frauen besetzt werden, erhöht sich der Anteil der weiblichen Führungskräfte. Hinzu kommt, dass die Fluktuation weiblicher Führungskräfte auch aufgrund von Elternzeit wesentlich höher ist als bei Männern. Könnte der erreichte Anteil von Frauen in Führungspositionen gehalten werden, wäre das bei den genannten Rahmenbedingungen bereits als Erfolg zu bewerten. Die Evaluation der Maßnahmen zeigt, dass der Anteil weiblicher Führungskräfte leicht zugenommen hat. Es zeichnet sich auch ab, dass Frauen herausgehobene Sachbearbeiterpositionen und Spezialistenpositionen verstärkt als Alternative zur Führungskarriere wählen.

Der bewusst betriebwirtschaftlich ausgerichtete Ansatz des Konzepts Chancengleichheit und der Abgleich mit den strategischen Unternehmenszielen sind wesentliche Erfolgsmomente. Vorstand, Führungskräfte, Mitarbeiterinnen und Mitarbeiter unterstützen das Konzept nur dann dauerhaft, wenn sie eindeutige und messbare Erfolgsbeiträge aus dem Diversity Management erkennen und Vorteile für sich und das Unternehmen realisieren können.

Kulturveränderung braucht langen Atem. Heute etwas tun, was erst morgen wirkt, überzeugt nur dann, wenn sich die Betroffenen Vorteile von der Umsetzung der Maßnahmen versprechen. Widerstände sind zu erwarten, wenn persönliche Benachteiligung befürchtet wird. Die ideologiefreie Sicht auf die Geschlechterrollen hat geholfen, Widerstände zu vermeiden und die Maßnahmen zügig umzusetzen. Die Zunahme der männlichen Auszubildenden zeigt beispielhaft, was mit Diversity-Maßnahmen erreicht werden kann.

Die bisherigen Erfahrungen zeigen auch, dass Chancengleichheit nicht einseitig auf einen Aspekt, z. B. auf Maßnahmen der Personalentwicklung, reduziert werden kann. Diversity Management umfasst alle Bereiche des Human Resources Management. Einzubeziehen sind: die Unternehmenskultur, die Arbeitsorganisation, das Vergütungssystem, rechtliche Vorgaben, die qualitative und quantitative Personalplanung und Aspekte der Work-Life-Balance.

Welche Aspekte für den einzelnen wichtig sind, hängt von der individuellen Situation ab. Kinderbetreuung ist eine wichtige Voraussetzung für die Vereinbarkeit von Familie und Beruf, für eine Mutter vielleicht sogar das entscheidende Element einer frauenfördernden Organisationskultur und -struktur.

Chancengleichheit wird für sie dadurch erst möglich. Für kinderlose Frauen sind andere Aspekte entscheidend. Die zu entwickelnden Lösungen sind deshalb an der konkreten Bedarfslage der Frauen und Männer zu orientieren.

Das Konzept Chancengleichheit wurde sowohl inhaltlich als auch formal als Top-Down-Prozess implementiert. Frauenförderung wird nicht mehr als Aufgabe der Frauenbeauftragten, sondern als Aufgabe aller Führungskräfte verstanden. Die Vielfalt zu akzeptieren bringt allen Vorteile, ist keine lästige gesetzliche Pflicht, sondern im Sinne der Erreichung der Unternehmensziele erwünscht und notwendig. Eigeninitiative zur Ausgestaltung der Diversity-Maßnahmen wird von der Belegschaft erwartet.

Es gilt, die eingeleiteten Maßnahmen konsequent fortzuführen und die Vernetzung der Maßnahmen in das Management, in die Funktionsbereiche des Unternehmens und in die Kunden- und Lieferantenbeziehungen sicherzustellen.

Für ihre an Chancengleichheit ausgerichtete Personalpolitik und die durchgeführten Maßnahmen wurde der AOK Hessen im Jahre 2004 das *Total E-Quality-Prädikat* zuerkannt. Entscheidendes Kriterium für die Prädikatsvergabe war, dass mit den Bausteinen des Konzepts ein erfolgreicher Konsens zwischen wirtschaftlichen Belangen und den Interessen der Mitarbeiterinnen und Mitarbeiter erzielt wird.

Außerdem unterzog sich das Unternehmen 2005 dem *Audit Beruf & Familie®* der gemeinnützigen Hertie-Stiftung und erhielt dafür das Grundzertifikat. Die AOK Hessen will damit die vorhandenen Ziele und Maßnahmen familienbewusster Personalpolitik nachhaltig verankern und sicherstellen. Darüber hinaus gibt es neue Ziele. Diese beinhalten u. a. die Bereitstellung weiterer Möglichkeiten zur flexiblen Arbeitsorganisation, die Weiterentwicklung des Kinderbetreuungs-Service zum Familienservice und der Ausbau des Gesundheitsmanagements. Insbesondere die beiden letztgenannten Punkte weisen Bezüge zum Konzept der Generationenvielfalt auf, das die AOK Hessen als weiteres wichtiges Diversity-Thema aktuell in Angriff nimmt.

3 Ausblick: Generationenvielfalt bei der AOK Hessen – Chancen für die Zukunft

Von der Belegschaftsstruktur her ist die AOK Hessen gegenwärtig ein junges Unternehmen. Fast 57 Prozent der Beschäftigten sind jünger als 41 Jahre. Auf den ersten Blick ein Grund, sich angesichts der demografischen Frage beruhigt zurückzulehnen. Trendfortschreibungen zeigten jedoch: Gerade weil die Belegschaft der AOK Hessen gegenwärtig jung ist, altert sie schnell. In zehn Jahren wird der Anteil der über 41-jährigen aufgrund des demografischen Wandels schon über 75 Prozent betragen. Alle anderen Szenarien zeigen, unabhängig davon, welche konkrete Personalstrategie ergriffen wird, dass die Entwicklung in der Grundstruktur unumkehrbar ist (Abbildung 2).

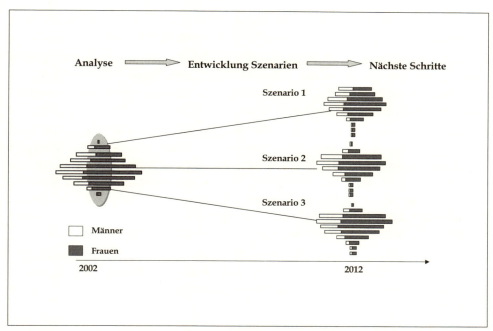

Abbildung 2: Altersstruktur der AOK Hessen 2002 und Trendszenarien bis 2012. (Lambert 2004)

Die Mehrzahl der Mitarbeiterinnen und Mitarbeiter gehört heute zur Altersgruppe 36 – 45 Jahre. Diese Kohorte prägt auch die zukünftige Altersstruktur. Diese Gruppe wird noch viele Jahre im Unternehmen bleiben. Alle politischen Beschlusslagen zielen auf die Verlängerung der faktischen Lebensarbeitszeit. Weil die so genannte „Babyboomer-Generation" bereits viele verantwortungsvolle Positionen im Unternehmen einnimmt – sie befinden sich in dem Alter, in dem man bereits „Karriere gemacht hat" – gäbe es für die heute jüngeren Beschäftigten der AOK Hessen ohne entsprechende Maßnahmen wenig Entwicklungs- und Karrieremöglichkeiten. Der „Prince-Charles-Effekt" würde greifen: Der Thronfolger ist bereits über fünfzig, kommt immer noch nicht zum Zuge und wird von seinem Sohn, der nächsten Generation, überholt. Was in England vielleicht funktioniert, ist für ein Unternehmen fatal, zumal ab dem Jahr 2018 weniger Nachfolger zur Verfügung stehen. Bis zu diesem Zeitpunkt würde in diesem Szenario fast eine ganze Generation junger Menschen nur eingeschränkte Entwicklungschancen haben. Die fehlenden Chancen wirken sich negativ auf die Motivation und auf die Attraktivität als Arbeitgeber aus.

Man erkannte: Um unter den Voraussetzungen des demografischen Wandels eine kompetente, leistungsfähige und -bereite sowie flexible Belegschaftsstruktur zu erhalten, sind Maßnahmen für alle „Mitarbeitergenerationen" notwendig. Das Unternehmen muss Strategien und Maßnahmen entwickeln, die die Beschäftigten in die Lage versetzen, bis zu einem Alter von deutlich über sechzig Jahren kompetent, flexibel und innovativ ihre Aufgaben zu erfüllen und die gleichzeitig dem Thronfolgerdilemma entgegenwirken.

Pointiert ausgedrückt, thematisierten die Personalstrategien vieler Unternehmen die Altersfrage in der Vergangenheit nach dem Motto: *„Wo ist Alter ein Problem?"*. Diese Einstellung wandelt sich zur Zeit aufgrund der demografischen Entwicklung. Die neue Frage lautet *„Wo gibt es neue Chancen für Ältere?"*

Richtig gestellt heißt die Frage jedoch: *„Wo gibt es Chancen für alle Mitarbeitergenerationen zum Nutzen des Unternehmens und seiner Kunden"*. Die Antwort darauf ist der Schlüssel dafür, die leistungs- und marktgerechte Aufgabenerledigung mit Hilfe aller Altersgruppen im Unternehmen auch in der Zukunft sicherzustellen. Die Projektbezeichnung *„Generationenvielfalt - Chancen für die Zukunft"* ist daher Programm und Anspruch für die zu erarbeitenden Maßnahmen des Alters-Diversity-Management der AOK Hessen.

Wer proaktiv mit den Auswirkungen des demografischen Faktors umgehen will, befasst sich zwangsläufig mit den Einflüssen der Alterung auf Personalerneuerung, Personalreduzierung, Personalbewegung, Personalentwicklung und Personaleinsatz.

Konkret sind folgende Fragen zu bearbeiten:

- Was muss getan werden, um das heute junge Unternehmen auf die Auswirkungen der demographischen Entwicklung vorzubereiten?
- Wie kann sichergestellt werden, dass auch zukünftig unter Diversity-Gesichtspunkten junge Menschen in ausreichendem Maße bei der AOK Hessen arbeiten?
- Wie kann sichergestellt werden, dass ausreichend Karrieremöglichkeiten zur Verfügung stehen und die AOK Hessen ein attraktiver Arbeitgeber bleibt?
- Wie können die Leistungsfähigkeit und -bereitschaft, die Motivation und die Flexibilität der derzeitigen Belegschaft für viele Jahre erhalten und gefördert werden?

Das Projekt *„Generationenvielfalt"* wird von einer interhierarchisch, interfunktional und intergenerativ zusammengesetzten Projektgruppe bearbeitet. Sie entwickelt bis 2006 das entsprechende Konzept. Die zu erarbeitenden Ziele und Maßnahmen sollen sicherstellen, dass die AOK Hessen trotz der zunehmenden Alterung der Belegschaft die Herausforderungen der Zukunft professionell und leistungsstark meistern kann. Erste Analysen zeigten sehr schnell, dass das Thema an den Handlungsfeldern des Konzepts Chancengleichheit orientiert bearbeitet werden kann.

Das Projekt Generationenvielfalt thematisiert *„Verschiedenheit als Chance"* als die richtige Mischung von verschiedenen Altersgruppen und die Zusammenarbeit der Generationen. Das Handlungsfeld Arbeitsorganisation, mit den Aspekten Arbeitszeit, Arbeitsort sowie Tätigkeitsorganisation, setzt wiederum wesentliche Rahmenbedingungen für die Bewältigung des Alterungsprozesses. Die berufliche Entwicklung aller Altersgruppen wird unter dem Gesichtspunkt der Karriereentwicklung bearbeitet. Das Thema lebensbegleitendes Lernen markiert einen weiteren Schwerpunkt des Projektes. Die Vereinbarkeit von Beruf und Privatleben geht in einer lebensphasenbezogenen Perspektive weit über Elternzeit hinaus. Auch werden gesundheitsfördernde Maßnahmen in diesem Zusammenhang als Voraussetzung für den Erhalt der Leistungsfähigkeit bei einer alternden Belegschaft eine wichtigere Rolle spielen als bisher. Umsetzungsunterstützende Ziele und Maßnahmen sind analog zu den Sensibilisierungmaßnahmen gleichfalls elementare Bestandteile des Gesamtkonzepts.

4 Zusammenfassung

Die AOK Hessen verfolgt mit ihrem Diversity-Management-Ansatz eine ganzheitliche Diversity-Philosophie nach dem Grundsatz, die Vielfalt der Talente in einer leistungsfähigen und für die Mitarbeiterinnen und Mitarbeiter attraktiven Arbeitsumgebung zu realisieren. Dabei wird beachtet, dass die Inhalte nicht auf „Geschlecht" und „Alter" beschränkt bleiben. Strategisch orientiertes Diversity Management stellt zunächst gewachsene Strukturen, Prozesse, Gewohnheiten, Vorurteile und Stereotypen in Frage. Bei der Umsetzung stößt der Begriff Diversity Management selbst auf Widerstand, da der Begriffsinhalt nicht selbsterklärend ist und die Ziele weit in die Zukunft reichen. Um in allen Unternehmensbereichen erfolgreich zu sein, darf ein Diversity Management Konzept nicht nur die strategische Ebene erfassen, sondern muss Maßnahmen bereitstellen, die einen unmittelbar wahrnehmbaren Nutzen für Führungskräfte, Mitarbeiterinnen und Mitarbeiter bieten. Dies ist mit dem Konzept Chancengleichheit gelungen und wird in dem Konzept Generationenvielfalt konsequent angestrebt.

Die Entscheidung für den gewählten ganzheitlichen Diversity-Ansatz erweist sich als Vorteil, da zukunftsweisende Themen immer wieder neu anschlussfähig diskutiert und integriert werden müssen. Angesichts der absehbaren weiteren Flexibilitätsanforderungen an das Unternehmen und seine Beschäftigten, wird Diversity Management als dauerhafte Aufgabe für alle Verantwortlichen zu verstehen und systematisch weiterzubearbeiten sein. Neue Inhalte ergeben sich wiederum aus den Markt- und Kundenanforderungen und den Unternehmenszielen. Ziele und Maßnahmen müssen in der Schnittmenge des unternehmerischen Nutzens und des Mitarbeiternutzens liegen, um nachhaltig umsetzbar und erfolgreich zu sein.

Literatur

Bundesministerium für Familie, Senioren, Frauen und Jugend (Hrsg.)(2003): Betriebswirtschaftliche Effekte familienfreundlicher Maßnahmen. Berlin.

Lambert, S. (2004): In der Vielfalt liegt die Zukunft. In: Personalwirtschaft, H. 01, S. 18-20.

Lambert, S. (2006): Chancengleichheit für Frauen und Männer. In: Personalwirtschaft, H. 01, S. 17-19.

Alters-Diversity als Unterschiedlichkeit in Wissen und Erfahrung

Birgit Weinmann

1	**Übersicht und Zielsetzung**
2	**Renaissance der Erfahrung**
3	**Wissen, Erfahrung und Alter**
3.1	Begriffsbestimmung
3.2	Wert der Erfahrung
3.3	Erfahrungsdifferenzierung
4	**Erfahrung und der demografische Faktor**
4.1	Erfahrung zwischen Angebot und Nachfrage
4.2	Konsequenzen für das Alters-Diversity-Management
5	**Erfolgskritische Wissens- und Erfahrungskerne**
6	**Wissensmanagement**
7	**Herausforderungen**
Literatur	

Erfahrung ist wie eine Laterne im Rücken. Sie beleuchtet immer nur das Stück des Weges, das wir bereits hinter uns haben.

Konfuzius (551 – 479 v. Chr.)

Die Jugend ist meist so allwissend, dass sie alles weiß, bis auf eines:

dass auch einmal die Alten allwissend waren, bis sie wirklich alles wussten.

Ernest Hemingway (1899-1961)

1 Übersicht und Zielsetzung

Alter als sichtbares Merkmal der Unterschiedlichkeit gerät vor dem Hintergrund des demografischen Wandels zunehmend in den Fokus betrieblicher Diversity-Management-Konzepte. Wissen und Erfahrung variieren mit dem Alter. Deshalb ist *Alters-Diversity-Management* auch immer das Management der Unterschiedlichkeit von Wissen und Erfahrung. Insbesondere Erfahrung als spezifischer Vorteil Älterer erfährt derzeit eine Renaissance. Erfahrene sind nicht mehr nur älter, sondern sie sind zu *Best Agers, Advanced Professionals* oder zu *Very experienced Persons* avanciert. Der Anteil der Erfahrenen in den Unternehmen wird in den nächsten 15 Jahren deutlich steigen. Erfahrung ist jedoch kein Wert an sich, sondern ihr Wert ist umfeld- und tätigkeitsabhängig. Wandelnde Anforderungen, aber auch das zukünftige Überangebot an Erfahrung zählen zu den Faktoren, die zur Erfahrungsentwertung führen können. Um die Erfahrungszuwächse als Produktivitätsreserve nutzen zu können, wird es deshalb erforderlich sein, die erfolgskritischen Wissens- und Erfahrungsanforderungen zu identifizieren und die Unterschiedlichkeit entlang dieser Anforderungen zu gestalten. Damit verbunden ist die teilweise Entkoppelung von Wissen und Erfahrung vom Faktor Alter. Im Rahmen des Alters-Diversity-Management muss die Lebensaltersperspektive um die Kompetenzperspektive ergänzt werden. Das ist eine Frage der Instrumente, aber auch eine Frage des Selbstverständnisses Erfahrener. Mit dem nachfolgenden Beitrag soll ein Teilaspekt des Alters-Diversity-Management, die „Unterschiedlichkeit in Wissen und Erfahrung" zur Diskussion gestellt werden, indem bewusst eine andere Perspektive auf Erfahrung gewählt wird.

2 Renaissance der Erfahrung

Erfahrung zählt wieder. Zumindest in den Publikationen, die für den demografischen Wandel und die damit verbundene Alterung der Belegschaften sensibilisieren wollen, wird der Wert der Erfahrung als spezifischer Vorteil älterer Mitarbeiter betont.[1] Die gute Nachricht für alle, die den „Altenberg" von morgen als Bedrohung für die zukünftige Leistungsfähigkeit und Produktivität sehen, ist: Ältere Mitarbeiter sind in den meisten Tätigkeitsbereichen, wenn alterssensible physiologische Faktoren oder körperliche Belastungen für den Erfolg keine Rolle spielen, prinzipiell nicht weniger leistungsfähig als junge oder Mitarbeiter im mittleren Lebensalter. Sie erbringen die Leistung lediglich auf eine andere Art und Weise (Lehr 2003, 212 ff.). Ihre Berufserfahrung kompensiert mögliche Altersnachteile. Als Beispiel sei der Faktor Schnelligkeit

---

[1] Die neue Wertschätzung der Erfahrung scheint jedoch, von Ausnahmen abgesehen, nur bezogen auf die eigene Belegschaft zu gelten. Nach wie vor werden jüngere Arbeitnehmer bei Einstellungen bevorzugt. Unternehmen sind noch nicht in nennenswertem Umfang bereit, ältere Bewerber einzustellen.

genannt. Ältere arbeiten zwar langsamer, aber dafür genauer und erzielen damit vergleichbare Arbeitsergebnisse wie Jüngere. Auch Schwächen in der schnellen Informationsverarbeitung können durch Stärken in der persönlichen Wissensorganisation als Erfahrungswissen ausgeglichen werden (Köchling 2002, 152) [2]. Für Tätigkeiten, bei denen Erfahrung als zwingende Anforderung für den Erfolg erforderlich ist, sind Ältere geradezu prädestiniert. Hierzu zählen zum Beispiel Führungs- und Leitungsfunktionen, die Organisation komplexer Abläufe mit hohem sozialen und organisatorischen Abstimmungsaufwand oder Tätigkeiten, bei denen es auf Genauigkeit und Zuverlässigkeit ankommt (Köchling 2002, 156).

Der neue Wert der Erfahrung wird unterstrichen durch die Erkenntnis, dass durch die Vorruhestandspraxis der vergangenen Jahre vielfach Wissen unwiderruflich verloren gegangen ist. Personengebundene Erfahrungselemente sind nicht mehr formal abrufbar. Dies gilt insbesondere dann, wenn die Wissens- und Erfahrungssicherung nicht stattgefunden hat. „Was Sie mit diesen Mitarbeitern verloren haben, wissen Sie erst, wenn der kalte Hauch der Ahnungslosigkeit durch die Risse in ihrer Produkt- und Servicearchitektur weht." (Leonhard/Swap 2005, 3) Den kalten Hauch haben inzwischen zahlreiche Unternehmen nicht nur verspürt, sondern bereits teuer bezahlt.

Instrumente des Wissens- und Erfahrungstransfer stehen daher mit hoher Priorität auf der Agenda zur zukunftsweisenden Gestaltung der Zusammenarbeit zwischen den Generationen. Ob Know-how-Tandems, Mentoren- oder Beratermodelle, immer geht es darum, dass Ältere Erfahrungen an Jüngere weitergeben und idealer Weise im Gegenzug vom aktuellen Wissen der Jüngeren lernen.

Eine Studie des Instituts für Angewandte Wirtschaftsforschung (IAW) im Auftrag des Wirtschaftsministeriums Baden-Württemberg zur Situation älterer Arbeitnehmerinnen und Arbeitnehmer zeigt jedoch in der Beurteilung, wer von wem etwas lernen kann, gibt es häufig noch eine starke Asymmetrie. Tandem-, Mentorenmodelle und altersgemischte Zusammenarbeit finden bei älteren Beschäftigten generell eine hohe Akzeptanz. Fast alle Befragten waren davon überzeugt, dass jüngere Kollegen etwas von ihnen lernen können. Umgekehrt gaben nur vier von zehn älteren Arbeitnehmern an, dass sie von Jüngeren etwas lernen können. Tandem- und Mentorenmodelle, so das weitere Ergebnis der empirischen Analysen werden fast ausschließlich in dem Sinne praktiziert, dass die Älteren die Jüngeren betreuen (Wirtschaftsministerium Baden-Württemberg 2004, 206 u. 208). Instrumente zum Wissens- und

---

[2] Lehr 2003, 101 f.: Die Verfügbarkeit von Wissen scheint ein Mittel dafür zu sein, Lern- und Gedächtnisdefizite im Alter auszugleichen. Höheres Expertenwissen kann Defizite im Kurzzeitgedächtnis ausgleichen.

Erfahrungstransfer stehen daher noch vielfach in der Denktradition des „Meister- und Schülerverhaltens".

Insgesamt ist der Wissens- und Erfahrungstransfer nur ein Teil des gesamten Wissensmanagement-Prozesses. Der Gesamtprozess umfasst die Kernelemente: Wissen identifizieren, erzeugen, erweitern, speichern, verteilen und bewerten (Schertel 2003, 26). Vor jedem Transfer ist zu fragen, was ist für ein Unternehmen wissenswert und was ist es wert, erhalten zu werden!

3 Wissen, Erfahrung und Alter

3.1 Begriffsbestimmung

In einem weiten Wissensbegriff ist *Erfahrung* Teil des *Wissens*. „Kurz, das Gesamtwissen eines Lebewesens besteht in dem, was es gelernt hat." (Bunge/Ardila 1990 zit. in Erpenbeck 2002, 147). Erfahrung kann als selbst gewonnene, unmittelbar erlebte Erkenntnis charakterisiert werden. Sie kann weitergegeben werden, aber nur in Form von *Wissen* und *Kenntnissen* (Erpenbeck 2002, 145). Neue Erfahrung entsteht dann aus der Anwendung des erworbenen Wissens.

Berufliche Handlungsfähigkeit erwächst aus dem Zusammenspiel des formellen und des informellen Lernens (Abbildung 1). Theoriewissen wird um Erfahrungswissen angereichert und ergänzt sich zur beruflichen Handlungsfähigkeit. In allen Handlungssituationen wird informell gelernt. Lernergebnisse stellen sich auch ohne explizite pädagogische Zielsetzung ein. Dabei besteht die Gefahr, dass das Erfahrungslernen zufällig bleibt, wenn es nicht zielorientiert ausgerichtet, organisiert und pädagogisch begleitet wird (Dehnbostel 2002, 47 f.).

Erfahrungswissen weist gegenüber formalem Wissen die Besonderheit auf, dass es zunächst an den jeweiligen Wissensträger gebunden ist. Es umfasst intuitive Verknüpfungen verschiedener formaler und informaler Wissenselemente ebenso wie hoch entwickelte persönliche Netzwerke, mit deren Hilfe andere Erfahrungsträger oder Fachspezialisten „angezapft" werden können. Implizites Wissen ist meist nicht dokumentiert. Dabei gilt: je komplexer die Produkte, die Arbeitsprozesse, die sozialen Beziehungen und Wissensnetzwerke im Unternehmen gestaltet sind, desto schwieriger ist die Überführung des Erfahrungswissens in schriftliche Dokumentation und damit in formale Dokumentationssysteme. Die Weitergabe von Erfahrung erfolgt im Arbeitsprozess über nonverbales Verhalten, die Sprache und über Demonstrationen im Rahmen der Zusammenarbeit. Das individuelle Erfahrungswissen nimmt mit der Dauer der Erwerbstätigkeit und mit der betrieblichen Beschäftigungsdauer zu (Köchling 2002, 133 ff.). „Die Qualität des Expertenwissens ist im Allgemeinen erst im mittleren Erwachsenenalter voll ausgebildet." (Lehr 2003, 101.) Formales Lernen als Neuerwerb von grundlegendem Theoriewissen erfolgt im Aus- und Weiterbildungssystem in der Regel vor dem Berufsstart, also in jungen Jahren.

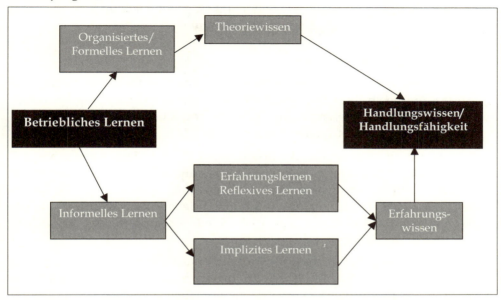

Abbildung 1: Betriebliche Lernarten und Zusammenhang zwischen formellem Lernen und informellem Lernen.

(In Anlehnung an: Dehnbostel 2002, 47)

Daraus lässt sich die Schlussfolgerung ziehen: Bezogen auf eine bestimmte berufliche Tätigkeit kann man nicht gleichzeitig jung und erfahren sein. Weniger trivial ist der Schluss, dass man alt und unerfahren sein oder über veraltete Erfahrungen verfügen kann, die für die aktuellen Problemlösungen wertlos sind. Das trifft dann zu, wenn eine Tätigkeit vollkommen neu ist oder sich Tätigkeitsanforderungen grundlegend geändert haben.

3.2 Wert der Erfahrung

Der Wert der Erfahrung ist immer im Zusammenhang mit dem betrieblichen und gesellschaftlichen Umfeld zu sehen. „Verändert sich das Umfeld, verändert sich der Wert der Erfahrung" (Hentze 1994 zit. in Lehr 2003, 212). Erfahrung ist deshalb kein Wert an sich.

Erfahrung sinkt in ihrem Wert, wenn organisatorische und technische Veränderungen früheres Wissen obsolet machen oder die Transfermöglichkeiten auf die neue Situation gering sind. Umstrukturierungen, die mit der Zuweisung neuer Tätigkeiten verbunden sind, lösen vorhandene Erfahrungsnetzwerke teilweise auf und zerstören Prozesswissen. Die Einführung neuer Technologien und Methoden lassen tätigkeitsspezifische Kenntnisse und Fähigkeiten veralten. Sie können deshalb von Erfahrenen als bedrohlich erlebt werden, da hiermit ein Machtverlust einhergehen kann (Lehr 2003, 211 f.).

Ist Erfahrung entwertet, fehlt ein wesentliches Erfolgsmoment alternder Belegschaften. Das „Kompensationsgeschäft" unterschiedlicher Stärken und Schwächen zwischen Jung und Alt, wie Schnelligkeit gegen Genauigkeit, um beim Eingangsbeispiel zu bleiben, funktioniert nicht mehr.

3.3 Erfahrungsdifferenzierung

Um die in einem konkreten Unternehmen vorhandenen vielfältigen Erfahrungen erfassen und in ihrer Wertigkeit für die Unternehmensleitung beurteilen zu können, ist die Differenzierung in Erfahrungskategorien sinnvoll. Erfahrungswissen kann unterschieden werden in:

1. *Lebenserfahrung*. Sie umfasst die Erfahrungen, die ein Mensch insgesamt seit seiner Geburt gesammelt hat, z.B. in der Familie, in der Freizeit oder die in einem Ehrenamt erworbenen Erfahrungen. Dazu zählen auch die kohortenspezifischen Erfahrungen, wie z.B. das Erleben der Nachkriegszeit, der Wende, das Kommen und Gehen verschiedener Moden, die Entwicklung der neuen Medien usw.

2. *Erwerbserfahrung*. Sie umfasst die im Laufe des Erwerbslebens gesammelte Erfahrung. Dazu zählen z. B. die Erfahrungen während der Ausbildungszeit und die Erfahrungen in berufsfremden Arbeitsbereichen.

3. *Berufserfahrung* ist die in einem bestimmten Beruf nach Ausbildungsabschluss erworbene Erfahrung, z. B. als Ingenieur, als Industriekaufmann oder als Bäcker.

4. *Unternehmenserfahrung* umfasst die betriebsspezifische Erfahrung und ist an Dauer der Betriebszugehörigkeit gebunden.

5. *Tätigkeitserfahrung* ist die in einer konkreten Tätigkeit (= Job) gesammelte Erfahrung, z.B. als Ingenieur in der Konstruktion von Drehmaschinen, als Industriekaufmann in der Anlagen-Buchhaltung, als Bäcker in der Erprobung von Backmischungen in der industriellen Fertigung. Die Tätigkeitserfahrung kann verschiedene Stufen aufweisen:

Jemand kann ein Job-Newcomer[3] sein, also eine Tätigkeit neu aufnehmen. Verfügt er über Tätigkeitserfahrungen, ist er Job-Experte, erweitert er seine Erfahrungen über die konkrete Tätigkeit hinaus, kann er als Top-Experte (oder Very Experienced Person) eingestuft werden.

Entlang der Erfahrungsstufen Newcomer, Experte oder Top-Experte lassen sich die fachliche, methodische, soziale, personale und prozedurale Erfahrung differenzieren.

Die Zuordnung erfolgt über Kriterien. Damit wird festgelegt, welche Erwartungen das Unternehmen mit den Erfahrungsstufen verbindet. Dabei sind

---

[3] Leonhard/Swap 2005, 5: übernommen werden die Bezeichnungen Newcomer und Experte.

zwei Ausprägungen zu unterscheiden. Erfahrungsunterschiede können als quantitative oder als qualitative Kompetenzunterschiede auftreten. Der Newcomer wird entweder als „defizitärer Experte" mit noch geringer Erfahrung oder als Fachfremder eingestuft, der zwar nicht über tätigkeitsspezifische Erfahrungen verfügt, aber andere Kompetenzausprägungen mitbringt. Im letzteren Fall werden die Kompetenzen, die den Newcomer auszeichnen bewusst genutzt, z. B. die Fähigkeit, vorhandene Verfahrensweisen und Routinen in der Außensicht zu hinterfragen.

Newcomer und *Experten* gehen unterschiedlich an gleiche Aufgaben heran (Abbildung 2). Sowohl die Strategie des Newcomers als auch des Experten ist mit unterschiedlichen Chancen und Risiken verbunden (Leonhard/Swap 2005, 5). Beide Strategien können sich aufgabenbezogen ergänzen, wie bei „Entscheidungen treffen" deutlich wird.

Erwerbserfahrung, *Berufserfahrung* und *Tätigkeitserfahrung* sind Teilmengen der *Lebenserfahrung*. Die Erwerbserfahrung kann deckungsgleich mit der Tätigkeitserfahrung sein.

Aufgaben	Newcomer	Experte	Defizite des Experten
Entscheidungen treffen	Muss alle Fakten untersuchen und bewusst zwischen Alternativen wählen	Trifft Entscheidungen schnell und effizient ohne grundlegende Fakten zu untersuchen	Übermäßiges Selbstvertrauen, ignoriert eventuell relevante Daten
Das Umfeld bedenken	Verlässt sich auf grobe Regeln, die den Kontext vernachlässigen	Bedenkt beim Lösen von Problemen den Kontext	Hat eventuell Schwierigkeiten bei der Vermittlung des Expertenwissens, weil es stark kontextbezogen ist
Informationen übertragen	Hat keine Rezeptoren und deshalb nur eine beschränkte Grundlage für den Transfer	Kann Erfahrungen auf neue Situationen übertragen, um eine Lösung zu finden	Gründet Lösungen eventuell auf ein falsches Muster
Unterscheidungen treffen	Nutzt grobe Regeln und übergeht feine Unterschiede	Kann feine Unterscheidungen treffen	Kommuniziert vielleicht nicht gut mit Newcomer, der keine Rezeptoren für feine Unterschiede hat
Sich Wissenslücken bewusst machen	Weiß nicht, was er nicht weiß	Weiß, wann Regeln nicht gelten	Geht vielleicht von Expertise aus, wo keine vorhanden ist
Muster erkennen	Hat wenig Erfahrungen, mit deren Hilfe er Muster erkennen kann.	Kennt wegen seiner Erfahrung ein umfangreiches Repertoire von Mustern	Ist eventuell nicht besser als der Newcomer, wenn es keine Muster gibt
Verborgenes Wissen nutzen	Verlässt sich hauptsächlich auf explizites Wissen.	Nutzt verborgenes Wissen bei Entscheidungsfindung	Hat vielleicht Probleme mit Artikulation und deshalb mit Weitergabe des verborgenen Wissens

Abbildung 2: Erfahrungsunterschiede zwischen Newcomern und Experten. (Leonhard/Swap 2005, 5)

Die Erfahrungsdifferenzierung ermöglicht:

a.) die teilweise Entkoppelung von Erfahrung und Lebensalter

Entscheidend zur Beurteilung der Tätigkeitserfahrung einer Person ist nicht das Lebensalter, sondern das Tätigkeitsalter. Jemand kann als Ingenieur lebenserfahren und berufserfahren, aber als Konstrukteur von Drehmaschinen ein Newcomer sein, wenn er vorher in einem anderen Unternehmen Druckmaschinen konstruiert hat.

Umgekehrt ist der 30 jährige IT-Spezialist als Job-Experte einzustufen, wenn er über 10 Jahre Tätigkeitserfahrung verfügt.

Die Bezeichnung für die unterschiedlichen Erfahrungsstufen sollte daher nicht mit der Konnotation des Lebensalters einhergehen, wie z. B. *Junior* oder *Senior*. Den Einstieg in eine neue Tätigkeit mit Jugend und Erfahrung generell mit Seniorität zu verbinden, schreibt vorhandene Stereotype fest.

b.) Aussagen über die Anforderungsrelevanz der verschiedenen Erfahrungskategorien und damit die optimale Nutzung aller Erfahrungsressourcen

Diversity Management will die Gesamtkompetenz erfassen und nutzbar machen. Die Erfahrungsdifferenzierung ermöglicht Aussagen über die Anforderungsrelevanz der unterschiedlichen Erfahrungskategorien und damit über deren Wert.

Lebenserfahrung ist für ein Unternehmen dann wertvoll, wenn sie zur Erledigung der Aufgaben anforderungsrelevant ist oder die Anforderungen transferfähig sind. Erwarten Kunden eine kohortenspezifische Ansprache, ist die entsprechende Lebenserfahrung gefragt. Um klassische Vorurteile zu bemühen, Service-Personal in einem Szene-Lokal mit jungem Publikum, sollte ebenfalls jung sein. Ältere Kundinnen erwarten beim Schuhkauf eine eher lebenserfahrene Verkäuferin, die weiß „wo der Schuh drückt". In der Anlagen-Buchhaltung dagegen ist Lebenserfahrung weniger anforderungsrelevant. Es überwiegen die Anforderungen an die Unternehmenserfahrung und die Tätigkeitserfahrung.

Zur Analyse tätigkeitsrelevanter Kompetenzen stehen zahlreiche Analyseinstrumente zur Verfügung. Die Entwicklung von Instrumentarien zur Erfassung von transferfähigen Kompetenzen steht noch am Anfang. Zu nennen ist hier die Kompetenzbilanz. Mit ihr sollen insbesondere die im sozialen Feld *Familie* erworbenen Kompetenzen erfasst werden. Es wird angenommen, dass Familienerfahrung Potenziale zur Lösung von komplexen Aufgaben in modernen Arbeitssituationen generiert. Die Fähigkeit zum angemessenen selbstorganisierten Handeln, abgestimmt auf wechselnde Arbeitsanforderungen, nennt ein Beispiel. „In schwierigen Situationen und unter Zeitdruck handeln", wird zum einen nach dem Grad des Könnens und danach beurteilt, inwieweit diese Kompetenz im Rahmen der Familientätigkeit erworben und weiterentwickelt wurde. Der Wert der

Kompetenzbilanz besteht darin, dass sie einen qualifizierten Dialog der Beteiligten über Fähigkeit und Entwicklungspotenziale, losgelöst vom unmittelbaren Arbeitskontext, eröffnet (Erler et al. 2003, 339 ff.).

c.) *Die Analyse der Erfahrungsstruktur*

Viele Unternehmen werden in den nächsten Jahren aufgrund alternder Belegschaften Erfahrungszuwächse verzeichnen. Wie gezeigt wurde, kann Erfahrung und ihre Wertigkeit bezogen auf einzelne Tätigkeiten weiter qualifiziert werden (vgl. hierzu auch 5.).

4 Erfahrung und der demografische Faktor

In den nächsten beiden Jahrzehnten unterliegt das Erfahrungsangebot in zahlreichen Unternehmen deutlichen Schwankungen. Zwar unterscheidet sich die Altersstruktur je nach Branche und Unternehmensgröße erheblich (Brussig 2005, 2), der typische Mittelaltersberg bestimmt jedoch häufig das Bild. Die Mitarbeiter der geburtenstarken Jahrgänge 1955 – 1970 sind im Gegensatz zu jüngeren und älteren Beschäftigten prozentual am stärksten vertreten. Insbesondere die Generation 60+ ist in der Alterstruktur vielfach kaum vorhanden. So sind in den 50 größten hessischen Unternehmen durchschnittlich 17,1 % der Mitarbeiter über 50 Jahre alt. Auf die Altersklasse 60+ entfallen nur 1,9 % der Belegschaft. (MEX 05.02.05,www.hr-online.de).

4.1 Erfahrung zwischen Angebot und Nachfrage

Generell sind extrem homogene betriebliche Alterstrukturen (jugendzentriert, mittelalterszentriert oder alterszentriert und/oder keine fließenden Übergänge zu den jeweils anderen Altersgruppen) unter den Bedingungen des demografischen Wandels problematisch (Köchling 2002, 33). Im Rahmen einer Grundlagenstudie, auf der Basis von 35 intensiven Fallstudien, wurden sieben typische alterstrukturelle Probleme skizziert und mögliche Konsequenzen aufgezeigt (Köchling 2002, 7 ff.). Am Beispiel der mittelalterszentrierten Altersstruktur (Abbildung 3) sollen die Auswirkungen des demografischen Faktors auf das Angebot und die Nachfrage von Erfahrung beispielhaft diskutiert werden.

Abbildung 3 zeigt die Verschiebung zur alterszentrierten Struktur innerhalb von 10 Jahren. Hinter der Fortschreibung steht die Annahme, dass die bisherigen Personalstrategien beibehalten werden. Selbstverständlich rekrutieren Unternehmen im dargestellten Zeitraum weiterhin in der Altersgruppe 15-24 Jahre. Durch Fluktuation und Ersatzrekrutierungen verändern sich auch die Anteile in den übrigen Altersgruppen. Die vereinfachte Darstellungsform soll jedoch für den prinzipiellen Trend sensibilisieren.

Die langjährig Erfahrenen, d. h. die Altergruppen 45+ stellen im Jahr 2010 mit einem Anteil von 70% den überwiegenden Teil der Belegschaft (Köchling 2002, 12).

Ab dem Jahr 2020 beginnt der Austritt der geburtenstarken Jahrgänge. Gleichzeitig wird die Nachbesetzung mit Jüngeren wesentlich schwieriger.

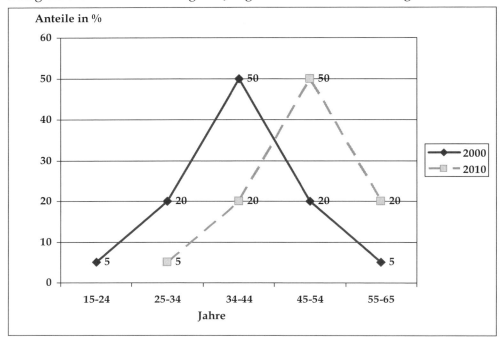

Abbildung 3: Mittelalterszentrierte Altersstruktur mit abgeschwächten Unterschieden zu den anderen Altersgruppen.

(Köchling 2002, 12)

Nach der 10. Bevölkerungsvorausberechnung des Statistischen Bundesamtes im Jahr 2003 dominiert die Gruppe der 50-64 Jährigen im Jahr 2020 den Arbeitsmarkt. Sie stellen dann 39% des Arbeitskräftepotenzials. Im Prognosejahr 2003 war die Altersgruppe 35-49 Jährigen mit 38% am stärksten vertreten (Statistisches Bundesamt 06.06.2003).

Die demografiebedingten Veränderungen werden in Abbildung 3 in einer alternativen grafischen Darstellung nochmals verdeutlicht. Im Beispielfall steht die betriebliche Alterspyramide innerhalb von 10 Jahren fast auf dem Kopf.

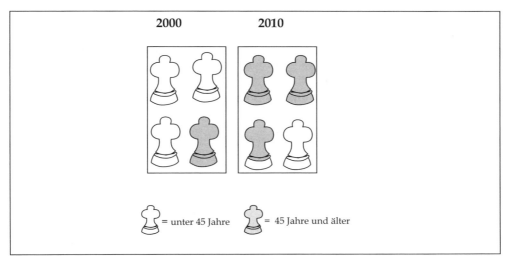

Abbildung 4: Alternative Darstellung der mittelalterszentrierten Altersstruktur.

Die Auswirkungen auf das Angebot und die Nachfrage von Erfahrung lassen sich in drei zeitliche Phasen unterscheiden.

Phase 1: Mehr Nachfrager als Anbieter von Erfahrung

Abbildung 4 zeigt: Im Jahr 2000 waren im mittelalterszentrierten Unternehmen deutlich mehr „Schüler" als „Meister" vorhanden oder anders ausgedrückt: mehr Nachfrager als Anbieter von Erfahrung. Aufgrund der Erfahrungsverluste in der Vergangenheit ist der Wert der Erfahrung bekannt. Drohende kritische Erfahrungsverluste sind personell zuschreibbar und leicht zu identifizieren[4].

Anbieter von Erfahrung findet drei potenzielle Nachfrager. Beim intergenerativen Wissens- und Erfahrungstransfer stellen die „Meister", z. B. als Spezialisten, Führungskräfte oder Mentoren, den Engpass dar. Die direkte personale Wissens- und Erfahrungssicherung, wie im Mentoring oder im altersgemischten Nachfolgetandem zum Know-How-Transfer ist bei der geringen Anzahl ausscheidender Erfahrungsträger einzelfallbezogen durchführbar.

Phase 2: Mehr Anbieter als Nachfrager von Erfahrung

Ab dem Jahr 2010 sind mehr „Meister" als „Schüler" vorhanden (Abbildung 4). Drei Erfahrungsanbietern steht nur ein Nachfrager gegenüber. Beim intergenerativen Wissens- und Erfahrungstransfer werden die „Schüler" zum Engpass. Damit ist die Sicherung von Erfahrungswissen mittels personalem Transfer begrenzt. Mangels Nachfragern muss Erfahrung deshalb soweit wie möglich als explizites Wissen mit Hilfe von formalen Systemen gesichert werden.

---

[4] Lehr 2003, 101 f.: Die Verfügbarkeit von Wissen scheint ein Mittel dafür zu sein, Lern- und Gedächtnisdefizite im Alter auszugleichen. Höheres Expertenwissen kann Defizite im Kurzzeitgedächtnis ausgleichen.

Ein Teil des impliziten Wissens entzieht sich jedoch dauerhaft der Formalisierung. Die zu entwickelnden Systemlösungen sind deshalb durch den personalen Wissens- und Erfahrungstransfer in *eins zu eins-Beziehungen* weiterhin zu ergänzen. Die Identifikation dessen, was es wert ist erhalten zu werden, was formal und was personal transferiert werden muss und wer zum Transfer geeignet ist, wird bei den begrenzten personalen Speicher- und Transfermöglichkeiten zum entscheidenden Faktor.

Die entstehende *Erfahrungskultur* bringt noch eine weitere Konsequenz mit sich: Finden sich weniger Nachfrager von Erfahrung, fehlen den Erfahrenen Denk- und Handlungswiderstände durch hinterfragende Jüngere und die Herausforderung, Erfahrung und Routinen auf den Prüfstand der „Schülers" zu stellen. Dies gilt umso mehr, wenn die Alterszusammensetzung heterogen ist, wenn es z. B. „alte" Bereiche und „junge" Bereiche gibt.

Der gewonnene Erfahrungszuwachs ist nur von Wert, wenn er dazu beiträgt, aktuelle Aufgaben erfolgreich zu erledigen. Wenn produkt- und prozessspezifisches neues Wissen bisher hauptsächlich über jüngere Generation ins Unternehmen eingeflossen ist (Bertelsmann Stiftung 2005, 107) müssen bis dahin Wissensquellen erschlossen werden, die allen Altersgruppen zugänglich sind. Newcomer-Kompetenzen sind in allen Altersgruppen zu entwickeln. Ergänzend ist der Transfer von neuem Wissen von der jüngeren an die ältere Generation zu verstärken. Die Instrumente des Wissens- und Erfahrungstransfers werden im Gegensatz zur heutigen Praxis zweiseitig anzulegen sein, d.h. die „Meister" werden bereit sein müssen, auch von den „Schülern" zu lernen. Das altbewährte Prinzip „Die Alten weisen den Weg, die Jungen ziehen den Wagen", funktioniert nicht mehr. Die Erfahrenen werden den Wagen selbst bis zum Ruhestandsalter ziehen müssen und vielleicht sogar noch länger.

Phase 3: Viele Anbieter verlassen das Unternehmen

Ab dem Jahr 2020 verlassen die Anbieter von Erfahrung kontinuierlich in großer Anzahl das Unternehmen. Die mittlere Generation ist dann numerisch die schwächste Mitarbeitergruppe. Ihr kommt jedoch eine wichtige Scharnierfunktion zwischen den jüngeren und den älteren Beschäftigten zu. Gleichzeitig wird ein Teil der altersbedingt Ausscheidenden ihr Wissen und ihre Erfahrung direkt an die jüngste Mitarbeitergeneration transferieren. Etablierte Systeme des formalen und personalen Wissens- und Erfahrungssicherung unterstützen diesen Prozess und helfen, die drohenden massiven Erfahrungsverluste zu vermeiden.

4.2 Konsequenzen für das Alters-Diversity-Management

Abhängig von der konkreten Altersstruktur eines Unternehmens wirkt sich der demografische Wandel sehr unterschiedlich auf das Management von Wissen und Erfahrung aus. Bevor Maßnahmen geplant und in Angriff genommen werden, müssen die Beschäftigungsstruktur analysiert und die möglichen Auswirkungen eingeschätzt werden.

Lebensaltersperspektive

Die Zeitspanne zwischen Einstiegs- und Ausstiegsalter in das Erwerbsleben bestimmt die Erwerbserfahrung. Sowohl die Verkürzung der Ausbildungszeiten als auch die Erhöhung des Renteneintrittsalters führen zu einer längeren Erwerbsphase. Das gesellschaftlich angestrebte Einstiegs- und Ausstiegsalter setzt die Eckwerte für

a. die Personalplanung, die sich quantitativ auf die veränderten Altersgrenzen einstellen muss und die Nachfolge sichert,

b. die Amortisationszeiten der Investitionen in Aus- und Weiterbildung und die verbleibende Nutzungsdauer von Wissens- und Erfahrungsressourcen.

Alters-Diversity-Management in der Lebensaltersperspektive stellt sicher, dass auch zukünftig genügend Abnehmer von Erfahrung zur Verfügung stehen und sich die Investitionen in die Entwicklung von Erfahrungsressourcen lohnen.

Die ausschließlich lebensaltersbezogene Perspektive und der Versuch ausgewogene Altersstrukturen entlang einer gedachten Idealverteilung des Lebensalters der Belegschaft herzustellen, löst jedoch eine Form der Altersdiskriminierung durch die Diskriminierung der mittleren Generation ab. Bisher werden ältere Bewerber bei Besetzungen nicht berücksichtigt. In Zukunft würden das mittelalterszentrierte Unternehmen keine Bewerber im mittleren Alter mehr einstellen, weil sie den „Altenberg" von morgen vergrößern. Unabhängig von den Kosten dieser hypothetischen Personalstrategie besteht für viele Unternehmen in Zeiten des Personalabbaus nur ein geringer Handlungsspielraum zur grundlegenden Beeinflussung von gewachsenen Personalstrukturen.

Inwieweit die Altersstruktur problematisch ist, ist nicht nur abhängig vom Lebensalter der Beschäftigten. Entscheidend ist auch das Kompetenzprofil der Belegschaft und der Art der Arbeitsanforderungen (Bertelsmann Stiftung 2005, 151). Deshalb muss die Lebensaltersperspektive um die Kompetenzperspektive ergänzt werden. Nicht die nach dem Lebensalter ausgewogene Altersstruktur ist das Ziel, sondern die richtige Wissens- und Erfahrungsstruktur. Richtig ist, was den Markt- und Kundenanforderungen entspricht und gleichzeitig betriebswirtschaftlich sinnvoll ist.

Kompetenzperspektive

Die Kompetenzperspektive entspricht in ihrer Ausrichtung dem Vorschlag für *Europäische Leitlinien einer guten betrieblichen Praxis zum Age-Management*, die im Rahmen eines von der Europäischen Kommission angeregten Forschungsprojektes erarbeitet wurden. Die Leitlinien „... sollen dazu beitragen, älter werdende Arbeitnehmer/innen gleichberechtigt mit anderen Beschäftigungsgruppen in die betriebliche Personalpolitik zu integrieren und ihre Beschäftigungsaussichten zu verbessern." (Bundesanstalt für Arbeitsschutz und Arbeitsmedizin 2004, 59) Für sieben Handlungsbereiche sind entsprechende Grundsätze formuliert worden. Mitarbeiter sollen nicht aufgrund des Alters, sondern aufgrund der benötigten fachlichen Qualifikationen und Kompetenzen eingestellt werden. Bei innerbetrieblichen Beförderungen und Arbeitsplatzwechsel sollen nur sach- und tätigkeitsbezogene Kriterien für die Übernahme einer neuen Aufgabe ausschlaggebend sein. Der Grundsatz lautet, Bewerbungsunterlagen vor allem im Hinblick auf fachliche Qualifikationen, berufliches Leistungsvermögen und bisherige Erfahrungen und nicht auf das Alter zu prüfen (Bundesanstalt für Arbeitsschutz und Arbeitsmedizin 2004, 61 f.).

Soll dies gelingen, müssen Unternehmen

a.) wissen, welche Kompetenzen sie benötigen,

b.) die altersgebundene Zuschreibung von Kompetenzen auflösen,

c.) in der Lage sein, die benötigten Kompetenzen möglichst altersneutral zu generieren und zu managen.

Wenn Personalverantwortliche den jüngeren Beschäftigten Lernfähigkeit, Lernbereitschaft und Kreativität und Älteren Erfahrung zuschreiben (Bundesanstalt für Arbeitsschutz und Arbeitsmedizin 2004, 15), dann ist diese Wahrnehmung mit bedingt durch die Aus- und Weiterbildungssysteme und die bisherige Art der Arbeitsorganisation. Empirische Studien zeigen, weder Lernfähigkeit, noch Kreativität sind der Jugend vorbehalten (Lernfähigkeit: Lehr 2003, 93 ff.; Kreativität: 129 ff.). Ob ein Unternehmen Newcomer-Kompetenzen auch in anderen Altersgruppen generieren kann, wird vor dem Hintergrund des unumkehrbaren demografischen Wandels erfolgsentscheidend sein. Gleichfalls „reifen" Mitarbeiter nicht automatisch per Beschäftigungsdauer zu Erfahrung. Wertsteigerung durch Erfahrung ist mit Investitionen in Maßnahmen der Arbeitsorganisation und der Personalentwicklung verbunden.

Die Kompetenzperspektive umfasst damit die individuelle Ebene und die organisationale Ebene (Becker 2006, 439). Die Wissens- und Erfahrungsunterschiedlichkeit, die zur anforderungsgerechten Erledigung der gegenwärtigen und zukünftigen Aufgaben erforderlich ist, wird bestimmt durch die in Hinblick auf die Unternehmensstrategie erfolgskritischen personalen und organisationalen Wissens- und Erfahrungskerne.

5 Erfolgskritische Wissens- und Erfahrungskerne

Einen Überblick über erforderliche Kernkompetenzen bieten Stellenbündel oder Job-Familien. Im Gegensatz zur klassischen Stellenbeschreibung mit ihrer enzyklopädischen Auflistung von Einzelaufgaben, bilden die Stellenbündel die dauerhaft zu erbringenden Aufgaben mehrerer Stellen ab. Aus den entstandenen elementaren Tätigkeitskernen leiten sich die erfolgskritischen Anforderungen ab. Die Anforderungsprofile umfassen die elementaren fachlichen und persönlichen Anforderungen, die zur erfolgreichen Erledigung der Kerntätigkeiten erfüllt sein müssen.

Im konkreten Anwendungsfall, z. B. der Auswahl, Einarbeitung und der Nachfolgeplanung werden die Stellenbündel anlassbezogen konkretisiert, d. h. um aktuelle situative Tätigkeitsinhalte und Anforderungselemente angereichert.

Stellenbündel sind geeignet, die erfolgkritischen Wissens- und Erfahrungselemente auf der Ebene der fachlichen und persönlichen Anforderungen zu erfassen (Abbildung 5). Die Top-Down Ableitung aus den normativen und strategischen Zielen sollte analog der Ermittlung anderer Anforderungsmerkmale durch Bottom-Up-Verfahren der Anforderungsanalyse ergänzt werden, z. B. Befragung der Funktionsinhaber, Kundenbefragungen oder die Erhebung kritischer Ereignisse sind mögliche Instrumente der Erhebung (Becker 2005, 306 ff.).

Die fachlichen und persönlichen Anforderungen des Stellenbündels legen die erforderlichen Kompetenzen fest. Die Erfahrungsstufen *Newcomer, Experte* und *Top-Experte* können herangezogen werden, um die Erfahrungskarriere innerhalb eines Stellenbündels zu beschreiben. Newcomer sind Stellenbündeleinsteiger, die erstmals eine Tätigkeit des Stellenbündels ausüben. Nachdem Tätigkeitserfahrung erworben wurde, entwickeln sie sich zu Experten weiter. Top Experten haben verschiedene Tätigkeiten innerhalb des Stellenbündels ausgeübt und sind Stellenbündelgeneralisten. Die hinterlegten Kompetenzen konkretisieren die Anforderungen der jeweiligen Erfahrungsstufe.

Abbildung 5 zeigt exemplarisch ein Stellenbündel, das verschiedene Referententätigkeit umfasst. Die Erfahrungsanforderung legt fest, wer erstmals eine Tätigkeit als Referent übernehmen will, muss über Berufserfahrung verfügen, jedoch nicht tätigkeitserfahren sein. Stellenbündel für Anlerntätigkeiten sind dagegen mit der Anforderung „Erwerbserfahrung" zu koppeln, um den Einstieg ohne Ausbildungsabschluss zu ermöglichen.

Die Segmentierung der Belegschaft nach *Newcomern* (=Tätigkeitseinsteiger), *Experten* (=Tätigkeitserfahrene) und *Top-Experten* (=Tätigkeitsgeneralisten), erlaubt Aussagen über die vorhandenen tätigkeitsbezogenen „Erfahrungswerte" und damit über die verfügbaren Kompetenzen. Gleichzeitig sind Ist-Soll Abgleiche hinsichtlich der zukünftig erforderliche Zusammensetzung von Newcomer-, Experten- und Top-Experten-Kompetenz auf Stellenbündelniveau möglich.

Bündelbezeichnung: Referenten und Referentinnen   **Organisatorische Einbindung:** Bereichsleitung/Fachbereichsleitung
Vergütungsgruppen: werden 2006 festgelegt
Kerntätigkeiten des Bündels:
– Fachliche und sozialpolitische Entwicklungen aufnehmen, bewerten und Strategien ableiten   – Spitzenverbandliche Positionen erarbeiten und politisch vertreten   – Modelle und Konzepte entwickeln, initiieren, durchführen und auswerten   – Überregionale Arbeit der Träger vernetzen und koordinieren   – Fachliche Arbeit vernetzen und vertreten   – Lobbyarbeit aktiv betreiben   – Träger im Gesamtkontext fachlich informieren und beraten
Fachliche Anforderungen des Bündels
Formale Qualifikation (Aus-, Fort- und Weiterbildung)   – Hochschul-/Fachhochschul-/Berufsakademieabschluss oder einschlägige Berufsausbildung
Fachkompetenz   – Umfassendes Fachwissen   Newcomer   Experte   Top Experte   – Tätigkeitsbezogenes Wissen   – Berufserfahrung nach Erfordernis
Fachliche Anforderungen des Bündels
– Veränderungsfähigkeit   Newcomer   Experte   Top Experte   – Dienstleistungsorientierung   – Denken und Handeln in Netzwerken   – Konzeptionelle Fähigkeiten   – ………………………   – ………………………   – ………………………   – ………………………

Abbildung 5:   Stellenbündel Referent/in.

(In Anlehnung an: Becker 2005, 310)

Je nach Unternehmensdynamik unterscheidet sich die Erfahrungsstruktur deutlich von der Altersstruktur. In dynamischen Unternehmen wechseln Tätigkeiten und Anforderungen häufiger. Der Anteil der Newcomer ist höher als der Anteil jüngerer Mitarbeiter und es gibt weniger Erfahrene als Ältere. Die Übernahme einer anderen Tätigkeit versetzt die Erfahrenen in den Status von Newcomern. Sie lernen dann zwar neu, allerdings verliert ihre bisherige Erfahrung an Wert. Die im Rahmen der demografischen Entwicklung empfohlene Maßnahmen zur Erhöhung der Beschäftigungsfähigkeit, wie Job Rotation oder regelmäßige Tätigkeitswechsel, finden bei älteren Beschäftigten nur geringe Akzeptanz (Wirtschaftsministerium Baden-Württemberg 2004, 208). Die wahrgenommene Erfahrungsentwertung mag dabei eine Rolle spielen. Wenn Entwicklungswege jedoch als absehbare Erfahrungskarrieren innerhalb des Stellenbündels gestaltet werden, dürfte das die Akzeptanz von Tätigkeitswechseln erhöhen. Gleiches gilt für stellenbündelübergreifende Wechsel, wenn der Status des Newcomers nicht mit defizitärer Kompetenz belegt ist.

6 Wissensmanagement

Wissensmanagement als die „... Gesamtheit aller Planungen und Maßnahmen, mit deren Hilfe das implizite und explizite Wissen aufbereitet, miteinander verbunden und fortentwickelt werden soll" (Bauer et al. 2003, 6), schließt das Erfahrungsmanagement ein. Vor der Implementierung von Instrumenten und Maßnahmen des Wissensmanagements stehen die Bestandsaufnahme und die Analyse des im Unternehmen bekannten Wissens und der vorhandenen Wissensmanagementsysteme sowie aus den normativen und strategischen Wissenszielen abgeleitet die Planung des zukünftig benötigten Wissens (Bauer et al. 2003, 9 f.). Stellenbündel können hierbei, wie aufgezeigt wurde, einen signifikanten Beitrag leisten.

Auf Ebene der Stellenbündel kann analysiert werden:

1. Welches explizite, welches implizite Wissen ist stellenbündelbezogen vorhanden?
2. Welches explizite, welches implizite Wissen muss stellenbündelbezogen aufgebaut werden?
3. Wie wird neues Wissen innerhalb der Stellenbündel erzeugt?
4. Welche Lernanreize bieten die jeweiligen Stellenbündeltätigkeiten?
5. Gibt es Lernanreize nur für Newcomer?
6. Wie fließt neues Wissen in die jeweiligen Bündel ein, ausschließlich über Newcomer oder auch über Experten und Top-Experten?
7. Welche transferfähigen Erfahrungskompetenzen können für die Stellenbündeltätigkeiten verwertet werden?
8. Ist der Zufluss und der Zugang zu neuem Wissen altersgebunden?
9. Wie wird Erfahrung verteilt und gespeichert?
10. Ist der Wert von unterschiedlichem Erfahrungswissen bekannt?
11. Wie kann der Wert der Erfahrung erhalten und produktiv genutzt werden?
12. Welche Tätigkeitsdynamik besteht in den Stellenbündeln?
13. Wie ist das Verhältnis von neuem Wissen und Erfahrung stellenbündelbezogen zu gestalten?

14. In welchen Stellenbündeln drohen demografiebedingte Erfahrungsverluste im Jahr 2010, 2015, 2020?

Die Identifikation, Erzeugung, Speicherung, Verteilung und Bewertung formalen Wissens ist schon immer Gegenstand der betrieblichen Aus- und Weiterbildung und hat sich in der Vergangenheit zunehmend professionalisiert.

Erfahrungsunterschiedlichkeit zu nutzen, heißt jedoch Erfahrungslernen und Erfahrungswissen gleichfalls zu professionalisieren und zu steuern. Dies gelingt nur, wenn formelle und informelle Systeme des Wissens- und Erfahrungstransfers einander systematisch ergänzen. Das schließt ein rein technisches Verständnis des Wissensmanagements aus (vgl. hierzu vgl. Geldermann et al. 2005, 10).

Die Instrumente sind in ihrer konkreten Ausgestaltung passgenau am gegenwärtigen und zukünftigen Erfahrungsbedarf des Unternehmens orientiert zu entwickeln.

Neben den *Paten- und Mentorenmodellen und altersgemischten Tandems,* sollen weitere Instrumente des Wissensmanagements exemplarisch genannt werden, die auch das Institut der deutschen Wirtschaft (Köln) größtenteils als nützlich empfiehlt. (Bertelsmann Stiftung 2005, 118 f. und Schertel 2003, 26 f.).

Gelbe Seiten: (online-) Branchenbücher informieren in unterschiedlicher Form über Wissensgebiete, Kompetenzen und Erfahrungen von Beschäftigten. Vorhandenes Wissen, aber auch Wissensdefizite werden dadurch transparent,

Wissenskarten: grafische Verzeichnisse oder Darstellungen von Wissensstrukturen, Wissensbeständen und Wissensanwendungen einer Organisation,

Externe Netzwerke und Kooperationen: Einbeziehen von Schlüsselkunden in den Entwicklungsprozess, Zusammenarbeit mit Hochschulen, Verbänden, IHK, Beratern ,

Mikroartikel: kurze Zusammenfassung eines Projektes oder einer Arbeitsaufgabe,

Lessons learned nach Projekten: Dokumentation von positiven und negativen Aspekten und Lösungen, aber auch Fehler aus den Projekten,

Checkliste: erfolgreiche Verfahrensweisen, wichtige Aktivitäten, aufgetretene Probleme mit Lösungen werden als Fragen und/oder Aktivitätsbeschreibungen aufbereitet,

Community of Practice: Personen die gleiche oder ähnliche Tätigkeiten ausführen erörtern und dokumentieren Probleme und Lösungsmöglichkeiten ihrer Arbeitsbereiche,

Gesprächsforum: regelmäßige Treffen zur Vermittlung von „Wissenswertem",

Diskussionsforen: Netz-Plattformen, die es den Beschäftigten ermöglichen Fragen und Antworten einzustellen. Die Beiträge bleiben über einen längeren Zeitraum erhalten,

Mitarbeiter schulen Mitarbeiter: Mitarbeiter werden für einen festgelegten Zeitraum von Kollegen qualifiziert,

Story Telling: Sammlung von Anekdoten aus dem Geschäftsalltag,

Informelle Treffen-Kaffee-Ecken: Förderung informeller Treffen der Mitarbeiter zum Informationsaustausch.

Die erfolgreiche Umsetzung der dargestellten Instrumente setzt entsprechende organisationale und motivationale Rahmenbedingungen voraus und ist in Zusammenhang mit der Lernkultur des Unternehmens insgesamt zu sehen. Die Veröffentlichung von Fehlern, wie sie zum Beispiel bei „Lessons learned" (siehe oben) erforderlich ist, kann nur in einer fehlertoleranten Unternehmenskultur erfolgreich funktionieren. Die Abgabe von exklusivem persönlichem Erfahrungswissen an eine öffentliche Netz-Plattform muss mit immateriellen oder materiellen Anreizsystemen verbunden sein. Nicht zuletzt benötigt informeller Austausch Zeit.

Kompetenzentwicklung und die Nutzung der Unterschiedlichkeit von Wissen und Erfahrung ist daher ohne „Organisationsentwicklung" und „Sensibilisierung", die auch auf die Veränderung der Unternehmenskultur abzielt, nicht denkbar.

7 Herausforderungen

Die Personalmanagementsysteme „demografiefest" zu machen, also den gleichzeitigen Rückgang jüngerer Erwerbspersonen und die Zunahme älterer Beschäftigter zu bewältigen, ist nicht nur die Lösung von Nachfolgeproblemen. Alters-Diversity-Management als Erfolgschance zu begreifen bedeutet vor allem, die Kompetenzentwicklung auf die Zukunft auszurichten und optimal leistungsfähig zu gestalten.

Zielfaktor der entsprechenden Kompetenzarchitektur ist der Markt (Becker 2005, 7 ff.). Als kompetent gilt danach jemand dann, wenn für seine Handlungsfähigkeiten eine Nachfrage besteht, unabhängig davon, woher er sein Wissen und sein Können bezogen hat, aber auch unabhängig davon, wie alt er ist.

Wenn moderne Arbeitsformen vom Einzelnen verlangen, „... sich mit seiner ganzen Individualität und seinem Kompetenzportfolio einzubringen" (Kastner/Wolf 2005, 29), dann müssen Instrumente vorhanden sein, die dieses Kompetenzportfolio erfassen und sowohl für das Unternehmen als auch für den Mitarbeiter verwertbar machen. Zum Kompetenzportfolio zählen sowohl das Erfahrungswissen als auch transferfähige Kompetenzen aus anderen Lernfeldern. Nur so können die bisher verborgenen umfangreichen Wissens- und Erfahrungsressourcen produktiv genutzt werden.

Die Sichtweise auf die Person mit ihrer gesamten Individualität bietet die Chance, dass Mitarbeiter vom Kostenfaktor zum Wertschöpfungsfaktor werden. Technische Systeme und Vermarktungszwänge bergen allerdings das Risiko, dass der Mitarbeiter zum „gläsernen Wissensträger" wird. Um die Chancen sowohl für Unternehmen und Mitarbeiter zu erhöhen und Risiken zu minimieren, wird die konkrete Ausgestaltung der Instrumente mit den Organen der Mitbestimmung auszuhandeln sein (Schertel 2003, 7).

Ein Blick in die Zukunft zeigt, das jeweils richtige Maß an Unterschiedlichkeit im Abgleich zwischen Marktanforderungen und Diversity-Herstellungskosten zu finden und diesen Weg jetzt zu beschreiten, lohnt sich damit mehr denn je. Die Individualisierung der Lebensstile, die Extremfokussierung auf das Ich, der Zusammenbruch der Massenmärkte und globale Turbulenzen prägen die Konsumenten von morgen (Horx 2006, 2). Damit gewinnt die im Unternehmen vorhandene Lebenserfahrung als Abbildung der Erwartungen unterschiedlicher Kosumentengenerationen an Wert, wenn sie einer produktiven Nutzung zugeführt werden kann. Die Veränderungsgeschwindigkeit der Märkte, der schnelle technologische Wandel und die Entwertungsgeschwindigkeit des Wissens bleiben weiterhin hoch. Die Schnelligkeit der Wissenserzeugung im Unternehmen, die Steuerung der Transferströme und die Schnelligkeit der Verteilung an die Schlüsselfunktionen werden zukünftig noch stärker als heute den Wettbewerb bestimmen.

Literatur

Becker, M. (2005): Personalentwicklung. Bildung, Förderung und Organisationsentwicklung in Theorie und Praxis. 4., aktual. u. erw. Aufl., Stuttgart.

Becker, M. (2006): Werte-Wandel in turbulenter Zeit. München/Mering.

Bertelsmann Stiftung (Hrsg.) (2005): Erfolgreich mit älteren Arbeitnehmern. 2. Auf., Gütersloh.

Brussig, M. (2005): Altersübergangs-Report 2005-2. Hans-Böckler-Stiftung Düsseldorf, Institut für Arbeit und Technik, Gelsenkirchen.

Bundesanstalt für Arbeitsschutz und Arbeitsmedizin (Hrsg.) (2004): Mit Erfahrung die Zukunft meistern. Altern und Ältere in der Arbeitswelt. Dortmund.

Erler, W. et al. (2003): Kompetenzbilanz. Ein Instrument zur Selbsteinschätzung und beruflichen Entwicklung. In: Erpenbeck, J./v. Rosenstiel, L. (Hrsg): Handbuch Kompetenzmessung. Stuttgart, S. 339 -352.

Geldermann, B./Mohr, B./Reglin, T. (2005): Zwischen Reduktion und Entgrenzung – betriebliche Bildung in Zeiten lebenslangen Lernens. In: Berufsbildung im Wandel. Projektdatenbank f-bb, www.f-bb.de.

Horx, M. (2006): Zukunft der Medien. In: Zukunftsletter, H. 01, S. 02.

Input Consulting GmbH im Auftrag der Vereinten Dienstleistungsgewerkschaft, Bereich Innovations- und Technologiepolitik (Hrsg.) (2003): Wissensmanagement. Frankfurt.

Kastner, M./Wolf, M. (2005): Die Work-Life-Balance im Kontext virtualisierter Arbeitsformen. In: Wirtschaftspsychologie aktuell, H. 04, S. 28-32.

Köchling, A. (2002): Projekt Zukunft. Leitfaden zur Selbstanalyse altersstruktureller Probleme in Unternehmen. Dortmund.

Lehr, U. (2003): Psychologie des Alterns. 10. Auf., Wiebelsheim.

Leonhard, D./Swap, W. (2005): Aus Erfahrung gut. In: Harvard Business Manager, H. 01, entnommen aus Harvard Business Manager, Dossier Personal – 002151.

Rohs, M. (Hrsg.)(2002): Arbeitsprozessintegriertes Lernen. Münster.

Wirtschaftsministerium Baden-Württemberg (Hrsg.) (2004): Zur Situation älterer Arbeitnehmerinnen und Arbeitnehmer in Baden Württemberg. Eine empirische Analyse bestehender Beschäftigungshemmnisse aus Arbeitgeber- und Arbeitnehmersicht. Schlussbericht. Stuttgart.

Methodenorientierte Diskussion

Die methodenorientierte Auseinandersetzung mit dem Diversity Management steht in Deutschland noch am Anfang. Idealtypisch geht man – so die übereinstimmende Ansicht in Theorie und Praxis – bei der methodischen Gestaltung des Diversity Management systematisch und am Unternehmensziel orientiert vor., z. B. als Algorithmus vergleichbar dem Funktionszyklus von *Becker* (Becker 2005). Die methodenorientierte Diskussion hat sich dabei mit Fragen auseinanderzusetzen, die die Messung der vorhandenen Diversität, die einzusetzenden Verfahren und Instrumente, geeignete Formen der Zusammenarbeit und entsprechende Planungs-, Steuerungs- und Evaluierungsinstrumente thematisieren.

Der Beitrag von *Hansen* stellt die Aktivitäten des Diversity Management unter die Forderung der Verbesserung von Leistung und Zusammenarbeit im Unternehmen. Homogenität und Heterogenität sind so zu gestalten, dass die personelle Anschlussfähigkeit an die Umweltanforderungen (Kunden, Lieferanten) gesichert ist. Diversity Management ist Aufgabe des Managements und der Personalabteilung. Die einzuleitenden Maßnahmen variieren mit dem unterlegten Ansatz: Fairness, Passung, Lernen. Der Fairness-Ansatz folgt eher passiv äußerem Druck, der Ansatz Passung birgt die Gefahr der Stereotypenbildung und der Kultivierung vorurteilsbehafteter Erwartungen an die Akteure. Lernen hängt vom Reifegrad der Organisation ab. Erfolgreiches Diversity Management setzt am Reifegrad der Organisation (Entwicklungsphasen nach *Cox*) an. Dabei ist Diversity Management als Prozess im Verständnis von Organisationsentwicklung zu gestalten. Erfolg, so die Autorin, erwächst aus vielen kleinen Schritten der Veränderung.

Praxisorientiert werden im dem Beitrag von *Ivanova* und *Hauke* die Ziele, Inhalte und die Implementierungsschritte eines Diversity-Management-Konzeptes in einem konkreten Unternehmen referiert. Die Ausführungen stellen das Projekt in den allgemeinen Entwicklungszusammenhang der Globalisierung, der demographischen Entwicklung und der zu erwartenden bzw. bereits geltenden Rechtsvorschriften zur Vermeidung und Sanktionierung von Diskriminierung. Dargestellt werden die Phasen des Projektes, die Beteiligten und die Rolle der Personalabteilung im Prozess der Einführung des Diversity-Management-Konzeptes und während der Umsetzung geeigneter Sensibilisierungsmaßnahmen.

Ebenfalls sehr umsetzungsorientiert – hier aber auf den Kunden bezogen – schildert der Beitrag von *Heuer* und *Engel* Maßnahmen zur behindertengerechten Ausgestaltung des DB-Reiseangebotes. Bauliche, informationstechnische Voraussetzungen und behindertengerechte Reiseplanung werden beschrieben. Die Autorinnen schildern, wie Trainings und gemeinsame Workshops mit Behinderten dazu beitragen, Behinderte differenziert diskriminierungsfrei und professionell zu behandeln. Ein Beitrag somit, der zahlreiche Anregungen für eine behindertenfreundliche Ausgestaltung von Unternehmen gibt.

Der anschließende Beitrag von *von der Ruhr* befasst sich mit den Zielen, der Konstruktion, den Inhalten und Grenzen von „Job Families" bei der Volkswagen AG. Es wird dargelegt, dass mit Job Families und der Zusammenfassung von Job Families in Job Family Clustern Einheitlichkeit der Tätigkeiten und Anforderungen einerseits, aber auch in der konkreten Ausprägung die kulturelle Identität der diversen Belegschaft des VW-Konzerns auf der anderen Seite erhalten bleibt. Gemeinsamkeiten und Unterschiede werden durch intensive Informations- und Kommunikationskampagnen verdeutlicht. Schlüsselpersonen, insbesondere Führungskräfte, sind Multiplikatoren und „Kümmerer" des Job Familie Konzeptes im VW Konzern.

Umgang mit personeller Vielfalt
Alltagskonstruktionen von Verschiedenheit in deutschen Unternehmen[1]

Katrin Hansen

1   Zum Verständnis von Diversity

2   Wertschätzung personeller Vielfalt als Grundlage des Diversity Management

3   Paradigmen des Diversity Management in Unternehmen

3.1   „Fairness and Discrimination Approach"

3.2   „Access and Legitimacy Approach"

3.3   „Learning and Effectiveness Approach"

4   Eckpfosten eines Diversity Management

Literatur

---

[1] Dieser Beitrag basiert auf einem kooperativen Forschungsprojekt, das gemeinsam mit Ursula Müller, Universität Bielefeld, durchgeführt wurde. Dessen Ergebnisse sind in Aretz/Hansen 2002 und Belinszki/Hansen/Müller 2003 dokumentiert. Der vorliegende Beitrag interpretiert einen ausgewählten Teil der Ergebnisse vor dem Stand der Literatur 2005.

1 Zum Verständnis von Diversity

Obwohl der Begriff „Diversity" in Wissenschaft und Praxis nicht klar definiert ist und eine intensive Diskussion darüber geführt wird, ob eine enge oder eher eine breite Definition sinnvoller sein kann (Roberson/Kulik/Pepper 2003, Bissels/Sackmann/Bissels 2001), besteht doch ein Konsens darin, dass Diversity im Hinblick auf die Human-Ressourcen die Verschiedenheit, Ungleichheit, Andersartigkeit und Individualität bezeichnet, die durch zahlreiche Unterschiede zwischen Menschen entstehen. Diversity beinhaltet gleichzeitig aber auch die Gemeinsamkeiten, welche die Menschen in der Organisation insgesamt oder in Gruppen zusammen halten: „Diversity refers to *any* mixture of items characterized by differences and similarities." (Thomas 1996, 5).

Personelle Vielfalt umfasst in einer weiten Interpretation alle Aspekte der individuellen Entwicklung und Prägung von Menschen, die für Unternehmen relevant sein können. Diversity darf jedoch nicht auf die Betrachtung von Individuen reduziert werden. Vielmehr ist die Zugehörigkeit zu Identitätsgruppen zu berücksichtigen, die mit unterschiedlicher Macht ausgestattet sind, um nicht zu verkürzten Ansätzen des Diversity Management zu kommen. An zentraler Stelle steht häufig die Diversity-Dimension Gender; die anderen Kerndimensionen Alter, Behinderung, Rasse/Ethnizität, sexuelle Orientierung und Religion ergänzen die Betrachtung.

Im deutschsprachigen Raum war Diversity noch vor wenigen Jahren ein Fremdwort. *Belinszki, Hansen* und *Müller* stellten in empirischen Befragungen 2001 fest, dass in deutschen Unternehmen und Bildungsorganisationen der Begriff „Diversity" nur in Ausnahmefällen bekannt (Hansen 2003) und dort sogar Ressentiments gegenüber dem als „fremd" empfundenen Konzept spürbar waren (Belinszki 2003). Sowohl in deutschen Unternehmen als auch in Hochschulen wird personelle Vielfalt vor allem in der Genderfrage spürbar und mit dem Engagement gegen Diskriminierung und für die Gleichstellung der Geschlechter verbunden. Aber es werden auch weitere Verbindungen zu andere Dimensionen von Diversity hergestellt, die einerseits Herausforderungen für die zwischenmenschliche Kooperation darstellen, andererseits aber auch Chancen für persönliches Wachstum, für die erhöhte Qualität von Problemlösungen und für eine gesteigerte Leistungsfähigkeit des Unternehmens insgesamt enthalten.

Zum Alltagsverständnis von Diversity in Unternehmen

In den Unternehmen finden sich neben der Genderfrage und anderen soziodemographischen Dimensionen folgende als wichtig erachtete Aspekte von Vielfalt: Interdisziplinarität, Unternehmens- und Bereichskulturen sowie unterschiedliche Fachsprachen. Eine hohe Bedeutung für die Unternehmen hat auch die Multikulturalität von KundInnen und Belegschaft. Unterschiede in den formalen Bildungsabschlüssen können als eine spezifisch deutsche Form von Diversity betrachtet werden. Dabei wird auch ein Zusammenhang zwischen interner und externer Diversity hergestellt:

> „Sie [die Kunden] sehen sich auch sehr unterschiedlich. Und dann ist das Ganze noch sehr stark so [...] traditionell, [...], dass man Leute aus der Pflege hat, Leute aus dem ärztlichen Dienst und Leute aus der Verwaltung. Und ich meine, dass in dieser [...] -Branche [...] sehr, sehr viele unterschiedliche „Kunden" da sind. Auf die kann man eigentlich nur reagieren, wenn man entsprechend ähnliches Personal hat, Mitarbeiter, die auch sehr, sehr unterschiedliche Ausbildungen haben." (Unternehmensberatung zitiert in Hansen 2003, 163)

Diversity macht auch vor der betrieblichen Interessenvertretung nicht halt. Aus Betriebsratsperspektive wird Diversity mit der Heterogenität der Belegschaftsinteressen in Zusammenhang gebracht, welche eine klassische Interessenvertretung vor neue Herausforderungen stellt:

> „Dieser monolithische Block Arbeitnehmer, der vertreten werden soll durch den Betriebsrat, das ist eine Fiktion. [...] Es gibt enorm verschiedenartige Interessen. Ich kann ein Beispiel dazu machen: Wenn wir über [...] die Gestaltung von Arbeitszeiten reden, dann sind da die Interessen [...] von beispielsweise deutschrussischen Kollegen, die viel reinkloppen wollen, anders als die von jungen Leuten, die ihren Spaß haben wollen wiederum andere als die von denen, die da im preußischen Geiste noch ihre Pflicht tun. [...] Der Betriebsrat kann insofern keine eindeutige Antwort mehr finden, kann nicht sagen: So machen wir es!" (Unternehmensberatung zitiert in Hansen 2000, 163)

2 Wertschätzung personeller Vielfalt als Grundlage des Diversity Management

Diversity-Konzepte betrachten Gruppen nicht als eindimensional, sondern machen die gleichzeitige Zugehörigkeit zu mehreren Gruppen zum Thema. Soziodemographische Merkmale spielen dabei allerdings eine besondere Rolle. Denn Merkmale wie Gender, Rasse, Nationalität, Alter und Klassen- bzw. Schicht-Zugehörigkeit haben spezifische kulturelle Bedeutungen (Roberts 2005). Sie sind mit „salient social identities" verknüpft und werden zur sozialen Kategorisierung von Individuen herangezogen. Diese Kategorisierung – und ihre Interpretation durch die kategorisierten AkteurInnen – beeinflusst unter anderem das von diesen selbst wahrgenommene eigene Image in der Organisation („perceived professional image") und hat vielfältige Auswirkungen sowohl auf die Leistungsfähigkeit der AkteurInnen, als auch auf die Beurteilung von deren Leistungen in Abhängigkeit von der Wertschätzung, die die jeweilige soziale Identitätsgruppe in der Gesellschaft und dem Unternehmen genießt: „[...], people often associate membership in socially devalued identity groups with characteristics that are undesirable or inappropriate for the professional context" (Roberts 2005, 689). Soziodemographische Merkmale, die zur Identitätsgruppenbildung führen, markieren „faultlines" (Bruchstellen: Lau/Murnighan 2005) innerhalb von Arbeitsgruppen, die deren Zusammenhalt und den Arbeitserfolg ernsthaft gefährden.

Auch *Thomas* betont die Notwendigkeit, die Zugehörigkeit zu bestimmten Identitätsgruppen von der Zugehörigkeit zu Organisationsgruppen zu unterscheiden und die Konflikte zu analysieren, die an den Schnittstellen dieser Mitgliedschaften entstehen und je nach Typ des „Eingebettetseins" (embeddedness) spezifische Effekte hervorrufen (Thomas 1999).

Diversity kann als Chance oder aber als Gefahr interpretiert werden. Positiv belegt ist Diversity im Sinne von Facettenreichtum zu verstehen, der die Unterschiedlichkeit nicht nur als Trennendes, sondern auch als etwas Verbindendes ansieht und als Chance bzw. Potenzial zu einer synergetischen Nutzung begreift. Eher negativ mutet ein hierarchisch geprägtes Diversity-Verständnis an, in dem Außenseitertum als Anderssein im defizitären Sinne empfunden wird. Möglich ist auch eine Deutung von Unterschiedlichkeit im Sinne einer Nichtangepasstheit oder auch einer Nichtanpassbarkeit.

In der Auswertung empirischer Studien wird dem Macht-Aspekt in der neueren wissenschaftlichen Diversity-Literatur zunehmend Bedeutung zugewiesen. Denn welches Diversity-Verständnis in der Organisation vorherrscht, ist nicht zuletzt auf organisationsinterne Definitionsmacht zurückzuführen.

Eine Sichtweise, die Diversity eher als Gefahr denn als Chance ansieht, wird in homogen Organisationen oder in solchen, in denen „congruent embeddedness" vorliegt, also eine hierarchische Abbildung der Identitätsgruppen, wahrscheinlicher sein als in inkongruenten Organisationen, die sich der Komplexität von Diversity bereits geöffnet haben (Thomas 1999).

Bei der Bestimmung von Diversity als Chance geht es um alle Mitarbeitenden im Betrieb, die gerade auf Grund der Zugehörigkeit zu unterschiedlichen Identitätsgruppen und auf Grund unterschiedlicher Fähigkeiten, Erfahrungen und Perspektiven einen spezifischen Beitrag zum Unternehmenserfolg leisten können und dazu in die Lage versetzt werden sollen, dies im betrieblichen Interesse auch zu tun. Diversity bezeichnet hier eine positive Grundhaltung gegenüber der Individualität der Mitarbeitenden und bietet ein neues Verständnis dafür, wie Führung im Unternehmen vonstatten gehen kann. Dieses Verständnis kann nicht einfach vorausgesetzt oder gar verordnet werden, es muss sich vielmehr in den Unternehmen entwickeln. So kommen *Ely* und *Thomas* zu dem Ergebnis, dass die Haltung der Organisation zu Diversity und zu Minoritäten ein wichtiger Einfluss-Faktor für den Erfolg von Diversity Management ist (Ely/Thomas 2001, Roberts 2005). *Bacharach, Bamberger* und *Vashdi* heben die moderierende Wirkung eines unterstützenden Klimas hervor (Bacharach/Bamberger/Vashdi 2005), welches den Aufbau von Beziehungen über Gruppengrenzen hinweg ermöglicht und fordert. Das Potenzial für Intoleranz und Konflikte wird reduziert und Offenheit gefördert.

Zum Alltagverständnis von Diversity in Unternehmen

In den folgenden Zitaten werden solche Entwicklungsprozesse hin zu mehr Offenheit durch Führungskräfte beschrieben:

> *„Bei mir ist das im Moment auch ein Prozess. Ich habe früher eben versucht, [...] ähnliche Menschen zu suchen [...] und es mag aber sein, dass ich dadurch immer sehr einseitig gefahren bin, so, und jetzt suche ich mir, Menschen, die also z.T. völlig anders sind als ich, also, es geht darum, einfach [...] etwas Neues zu entdecken und auch damit leben zu können, also, zu sagen, Mensch, erst einmal muss das nicht richtig sein, was ich denke. [...] ich finde es eben schon sehr wichtig, das zu öffnen, zu mischen."* (Produktionsunternehmen zitiert in Hansen 2003, 200)

Der Weg hin zu diesem neuen Verständnis verläuft über Bewusstwerdungs-Prozesse und intensive Kommunikation:

> *„Ich versuche eben, so damit umzugehen, dass ich mir immer wieder vergegenwärtige, dass [...] viele Reaktionen und viele Dinge bei uns nicht so optimal laufen, weil eben das Thema Diversity dazwischensteht, [...] für mich ist es zumindest schon mal so weit, dass ich [...] für mich immer wieder feststellen kann, aha, daran liegt das jetzt. Insofern hat das schon eine Menge gebracht."* (Kreditinstitut zitiert in Hansen 2003, 201)

> *„Also, last but not least ist es ein Cultural Change. Es ist eine Revisierung der Unternehmenskultur von Mainstream oder von der Dominanzkultur hin zu einer sehr heterogenen, offenen, toleranten Kultur für alle. Die Maßnahmen dafür sind eigentlich permanente Kommunikation, aber eben auch ein paar Einzelmaßnahmen."* (Verkehrsunternehmen zitiert in Hansen 2003, 171)

Eine Wertschätzung von personeller Vielfalt kann auf einer normativen Basis beruhen, entspringt aber vor allem strategischen Überlegungen angesichts fortschreitender Globalisierung, Unternehmens-Zusammenschlüssen, Übernahmen und Allianzen und der Bedeutung der Netzwerkbildung. Auch der Kampf um qualifizierte Mitarbeitende sowie die Vielfalt von Berufsqualifikationen und die zunehmende ethnische Diversität der Mitarbeitenden wirkt in diese Richtung. Nicht zuletzt steigert die Vielfältigkeit der Mitarbeiterschaft die Eigenkomplexität der Organisation und diese kann adäquater auf Umwelt-Komplexität reagieren. In Zeiten zunehmender Komplexität der Märkte und der anderen Umweltsegmente macht Diversity Organisationen anschlussfähiger an die sich verändernden Anforderungen und bietet die Chance, flexibler und effektiver agieren zu können (Cox/Blake 1991).

Allerdings treten diese Effekte nicht spontan ein:

> *„... recent research has begun to question the simplistic diversity promotes-performance model in order to consider how (via what mediators or intervening variables) and when (in the presence of what moderators) expertise diversity might lead to higher or lower performance."* (Van der Vegt/Bunderson 2005, 532)

Es ist mit Widerständen zu rechnen, die aus Überforderung im Umgang mit dem „Anderen", „Fremden", Ängsten, für unkonventionelle Entscheidungen einstehen zu müssen und nicht zuletzt aus dem Hang, Macht zu erhalten, resultieren. Dies gilt insbesondere auch für die Gender-Dimension, wie *Müller* mit der Formulierung deutlich macht: *„Gleichstellung macht Angst* – auf diese simple Formel lassen sich einschlägige Forschungsergebnisse bringen." (Müller 2002, 7).

Zum Alltagverständnis von Diversity in Unternehmen

Die Notwendigkeit, Vielfalt nicht nur herzustellen, sondern sie mit einem gezielten Diversity Management zu begleiten, das den Nutzen personeller Vielfalt für das Unternehmen bewusst macht und Widerstände bearbeitet, wird in den folgenden Zitaten aus deutschen Unternehmen deutlich:

> *„Also, die Angst, Macht zu verlieren, ist, glaube ich, ein großes Hindernis, also, ich meine so das Gefühl, [...] das erlebe ich auch in mir selbst, [...], ich habe plötzlich keine Macht mehr, wenn ich andere Sachen zulasse, d.h. ich muss ja etwas abgeben von mir. Ich glaube, das ist ein ganz, ganz großes Problem."(Produktionsunternehmen zitiert in Hansen 2003, 182)*

> *„Ich glaube dazu gehört das Zulassen der Situation. Ich glaube, mir fällt es relativ leicht, weil ich es immer so gelebt habe, aber ich glaube, das könnte das Schwierigste überhaupt sein. [...] Es ist wirklich dieses Zulassen. Wenn ich sage: „Ich will diese Vielfalt", heißt das natürlich, dass ich die Vielfalt auch immer, in jeder Situation ... akzeptieren muss [...] Ich habe es oft so erlebt, dass ich mich [...] bewusst immer wieder zurücknehmen muss, [...]." (Unternehmensberatung zitiert in Hansen 2003, 202)*

> *„Es muss aus den Maßnahmen der Nutzen hervorgehen, sowohl für die Organisation, für das Unternehmen, als auch für den Einzelnen muss ein Nutzen sichtbar sein und dieser Nutzen muss transparent gemacht werden. Wenn der Eindruck entsteht, dass das Thema nur ein Schönwetter-Thema ist, wenn der Eindruck entsteht, dass man das macht, weil es en vogue ist, dann glaube ich, wird es sehr kritisch. Es ist sehr wichtig, und das fällt natürlich bei diesen weichen Themen sehr schwer, auch immer wirtschaftliche Argument zu finden, warum man das tun sollte." (Verkehrsunternehmen zitiert in Hansen 2003, 183f.)*

> *„Ein Faktor ist, dass es [...] weder dargestellt noch gelebt werden darf als Mode. Also nach dem Motto: Wieder eine neue Sau, die durchs Dorf getrieben wird. Diese Säue haben wir ehrlich gesagt schon genug gehabt. Es muss Authentizität bei den Protagonisten vorhanden sein. Wenn das aufgesetzt wird, merkt das jeder sofort. [...] Es muss von allen Seiten ein gewisser Nutzen verspürt werden. Wenn dieser Nutzenaspekt nicht geklärt ist, und zwar der Nutzen für das Unternehmen insgesamt und für jeden Einzelnen, [...] wenn das nicht klar ist, dann ist das ein Misserfolgsfaktor." (Unternehmensberatung zitiert in Hansen 2003, 181)*

Auch *Gebert* weist auf ungeplante negative Sekundäreffekte von Diversity hin, die systematisch auftreten und vor allem Kommunikations- und Kooperationsbarrieren betreffen (Gebert 2004). Hieraus leitet er, wie auch schon andere Autoren vor ihm (Aretz/Hansen 2003a/b, Stuber 2002, Thomas/Woodruff 1999, Jackson 1992), die Notwendigkeit eines gezielten Diversity Management ab. Die Mitarbeitenden sollen sich der Bandbreite möglicher Individualität unter den differenzierten Aspekten der Persönlichkeit, der Sachkompetenzen, des kulturellen, gesellschaftlichen, organisationalen und des privaten Umfeldes bewusst werden. „Managing Diversity" bedeutet, diese Kenntnisse zu erarbeiten und die daraus entwickelbaren Potenziale zu identifizieren, um sie optimal für die Organisation zu nutzen. Als Management-Tool beschreibt Diversity Management die Gesamtheit der Maßnahmen, die zu einem Wandel der Unternehmenskultur führen, in der Diversity anerkannt, wertgeschätzt und als positiver Beitrag zum Erfolg eines Unternehmens genutzt wird. Für die Personalführung bedeutet dies, die Fähigkeiten der Mitarbeitenden so zu entwickeln, dass sie ihre Höchstleistung in der Verfolgung der Unternehmensziele erbringen können, ohne dabei durch Geschlecht, Alter, ethnische Zugehörigkeit etc. behindert zu werden und sich in interpersonellen Kämpfen zu verlieren. Vielmehr sollen die Mitarbeitenden bewusst Unterschiede in Erfahrungen, Sichtweisen oder auch Kenntnissen, Fähigkeiten und Kontakten Nutzen stiftend in der Berufsarbeit einbringen.

3 Paradigmen des Diversity Management in Unternehmen

Die unterschiedliche Haltung von Organisationen zu Diversity lässt sich nach *Thomas* und *Ely* in drei Paradigmen des Diversity Management strukturieren (Thomas/Ely 1996, Ely/Thomas 2001), welche zu sehr unterschiedlichen Effekten auf die Mitarbeitenden und das Unternehmen insgesamt führen. Diese Ansätze werden im folgenden Abschnitt kurz dargestellt und kritisch auf ihre Eignung aus personalwirtschaftlicher und ethischer Sicht hin diskutiert.

3.1 „Fairness and Discrimination Approach"

Im „Fairness and Discrimination Approach" werden Problemfelder für mögliche Diskriminierungen identifiziert und einer Konfliktbewältigung unterzogen. Motivierend wirken in diesem Ansatz gesetzliche Rahmenbedingungen und gesellschaftliche Forderungen, denen die Organisationen aus ethischen oder strategischen Gründen folgen. Angehörige rassischer oder kultureller Minderheiten und Frauen im Unternehmen sind bspw. in Höhe einer politisch korrekten Quote repräsentiert, oder in bestimmten Bereichen zugelassen. Doch sie sind nicht wirklich integriert. Die bekannte „Gläserne Decke" ist ein ebenso bekannter Effekt wie der starke Assimilationsdruck, der auf Personen in Minderheitspositionen ausgeübt wird, solange das Unternehmen im Rahmen des „Fairness and Discrimination Approach" agiert.

Das Unternehmen öffnet sich neuen Denk- und Handlungsweisen nicht wirklich, verliert Potenzialträgerinnen bzw. -träger und vergibt damit wertvolle Lernchancen. Dennoch ist als positiver Effekt festzuhalten, dass Minoritäten auf interne Positionen zugelassen werden, vorzeigbare Programme etabliert werden und ein „politisch korrekter" Ton herrscht. Dies kann ein erster Schritt sein, kann insgesamt aber nicht befriedigen; denn diese AkteurInnen haben nicht die Chance, im beruflichen Alltag wirklich authentisch zu handeln und sind daher in ihrer persönlichen und beruflichen Weiterentwicklung behindert (Roberts 2005).

Diversity wird nicht wirklich als wertschätzende Grundhaltung in den Organisationszielen verankert und kann auch kein Bestandteil der Organisationskultur werden. Daher ist immer wieder mit aufbrechenden Widerständen aus den dominanten Gruppen zu rechnen. Dies belegt bspw. die Forschung von *Chatman* und *O'Reilly*, die bzgl. der Gender-Dimension feststellen, dass männliche Fachkräfte eine Tendenz zur (Wieder-) Herstellung männlich dominierter Strukturen in den Unternehmen aufwiesen: „Men were more eager to remain members of homogeneous or male-dominated groups and also most eager to leave balanced and female-dominated groups – that is, they were more eager to leave their work groups as the proportions of women in their groups increased." (Chatman/O'Reilly 2004, 202) Die Verschleierung von Machtverhältnissen im Fairness & Discrimination-Paradigma und die dort häufig anzutreffende „colour-blind ideology" (Ely/Thomas 2001, 256) führen dazu, dass den Mitgliedern der Minoritäten-Gruppe zweideutige Signale übermittelt werden, in denen diese Zugehörigkeit einerseits als unproblematisch dargestellt wird, andererseits aber mehr oder weniger subtil Anpassungsleistungen gefordert werden.

„Even in demographically diverse organizations, individuals receive messages regarding the extent to which such diversity is welcomed into the organizational culture."(Roberts 2005, S. 699)

3.2 „Access and Legitimacy Approach"

Als zweites Paradigma im Umgang mit personeller Vielfalt entwickelte sich der „Access and Legitimacy Approach" auf der Grundlage einer am Markt orientierten Sichtweise. Hier wird nicht die Soziodemographie, sondern die spezifische marktabhängige Demographie zu spiegeln versucht. Die Leitidee ist, in Entwicklung, Produktion und Marketing über die Nähe von Mitarbeitenden und Kunden oder sogar die Gleichartigkeit beider hinsichtlich einzelner Dimensionen Kernkompetenzen zu entwickeln und Marktanteile zu sichern. Der Kundenkreis soll seine Spiegelung im Mitarbeiterkreis finden. Es wird erwartet, dass dieser Mitarbeiterkreis auf Basis des „Fits" geeignete Ideen entwickeln wird, um den Markt zu öffnen und erfolgreich zu bearbeiten bzw. soziale Nähe im Kundenkontakt ein Erfolgsfaktor ist.

Problematisch an diesem Ansatz ist, dass er zur Stereotypisierung einlädt, da Mitarbeitende auf ihre Zugehörigkeit zu einer bestimmten sozialen Gruppe reduziert und „gruppentypische" Einstellungen und Verhaltensweisen erwartet bzw. gefordert werden. In deutschen Unternehmen finden wir diesen Ansatz auf der Genderdimension bzw. dann, wenn die Notwendigkeit der Beschäftigung von Frauen in technischen Bereichen mit einer „Klima-Verbesserung" begründet wird. (Hansen/Goos 1997). Dies setzt Frauen unter den Druck, nicht nur fachlich erfolgreich zu sein, sondern sich auch weiblichen Stereotypen entsprechend zu verhalten.

"Frauen in männerdominierten Umfeldern sind mit den Weiblichkeitserwartungen dieser Kollegen konfrontiert, ebenso wie mit den – möglicherweise anders gelagerten – Weiblichkeitserwartungen der Kolleg*innen*." (Müller 2002, 7)

Die Diversität, die in den Menschen, ihrer facettenreichen Persönlichkeit und ihren unterschiedlichen Rollen und Funktionen liegt, wird hier ignoriert bzw. geleugnet. Der Wert „diverser" Mitarbeitender für das Unternehmen liegt hier in erster Linie in ihrer Zugehörigkeit zu einer sozialen Gruppe, die damit nach wie vor dominantes Merkmal bleibt. Komplexe Gleichheit wird in diesem Ansatz nicht erreicht.[2]

Mitarbeitende aus Minoritäten sind nicht wirklich akzeptiert, sondern werden in diesem Ansatz lediglich funktionalisiert. Gleichzeitig wird ihnen die Verantwortung für die Bedürfnisbefriedigung der Kunden, deren Gruppe sie zugeordnet werden, einseitig zugeschoben oder sie werden für bestimmte wünschenswerte Effekte innerhalb der Organisation verantwortlich gemacht. Wie sie damit umgehen, bleibt ihnen selbst überlassen. Die Organisation kann sich ihrer Verantwortung entziehen und lernt auch nur bedingt. Die nachhaltige Tragfähigkeit dieses Konzeptes ist somit in Zweifel zu stellen.

Dennoch ist auch hier als Positivum festzuhalten, dass Minoritäten in einem größeren Umfang zu attraktiven Positionen vor allem im Marketing, aber auch in der Produktentwicklung zugelassen sind, als es in Unternehmen der Fall ist, die Diversity gar nicht zu ihrem Thema gemacht haben. Auf der anderen Seite entgehen diese Positionen der dominanten Gruppe, woraus sich Widerstände ergeben können, die vor allem dann das Konzept des Diversity Management gefährden, wenn die zuvor erwarteten, positiven Effekte nicht oder in geringerem Maße realisiert werden. *Boone et al.* zeigen, dass in den Niederlanden zuvor divers zusammengesetzte Top-Management-Teams „die Reihen schließen", wenn die Unternehmensumwelt komplexer wird und der Druck auf das Unternehmen steigt. Wenn diesen Teams die Möglichkeit dazu gegeben wird, nimmt die Ähnlichkeitsselektion zu und „dissimilare" Manager verlassen das Team (Boone/van Olffen/van Witteloostuijn/De Brabander 2004).

3.3 „Learning and Effectiveness Approach"

Im Rahmen des „Learning and Effectiveness Approach" wird Diversity Management als ganzheitliches organisationales Lernen interpretiert. In diesem

---

[2] Komplexe Gleichheit geht davon aus, dass „zahllose kleine Ungleichheiten" (Walzer 2000, 195) existieren, die einander allerdings nicht verstärken oder aufaddieren, solange nicht eine oder mehrere dieser Ungleichheiten dominant wird bzw. werden: „Das System der komplexen Gleichheit ist das Gegenteil von Tyrannei. Es erzeugt ein Netz von Beziehungen, das Dominanz und Vorherrschaft verhindert. Formal gesprochen bedeutet komplexe Gleichheit, dass die Position eines Bürgers in einer bestimmten Sphäre oder hinsichtlich eines bestimmten sozialen Guts nicht unterhöhlt werden kann durch seine Stellung in einer anderen Sphäre oder hinsichtlich eines anderen sozialen Gutes." (ebenda, 198)

Konzept wird Raum geschaffen, in dem jeder Mitarbeitende seine individuelle Persönlichkeit mit ihren sozialen und kulturellen Bezügen in die Organisation einbringen kann und soll. Es soll erreicht werden, dass Mitarbeitende ihre Eigenart und Eigenständigkeit nicht Homogenisierungs-Strategien unterwerfen, sondern vielmehr Diversity in ihrem Verhalten und in ihren Entscheidungen auch am Arbeitsplatz gewinnbringend einsetzen.

In diesem Ansatz wird Minoritäten eine Stimme gegeben; jede Person erhält die Chance, „sich selbst auszudrücken, also zu *zeigen*, in welcher Weise sie von dem kategorialen Mittelwert des Stereotyps („typisch Mann, typisch Amerikaner, typisch Schwarzer" usw.) abweicht" (Gebert 2004, 424). „Decategorization" nennt *Roberts* diese Strategie, welche „personal uniqueness" hervorhebt und die Bedrohung durch negative Stereotype reduziert (Roberts 2005, 696 f.) Als Alternativstrategie identifiziert sie „Integration", welche die positiven Charakteristika der Identitätsgruppe betont, „… challenging others' simplistic or negative stereotypes of that group" (Roberts 2005, 696). Beide „Bottom-up-Tactics" können dem hier betrachteten, dritten Ansatz zugerechnet werden, in welchem alle Organisationsmitglieder gefordert sind, sich umfassend zu äußern, die Rahmenbedingungen kritisch zu reflektieren und zu gestalten, denn nur dann lernt die Organisation ihre Effekivität in einer komplexen Umwelt zu verbessern.

Allerdings setzt sich dies nicht selbsttätig um. Vielmehr muss eine positive Haltung zum notwendig steigenden Ausmaß der Komplexität im Unternehmen vorliegen bzw. immer wieder hergestellt werden.

„Der Hebel zum Unterlaufen negativer Stereotypisierungen auf der Basis von diversity liegt damit letztlich in der Entwicklung der Norm ‚diversity ist erwünscht'. Kann man in einem Team diese Norm freisetzen, so erweist sich demographische diversity im Prinzip als ein Gewinn." (Gebert 2004, 424).

In der aktuellen internationalen Forschung wird der Identifikation mit dem Team (Bacharach/ Bamberger/Vashdi 2005) und der Entwicklung eines Klimas der Unterstützung zum Aufbau positiver Beziehungen innerhalb diverser Gruppen eine besondere Bedeutung zugemessen, insbesondere dann, wenn diese Gruppen durch demographische Bruchstellen („faultlines": Lau/ Murnighan 2005) in Subgruppen zerfallen, zwischen denen Synergien nicht genutzt und innerhalb derer Vorurteile eher gepflegt denn abgebaut werden:

„That is, our findings suggest that organizations focusing on encouraging peer support and helping as a diversity tool may more successfully facilitate the emergence of supportive intergroup relations than organizations simply seeking to increase opportunities for intergroup contact." (Bacharach/Bamberger/Vashdi 2005, 635)

Eine Haltung aufrechtzuerhalten, die Vielfalt wertschätzt und synergetisch nutzt, verlangt einen fruchtbaren Umgang mit Spannungen, die aus der

Diversity von Einstellungen, Erfahrungen und Handlungen entspringen. Neue Sicht- und Vorgehensweisen nicht nur zuzulassen, sondern zu fordern und zu schätzen, Fähigkeit und Bereitschaft zum Perspektivenwechsel zu realisieren, wird vielen Menschen schwer fallen. So tendieren bspw. Studierende dazu, Diversity-geprägte Situationen zu umgehen, wobei diese soziale Gruppe noch die größte Offenheit erwarten lässt (Avery/Thomas 2004). In Unternehmen, in denen ein Ausweichen nicht oder nur schwer möglich ist, können Spannungen, Konflikte und eine zumindest zeitweise reduzierte Produktivität mit ansteigender Diversity verbunden sein (Aretz/Hansen 2003a, Gebert 2004, Lau/Murnigham 2005, Bacharach/Bamberger/Vashdi 2005).

Dass ein erfolgreiches Diversity Management mit kulturellem Wandel verbunden sein muss, lässt sich mit einem Modell erklären, das *Bissels et al.* in Anlehnung an *Cox* entwickelt haben (Bissels/Sackmann/Bissels 2001) und das die folgenden drei Entwicklungsphasen beinhaltet:

Monolithische Organisation: Externe Filter wehren Minoritäten ab und erhalten Homogenität aufrecht. Ziel eines Diversity Management in dieser Phase ist es, Minoritäten Zugang zur Organisation insgesamt und zu den verschiedenen Hierarchiestufen zu verschaffen. Repräsentanz kann hier ein Türöffner sein.

Plurale Organisation: Interne Filter verhindern, dass Minoritäten sich wirksam einbringen können. Zwar sind Minoritäten repräsentiert, aber von informellen Netzwerken und von der Beteiligung an wichtigen Entscheidungen bleiben sie faktisch ausgeschlossen. Ein bekanntes Beispiel ist hier die „Gläserne Decke" und die von *Kanter* bereits vor vielen Jahren beschriebene „Token"-Situation (Kanter 1977). Besonders belastend für Organisationsmitglieder im Minoritäten-Status ist, dass sie keiner offensichtlichen Diskriminierung ausgesetzt sind, sondern subtilen Mechanismen, die sich kaum benennen und belegen lassen. Dieses „Problem with No Name" (Meyerson/Fletcher 2002) erfordert ein gänzlich anderes Vorgehen als dies für die erste Phase zutrifft, nämlich den kulturellen Wandel in vielen kleinen Schritten der Überzeugung, den viele unserer Interviewpartner intuitiv als notwendig empfinden. Schnelle Erfolge sind hier nicht zu erwarten, sondern es bedarf eines langen Atems und der Standfestigkeit.

Multikulturelle Organisation: Synergie-Effekte können erst hier realisiert werden, da erst in dieser Situation alle Organisationsmitglieder ihre besonderen Fähigkeiten gleichberechtigt einbringen. Dies zu erreichen ist Ziel einer Diversity-Strategie, die ein effektives Diversity Management beinhalten muss.

4 Rahmen für ein effektives Diversity Management

Für die monolithische Organisation ist ein straffes Management mit intensivem Controlling, öffentlicher Berichterstattung und auch Quoten angemessen. Denn externe Filter können thematisiert und mit formalen Mitteln zumindest teilweise außer Kraft gesetzt werden. In Südafrika und den Vereinigten Staaten sind derartige Filter in Bezug auf Rasse von immenser Bedeutung gewesen und wirken durch strukturelle Benachteiligung nach wie vor fort. Auch in manchen deutschen Unternehmen sind externe Filter nach wie vor wirksam und müssen bearbeitet werden, um Minoritäten Zugang zu den Organisationen zu gewähren. Doch darf das den Blick nicht auf die weniger sichtbaren, internen Filter versperren, die in deutschen, heute typischerweise von Pluralität gekennzeichneten, Unternehmen derzeit eine besonders große Bedeutung besitzen.

Diversity Management im Alltag von Unternehmen

Wichtig ist es, Diversity Management nicht als Projekt anzulegen, sondern als Prozess, der gezielt begleitet werden muss und Eigendynamik entfaltet, wie eine Vertreterin von Deloitte&Touche betont: „It's an initiative, not a program." (Anderson 2003, 271) und vor allem „weiche" Faktoren der Zusammenarbeit und die Kommunikation zwischen den Mitarbeitende als Schlüsselmechanismus synergetische Nutzung von Diversity (Van der Vegt/Bunderson 2005) beachtet.

> *„Ich habe das vielfach erlebt. Also, ich denke, das ist heute nicht mehr so, [...] wie vor ein paar Jahren, aber ich erlebe das subtil, [...] Also, das sind so diese subtilen Sachen, die manchmal viel mehr verletzen." (Weibliches Mitglied der Geschäftsleitung zitiert in Hansen 2003, 172)*

> *„Bei uns hat das ja alles Vorschlagscharakter. Es bietet den Rahmen, aber wir haben nicht die Mittel und wollen es letztendlich auch gar nicht, Maßnahmen auf Biegen und Brechen im Unternehmen durchzusetzen, sondern wir verstehen uns als Angebot. Überzeugen ist besser als Überreden."(Verkehrsunternehmen zitiert in Hansen 2003, 174)*

> *„Man kann von zentraler Stelle an vielen Stellen nur Impulse setzen. Man kann durch Kommunikation Themen bewegen, aber man kann nicht bis ins Detail nachher für die Umsetzung sorgen, sondern da sind auch andere dran und das hängt sehr stark vom Thema ab. Generell würde ich sagen auch gerade bei diesen Themen die jetzt zum Thema Vereinbarkeit oder auch zum Geschlechterthema beitragen, kann das Unternehmen nicht viel mehr tun, als eine Palette oder einen Strauss von Möglichkeiten bereit zu stellen, aber für die Umsetzung, d.h. das Nutzen dessen, ist jeder Mitarbeiter letztendlich ein großes Stück weit selber verantwortlich. Was wir tun können, ist ihn drauf aufmerksam zu machen und auch Wege aufzuzeigen." (Verkehrsunternehmen zitiert in Hansen 2003, 175)*

> *„Wir sehen eben auch Diversity nicht als ein Projekt an oder als [...] geschlossenen Shop, sondern als einen Prozess, und von daher steht Diversity natürlich in einem engen Zusammenhang mit den Unternehmenswerten, ist aber kein Unternehmenswert an sich, sondern [...] es ist der Prozess, unsere Unternehmenskultur zu stärken und*

> *eben diese Werte im täglichen Miteinander zu verwurzeln."* (Kreditinstitut zitiert in Hansen 2003, 176)

Unter Berücksichtigung der praktischen Erfahrungen und Empfehlungen von Organisationen kommen *Hansen* und *Aretz* (Hansen/Aretz 2002) zu dem Ergebnis, dass nur ein mehrdimensionales Konzept der „kleinen Schritte" angemessen sein kann, welches

- die Funktion der latenten Strukturerhaltung durch eine Diversity-Vision erfüllt, die den Werten der Organisation entspricht,
- die Integrationsfunktion sichert, indem die Organisation eine Grundhaltung zu Diversity entwickelt, die ein Abspalten einzelner Dimensionen verhindert, einen gemeinsamen Nutzen definiert und in welcher Erfolge kommuniziert werden,
- die Zielerreichung gewährleistet, indem die Organisation Diversity „einen Rahmen gibt", also klare Verantwortlichkeiten festgelegt, Erfolge gemessen werden und die Nachhaltigkeit der Bemühungen gesichert wird,
- Ressourcen mobilisiert, indem „mächtige" Personen Verantwortung für Diversity übernehmen, öffentlich und nachhaltig Commitment demonstrieren und den Prozess materiell und immateriell fördern.

Personelle Vielfalt erfordert ein systematisches Diversity Management, wenn das Unternehmen die Potenziale einer diversen Mitarbeiterschaft freisetzen, deren Zufriedenheit im Arbeitsalltag verbessern und beides synergetisch nutzen will. Wie dies dann aussehen kann, verdeutlichen Zitate aus einem internationalen Automobilkonzern:

> *„Diversity ist mittlerweile fest verankert in der Unternehmenskultur. Das zeigt sich darin, dass das ganze Management dafür zuständig ist, jeder muss es in seinem Bereich umsetzen. Diversity ist in die Zielvorgaben integriert. Das ist ein wichtiger Punkt. [...]*
>
> *Diversity ist bei uns ein top-down und bottom-up Prozess gleichzeitig. D.h. die Initiative kommt sowohl vom Management oder vom Council, wie auch von den Mitarbeiter/innen selbst."*
>
> *Diversity ist kein Projekt, das man beginnt und dann abschließt. Es entstehen Vernetzungen, die permanent weiterarbeiten, immer neue Ideen entwickeln, damit wird Diversity zum Alltag gehören."* (Borghoff 200, 321, 325)

Vielfach äußerten die Diversity-Beauftragten die Hoffnung, sich selbst überflüssig machen zu können. Bis dahin ist es aber ein weiter Weg. Diversity Management stellt eine Daueraufgabe dar, die auf allen Ebenen des Unternehmens bewusst betrieben und genährt werden muss. Sie kann und wird Eigendynamik entfalten, wird aber immer wieder auch auf Widerstand stoßen. Dass Diversity soweit alltäglich wird, dass ein Diversity Management verzichtbar würde, kann im Rahmen der hier vorgestellten Untersuchung und späterer Gespräche in den befragten Unternehmen (bislang) nicht bestätigt werden.

Literatur

Aretz, J./Hansen, K. (2003a): Erfolgreiches Management von Diversity. Die multikulturelle Organisation als Strategie zur Verbesserung einer nachhaltigen Wettbewerbsfähigkeit. In: Zeitschrift für Personalforschung. H. 01, S. 09-36.

Aretz, H. J./Hansen, K. (2003b): Diversity Management – ein Konzept für den Umgang mit Vielfalt und Komplexität. In: Zeitschrift Führung und Organisation, H. 04, S. 192-198.

Avery, D. R./Thomas, K. M. (2004): Blending Content and Contact: The Roles of Diversity Curriculum and Campus Heterogeneity in Fostering Diversity Management Competency. In: Academy of Management Learning & Education. No. 04, pp. 380 – 396.

Bacharach, S. B./Bamberger, P. A./Vashdi, D. (2005): Diversity and Homophily at Work: Supportive Relations among White and African-American Peers. In: Academy of Management Journal. No. 04, pp. 619 – 644.

Belinszki, E. (2003): Die Praxis von Diversity Management. In: Belinszki, E./Hansen, K./Müller, U. (Hrsg.): Diversity Management. Best Practices im internationalen Feld. Münster, S. 351 – 360.

Belinszki, E./Hansen, K./Müller, U. (Hrsg.)(2003): Diversity Management. Best Practices im internationalen Feld. Münster.

Bissels, S./Sackmann, S./Bissels, T. (2001): Kulturelle Vielfalt in Organisationen. Ein blinder Fleck muss sehen lernen. In: Soziale Welt, H. 52, S. 403-426.

Boone, C./van Olffen, W./van Witteloostuijn, A./de Brabander, B. (2004): The Genesis of Top Management Team Diversity: Selective Turnover among Top Management Teams in Dutch Newspaper Publishing 1970-94. In: Academy of Management Journal, No. 05, pp. 633 – 656.

Borghoff, W. (2003): Ford Werke Deutschland. Ein Gespräch mit Wilma Borghoff. In: Belinszki, E./Hansen, K./Müller, U. (Hrsg.): Diversity Management. Best Practices im internationalen Feld. Münster, S. 313 – 325.

Chatman, J./O'Reilly, C.A. (2004): Asymmetric Reactions to Work Group Sex Diversity Among Men and Women. In: Academy of Management Journal, No. 02, pp. 193 – 208.

Cox, T. H./Blake, S. (1991): Managing Cultural Diversity: Implications for Organizational Competitiveness. In: Academy of Management Executive. No. 03, pp. 45 – 56.

Ely, R. J./Thomas, D. A. (2001): Cultural Diversity at Work. The Effects of Diversity Perspectives on Work Group Processes and Outcomes. In: Administrative Science Quarterly, No. 46, pp. 229 –273.

Gebert, D. (2004): Durch diversity zu mehr Teaminnovativität? In: DBW, H.04, S. 412-430.

Hansen, K. (2003): „Diversity" – ein Fremdwort in deutschen Arbeits- und Bildungsorganisationen? In: Belinszki, E./Hansen, K./Müller, U. (Hrsg.): Diversity Management. Best Practices im internationalen Feld. Münster, S. 155 – 205.

Hansen, K./Aretz, H.-J. (2002): „Diversity Management" – eine Herausforderung für deutsche Unternehmen. In: Knauth, P./Wollert, A. (Hrsg.): Human Resource Management. Neue Formen der betrieblichen Arbeitsorganisation und Mitarbeiterführung. Loseblattwerk Köln, 35. Ergänzungslieferung.

Jackson, S. E. (1992): Team Composition in Organizational Settings: Issues in Manageging Increasingly Diverse Work Force. In: Worchel, S./Wood, W./Simpson, J. A. (Edt.): Group Process and Productivity. Newbury Park, pp. 138 – 173.

Kanter, R. M. (1977): Men and Women of the Corporation. New York.

Lau, D. C./Murnighan, J. K. (2005): Interactions within Groups and Subgroups: The Effect of Demographic Faultlines. In: Academy of Management Journal. No. 04, pp. 645-660.

Meyerson, D. M./Fletcher, J. K. (2002): A Modest Manifesto for Shattering the Class Ceiling. In: Harvard Business Review on Managing Diversity, pp. 67 – 93 (Originally published in 2000).

Müller, U. (2002): Geschlecht im Management – ein soziologischer Blick. In: Wirtschaftspsychologie, H. 01, S. 11 – 15.

Roberson, L./Kulik, C. T./Pepper, M. B. (2003): Using Needs Assessment to Resolve Controversies in Diversity Training Design. In: Group & Organization Management, No. 28, pp. 148 – 174.

Roberts, L. M. (2005): Changing Faces: Professional Image Construction in Diverse Organizational settings. In: Academy of Management Review, No. 04, pp. 685 – 711.

Stuber, M. (2002): Corporate Best Practice: What Some European Organizations Are Doing Well to Manage Culture and Diversity. In: Simons, G. F. (Edt.): EuroDiversity. A Business Guide to Managing Difference. Amsterdam et al., pp. 134 – 170.

Thomas, D. A. (1999): Beyond the Simple Demography-Power Hypothesis: How Blacks in Power Influence White-Mentor-Black-Protégé Developmental Relationships. In: Murrel, A. J./Crosby, F. J./Ely, R. J. (Edt.): Mentoring Dilemmas. Developmental Relationships within Multicultural Organizations. Mahwah, pp. 157 – 170.

Thomas, D. A./Ely, R. J. (1996): Making differences matter: A new paradigm for managing diversity. In: Harvard Business Review, No. 05, pp. 79-91.

Thomas, R. R./Woodruff, M. I. (1999): Building a House for Diversity. How a Fable About a Giraffe & an Elephant Offers new Strategies for Today´s Workforce. New York.

Thomas, R. R. (1996): Redefining Diversity. New York.

Van der Wegt, G. S./Bunderson, J. S. (2005): Learning and Performance in Multidisciplinary Teams: The Importance of Collective Team Identification. In: Academy of Management Journal, No. 03, pp. 532 – 547.

Walzer, M. (2000): Komplexe Gleichheit. In: Krebs, A. (Hrsg.): Gleichheit oder Gerechtigkeit. Frankfurt, S. 172 – 214.

Diversity Management -
Lösung zur Steigerung der Wettbewerbsfähigkeit

Flora Ivanova & Christoph Hauke

1 Einleitung – unser Unternehmen und unsere Diversity-Management-Kompetenz

2 Herausforderungen für das Personalmanagement – heute und zukünftig

2.1 Demographische Entwicklung

2.2 EU-Antidiskriminierungsrichtlinien/nationales Antidiskriminierungsrecht

2.3 Globalisierung/Kompetenzmanagement

3 Diversity Management als unternehmerische Antwort auf die Herausforderungen

4 Gestaltung einer Diversity-Initiative

5 Praktisches Beispiel eines Implementierungsprojekts – „ARAMARK goes Diversity" powered by DGFP mbH

6 Zusammenfassung – HR als Business-Partner oder Business-Player?

1 Einleitung - unser Unternehmen und unsere Diversity-Management-Kompetenz

Die DGFP-Deutsche Gesellschaft für Personalführung mbH ist seit 1989 ein bewährter und kompetenter Partner für Unternehmen aller Branchen und Größenordnungen zu den Themen Mitarbeiterführung, Personal- und Bildungsmanagement. Seit 1996 beschäftigen wir uns intensiv mit dem Thema Diversity Management und sind auf die unternehmensindividuelle Umsetzung dieses Führungsansatzes fokussiert. Unsere Aufgabe ist die Unterstützung von Personalmanagern[1] und Diversity-Experten bei der Gestaltung und Realisierung von Diversity-Initiativen für ihr Unternehmen. Diversity Management ist für uns ein wesentlicher Beitrag zu einem zukunftsorientierten Personalmanagement und damit zur Steigerung der Wettbewerbsfähigkeit und zur Sicherung und Verbesserung des Unternehmenserfolgs. Die unter Punkt 2 und Punkt 3 des vorliegenden Beitrags behandelten zukünftigen Herausforderungen für das Personalmanagement begründen die wirtschaftliche Notwendigkeit von Diversity Management für die Unternehmen und zeigen, warum Diversity Management eine unternehmerische Antwort auf unumkehrbare globale und rechtliche Änderungsprozesse ist. Der nachfolgende Abschnitt erläutert, wie eine Diversity-Initiative im Unternehmen zu starten ist und was wesentliche Voraussetzungen für den Erfolg des Diversity Management sind. Punkt 5 gibt die Erfahrungen aus einem vor kurzem durchgeführten Diversity-Projekt bei der ARAMARK Holdings GmbH & Co. KG weiter. In einem abschließenden Abschnitt wird zusammenfassend Stellung zu der Rolle des Personalmanagements für den Unternehmenserfolg genommen.

2 Herausforderungen für das Personalmanagement – heute und zukünftig

Der wirtschaftliche Erfolg eines Unternehmens und dessen langfristige Sicherung können nur bei einer rechtzeitigen Wahrnehmung von Veränderungen des Umfelds und einer entsprechenden Anpassung der jeweiligen Führungsstrategie gewährleistet werden. Dabei haben die Globalisierung, die demographische Entwicklung und die politischen und rechtlichen Rahmenbedingungen sicherlich den größten Einfluss auf das Personalmanagement der Zukunft. Im Folgenden werden einige rechtliche, demographische und wirtschaftliche Entwicklungen thematisiert, die Perspektiven für Diversity Management eröffnen und die steigende Relevanz dieses Konzeptes begründen.

---

[1] Die Verwendung ausschließlich der männlichen Form in dem vorliegen Beitrag geschieht lediglich aus Gründen der besseren Lesbarkeit. Alle Begriffe wie „Manager" „Mitarbeiter", „Arbeitnehmer", „Mitglieder", „Kunde/Kunden", „Lieferant/Lieferanten" etc. beziehen sich auf beide Geschlechter.

2.1 Demographische Entwicklung

Nach Berechnungen des Statistischen Bundesamtes dürfte die Bevölkerung Deutschlands bis 2050 von derzeit 82 Millionen auf 59 Millionen zurückgehen (Statistisches Bundesamt 2000, 18), wodurch das heutige Wirtschafts- und Sozialsystem gefährdet ist. Neben der persönlichen Frage, ob man die eigene Rente erhält, schwebt in den Büros der Personalmanager immer mehr die Fragestellung, wie die notwendigen Arbeitsressourcen zukünftig sicher zu stellen sind, um die Wettbewerbfähigkeit des Unternehmens zu behalten und sogar zu steigern. Die folgende Abbildung 1 veranschaulicht die Bevölkerungsentwicklung in Bezug auf drei Szenarien:

- Variante 1: ausgeglichene Wanderungsbilanz
- Variante 2: Zuwanderungssaldo[2] von 100.000 Personen jährlich
- Variante 3: Zuwanderungssaldo von 200.000 Personen jährlich.

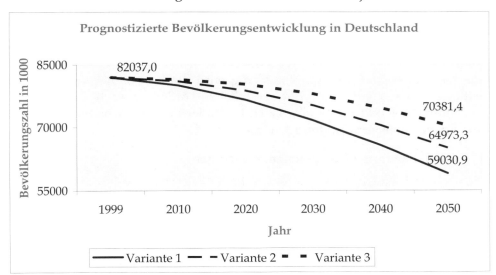

Abbildung 1: Bevölkerungsentwicklung.

(Eigene Darstellung nach Zahlen des Statistischen Bundesamtes 2000, 23)

Aus dem Schaubild wird ersichtlich, dass selbst bei einer optimistischen Rechnung mit jährlicher positiver Wanderungsbilanz von 200 000 Personen der Bevölkerungsrückgang dramatisch sein wird. Dieser drastische demographische Wandel spiegelt sich auf dem Arbeitsmarkt wider.

---

[2] Differenz zwischen Zuwanderungen und Abwanderungen.

2.2 EU-Antidiskriminierungsrichtlinien/nationales Antidiskriminierungsrecht

Das europäische[3] und bald umzusetzende nationale Antidiskriminierungsrecht verpflichten Unternehmen zur Gleichbehandlung von Mitarbeitern, unabhängig von persönlichen Merkmalen wie Rasse, ethnische Herkunft, Religion und Weltanschauung, Behinderung, Alter, sexueller Identität und Geschlecht. Viele Unternehmen befürchten nicht ganz zu Unrecht – besonders gefördert durch die öffentliche Aufmerksamkeit – demnächst wegen Diskriminierung verklagt zu werden, zum einen, weil es vielleicht doch eine hohe Dunkelziffer von Diskriminierungsfällen in den Betrieben gibt, und zum anderen, weil sich Mitarbeiter so (finanzielle) Vorteile verschaffen möchten. Ganz abgesehen vom hohen Zeit- und Kostenaufwand für das Personalmanagement und die Geschäftsführung bei Gerichtsprozessen und Konflikten und vom möglichen Schadensersatz an Betroffene. Die größte Befürchtung ist allerdings, spürbare Imageschäden zu erleiden, die das entsprechende Unternehmen im scharfen Wettbewerb schlechter stellen würden.

Zur Gewährleistung eines nicht diskriminierenden Arbeitsumfelds im Sinne der gesetzlichen Vorschriften werden an erster Stelle gerade Personalmanager und Geschäftsführer gefragt. Notwendig wird die Konsolidierung der ganzheitlichen Personalarbeit mit der gesetzlichen Forderung nach Verhinderung von mittelbarer und unmittelbarer Diskriminierung von Arbeitnehmern, um ein Organisationsverschulden zu vermeiden.

2.3 Globalisierung / Kompetenzmanagement

Die umfassenden Umstrukturierungen in der Wirtschaftswelt und die Bildung von Allianzen haben zur Folge, dass immer mehr Mitarbeiter mit unterschiedlichen Kompetenzen, Erfahrungen, Arbeitsweisen, Führungsstilen oder kulturellen Werten zusammenarbeiten. Somit stehen Manager und Personalverantwortliche vor der Herausforderung, heterogene Teams und Arbeitsgruppen so zu gestalten, dass eine erfolgreiche, produktive Kooperation entsteht und zugleich auf die individuellen Erfordernisse der einzelnen Mitarbeiter eingegangen wird.

Die Internationalisierung und die Expansion in neue Märkte erfordern neue Marktforschungs- und Marketinginstrumente, um die Wünsche der Ziel-

---

[3] 2000/43/EG des Rates vom 29. Juni 2000 zur Anwendung des Gleichbehandlungsgrundsatzes ohne Unterschied der Rasse oder der ethnischen Herkunft, 2000/78/EG des Rates vom 27. November 2000 zur Festlegung eines allgemeinen Rahmens für die Verwirklichung der Gleichbehandlung in Beschäftigung und Beruf und 2002/73/EG des Europäischen Parlaments und des Rates vom 23. September 2002 zur Änderung der Richtlinie 76/207/EWG des Rates zur Verwirklichung des Grundsatzes der Gleichbehandlung von Männern und Frauen hinsichtlich des Zugangs zur Beschäftigung, zur Berufsbildung und zum beruflichen Aufstieg sowie in Bezug auf die Arbeitsbedingungen.

kunden zu treffen. Ganze Forschungs-, Marketing- und Kommunikationsabteilungen stehen vor der Herausforderung, unbekannte Wege zu gehen, um die gewünschte Kundennähe und -bindung zu erreichen. Aber auch der Blick nach innen, in den hiesigen Markt, bietet aufgrund der heterogenen Kundschaft im Lande noch unerschlossene Potenziale. Um gute Karten im scharfen Wettbewerb zu haben, gilt es, Belegschaften so zu gestalten, dass sie in der Lage sind, die vielfältigen Konsumwünsche der ebenso vielfältigen Kunden zu verstehen und diese in den Produkten widerzuspiegeln.

3 Diversity Management als unternehmerische Antwort auf die Herausforderungen

Eine intelligente Antwort auf die beschriebenen Herausforderungen liefert der Ansatz des Diversity Management. Das Konzept zielt darauf ab, die Vielfalt in den Belegschaften wert zu schätzen, zu fördern und im Sinne des wirtschaftlichen Erfolgs zu nutzen. Durch Diversity Management werden Bedingungen im Unternehmen geschaffen, unter denen alle Beschäftigten uneingeschränkt ihre Leistungsfähigkeit entfalten können. Zugleich berücksichtigt das Konzept auch die Vielfalt der Kunden, Märkte, Lieferanten und Investoren und versucht, das Business auf die Spezifika aller Stakeholder auszurichten. Ein durchdachtes und erfolgreich umgesetztes Diversity Management garantiert ein diskriminierungsfreies Arbeitsumfeld, stellt ausreichendes und ausreichend qualifiziertes Personal sicher und hat konkrete wirtschaftliche Vorteile wie höhere Produktivität, bessere Ausschöpfung der Kreativität der Mitarbeiter, Steigerung der Innovationskraft, erleichterten Zugang zu neuen Märkten und Kundengruppen und Verbesserung des Unternehmensimages und der Arbeitgeberattraktivität.

Dass bereits im Jahr 2002 ein großes Bewusstsein über die positiven Auswirkungen des Diversity Management auf den Unternehmenserfolg herrschte, zeigt die Abbildung 2, die die Ergebnisse einer repräsentativen DGFP-Befragung bei 78 international tätigen Großunternehmen mit Standort in Deutschland und mehr als 2000 Beschäftigten zusammenfasst.

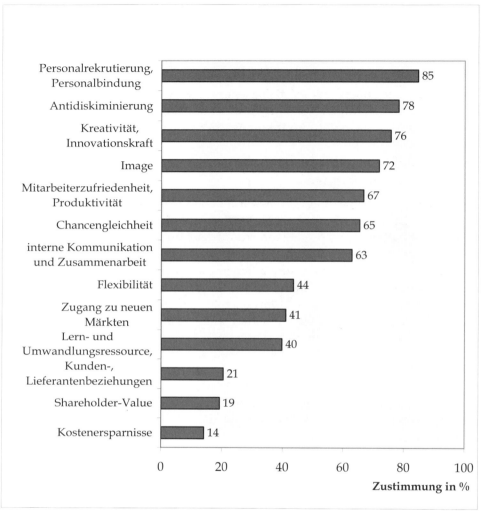

Abbildung 2: Vorteile durch Diversity Management.

Wegen des Rückgangs der Erwerbsbevölkerung werden Unternehmen künftig viel stärker um qualifizierte Mitarbeiter konkurrieren. Die Nutzung der spezifischen Potenziale aller Mitarbeiter wird zum entscheidenden Wettbewerbsvorteil. Es kommt einerseits darauf an, geeignete personalpolitische Maßnahmen zu treffen, um die soweit vernachlässigten Potenziale in der Erwerbsbevölkerung wie Behinderte, Ausländer, Ältere und Frauen zu aktivieren. Da aber die Belegschaften der nahen Zukunft weiblicher, älter und internationaler sein werden, ist es andererseits wichtig, personalwirtschaftliche Wege zu finden, um diese Gruppen erfolgreich im Unternehmen zu integrieren und ihr Leistungspotenzial voll auszuschöpfen.

Weil durch gut durchdachtes und erfolgreich umgesetztes Diversity Management gleiche Rechte und Zugangsmöglichkeiten für die unterschiedlichen Mitarbeitergruppen geschaffen und ein positives Arbeitsklima gefördert werden, ist dieser Führungsansatz ein wichtiger Schritt in Richtung Konsolidierung der betrieblichen Personalpolitik mit den gesetzlichen Antidiskriminierungsvorschriften. Zwar liefert Diversity Management keine Garantie, dass keine Diskriminierungsfälle im Unternehmen vorkommen, jedoch wird das Risiko bereits kurzfristig wesentlich minimiert. Besonders wichtig in diesem Prozess der Konsolidierung sind folgende Schritte:

1. Überprüfung aller arbeitsrechtlichen Regelungen (kollektiv- und individualrechtlich) nach den Vorschriften der europäischen Antidiskriminierungsrichtlinien beziehungsweise des nationalen Antidiskriminierungsrechts.

2. Durchführung einer Stärken-Schwächen-Analyse im Hinblick auf bestehende und potenzielle Risiken der Diskriminierung bei Personalmanagement-Prozessen und -Instrumenten.

3. Schulung der Mitarbeiter des Personalmanagements, insbesondere derjenigen, die als erste Ansprechpartner mit der Diskriminierungsthematik konfrontiert werden.

4. Schulung und Sensibilisierung der Führungskräfte, Arbeitnehmervertreter und Mitarbeiter.

4 Gestaltung einer Diversity-Initiative

Unsere langjährige Praxis zeigt, dass sich Unternehmen besonders bei der Konzipierung ihrer unternehmensindividuellen Diversity-Strategie schwer tun und öfters dazu neigen, bestimmte Praktiken, vor allem Programminhalte oder Strukturen, aus anderen Unternehmen zu kopieren. Damit ist der Misserfolg der Diversity-Initiative vorprogrammiert. Wir haben einige wichtige Schritte definiert, die jedes Unternehmen bei der Gestaltung des eigenen Diversity-Konzeptes gehen sollte. Diese liefern jedoch für das einzelne Unternehmen unterschiedliche Ergebnisse und dementsprechend unterschiedliche Ansätze für die Diversity-Strategie.

Ist-Analyse

1. Ist-Analyse der bisher umgesetzten personalpolitischen Instrumente und Praktiken und Überprüfung auf bestehende und potenzielle Diskriminierungen,

2. Ist-Analyse der Unternehmenskultur und des Sensibilisierungsgrades der Mitarbeiter unterschiedlicher Hierarchieebenen, Abteilungen und Standorte in Bezug auf Diversity,

3. Ist-Analyse der strategischen Business-Ziele,
4. Ist-Analyse der Belegschaftsstruktur,
5. Ist-Analyse der Investoren-, Lieferanten- und Kundenstruktur.

Soll-Ist-Vergleich

Abgleich der Ergebnisse aus der Ist-Analyse mit den strategisch erklärten Business-Zielen.

Definition der Diversity-Strategie

1. Ableitung der Diversity-Strategie aus den Soll-Ist-Differenzen,
2. Definition von personalpolitischen und businessrelevanten Maßnahmen, die den Soll-Ist-Lag beseitigen,
3. Definition von Meilensteinen zur Implementierung der Diversity-Strategie.

Implementierung der Diversity-Strategie

1. Durchführung der beschlossenen Maßnahmen,
2. Kommunikation des Diversity-Leitsatzes intern und extern.

Evaluation / Controlling

1. Entwicklung von Instrumenten zum Controlling und zur Evaluation von Diversity-Maßnahmen,
2. Gewährleistung der Einfachheit der Administration und Vermeidung von Bürokratie.

Die Entwicklung und Umsetzung einer Diversity-Strategie ist ein Prozess, in dem Geschäftsführung und Personalmanagement in einem Boot sitzen und dasselbe Ufer ansteuern. Damit dies aber keine Reise ins Blaue wird, sind einige entscheidende Faktoren noch im Vorhinein zu berücksichtigen. Besondere Gefahren verbergen sich vor allem in der:

1. *Konzipierung der Strategie*
   Wesentliche Voraussetzung für den Erfolg ist die Ableitung der Diversity-Strategie aus dem Business und den zukünftigen personalpolitischen Herausforderungen. Wird nicht so vorgegangen, dann wird die Diversity-Initiative intern als „Sozialromantik" wahrgenommen und unterliegt bei der nächsten wirtschaftlichen Krise dem roten Strich.

2. *Implementierung der Strategie*
   In dieser Phase ist es wichtig, dass die gesamte Geschäftsführung ihr Diversity-Commitment kommuniziert, damit ein Top-Down-Prozess gestartet wird. Genauso wichtig ist aber auch, dass die ganze Mitarbeiterschaft sensibilisiert wird, damit die Implementierung auch Bottum-Up unterstützt

wird. Somit wird sichergestellt, dass Diversity kein Lippenbekenntnis bleibt, sondern im betrieblichen Alltag gelebt wird.

In unserer Beratung stoßen wir öfters auf die Frage, ob die Analysen in Bezug auf Diversity von der Personalabteilung durchzuführen seien und die ganze Initiative von dem HR-Bereich zu tragen sei. Hierzu gibt es kein Erfolgsmodell. Wir kennen Unternehmen, die eine ganze Diversity-Abteilung gegründet haben, die sich ausschließlich mit dem Diversity Management beschäftigt. Wir kennen jedoch auch Unternehmen, die ein Trainee-Team mit diesem Thema beauftragt haben. Andere Modelle unterstützen die Anbindung des Diversity Management bei der Marketing- und Kommunikationsabteilung oder allein beim operativen Personalmanager. Auch wenn das „Baugerüst" unterschiedlich aussieht, haben alle Modelle eines gemeinsam – es werden extra Kapazitäten für die Entwicklung und Umsetzung der Diversity-Strategie freigegeben, und es wird nicht sofort nach finanziellen Ergebnissen gefragt. Das Messen des Erfolgs durch Diversity Management ist eine besonders komplizierte Aufgabe, in der mehrere Variable mit mehreren gegenseitigen Abhängigkeiten eine Ergebnisgröße beeinflussen. Worauf die Verbesserung der multikausalen Ergebnisgröße genau zurückzuführen ist, können weder Ökonomen, noch Mathematiker, noch Statistiker genau nachweisen.

5 Praktisches Beispiel eines Implementierungsprojekts – „ARAMARK goes Diversity" powered by DGFP mbH

Wie die beschriebene Gestaltung einer Diversity-Initiative in der Praxis aussehen kann, soll anhand eines praktischen Beispiels dargestellt werden. Im Zeitraum Dezember 2004 bis August 2005 haben wir ARAMARK Holdings GmbH & Co. KG bei der Entwicklung, Umsetzung und Evaluation einer unternehmensindividuellen Diversity-Strategie beraten. Dabei sind wir wie folgt vorgegangen:

Ist-Analyse

Im ersten Schritt war es erforderlich, die im Personalmanagement stattfindenden Prozesse und angewendeten Instrumente zu prüfen, um generell potenzielle Diskriminierungen zu vermeiden. Dazu gehörten vor allem der Einstellungsprozess und die Auswahl und Förderung von Führungskräften und Mitarbeitern. Dadurch sollte verhindert werden, dass bewusst oder unbewusst bestimmte Mitarbeiter oder Mitarbeitergruppen ohne besonderen sachlichen Grund benachteiligt oder bevorzugt werden. Konkret ging es z. B. um die Überprüfung von Formulierungen in Stellenausschreibungen, Erhebung von irrelevanten Daten und Informationen im Einstellungsfragebogen und Überprüfung von Vertragsmustern, den Einsatz von Deutsch-Tests bei der Auswahl von Auszubildenden, die Fragestellungen in Bewerberinterviews, Auswahlrichtlinien für die Förderung von Mitarbeitern usw. Generell ist festzustellen: Je größer und dezentralisierter das Unternehmen, desto aufwändiger kann diese Prüfung sein, weil oftmals verschiedene (selbst erstellte) Formulare oder Muster verwandt werden.

Im zweiten Schritt war es notwendig, den Umgang mit Vielfalt im Unternehmen und die Sensibilisierung der Führungskräfte und Mitarbeiter festzustellen. Dazu bot es sich an, zweistündige Interviews durchzuführen, und zwar mit Personen, die zu unterschiedlichen Fokusgruppen gehören. So wurden Gespräche durchgeführt mit:

- Führungskräften aus dem Personalmanagement und den operativen Einheiten,
- Mitarbeitern aus der Zentrale und an dezentralen Standorten,
- älteren und jüngeren Mitarbeitern,
- männlichen und weiblichen Mitarbeitern,
- Mitarbeitern mit und ohne Migrationshintergrund,
- Mitarbeitern, die eine längere und eine kürzere Betriebszugehörigkeit haben.

Das Ergebnis waren klare Erkenntnisse, wo latente Diskriminierungen stattfinden könnten und wo ungenutzte Potenziale der Mitarbeiter stecken.

Im dritten Schritt erläuterte die Geschäftsleitung die strategische Ausrichtung des Unternehmens in den nächsten Jahren, die kurz- und mittelfristigen Herausforderungen, wichtige laufende und angedachte Projekte im Unternehmen und die Erwartungen an Führungskräfte und Mitarbeiter.

Im vierten Schritt stand die Analyse der Belegschaftsstruktur im Vordergrund. Dabei ging es einerseits um die Alters- und Qualifikationsstruktur, andererseits um die Struktur der Mitarbeitervielfalt. Besonders interessant waren in diesem Projekt die Vielfalt der unterschiedlichen Nationen, aus denen die Mitarbeiter stammen, und die Funktionen, die der überwiegende Anteil der Mitarbeiterinnen wahrnehmen.

Im fünften Schritt richtete sich der Fokus auf die Investoren-, Lieferanten- und Kundenstruktur. Als börsennotiertes Unternehmen mit einer Muttergesellschaft in den USA war die Feststellung einer heterogenen Struktur der Aktionäre nicht überraschend. Gleichzeitig wurde ermittelt, dass auch die Lieferanten ein buntes Mosaik darstellten, nicht nur weil sie in unterschiedlichen Ländern ansässig waren, sondern auch, weil sie eine sehr heterogene Mitarbeiterstruktur aufwiesen. Die Analyse der Kundenstruktur zeigte ebenfalls, dass alle Fokusgruppen in einem ausgeglichenen Umfang vertreten waren.

Soll-Ist-Vergleich

Um eine konkrete Diversity-Strategie ableiten zu können, wurde nun eine Gegenüberstellung der bereits vorhandenen Strukturen, Prozesse, Instrumente und Unternehmenskultur mit dem aufgrund der Business-Ziele notwendigen

Soll-Profil vorgenommen. Dabei ergaben sich, wie nicht anders zu erwarten, teilweise erfreuliche Grundlagen, die ohne viele neue Aktivitäten genutzt werden konnten, sowie teilweise grundsätzliche Schwächen, die eine Erreichung der Business-Ziele in Frage stellen konnten. Das gewonnene klare Bild wurde nochmals mit den Projektverantwortlichen gespiegelt, so dass Notwendigkeiten und Optimierungspotenzial konkret definiert werden konnten.

Definition einer unternehmensindividuellen Diversity-Strategie

Nun galt es, die gewonnenen Erkenntnisse in eine nachhaltige unternehmensindividuelle Diversity-Strategie umzusetzen, die folgende Punkte berücksichtigt:

– Business-Orientierung: führt zu Wettbewerbsvorteilen und nachhaltigem Unternehmenserfolg,

– Mitarbeiter-Orientierung: führt zu einer Förderung der besonderen Potenziale von bestimmten Personen oder Fokusgruppen,

– Prozess-Orientierung: führt zu einer Verzahnung von verschiedenen, bereits vorhandenen Prozessen und Instrumenten,

– Controlling-Orientierung: lässt sich im weiteren Verlauf hinsichtlich Erfolg, Kosten und Zeit messen und steuern.

Die Strategie-Empfehlung zeigte ein klares Unternehmensbekenntnis zur Vielfalt und zum respektvollen Umgang mit der Unterschiedlichkeit der Menschen. Die unterschiedlichen Potenziale der Mitarbeiter sollten erkannt, gefördert und für den Unternehmens- und Mitarbeitererfolg genutzt werden.

Die Ausgestaltung der Strategie gliederte sich einerseits in die Vermeidung der festgestellten Schwächen und andererseits in den Ausbau der vorhandenen Stärken. Daraus folgend wurden konkrete Maßnahmen zur Implementierung der definierten Diversity-Startegie abgeleitet.

Implementierung der Diversity-Strategie

In diesem Projekt wurde bei den Maßnahmen unterschieden in:

1. Maßnahmen, die Diskriminierung, Belästigung und Viktimisierung vermeiden,

2. Maßnahmen, die das besondere Potenzial von Fokusgruppen fördern,

3. Maßnahmen, die synergetisch beide vorher genannte Maßnahmen vereinigen.

Eine besonders gute Möglichkeit der Umsetzung wurde durch die Veranstaltung einer Führungskräfte-Konferenz genutzt, zu der über eintausend Führungskräfte an einem Sonnabend eingeladen wurden. Nach der Einführung in die Antidiskriminierungs- und Diversity-Thematik durch die Geschäftsleitung und unseren Projektleiter stellte ein Business-Theater acht verschiedene Szenen aus dem Arbeitsalltag der Führungskräfte dar, die überspitzt diskriminierende Situationen, die Konsequenzen aus dem Verhalten und Lösungsmöglichkeiten darstellten. Jede Szene wurde durch einen ausgewiesenen, auf Diskriminierung spezialisierten arbeitsrechtlichen Experten kommentiert, der zugleich Handlungsempfehlungen für die Praxis aussprach. Zum Schluss der Veranstaltung unterschrieb jede Führungskraft ein Commitment, in dem sie sich einerseits gegen Diskriminierung, Belästigung und Viktimisierung von Mitarbeitern, Kunden und Lieferanten und andererseits für die aktive Unterstützung von allen Maßnahmen im Sinne von Diversity Management bekannte.

Der Kommunikation der Diversity-Strategie und den Implementierungs-Maßnahmen kommt eine besondere Bedeutung zu. In diesem Falle wurden verschiedene Kanäle genutzt, angefangen vom Intranet über die Mitarbeiterzeitschrift, die Diskussion in Führungskräfte-Trainings bis hin zu Pressemitteilungen und Veröffentlichungen auf den Internet-Seiten.

Um die Nachhaltigkeit der Diversity-Management-Aktivitäten zu sichern, sind Symbole besonders hilfreich. In diesem Projekt wurde ein Kaleidoskop als Transporteur der Ideen genutzt. Die Diversity-Initiative lief unter dem Motto: „Vielfalt eröffnet Perspektiven".

Evaluation/ Controlling

Der Projektstrukturplan bietet schon im Ansatz eine gute praktische Möglichkeit zum Controlling der Aktivitäten. Sollten bestimmte Maßnahmen nicht zeitgerecht erledigt werden, kann somit sofort eingegriffen werden und das Management kann rechtzeitig notwendige Entscheidungen treffen.

Für die Evaluation eignen sich einerseits die Analyse der umgesetzten Veränderungen in den formellen Strukturen und andererseits die Veränderungen in den Einstellungen und im Verhalten von Führungskräften und Mitarbeitern.

Es ist nicht nur ein Gebot der Stunde, alle mit einem Projekt zusammenhängenden Aktivitäten so bürokratiearm wie möglich zu gestalten. In diesem Projekt wurde versucht, alle Kommunikations- und Entscheidungswege so kurz wie möglich zu halten, damit der Zeit- und Mittelaufwand minimiert wird. Entsprechend der Unternehmenskultur wurden viele Fragestellungen und Entscheidungen direkt in Gesprächen und Veranstaltungen geklärt und umgesetzt. Von einer schriftlichen Protokollierung von Abstimmungen wurde abgesehen. Einzig das Commitment der Führungskräfte gegen Diskriminierung und für Diversity wurde auf schriftlichem Wege dokumentiert.

6 Zusammenfassung – HR als Business-Partner oder Business-Player?

Die Erfüllung der gesetzlichen Antidiskriminierunsvorschriften wird für die meisten Unternehmen nur der erste Schritt zum Diversity Management sein. Um einen nachhaltigen Unternehmenserfolg zu erreichen, ist es wesentlich, die Unterschiedlichkeit der Mitarbeiter zu erkennen, zu fördern und zu nutzen, also pro-aktiv zu handeln. Deshalb stehen neben der weiterhin geforderten Senkung der Personalkosten, die Gewinnung und Bindung von besonders talentierten Mitarbeitern sowie die „Überalterung" der Belegschaft auf der Tagesordnung vieler Unternehmen ganz oben. Integration und Wertschätzung sind erforderlich, um Mitarbeiterpotenziale besser zu nutzen. Diversity Management kann eine unternehmerische Antwort auf diese Herausforderungen und auf das Antidiskriminierungsrecht sein. Damit wird das Personalmanagement nicht nur ein Business-Partner, sondern ein wichtiger Business-Player im Unternehmen.

Literatur

Statistisches Bundesamt (2000): Bevölkerungsentwicklung Deutschlands bis 2050. Ergebnisse der 9. koordinierten Bevölkerungsvorausberechnung. Wiesbaden.

Diversity Management bei der Deutschen Bahn AG – Ein Beitrag zur Kundenzufriedenheit

Katharina Heuer & Ellen Engel

1 Managing Diversity – ein strategischer Ansatz für die Deutsche Bahn AG
2 Managing Diversity im Personenverkehr
2.1 Mobilitätseingeschränkte Reisende, eine bedeutende Kundengruppe
2.2 Leistungen für mobilitätseingeschränkte Reisende – eine Herausforderung für den Personenverkehr
2.3 Kontaktstelle für kundenorientierten Dialog
2.4 Informationen für mobilitätseingeschränkte Reisende
2.5 Maßgeschneiderte Reiseplanung der Mobilitätsservice-Zentrale
2.6 Bahnhöfe auf dem Weg zur Barrierefreiheit
2.7 Barrierefreie Züge als weiterer Meilenstein
2.8 Kooperation mit europäischen Bahnen
2.9 Servicetraining – für einen professionellen Umgang mit Fahrgästen mit Handicap
3 Zusammenfassung

Die Deutsche Bahn AG ist ein führender internationaler Mobilitäts- und Logistikdienstleister, der jedes Jahr über 1,6 Mrd. Reisende im Personenverkehr befördert und in über 100 Ländern Transport- und Logistikdienstleistungen für die verladende Wirtschaft erbringt. Die Deutsche Bahn betreibt das größte Schienennetz in Europa mit rund 35.000 km Länge sowie ca. 5.400 Bahnhöfen in Deutschland. Weiterhin bietet der DB Konzern ergänzende Dienstleistungen im Verkehrsmarkt an, die von der schweren Fahrzeuginstandhaltung, den Fuhrparkservices, sämtlichen Leistungsprozessen im IT- und Telekommunikationsbereich, über Sicherheit, Sauberkeit und Service auf den Bahnhöfen und im Facility Management bis hin zu Energiedienstleistungen für alle rund 300 Eisenbahnunternehmen auf dem deutschen Schienennetz reichen.

Die Deutsche Bahn AG ist sehr facettenreich. Die Vielfalt der Geschäfte, Ländermärkte, Kunden und gesellschaftlichen Anspruchsgruppen spiegelt sich im Unternehmen wider. Weltweit arbeiten über 200.000 Mitarbeiterinnen und Mitarbeiter in mehr als 300 Berufen daran, exzellente Dienstleistungen für die Kunden des DB Konzerns zu erbringen. Beamte und Tarifkräfte, Männer und Frauen unterschiedlicher Altersklassen und unterschiedlicher Nationalitäten, verschiedener religiöser und sexueller Orientierungen leisten gemeinsam ihren Beitrag zum Erfolg des DB Konzerns. Diese hohe Komplexität verlangt nach Strategien, Instrumenten und Methoden, diese Vielfalt zu managen.

1 Managing Diversity – ein strategischer Ansatz für die Deutsche Bahn AG

Die schrittweise Einführung und Umsetzung von Managing Diversity bei der Deutschen Bahn AG ist ein wichtiger Bestandteil der Personalstrategie und auch Ausdruck der hohen gesellschaftlichen Verantwortung der Deutschen Bahn. Offenheit und Toleranz schaffen eine Unternehmenskultur, die hilft, die unterschiedlichen Talente, Erfahrungen und die Kreativität aller Mitarbeiterinnen und Mitarbeiter zu nutzen. Als Dienstleistungsunternehmen profitiert die Bahn von einer aufgeschlossenen Belegschaft, die im persönlichen Kontakt auf individuelle Kundenwünsche eingeht. In der Zusammenarbeit im integrierten DB Konzern hilft Managing Diversity, ob im Team, abteilungs- und geschäftsübergreifend oder bei Integrationsprozessen, Reibungsverluste zu reduzieren und von der Vielfalt zu profitieren. Gleiche Chancen für unterschiedliche Mitarbeitergruppen, gegenseitiger Respekt und Rücksicht sind in der Unternehmenskultur verankert. Eine offene, vertrauensvolle Atmosphäre und die Akzeptanz von Vielfalt am Arbeitsplatz steigern zudem die Attraktivität des Arbeitgebers.

Managing Diversity bei der Deutschen Bahn AG hat viele Gesichter und richtet sich sowohl nach innen wie auch nach außen. Hier seien einige Beispiele erwähnt:

- Der jährliche Wettbewerb „Bahn-Azubis gegen Hass und Gewalt" - Dieser startet jeweils zu Beginn des ersten Ausbildungsjahres. Er soll die neuen Auszubildenden sensibilisieren, sich mit den Themen Extremismus, Intoleranz und antidemokratische Tendenzen zu beschäftigen. In Form eines jährlich wiederkehrenden Wettbewerbs zum Thema „Bahn-Azubis gegen Hass und Gewalt" erarbeiten Ausbildungsgruppen Projektideen, die dem Vorstand präsentiert und anschließend prämiert werden.

- Konfliktmanagement im Unternehmen - mit Angeboten für den Umgang mit Konflikten in Form von Konfliktbroschüren, Mediation und Konfliktberatung. Konzernweite Betriebsvereinbarungen zu „Partnerschaftlichem Verhalten am Arbeitsplatz" und „Gleichbehandlung und kollegialem Miteinander" bilden den Rahmen für konstruktives Handeln in Konfliktsituationen.

- Arbeitszeitflexibilisierung und Arbeitsortflexibilisierung zur individuellen Gestaltung des Arbeitslebens – wie bspw. die temporäre Unterbrechung der Erwerbstätigkeit durch ein Sabbatical, die Möglichkeit zur Altersteilzeit oder Teleheimarbeit.

- Familienservice – berät in Fragen der Pflege von Angehörigen oder der Kinderbetreuung. Um den Balance-Akt zwischen Beruf und Familie für Mitarbeiterinnen und Mitarbeiter der Deutschen Bahn zu erleichtern, wurde ein konzernweiter Kooperationsvertrag mit einer Einrichtung geschlossen, die Beratungs- und Vermittlungsdienste zu diesen Themen anbietet.

- Gleichstellung eingetragener Lebenspartnerschaften – z.B. bei der im Zusatzversorgungstarifvertrag geregelten Hinterbliebenenversorgung und in Bezug auf nationale Fahrvergünstigungen.

- Praktikantenprogramm „Chance Plus – Praxisorientierte Berufsvorbereitung mit Zukunft" - vermittelt bedingt ausbildungsfähigen Jugendlichen innerhalb von 12 Monaten die notwendigen Qualifikationen zum Berufseinstieg.

- In Kooperation mit der Bahnhofsmission „Kids on Tour" – Betreuung alleinreisender Kinder im Alter von 6 bis 14 Jahren auf bestimmten Relationen und in ausgewählten Zügen am Freitag und Sonntag.

Am Beispiel des Personenverkehrs soll im Folgenden der Beitrag von Managing Diversity zur Steigerung der Kundenzufriedenheit dargestellt werden.

2 Managing Diversity im Personenverkehr

Der Personenverkehr ist eine bedeutende Säule der Deutschen Bahn AG. Allein im Personenverkehr auf der Schiene fahren täglich fast 34.000 Züge und befördern ca. 4,7 Mio. Reisende. Diese Kunden sind in die Leistungserstellung integriert, sie treten in Interaktion mit Verkaufspersonal und Servicemitarbeitern, nutzen u. a. Bahnhof und Zug. Die Dienstleistung Reise wird dabei direkt und persönlich mitgestaltet und erlebt. Dies beeinflusst die Zufriedenheit nachhaltig. Das Serviceerleben mehrerer Millionen Kunden täglich prägt das Image des gesamten Konzerns. Die Steigerung der Zufriedenheit der unterschiedlichen Kundinnen und Kunden hat oberste Priorität, um sich dauerhaft erfolgreich am Markt zu behaupten und neue Kunden gewinnen zu können.

Die Kundenstruktur im Personenverkehr ist sehr heterogen. Unterschiede ergeben sich einerseits aus Anlass, Dauer und Häufigkeit der Reisen und liegen andererseits im Reisenden selbst begründet, wie persönliche Vorlieben, finanzielle Möglichkeiten aber auch individuelle Einschränkungen. Urlaubsreisen finden in einem anderen Kontext statt als die tägliche Fahrt zwischen Wohn- und Arbeitsort. Geschäftsreisende haben andere Ansprüche als alleinreisende Kinder oder behinderte Menschen. Gemeinsam ist allen Reisenden, dass diese Kundengruppen oft in einem Zug auf einer bestimmten Relation gleichzeitig unterwegs sind. Daraus ergeben sich für die Bahn Grenzen bei der Erfüllung individueller z. T. konkurrierender Kundenbedürfnisse. Guter Service hilft hier, trotz Einschränkungen für Zufriedenheit beim Kunden zu sorgen.

2.1 Mobilitätseingeschränkte Reisende, eine bedeutende Kundengruppe

Eine für die Deutsche Bahn AG sehr wichtige Kundengruppe sind Menschen mit Mobilitätseinschränkungen. Hierunter versteht die Bahn nicht nur behinderte Menschen nach dem Sozialgesetzbuch (SGB IX), sondern auch mobilitätseingeschränkte, ältere Menschen sowie situativ eingeschränkte Personen wie Eltern mit Kindern und Kinderwagen, Personen mit Schwergepäck, etc. Unterschiedliche Formen von Mobilitätsbehinderungen illustriert nachfolgende Übersicht.

Diversity Management bei der Deutschen Bahn AG

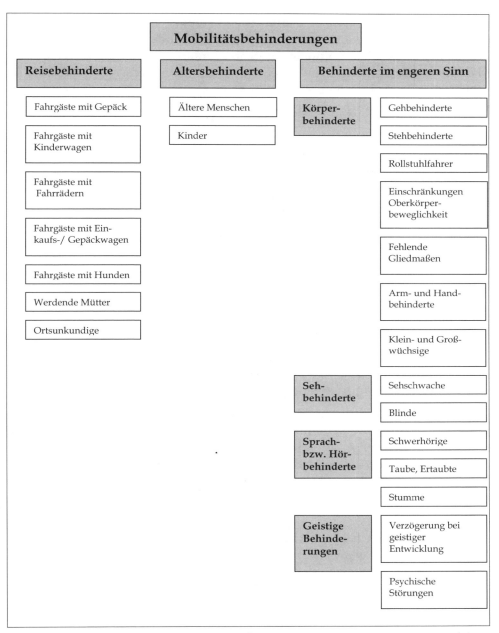

Abbildung 1: Mobilitätsbehinderungen im Überblick.
(TU Kaiserslautern 2004)

Den Anteil von Menschen mit amtlich anerkannter Behinderung an der gesamtdeutschen Bevölkerung hat das Statistische Bundesamt 2004 auf rund 8,4 Mio. Personen geschätzt. Von den amtlich anerkannten Behinderten gelten 6,7 Mio. als schwerbehindert mit einem Grad der Behinderung von über 50 % nach dem SGB IX. Dies entspricht ca. 8 % der Gesamtbevölkerung. Häufigkeit und Arten von Schwerbehinderung sind im Folgenden veranschaulicht.

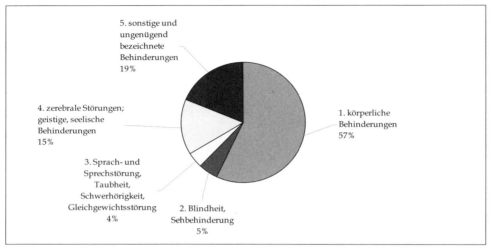

Abbildung 2:   Arten der Schwerbehinderung.
(Statistisches Bundesamt 2001)

Die tatsächliche Zahl der mobilitätseingeschränkten Menschen liegt jedoch – je nach Quellenlage – mit 20 bis 30 % der deutschen Bevölkerung weitaus höher. Dabei steigt der Anteil der mobilitätsbehinderten Menschen mit zunehmendem Alter. So sind rund drei Viertel der behinderten Personen über 55 Jahre alt. Durch die wachsende Zahl älterer Menschen wird somit der Anteil mobilitätseingeschränkter Personen in den kommenden Jahren weiter ansteigen.

All diese Menschen haben ein Recht auf eine gleichberechtigte Teilhabe am gesellschaftlichen Leben. Dazu gehört auch das Reisen. Mobilitätseingeschränkte Menschen zeigen sich durchaus interessiert am Reisen. Die Reiseintensität dieser Gruppe ist allerdings heute noch weitaus geringer als die der deutschen Gesamtbevölkerung. So wird die Reiseintensität bspw. der schwerbehinderten Menschen – gemessen als eine oder mehrere jährliche Urlaubsreisen ab 5 Tagen – auf ca. 60 % bis 65 % geschätzt, während die Reisehäufigkeit aller Deutschen bei ca. 75 % liegt.

Zunehmende Angebote für mobilitätseingeschränkte Personen, sowie die Möglichkeit der schnellen Rückkehr im Notfall, führen bei dieser Gruppe zu einem überdurchschnittlich hohen Anteil an Inlandsreisen. Meist handelt es sich um Städtereisen in Deutschland. Reisende mit Mobilitätseinschränkungen sind darüber hinaus überwiegend saisonunabhängige Individualreisende. Ihre wichtigsten Reisemotive sind Erholung und Gesundheit. Die Reiseausgaben liegen auf einem vergleichsweise hohen Niveau. Aufgrund ihrer Einschränkungen reisen sie größtenteils in Begleitung. Weiterhin beobachtet man analog zum Durchschnittsreisenden den Wunsch, ins Ausland zu reisen. Diese Möglichkeit gewinnt zunehmend an Attraktivität, da auch im Ausland das touristische Angebot für mobilitätseingeschränkte Menschen immer besser ausgebaut wird.

40 % der Personen mit Handicap gaben an, bereits aufgrund mangelnder barrierefreier Angebote auf eine Reise verzichtet zu haben. 48 % dieser Fahrgäste würden häufiger verreisen, wenn die Zahl zusätzlicher, auf sie abgestimmter Angebote, höher wäre (Neumann/Reuber 2004). Die Bahn möchte diesen Menschen vermehrt bedarfsgerechte Mobilitätsdienste bieten. Damit kommt das Unternehmen nicht nur seiner gesellschaftlichen Verantwortung und gesetzlichen Verpflichtung nach dem Behindertengleichstellungsgesetz des Bundes (BGG) nach, sondern kann hier auch neue Kunden gewinnen und die Reisehäufigkeit der Kunden steigern.

Managing Diversity im Kundenkontext der Deutschen Bahn möchte hier auf die unterschiedlichen Erfahrungen der Belegschaft zurückgreifen, um Wünsche und Bedürfnisse auch der mobilitätseingeschränkten Kunden besser zu erkennen und zu berücksichtigen.

2.2 Leistungen für mobilitätseingeschränkte Reisende – eine Herausforderung für den Personenverkehr

Die Kunden der Deutschen Bahn AG stellen unterschiedliche Anforderungen an eine Reise. Diese Ansprüche sollen erfüllt und ein reibungsloser Zugang zu den Verkehrsmitteln gewährt werden. Je nach Art und Grad ihrer Behinderung benötigen mobilitätseingeschränkte Reisende jedoch unterschiedliche Rahmenbedingungen. Für Menschen mit Handicap sind spezielle Angebote eine Voraussetzung für die Durchführung der Reise überhaupt. Die Angebote der Bahn beeinflussen nicht nur die Zufriedenheit, sie entscheiden darüber, ob und mit welchen Verkehrsmitteln die Reise stattfindet.

Um von Unternehmensseite entsprechende Angebote machen zu können, müssen zunächst die individuellen Bedürfnisse und daraus resultierend der Bedarf konkret definiert werden. Der regelmäßige Dialog zwischen Vertreterinnen und Vertretern verschiedener Behindertenverbände mit der eigens eingerichteten Kontaktstelle für kundenbezogene Behindertenangelegenheiten war und ist dafür sehr wichtig. Nur so konnten die unterschiedlichen Interessen und Bedürfnisse der sehr heterogenen Zielgruppe „Menschen mit Handicap" erfasst werden und in das Programm der Deutschen Bahn einfließen.

Gesetzliche Rahmenbedingung für den Umgang mit behinderten Menschen bildet das Behindertengleichstellungsgesetz des Bundes (BGG). Mit diesem Gesetz, das am 01. Mai 2002 in Kraft getreten ist, verfolgt der Gesetzgeber das Ziel, Menschen mit Behinderungen eine gleichberechtigte Teilhabe am gesellschaftlichen Leben sowie eine selbstbestimmte Lebensführung zu ermöglichen.

Die Verkehrsträger werden durch die Gesetzgebung verpflichtet, schrittweise Barrierefreiheit herzustellen und bei der Neuanschaffung von Verkehrsmitteln sowie beim Neu- und Umbau von Anlagen Barrierefreiheit zu gewährleisten. Kernpunkt des BGG ist die Durchsetzung einer generellen Barrierefreiheit in allen gestalteten öffentlichen Bereichen.

Die Deutsche Bahn AG als Eisenbahnverkehrsunternehmen hat gemäß der Eisenbahn-Bau- und -Betriebsordnung (EBO), ihre Anlagen und Fahrzeuge so zu bauen und zu betreiben, dass sie von behinderten Menschen ohne besondere Erschwernis nutzbar sind. Grundlage des vorliegenden Programms ist die Verpflichtung aus § 2 Abs. 3 (EBO) möglichst weitreichende Barrierefreiheit zu erreichen.

Als bundesweit tätiges Unternehmen wird die Deutsche Bahn AG den gesetzlichen Anforderungen durch Aufstellung einer gesamthaften Zusammenstellung aller Maßnahmen im Verkehrs- und Infrastrukturbereich in Form eines Programms gerecht.

Das Programm bildet die Basis der Zukunftsarbeit zur gleichberechtigten Teilhabe behinderter Menschen am Leistungsangebot der Deutschen Bahn AG. Die Maßnahmenplanungen zeigen wichtige Meilensteine auf dem Weg zur Zukunftsvision des "Barrierefreien Reisens". Dies entspricht dem Selbstverständnis der Bahn als Mobilitätsdienstleister auch für Menschen mit Behinderung.

Ziel der Deutschen Bahn AG ist es, weitere Elemente zur Optimierung der Reisekette speziell für die Zielgruppe der behinderten Menschen zu verwirklichen, um ihnen ein möglichst barrierefreies Reisen zu ermöglichen. Alle Konzerngesellschaften der Deutschen Bahn AG, insbesondere die Unternehmensbereiche Personenverkehr (Fern-, Nah- und Stadtverkehr) und Personenbahnhöfe werden dazu jetzt und in Zukunft im Rahmen der verfügbaren finanziellen Mittel ihren Beitrag leisten.

Bei der Umsetzung des Gesetzes zur Gleichstellung behinderter Menschen übernimmt die Bahn eine Vorreiterrolle. Mit dem Programm der Deutschen Bahn AG als rechtlich verbindliche Selbstverpflichtung definiert sie konkrete Maßnahmen für den barrierefreien Zugang zum System Bahn. Im Folgenden sind konkrete Beispiele des Engagements der Bahn im Umgang mit mobilitätseingeschränkten Personen aufgeführt.

2.3 Kontaktstelle für kundenorientierten Dialog

Im Juli 2002 wurde im Unternehmensbereich Personenverkehr der Deutschen Bahn AG eine Kontaktstelle für kundenbezogene Behindertenangelegenheiten eingerichtet. Als zentraler Ansprechpartner definiert diese Kontaktstelle alle die Bahn betreffenden Anforderungen aus Sicht von behinderten Menschen. Sie entwickelt, steuert und setzt in Zusammenarbeit mit den zuständigen Konzerngesellschaften innovative Servicekonzepte für mobilitätseingeschränkte Reisende um. Damit die initiierten Maßnahmen auf den aktuellen Marktbedürfnissen basieren, steht die Deutsche Bahn AG im intensiven Dialog mit der Beauftragten der Bundesregierung für die Belange behinderter Menschen, der Bundesarbeitsgemeinschaft für Rehabilitation (BAR), den Behindertendachverbänden und mit ihrem Kooperationspartner, dem Deutschen Behinderten-Sportverband (DBS).

Aus einem permanenten Dialog und der intensiven Zusammenarbeit innerhalb der einzelnen DB Konzerngesellschaften, mit externen Verbänden und Vertretern aus Politik und Wirtschaft resultieren ein offener Erfahrungs- und Gedankenaustausch sowie zusätzliche Synergieeffekte, durch die zukünftig das Reisen für alle behinderten Menschen attraktiver werden kann.

2.4 Informationen für mobilitätseingeschränkte Reisende

Die Deutsche Bahn AG hat 2003 eine Marktforschung zur Zielgruppe der behinderten Menschen initiiert. Die verschiedenen Teilnehmenden für die Gruppendiskussionen rekrutierten sich aus Menschen mit unterschiedlichen Behinderungen; es gab sowohl eine Gruppe mit körperbehinderten Menschen als auch eine Gruppe mit blinden bzw. sehbehinderten Menschen sowie eine Gruppe mit schwerhörigen bzw. gehörlosen Menschen.

Als ein wichtiges Ergebnis der Marktforschung kann festgehalten werden, dass Informationsdefizite, Berührungsängste und mangelndes Vertrauen zu einer hohen Unsicherheit bei behinderten Menschen führen und damit die größten Barrieren bezüglich der Bahnnutzung darstellen.

Die Deutsche Bahn AG hat sich daher zum Ziel gesetzt, ihr zielgruppenspezifisches Informationsmaterial für mobilitätseingeschränkte Reisende zu überarbeiten, wunschgemäß Informationen auf das Wesentliche zu beschränken und auf die spezifischen Behindertengruppen zuzuschneiden. Die Vertriebskanäle für das Informationsmaterial sollen optimiert und die Kommunikation auf die einzelnen Zielgruppen ausgerichtet werden, um Vertrauen zu schaffen, Unsicherheitsfaktoren abzubauen und Berührungsängsten entgegenzuwirken. Detaillierte Informationen über alle Fragen rund um das Bahnfahren enthält bspw. die Broschüre „Mobil mit Handicap", die jährlich aktualisiert wird und nicht nur in Bahnhöfen, sondern auch in Versorgungsämtern, Reha-Kliniken etc. ausliegt.

Speziell für blinde und stark sehbehinderte Menschen hat die DB bereits in 2004 alle wichtigen und anschaulichen Informationen aus der Informationsbroschüre „Mobil mit Handicap" auf einer Audio-CD als Ratgeber und Übersicht über die DB-Services zusammengetragen. Diese wird aufgrund der großen Akzeptanz entsprechend der Neugestaltung der Informationsbroschüre Ende 2005 neu aufgelegt werden.

Wichtiger Anspruch im Rahmen der Kommunikationsmaßnahmenplanung der Deutschen Bahn AG ist die barrierefreie Gestaltung der Internetseiten www.bahn.de sowie die Integration relevanter Inhalte für mobilitätseingeschränkte Menschen unter www.bahn.de/handicap. Damit soll die Erweiterung des reinen Informationsspektrums der Website zu einer Kommunikationsplattform erreicht werden.

Die Seiten unter www.bahn.de sind in Bezug auf Text, Inhalt und Navigation klar gegliedert; die Deutsche Bahn verzichtet auf Frames, und die Sprache ist so einfach wie möglich gehalten, Anglizismen werden weitgehend vermieden. Durch das Redaktionssystem sind klare Überschriften und Links aus dem Zusammenhang ersichtlich. Tabellen werden logisch aufgebaut. Es werden keine wesentlichen Inhalte ausschließlich als Grafiken präsentiert.

Bereits umgesetzt ist die Hinterlegung sog. Alt-Tags, um Bilder und Grafiken zu beschreiben. Die Farben sind kontrastreich und können auch von Farbblinden gut unterschieden werden. Es gibt keine Hintergrundfarben oder Texte auf Bildern, die schlecht lesbar sind. Es gibt – außer den Werbebannern – keine animierten Bilder. Wir orientieren uns auf www.bahn.de an den Vorgaben des W3C-Konsortiums (World Wide Web Consortium). Besondere Beachtung finden die „Web Content Accessibility Guidelines".

2.5 Maßgeschneiderte Reiseplanung der Mobilitätsservice-Zentrale

Bereits 1999 hat die Deutsche Bahn AG die „Mobilitätsservice-Zentrale" für alle Fahrgäste eingerichtet, die während ihrer Bahnfahrt auf Unterstützung angewiesen sind. Aus einem Callcenter in Schwerin organisieren 36 DB-Mitarbeiter bundesweit individuelle Bahnreisen für behinderte Menschen. Der Service umfasst die Auswahl besonders geeigneter Züge mit möglichst wenigen Umsteigevorgängen, die gezielte Platzreservierung bspw. für Rollstuhlfahrer und die Ausstellung und Zusendung der Fahrscheine. Außerdem leitet die Mobilitätsservice-Zentrale Hilfen beim Ein-, Um- und Aussteigen in die Wege, wenn diese von den Fahrgästen benötigt werden. Um den Reisebedürfnissen vieler Kunden noch besser gerecht zu werden, wurde die Vorbestellungsfrist von Hilfeleistungen über die Mobilitätsservice-Zentrale von drei auf einen Werktag verkürzt.

Im vergangenen Jahr leistete die Mobilitätsservice-Zentrale der Bahn in mehr als 66.000 Fällen Hilfestellung bei der Organisation individueller Bahnreisen für Menschen mit Handicap. Die Zahl der Kunden, die den Service in Anspruch nehmen, steigt kontinuierlich an. Die seitens der Mobilitätsservice-Zentrale registrierte Beschwerdequote von nur 0,5 Prozent unterstreicht das hohe Qualitätsniveau und die Zufriedenheit der Kunden.

2.6 Bahnhöfe auf dem Weg zur Barrierefreiheit

Die ca. 5.400 Verkehrsstationen sind wichtige Schnittstellen bei der Realisierung der barrierefreien Reise auf der Schiene. Im Rahmen von Neu- und umfassenden Umbauten werden zunächst Stationen mit einer Frequenz von mehr als 1.000 Fahrgästen pro Tag schrittweise mit Fahrstühlen oder Rampen ausgerüstet, die Rollstuhlfahrern den barrierefreien Zugang zu den Bahnsteigen ermöglichen. Zudem erleichtern optisch-taktile Bodenindikatoren blinden und sehbehinderten Fahrgästen die Orientierung. Außerdem gibt es bereits in einigen Bahnhöfen Handlaufbeschriftungen mit Prismen- oder Braille-Schrift. Ausgewählte Stationen verfügen außerdem über taktile Lagepläne.

Der Zeitrahmen, in dem diese aufwändigen Umbauten realisiert werden können, hängt jedoch von der Verfügbarkeit öffentlicher Mittel ab. Die Bahn ist hier auf eine enge Zusammenarbeit mit Kommunen, Ländern und dem Bund angewiesen. Mittelfristig verfolgt die Bahn das Ziel, ein bundesweites Netz von Stationen zu schaffen, das allen behinderten Menschen einen barrierefrei zugänglichen Bahnhof in ihrer Nähe bereitstellt.

Schon heute bietet die Bahn an den 300 wichtigsten Bahnhöfen bundesweit einen Ein-, Um- und Aussteigeservice. Diese Stationen sind mit mobilen Hubgeräten, Rampen, Treppenliften oder Elektromobilen ausgerüstet. 2.400 DB-Mitarbeiter sind für die Unterstützung behinderter Fahrgäste speziell geschult, außerdem beteiligen sich die Bahnhofsmission und weitere Kooperationspartner an diesem Service.

Bei allen dargestellten Maßnahmen sind natürlich Aufwand und Nutzen immer zu beachten. Deshalb erfolgt die Modernisierung der Bahnhöfe und Züge sukzessive im Zusammenhang mit Umbau bzw. Neuanschaffung. Die zur Verfügung stehenden Eigenmittel und Fördergelder sollen so optimal wie möglich für die Verbesserung der Angebote für behinderte Reisende genutzt werden. Nicht alle Wünsche sind sofort zu realisieren – aber die Deutsche Bahn AG ist bemüht, alternative Lösungen zu finden.

2.7 Barrierefreie Züge als weiterer Meilenstein

Von der Reiseplanung über Hilfen beim Ein-, Um- und Aussteigen bis zur barrierefreien Ausstattung von Fahrzeugen und Bahnhöfen hat die Bahn ihren Service für behinderte Reisende in den letzten Jahren weiter ausgebaut.

Bis zum Jahr 2010 wird der DB-Konzern Fahrgästen mit Handicap weitere Hindernisse aus dem Weg räumen.

Alle künftigen Fahrzeuggenerationen, wie z. B. Nachfolgefahrzeuge im IC- und ICE-Verkehr, die die Bahn seit Juli 2004 bei der Industrie in Auftrag gibt, werden mit fahrzeuggebundenen Einstiegshilfen ausgerüstet. Ziel ist die Zugänglichkeit und Nutzbarkeit aller Züge für Menschen mit Behinderungen. Gemeinsam mit der Bundesarbeitsgemeinschaft für Rehabilitation hat die Bahn einen Kriterienkatalog für die barrierefreie Gestaltung künftiger Fahrzeugprojekte erarbeitet, in dem neben der Barrierefreiheit für Rollstuhlfahrer auch die besonderen Bedürfnisse von blinden und sehbehinderten Fahrgästen berücksichtigt werden.

Sowohl im Fern- als auch im Nahverkehr hat die Deutsche Bahn AG für die Kundengruppe der behinderten Menschen in den vergangenen Jahren bereits viel getan. Fast alle ICE, IC, Nachtreisezüge und DB AutoZüge sind mit speziellen Plätzen für Rollstuhlfahrer und einem behindertenfreundlichen WC ausgerüstet.

500 moderne Doppelstockwagen und nahezu 1.000 Triebzüge des Nahverkehrs besitzen bereits eine fahrzeuggebundene Einstiegshilfe. In Zusammenarbeit mit der Bahnindustrie bemüht sich der DB-Konzern um technische Lösungen, die die Lücke zwischen Bahnsteig und Fahrzeug minimieren und damit für Rollstühle befahrbar machen. Bei allen Projekten im Nahverkehr ist die Deutsche Bahn AG allerdings auf die Vorgaben der Bundesländer angewiesen, die mit ihren Bestellungen über den Umfang und die Qualität des Angebots entscheiden.

2.8 Kooperation mit europäischen Bahnen

Die Deutsche Bahn AG strebt auch eine verstärkte Kooperation mit anderen europäischen Eisenbahnen an. Ziel der Kooperation mit europäischen Bahnen ist es, europaweite Qualitätsstandards festzulegen und umzusetzen, um das Reisen für alle behinderten Reisenden „grenzüberschreitend" komfortabler zu gestalten sowie von der Reiseabwicklung her inkl. Hilfestellungen und Serviceleistungen zu vereinfachen. Regelmäßige Gespräche sowie ein schriftlicher Informationsaustausch über den Status Quo in den einzelnen Ländern, über Projekte und Maßnahmen, sind wichtige Säulen auf dem Weg in ein „barrierefreies Bahn-Europa".

Ein weiterer Schwerpunkt von Managing Diversity zur Steigerung der Kundenzufriedenheit im Personenverkehr liegt auf dem sicheren Umgang der DB Mitarbeiter mit den Fahrgästen. Insbesondere in Bezug auf Personen mit Mobilitätseinschränkungen bzw. einer Behinderung ist eine Sensibilisierung der Bahnmitarbeiter von großer Bedeutung.

2.9 Servicetraining – für einen professionellen Umgang mit Fahrgästen mit Handicap

Behinderung ist nicht gleich Behinderung. Menschen mit einer Behinderung unterscheiden sich genauso wie gesunde Menschen und wollen genau so behandelt werden – höflich, professionell und nicht bevormundend. Doch was wirkt auf einen Reisenden bevormundend? Wie erkennt ein Mitarbeiter der Bahn eine Behinderung? Wie verhält man sich richtig? Welche Arten der Ansprache und Hilfe sind angemessen?

Ein wichtiges Anliegen war die Entwicklung eines sog. Sensibilisierungspapieres für das Verkaufs-, Service- und Zugbegleitpersonal der Deutsche Bahn AG, in dem die Anforderungen und Wünsche sowie der Umgang mit behinderten Menschen formuliert sind. In einem gemeinsamen Workshop mit DB Mitarbeitern, behinderten Menschen und Experten von Verbänden und Facheinrichtungen wurde unter Federführung der Kontaktstelle für kundenbezogene Behindertenangelegenheiten im Sommer 2003 ein erster Entwurf des Papiers diskutiert. Die konkreten Wünsche und Anregungen der Workshopteilnehmer flossen in den Entwurf ein, und das mit allen Beteiligten abgestimmte Sensibilisierungspapier wurde 2004 als Grundlage für die Konzeption entsprechender Schulungskonzepte für Bahnmitarbeiter in den Servicebereichen verwendet.

Die Servicetrainings haben zum Ziel, Unsicherheiten abzubauen und Verständnis im täglichen Umgang miteinander aufzubauen - ein wichtiger Meilenstein auf dem Weg zum barrierefreien Reisen. Dabei werden die Servicetrainings von Gästen mit unterschiedlichen Behinderungen begleitet, die aktiv am Seminar teilnehmen und über ihre Behinderung, eigene Erfahrungen und Hindernisse im Alltag sprechen. Dies erfordert bereits in der Vorbereitung eine barrierefreie Gestaltung der Seminarräume und entsprechende Vorbereitung auf die Belange der Gäste.

Zu Beginn eines Servicetrainings findet eine Vorstellungsrunde zur Einstimmung auf das Seminarthema statt. Hier schildern Servicemitarbeiter und Gäste mit Handicap aus ihrer bisherigen Erfahrung das schönste bzw. ergreifendste Erlebnis aus dem Umgang miteinander. Vertieft wird der Einstieg durch die Erfahrungen der Servicemitarbeiter der Deutsche Bahn AG an selbst erlebte, kurzzeitige „Behinderungen", die durch Knochenbrüche, Bandscheibenvorfälle oder ähnliche Erkrankungen verursacht wurden. Ganz gezielt soll dabei reflektiert werden, wie das Umfeld – Familie, Freunde, Kolleginnen und Kollegen etc. – mit dieser Situation umgegangen ist, und wie sich die Betroffenen selbst dabei gefühlt haben. Spätestens zu diesem Zeitpunkt wird allen Teilnehmenden bewusst, dass sie schon morgen selbst betroffen und auf die Hilfe anderer Menschen angewiesen sein können.

Für spätere Rollenspiele werden die persönlichen Erfahrungen im Umgang mit mobilitätseingeschränkten Reisenden anhand von Leitfragen analysiert und an der Metaplanwand festgehalten. In der sich dabei ergebenden Diskussion werden eigene Gefühle und Ängste im Umgang mit behinderten Menschen thematisiert. Den Teilnehmenden soll bewusst werden, dass Berührungsängste im Umgang mit behinderten Reisenden sehr viel mit persönlichen Einstellungen und möglichen negativen Erfahrungen zu tun haben.

Um professioneller mit einzelnen Arten von Behinderungen umgehen zu lernen, werden nachfolgend in Kleingruppen die Besonderheiten der Zielgruppen und Verhaltensempfehlungen erarbeitet und später im Plenum präsentiert. Dabei werden die Gäste als Vertreterinnen und Vertreter der Zielgruppen mit eingebunden. Sie geben als direkt Betroffene wertvolle Tipps. Zielgruppen sind u. a.:

- blinde/sehbehinderte Menschen,
- hörbehinderte Menschen,
- körperbehinderte Menschen,
- Menschen im Rollstuhl,
- Menschen mit Lernschwierigkeiten
- kleinwüchsige Menschen.

Es ist wichtig, anzumerken, dass in den Trainings nur Verhaltens*empfehlungen* gegeben werden können. Beim „Zusammentreffen" des Servicepersonals mit einem behinderten Reisenden begegnen sich zwei unterschiedliche Individuen. Somit lässt sich das Verhalten nicht vorhersagen oder normieren. Gefragt sind Einfühlungsvermögen, gesunder Menschenverstand und die Fähigkeit, sich in die Lage der anderen versetzen zu können.

Nach erfolgreicher Einstimmung auf die verschiedenen Gruppen von behinderten Menschen werden die gesetzlichen Rahmenbedingungen vermittelt und technische Serviceeinrichtungen wie zum Beispiel Hublifte, Notrufsäulen und Touchscreenautomaten vorgestellt. Auch hierbei unterstützen die Gäste, indem sie die von ihnen genutzten technischen Geräte erklären. Beispielsweise werden die Bedienung eines Rollstuhls inklusive der Bremsen oder am Hörgerät die Funktion der Induktionsschleife erklärt.

Der sich anschließende Praxistransfer ist wichtigster Teil des Trainings. Elementar daran ist die Selbsterfahrung der Mitarbeiterinnen und Mitarbeiter, wenn sie aktiv die Rolle eines mobilitätseingeschränkten Menschen einnehmen. Die Teilnehmenden sollen so ein Gefühl dafür bekommen, wie sich mobilitätseingeschränkte bzw. behinderte Reisende in realen Reisesituationen fühlen. Der Perspektivwechsel durch einen Rollentausch ist eine sehr wichtige Erfahrung. Selbst einmal im Rollstuhl zu sitzen oder als blinder Mensch sich fortbewegen zu müssen, macht daraus resultierende Probleme greifbar. Daher werden auch kritische Situationen im Umgang mit behinderten Reisenden aus dem Berufsalltag der Bahnmitarbeiter praxisorientiert nachgestellt. In verschiedenen Szenen werden unterschiedliche Verhaltensweisen durchgespielt und die für alle Beteiligten angenehmste Situation herausgearbeitet.

Am Ende des Trainings übernehmen die Teilnehmenden Patenschaften. Sie erklären sich bereit, besondere Ansprechpartner für bestimmte Zielgruppen an ihrem Bahnhof zu sein. D.h., sie kennen bspw. die technischen Einrichtungen für blinde und sehbehinderte Menschen und machen es sich zur Aufgabe, dieses Wissen anderen Kolleginnen und Kollegen zu vermitteln.

Die Kommentare von einigen der teilnehmenden Gäste sind inzwischen auf den Internetseiten der Deutschen Bahn AG veröffentlicht. Darin werden Tipps und Hinweise zu den speziellen Bedürfnissen von Menschen mit unterschiedlichen Behinderungen gegeben. Interessierte Leserinnen und Leser können sich dadurch auch in die Situation von behinderten Menschen versetzen, ein Beitrag zur Information der Gesellschaft über spezifische Bedürfnisse und Situationen von behinderten Menschen und hoffentlich Anregung zu mehr gegenseitiger Rücksichtnahme und Unterstützung.

Alle Teilnehmenden erhalten als Teilnehmerunterlage ein Sensibilisierungspapier sowie eine Formulierungshilfe bei spontaner Hilfeleistung im Handout-Pocket-Format. Dieses Hand-out für die „Westentasche" soll den Teilnehmenden als Unterstützung für die tägliche Arbeit im Umgang mit behinderten Reisenden dienen und enthält Platz für zusätzliche Notizen und Telefonnummern. Das Hand-out hilft den Mitarbeitern der Bahn, im täglichen Kundenkontakt angemessen auf die individuellen Bedürfnisse von Menschen mit Behinderung zu reagieren.

Einige Erfahrungsberichte von Kunden mit Behinderung:

Rosemarie Kegel – hörbehindert:

„Als ich vor drei Wochen nach München fuhr, hatte ich zufällig eine Reservierung in einem Ruhezonenabteil. Ich dachte, ich traue meinen Ohren nicht. Diese Ruhe – keine Handys, kein lautes Stimmengewirr ... für mich war es total angenehm, und ich kam erholt und stressfrei in München an."

Anna Courtpozanis – blind:

„Blinde und sehbehinderte Menschen sind keine homogene Gruppe. Es gibt die Altersblinden ... Sie sind oft unsicher, da es ihnen im Alter schwerer fällt, sich auf die neue Situation einzustellen. Diese Menschen sind darauf angewiesen, dass die Helferkette nicht abreißt. Sie brauchen Hilfe beim Ein- und Aussteigen und bei der Fortbewegung auf dem Bahnhof. ... Vor allem Geburtsblinde Personen (haben) gelernt, sich relativ sicher zu bewegen. Das eigentliche Ein- und Aussteigen ist für diese Personen überhaupt kein Problem. An fremden Bahnhöfen brauchen eigentlich alle blinden Personen Hilfe. ... Menschen mit Blindenführhund bewegen sich noch mal anders. ... Bei bekannten Bahnhöfen kann Hilfestellung sogar hinderlich sein, so bin ich in meinem Heimatbahnhof ... am Arm eines Helfers meist langsamer als ohne ihn."

Matthias Berg – contergangeschädigt:

„Des Öfteren begegne ich Menschen, die mir auf meine durch Contergan verkürzten Arme schauen, dort mit dem Blick kurz haften bleiben und dann sofort wegschauen. Oder ich lese die Unsicherheit meines Gegenübers im Gesicht, wenn er sich überlegt, ob er mir bei der Begrüßung die Hand geben soll oder nicht. Oder ich schleppe mich mitsamt Gepäck über den Bahnsteig zum Zug und sehe, dass jemand das beobachtet, zuckt und zögert, sich aber nicht traut, zu fragen, ob er kurz mit anpacken soll. Alles Alltagssituationen. ... Wer nicht zupackt, um mir kurz zu helfen ... der denkt sich „oje, kurze Arme und schweres Gepäck, ganz schön schwierig, müsste ich ja eigentlich kurz zupacken, wäre kein Problem, aber jemand hat mal gesagt, die Behinderten wollen alles alleine machen, wollen zeigen, dass sie das können, wenn ich trotzdem helfe, sage ich ihm damit ja, dass er das selbst nicht kann und damit beleidige ich ihn" – Dilemma – Also packt er nicht an oder ich bin im Zug, bevor er zu Ende gedacht hat."

Diversity Management bei der Deutschen Bahn AG

Menschen mit geistiger Behinderung

Wie verhalte ich mich richtig?
- Situationsgerecht handeln,
- Zeit bei der Beantwortung von Fragen lassen, Antworten ggf. wiederholen oder aufschreiben,
- bei der Fahrscheinkontrolle gleichzeitig prüfen, ob sich die reisende Person im richtigen Zug befindet,
- bei alleinreisenden Personen nach dem weiteren Ablauf der Reisekette fragen,
- bei Schwierigkeiten die Telefonnummer der Betreuungsperson versuchen ausfindig zu machen, diese entsprechend informieren und den weiteren Ablauf klären.

Grundsätzliches

Es gibt verschiedene Arten von Behinderungen, nicht alle sind auf den ersten Blick erkennbar. Grundsätzlich sprechen wir von „Menschen mit einer Behinderung" oder von „behinderten Menschen" – nicht von „Behinderten".
→ Diese Formulierung hat stark wertenden Charakter und viele Menschen fühlen sich durch diese Ansprache gekränkt.

- Sensibles Reagieren auf Umwelt, Mitmenschen und Kunden
- Natürlich und freundlich verhalten
→ Reisende mit einer Behinderung sind Reisende wie alle anderen!
Deshalb: die Persönlichkeit des Reisenden respektieren durch direktes Ansprechen des behinderten Reisenden und nicht seiner Begleitperson.
- Zuerst nachfragen, ob und welche Hilfe erwünscht ist, dann handeln.
→ Oft wird eine voreilige Unterstützung von den Betroffenen als Bevormundung empfunden!
- Gewohnte Sprechweise beibehalten (normale Lautstärke, deutlich und zum Ansprechpartner gerichtet).
→ Viele Menschen werden unbewusst sehr laut, wenn sie mit behinderten Menschen sprechen.

Blinde und sehbehinderte Menschen

Wie erkenne ich diese Behinderung?
- weißer Stock
- Blindenhund
- gelbschwarze Armbinden oder Plaketten
- Orientierungshilfen, z. B. Lupen und Ferngläser
- stark geschliffene Brille
- sehr vorsichtige und oft suchende Bewegung
- ....

Wie verhalte ich mich richtig?
- Verbale Kommunikation ist besonders wichtig!
- Person ansprechen, Namen und Funktion nennen
- Fragen, ob Hilfe benötigt wird,
- der Person erklären, was ich tue,
- rechtzeitig auf Hindernisse am Boden etc. hinweisen,
- über kontrastarme Hindernisse, Stufen oder Richtungsänderungen informieren,
- nach dem weiteren Reiseverlauf fragen und ggf. warten, bis die abholende Person erscheint,
- vor der Verabschiedung der Person den genauen Standort zur Orientierung nennen.

Viele blinde und sehbehinderte Reisende möchten sich selbst orientieren und benötigen dafür exakte Informationen und Wegbeschreibungen. Andere versuchen ihre Reise hingegen so zu organisieren, dass sie sich nicht selbst orientieren müssen, sondern von einem Helfer an den nächsten in der Reisekette übergeben werden. Wenn in diesen Fällen die „Helferkette" reißt, bin ich als Ansprechpartner besonders gefordert!

Gehörlose, schwerhörige und ertaubte Menschen

Wie erkenne ich diese Behinderung?
- Gebärdensprache bei Gruppen
- Schlechte Artikulation
- Oft von den Lippen ablesend
- Häufiges Nachfragen
- Wiedergabe von erhaltenen Informationen zur Verständniskontrolle
- ....

Wie verhalte ich mich richtig?
- Die Person fragen, ob sie mich versteht,
- langsam und deutlich in normaler Lautstärke und zur Person gerichtet sprechen,
- kurze, einfache Sätze formulieren,
- wichtige Informationen (Uhrzeiten etc.) aufschreiben,
- nachfragen (evtl. schriftlich), wenn ich den Gehörlosen/Schwerhörigen nicht verstanden habe.

Menschen mit eingeschränktem Gehörsinn können in aller Regel Lautsprecherdurchsagen nicht verstehen und sind daher bei betrieblichen Störungen auf optische Anzeigen angewiesen!

Hörbehinderte Menschen können meist nicht telefonieren. Bei Zugverspätungen oder Verpassen eines Zuges leiste ich auf Kundenwunsch Hilfe bei der Telekommunikation: Hinweis auf Standort eines öffentlichen Faxgerätes bzw. Senden seiner Mitteilung über das Dienstfax oder eine kurze telefonische Information an die Angehörigen geben.

Abbildung 3: Auszüge aus dem Handout „Servicetraining – Wir helfen bei Ihrer Mobilität"

Die Trainings der Deutsche Bahn AG für das Servicepersonal zeigen, dass auch ein Dienstleistungsunternehmen auf die spezifischen Bedürfnisse einer heterogenen Kundengruppe – Menschen mit Behinderung – eingehen kann. Die Qualität der Leistung wird durch einen professionellen Umgang mit verschiedenen Arten von Behinderung und einem daraus resultierenden gefühlten Mehrwert an persönlicher Sicherheit der Reisenden wesentlich verbessert.

Managing Diversity ist für die Deutsche Bahn AG deshalb nicht nur ein Lippenbekenntnis zur Sicherstellung der gleichberechtigten Teilhabe behinderter und mobilitätseingeschränkter Menschen am öffentlichen Leben, sondern gleichsam ein Beitrag zu Kundenorientierung und wirtschaftlichem Erfolg.

3 Zusammenfassung

Managing Diversity hat bei der Deutschen Bahn AG mehrere Facetten. Als Dienstleistungsunternehmen mit hohem Sicherheitsstandard kann nicht immer ein direkter Bezug zwischen diversen Beschäftigtengruppen und heterogener Kundschaft hergestellt werden. Unser Diversity-Ansatz geht deshalb in zwei Richtungen. Einerseits bezieht er sich auf die Akzeptanz von und den Umgang mit Andersartigkeit innerhalb des Unternehmens. Andererseits auf den Umgang mit heterogenen Kundengruppen. Für die zahlreichen Aktivitäten und Maßnahmen konnten wir 2004 den Max-Spohr-Preis entgegen nehmen.

Literatur

Neumann, P./Reuber, P. (Hrsg.)(2004): Ökonomische Impulse eines barrierefreien Tourismus für alle. Untersuchung im Auftrag des Bundesministeriums für Wirtschaft und Arbeit. Münster.

TU Kaiserslautern (2004): Mobilitätsbehinderte Menschen – Struktur und Problemmerkmale. www.mobil-und-barrierefrei.de.

Kontaktdaten der Mobilitäts-Service-Zentrale der Deutschen Bahn AG:

01805/512 512 (0,12 € pro Minute),

mobilitaetsservicezentrale@bahn.de
www.bahn.de/handicap

Das Job-Family-Konzept bei der Volkswagen AG – Prozessorientierung in Personalentwicklung und im Management kultureller Vielfalt

Jutta von der Ruhr

1	**Einleitung**
2	**Das Job-Family-Konzept bei der Volkswagen AG**
2.1	Job Families bei der Volkswagen AG
2.2	Job-Family-Cluster bei der Volkswagen AG
3	**Multikulturalität als Kennzeichen eines Job Family Clusters**
4	**Multikulturelle Identitätspolitik im Job Family Cluster**
4.1	Definition
4.2	Erfolgsfaktoren multikultureller Identitätspolitik im Job-Family-Cluster
4.2.1	*Kommunikation und Information über das Job-Family-Konzept*
4.2.2	*Gezielte Förderung der Kooperation im Job Family Cluster*
4.2.3	*Mitwirkung von Vertretern der Job Family Cluster an der Konzeptentwicklung*
4.2.4	*Prozessorientierte Qualifizierung und Karriereplanung*
4.2.5	*Soziales Kapital im Job Family Cluster*
4.2.6	*Schlüsselpersonen im Job Family Cluster*
5	**Fazit**

Literatur

1 Einleitung

Der vorliegende Beitrag befasst sich mit dem prozessorientierten Job-Family-Konzept der Volkswagen AG, das einen Beitrag zur Integration kultureller Unterschiede im Konzern leistet. Diese ergeben sich aus der Zusammenarbeit von Mitarbeitern unterschiedlicher Nationalitäten und unterschiedlicher Marken. Die Vielfalt soll als Chance genutzt, die Potenziale aller Mitarbeiter sollen sichtbar und konstruktiv nutzbar gemacht werden. Den Rahmen dafür bilden die Job Family Cluster als neue, die Strukturorganisation ergänzende Organisationsform im Konzern.

Der Job-Family-Ansatz wurde initiiert, um wachsenden Anforderungen im Wettbewerb um Innovation und Marktchancen zu begegnen (Hartz 2001, 68 ff.).

Nach einer Definition der Job Families und Job Family Cluster bei der Volkswagen AG wird Multikulturalität als ein besonderes Kennzeichen eines Job Family Clusters erläutert. Abschließend werden Faktoren vorgestellt, mit denen die Vielfalt im Job Family Cluster zielführend gesteuert werden kann.

2 Das Job-Family-Konzept bei der Volkswagen AG

2.1 Job Families bei der Volkswagen AG

In einer *Job Family* werden Tätigkeiten und Funktionen zusammengefasst, die durch Inhalte, Kompetenzen oder Organisation miteinander verwandt sind. Eine *Job Family* kann somit als Kompetenzgemeinschaft fachlicher und überfachlicher Natur bezeichnet werden, in der Mitarbeiter unterschiedlicher Bereiche, Regionen und Hierarchieebenen an ähnlichen Aufgaben arbeiten.

Es kann sein, dass Mitarbeiter, die an unterschiedlichen Standorten arbeiten oder verschiedenen Gesellschaften angehören, Gleiches oder Ähnliches tun, dies jedoch aufgrund unterschiedlicher Bezeichnung ihrer Organisationseinheiten nicht offensichtlich wird. Durch ihre Zuordnung zu derselben *Job Family* wird die inhaltliche Verwandtschaft ihrer Aufgaben deutlich. Aus dieser inhaltlichen Verwandtschaft der Aufgaben kann auf eine Verwandtschaft in den Kompetenzen der Mitarbeiter geschlossen werden. Somit stellt die *Job Family* die Basis für die Entwicklung und das Management von Kompetenzen dar.

Abbildung 1 zeigt die aktuellen *Job Families* der Volkswagen AG in schematischer Darstellung.

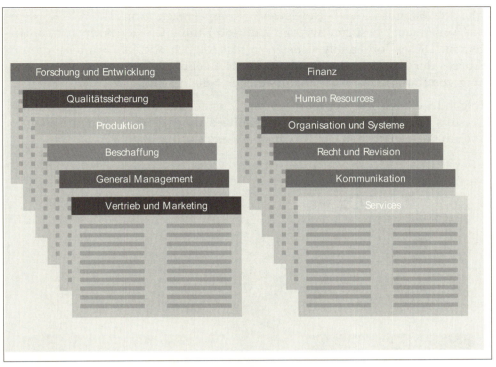

Abbildung 1: Job Families der Marke Volkswagen (Auszug).
(Volkswagen AG, Personalwesen Management)

2.2 Job Family Cluster bei der Volkswagen AG

Die Job Families, die sich an unterschiedlichen Stellen in den Kerngeschäftsprozessen mit demselben Thema befassen, werden zu einem *Job Family Cluster* zusammengefasst. Zusätzlich zur inhaltlichen Nähe der Aufgaben und zur Verwandtschaft der Kompetenzen innerhalb einer Job Family, kommt hier eine Nähe zwischen den Job Families zum Tragen, die Nähe im Prozess.

Die aktuellen Job Family Cluster bei der Volkswagen AG sind:

- Beschaffung/Logistik,
- Body,
- Elektronik/Elektrik,
- Fahrwerk,
- Finanzen,
- Gesamtfahrzeug,
- Interieur,
- Integrationsmanagement,
- Marketing und Vertrieb,
- Powertrain (Aggregate),
- Dienstleistungs- und Steuerungsprozesse, kaufmännisch
- Dienstleistungs- und Steuerungsprozesse, technisch.

Alle Job Families, die beispielsweise Kompetenzen zum Thema „Karosserie/Außenhaut" besitzen, werden zum Job Family Cluster Body zusammengefasst. Dieses Job Family Cluster enthält folglich alle Job Families, die am Prozess der Entwicklung, Beschaffung, Herstellung, Montage und Vermarktung von Karosserie-/Außenhautbauteilen beteiligt sind.

Folgende Abbildung verdeutlicht das Zustandekommen eines Job Family Clusters aus der Bündelung von Job Families, die im Prozess zusammenarbeiten, am Beispiel des Job Family Clusters Body (Abbildung 2).

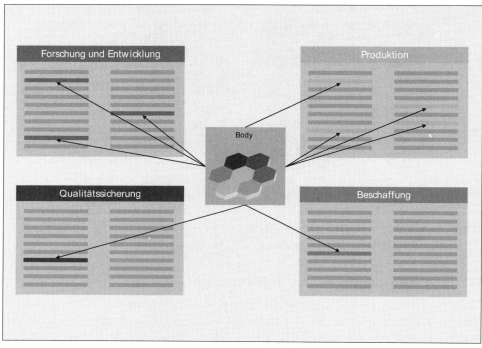

Abbildung 2: Systematik der Zusammensetzung der Job Family Cluster.
(Volkswagen AG, Personalwesen Management)

Eine konkrete Darstellung des Job Family Clusters Body und seiner Job Families zeigt Abbildung 3.

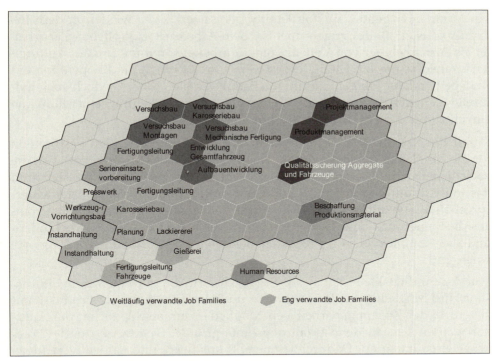

Abbildung 3: Job Family Cluster Body.

(Volkswagen AG, Personalwesen Management)

3 Multikulturalität als Kennzeichen eines Job Family Clusters

Vor allem in vielschichtigen Gesellschaften gibt es oft unterschiedliche Subgruppen, die eine eigene Kultur aufweisen (Lang 1997, 1 f.). Man spricht hier auch von Sub- oder Teilkulturen (Lepsius 1999, 91). Subkulturen sind in sich homogen, bezogen auf die übergeordnete Kultur jedoch heterogen.

Multikulturalität einer Gesellschaft bedeutet somit, dass in dieser mehrere Subkulturen vorherrschen und somit kein kulturelles Zentrum existiert (Leggewie (1990), S. 69).

Einem Job Family Cluster gehören Mitarbeiter unterschiedlicher Job Families, unterschiedlicher Marken sowie unterschiedlicher Standorte und Nationen an. Es ist daher vergleichbar mit einer multikulturellen Gesellschaft. Die Kultur des Job Family Clusters wird überlagert von der Kultur der Job Families im Job Family Cluster, von der Kultur der Marken im Job Family Cluster sowie von den jeweiligen Landeskulturen der Standorte.

Folgendes Beispiel soll dies verdeutlichen:

Ein Mitarbeiter gehört zur Job Family „Presswerk", die wiederum dem Job Family Cluster „Body" zugeordnet ist. Sein Arbeitsort ist Wolfsburg, er arbeitet als Arbeitnehmer von Volkswagen. Er arbeitet somit im direkten kulturellen Umfeld seiner Job Family „Presswerk", erlebt durch die Kooperation mit Kollegen anderer Job Families im Job Family Cluster „Body" jedoch auch kulturelle Elemente des Job Family Clusters. Außerdem ist er mit seiner Funktion eingebettet in die Unternehmenskultur von Volkswagen.

Damit die Kultur einer Gemeinschaft ihre Sinn- und Orientierungsfunktion für die Mitglieder uneingeschränkt ausüben kann, ist es wichtig, dass sich die verschiedenen Subkulturen derselben Gemeinschaft nicht widersprechen und das Individuum dadurch nicht vor eine Konfliktsituation stellen. Sich widersprechende Subkulturen innerhalb einer Gemeinschaft können darüber hinaus die Steuerungs- und Lernprozesse innerhalb der Gemeinschaft behindern und die Komplexität von Prozessen derart erhöhen, dass Ineffizienzen die Folge sind.

Multikulturalität bietet Chancen. Ergänzen sich die einzelnen Subkulturen, kann dies Möglichkeiten für Synergien und eine Erhöhung der Produktivität bieten. In der Zusammenarbeit von Mitgliedern unterschiedlicher Subkulturen werden verschiedene Erfahrungshintergründe, Sichtweisen und Vorgehensweisen integriert. Dadurch können oft kreativere und innovativere Ideen und Lösungsansätze generiert werden, die denen in einem monokulturellen Umfeld qualitativ überlegen sind.

Außerdem wird in kulturell heterogenen Gruppen die Gefahr von Gruppendenken verringert, da eine Anpassung von Ideen und Perspektiven an die Mehrheitsmeinung durch die Meinungsvielfalt geringer ist als in homogenen Gruppen.

4 Multikulturelle Identitätspolitik im Job Family Cluster

4.1 Definition

Multikulturelle Identitätspolitik hat zum Ziel, wechselseitige Anerkennung der einzelnen Gruppen innerhalb einer multikulturellen Gesellschaft zu erreichen. Die eigene Job Family, die eigene Marke, der eigene Standort und ihre Identitäten sollen anerkannt werden, ohne sich von den anderen abzuspalten (Lohauß 1999, 68).

Daher ist es wichtig, die Job-Family-Cluster-Kultur so zu gestalten, dass keine Widersprüche zur Kultur der einzelnen Job Families, der einzelnen Marken und der einzelnen Länder entstehen. Außerdem sollte ein wichtiger Bestandteil der Kultur in Job Families und im Job Family Cluster die Akzeptanz und das Respektieren der Kulturelemente in den anderen Job Families sein (Haußer 1995, 179 ff.). Toleranz und Offenheit zwischen den Job Families eines Job Family Clusters, aber auch gegenüber anderen Job Family Clustern sind dafür notwendig. Toleranz bedeutet, die Anerkennung und positive Wertschätzung der Unterschiede zwischen den einzelnen Job Families im Job Family Cluster (Mummendey 1999, 165 ff.).

Gelebte Offenheit und Toleranz reduzieren Vorurteile oder verhindern ihre Entstehung. Vorurteile schränken die Bereitschaft zum Kontakt und zur Kooperation mit der anderen Gruppe ein und reduzieren bzw. verhindern das Gefühl der Zusammengehörigkeit als eine Gemeinschaft.

Voraussetzung für die Entstehung von Akzeptanz, Toleranz, Offenheit und Respekt zwischen den Job Families im Job Family Cluster ist das Kennenlernen der einzelnen Job-Family-Kulturen, um ihre Werte miteinander in Einklang bringen und gemeinsame Kulturelemente identifizieren zu können. So wird der Zusammenhalt innerhalb des Job Family Clusters gestärkt (Brumlik 1999, 57).

Es entsteht als Ergebnis einer multikulturellen Identitätspolitik im Job Family Cluster eine schlüssige Job-Family-Cluster-Identität, die das Vertrauen der Mitarbeiter in ihr Job Family Cluster positiv beeinflusst und ihnen eine emotionale Sicherheit bietet, da sie nicht mit Widersprüchen zu kämpfen haben. Diese Job-Family-Cluster-Identität und das Vertrauen in sie sind die Voraussetzungen dafür, dass die Mitarbeiter ihr Job Family Cluster und seine Möglichkeiten für ihre Entwicklung und für die Vernetzung von Wissen überhaupt nutzen.

4.2 Erfolgsfaktoren multikultureller Identitätspolitik im Job Family Cluster

4.2.1 Kommunikation und Information über das Job-Family-Konzept

Information über das Job Family Cluster und Kommunikation zwischen den einzelnen Job Families im Job Family Cluster sind die Basis der Entstehung und des Fortbestands eines Job Family Clusters. Sie ist zur Verbreitung der charakteristischen Faktoren und Themen eines Job Family Clusters sowie zur Darstellung der Vorteile einer Kooperation zwischen den Job Families zwingend erforderlich.

Die Art und Weise, wie innerhalb eines Job Family Clusters Kommunikation und Information zwischen den beteiligten Job Families erfolgt, ist ein Teil seiner Kultur und somit seiner Identität.

Die Kommunikation und Information im Job Family Cluster sind gleichzeitig Bestandteil der Aktivitäten der multikulturellen Identitätspolitik, mit denen Akzeptanz, Toleranz, Offenheit, Respekt und Kooperationsbereitschaft zwischen den Job Families eines Job Family Clusters erzeugt werden sollen.

Kommunikation und Information sind die Voraussetzung dafür, dass die Mitarbeiter die anderen Job Families im Job Family Cluster und deren Kulturelemente kennen lernen und die Kompetenzen und Möglichkeiten des Partners transparent werden. Mittels Kommunikation und Information können die Gemeinsamkeiten zwischen den Job Families im Job Family Cluster den Mitarbeitern bewusst gemacht werden.

Für die Bereitschaft zur Interaktion und Kooperation zwischen den Job Families eines Job Family Clusters ist es wichtig, dass die Mitarbeiter in den verschiedenen Job Families erkennen, dass sie bezüglich des Themas, das sie bearbeiten, und in ihren Kompetenzen Gemeinsamkeiten besitzen. Wahrgenommene Ähnlichkeiten und Gemeinsamkeiten führen in der Regel zur Ausbildung eines Zusammengehörigkeitsgefühls und sollten daher ein zentrales Element von Kommunikation und Information im Job Family Cluster sein (Brown 1990, 411 ff.). Das Bewusstsein für die Verwandtschaft zwischen den Job Families eines Clusters, das Wissen um gemeinsame Ziele, Werte, Themen sowie eine gemeinsame Historie und das daraus resultierende Zusammengehörigkeitsgefühl, können Kooperationen und Wissenstransfer zwischen den einzelnen Job Families forcieren. Trotz des Herausstellens der Gemeinsamkeiten soll jedoch nicht der Eindruck erweckt werden, dass die Job Families in jeglichen Punkten gleich sind. Denn Unterschiede zwischen den Job Families sind wichtig, um die Identität und Definition der einzelnen Job Families zu gewährleisten.

Über Kommunikation können die Job Families ihre Stärken sichtbar machen und so das Vernetzungspotential steigern. Es entstehen so Verständnis für den Partner und Vertrauensbeziehungen und diese Beziehungen können bei Bedarf rasch genutzt und koordiniert werden (Achterholt 1991, 21 f.). Ein Beispiel für eine Kommunikationsplattform zwischen Experten aus unterschiedlichen Job Families ist der „Expertroom", der mittels Intranet die Möglichkeit bietet, standortübergreifend Fragen zu einem bestimmten Thema zu stellen und Meinungen zu diskutieren.

4.2.2 Gezielte Förderung der Kooperation im Job Family Cluster

Für die gezielte und erfolgreiche Gestaltung der Kooperation zwischen den Job Families ist die Formulierung gemeinsamer Ziele ein entscheidender Erfolgsfaktor.

Stehen die Ziele und Interessen verschiedener Job Families miteinander im Konflikt, entsteht eine Wettbewerbsorientierung. Stimmen jedoch Ziele und Interessen der Job Families eines Job Family Clusters überein, ist es wahrscheinlich, dass ihre Mitglieder gegenseitig eine freundliche und kooperative Haltung zeigen, da eine solche Einstellung zielführend ist (Grzelak 1990, 305 ff.).

Außerdem können Regeln zur Interaktion im Job Family Cluster hilfreich sein, um zu vermitteln, dass der Kontakt zwischen den einzelnen Job Families sozial angemessen und im Sinne gesellschaftlicher Normen erwünscht ist. Wichtig ist dabei, dass Vorgesetzte in ihrer Vorbildfunktion die Kooperation mit anderen Job Families unterstützen.

Menschen zeigen eine umso größere Bereitschaft zur gegenseitigen Kooperation, je mehr Gelegenheit sie haben, ihre Partner kennen zu lernen und mit ihnen zu kommunizieren. Daher ist es wichtig, Plattformen zu schaffen, auf deren Basis Mitarbeiter der verschiedenen Job Families eines Clusters sich persönlich kennen lernen und kommunizieren können. Derartige Plattformen können beispielsweise Wissensforen im Intranet, Informationsveranstaltungen oder Treffen zu informellen Anlässen sein, wie beispielsweise Jubiläen, Berufungen ins Management oder ähnliche Gegebenheiten.

4.2.3 Mitwirkung von Vertretern der Job Family Cluster an der Konzeptentwicklung

Für alle Elemente, die die Identität eines Kollektivs prägen, gilt, dass ihre Akzeptanz und Legitimation umso höher ist, je mehr die Mitglieder des Kollektivs in den Prozess der Entscheidung und Abstimmung einbezogen wurden. So werden die Initiative, Motivation und Verantwortlichkeit der Beteiligten sinnvoll eingesetzt und damit die vorhandenen Ressourcen und das Potenzial im Kollektiv optimal genutzt (Weinert 1998, 50 ff.).

Eine gegenseitige Abstimmung der Job Families über die kulturellen Elemente in einem Job Family Cluster ist wichtig, um einen Zusammenhalt als Job Family Cluster zu schaffen und die Zusammenarbeit in Richtung der gemeinsamen Ziele zu stärken. Nur die Integration der Betroffenen in die Konzepterstellung garantiert, dass alle Bedürfnisse und Probleme berücksichtigt werden und dass das Konzept in der Realität funktionieren kann und gelebt wird.

Daher wurde die Identität der Job Family Cluster in Workshops mit Vertretern der Job Family Cluster definiert. Sie stimmten über die Job Families ab, die Mitglieder im Job Family Cluster sind, und definierten die fachlichen und überfachlichen Kompetenzen, die im Job Family Cluster besondere Relevanz besitzen.

Auf diese Weise wurde sichergestellt, dass die kulturellen Eigenheiten der einzelnen Job Families im Job Family Cluster berücksichtigt und im Sinne einer übergreifenden, widerspruchsfreien Job-Family-Cluster-Kultur miteinander in Einklang gebracht wurden.

4.2.4 Prozessorientierte Qualifizierung und Karriereplanung

Der Schlüssel zu jeder Vernetzung zwischen den Einheiten multikultureller Gesellschaften, wie beispielsweise den Job Families im Job Family Cluster, sind die Mitarbeiter und Führungskräfte, die die Bereitschaft und Kompetenz mitbringen und vermitteln müssen, sich mit Kollegen anderer Bereiche zu vernetzen und zu kooperieren sowie kulturelle Unterschiede als Chance zu nutzen.

An sie werden daher besondere Anforderungen gestellt. Sie sollten sowohl Verständnis für die eigene Kultur als auch Verständnis, Akzeptanz, Sensibilität und Respekt für die anderen Kulturen innerhalb des Job Family Clusters und für die kulturellen Unterschiede zwischen ihnen aufbringen. Die Bereitschaft zur Kommunikation mit den Mitgliedern anderer Job Families und das Lernen von ihren Kulturen ist dabei eine weitere wichtige Kompetenz (Stüdlein 1997, 89).

Die Integration dieser Kompetenzen in Qualifizierungsprogramme für Job Family Cluster ist daher ein wesentlicher Erfolgsfaktor des Managements der kulturellen Unterschiede im Job Family Cluster.

In den Job-Family-Development-Programmen der AutoUni, der Universität der Volkswagen AG, werden den Mitarbeitern eines Job Family Clusters Kompetenzen bezüglich Märkten, Techniken und Prozessen vermittelt, die in ihrem Job Family Cluster relevant sind. Dadurch erhalten die Teilnehmer einen umfassenden Überblick über ihr Cluster, der über rein fachliche Inhalte hinausgeht. Dies ist ein wichtiger Schritt zum gegenseitigen Kennenlernen der einzelnen Job Families eines Job Family Clusters und ihrer fachlichen und überfachlichen Besonderheiten.

Zur Zeit werden solche Programme bereits für die Job Family Cluster *Powertrain (Aggregate)* und *Elektronik/ Elektrik* angeboten. Mittelfristig werden Veranstaltungen für die übrigen Job Family Cluster folgen.

Die Karriereplanung anhand des Job-Family-Konzepts bietet ebenfalls Möglichkeiten zur Integration und zum Management kultureller Unterschiede zwischen den Job Families eines Job Family Clusters.

Es wurden exemplarische Karrierepfade definiert, die eine Empfehlung für den Weg eines Mitarbeiters hin zu einer bestimmten Zielposition aufzeigen. Dabei wurden bestimmte Job Families festgelegt, die zur Erreichung der Zielfunktion durchlaufen werden sollten. Neben einer höheren Flexibilität, der systematischen Förderung bereichsübergreifender Karrieren und dem gezielten Aufbau von Prozesskompetenz wird dadurch erreicht, dass der Mitarbeiter, der einen Karrierepfad eingeschlagen hat, verschiedene Job Families und ihre Besonderheiten kennen lernt. Dies fördert seine Akzeptanz und das Verstehen der anderen Job Families und steigert die Bereitschaft zur Kooperation und Wissensvernetzung mit diesen.

Es gibt Job Families, die Bestandteil mehrerer Job Family Cluster sind. Diese Job Families stellen Brücken und Verbindungen zwischen den Kulturen verschiedener Job Family Cluster dar.

4.2.5 Soziales Kapital im Job Family Cluster

Das soziale Kapital eines Job Family Cluster umfasst alle sozialen Ressourcen, auf die die Mitarbeiter zugreifen können. Zu dieser Art sozialer Unterstützung, die ein Job Family Cluster seinen Mitgliedern bieten kann, gehört jegliche Information und Aktion, die den Mitgliedern das Gefühl gibt, dass sie anerkannt und wertgeschätzt sind, dass man sich um sie kümmert und ihnen hilft. Zum sozialen Kapital eines Job Family Clusters gehört insbesondere die Unterstützung der Mitarbeiter bei der Lösung ihrer fachlichen Aufgaben sowie bei ihrer persönlichen Entwicklung.

Um diese Unterstützung zu erhalten, müssen die Mitarbeiter das Job Family Cluster nutzen, indem sie sich mit Kollegen aus anderen Job Families vernetzen und andere Job Families als Stationen ihrer Karriere wahrnehmen. Erkennen die Mitarbeiter diesen Nutzen, den ihnen ihr Job Family Cluster bietet, lässt dies in der Regel ihre Akzeptanz für die anderen Job Families steigen und das Zusammengehörigkeitsgefühl wird gestärkt.

Für das Job Family Cluster selbst ist das Vorhandensein von sozialem Kapital wichtig, da es die Solidarität, den Zusammenhalt und das Vertrauen in das Job Family Cluster stärkt und somit hilft, die Vielfalt der einzelnen Job-Family-Kulturen zu einer Gesamtkultur zu integrieren (Gebert/von Rosenstiel 2002).

4.2.6 Schlüsselpersonen im Job Family Cluster

Es ist wichtig, im Job Family Cluster Akteure zu identifizieren und als Schlüsselpersonen einzusetzen, die Zugang zu den verschiedenen Job Families im Cluster haben und deren Akzeptanz und Vertrauen besitzen. Diese Personen können eine Verbindung zwischen den Job Families herstellen, indem sie zur Information der einzelnen Job Families über die jeweils anderen genutzt werden. Darüber wird das gegenseitige Verständnis gestärkt sowie die Bereitschaft, miteinander in Kontakt zu treten und zu kooperieren. Durch die Akzeptanz dieser Schlüsselpersonen in den einzelnen Job Families wird ihre Meinung über die jeweils anderen Job Families vermutlich anerkannt.

Dadurch können Schlüsselpersonen helfen, die verschiedenen Kulturen zu integrieren und die Entstehung von Vorurteilen zwischen den Job Families zu verhindern bzw. bereits entstandene Vorurteile zu beseitigen oder zu reduzieren (Kim 2001, 56 ff.).

5 Fazit

Die Volkswagen AG steht als internationaler Konzern vor der Aufgabe, verschiedene Kulturen ihrer Standorte und Marken zu einer widerspruchsfreien Gesamtkultur zu integrieren, ohne dabei die Identität der Einzelkulturen aufzuheben.

Durch die Einführung von die Strukturorganisation ergänzenden Organisationseinheiten (Job Families/Family Cluster) gelingt es, die im Konzern vorhandenen Kompetenzen zu identifizieren, zu bündeln und zielgerichtet zu entwickeln. Mitarbeiter, die an unterschiedlichen Prozessabschnitten Aufgaben bewältigen, die sich um dasselbe Thema drehen und somit verwandte Anforderungen an die Kompetenzen der Mitarbeiter stellen, werden in Job Families und Job Family Clustern zusammengefasst. Ziel der Bündelung in diesen prozessorientierten Kompetenzgemeinschaften ist die gemeinsame Qualifizierung sowie die zielgerichtete Entwicklung von Mitarbeitern entlang der Kerngeschäftsprozesse.

Der Herausforderung, verschiedene Kulturen verschiedener Standorte, Marken und Job Families, aus denen die Mitarbeiter stammen, zu integrieren, kann mittels verschiedener Faktoren begegnet werden. Die Zusammenfassung von Mitarbeitern unterschiedlicher Standorte und Marken, die an verschiedenen Prozessabschnitten ähnliche Aufgaben bewältigen und somit verwandte Kompetenzen besitzen, ist eine Möglichkeit, das Kennenlernen, die Akzeptanz und die Integration verschiedener im Konzern vorhandener Standort- und Bereichskulturen zu fördern.

Umfassende zielgerichtete Kommunikation und Information, Schaffung von Plattformen für die Kooperation zwischen verschiedenen Job Families, Job Rotationen entlang verschiedener Job Families und die Vermittlung multikultureller Kompetenz in Qualifizierungsmaßnahmen sind die wesentlichen Faktoren, die das Job-Family-Konzept unterstützen.

Wichtig ist dabei, dass auch Betroffene selbst an der Planung der Maßnahmen beteiligt sind, mit denen aktiv kulturelle Elemente gestaltet oder Konzepte zur prozessorientierten Kommunikation und Entwicklung definiert werden.

Diese Erfolgsfaktoren für das Management unterschiedlicher Kulturen können als Empfehlungen für die Steuerung jeglicher Art von Vielfalt und Unterschiedlichkeit in Unternehmen angesehen werden. Durch die Einbeziehung von direkt betroffenen Mitarbeitergruppen können weitere Kriterien identifiziert werden, die das unternehmensspezifische Diversity Management zielgerichtet unterstützen.

Literatur

Achterholt, G. (1991): Corporate Identity: in zehn Arbeitsschritten die eigene Identität finden und umsetzen. 2. Aufl., Wiesbaden.

Brown, R. (1990): Beziehungen zwischen Gruppen. In: Stroebe, W./Hewstone, M./Codol, J.-P./Stephenson, G. M (Hrsg.): Sozialpsychologie: Eine Einführung. Heidelberg u. a., S. 545-576.

Brumlik, M. (1999): Selbstachtung und nationale Kultur. Zur politischen Ethik multikultureller Gesellschaften. In: Reese-Schäfer, W. (Hrsg.): Identität und Interesse - Der Diskurs der Identitätsforschung. Opladen, S. 45-64.

Gebert, D./von Rosenstiel, L. (2004): Organisationspsychologie. Person und Organisation. In: Heuer, H./Rösler, F./Tack, W. H. (Hrsg.): Theorie und Qualitätsbeurteilung psychometrischer Tests. Stuttgart.

Grzelak, J. (1990): Konflikt und Kooperation. In: Stroebe, W./Hewstone, M./Codol, J.-P./Stephenson, G. M (Hrsg.): Sozialpsychologie: Eine Einführung. Heidelberg u. a., S. 305-329.

Hartz, P. (2001): Job Revolution - Wie wir neue Arbeitsplätze gewinnen können. Frankfurt.

Haußer, K. (1995): Identitätspsychologie. Berlin u. a.

Kim, A. (2001): Familie und soziale Netzwerke - Eine komparative Analyse persönlicher Beziehungen in Deutschland und Südkorea. Opladen.

Lang, S. (1997): Soziale Netzwerke, Kognition und kulturelle Identität. In: Lang, S. (Hrsg.): Kulturelle Identität, soziale Netzwerke und Kognition. Wiesbaden.

Leggewie, C. (1990): Multi-kulti. Spielregeln für die Vielvölkerpolitik. Berlin.

Lepsius, M. R. (1999): Bildet sich eine kulturelle Identität in der Europäischen Union? In: Reese-Schäfer, W. (Hrsg.): Identität und Interesse - Der Diskurs der Identitätsforschung. Opladen, S. 91-99.

Lohauß, P. (1999): Widersprüche der Identitätspolitik in der demokratischen Gesellschaft. In: Reese-Schäfer, W. (Hrsg.): Identität und Interesse - Der Diskurs der Identitätsforschung. Opladen.

Mummendey, A./Wenzel, M. (1999): Soziale Diskriminierung und Toleranz in intergruppalen Beziehungen. In: Personality and Social Psychology Review. No. 02, pp. 158-174.

Stüdlein, Y. (1997): Management von Kulturunterschieden – Phasenkonzept für internationale strategische Allianzen. Wiesbaden.

Weinert, A. B. (1998): Organisationspsychologie. Menschliches Verhalten in Organisationen. Weinheim, 4. Aufl.

Autoren

Prof. Dr. Hans-Jürgen Aretz, Jahrgang 1953, Universitätsprofessor für Soziologie an der Otto-Friedrich-Universität Bamberg. Nach kaufmännischer Ausbildung und Studium der Sozialarbeit von 1979-1985 Studium der Soziologie, Philosophie, Psychologie und Erziehungswissenschaft an der Heinrich-Heine-Universität Düsseldorf. Dort 1985 Magisterexamen, 1989 Promotion, 1996 Habilitation. Lehr- und Forschungstätigkeiten an den Universitäten Düsseldorf, Bonn und Bamberg, am Max-Planck-Institut für Gesellschaftsforschung in Köln sowie an der FH Gelsenkirchen, Abt. Bocholt, Fachbereich Wirtschaft. Arbeitsschwerpunkte: Soziologische Theorie, Wirtschaftssoziologie, Organisationssoziologie, Politische Soziologie und Kultursoziologie. Gegenwärtig Forschungen zu europäischen und globalen Finanzmärkten.

Andreas Becker, Jahrgang 1974, Studium der Wirtschaftswissenschaften mit den Schwerpunkten Organisation und Marketing. Von 1998 bis 2003 freier Mitarbeiter im ZDF. Seit 2001 Inhaber der eo ipso Personal- und Organisationsberatung e.K.; Dozent an der Verwaltungs- und Wirtschaftsakademie Wiesbaden und Mainz. Tätigkeit als Berater und Trainer. Arbeitsschwerpunkte: Personalwirtschaft insbesondere Personalentwicklung, Diversity Management, Unternehmenskulturanalysen und Neue Lernformen.

Prof. Dr. Manfred Becker, Jahrgang 1946. Wissenschaftlicher Mitarbeiter am Lehrstuhl für Wirtschaftspädagogik (1976 - 1980), Promotion (1979) und Habilitation (1987) an der Johannes-Gutenberg-Universität Mainz; leitende Funktionen in der Personalentwicklung eines großen Industrieunternehmens (1980 - 1990). Von April 1990 bis März 1993 Universitätsprofessor für Betriebswirtschaftslehre mit dem Schwerpunkt Personalwirtschaft an der Gerhard-Mercator-Universität GH Duisburg. Seit April 1993 Universitätsprofessor für Allgemeine Betriebswirtschaftslehre, Organisation und Personalwirtschaft an der Martin-Luther-Universität Halle-Wittenberg. Arbeitsschwerpunkte: Personalentwicklung, insb. Führungskräftetraining und -entwicklung, Reorganisation der Personalarbeit, Auswahl von Mitarbeitern, Reorganisation von Unternehmen, Humanvermögensrechnung, Diversity Management.

Prof. Dr. Jörg Dietz, Jahrgang 1965, Ausbildung zum Bankkaufmann (1984-1986), Vordiplom der Psychologie (Christian-Albrechts-Universität Kiel, 1993), Wertpapierhändler Auslandsanleihen für die Landesbank Schleswig-Holstein in Kiel (1987-1994), dipl. Bankbetriebswirt (Bankakademie Frankfurt, 1994), Ph. D. der Betriebswirtschaft mit dem Schwerpunkt Organizational Behavior (Tulane University, New Orleans, 2000), Assistant Professor of Organizational Behavior an der University of Western Ontario in London, Ontario/Kanada (1999-2005), dort seit 2005 Assoicate Professor mit Lebenszeitanstellung. Forschungsschwerpunkte: Diversity Management und Diskriminierung in der Arbeitswelt, die Beziehung zwischen Arbeits- und Kundenzufriedenheit, und Aggression am Arbeitsplatz.

Ellen Engel, Jahrgang 1962, begann 1991, Ausbildung zur Industriekauffrau, Studium der Wirtschaftswissenschaften an der Universität des Saarlandes, Tätigkeit bei der Deutschen Bahn AG: 1992 wissenschaftliche Assistentin in der Abteilung Planung und Strategie im Personenverkehr; 1993 Assistentin des stellvertretenden Vorstandes und Bereichsleiters Marketing im Personenverkehr; seit Ende 1994 wechselnde Führungsfunktionen jeweils im Marketingbereich des Personenverkehrs der Deutschen Bahn, seit Juli 2002 Leiterin der Kontaktstelle für kundenbezogene Behindertenangelegenheiten im Unternehmensbereich Personenverkehr der Deutschen Bahn AG. Arbeitsschwerpunkte: konzernübergreifende Koordination aller Aktivitäten bezüglich Behindertenbelangen der Reisenden, der Behindertenverbände und der politischen Gremien, unterschiedliche marketingstrategische Projekte, wie z. B. speziell auf die Zielgruppe der 55plus ausgerichtete Marketingaktivitäten.

Prof. Dr. Katrin Hansen, Jahrgang 1955, seit 1994 Professorin an der FH Gelsenkirchen, FB Wirtschaft. Lehrgebiet Management und Personalentwicklung, forscht seit 1999 im Bereich Diversity und Diversity Management, aktuell empirisches Forschungsprojekt zum interkulturellen Aspekt von Diversity in Zusammenarbeit mit Kollegen und Kolleginnen aus verschiedenen europäischen Ländern, Süd-/Ostasien und Lateinamerika. Arbeitsschwerpunkte: Wachstumsprozesse junger Unternehmen insb. die Vielfalt der Facetten des UnternehmerInnen-Bildes und Entrepreneurial Mentoring.

Christoph Hauke Jahrgang 1960. Nach einer Ausbildung zum Industriekaufmann Studium der Wirtschaftswissenschaften an der Universität -GH- in Duisburg mit den Hauptfächern Unternehmensführung und Personalwesen, Diplom 1986. 1986 Eintritt in die Deutsche Gesellschaft für Personalführung e.V. zunächst als Trainee, anschließend Assistent des Hauptgeschäftsführers und dann Leiter der „Akademie für Personalführung", 1989 Ernennung zum Geschäftsführer der neu gegründeten DGFP-Deutsche Gesellschaft für Personalführung mbH, seit dem verantwortlich für alle unternehmensindividuellen Dienstleistungen und Solutions der DGFP. Ehem. Mitglied der Delegate Assembly der European Association for Personnel Management (EAPM). Mitherausgeber der Bücher „Personalmanagement in der Praxis" und „Handbuch der Personalleitung" und Verfasser von Fachbeiträgen, insbesondere zu Antidiskriminierung und Diversity Management.

Dr. Annette Henninger, Jahrgang 1966, promovierte 1999 an der Freien Universität Berlin über Frauenförderung in der Arbeitsmarktpolitik. 1999-2001 wissenschaftliche Mitarbeiterin an der TU Chemnitz in einem interdisziplinären, vergleichend angelegten DFG-Projekt über Arbeit in kleinen Softwarefirmen in Deutschland (Ost/West) und den USA. 2002-2005 wissenschaftliche Mitarbeiterin am Zentrum für Sozialpolitik der Universität Bremen im BMBF-Projekt „Neue Erwerbsformen und Wandel von Geschlechterarrangements" (Leitung: Prof. Dr. Karin Gottschall). Arbeitsschwerpunkte: Arbeit, Arbeitsmarkt- und Sozialpolitik in geschlechterdifferenzierender Perspektive und im internationalen Vergleich; politische Institutionen und Geschlechterverhältnisse.

Katharina Heuer, Jahrgang 1967, studierte Volkswirtschaftslehre an der Ludwig-Maximilians-Universität in München. Nach ihrem Studium stieg sie 1994 bei der Daimler-Benz Aerospace AG (heute EADS) in München ein und war für Personalmarketing und Kommunikationsprogramme verantwortlich. 1997 wechselte Katharina Heuer zur DaimlerChrysler Services (debis) AG nach Berlin. Dort war sie zunächst bis 1999 Leiterin Projekte Personal und Assistentin des Vorstandes Personal. 2000 übernahm sie zusätzlich zu ihrer weltweiten Verantwortung als Senior Manager Human Resources Communications & Recruiting die Personalleitung für die DaimlerChrysler Services AG in Deutschland. Seit Oktober 2002 ist bei der Deutschen Bahn AG in Berlin als Leiterin Personal- und Bildungsstrategie für die Personalstrategie des Konzerns, Personalkommunikation, internationale Personalprojekte, Diversity sowie für die Bildungsstrategie und -politik im Konzern verantwortlich. Seit Juli 2005 führt sie zusätzlich die Führungskräfteakademie der Bahn.

Flora Ivanova, Jahrgang 1978, hat an der Sofioter Universität „St. Kliment Ochridski" Betriebswirtschaftslehre studiert und anschließend ihr Diplom in Wirtschaftswissenschaft an der Ruhr-Universität Bochum abgelegt. 2001 hat sie im Rahmen ihrer Diplomarbeit die erste empirische unternehmensübergreifende Studie zum Thema Diversity Management in Deutschland durchgeführt. Seit 2003 ist sie Projektleiterin des Compentence-Centers „Diversity-Management" bei der DGFP-Deutsche Gesellschaft für Personalführung mbH in Düsseldorf. Sie betreut die Beratungsprojekte zur Strategieentwicklung und -umsetzung von Diversity Management sowie den Experten-Kreis „Managing Diversity". Gleichzeitig ist sie für die Inhouse-Seminare zum Thema „Antidiskriminierung" (EU-Antidiskriminierungsrichtlinien und nationales Antidiskriminierungsrecht) sowie für die Diversity-Awareness-Trainigs verantwortlich.

Hans W. Jablonski, Jahrgang 1961, ist Diplom-Volkswirt und hat an der Universität Münster studiert. Nach einer Lehrtätigkeit an verschiedenen Universitäten und mehrmonatigen Auslandspraktika u. a. in den USA arbeitete er in den Bereichen „Human Resources", Organisations-, Personal- und Führungskräfteentwicklung u. a. als Senior Consultant bei Roland Berger & Partner, bei der Commerzbank Zentrale und bei der BME-Akademie (Bundesverband Einkauf, Materialwirtschaft und Logistik) in Frankfurt/M. Von 1998 bis 2005 bei den Ford-Werken in Köln beschäftigt. Ab Januar 2003 „Diversity Manager" für Ford in Deutschland. Seit April 2005 bei BP im Globalen Team „Diversity & Inclusion" tätig und hier u. a. zuständig für die Region Europa. Arbeitsschwerpunkte: Implementierung der Diversity Strategie, Erarbeitung des „Business Case", ebenso wie die Umsetzung der europaweiten „Dignity at Work Policy", Diversity Mainstreaming, Mitarbeiternetzwerke, Diversity Trainings, Worklife-Aktivitäten inklusive Gesundheit und Stressmanagement, Integration von Behinderten sowie interne und externe Kommunikation.

Inéz Labucay, Jahrgang 1976, hat Betriebswirtschaftslehre an der Universität Mannheim studiert, mit den Schwerpunkten Organisation, Bankbetriebslehre/Finanzierung und Englisch (Interkulturelle Qualifikation), Abschluss Diplom-Kaufmann. Im Anschluss daran seit April 2004 Promotion am Lehrstuhl für Organisation und Personalwirtschaft der Martin-Luther-Universität Halle-Wittenberg. Arbeitstitel der Dissertation „Konziliare Organisation". Seit 2004 arbeitet sie in der Forschungsgruppe Human Resources Diversity Management (HRDM) des Lehrstuhls für Organisation und Personalwirtschaft. Schwerpunkt der Forschungstätigkeit bildet das Diversity Management.

Sonja Lambert, Jahrgang 1956, Ausbildung zur Sozialversicherungsfachangestellten, Weiterbildung zur Diplom- Verwaltungswirtin. Von 1982 bis 1993 in leitenden Funktionen der AOK Wiesbaden- Rheingau/Taunus tätig; zuletzt als Leiterin der Abteilung Personalservice und Personalentwicklung. Seit 1993 in der AOK Hessen tätig; jetzt Leiterin der Stabsstelle Chancengleichheit und Diversity- Management. Arbeitsschwerpunkte: Umsetzung des Konzepts Chancengleichheit für Frauen und Männer bei der AOK Hessen, Neu-Entwicklung eines Konzepts zum Altersdiversity Management.

Prof. Dr. Wolf Rainer Leenen, Jahrgang 1947, 1974 Diplom in Volkswirtschaftslehre, 1976 Dr. rer. pol. Universität Köln, 1976 – 1981 Bundeskanzleramt, Planungsabteilung (Referent für Langfristplanung), 1981 Professor für Sozialpolitik und Volkswirtschaftslehre, seit 1998 Leiter des Forschungsschwerpunktes „Interkulturelle Kompetenz", seit 2002 Sprecher der Kompetenzplattform „Migration, interkulturelle Bildung und Organisationsentwicklung" an der Fachhochschule Köln, Arbeitsschwerpunkte: Theorie und Methodik interkultureller Bildung und Organisationsentwicklung.

Dr. Ursula Matschke, Jahrgang 1956, Ausbildung zur Diplomverwaltungswirtin, Studium der Politik- und Geschichtswissenschaften, 1997 Promotion zum Thema Konservatismus in der Wirtschafts-und Verfassungsordnung der Bundesrepublik im internationalen Vergleich, 1998-2001 leitende transnationale Forschungstätigkeit für die EU zum Thema Frauenförderung und kontrastive Modernisierungsprozesse in Wirtschaft und Verwaltung, 2003 –2005 Hans-Böckler Stiftung, Projektleitung zum interkommunalen Vergleich der Umsetzungsstrategien von Gender Mainstreaming in Bezug auf Verwaltungsreformprozesse, 2005 – 2006 Wirtschaftsministerium, Projektleitung zur Generierung von Wissenspromotoren im Bereich Work-Life-Balance bei kmU, 2005 – 2006 Forschungsreferentin der VW-Stiftung zu den organisationspolitischen Voraussetzungen von Hartz IV, an der Universität Stuttgart. Leitet seit 2001 die Stabsstelle für Chancengleichheit des Oberbürgermeisters der Stadt Stuttgart und ist als Lehrbeauftragte und Referentin im universitären und europapolitischen Sektor tätig. Arbeitsschwerpunkte: Interkommunale Vergleichsstudien zu Modernisierungprozessen im öffentlichen Sektor, internationale Vergleichsstudien zur strategischen Unternehmensführung, Diversity und Gender Mainstreaming im öffentlichen Sektor.

Prof. Dr. Werner Nell, Jahrgang 1951, Literatur- und Sozialwissenschaftler, nach dem Studium in Mainz, Frankfurt und Dijon Lehrtätigkeiten in der Erwachsenenbildung, mit ausländischen Studierenden (Studienkolleg), an einer Integrierten Gesamtschule und in der universitären Lehre; wissenschaftlicher Redakteur und Sozialforscher; 1985 Promotion, 1995 Habilitation, seit 1993 zeitweilige Gastprofessuren für Soziologie an der Lajos-Kossuth Universität in Debrecen (Ungarn), lehrt seit 1998, seit 2002 als Lehrstuhlinhaber, an der Martin-Luther-Universität Halle-Wittenberg Allgemeine und vergleichende Literaturwissenschaften und Interkulturelle Deutschlandstudien. Vorstand des Instituts für sozialpädagogische Forschung Mainz (ISM e.V.). Arbeitsschwerpunkte: Kulturtheorie, vergleichende Kulturstudien, Migrationsforschung und interkulturelle Deutschlandstudien.

Prof. Dr. Sibylle Peters, Jahrgang 1947, Studium der Soziologie und Erziehungswissenschaft, tätig an Universitäten wie Fernuniversität und Universität Essen, Lehrstuhlvertretung an der Universität der Bundeswehr Hamburg, seit 1994 Lehrstuhl für Betriebliche Weiterbildung und Personalentwicklung der Fakultät für Geistes-, Sozial- und Erziehungswissenschaften an der Otto-von-Guericke-Universität Magdeburg, Arbeitsschwerpunkte: Projekt- und Wissensmanagement, Wissensvernetzung und Wissenspromotion, Führungsnachwuchskräfteentwicklung, Mentoring und Frauenförderung, individuelles und organisationales Kompetenz- und Personalmanagement, Wissensbewertung und Standortverlagerung.

PD Dr. Lars-Eric Petersen, Jahrgang 1965, Studium der Psychologie in Kiel, Diplom 1992, Promotion 1994, wissenschaftlicher Assistent in Halle (Saale), Habilitation 1999, Lehrstuhlvertreter in Dresden 2000-2001, seit 2002 wissenschaftlicher Oberassistent am Institut für Psychologie der Universität Halle-Wittenberg, 2003 und 2004 Gastwissenschaftler an der University of Western Ontario in Kanada. Lehre und Forschung in den Bereichen Sozial- und Organisationspsychologie, Arbeitsschwerpunkte: Selbstkonzept und Informationsverarbeitung, soziale Diskriminierung, Fehlentscheidungen und unethisches Verhalten in Organisationen, Diversity Management. Aktuelles DFG-Projekt zum Thema „Diskriminierung bei der Personalauswahl".

Caroline Rieger, Jahrgang 1978, von 1997-1999 Berufsausbildung zur Industriekauffrau bei einem international tätigen Hersteller von Geruchs- und Geschmacksstoffen sowie kosmetischen Grund- und Wirkstoffen. Von 1999-2004 Studium der Volkswirtschaftslehre an der Martin-Luther-Universität Halle-Wittenberg mit den Schwerpunktfächern Geld und Währung, Wirtschaftsgeographie sowie Organisation und Personalwirtschaft. Diplomarbeit zum Thema „Bildungsökonomische Betrachtungen zur Dualen Berufsausbildung in Deutschland". Seit Oktober 2004 wissenschaftliche Mitarbeiterin und Doktorandin am Lehrstuhl Organisation und Personalwirtschaft der Martin-Luther-Universität Halle-Wittenberg. Arbeitstitel der Dissertation: „Finanzierung von Weiterbildung".

Jutta von der Ruhr, Jahrgang 1971, Studium der technischen Betriebswirtschaftslehre an der Universität Stuttgart mit den Schwerpunktfächern Personalmanagement, Investitionsgütermarketing und Verfahrenstechnik. Von Januar 1999 bis Dezember 2001 war sie bei der bei der Fraunhofer Technologie-Entwicklungsgruppe in Stuttgart tätig. Ihre Funktion umfasste den Aufbau der Themenfelder Personalentwicklung und Personalmarketing. Außerdem beriet sie dort als Mitglied und später Leiterin des Teams „Managementsysteme" klein- und mittelständische Unternehmen zu den Themen Prozessoptimierung und Qualitätsmanagement. Von Januar 2002 bis September 2005 übernahm sie eine Doktorandenstelle bei der Volkswagen AG im Bereich Personalwesen Management. Die wissenschaftliche Betreuung ihrer Arbeit erfolgt am Lehrstuhl für Sozialpsychologie, Differenzielle und Persönlichkeitspsychologie der Otto-von-Guericke-Universität in Magdeburg.

Alexander Scheitza, Jahrgang 1966, ist Diplom-Psychologe und hat zu interkultureller Kompetenz und zur Qualität interkultureller Trainingsprogramme an der Universität des Saarlandes sowie zu Diversity Management an der Fachhochschule Köln geforscht. Parallel dazu ist er seit 1994 als Berater, Trainer und Coach für interkulturelle Zusammenarbeit tätig und Geschäftsführer der Firma RADIUS – Kommunikation & Interkulturelle Zusammenarbeit. Zu seinen Kunden zählen Wirtschaftunternehmen und internationale Projektgruppen, aber auch Organisationen und Personen aus öffentlicher Verwaltung und sozialer Arbeit. Gegenwärtig ist er Vizepräsident von SIETAR Deutschland (Society for Intercultural Education Training And Research).

Alina Seidel, Jahrgang 1974, von 1993-1998 Studium der Betriebswirtschaftslehre an der Martin-Luther-Universität Halle-Wittenberg mit den Schwerpunktfächern Organisation und Personalwirtschaft, Finanzwirtschaft und Bankbetriebslehre sowie Wirtschaftssoziologie. Seit Januar 1999 wissenschaftliche Mitarbeiterin und Doktorandin am Lehrstuhl Organisation und Personalwirtschaft an der Martin-Luther-Universität Halle-Wittenberg. Arbeitstitel der Dissertation: „Kommunikationsverhalten von Mitarbeitern im direkten Kundenkontakt". Weitere Forschungsschwerpunkte: Bewertung der Humanressourcen, dienstleistungsorientiertes Personalmanagement, Personalentwicklung in Banken und Sparkassen.

Birgit Weinmann, Jahrgang 1962, Diplom-Psychologin, mehrjährige Erfahrung im Bereich Personaldienstleistungen, zuletzt als Niederlassungsleiterin. Seit 1994 in der Personal- und Managementberatung als Projektleiterin und Seniorberaterin tätig, ab 1999 als freiberufliche Beraterin, seit 2001 Netzwerk-Partnerin der eo ipso Personal- und Organisationsberatung e. K. Arbeitsschwerpunkte: Personalentwicklungskonzepte, Entwicklung und Implementierung von Diversity Management-Konzepten und Mentoring-Programmen.

Michael Wiedemeyer, Jahrgang 1958, Diplom-Volkswirt, seit 1983 wissenschaftliche Tätigkeit an in- und ausländischen Universitäten und Forschungseinrichtungen; derzeitige Tätigkeitsschwerpunkte: Arbeitsmarktforschung, Migrationsforschung, transnationale Evaluation; seit 2002 wissenschaftlicher Referent im Klaus Novy Institut, Köln (www.kni.de); Lehraufträge an verschiedenen Hochschulen.

Verzeichnis der zitierten Literatur

Achterholt, G. (1991): Corporate Identity: in zehn Arbeitsschritten die eigene Identität finden und umsetzen. 2. Aufl., Wiesbaden, 1991.

Ackermann, K.-F. (Hrsg.)(2000): Balanced Scorecard für Personalmanagement und Personalführung. Praxisansätze und Diskussion. Wiesbaden.

Aderhold, J. (2003): Organisation als soziales System. In: Weik, E./Lang, R. (Hrsg.): Moderne Organisationstheorien 2. Strukturorientierte Ansätze. Wiesbaden, S. 153-188.

Adler, N. J. (1983): Organzational development in multicultural environment. In: Journal of Applied Behavioural Sciences, No. 03, pp. 349-365.

Agars, M. D./Kottke, J. L. (2004): Models and Practice of Diversity Management. In: Stockdale, M. S./Crosby, F. J. (Edt.): The Psychology and Management of Workplace Diversity. Malden/Oxford/Carlton, pp. 55-77.

AID (2006): Integration in Deutschland. Aktueller Informationsdienst zu Fragen der Migration und Integrationsarbeit; http://www.isoplan.de/aid/; download am 18.01.2006.

Alexander, J. C. (2001): Theorizing the "Modes of Incorporation": Assimilation, Hyphenation, and Multiculturalism as Varieties of Civil Participation. In: Sociological Theory. No. 03, S. 237-249.

Allen, R. S./Montgomery, K. A. (2001): Applying an organizational development approach to creating diversity. In: Organizational Dynamics. Vol. 30, pp. 149-161.

Allmendinger, J.(Hrsg.)(2005): Karrieren ohne Vorlagen. Junge Akademiker zwischen Hochschule und Beruf. Hamburg.

Altvater, E./Mahnkopf, B. (2002): Grenzen der Globalisierung. Münster.

Alvesson, M. (1995): The Meaning and Meaninglessness of Postmodernism. In: Organization Studies. No. 06, pp. 1047-1075.

Amin, A. (1994): Post-Fordism: Models, Fantasies and Phantoms of Transition. In: Amin, A. (Edt.): Post-Fordism. Oxford, pp. 1-39.

Anderson, B. (1988): Die Erfindung der Nation. Zur Karriere eines folgenreichen Konzepts. Frankfurt/New York.

Anderson, S./Cavanagh, J. (2000): Top. 200: The Rise of Global Corporate Power. Corporate Watch 2000. http://www.globalpolicy.org./socecon/tncs/ top200.htm (Stand 27.09.2005).

Aoki, M. (1988): Information, Incentives, and Bargaining in the Japanese Economy. Cambridge.

Aoki, M. (1990): Toward an Economic Model of the Japanese Firm. In: Journal of Economic Literature, No. 01, pp. 1-27.

Aranda, V./Economou, P./Sauvant, K. P. (1996): Marktpräsenz: Trend und Politiken. In: O-ECD (Hrsg.): Neue Dimensionen des Marktzugangs im Zeichen der wirtschaftlichen Globalisierung. Paris, S. 75-93.

Arbeitsstelle Interkulturelle Konflikte und gesellschaftliche Integration (2005): AKI-Newsletter. Forschung über Migration, Integration, Konflikte. 07. Dez. 2005.

Aretz, H.-J./Hansen, K. (2002): Diversity und Diversity Management im Unternehmen. Eine Analyse aus systemtheoretischer Sicht. Managing Diversity Band 3. Münster/Hamburg/London.

Aretz, H.-J./Hansen, K. (2003): Diversity Management – ein Konzept für den Umgang mit Vielfalt und Komplexität. In: Zeitschrift Führung und Organisation, H. 04, S. 192-198.

Aretz, J./Hansen, K. (2003): Erfolgreiches Management von Diversity. Die multikulturelle Organisation als Strategie zur Verbesserung einer nachhaltigen Wettbewerbsfähigkeit. In: Zeitschrift für Personalforschung, H. 01, S. 09-36.

Ashby, W. R. (1974): Einführung in die Kybernetik. Frankfurt a. M.

Assmann, A./Welzer, H. (2005): „Das ist unser Familienerbe". In: Die Macht der Erinnerung. Taz-Journal, H. 1, S. 40-46.

Avery, D. R./Thomas, K. M. (2004): Blending Content and Contact: The Roles of Diversity Curriculum and Campus Heterogeneity in Fostering Diversity Management Competency. In: Academy of Management Learning & Education, No. 04, p. 380 – 396.

Bacharach, S. B./Bamberger, P. A./Vashdi, D. (2005): Diversity and Homophily at Work: Supportive Relations among White and African-American Peers. In: Academy of Management Journal, No. 04, pp. 619 – 644.

Bäcker, G./Bispinck, R./Hofermann, K./Naegele, G. (2000): Sozialpolitik und Soziale Lage in Deutschland. 3. Aufl., Wiesbaden.

Bade, K. J. (1994): Homo Migrans. Wanderungen aus und nach Deutschland. Erfahrungen und Fragen. Essen.

Bade, K-J. (2000): Europa in Bewegung. Migration vom späten 18. Jahrhundert bis zur Gegenwart. München.

Baecker, D. (2003): Organisation und Macht. Frankfurt.

Baethge, M. (1991): Arbeit, Vergesellschaftung, Identität - Zur zunehmenden normativen Subjektivierung der Arbeit. In: Soziale Welt, H. 01, S. 6-19.

Baethge, M./Bartelheimer, P./Fuchs, T./Kratzer, N./Wilkens, I. (2005): Berichterstattung zur sozioökonomischen Entwicklung in Deutschland. Arbeit und Lebensweisen. Wiesbaden.

Baker, W. E. (1992): The Network Organization in Theory and Practice. In: Nohria, N./Eccles, R.G. (Edt.): Networks and Organizations. Structure, Forms, and Actions. Boston, pp. 397-429.

Balser, S. (1999): Abschied von der Monokultur: Diversity als Spiegel der Welt. In: Personalführung, H. 05, S. 14-16.

Bamberger, I./Wrona, T. (1995): Der Ressourcenansatz und seine Bedeutung für die Strategische Unternehmensführung. Arbeitspapier „Organisation und Planung" Universität Essen.

Bardmann, T. M./Franzpötter, R. (1990): Unternehmenskultur. Ein postmodernes Organisationskonzept? In: Soziale Welt, Jg. 41, S. 424

Barney, J. B. (1991): Firm Resources and Sustained Competitive Advantage. In: Journal of Management, No. 01, pp. 99-120.

Bärsch, J. et. al. (2002): Arbeitsmarktintegration von jungen Menschen mit Migrationshintergrund in Köln (AIMm). In: KNi Papers, Nr. 02, Köln.

Bartlett, C. A./Goshal, S. (1995): Changing the role of top management. In: Harvard Business Review, No. 03, pp. 132-142.

Baumann, Z. (1992/1995): Moderne und Ambivalenz. Das Ende der Eindeutigkeit, Frankfurt.

Bea, F. X./Göbel, E. (1999): Organisation. Stuttgart.

Beauftragte der Bundesregierung für Ausländer, Migration und Flüchtlinge (2005): Daten und Fakten. http://www.integrationsbeauftragte.de/download/ strukturdaten.pdf; download am 15.12.2005.

Becker, M. (1996): Vorüberlegungen zum Entwurf einer konziliaren Organisation. In: Wagner, D./Nolte, H. (Hrsg.): Managementbildung. Grundlagen und Perspektiven. München/Mering, S. 231-250.

Becker, M. (1999): Reifegradbestimmung der Unternehmensführung und der Personalentwicklung. Textbaustein A: Unternehmensführung u. B: Personalentwicklung, Martin-Luther-Universität Halle-Wittenberg, Halle an der Saale.

Becker, M. (2002): Die Bedeutung von Kompetenzagenturen in einem liberalisierten Arbeitsmarkt. In: Becker, M./Schwertner, A. (Hrsg.): Personalentwicklung als Kompetenzentwicklung. München/Mering, S. 122-142.

Becker, M. (2003): Personalentwicklung in der Unternehmenstransformation. Stabilitas et Mutabilitas. In: Becker, M./Rother, G. (Hrsg.): Personalwirtschaft in der Unternehmenstransformation. Stabilitas et Mutabilitas. München/Mering, S. 1-39.

Becker, M. (2005): Optimistisch altern. In: Personal. Zeitschrift für Human Resource Management, H. 03, S. 32-35.

Becker, M. (2005): Personalentwicklung. Bildung, Förderung und Organisationsentwicklung in Theorie und Praxis. 4., aktual. u. erw. Aufl., Stuttgart.

Becker, M. (2005): Systematische Personalentwicklung. Planung, Steuerung und Kontrolle im Funktionszyklus. Stuttgart.

Becker, M. (2006): Werte-Wandel in turbulenter Zeit. München/Mering.

Becker, M./Rother, G. (1998): Kompetenzentwicklung. Martin-Luther-Universität Halle-Wittenberg, Wirtschaftswissenschaftliche Fakultät. Betriebswirtschaftliche Diskussionsbeiträge Nr. 98/22, Halle a. d. S.

Becker, M./Schwertner, A. (2002): Gestaltung der Personal- und Führungskräfteentwicklung. Empirische Erhebung, State of the Art und Entwicklungstendenzen. München/Mering.

Becker-Schmidt, R./Knapp, G.-A. /Rumpf, M. (1981): Frauenarbeit in der Fabrik - Betriebliche Sozialisation als Lernprozeß? Über die subjektive Bedeutung der Fabrikarbeit im Kontrast zur Hausarbeit. In: Beiträge zur Marxschen Theorie, H. 41, S. 52-74.

Behnke, C./Meuser, M. (2003): Modernisierte Geschlechterverhältnisse? Entgrenzung von Beruf und Familie bei Doppelkarrierepaaren (DCC's). In: Gottschall, K./Voß, G. (Hrsg.): Entgrenzung von Arbeit und Leben. München, S. 285- 306.

Behnke, C./Meuser, M. (2003): Vereinbarungsmanagement bei DCC's. In: Soziale Welt, H. 02, S. 163-174.

Belinszki, E. (2003): Die Praxis von Diversity Management. In: Belinszki, E./Hansen, K./Müller, U. (Hrsg.): Diversity Management. Best Practices im internationalen Feld. Münster, S. 351 – 360.

Belinszki, E./Hansen, K./Müller, U. (Hrsg.) (2003): Diversity Management. Best Practices im internationalen Feld. Münster.

Bellah, R. N./Madsen, R./Sullivan, W. M./Swidler, A./Tipton, S. M. (1986): Habits of the Heart: Individualism and Commitment in American Life. Berkeley.

Bellinger, L./Hillman, A. J. (2000): Does tolerance lead to better partnering ? The relationship between diversity management and M and A success. In: Business and Society, Vol. 39, pp. 323-337.

Bendix, R. (1989): Values and Concepts in Max Weber´s Comparative Studies. In: Embattled Reason. Essays on Social Knowledge, No. 02, pp. 113-142.

Berger, U./Bernhard-Mehlich, I. (2001): Die Verhaltenswissenschaftliche Entscheidungstheorie. In: Kieser, A. (Hrsg.): Organisationstheorien. 4., unveränd. Aufl., Stuttgart, S. 133-168.

Bergesen, A. J. (2000): Postmodernism Explained. In: Hall, Th. D. (Edt.): A World Systems Reader. Lanham, pp. 181-192.

Best, S./Kellner, D. (1991): Postmodern Theory. London.

Bertelsmann Stiftung (Hrsg.) (2005): Erfolgreich mit älteren Arbeitnehmern. 2. Aufl., Gütersloh.

Literaturverzeichnis

Betzelt, S./ Gottschall, K. (2005): Flexible Bindungen – prekäre Balancen. Ein neues Erwerbsmuster bei hoch qualifizierten Alleindienstleistern. In: Kronauer, M./Linne, G. (Hrsg.): Flexicurity. Die Bindung von Sicherheit an Flexibilität. Berlin, S. 275-294.

Bischoff, J. (1999): Der Kapitalismus des 21. Jahrhunderts. Hamburg.

Bissels, S./Sackmann, S./Bissels, T. (2001): Kulturelle Vielfalt in Organisationen. Ein blinder Fleck muss sehen lernen. In: Soziale Welt, H. 52, S. 403-426.

Blau, P. (1977): Inequality and Heterogeneity: A Primitive Theory of Social Structure. New York.

Blom, H./Meier, H. (2002): Interkulturelles Management. Herne/Berlin.

Blumenberg, H. (1973): Der Prozess der theoretischen Neugierde. Frankfurt a. M.

BMFSFJ (Hrsg.) (2004): Führungskräfte und Familie. Wie Unternehmen Work-Life-Balance fördern können, Ein Leitfaden für die Praxis. Berlin.

BMFSFJ (Hrsg.) (2005): Familienfreundliche Regelungen in Tarifverträgen und Betriebsvereinbarungen. Beispiele guter Praxis. Berlin.

Böcher, W. (1996): Selbstorganisation, Verantwortung, Gesellschaft. Von subatomaren Strukturen zu politischen Zukunftsvisionen. Opladen.

Boltanski, L./Chiapello, E. (1999): Le nouvel esprit du capitalisme. Paris.

Boltanski, L./Chiapello, E. (2001): Die Rolle der Kritik in der Dynamik des Kapitalismus und der normative Wandel. In: Berliner Journal für Soziologie, H. 04, S. 459-477.

Boone, C./van Olffen, W./van Witteloostuijn, A./de Brabander, B. (2004): The Genesis of Top Management Team Diversity: Selective Turnover among Top Management Teams in Dutch Newspaper Publishing 1970-94. In: Academy of Management Journal, No. 05, pp. 633 – 656.

Borghoff, W. (2003): Ford Werke Deutschland. Ein Gespräch mit Wilma Borghoff. In: Belinszki, E./Hansen, K./Müller, U. (Hrsg.): Diversity Management. Best Practices im internationalen Feld. Münster, S. 313 – 325.

Born, C./.Krüger H./Lorenz-Meyer, D. (1996): Der unentdeckte Wandel: Annäherungen an das Verhältnis von Struktur und Norm im weiblichen Lebenslauf. Berlin.

Bosch, G. (2001): Konturen eines neuen Normalarbeitsverhältnisses. In: WSI-Mitteilungen, S. 219-230.

Bourdieu, P. (1985): Sozialer Raum und Klassen. Frankfurt.

Bourdieu, P. (1994): Die feinen Unterschiede. Frankfurt.

Boxall, P. (1999): The Strategic HRM Debate and the Resource-based View of the Firm. In: Human Resource Management Journal, No. 03, pp. 59-75.

Brewer, M. D. (1996): In-group favoritism: The subtle side of intergroup discrimination. In: Messick, D. M./Tenbrunsel, A. E. (Eds.): Codes of conduct: Behavioral research into business ethics. New York, pp. 160-170.

Brief, A. P./Barsky, A. (2000): Establishing a climate for diversity: The inhibition of prejudiced reactions in the workplace. In: Ferris, G. R. (Ed.), Research in personnel and human resources management. Vol. 19, Amsterdam, pp. 91-129.

Brief, A. P./Dietz, J./Cohen, R. R./Pugh, S. D./Vaslow, J. B. (2000): Just doing business: Modern racism and obedience to authority as explanations for employment discrimination. Organizational Behavior and Human Decision Processes. Vol. 81, pp. 72-97.

Brockbank, W./Ulrich, D. (2002): The New HR Agenda: 2002 HRCS Executive Summary. Handout zur Human Resource Competency Study, University of Michigan Business School.

Brotherton, C. (2003): Is Diversity inevitable? Age and Ageism in the Future of Employment. In: Davidson, M. J./Fielden, S. L. (Edt.): Individual Diversity and Psychology in Organizations. Chichester, pp. 225-236.

Brown, R. (1990): Beziehungen zwischen Gruppen. In: Stroebe, W./Hewstone, M./Codol, J.-P./Stephenson, G. M (Hrsg.): Sozialpsychologie: Eine Einführung. Heidelberg u. a., S. 545-576.

Bruhn, M. (2003): Kundenorientierung. Bausteine für ein exzellentes Costumer Relationship Management (CRM). 2. völl. überarb. Aufl., München.

Brumlik, M. (1999): Selbstachtung und nationale Kultur. Zur politischen Ethik multikultureller Gesellschaften. In: Reese-Schäfer, W. (Hrsg.): Identität und Interesse - Der Diskurs der Identitätsforschung. Opladen, S. 45-64.

Brussig, M. (2005): Altersübergangs-Report 2005-2. Hans-Böckler-Stiftung Düsseldorf, Institut für Arbeit und Technik, Gelsenkirchen.

Bundesanstalt für Arbeitsschutz und Arbeitsmedizin (Hrsg.)(2004): Mit Erfahrung die Zukunft meistern. Altern und Ältere in der Arbeitswelt. Dortmund.

Bundesministerium für Familie, Senioren, Frauen und Jugend (Hrsg.)(2003): Betriebswirtschaftliche Effekte familienfreundlicher Maßnahmen. Berlin.

Burr, W. (2004): Organisatorische Flexibilität. In: Schreyögg, G./Werder, A. v. (Hrsg.): Handwörterbuch Unternehmensführung und Organisation. 4. Aufl. Stuttgart, Sp. 276-284.

Business and Human Rights Resource Centre (2005): DiversityInc Magazine Top 50 Companies for Diversity list is announced: most comprehensive diversity metrics in corporate America. http://www.forrelease.com/D20040419/nym237.P2. 04192004155859.06805.html, eingesehen am 31.08.2005.

Caines, R. (2003): Diversity Management at MIT. In: Belinszki, E./Hansen, K./Müller, U. (Hrsg.): Managing Diversity Bd. 2. Diversity Management. Best Practices im internationalen Feld. Münster, S. 255-277.

Calinescu, M. (1987): Five Faces of Modernity. Durham.

Cappelli, P. (1999): Rethinking Employment. In: Schuler, R. S./Jackson, S. E. (Edt.): Strategic Human Resource Management. Malden, pp. 282-316.

Carnoy, M. (2000): Sustaining the New Economy. Work, Family, and the Community in the Information Age. Cambridge/London.

Castells, M. (2001): Der Aufstieg der Netzwerkgesellschaft. Wiesbaden.

Centre for Strategy & Evaluation Services (2003): Methoden und Indikatoren für die Messung der Wirtschaftlichkeit von Maßnahmen im Zusammenhang mit der personellen Vielfalt in Unternehmen. Abschließender Bericht. Sevenoaks.

Chatman, J./O'Reilly, C.A. (2004): Asymmetric Reactions to Work Group Sex Diversity Among Men and Women. In: Academy of Management Journal, No. 02, pp. 193-208.

Cipolla, C. M. (2001): Allegro ma non troppo. Die Rolle der Gewürze und die Prinzipien der menschlichen Dummheit. Berlin.

Clegg, S. R. (1990): Modern organizations. London.

Clutterbuck, D. (2002): Establishing and sustaining a formal mentoring programme for working with diversified groups. In: Clutterbuck, D./Ragins, B. R. (Edt.) (2002): Mentoring and Diversity. An international perspective. pp. 54-86.

Coats, S./Smith, E. R. (1999): Perceptions of gender subtypes: Sensitivity to recent exemplar activation and in-group/out-group differences. Personality and Social Psychology Bulletin, Vol. 25, pp. 515-526.

Cohen, S. S. (1991): Geo-Economics: Lessons from America´s Mistakes. In: BRIE-Working Paper No. 40 (Berkeley Roundtable on the International Economy), http://brie.berkeley.edu/~brieww/pubs/wp/wp40 (Stand 04.03.2002).

Commons, J. R. (1931): Institutional Economics. In: AER, No. 21, pp. 648-657.

Commons, J. R. (1934): Institutional Economics. Madison.

Cox, T. (1991): The multicultural organization. In: Academy of Management Executive, No. 02, pp. 34-47.

Cox, T. (1993): Cultural "diversity" in Organizations: Theory, Research and Practice. San Francisco.

Cox, T. (2001): Creating the Multicultural Organization. A Strategy for Capturing the Power of Diversity. San Francisco.

Cox, T. H./Blake, S. (1991): Managing Cultural Diversity: Implications for Organizational Competitiveness. In: Academy of Management Executive, No. 03, pp. 45-56.

Cox, T. Jr./Cox, T. H./O'Neill, P. (2001): Creating the multicultural organization: a strategy for capturing the power of diversity. Business school management series. University of Michigan. Michigan.

Crandall, C. S./ Eshleman, A. (2003): A justification-suppression model of the expression and experience of prejudice. In: Psychological Bulletin, Vol. 129, pp. 414-446.

Crouch, C./Streeck, W. (2000): Introduction: The Future of Capitalist Diversity. In: Crouch, C./Streeck, W. (Edt.): Political Economy of Modern Capitalism. Mapping Convergence and Diversity. London et al., pp. 1-18.

Crozier, M./Friedberg, G. (1979): Macht und Organisation. Die Zwänge kollektiven Handelns. Königstein/Ts.

Davidow, W. H./Malone, M. S. (1993): Das virtuelle Unternehmen – Der Kunde als Co-Produzent. Frankfurt a. M./New York.

Davis, S./Meyer, Ch. (2001): Das Prinzip Risiko: Wie Sie in Zukunft arbeiten und reich werden. München.

Deshpande, R./Farley, J. U./Webster, F. E. (1993): Corporate Culture, Costumer orientation, and Innovativeness in Japanese Firms. In: Journal of Marketing, No. 01, pp. 23-27.

Deshpande, R./Webster, F. E. (1989): Organizational Culture and Marketing: Defining the Research Agenda. In: Journal of Marketing, No. 01, pp. 03-15.

Dettmer, S./ Hoff, E. H./ Grote, S./ Hohner, H.-U. (2003): Berufsverläufe und Formen der Lebensgestaltung von Frauen und Männern. In: Gottschall, K./Voß, G. G. (Hrsg.): Entgrenzung von Arbeit und Leben. Zum Wandel der Beziehung von Erwerbstätigkeit und Privatsphäre im Alltag. München/Mering, S. 307-331.

Deutschmann, Ch. (2002): Postindustrielle Industriesoziologe. München.

DGfP (2004): Personalmanagement. Frankfurt.

Dibbern, J./Güttler, W./Heinzl, A. (2001): Die Theorie der Unternehmung als Erklärungsansatz für das selektive Outsourcing der Informationsverarbeitung. Entwicklung eines theoretischen Bezugrahmens. In: Zeitschrift für Betriebswirtschaft, H. 06, S. 675-700.

Dick, P. (2003): Organizational efforts to manage diversity: do they really work? In: Davidson, M. J./Fielden, S. L. (Edt.): Individual Diversity and Psychology in Organizations. Chichester, pp. 131-148.

Dietl, H. (1995): Institutionelle Koordination spezialisierungsbedingter wirtschaftlicher Abhängigkeit. In: Zeitschrift für Betriebswirtschaft, H. 06, S. 569

Dietz, J./Petersen, L.-E. (2005): Diversity Management als Management von Stereotypen und Vorurteilen am Arbeitsplatz. In: Stahl, G. K./Mayrhofer, W./Kühlmann, T. M. (Hrsg.): Innovative Ansätze im internationalen Personalmanagement. S. 249-270.

Dietz, J./Petersen, L.-E. (2006): Diversity management. In: Stahl, G./Björkman, I. (Eds.): Handbook of Research in International Human Resource Management. pp. 223-243.

Digh, P. (1998): Coming to Terms with Diversity. In: HRMagazine on Human Resource Management, No. 12, pp. 117-120.

Diller, H. (1996): Kundenbindung als Marketingziel. In: Marketing ZFP, H. 02, S. 81-94.

Diller, H./Müllner, M. (1998): Kundenbindungsmanagement. In: Meyer, A. (Hrsg.): Handbuch Dienstleistungsmarketing. Band 2: Kundengerichtete und kundeninitiierte Prozesse des externen Marketing; Dienstleistungen auf Beschaffungs- und internen Märkten; Branchenkonzepte und Fallbeispiele; Zukünftige Perspektiven des Marketing. Stuttgart, S. 1219-1240.

Domsch, M. E./Krüger-Basener, M. (2003): Personalplanung und -entwicklung für Dual Career Couples (CCs). In: Rosenstiel, L. v./Regnet, E./Domsch, M. E. (Hrsg.): Führung von Mitarbeitern. Stuttgart, S. 561-570.

Domsch, M./Ladwig, A. (2002): Doppelkarrierepaare und neue Karrierekonzepte: eine theoretische und empirische Ausschnittsuntersuchung. In: Peters, S./Bensel, N. (Hrsg.): Frauen und Männer im Management. S. 277-294.

Doppler, K./Fuhrmann, H./Lebbe-Waschke, B. (2002): Unternehmenswandel gegen Widerstände. Frankfurt a. M.

Dovidio, J. F./Gaertner, S. L. (1998): On the nature of contemporary prejudice: The causes, consequences, and challenges of aversive racism. In: Fiske S. T./Eberhardt, J. L. (Eds.): Confronting racism: The problem and the response. pp. 03-32.

Dovidio, J. F./Gaertner, S. L. (2004): Aversive racism. In: Advances in Experimental Social Psychology, Vol. 36, pp. 01-52.

Dovidio, J. F./Gaertner, S. L./Kawakami, K./Hodson, G. (2002): Why can't we just get along? Interpersonal biases and interracial distrust. In: Cultural Diversity & Ethnic Minority Psychology, Vol. 08, pp. 88-102.

Driscoll, J. M./Kelley, F. A./Fassinger, R. E. (1996): Lesbian identity and disclosure in the workplace: Relation to occupational stress and satisfaction. In: Journal of Vocational Behavior, Vol. 48, pp. 229-242.

Dubois, D. D./Rothwell, W. J. (2004): Competency–Based Human Resource Management. Palo Alto.

Ebeling, H. (1993): Das Subjekt in der Moderne. Rekonstruktion der Philosophie im Zeitalter der Zerstörung. Reinbek.

Eberling, M./Hielscher, V./Hildebrandt, E./Jürgens, K. (2004): Prekäre Balancen. Flexible Arbeitszeiten zwischen betrieblicher Regulierung und individuellen Ansprüchen. Berlin.

Eckardstein, D. v. (2004): Demographische Verschiebungen und ihre Bedeutung für das Personalmanagement. In: Zeitschrift Führung und Organisation, H. 03, S. 128-135.

Elias, N. (2001): Die Gesellschaft der Individuen. Frankfurt a. M.

Ellis, C./Sonnenfeld, J. A. (1994): Diverse Approaches to Managing Diversity. In: Human Resource Management, No. 01, pp. 79-109.

Elschenbroich, D. (Hrsg.)(1985): Einwanderung, Integration, ethnische Bindung. Harvard Encyclopedia of American Ethnic Groups. Eine deutsche Auswahl. Basel/Frankfurt.

Ely, R. J./Thomas, D. A. (2001): Cultural Diversity at work: The effects of diversity perspectives on work group process and outcomes. In: Administrative Science Quarterly, No. 02, pp. 229-273.

Erler, W. et al. (2003): Kompetenzbilanz. Ein Instrument zur Selbsteinschätzung und beruflichen Entwicklung. In: Erpenbeck, J./v. Rosenstiel, L. (Hrsg): Handbuch Kompetenzmessung. Stuttgart, S. 339 -352.

Esping-Andersen, G. (1998): The Three Worlds of Welfare Capitalism. Princeton.

Esser, H./Friedrichs, J. (Hrsg.)(1990): Generation und Ethnizität. Theoretische und empirische Beiträge zur Migrationssoziologie. Opladen.

Esses, V. M./Haddock, G./Zanna, M. P. (1993): Values, stereotypes, and emotions as determinants of intergroup attitudes. In: Mackie, D. M./Hamilton, D. L. (Eds.): Affect, cognition, and stereotyping. San Diego, pp. 137-166.

Europäische Kommission (2003): Kosten und Nutzen personeller Vielfalt in Unternehmen. Untersuchung zu den Methoden und Indikatoren für die Messung der Wirtschaftlichkeit von Maßnahmen im Zusammenhang mit der personellen Vielfalt in Unternehmen. Brüssel.

Europäische Kommission (2005): Geschäftsnutzen von Vielfalt. Bewährte Verfahren am Arbeitsplatz. Luxemburg.

European Diversity Consulting (2004): Second European Diversity Survey (EDS2). Köln, www.european-diversity.com/service/surveys/eds2/

Ewers, E./Hoff, E.-H./Schraps, U. (2004): Neue Formen arbeitszentrierter Lebensgestaltung von Mitarbeitern und Gründern kleiner IT-Unternehmen. Forschungsbericht aus dem Projekt "Kompetent". Berlin.

Fassmann, H./Münz, R. (1996): Europäische Migration – ein Überblick. In: Fassmann, H./Münz, R. (Hrsg.): Migration in Europa. Historische Entwicklung, aktuelle Trends, politische Reaktionen. Frankfurt/New York, S. 13-52.

Femppel, K. (2000): Tendenzen und Rahmenbedingungen der Vergütungspolitik. In: Personal, H. 09, S. 394-399.

Fischer, L./Wiswede, G. (2002): Grundlagen der Sozialpsychologie. München.

Fiske, S. T. (1998): Stereotyping, prejudice, and discrimination. In: Gilbert, D. T./Fiske, S. T./Lindzey, G. (Eds.): The handbook of social psychology. 4th ed., Vol. 02, Boston, pp. 357-411.

Foss, K./Foss, N. J. (2004): The Next Step in the Evolution of the RBV. Integration with Transaction Cost Economics. In: management revue, No. 01, pp. 107-121.

Franck, G. (1998): Ökonomie der Aufmerksamkeit. Ein Entwurf. München/Wien.

Fraser, J./Gold, M. (2001): ‚Portfolio Workers': Autonomy and Control amongst Freelance Translators. In: Work, Employment & Society, No. 04, pp. 679-697.

Friedman, J. (2000): Cultural Identity & Global Process. London.

Fritz, W. (1994): Die Produktqualität – ein Schlüsselfaktor des Unternehmenserfolges. In: Zeitschrift für Betriebswirtschaft, H. 08, S. 1045-1062.

Fromm, S. (2004): Formierung und Fluktuation. Die Transformation der kapitalistischen Verwertungslogik in Fordismus und Postfordismus. Berlin.

Fuchs, J./Söhnlein, D. (2005): Vorausschätzung der Erwerbsbevölkerung bis 2050. IAB-Forschungsbericht 16. Nürnberg.

Gandz, J. (2001): A Business Case For Diversity. The University of Western Ontario, Internetauszug vom 18. Juni 2004, http://www.equalopportunity.on.ca /eng_g/documents/BusCase.html#supplier%20relationships.

Gebert, D./von Rosenstiel, L. (2004): Organisationspsychologie. Person und Organisation. In: Heuer, H./Rösler, F./Tack, W. H. (Hrsg.): Theorie und Qualitätsbeurteilung psychometrischer Tests. Stuttgart.

Gebert, D. (2004): Durch diversity zu mehr Teaminnovativität? In: DBW, H.04, S. 412-430.

Geißler, H. (1990): Zugluft. Politik in stürmischer Zeit. München.

Geißler, R. (2002): Die Sozialstruktur Deutschlands. In: Bundeszentrale für politische Bildung. Bonn.

Geldermann, B./Mohr, B./Reglin, T. (2005): Zwischen Reduktion und Entgrenzung – betriebliche Bildung in Zeiten lebenslangen Lernens. In: Berufsbildung im Wandel. Projektdatenbank f-bb, www.f-bb.de.

Gentile, M. C./Kaiser, J./Johnson, J./Harvey, B./Adler, N. J. (1991): The case of the unequal opportunity. In: Harvard Business Review, Vol. 69, pp. 14-25.

Gerhardt, Th. (1995): Theorie und Realität ökonomischer Organisation. Der transaktionskostentheoretische Ansatz zur vertikalen Integration. Wiesbaden.

Gerlmaier, A./Kastner, M. (2003): Der Übergang von der Industrie- zur Informationsarbeit. Neue Herausforderungen für eine menschengerechte Gestaltung von Arbeit. In: Kastner, M. (Hrsg.): Neue Selbständigkeit in Organisationen. Selbstbestimmung, Selbsttäuschung, Selbstausbeutung? München/Mering, S. 15-36.

Giarini, O. /Liedtke, P. M. (1998): Wie wir leben wollen. Stuttgart.

Giddens, A. (1995): Konsequenzen der Moderne. Frankfurt a. M.

Giddens, A. (1997): Jenseits von rechts und links. Frankfurt a. M.

Gilbert, J. A./Ivancevich, J. M. (2000) : Diversity management: Time for a new approach. In: Public Personnel Management, No. 29, pp. 75-92.

Gilbert, J. A./Stead, B. A./Ivancevich, J. M. (1999): Diversity Management: A New Organizational Paradigm. In: Journal of Business Ethics, No. 21, pp. 61-76.

Glaser, B. G./Strauss, A. L. (1967): The discovery of grounded theory. Strategies for qualitative research. Chicago.

Glick, P./Fiske, S. T. (1996): The ambivalent sexism inventory: Differentiating hostile and benevolent sexism. In: Journal of Personality and Social Psychology, Vol. 70, pp. 491-512.

Grathoff, R. (1994): Von der Phänomenologie der Nachbarschaft zur Soziologie des Nachbarn. In: Sprondel, W. M. (Hrsg.): Die Objektivität der Ordnungen und ihre kommunikative Konstruktion. Frankfurt a. M., S. 29-55.

Gratton, L. (1997): Tomorrow people. In: People Management, 24 July, pp. 22-27.

Grimm, D. (2000): Das Andere darf anders bleiben. Wie viel Toleranz gegenüber fremder Lebensart verlangt das Grundgesetz. In: Die Zeit, H. 08 vom 17.02. 2000, S. 12 f.

Gruber, M./Harhoff, D. (2002): Generierung und Nachhaltige Sicherung komparativer Wettbewerbsvorteile. Arbeitspapier, ODEON Center for Entrepreneurship, München.

Grzelak, J. (1990): Konflikt und Kooperation. In: Stroebe, W./Hewstone, M./Codol, J.-P./Stephenson, G. M (Hrsg.): Sozialpsychologie: Eine Einführung. Heidelberg u. a., S. 305-329.

Hage, J./Powers, C. H. (1992): Post-Industrial Lives. Roles and Relationships in the 21st Century. Newbury Park.

Hahn, A. (1994): Die soziale Konstruktion des Fremden. In: Sprondel, W. M. (Hrsg.): Die Objektivität der Ordnungen und ihre kommunikative Konstruktion. Frankfurt a. M., S. 140-163.

Hall, P. A./Soskice, D. (2001): An Introduction to Varieties of Capitalism. In: Hall, P. A./Soskice, D. (Edt.): Varieties of Capitalism. The Institutional Foundations of Comparative Advantage. New York, pp. 1-68.

Hall, P. A./Soskice, D. (Edt.) (2001): Varieties of Capitalism. Oxford.

Hamburger, F. (1998): Erziehungsfragen der Migrationsgesellschaft. In: Nell, W. (Hrsg.): Lernkultur-Wandel. Mainz, S. 39-55.

Handy, Ch. (1994): The Empty Raincoat. Making Sense of the Future. London.

Hansen, F. (2003): Diversity's Business Case Doesn't Add Up. In: Workeforce Management, April 2003, pp. 28-32.

Hansen, F. (2003): Diversity's business case: Doesn't add up. In: http://www. workforce.com/section/11/feature/23/42/49/, eingesehen am 07.12.2005.

Hansen, K. (2003): „Diversity" – ein Fremdwort in deutschen Arbeits- und Bildungsorganisationen? In: Belinszki, E./Hansen, K./Müller, U. (Hrsg.): Diversity Management. Best practices im internationalen Feld. Münster, S. 155-205.

Hansen, K./Aretz, H.-J. (2002): „Diversity Management" – eine Herausforderung für deutsche Unternehmen. In: Knauth, P./Wollert, A. (Hrsg.): Human Resource Management. Neue Formen der betrieblichen Arbeitsorganisation und Mitarbeiterführung. Loseblattwerk Köln, 35. Ergänzungslieferung.

Hardt, M./Negri, A. (2000): Empire. Cambridge/London.

Harms, M./Ladwig, D. H. (2000): Mobilzeit: Teilzeit für Fach- und Führungskräfte, in: Domsch, M. E./Ladwig, D. H. (Hrsg.): Handbuch Mitarbeiterbefragung. New York/Berlin, S. 272-298.

Harrison, D./Price, K./Bell, M. P. (1998): Beyond relational demography: Time and the effects of surface- and deep-level diversity on work group cohesion. In: Academy of Management Journal, 41. Vol., pp. 96-107.

Hartmann, M. (2002): Die Spitzenmanager der internationalen Großkonzerne als Kern einer neuen „Weltklasse". In: Schmidt, R. et al. (Hrsg.) Managementsoziologie. München/Mering, S. 184-208.

Hartmann, M. (2003): Nationale oder transnationale Eliten? Europäische Eliten im Vergleich. In: Hradil, S./Imbusch, P. (Hrsg.): Oberschichten – Eliten – Herrschende Klassen. Opladen, S. 273-298.

Hartz, P. (2001): Job Revolution - Wie wir neue Arbeitsplätze gewinnen können. Frankfurt a. M.

Harvey, D. (2000): The Condition of Postmodernity. Cambridge.

Harvey, D. (2003): The New Imperialism. Oxford.

Hasenbrook, J. et al. (2004): Kompetenzkapital. Frankfurt a. M..

Haußer, K. (1995): Identitätspsychologie. Berlin u. a.

Hayles, V. R. (1996) : Diversity Training and Development. In: Craig, R. L. (Edt.): The ASTD Training and Development Handbook. New York, pp. 104-123.

Hays-Thomas, R. (2004): Why now? The contemporary focus on managing diversity. In: Stockdale, M. S./Crosby, F. J. (Edt.): The Psychology and management of workplace diversity. Malden/Oxford/Carlton, pp. 03-30.

Heckscher, C. (1994): Defining the Post-Bureaucratic Type. In: Heckscher, Ch./Donnellon, A. (Edt.): The Post-Bureaucratic Organization. New Perspectives on Organizational Change. Thousand Oaks, pp. 14-62.

Heintz, B.(Hrsg.) (2001): Geschlechtersoziologie. Sonderheft 4, der Kölner Zf. f. Soziologie und Sozialpsychologie.

Heitmeyer, W. (2005): Die verstörte Gesellschaft. In: Die Zeit, H. 51, 15.12.2005, S. 24.

Henkhus, F. (2005): Für eine bessere Welt. In: Wirtschaft & Weiterbildung, H. 03, S. 22-24.

Henninger, A. (2003): Der Arbeitskraftunternehmer und seine Frau(en). Eine geschlechterkritische Revision des Analysekonzepts. In: Kuhlmann, E./Betzelt, S. (Hrsg.): Geschlechterverhältnisse im Dienstleistungssektor - Dynamiken, Differenzierungen und neue Horizonte. Baden-Baden, S. 119-132.

Henninger, A. (2004): Freelancer in den Neuen Medien: Jenseits standardisierter Muster von Arbeit und Leben? In: Kahlert, H./Kajatin, C. (Hrsg.): Arbeit und Vernetzung im Informationszeitalter. Wie neue Technologien die Geschlechterverhältnisse verändern. Frankfurt a. M./New York, S. 164-181.

Henninger, A./Gottschall, K. (2005): Freelancers in the German New Media Industry: Beyond Standard Patterns of Work and Life. In: Critical Sociology, No. 31, pp. 04.

Henninger, A./Papouschek, U. (2005): Entgrenzung als allgemeiner Trend? Ambulante Pflege und Alleinselbstständigkeit in den Medien- und Kulturberufen im Vergleich. ZeS-Arbeitspapier. Jg. 05, H. 05, Zentrum für Sozialpolitik, Bremen.

Hermann, D. (2004): Bilanz der empirischen Lebensstilforschung. In: Kölner Zf. F. Soziologie und Sozialpsychologie, H. 01, S. 153-179.

Hernes, T./Bakken, T. (2003): Implications for Self-Reference: Niklas Luhmann's Autopoiesis and Organization Theory. In: Organizations Studies, No. 09, pp. 1511-1535.

Heuer, H.; Rösler, F.; Tack, W.H. (Hrsg., 1990): Theorie und Qualitätsbeurteilung psychometrischer Tests. Stuttgart.

Hill, W./Fehlbaum, R./Ulrich, P. (1994): Organisationslehre 1. Ziele, Instrumente und Bedingungen der Organisation sozialer Systeme. 5., überarb. Aufl., Bern/Stuttgart/Wien.

Hirsch, J. (2001): Postfordismus: Dimensionen einer neuen kapitalistischen Formation. In: Hirsch, J./Jessop, B./Poulantzas, N. (Hrsg.): Die Zukunft des Staates. Denationalisierung, Internationalisierung, Renationalisierung. Hamburg, S. 171-209.

Hirsch, J./Roth, R. (1986): Das neue Gesicht des Kapitalismus. Vom Fordismus zum Postfordismus. Hamburg.

Hobsbawm, E. (2002): Das Zeitalter der Extreme. Weltgeschichte des 20. Jahrhunderts. München.

Hobsbawm, E./Ranger T. (Hrsg.)(1986): The Invention of Tradition. Cambridge.

Hochschild, A. R. (2002): Keine Zeit. Wenn die Firma zum Zuhause wird und zu Hause nur Arbeit wartet. Opladen.

Hoff, E.-H. (2003): Kompetenz- und Identitätsentwicklung bei arbeitszentrierter Lebensgestaltung. Vom "Arbeitskraftunternehmer" zum "reflexiv handelnden Subjekt". In: QEM-Bulletin Berufliche Kompetenzentwicklung, H. 04, S. 1-7.

Hoffmann, L. (1990): Die unvollendete Republik. Zwischen Einwanderungsland und deutschem Nationalstaat. Köln.

Hofstede, G./Hofstede, G. J. (2005): Cultures and Organizations. Software of the Mind. Intercultural Cooperation and Its Importance for Survival. New York/ Chicago/ San Francisco.

Hollinger, R. (1994): Postmodernism and the Social Sciences. Thousand Oaks

Holtbrügge, D. (2001): Postmoderne Organisationstheorie und Organisationsgestaltung. Wiesbaden.

Holvino, E./Ferdman, B. M./Merrill-Sands, D. (2004): Creating and Sustaining Diversity and Inclusion in Organizations: Strategies and approaches. In: Stockdale, M. S./Crosby, F. J. (Edt.): The Psychology and management of workplace diversity. Malden/Oxford/Carlton, pp. 245-276.

Homburg, Ch./Becker, J. (2000): Marktorientierte Unternehmensführung und ihre Erfolgsauswirkungen – Eine empirische Untersuchung. Arbeitspapier Nr. W 38, Institut für Marktorientierte Unternehmensführung, Mannheim.

Homburg, Ch./Stock, R. (2002): Theoretische Perspektiven zur Kundenzufriedenheit. In: Homburg, Ch. (Hrsg.): Kundenzufriedenheit. Konzepte – Methoden - Erfahrungen. 4. Aufl., Wiesbaden, S. 17-50.

Horváth & Partner (Hrsg.) (2000): Balanced Scorecard umsetzen. Stuttgart.

Horx, M. (2006): Zukunft der Medien. In: Zukunftsletter, H. 01, S. 02.

Hubbard, E. E. (2004): The Diversity Scorecard. Evaluating the Impact of Diversity on Organizational Performance. Burlington/Oxford.

Hummel, Th. R./Zander, E. (2005): Interkulturelles Management. München/Mering.

Input Consulting GmbH im Auftrag der Vereinten Dienstleistungsgewerkschaft, Bereich Innovations- und Technologiepolitik (Hrsg.) (2003): Wissensmanagement. Frankfurt.

Jackson, S. E. (1992): Team Composition in Organizational Settings: Issues in Manageging Increasingly Diverse Work Force. In: Worchel, S./Wood, W./Simpson, J. A. (Edt.): Group Process and Productivity. Newbury Park, pp. 138 – 173.

Jackson, S. E./Ruderman, M. N. (Edt.) (1996): Diversity in work-teams: Research Paradigms for a Changing Workplace. Washington.

Jacob, M. (2004): Mehrfachausbildungen in Deutschland. Karriere, Collage, Kompensation? Wiesbaden.

Jameson, F. (1989): Postmodernism, or the cultural logic of late capitalism, Durham.

Janis, I. L. (1972): Victims of groupthink. Boston.

Janis, I. L./Mann, L. (1977): Decision making. New York.

Jarzabkowski, P./Searle, R. H. (2004): Harnessing Diversity and Collective Action in the Top Management Team. In: Long Range Planning, No. 05, pp. 399-419.

Jayne, M. E. A./Dipboye, R. L. (2004) : Leveraging Diversity to improve business performance : research findings and recommendations for organizations. In: Human Resource Management, No. 04, pp. 409-424.

Johnston/Packer (1987): Workforce 2000: Work and Workers in the 21st Century. Indianapolis.

Judd, C. M./Park, B. (1988): Out-group homogeneity: Judgements of variability at the individual and group levels. In: Journal of Personality and Social Psychology, Vol. 54, pp. 778-788.

Jumpertz, S. (2003): Orientierung gesucht – In turbulenten Zeiten führen. In: managerSeminare, H. 71, S. 36-43.

Juncke, D. (2005): Betriebswirtschaftliche Effekte familienbewusster Personalpolitik: Forschungsstand. Forschungszentrum Familienbewusste Personalpolitik. Münster.

Junge, M. (2002): Individualisierung. Frankfurt a. M.

Jurczyk, K./Rerrich, M. S. (1993): Lebensführung weiblich - Lebensführung männlich. Macht dieser Unterschied heute noch Sinn. In: Jurczyk, K./Rerrich, M. S. (Hrsg.): Die Arbeit des Alltags. Beiträge zu einer Soziologie der alltäglichen Lebensführung. Freiburg im Breisgau, S. 279-309.

Jurczyk, K./Voß, G. G. (2000): Entgrenzte Arbeitszeit - Reflexive Alltagszeit. In: Hildebrandt, E. (Hrsg.): Reflexive Lebensführung. Zu den sozialökologischen Folgen flexibler Arbeit. Berlin, S. 151-205.

Kaiser, E. (2004): Von der Diversity-Strategie zur Rendite – mit der Balanced Scorecard. In: Personal.Manager, H. 04, S. 08-10.

Kanter, R. M. (1977): Men and Women of the Corporation. New York.

Kaplan, R. S./Norton, D. P. (1992): The Balanced Scorecard – Measures That Drive Performance. In: Harvard Business Review, No. 01, pp. 71-79.

Kaplan, R. S./Norton, D. P. (1993): Putting the Balanced Scorecard to Work. In: Harvard Business Review, No. 05, pp. 134-147.

Kaplan, R. S./Norton, D. P. (1996): Using the Balanced Scorecard as a Strategic Management System. In: Harvard Business Review, No. 01, pp. 75-85.

Kaplan, R. S./Norton, D. P. (1997): Balanced Scorecard. Strategien erfolgreich umsetzen. Stuttgart.

Kaplan, R. S./Norton, D. P. (2000): Having Trouble with Your Strategy? Then Map It. In: Harvard Business Review, No. 05, pp. 167-176.

Kaplan, R. S./Norton, D. P. (2004): Grünes Licht für Ihre Strategie. In: Harvard Business Review, H. 05, S. 18-33.

Kaplan, R. S./Norton, D. P. (2004): Strategy Maps. Stuttgart.

Kastner, M./Wolf, M. (2005): Die Work-Life-Balance im Kontext virtualisierter Arbeitsformen. In: Wirtschaftspsychologie aktuell, H. 04, S. 28-32.

Katz, I./Hass, R. G. (1988): Racial ambivalence and American value conflict: Correlational and priming studies of dual cognitive structures. In: Journal of Personality and Social Psychology, Vol. 55, pp. 893-905.

Kieser, A. (2001): Der Situative Ansatz. In: Kieser, A. (Hrsg.): Organisationstheorien. 4., unveränd. Aufl., Stuttgart, S. 169-198.

Kieser, A./Kubicek, H. (1992): Organisation. Berlin/New York.

Kieser, A./Woywode, M. (2001): Evolutionstheoretische Ansätze. In: Kieser, A. (Hrsg.): Organisationstheorien. 4., unveränd. Aufl., Stuttgart, S. 253-285.

Kim, A. (2001): Familie und soziale Netzwerke - Eine komparative Analyse persönlicher Beziehungen in Deutschland und Südkorea. Opladen.

Kinder, D. R./Sears, D. O. (1981): Prejudice and politics: Symbolic racism versus racial threats to the good life. In: Journal of Personality and Social Psychology, Vol. 40, pp. 414-431.

Kirby, E. L./Harter, L. M. (2001): Discourses of Diversity and the Quality of Work Life. The Character and Costs of the Managerial Metaphor. In: Management Communication Quarterly, No. 01, pp. 121-127.

Kirby, S. L./Richard, O. C. (2000): Impact of Marketing Work-Place Diversity on Employee Job Involvement and Organisational Commitment. In: The Journal of Social Psychology, No. 03, pp. 367-377.

Kirsch, W. (1992): Kommunikatives Handeln, Autopoiese, Rationalität. Sondierungen zu einer evolutionären Führungslehre. München.

Klages, H. (1969): Geschichte der Soziologie. München.

Klenner, Ch. (2005): Balance von Beruf und Familie – Ein Kriterium guter Arbeit. In: WSI-Mitteilungen, H. 04, S. 207-213.

Klimecki, R./Probst, G./Eberl, P. (1994): Entwicklungsorientiertes Management. Stuttgart.

Klink, A./Wagner, U. (1999): Discrimination against minorities in Germany: Going back to the field. In: Journal of Applied Social Psychology, Vol. 29, pp. 402-423.

Knight, D. et al. (1999) : Top management team diversity, group process, and strategic consensus. In: Strategic management Journal, No. 05, pp. 445-465.

Koch, J. (2004): Postmoderne Organisationstheorie. In: Schreyögg, G./Werder, A. v. (Hrsg.): Handwörterbuch Unternehmensführung und Organisation. 4. Aufl., Stuttgart, Sp. 1164-1174.

Kocha, J./Offe, K. (Hrsg) (2000): Geschichte und Zukunft der Arbeit, Frankfurt a. M.

Kochan, T. et al. (2003): The Effects of Diversity on Business Performance. Report of the Diversity Research Network. In: Human Resource Management, No. 01, pp. 03-21.

Köchling, A. (2002): Projekt Zukunft. Leitfaden zur Selbstanalyse altersstruktureller Probleme in Unternehmen. Dortmund.

Kondylis, P. (1991): Der Niedergang der bürgerlichen Denk- und Lebensform. Weinheim.

Kondylis, P. (2001): Das Politische im 20. Jahrhundert. Von den Utopien zur Globalisierung. Heidelberg.

Korac-Kakabadse, N./Kouzmin, A./Korac-Kakabadse, A. (2003): Cultural Diversity in the IT-Globalizing Workplace: Conundra and Future Research. In: Davidson, M. J./Fielden, S. L. (Edt.): Individual Diversity and Psychology in Organizations. Chichester, pp. 365-383.

Koza, M. P./Thoenig, J.-C. (2003): Rethinking the Firm: Organizational Approaches. In: Organization Studies, No. 08, pp. 1219-1229.

Kratzer, N. (2005): Vermarktlichung und Individualisierung – Zur Produktion von Ungleichheit in der reflexiven Modernisierung. In: Soziale Welt, Jg. 57, S. 247-266.

Krell, G. (1996): Managing Diversity: Mono- oder multikulturelle Organisationen? „Managing Diversity" auf dem Prüfstand. In: Industrielle Beziehungen, H. 04, S. 334-350.

Krell, G. (1998): Chancengleichheit: Von der Entwicklungshilfe zum Erfolgsfaktor. In: Krell, G. (Hrsg.): Chancengleichheit durch Personalpolitik. Gleichstellung von Frauen und Männern in Unternehmen und Verwaltungen. Rechtliche Regelungen – Problemanalysen – Lösungen. 2., aktual. u. erw. Aufl., Wiesbaden, S. 13-28.

Krell, G. (1999): Managing Diversity: Chancengleichheit als Erfolgsfaktor. In: Personalwirtschaft, H. 04, S. 24-26.

Krell, G. (2002): „Personelle Vielfalt in Organisationen" als Herausforderung für Forschung und Praxis. In: Wächter, H./Vedder, G./Führing, M. (Hrsg.): Personelle Vielfalt in Organisationen. München/Mering, S. 219- 231.

Krell, G. (2002): Diversity-Ansätze und Managing-Diversity- Konzepte im strategischen Diskurs. In: Peters/Bensel (Hrsg.): Frauen und Männer im Management. Frankfurt a. M., S. 105- 120.

Krell, G. (2004): Managing Diversity. Chancengleichheit als Wettbewerbsfaktor. In: Krell, G. (Hrsg.): Chancengleichheit durch Personalpolitik. Gleichstellung von Frauen und Männer in Unternehmen und Verwaltungen. Rechtliche Regelungen – Problemanalysen – Regelungen. 4., vollst. überarb. u. erw. Aufl. Wiesbaden, S. 41-57.

Krell, G. (Hrsg.)(2004): Chancengleichheit durch Personalpolitik. 4. Aufl., Wiesbaden.

Krell, G. (Hrsg.)(2005): Betriebswirtschaftslehre und Gender Studies. Wiesbaden.

Krell, G./Gieselmann, A. (2004): Diversity Trainings: Verbesserung der Zusammenarbeit und Führung einer vielfältigen Belegschaft. In: Krell, G. (Hrsg.): Chancengleichheit durch Personalpolitik, Gleichstellung von Frauen und Männern in Unternehmen und Verwaltung. Wiesbaden, 4., vollst. überarb. und erw. Aufl., S. 393-412.

Krell, G./Tondorf, K. (1998): Leistungsabhängige Entgeltdifferenzierung: Leistungslohn, Leistungszulagen, Leistungsbeurteilung auf dem gleichstellungspolitischen Prüfstand. In: Krell, G. (Hrsg.): Chancengleichheit durch Personalpolitik: Gleichstellung von Frauen und Männern in Unternehmungen und Verwaltungen. 2. Aufl., Wiesbaden.

Kreutzer, L. (1989): Literatur und Entwicklung. Studien zu einer Literatur der Ungleichzeitigkeit. Frankfurt a. M.

Kudera, W./Voß, G. (Hrsg.) (2000): Lebensführung und Gesellschaft. Beiträge zu Konzept und Empirie alltäglicher Lebensführung. Opladen.

Kühne, D./Oechsler, W. (1998): Diskriminierungsfreie Beurteilung von Mitarbeiterinnen. In: Krell, G. (Hrsg.): Chancengleichheit durch Personalpolitik: Gleichstellung von Frauen und Männern in Unternehmungen und Verwaltungen. 2. Aufl., Wiesbaden.

Kühnlein, G. (2000): Mentale Trainings als Instrument betrieblicher Organisationsentwicklung. Ein Gutachten im Auftrag der Hans-Böckler-Stiftung. In: Reihe SFS Beiträge aus der Forschung. Bd. 119, Dortmund.

Kymlicka, W. (1995): Multicultural Citizenship: A Liberal Theory of Minority Rights. New York.

Kymlicka, W. (1999): Multikulturalismus und Demokratie. Über Minderheiten in Staaten und Nationen. Hamburg.

Kymlicka, W. (2001): Politics in the Vernacular. Oxford.

Ladwig, D. H. (2003): Team-Diversity – Die Führung gemischter Teams. In: Rosenstiel, L. v./Regnet, E./Domsch, M. E. (Hrsg.): Führung von Mitarbeitern. 5. Aufl., Stuttgart, S. 448-459.

Lambert, S. (2004): In der Vielfalt liegt die Zukunft. In: Personalwirtschaft, H. 01, S. 18-20.

Lambert, S. (2006): Chancengleichheit für Frauen und Männer. In: Personalwirtschaft, H. 01, S. 17-19.

Lang, R./Winkler, I./Weik, E. (2001): Organisationskultur, Organisationaler Symbolismus und Organisationaler Diskurs. In: Weik, E./Lang, R. (Hrsg.): Moderne Organisationstheorien. Eine sozialwissenschaftliche Einführung. Wiesbaden, S. 201-252.

Lang, S. (1997): Soziale Netzwerke, Kognition und kulturelle Identität. In: Lang, S. (Hrsg.): Kulturelle Identität, soziale Netzwerke und Kognition. Wiesbaden.

Laqueur, Th. (1992): Auf den Leib geschrieben. Die Inszenierung der Geschlechter von der Antike bis Freud. Frankfurt a. M./New York.

Lash, S./Ury, J. (1987): The end of organized capitalism. Cambridge.

Lau, D. C./Murnighan, J. K. (2005): Interactions within Groups and Subgroups: The Effect of Demographic Faultlines. In: Academy of Management Journal, No. 04, pp. 645-660.

Leggewie, C. (1990): Multi-kulti. Spielregeln für die Vielvölkerpolitik. Berlin.

Lehr, U. (2003): Psychologie des Alterns. 10. Aufl., Wiebelsheim

Leicht, R./Lauxen-Ulbrich, M. (2002): Soloselbständige Frauen in Deutschland: Entwicklung, wirtschaftliche Orientierung und Ressourcen. Forschungsprojekt "Gründerinnen in Deutschland" im Auftrag des Bundesministeriums für Bildung und Forschung. Download-Paper Nr. 3/2002, Institut für Mittelstandsforschung, Mannheim.

Leitl, M. (2005): Was ist Diversity Management? In: http://www.harvardbusiness-manager.de/img/cat/HBMO/diversitymanagement-Was.pdf, eingesehen am 14.12.2005.

Leonhard, D./Swap, W. (2005): Aus Erfahrung gut. In: Harvard Business Manager, H. 01, entnommen aus Harvard Business Manager, Dossier Personal – 002151.

Lepsius, M. R. (1999): Bildet sich eine kulturelle Identität in der Europäischen Union? In: Reese-Schäfer, W. (Hrsg.): Identität und Interesse - Der Diskurs der Identitätsforschung. Opladen, S. 91-99.

Levine, R. A./Campbell, D. T. (1972): Ethnocentrism: Theories of conflict, ethnic attitudes, and group behavior. New York.

Lockwood, N. (2005): Workplace Diversity: Leveraging the Power of Difference for Competitive Advantage. In: Research Quarterly der Society for Human Resource Management, No. 02, pp. 1-11.

Loden, M./Rosener, J. B. (1991): Workforce America! Managing Employee Diversity as a Vital Resource. Homewood.

Lohauß, P. (1999): Widersprüche der Identitätspolitik in der demokratischen Gesellschaft; In: Reese-Schäfer, W. (Hrsg.): Identität und Interesse - Der Diskurs der Identitätsforschung. Opladen.

Luhmann, N. (1975): Legitimation durch Verfahren. Neuwied/Berlin.

Luhmann, N. (1996): Soziale Systeme. Grundriß einer allgemeinen Theorie. 6. Aufl., Frankfurt a. M.

Luhmann, N. (1997): Die Gesellschaft der Gesellschaft. Bd. 02, Frankfurt a. M.

Luhmann, N. (1999): Die Wirtschaft der Gesellschaft. 3. Aufl., Frankfurt a. M.

Luhmann, N. (2000): Organisation und Entscheidung. Opladen/Wiesbaden.

Luhmann, N. (2005): Die Praxis der Theorie. In: Luhmann, N. (Hrsg.): Soziologische Aufklärung 1. Aufsätze zur Theorie sozialer Systeme. 7. Aufl., Wiesbaden, S. 317-335.

Lyotard, J.-F. (1987): Postmoderne für Kinder. Briefe aus den Jahren 1982-1985. Wien.

Lyotard, J.-F. (1999): Das postmoderne Wissen. Wien.

Macharzina, K./Wolf, J. (2005): Unternehmensführung. Das internationale Managementwissen. Konzepte – Methoden – Praxis. 5., grundl. überarb. Aufl., Wiesbaden.

Macrae, C. N./Bodenhausen, G. V. (2000): Social cognition: Thinking categorically about others. In: Annual Review of Psychology, Vol. 51, pp. 93-120.

Madon, S. (1997): What do people believe about gay males? A study of stereotype content and strength. In: Sex-Roles, Vol. 37, pp. 663-685.

Manske, A. (2003): Arbeits- und Lebensarrangements in der Multimediabranche unter Vermarktlichungsdruck - Rationalisierungspotenzial für den Markterfolg?. In: Kuhlmann, E./Betzelt, S. (Hrsg.): Geschlechterverhältnisse im Dienstleistungssektor - Dynamiken, Differenzierungen und neue Horizonte. Baden-Baden, S. 133-146.

Marcuse, H. (1937): Über den affirmativen Charakter der Kultur. In: Zeitschrift für Sozialforschung, Vol. 06 (1980), S. 54-94. Photomechanischer Nachdruck mit Genehmigung des Herausgebers.

Marks, M. A./Mathieu, J. E./Taccaro, S. J. (2001): A temporally based framework and taxonomoy of team processes. In: Academy of Management Review, No. 03, pp. 356-376.

Marshall, T. H. (1977): Class, Citizenship, and Social Development. Chicago/London.

Martina, D./Trautmann, M. (2004): Unternehmen berichten immer mehr aus dem HR-Bereich. In: Personalwirtschaft, H. 12, S. 29-31.

Matthes, J. (1999): Interkulturelle Kompetenz. Ein Konzept, sein Kontext und sein Potential. In: Deutsche Zeitschrift für Philosophie, H. 03, S. 411-426.

Maturana, H. R./Varela, F. J. (1991): Der Baum der Erkenntnis. Die Biologischen Wurzeln des menschlichen Erkennens. 3. Aufl., Bern/München.

Mayrhofer, W. (2004): Die neuere Systemtheorie und ihr Beitrag zur Erklärung des Unternehmensverhaltens. In: Festing, M. et al. (Hrsg.): Personaltheorie als Beitrag zur Theorie der Unternehmung. Festschrift für Prof. Dr. Wolfgang Weber zum 65. Geburtstag. München/Mering, S. 121-137.

Mayrhofer, W. (2004): Social Systems Theory as Theoretical Framework for Human Resource Management – Benediction or Curse? In: Management Revue, Special issue: Theoretical Perspectives for Human Resource Management, No. 02, pp. 178-191.

Mayring, P. (2000): Qualitative Inhaltsanalyse. Grundlagen und Techniken. Weinheim.

McConahay, J. B. (1983): Modern racism and modern discrimination: The effects of race, racial attitudes, and context on simulated hiring decisions. In: Personality and Social Psychology Bulletin, Vol. 9, pp. 551-558.

McConahay, J. B. (1986): Modern racism, ambivalence, and the Modern Racism Scale. In: Gaertner, S. L./ Dovidio, J. F. (Eds.): Prejudice, discrimination, and racism. San Diego, pp. 91-125.

Mellewigt, Th./Kabst, R. (2003): Determinanten des Outsourcings von Personalfunktionen. Eine empirische Untersuchung auf Basis des Transaktionskostenansatzes und des Ressourcenorientierten Ansatzes, Handout zur 65. Wissenschaftlichen Jahrestagung des Verbands der Hochschullehrer für Betriebswirtschaft, Zürich, 13. Juni 2003.

Meyer-Ferreira, P./Lombriser, R. (2003): Marktbasiertes strategisches Human Resource Management. School of Management, Institut für Unternehmensführung, Handout, Internetauszug vom 3. Juni 2004, http://www.ifu.zhwin.ch/portrait/pdf/zhcm_markthrm.pdf.

Meyerson, D. M./Fletcher, J. K. (2002): A Modest Manifesto for Shattering the Class Ceiling. In: Harvard Business Review on Managing Diversity, pp. 67 – 93 (Originally published in 2000).

Mintzberg, H. (1979): The Structuring of Organizations. A Synthesis of Research. Englewood Cliffs

Mintzberg, H. (1991): Mintzberg über Management. Führung und Organisation, Mythos und Realität. Wiesbaden.

Mischau, A./Oechsle, M. (Hrsg.) (2005): Arbeitszeit – Familienzeit – Lebenszeit: Verlieren wir die Balance? In: Zf. Für Familienforschung, Sonderheft 05, Wiesbaden.

Mohammed, S./Angell, L. C. (2004): Surface- and deep-level diversity in workgroups: examining the moderating effects of team orientation and team process on relationship conflict. In: Journal of Organizational Behavior, Vol. 25, pp. 1015-1039.

Muchembled, R. (1990): Die Erfindung des modernen Menschen. Gefühlsdifferenzierung und kollektive Verhaltensweisen im Zeitalter des Absolutismus. Reinbek.

Mudra, P. (2004): Personalentwicklung. München.

Müller, S./Belbrich, K. (2001) Interkulturelle Kompetenz als neuartige Anforderung an Entsandte: Status Quo und Perspektiven der Forschung. In: Zeitschrift für betriebswirtschaftliche Forschung, H. 05, S. 246-272.

Müller, U. (2002): Geschlecht im Management – ein soziologischer Blick. In: Wirtschaftspsychologie, H. 01, S. 11-15.

Mummendey, A./Wenzel, M. (1999): Soziale Diskriminierung und Toleranz in intergruppalen Beziehungen. In: Personality and Social Psychology review, No. 02, pp. 158-174.

Münch R. (1986): Die Kultur der Moderne. Frankfurt a. M.

Münch, R. (2002): Die Grenzen der zivilgesellschaftlichen Selbstorganisation. Ein modernisierungstheoretischer Blick auf die amerikanische Debatte über Multikulturalismus, Gemeinsinn und Sozialkapital. In: Berliner Journal für Soziologie, H. 04, S. 445-465.

Nelson, R. R./Winter, S. G. (2002): Evolutionary Theorizing in Economics. In: The Journal of Economic Perspectives, No. 02, pp. 23-46.

Neumann, P./Reuber, P. (Hrsg.)(2004): Ökonomische Impulse eines barrierefreien Tourismus für alle. Untersuchung im Auftrag des Bundesministeriums für Wirtschaft und Arbeit. Münster.

Ng, E. S. W./Burke, R. J. (2005): Person – organization fit and the war for talent: does diversity management make a difference? In: The international journal of human resource management. London, Bd. 16, S. 1195-1210.

Niethammer, L. (2000): Kollektive Identität. Heimliche Quellen einer unheimlichen Konjunktur. Reinbek.

Nohria, N./Eccles, R. G. (Edt.) (1992): Networks and Organizations. Structure, Form, and Action. Boston.

North, K. (1998): Wissensorientierte Unternehmensführung: Wertschöpfung durch Wissen. Wiesbaden.

O'Reilly, C. A./Chatman, J./Caldwell, D. F. (1991): People and organizational culture: A profile comparison approach to assessing person-organization fit. In: Academy of Management Journal, Vol. 34, pp. 487-516.

Oberndörfer, D. (1991): Die offene Republik. Die Zukunft Deutschlands und Europas. Freiburg.

Oechsler, W. (1997): Personal und Arbeit. Einführung in die Personalwirtschaft unter Einbeziehung des Arbeitsrechts. 6. völlig überarb. und erw. Aufl., München.

Ohms, C./Schenk, Ch. (2005): Diversity – Vielfalt als Politikansatz in Theorie und Praxis: Von einer Zielgruppenpolitik zu einer „Politik der Verschiedenheit" (Politics of Diversity). http://www.christina-schenk.de/politik/diversity-management/diversity.wiesbaden-03.pdf; download 18.10. 2005.

Oomen-Welke, I. (1991): Umrisse einer interkulturellen Didaktik für den gegenwärtigen Deutschunterricht. In: Der Deutschunterricht, Nr. 43/II, S. 06-27.

Organisation for economic co-operation and development (OECD) (2005): Ageing populations: High time for action. Background paper. Meeting of G 8 Employment and labour ministers, 10.-11. March 2005, London.

Ortega y Gasset, J. (1957): Der Aufstand der Massen (1930), Hamburg.

Osterloh, M./Frost, J./von Wartburg, I. (2001): Kernkompetenzen durch Wissens- und Motivationsmanagement. In: Thom, N./Zaugg, R. (Hrsg.): Excellence durch Personal- und Organisationskompetenz. Bern, S. 201-222.

Osterloh, M./Littmann- Wernli, S. (2002): „Die gläserne Decke" – Realität und Widersprüche. In: Peters, S./Bensel, N. (Hrsg.): Frauen und Männer im Management. Frankfurt a. M., S. 259-276.

Paireder, K./Niehaus, M. (2005): Diversity Management als betrieblicher Integrationsansatz für (ausländische) Mitarbeiter/innen mit Behinderungen. In: Heilpädagogik, H. 01, S. 04 – 33.

Pankoke, E. (1980): Masse, Massen. In: Ritter, J. et al. (Hrsg.): Historisches Wörterbuch der Philosophie. Band 5, Basel, Sp. 825-832.

Parker, M. (1992): Post-Modern Organizations or Postmodern Organization Theory. In: Organization Studies, No. 01, pp. 1-17.

Parsons, T. (1960): A Sociological Approach to the Theory of Organizations. In: Parsons, T. (Edt.): Structure and Process in Modern Societies. New York, pp. 16-58.

Parsons, T. (1969): Full Citizenship for the Negro American? In: Parsons, T. (Edt.): Politics and Social Structure. New York, pp. 252-291.

Pasero, U./Priddat, B. P. (Hrsg.) (2005): Organisationen und Netzwerke: der Fall Gender. Wiesbaden.

Pelled, L. H./Eisenhardt, K. M./Xin, K. R. (1999): Exploring the Black Box: An Analysis of Work Group Diversity, Conflict, and Performance. In: Administrative Science Quarterly, Vol. 44, pp. 1-28.

Penrose, E. (1959): The Theory of the Growth of the Firm. Oxford.

Peters, S. (2003): Gender-Mainstreaming in Organisationen – Gleichstellung als Diskursthema. In: Wächter, H./Vedder, G./Führung, M. (Hrsg.): Personelle Vielfalt in Organisationen. München/Mering, S. 191-215.

Peters, S. (2004): Mentoring als Instrument für Nachwuchsförderung. In: Diess/Schmicker, S./Weinert, S. (Hrsg.): Flankierende Personalentwicklung durch Mentoring. Mering, S. 07-22.

Peters, S. (2005): Studieren und Jobben – das Hochschulstudium und sein sozialer Sinn im Wandel – Ein bildungssoziologischer Blick auf die regionale Bevölkerungsentwicklung. In: Dienel, Ch. (Hrsg.): Abwanderung, Geburtrückgang und regionale Entwicklung. Wiesbaden, S. 131-151.

Peters, S./Bensel, N. (Hrsg.)(2002): Frauen und Männer im Management. Diversity in Diskurs und Praxis. 2. Aufl., Wiesbaden.

Peters, S./Schmicker, S./Weinert, S. (Hrsg) (2002): Frankierende Personalentwicklung durch Mentoring. München/Mering.

Petersen, L.-E./Blank, H. (2001): Reale Gruppen im Paradigma der minimalen Gruppen: Wirkt die Gruppensituation als Korrektiv oder Katalysator sozialer Diskriminierung? In: Zeitschrift für Experimentelle Psychologie, H. 48, S. 302-316.

Petersen, L.-E./Blank, H. (2003): Ingroup bias in the minimal group paradigm shown by three-person groups with high or low state self-esteem. In: European Journal of Social Psychology, Vol. 33, pp. 147-160.

Petersen, L.-E./Dietz, J. (2000): Social discrimination in a personnel selection context: The effects of an authority's instruction to discriminate and followers' authoritarianism. In: Journal of Applied Social Psychology, Vol. 30, pp. 206-220.

Petersen, L.-E./Dietz, J. (2005): Enforcement of organizational homogeneity and prejudice as explanations for employment discrimination. In: Journal of Applied Social Psychology, Vol. 35, pp. 144-159.

Petersen, L.-E./Dietz, J. (2005): Prejudice and enforcement of workforce homogeneity as explanations for employment discrimination. In: Journal of Applied Social Psychology, Vol. 35, S. 144-159.

Petersen, L.-E./Six-Materna, I. (2006): Stereotype. In: Frey, D./Bierhoff, W. (Hrsg.): Handbuch Sozialpsychologie und Kommunikationspsychologie. Göttingen, S. 430-436.

Petersen, L.-E./Stahlberg, D./Frey, D. (2006): Selbstwertgefühl. In: Frey, D./Bierhoff, W. (Hrsg.): Handbuch Sozialpsychologie und Kommunikationspsychologie. Göttingen, 40-48.

Pettigrew, T. F./Meertens, R. W. (1995): Subtle and blatant prejudice in Western Europe. In: European Journal of Social Psychology, Vol. 25, pp. 57-75.

Pettigrew, T. F./Meertens, R. W. (2001): In defence of the subtle prejudice concept: A retort. In: European Journal of Social Psychology, Vol. 31, pp. 299-309.

Pettigrew, T. F./Tropp, L. R. (2000): Does intergroup contact reduce prejudice: Recent meta-analytic findings. In: Oskamp, S. (Ed.): Reducing prejudice and discrimination: The Claremont Symposium on Applied Social Psychology. Mahwah, pp. 93-114.

Picot, A. (1984): Organisation. In: Vahlens Kompendium der Betriebswirtschaftslehre. Band 2, München, S. 95-158.

Picot, A./Dietl, H./Franck, E. (1999): Organisation. Stuttgart.

Picot, A./Reichwald, R./Wigand, R. T. (2001): Die grenzenlose Unternehmung. Information, Organisation und Management. 4., vollst. überarb. u. erw. Aufl., Wiesbaden.

Piko, Th. (2006): Akzeptanz und Widerstand in der Personalentwicklung. München/Mering.

Piore, M. J./Sabel, C. F. (1989): Das Ende der Massenproduktion. Frankfurt a. M.

Plant, E. A./Devine, P. G. (1998): Internal and external motivation to respond without prejudice. In: Journal of Personality and Social Psychology, Vol. 75, pp. 811-832.

Pless, N. M./Maak, T. (2004): Building an Inclusive Diversity Culture: Principles, Processes and Practice. In: Journal of Business Ethics, Vol. 54, S. 129-147.

Pohlmann, M. (2002): Management, Organisation und Sozialstruktur – neue Fragestellungen und Konturen der Managementsoziologie. In: Schmidt, R./Gergs, H. J./Pohlmann, M. (Hrsg.): Managementsoziologie, Themen, Desiderate, Perspektiven. Mering, S. 227-244.

Pongratz, H. J./Voß, G. (Hrsg.) (2004): Arbeitskraftunternehmer, Erwerbsorientierungen in entgrenzten Arbeitsformen. Berlin.

Porter, M. (2004): Competitive Strategy: Techniques for Analyzing Industries and Competitors. New York.

Prognos (2003): Familienfreundliche Maßnahmen in Unternehmen. Vortrag in Berlin.

Quinn, K. A./Macrae, C. N./Bodenhausen, G. V. (2003): Stereotyping and impression formation: How categorical thinking shapes person perception. In: Hogg, M. A./Cooper, J. (Eds.): The SAGE handbook of social psychology. London, pp. 87-109.

Ramm, P./Leier, A. (2002): Weibliches Potenzial als Wettbewerbsfaktor bei Siemens. In: Personal, H. 02, S. 26-29.

Rasche, C. (2000): Der Resource Based View im Lichte des hybriden Wettbewerbs. In: Hammann, P. /Freiling, J. (Hrsg.): Die Ressourcen- und Kompetenzperspektive des Strategischen Managements. Wiesbaden, S. 69-125.

Reese-Schäfer, W. (Hrsg., 1999): Identität und Interesse - Der Diskurs der Identitätsforschung. Opladen.

Regnet, E. (2005): Karriereentwicklung 40+. Weinheim.

Reick, Ch./Gerlmaier, A./Ayan, T./Kastner, M. (2003): Die Neue Selbständigkeit in der betrieblichen Praxis. Hintergründe der Entstehung und Formen autonomer Arbeit in Unternehmen. In: Kastner, M. (Hrsg.): Neue Selbständigkeit in Organisationen. Selbstbestimmung, Selbsttäuschung, Selbstausbeutung? München/Mering, S. 161-182.

Reihlen, M. (1999): Moderne, Postmoderne und heterarchische Organisation. In: Schreyögg, G. (Hrsg.): Organisation und Postmoderne. Wiesbaden, S. 265-303.

Rhodes, J. M. (1999): Making the Business Case for Diversity in American Company. In: Personalführung, H. 05, S. 22-26.

Richard, O. C. (1999): Human Resources Diversity an Ideal Organizational Types And Firm Performance Employing The Concept of Equifinality. In: The Mid-Atlantic Journal of Business, No. 01, pp. 11-24.

Richard, O. C. (2000): Racial diversity, business strategy and firm performance: a resource-based view. In: Academy of Management Journal, No. 02, pp. 164-172.

Richter, R./Furubotn, E. G. (1999): Neue Institutionenökonomik: eine Einführung und kritische Würdigung. 2., durchges. u. erg. Aufl., Tübingen.

Richtlinie 2000/78/EG des Rates vom 27. November 2000 zur Festlegung eines allgemeinen Rahmens für die Verwirklichung der Gleichbehandlung in Beschäftigung und Beruf veröffentlicht am 02.12.2000 im Amtsblatt der Europäischen Gemeinschaften.

Ridder, H.-G. (2002): Vom Faktoransatz zum Human Resource Management. In: Schreyögg, G./Conrad, C. (Hrsg.): Theorien des Managements. Managementforschung 12, Wiesbaden, S. 211-240.

Rieckmann, H. (2004): Dynaxibility - oder: Kann Management am Rande des 3. Jahrtausends noch erfolgreich sein?. Internetauszug vom 14. Juni 2004, http:// www-sci.uni-klu.ac.at/opm/WILLKOMMEN/willkommen.html.

Ritzer, G. (1993): The McDonaldization of Society. An Investigation Into the Changing Character of Contemporary Social Life. Newbury Park.

Roberson, L. (2003): Chances and Risks of Diversity. In: Belinszki, E./Hansen, K./Müller, U. (Hrsg.): Diversity Management. Best practices im internationalen Feld. Münster, S. 238-254.

Roberson, L./Kulik, C. T./Pepper, M. B. (2003): Using Needs Assessment to Resolve Controversies in Diversity Training Design. In: Group & Organization Management, No. 28, pp. 148-174.

Roberson, Q. (2004): Disentangling the Meanings of Diversity and Inclusion. Working Paper 04-05.

Roberts, L. M. (2005): Changing Faces: Professional Image Construction in Diverse Organizational settings. In: Academy of Management Review, No. 04, pp. 685-711.

Robinson, G./Dechant, K. (1997): Building a business case for diversity. In: Academy of Management Executive, No. 03, pp. 21-31.

Rohs, M. (Hrsg.) (2002): Arbeitsprozessintegriertes Lernen. Münster.

Roosevelt T. R. (2001): Management of Diversity - Neue Personalstrategien für Unternehmen. Wie passen Giraffe und Elefant in ein Haus? Wiesbaden.

Rössel, Y. (2004): Von Lebensstilen zu kulturellen Präferenzen. In: Soziale Welt, H. 01, S. 95-114.

Rosser, J. B. Jr. (1999): On the Complexities of Complex Economic Dynamics. In: Journal of Economic Perspectives, No. 04, pp. 169-192.

Rother, G. (1996): Personalentwicklung und Strategisches Management. Eine systemtheoretische Analyse. Wiesbaden.

Rühl, M. (1999): Cross-Mentoring zur Förderung von Chancengleichheit. In: Die Personalwirtschaft, H. 04, S. 36-37.

Rüling, A./Kassner, K./Grottian, P. (2004): Geschlechterdemokratie leben. Junge Eltern zwischen Familienpolitik und Alltagserfahrungen. In: Politik und Zeitgeschichte (Beilage zur Wochenzeitschrift Das Parlament), H. B19, S. 11-18.

Rupert, M. (2000): Ideologies of Globalization. Contending Visions of a New World Order. London/New York.

Sackmann, S./Bissels, S./Bissels, T. (2002): Kulturelle Vielfalt in Organisationen: Ansätze zum Umgang mit einem vernachlässigten Thema der Organisationswissenschaften. In: Die Betriebswirtschaft, H. 01, S. 43-58.

Salipante, P./Bouwen, R. (1995): The social construction of grievances: Organizational conflict as multiple perspectives. In: Hosking, D.-M./Dachler, H. P./Gergen, K. J. (Edt.): Management and Organization: Relational Alternatives to Individualism. Aldershot u. a., pp. 71-97.

Schein, E. H. (1985): Organizational Culture and Leadership. San Francisco/Washington.

Scherer, A. G. (2001): Kritik der Organisation oder Organisation der Kritik ? – Wissenschaftstheoretische Bemerkungen zum kritischen Umgang mit Organisationstheorien. In: Kieser, A. (Hrsg.): Organisationstheorien. 4., unveränd. Aufl., Stuttgart, S. 1-37.

Schmidt, V. A. (2002): The Futures of European Capitalism. Oxford.

Schnauffer, J./Stieler-Lorenz, B./Peters, S. (2004): Wissen vernetzen. Wissensmanagement in der Produktentwicklung. Heidelberg/New York.

Scholz, Ch. (2004): Outsourcing. Strategisches Konzept oder operative Selbstauflösung? In: PERSONAL Zeitschrift für Human Resource Management, H. 01, S. 14-17.

Schreyögg, F. (2005): Die Beurteilung der Leistung von Frauen und Männern ist nicht geschlechtsneutral. Gleichstellungstelle für Frauen der Stadt München. www.muenchen.de

Schulte, J. (2002): Dual-career couples. Strukturuntersuchung einer Partnerschaftsform im Spiegelbild beruflicher Anforderungen. Opladen.

Schulze, H. (1994): Staat und Nation in der europäischen Geschichte. München.

Schuman, H./Steeh, C./Bobo, L./Kryson, M. (1997): Racial attitudes in America. 2nd ed., Cambridge.

Schwartz, M. (2001): The nature of the relationship between corporate codes of ethics and behaviour. Journal of Business Ethics, Vol. 32, pp. 247-262.

Schwarz-Wölzl, M./Maad, C. (2003/2004): Diversity und Managing Diversity Teil I: Theoretische Grundlagen. Wien.

Sepehri, P. (2002): Diversity und Managing Diversity in internationalen Organisationen: Wahrnehmungen zum Verständnis und ökonomischer Relevanz, dargestellt am Beispiel einer empirischen Untersuchung in einem Unternehmensbereich der Siemens AG. Hochschulschriften zum Personalwesen. München/Mering.

Sepehri, P./Wagner, D. (2000): "Managing Diversity" - Eine Bestandsaufnahme. In: Personalführung, H. 07, S. 50-59.

Sepehri, P./Wagner, D. (2002): Diversity und Managing Diversity: Verständnisfragen, Zusammenhänge und theoretische Erkenntnisse. In: Peters, S./Bensel, N. (Hrsg.): Frauen und Männer im Management. Wiesbaden, S. 121- 142.

Shannon, C. E. (1948): A Mathematical Theory of Communication. In: Bell Systems Technical Journal, Vol. 27, pp. 379-423 and 623-656.

Simmel, G. (1968): Exkurs über den Fremden. In: Simmel, G.: Soziologie. Untersuchungen über die Formen der Vergesellschaftung. Berlin, S. 509-512.

Simmel, G. (1989): Bemerkungen zu socialethischen Problemen. In: Simmel, G.: Aufsätze 1887 bis 1890. Über sociale Differenzierung. Die Probleme der Geschichtsphilosophie (1892). Frankfurt a. M., S. 20-36.

Simmel, G. (1989): Über sociale Differenzierung. In: Simmel, G.: Aufsätze 1887 bis 1890. Über sociale Differenzierung. Die Probleme der Geschichtsphilosophie (1892). Frankfurt a. M., S. 109-295.

Singh, V./Point, S. (2004): Strategic Responses by European Companies to the Diversity Challenge: An online comparison. In: Long Range Planning, No. 04, pp. 295-318.

Smelser, N. J./Alexander, J. C. (Edt.) (1999): Diversity and Its Discontents. Princeton.

Snyder, M. (1992): Motivational foundations of behavioral confirmation. In: Zanna, M. P. (Ed.): Advances in experimental social psychology. Vol. 25, San Diego, pp. 67-114.

Special Report (2000): Equality and Diversity – a competitive advantage. In: CSR Magazin – The Corparte Social Responsibility Magazine in Europe.

Spencer, S. J./Steele, C. M./Quinn, D. M. (1999): Stereotype threat and women´s math performance. In: Journal of Experimental social Psychology, Vol. 35, pp. 4-28.

Spiegel Online (2004): Zuwanderung wird als Bedrohung empfunden. 24.11., http://www.spiegel.de/kultur/gesellschaft/0,1518,329285,00.html.

Squires, J. (2005): Is Mainstreaming Transformative? Theorizing Mainstreaming in the Context of Diversity and Deliberation. In: Social politics: international studies in gender, state, and society, Cary, pp. 1072-4745.

Statistisches Bundesamt (2000): Bevölkerungsentwicklung Deutschlands bis 2050. Ergebnisse der 9. koordinierten Bevölkerungsvorausberechnung. Wiesbaden.

Statistisches Bundesamt (2003): Im Jahr 2050 wird jeder Dritte in Deutschland 60 Jahre oder älter sein. Pressemitteilung vom 6. Juni 2003. In: http://www.destatis.de/presse/deutsch/pm2003/p2300022.htm.

Statistisches Bundesamt (2004): Datenreport 2004. Bonn.

Stauss, B./Neuhaus, P. (1995): Das Qualitative Zufriedenheitsmodell (QZM). Diskussionsbeiträge der Wirtschaftswissenschaftlichen Fakultät Ingolstadt, Nr. 66, Ingolstadt.

Steinhauer, R. (Hrsg.) (2000): Managing Diversity. Berlin.

Steppan, R. (1999): "Diversity makes good sense". Das Verbot jeglicher Diskriminierung und ein wachsender Druck in der Öffentlichkeit sorgen in immer mehr US-Firmen für ein Bekenntnis zu Diversity. In: Personalführung, H. 05, S. 28-34.

Stone, D.-L./Stone-Romero, E. F. (2004): The influence of culture on role-taking in culturally diverse organizations. In: Stockdale, M. S./Crosby, F. J. (Edt.): The Psychology and Management of Workplace Diversity. Malden/Oxford/Carlton, pp. 78-99.

Strange, S. (2000): The Retreat of the State. The Diffusion of Power in the World Economy. Cambridge.

Stroebe, W./Hewstone, M./Codol, J.-P./Stephenson, G. M (Hrsg.)(1990): Sozialpsychologie: Eine Einführung. Heidelberg u. a.

Stuber, M. (2002): Corporate Best Practice: What Some European Organizations Are Doing Well to Manage Culture and Diversity. In: Simons, G. F. (Edt.): EuroDiversity. A Business Guide to Managing Difference. Amsterdam u. a., pp. 134-170.

Stuber, M. (2004): Antidiskriminierungskonzept für ein mittelständisches Unternehmen. In: Der Personalleiter, Juni, S. 189-192.

Stuber, M. (2004): Diversity – Das Potential von Vielfalt nutzen – den Erfolg durch Offenheit steigern. Köln.

Stuber, M. (2004): EU-Anti-Diskriminierungsrichtlinien. Praktische Auswirkungen unter besonderer Berücksichtigung des Themenbereiches Behinderung. In: Impulse, 30. Fachzeitschrift der Bundesarbeitsgemeinschaft für unterstützte Beschäftigung. S. 29-33.

Stuber, M. (2005): Diversity gegen Diskriminierung? Das Zusammenwirken von Diversity und Anti-Diskriminierung. In: Heinrich Böll Stiftung. erschienen unter: www.migration-boell.de

Stuber, M. (2006): Antidiskriminierung in der betrieblichen Praxis. Freiburg.

Stüdlein, Y. (1997): Management von Kulturunterschieden – Phasenkonzept für internationale strategische Allianzen. Wiesbaden.

Stumpf, S./Thomas, A. (1999): Management von Heterogenität und Homogenität in Gruppen. In: Personalführung, H. 05, S. 36-44.

Stünzner, L. (1996): Systemtheorie und betriebswirtschaftliche Organisationsforschung. Eine Nutzenanalyse der Theorien autopoietischer und selbstreferentieller Systeme. Berlin.

Süß, St./Kleiner, M. (2005): Diversity- Management in Deutschland, Ergebnisse einer Unternehmensbefragung. Hagen.

Swim, J. K./Aikin, K. J./Hall, W. S./Hunter, B. A. (1995): Sexism and racism: Old-fashioned and modern prejudices. In: Journal of Personality and Social Psychology, Vol. 68, pp. 199-214.

Tabak, F. (1998): The World Labour Force. In: Hopkins, T.K./Wallerstein, I. (Edt.): The Age of Transition. London/New Jersey, pp. 87-116.

Taylor, Ch. (1993): Multikulturalismus und die Politik der Anerkennung, Frankfurt a. M.

Taylor, Ch. (1994): Quellen des Selbst. Die Entstehung der neuzeitlichen Identität. Frankfurt a. M.

Teece, D./Pisano, G./Shuen, A. (1997): Dynamic capabilities and strategic management. In: Strategic Management Journal, No. 07, pp. 509-533.

Tempest, S./Barnatt, C./Coupland, C. (2002): Grey Advantage. New strategies for the old. In: Long Range Planning, No. 04, pp. 475-492.

Terkessidis, M. (2002): Der lange Abschied von der Fremdheit. Kulturelle Globalisierung und Migration. In: Aus Politik und Zeitgeschichte, H. 12, S. 31-38.

Thomas, A. (2003): Zum Verhältnis von Minderheiten und Mehrheiten in Organisationen - aus psychologischer Sicht. In: Wächter, H./Vedder, G./Führing, M. (Hrsg.): Personelle Vielfalt in Organisationen. München/Mering, S. 71-86.

Thomas, D. A. (1999): Beyond the Simple Demography-Power Hypothesis: How Blacks in Power Influence White-Mentor-Black-Protégé Developmental Relationships. In: Murrel, A. J./Crosby, F. J./Ely, R. J. (Edt.): Mentoring Dilemmas. Developmental Relationships within Multicultural Organizations. Mahwah, pp. 157-170.

Thomas, D. A./Ely, R. J. (1996): Making differences matter: A new paradigm for managing diversity. In: Harvard Business Review, No. 05, pp. 79-91.

Thomas, K. M./Mack, D. A./Montagliani, A. (2004): The Arguments against Diversity: are they valid? In: Stockdale, M. S./Crosby, F. J. (Edt.): The Psychology and Management of Workplace Diversity. Malden/Oxford/Carlton, pp. 31-51.

Thomas, R. R. (1992): Managing Diversity: A Conceptual Framework. In: Jackson, S. E. et al. (Edt.): Diversity in the Workplace New York, pp. 306-317.

Thomas, R. R. (1996): Redefining Diversity, New York.

Thomas, R. R. (2001): Management of Diversity - Neue Personalstrategien für Unternehmen. Wie passen Giraffe und Elefant in ein Haus? Wiesbaden.

Thomas, R. R./Woodruff, M. I. (1999): Building a House for Diversity. How a Fable About a Giraffe & an Elephant Offers new Strategies for Today´s Workforce. New York.

Thomas, R., Jr./Woodruff, M. I. (1999): Building a House for Diversity. How a Fable About a Giraffe & an Elephant Offers New Strategies for Today's Workforce. New York u. a.

Tichy, N. M. (1981): Networks in Organizations. In: Nystrom, P. C./Starbuck, W. H. (Edt.): Handbook of Organizational Design: Remodeling Organizations and their Environments. Vol. 02, pp. 225-249.

Tomenendal, M. (2002): Virtuelle Organisation am Rand des Chaos. Eine komplex-dynamische Modellierung organisatorischer Virtualität. Strategie- und Informationsmanagement. Bd. 14. München/Mering.

Triandis, H. C./Kurowski, L. L./Gelfand, M. J. (1994): Workplace diversity. In: Triandis, H. C./Dunnette, M. D./Hough, L. M. (Eds.): Handbook of industrial and organizational psychology. 2nd ed., Vol. 4, Palo Alto, pp. 769-827.

Trommsdorff, V. (1993): Konsumentenverhalten, 2., überarb. Aufl., Stuttgart/Berlin/Köln.

Tsui/A. S./Egan, T. D./O'Reilly, C. (1992): Being different. Relational demography and organizational attachment. In: Administrative Science Quarterly, No. 37, pp. 549-579.

TU Kaiserslautern (2004): Mobilitätsbehinderte Menschen – Struktur und Problemmerkmale. www.mobil-und-barrierefrei.de.

UNESCO (2002): Allgemeine Erklärung zur kulturellen Vielfalt (verabschiedet am 02.11.2001). http://www.unesco.de/pdf/deklaration_kulturelle_vielfalt.pdf.

Utzig, B. P. (1997): Kundenorientierung strategischer Geschäftseinheiten: Operationalisierung und Messung. Wiesbaden.

Van der Wegt, G. S./Bunderson, J. S. (2005): Learning and Performance in Multidisciplinary Teams: The Importance of Collective Team Identification. In: Academy of Management Journal, No. 03, pp. 532-547.

Vedder, G. (2001): Diversity Management – Es lebe der Unterschied. In: Direkt Marketing, H. 2, S. 48-49.

Vedder, G. (2003): Vielfältige Personalstrukturen und Diversity Management. In: Wächter, H./Vedder, G./Führing, M. (Hrsg.): Personelle Vielfalt in Organisationen. München/Mering, S. 13-27.

Vedder, G. (2004): Diversity Management und Interkulturalität, München/Mering.

Vedder, G. (2006): Fünf zentrale Fragen und Antworten zum Diversity Management. http://www.uni-trier.de/uni/fb4/apo/lehrstuhl.html, eingesehen am 25.01.2006.

Vester, H.-G. (1993): Soziologie der Postmoderne. München.

Voigt, B.-F./Wagner, D. (2005): Zahlen für Menschen? Sinn und Unsinn von Indizes zur Sozialen Diversität in Unternehmen. Draft-Paper zum gleichnamigen Vortrag. www.wiwissfuberlin.de/w3/w3krell/homepage%20PK/Diversity%20Indizes_Kommission%20Personalwesen_2005.pdf, eingesehen am 17.10.2005.

Von Hippel, W./Sekaquaptewa, D/Vargas, P. (1995): On the role of encoding processes in stereotype maintenance. In: Zanna, M. P. (Ed.): Advances in Experimental Social Psychology, Vol. 27, San Diego, pp. 177-254.

Voß, G. G. (1998): Die Entgrenzung von Arbeit und Arbeitsleben. Eine subjektorientierte Interpretation des Wandels der Arbeit. In: Mitteilungen aus der Arbeitsmarkt- und Berufsforschung, H. 03, S. 473-487.

Voß, G. G./Pongratz, H. J. (1998): Der Arbeitskraftunternehmer. Eine neue Grundform der Ware Arbeitskraft? In: Kölner Zeitschrift für Soziologie und Sozialpsychologie, H. 01, S. 131-158.

Wagner, D. (2004): Making Diversity Work. In: Personal, H. 09, S. 06-08.

Wagner, D./Sepehri, P. (1999): Managing Diversity - alter Wein in neuen Schläuchen? In: Personalführung, H. 05, S. 18-21.

Wagner, D./Sepehri, P. (2000): „Managing Diversity" – Eine empirische Bestandsaufnahme. In: Personalführung, H. 07, S. 50 – 59.

Wagner, D./Sepehri, P. (2000): Managing Diversity – Wahrnehmung und Verständnis im Internationalen Management. In Personal, H. 09, S. 456-461.

Wallerstein, I. (1995): After Liberalism. New York.

Walzer, M. (1992): Zivile Gesellschaft und amerikanische Demokratie. Frankfurt a. M.

Walzer, M. (2000): Komplexe Gleichheit. In: Krebs, A. (Hrsg.): Gleichheit oder Gerechtigkeit. Frankfurt a. M., S. 172-214.

Wayne, M. (2003): Post-Fordism, monopoly capitalism, and Hollywood´s media industrial complex. In: International Journal of Cultural Studies, No. 01, S. 82-103.

Weber, M. (1973): Vom inneren Beruf zur Wissenschaft. In: Weber, M. (Hrsg.): Soziologie, Universalgeschichtliche Analysen, Politik. Stuttgart, S. 311-339.

Weber, Max (1978): Gesammelte Aufsätze zur Religionssoziologie. Bd. 01, Tübingen.

Weik, E. (1996): Postmoderne Ansätze in der Organisationstheorie. In: Die Betriebswirtschaft, H. 03, S. 379-397.

Weik, E. (1998): Zeit, Wandel und Transformation – Elemente einer postmodernen Theorie der Transformation. In: Lang, R./Baitsch, C./Pawlowsky, P. (Hrsg.): Schriftenreihe Arbeit, Organisation und Personal im Transformationsprozeß, Bd. 6. München/Mering.

Weik, E. (2003): Postmoderne Theorie und Theorien der Postmoderne. In: Weik, E./Lang, R. (Hrsg.): Moderne Organisationstheorien 2. Strukturorientierte Ansätze. Wiesbaden, S. 93-119.

Weinert, A. B. (1998): Organisationspsychologie. Menschliches Verhalten in Organisationen. 4. Aufl., Weinheim.

Weißbach, B./Kipp, A. (2005): Managing Diversity.

Weitzman, M. L. (2002): On Diversity. In: Quarterly Journal of Economics, Vol. 107, pp. 363-405.

Welsch, W. (2002): Unsere postmoderne Moderne. Berlin.

Welzer, H. (2001): Das soziale Gedächtnis. Geschichte, Erinnerung, Tradierung. Hamburg.

Wentzel, B. (2002): Neue Institutionenökonomik – eine Einführung. In: Wirtschaft und Erziehung, H. 10, S. 348-357.

Werder, A. v. (2004): Organisatorische Gestaltung (Organization Design). In: Schreyögg, G./Werder, A. v. (Hrsg.): Handwörterbuch Unternehmensführung und Organisation. 4. Aufl., Stuttgart, Sp. 1088-1101.

Wheeler, M. L. (2003): Managing Diversity: Developing a Strategy for Measuring Organizational Effectiveness. In: Davidson, M. J./Fielden, S. L. (Edt.): Individual Diversity and Psychology in Organizations. Chichester, pp. 57-7.

Wiegran, G. (1993): Transaktionskostenanalyse in der Personalwirtschaft. In: Zeitschrift Führung und Organisation, H. 04, S. 64-67.

Wilder, D. A./Simon, A. F./Myles, F. (1996): Enhancing the impact of counterstereotypic information: Dispositional attributions for deviance. In: Journal of Personality and Social Psychology, Vol. 71, pp. 276-287.

Wilkesmann, U. (2005): Wissensarbeit: die Organisation von Wissensarbeit. In: Berliner Journal f. Soziologie, H. 15, S. 55-72.

Williams, K. Y./O'Reilly, C. A. (1998). Demography and diversity in organizations: A review of 40 years of research. In: Staw, B./Sutton, R. (Eds.), Research in Organizational Behavior. Greenwich, pp. 77-140.

Williamson, O. E. (1985/1990): Die ökonomischen Institutionen des Kapitalismus. Unternehmen, Märkte, Kooperationen. Tübingen.

Williamson, O. E. (1994): Visible and Invisible Goverance. In: American Economic Association Papers and Proceedings, No. 84, pp. 323-326.

Wimmer, F./Roleff, R. (1998): Steuerung der Kundenzufriedenheit bei Dienstleistungen. In: Meyer, A. (Hrsg.): Handbuch Dienstleistungsmarketing. Band 2: Kundengerichtete und kundeninitiierte Prozesse des externen Marketing; Dienstleistungen auf Beschaffungs- und internen Märkten; Branchenkonzepte und Fallbeispiele; Zukünftige Perspektiven des Marketing. Stuttgart, S. 1241-1254.

Wirtschaftsministerium Baden-Württemberg (Hrsg.)(2004): Zur Situation älterer Arbeitnehmerinnen und Arbeitnehmer in Baden Württemberg. Eine empirische Analyse bestehender Beschäftigungshemmnisse aus Arbeitgeber- und Arbeitnehmersicht. Schlussbericht. Stuttgart.

Wittig, F. (2005): Gerechte Leistungsbeurteilungen in Organisationen: Anspruch und Realität. Leistungsorientierte Personalbewertungen unter dem Ansatz des Managing Diversity aus organisationssoziologischer Perspektive (Diplomarbeit). Freie Universität Berlin.

Wolf, J. (2003): Organisation, Management, Unternehmensführung. Theorien und Kritik. Wiesbaden.

Word, C. G./Zanna, M. P./Cooper, J. (1974): The nonverbal mediation of self-fulfilling prophecies in interracial interaction. In: Journal of Experimental Social Psychology, Vol. 10, pp. 109-120.

World Bank (2002): Globalization, Growth, and Poverty: Building an Inclusive World Economy. A World Bank Policy Research Report. Washington.

Yakura, E. K. (1996): EEO Law and Managing Diversity. In: Kossek, E. E./Lobel, S. A. (Edt.): Managing Diversity. Human Resource Strategies for Transforming the Workplace. Cambridge, pp. 25-50.

Zelizer, V. A. (1999): Multiple Markets: Multiple Cultures. In: Smelser, N. J./Alexander, J. C. (Edt.): Diversity and Its Discontents. Princeton, pp. 193-212.

Zimmer, M. (2002): Wissensmanagement im Rahmen strategischen Personalmanagements. Institut für öffentliche Wirtschaft und Personalwirtschaft (IÖP), Internetauszug vom 31. März 2004, http://www.rrz.uni-hamburg.de/perso/.

Zink, K. J. (2004): TQM als integratives Management Konzept. 2., vollst. überarb. u. erw. Aufl., München/Wien.

Zülch, M. (2005): „McWorld" oder „Multikulti"? Interkulturelle Kompetenz im Zeitalter der Globalisierung. In: Vedder, G. (Hrsg.): Diversity Management und Interkulturalität. 2. Aufl., München/Mering, S. 01-86.